H. Schiller, Th. Ziehen

Sammlung von Abhandlungen

aus dem Gebiete der pädagogischen Psychologie und Physiologie

H. Schiller, Th. Ziehen

Sammlung von Abhandlungen
aus dem Gebiete der pädagogischen Psychologie und Physiologie

ISBN/EAN: 9783741173721

Hergestellt in Europa, USA, Kanada, Australien, Japan

Cover: Foto ©berggeist007 / pixelio.de

Manufactured and distributed by brebook publishing software
(www.brebook.com)

H. Schiller, Th. Ziehen

Sammlung von Abhandlungen

SAMMLUNG VON ABHANDLUNGEN

AUS DEM GEBIETE DER

PÄDAGOGISCHEN PSYCHOLOGIE

UND

PHYSIOLOGIE.

HERAUSGEGEBEN VON

H. SCHILLER UND **TH. ZIEHEN**

GEH. OBERSCHULRAT U. PROFESSOR A. D.   PROFESSOR AN DER UNIVERSITÄT
IN LEIPZIG.   JENA.

II. BAND.

BERLIN,
VERLAG VON REUTHER & REICHARD
1898.

Inhalt.

SAMMLUNG VON ABHANDLUNGEN AUS DEM GEBIETE DER PÄDAGOGISCHEN PSYCHOLOGIE UND PHYSIOLOGIE

HERAUSGEGEBEN VON

H. SCHILLER   UND   TH. ZIEHEN,

II. BAND. 1. HEFT.

ARBEITSHYGIENE DER SCHULE

AUF GRUND VON

ERMÜDUNGSMESSUNGEN.

VON

DR. FERDINAND KEMSIES,

OBERLEHRER AN DER FRIEDR. WERDERSCH. OBERREALSCHULE IN BERLIN.

BERLIN,

VERLAG VON REUTHER & REICHARD

1898.

Druck von Paul Schettler's Erben in Cöthen.

Einleitung.

Es ist eine alte Streitfrage, ob der Unterricht in unseren öffentlichen Lehranstalten hygienischen Arbeitsgesetzen entspreche und die Tragfähigkeit des jugendlichen Geistes gebührend berücksichtige, oder ob die heranwachsende Generation durch Überlastung und Überhastung an Leib und Seele geschädigt werde. Das Sinken der Aufmerksamkeit, der Arbeitslust, der Qualität und Quantität der Arbeitsleistung in den letzten Stunden des Schultages schienen die letztere Behauptung zu rechtfertigen. Doch blieb das Bild, welches z. B. GALTON[1] von dem Ermüdungszustande der Schüler entwarf, mehr oder minder lückenhaft und ungenau, weil man über die Bedeutung und den Zusammenhang der einzelnen psychologischen und physiologischen Ermüdungsdaten noch zu wenig unterrichtet war. Neuere Forschungen[2] streben einen Einblick in diese Verhältnisse zu verschaffen, indem sie überall von zähl- und messbaren Elementen ausgehen. Die folgenden Versuche reihen sich ihnen an, sie haben zum Gegenstand: **Qualität und Quantität von Rechenleistungen, Arbeitsgeschwindigkeit** sowie **Muskelleistung** zu verschiedenen Zeitlagen bei einer Anzahl von Volks- und Realschülern. Notwendig erscheint es, die psychologischen und physiologischen Phänomene, soweit es möglich, zusammenzufassen: vom empirischen Zusammenauftreten seelischer und körperlicher Vorgänge muss bei den Ergographenmessungen gesprochen werden. Die Interpretation der Resultate hat die individuellen Verhältnisse zu Grunde zu legen.

[1] GALTON, Remarks on replies by Teachers to questions respecting mental fatigue. Journal of the Anthropol inst. 1888. Nov. London.
[2] Eine kritische Zusammenstellung derselben findet sich bei M. DRAHN: Die Geisteshygiene in der Schule. Deutsche Mediz. Wochenschr. 1897, No. 26.

Versuche I.

Zweck dieser Versuche[1] war die Feststellung der Qualitäts-
änderung, welche ein kurzes Arbeitsstück bei einer bestimmten
Arbeitsgeschwindigkeit in verschiedenen Zeitlagen des Schul-
vormittags erfährt.

Methodisches. Die Verwendung einer einfachen psychischen
Arbeit durch mehrere Zeitlagen als Reagens auf Ermüdung
gestattet nur beschränkte Schlussfolgerungen; um sie zu erweitern,
verlangte man als Versuchsarbeit eine solche, welche höhere
seelische Prozesse auslöst. Messen kann man indessen nur die
Ausbreitung[2] vorhandener Ermüdung auf eine oder mehrere
bestimmte Funktionen, man hat deshalb die Wahl unter sehr verschiedenen Gegenständen je nach dem Zweck der Untersuchung.
Wichtiger als bisher betont ist die möglichste Übereinstimmung
in den Versuchsbedingungen, zu welchen in erster Linie die
Arbeitsgeschwindigkeit gehört.

Bei der Konstruktion der Arbeitsstücke kommen zwei Modifikationen in Betracht: eine längere Reihe einfacher Aufgaben
oder eine geringe Zahl schwieriger Exempel. Zu der ersteren
gehören die Rechenübungen nach BURGERSTEIN,[3] LASER,[4] HOLMES.[5]

---

[1] Vorläufige Mitteilung einiger Ergebnisse findet man in der Deutschen
Medizin Wochenschrift 1896. No. 27 und in den Neuen Bahnen, Pädagog.
Zeitschr., 1897. Herausgegeben von Scherer-Worms.
[2] Vgl. HÖPFNER, Über geistige Ermüdung von Schulkindern. Ztschr. für
Psychol. und Physiol. d. Sinnesorg. VI. Bd., pag. 191 ff.
[3] BURGERSTEIN. Die Arbeitskurve einer Schulstunde. Zbschr. f. Schulgesundheitspflege. 1891. S. 543 u. 607 ff.
[4] LASER. Über geistige Ermüdung beim Schulunterricht. ibid. 1894. S. 2 ff.
[5] HOLMES. The fatigue of a school hour. Studies from the psychological
laboratory of Leland Stanford Junior University. Oct. 95. vol. III. pag. 213 ff.

KRAEPELIN.[1] EBBINGHAUS.[2] sowie die arithmetischen Aufgaben RICHTERS.[3] Die Lösung einfacher Additions- oder Multiplikationsaufgaben auf dem Papier beruht bei Geübten zum grossen Teil auf Assoziation und Reproduktion und lässt einen Vergleich mit dem mechanischen Abschreiten einer Wegstrecke zu; die Quantität der Arbeit steht im Vordergrund, die Qualität tritt subjektiv und objektiv zurück. Die Arbeitsleistung in verschiedenen Arbeitsstudien lässt sich messen durch die Anzahl der Resultatziffern, welche im Zustand geistiger Frische in der gleichen Zeitstrecke zustande kommen. Ähnlich verhält es sich mit den Gedächtnisproben nach EBBINGHAUS, auch sie sind „relativ niedere und einseitige Bethätigungen[4] des Geistes".

Bei der zweiten Modifikation dagegen ist die Arbeitsstrecke kurz, die Geschwindigkeit konstant, die Schwere der Belastung in der Hauptsache entscheidend, die Qualität der Leistung subjektiv und objektiv wertvoll; ihr Mass ist die Anzahl der Fehler, welche im Normalzustand in der gleichen Zeitstrecke und bei gleicher Arbeitsgeschwindigkeit gemacht werden. Die Mitte zwischen beiden Versuchsbedingungen halten die Diktate von SIKORSKY[4] und FRIEDRICH,[5] die Verbalformenarbeit RICHTERS[6] und die Kombinationsarbeit nach EBBINGHAUS.[7] Sie erfordern tiefere Denkthätigkeit, bestehen aber notwendig aus leichteren und schwierigeren Teilen und können nicht als homogen betrachtet werden; auch blieb die Arbeitsgeschwindigkeit bei ihnen unkontrolliert.

Geht man von der Annahme aus, dass der methodische Unterricht nur mässige Arbeitsgeschwindigkeit beansprucht, indem er sich der augenblicklichen Leistungsfähigkeit der Schüler anzupassen sucht; dass er Störungen des psychischen Gleichgewichts bei ihnen durch mehrfachen Wechsel in der Beschäftigungsform und Einschaltung von Besinnungspausen zu verhindern sucht;

---

[1] KRAEPELIN. Psychologische Arbeiten. I. Bd. Leipzig 1895.
[2] EBBINGHAUS. Über eine neue Methode zur Prüfung geistiger Fähigkeiten. Zschr. f. Psychologie u. Physiologie. XIII. Bd. S. 401 ff.
[3] RICHTER. Unterricht und geistige Ermüdung. Halle 1895.
[4] SIKORSKY. Annales d'hygiène publique. II. série. tome. 11. Paris 1879. pag. 458: Sur les effets de la lassitude.
[5] FRIEDRICH. Untersuchungen über die Einflüsse der Arbeitsdauer und der Arbeitspausen auf die geistige Leistungsfähigkeit der Schulkinder. Zschr. für Psychologie und Physiologie der Sinnesorgane. Bd XIII. S. 1 ff.
[6] RICHTER. l. c.   [7] EBBINGHAUS. l. c.

dass er dagegen auf einen stetigen Denkfortschritt nicht verzichten darf und zuweilen die ganze Spannkraft der Schüler anstrengen muss: so wird eine dem Unterrichtsverfahren nachgebildete Versuchsanordnung sowohl die Arbeitsmenge als die Arbeitsgeschwindigkeit auf ein Optimum beschränken und ausschliesslich die Qualität von Arbeitsstücken gleicher Art und gleichen Umfangs bei hinreichender Belastung in verschiedenen Schulstunden beobachten. Auf diese Weise wird der Arbeitsgang der Schule durch das Experiment nicht wesentlich alteriert, wenn schon der Arbeitsgegenstand wechselt.

Versuchspersonen. Die Versuche wurden in der 4. Klasse (3. Schuljahr) einer sechsklassigen Volksschule zu Berlin angestellt, ihr eigentlicher Zweck war den Schülern nicht bekannt gegeben, vielmehr war gesagt worden, dass es sich um Versetzungsarbeiten handele, auf die besonderer Wert gelegt werde. Das Interesse der Schüler konnte bis zur Beendigung der Versuche als ein stets reges bezeichnet werden. Die Klasse bestand aus 57 Knaben, von denen 55 regelmässig an den Versuchen teilnahmen; ihr Durchschnittsalter war rund $10\frac{1}{2}$ Jahre.

Arbeitstücke. Die anstrengendsten Unterrichtsgegenstände der Volksschule sind Deutsch und Rechnen, die Versuchsarbeit wurde denselben entnommen. Rechenstücke erwiesen sich geeigneter als Diktate, weil diese stets subjektive Ungleichheiten enthalten, z. B. Vorstellungen, welche dem Vorstellungskreis der Kinder in sehr verschiedener Weise angehören. Die Rechenarbeiten wurden aus dem Klassenpensum für Kopfrechnen, das eben absolviert war, gewählt, stellten also eine starke Belastung her. Eine solche hält auch EBBINGHAUS für nicht unzweckmässig. Über die Gedächtnisproben bei E. gingen diese Aufgaben durch den hinzugefügten Akt einer schwierigen Denkoperation hinaus. Die Fehler sollten womöglich nur in der letzteren begangen werden, deshalb wurde das akustisch-motorische Gedächtnis durch zweimalige Wiederholung jeder Aufgabe unterstützt. Gegenüber den Versuchen BURGERSTEINS, RICHTERS u. a. kam hier die Arbeit des fortlaufenden Schreibens und der Schreibhaltung des Körpers, welche recht ermüdend wirkt, in Wegfall.

Das Arbeitsstück enthielt 12 gemischte Exempel aus dem Zahlenkreis $1-1000$, die Abwechslung war nach dem Verfahren einer Lehrstunde gedacht.

Beispiel:

417 + 338: Überschreiten eines Zehnerraumes.

234 + 592 „ - Hunderterraumes.

345 + 479 „ beider Räume.

563 — 328 ⎫
725 — 453 ⎬ Wie oben.
843 — 658 ⎭

74 . 8 Multiplikand unter 100, Multiplikator über 5.

139 . 5 „ zwischen 100—200, „ „ 3.

247 . 3 „ „ 200—249, „ „ 2.

291 : 7 ⎫
385 : 8 ⎬ Dividend zwischen 201—499, Divisor 6—9.
476 : 6 ⎭

Drei zusammengehörige Aufgaben lagen immer in dem gleichen Horizont, die Reihenfolge wurde streng eingehalten.

Die ablaufenden psychischen Prozesse bei den Schülern waren folgende: 1. Aufnahme der vorgesprochenen Zahlen ins Gedächtnis. 2. Geistiges Erfassen der Zahlen. 3. Rechenakt. Die Prozesse 1, 2 und 3 sind zum Teil simultan. 4. Festhalten des Resultats. 5. Motorischer Akt des Niederschreibens. 6. Ausruhen, teilweise gestört durch die Nachbilder der vorangegangenen Prozesse.

Zeitlage und Arbeitsgeschwindigkeit. Die Rechenstücke wurden mitten in die verschiedenen Lehrstunden gerückt, um zu verhindern, dass durch Ungeduld, Unlust oder gesteigerten Arbeitsantrieb, die sich am Ende der Stunde leicht bemerkbar machen, ein störender Faktor hineinkomme. Die einzelne Versuchsdauer betrug 12 Minuten. Zur Kompensation wurde an jedem Versuchstage der Rechenunterricht um den Betrag der gesamten Versuchszeit des Tages gekürzt. Für jede Einzelaufgabe wurde 1 Minute Arbeitszeit angesetzt; in dem letzten Teil der Versuche wurden auch 1¼, 1½ und 2 Minuten verbraucht, um die Wirkung von längeren Arbeitspausen festzustellen. Innerhalb jeder Aufgabe folgten auf einander: 1. Vorsprechen derselben durch den Lehrer. 2. Zweimaliges Nachsprechen durch die Schüler im Chor. Für diese beiden Thätigkeiten waren 10 Sekunden notwendig. 3. Lösung, durchschnittlich etwa 20 Sekunden. 4. Niederschrift der Resultate. 5. Arbeitspause. Genau nach 60, resp. 75 etc. Sekunden geschah die Nennung des folgenden Exempels.

Leider konnten die Versuche nicht regelmässig genug stattfinden; das verhinderte sowohl der fortschreitende Unterricht als die anderweitige Beschäftigung der Lehrkraft; diesem Mangel ist jedoch durch eine grössere Anzahl von Versuchen einigermassen abgeholfen worden.

Hygienisches. Nach der Meinung der Fachmänner ist eine geistige Überbürdung dieser Stufe nicht vorhanden. Zum Lehrplan gehören 28 wöchentliche Stunden, die in der Zeit der Versuche, Winter 1895, sämtlich am Vormittag von 8 bis 12 oder 1 Uhr lagen. Der Nachmittag war schulfrei. Die Hausaufgaben nahmen ungefähr 1 Stunde in Anspruch. Während des Unterrichts wurde stets auf gute Körperhaltung Gewicht gelegt, für gehörige Lüftung des Klassenzimmers nach jeder Unterrichtsstunde wurde trotz entgegenstehender Schwierigkeiten bestens gesorgt. Die Pausen wurden auf dem Schulhofe verbracht.

Ergebnisse.

Klassendurchschnitte. Die Ergebnisse des ersten Versuchstages oder der beiden ersten Versuchstage, Donnerstag, 31./1. 95 und Sonnabend, 2./2. 95, welche sich durch die Zeitlage der Versuche ergänzen, zeigen wie frühere Experimente für die Klassendurchschnitte mit vorrückender Zeitlage ansteigende Fehlerprozente: 30.3 : 42 : 42.5 : 50.2 (Tab. 1).

Da die Arbeitsverschlechterung nur 20 % beträgt, so scheint die geistige Ermüdung, sofern sie als deren Ursache angesprochen werden kann, nicht bedeutend zu sein. Trägt man wegen der in den physiologischen und psychologischen Zuständen und den Arbeitsumständen vorgegangenen Veränderung Bedenken, beide Tage zusammenzufassen, so besteht eine Fehlerdifferenz von 12.5 % für drei Stunden des ersten Versuchstages; doch ist die Fehlerzunahme keine stetige, vielmehr ist schon um 10 Uhr nach zweistündigem Unterricht fast dieselbe Differenz vorhanden. Die Ermüdung wäre demnach charakterisiert am Do. 10.30 resp. 11.30 durch Ausfall von 1/5 des Arbeitswertes, am Sonnabend um 12.30 durch Ausfall von 1/5 Arbeitsqualität gegenüber Do. 8.30.

Am Mo. 1./2. 95 sind die Zahlen verändert: statt des vielleicht zu erwartenden niedrigen Fehlersatzes sind schon um 8.30;

37 %, dagegen um 11³⁰ nur 35,6 %, es findet ein Heraufgehen des Arbeitswertes um 1,4 % statt. Die aus den beiden ersten Versuchstagen resultierende Übung und die infolge der sonntägigen Ruhe gewonnene Arbeitsfrische scheinen am Montag früh durch einen andern Faktor paralysiert zu werden, durch eine ebenfalls vom Sonntag herrührende Unaufgelegtheit und Zerstreutheit, welche erst unter dem Einflusse der Arbeit verschwinden, so dass um 11³⁰ ein besserer Arbeitswert vorliegt als am Morgen und als am Do. um 11³⁰, von Ermüdung kann nicht die Rede sein.

Tab. 1.

	8⁰	9⁰	10³⁰	11³⁰	12³⁰	
Do. 31./1. 95	30,3	.	42	42,5	.	12 gemischte Aufgaben, für jede (?) Sec Arbeitszeit.
So. 2./2.	.	.	.	.	50,2	
Mo. 4./2.	37	.	.	35,6	.	
Di. 5./2.	.	.	35	35	45,3	
Mi. 6./2.	.	35,2	38,3	42	38	
Do. 7./2.	36	46,7	.	.		
F. 8./2.	.	.	27,2 ⁹⁰	.	.	12 gemischte Aufgaben, für jede (60—120 Sec. Arbeitszeit
So. 9./2.	.	30,3 ⁹¹	27,5 ⁹¹	.	32 ⁹⁰	
Mi 13./2.	.	28,2 ⁹⁰	40 ¹¹⁰	.	39,5 ¹²⁰	
Do. 14./2.	29 ⁶⁰	36 ⁷⁵	.	36,5 ¹⁰⁰	.	
Do. 21./2.	25,5	.	30	34,2	.	12 Additionen, für jede (?) Sec. A.

Auch am Di. 5./2. sind dieselben Zahlen 35 und 35 um 10³⁰ und 11³⁰ zu verzeichnen, um 12³⁰ schon 45,3%, gegen Sonnabend 12³⁰ noch eine Aufbesserung von fast 5%. Es sieht aus, als ob das Arbeitsgesetz des ersten Wochentages auch auf den zweiten bis 11³⁰ Anwendung finde.

Höher liegen die Fehlerzahlen am Mi. 6./2. 95, nämlich:

35,2 : 38,3 : 42 : 38.

Die Qualität steigert sich in der letzten Stunde um 4%. Noch höhere Fehlersätze treten Do. 7./2. auf, schon um 8³⁰: 36%, um 9³⁰: 46,7%. Die am Anfang der Woche bewiesene geistige Frische scheint verloren gegangen zu sein, ja die Ermüdung muss grösser sein, als sie sich in den Zahlen markiert, da der Übungsfaktor von unbekannter Höhe in Rechnung zu stellen ist.

Die nun folgenden Versuchstage lassen sich mit den ersten nicht vergleichen, weil die Arbeitszeiten verlängert wurden, wodurch sofort bessere Arbeitswerte erzielt wurden. Bei 90 Sek. Arbeitszeit pro Einzelaufgabe sinkt die Fehlerzahl am Freitag 8./2. 1030 auf 27,2%, desgleichen am So. 9./2. um 930: 30,3%, dann um 1030: 27,5% und um 1230 nur: 32%. Fehlersätze, die in dieser Zeitlage nicht vorgekommen waren. Zugleich konnte man

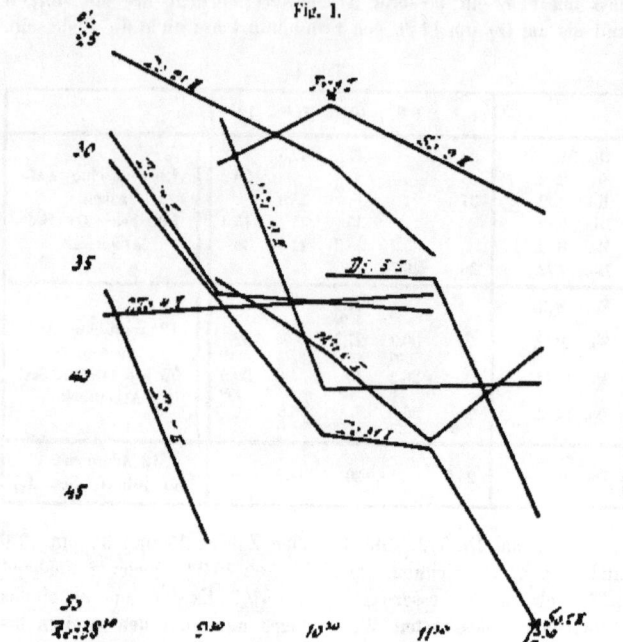

Fig. 1.

die Beobachtung machen, dass die eigentliche Arbeitszeit sich um einen geringen Betrag verlängerte, sodass die Resultate auch von den verlängerten Arbeitspausen günstig beeinflusst waren. Die Aufgaben durften nach wie vor immer nur ein Mal durch gerechnet werden, das Nachrechnen war streng untersagt. Die Versuche wurden nun 3 Tage ausgesetzt, und erst am Mittwoch 13./2. 95 aufgenommen mit der Modifikation, dass 2 Mal 90 Sekunden, letzte Mal 120 Sekunden pro Exempel angesetzt wurden. Wir das finden um 9³⁰ wenig Fehler: 28,2%, um 10³⁰ jedoch einen enormen Fehlersatz: 40%, der auch um 12³⁰ wiederkehrt und an die ersten Versuchstage erinnert; eine Erklärung dafür kann allein in der von 9³⁰ bis 10³⁰ entstandenen geistigen Depression gefunden werden. Etwas niedriger fallen die Zahlen am Donnerstag 14./2. 9⁵ aus; hier wurden in 3 Versuchsreihen 3 verschiedene Zeiten gegeben: 60, 75 und 90 Sekunden, in den Resultaten drückt sich diese Modifikation der Versuchsbedingung scheinbar nicht aus; Die Zahlen liegen im Verhältnis zu Sonnabend 9./2. wieder zu hoch.

Die letzten Versuche dieser Art wurden am Donnerstag 21./2. gemacht, die Arbeitszeit betrug wie bei Beginn 60 Sekunden pro Exempel, es wurden jedoch nicht 12 gemischte Aufgaben, sondern 12 Additionen derselben Schwierigkeitsstufe gestellt. Die Fehlerprozente 25,5 : 30 : 34,2 sind die niedrigsten sämtlicher Versuche und erklären sich daraus, dass Additionen die leichtesten Rechenoperationen vorstellen, was auch in den von BURGERSTEIN angeführten Zahlen hervortritt.

Die Linien der Fig. I. veranschaulichen das Verhältnis der Fehlerprozente zu den verschiedenen Stunden der Versuchstage. Die Frühwerte bedingen eine hohe Anfangslage sämtlicher Linien und bestätigen die Meinung, dass die erste Arbeitsstunde die besten Leistungen hervorbringt. Schon in der zweiten Stunde beginnt das Sinken derselben mit Ausnahme von Montag und Dienstag, welche ein anderes Arbeitsgesetz besitzen. Im weitern Verlauf der Linien kommt es mehrfach zu einer Gleichheit der Position um 10³⁰, d. h. nach der ersten Pause, und um 11³⁰; dann erfolgt jedoch an 2 Tagen ein rapider Absturz bis 12³⁰, welcher den Schluss nahelegt, dass die Ermüdung in der letzten Vormittagsstunde stärker zunimmt als in den ersten vier Stunden. Am Mi. 6. 2. findet ein weiteres Herabgehn der Arbeitsqualität in der letzten Zeitlage nicht statt, es bessert sich die Leistung auf. Für Mi. 13./2. könnte die in den späteren Stunden verlängerte Arbeitszeit eine Erklärung des horizontalen Verlaufs der Linie abgeben.

Die Klassendurchschnitte zeigen verschiedene gute Übereinstimmungen mit Beobachtungen der Lehrpraxis, welche sich auch weiterhin bestätigen:

1. Die erste Schulstunde stellt die günstigste Arbeitszeit des Tages vor, die letzte liefert durchschnittlich die schwächsten Leistungen.

2. Der erste und zweite Wochentag zeichnen sich vor den andern durch ein anderes Arbeitsgesetz aus; der am Sonntag erworbene Vorrat an geistiger Frische und Widerstandskraft hat eine Arbeitsanregung und Aufbesserung des Arbeitswertes am Montag und Dienstag zur Folge. Der ungeeignetste Arbeitstag ist der Sonnabend.

3. Ausserordentliche Anstrengung in einer Lehrstunde macht sich in den folgenden ungünstig bemerkbar.

4. Langsames Arbeiten bedingt bessere Arbeitsqualität.

Einzelleistungen. Vergleicht man mit den Klassendurchschnitten die Fehlerserien einiger Schüler, von denen 24 unter besonderer Kontrolle standen, so findet sich die Erwartung einer durchgängigen oder öfteren Parallelität beider Reihen nicht bestätigt, vielmehr treten grössere Verschiedenheiten hervor (Tab. II). An den beiden ersten Versuchstagen bleiben die Leistungen bei den Schülern No. 1, No. 2 und No. 3 zu allen Zeitlagen ungefähr gleich; eine Differenz von 1 Fehler berechtigt noch nicht auf eine

Tab. II.

Datum	Do. 31./1. 06			So.2.2.
Uhr	8²⁰	10³⁰	11⁰⁰	12³⁰
Fehlerprozente	49,6	57,3	54,0	50,5
No.	Schüler	Fehlerzahlen		
1	Freudenthal	7	7	6	7
2	Beutling	5	8	7	8
3	Lassotti	11	12	12	12
4	Bugge	1	1	2	3
5	Hodorf	0	6	7	7
6	Knitter	10	10	9	8
7	Krüger	12	11	11	9
8	Neumann	7	4	3	5
9	Kütz	8	6	4	9
10	Drews	7	6	8	5
11	Kendler	7	5	8	0
12	Domnitz	3	7	6	6
13	Grasnick	3	7	2	6
14	Benezeck	6	7	4	7
15	Kabel	5	8	2	6
16	Wehling	5	6	4	10
17	Fickert	3	5	5	4
18	Wöbbecke	3	7	7	8
19	Wachs	4	8	9	6
20	Weigelt	7	12	12	10
21	Krumnow	2	6	8	6
22	Spiess	3	3	4	8
23	Jachan	5	6	10	9
24	Jakob	.	.	.	

Tab. III.

	8²⁰	9³⁰	10³⁰	11⁰⁰	12³⁰
Do. 31./1.05	46,1	.	56,1	53,9	.
So. 2./2.	.	.	.	.	57
Mo. 4./2.	49,1	.	.	46,5	.
Di. 5./2.	.	.	50	52,6	60,5
Mi. 6./2.	.	44,3	49,6	57,5	61
Do. 7./2.	50	60,1	.	.	.
F. 8./2.	.	.	41,2	.	.
Sa. 9./2.	.	43	48,7	.	48,7
Mi 13./2.	.	34,2	54,4	.	46,2
Do.14./2.	43,0	46,1	.	51,3	.
Do.21./2.	45,2	.	44,3	52,6	.

äquivalente Ermüdung zu schliessen. Vielleicht findet sich bei No. 4 ein Arbeitsverlust, bei No. 6 und 7 eine Aufbesserung, dieselbe ist bei No. 8 bemerkenswert, bei No. 9 sind zuerst bessere, dann schlechtere Werte. Endlich zeigen No. 21, 22, 23 eine rapide Abnahme ihrer Leistungsfähigkeit. Der Durchschnitt aus diesen

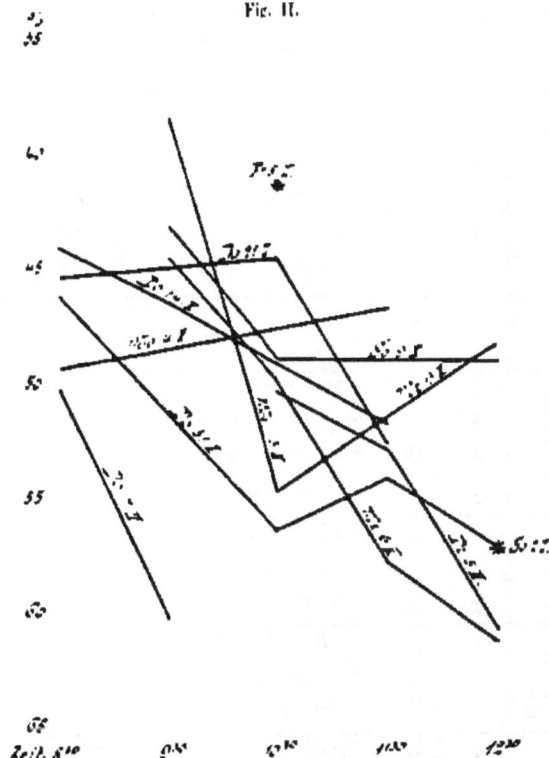

Fig. II.

23 Arbeiten ergiebt 49,6 : 57,3 : 54 : 59,8% Fehler. Abgesehen von der Minderwertigkeit der Arbeiten — in dieser Klassenhälfte befanden sich die schlechteren Rechner — ist das innere Verhältnis der Zahlen ein anderes als bei den entsprechenden Klassendurchschnitten. Der Arbeitsverlust beträgt jetzt im Maximum nur 10%, die geistige Ermüdung erscheint nur halb so gross als

Tab. IV.

Datum	Do. 31./1. 95			So. 2. 2 95	Mo. 4./2. 95		Di. 5. 2. 95			Mi. 6./2. 95				Do. 7./2. 95		F. 8. 2. 95	So. 10./2. 95			Mi. 13./2. 95			Do. 14. 2. 95			Do. 21./2. 95		
Uhr	8^{30}	10^{30}	11^{30}	12^{30}	8^{30}	11^{30}	10^{30}	11^{30}	12^{30}	9^{30}	10^{30}	11^{30}	12^{30}	8^{30}	9^{30}	10^{30}	9^{30}	10^{30}	12^{30}	9^{30}	10^{30}	12^{30}	8^{30}	9^{30}	11^{30}	8^{30}	10^{30}	11^{30}
Arbeitszeit (pro Exempel)	60	60	60	60	60	60	60	60	60	60	60	60	60	60	60	40	90	90	90	90	90	120	60	75	90	60	60	60
Aufgaben	12 gemischte																									12 Addit.		
Fehlerprocente	30,3	42	42,5	50,2	37	35,0	35	35	45,3	35,2	38,3	42	38	36	46,7	27,2	30,3	27,5	32	28,2	46	30,5	20	36	36,5	25,5	30	34,2
	Fehlerzahlen																											
Schüler 1	7	7	6	7	4	5	7	7	6	4	6	7	6	6	5	4	6	7	5	6	5	9	4	5	6	3	8	3
2	8	8	7	8	5	7	8	5	10	7	5	5	4	4	7	4	6	4	5	.	.	.	4	7	6	.	.	.
3	11	12	12	12	12	12	12	12	10	12	10	12	12	12	12	12	11	12	12	12	11	12	12	12	12	9	10	12
4	1	1	2	3	5	1	5	4	3	1	3	3	4	4	6	3	0	3	3	3	1	0	1	3	2	0	2	2
5	6	6	7	7	6	4	8	10	8	8	9	9	8	9	9	5	8	7	4	4	7	0	7	9	7	7	8	10
6	10	10	9	8	7	8	11	10	9	7	9	8	8	6	9	5	8	10	8	3	9	6	6	8	8	9	9	12
7	12	11	11	9	10	8	10	7	10	11	10	9	9	9	10	5	8	6	6	8	8	10	8	5	7	4	7	8
8	7	4	3	5	4	5	1	5	1	4	5	3	3	5	3	1	2	3	2	4	5	1	1	3	0	5	2	1
9	8	6	4	9	7	8	6	6	9	8	7	6	9	6	7	7	6	9	6	6	8	7	8	5	8	6	2	7
10	7	6	8	5	7	4	5	5	6	3	7	4	5	6	6	5	5	6	7	3	6	4	4	6	6	6	6	7
11	7	5	8	6	6	4	4	5	9	3	6	7	9	7	9	7	9	7	8	6	8	4	8	5	5	6	4	8
12	3	7	6	6	4	5	1	4	4	2	1	2	3	1	3	5	0	2	2	1	0	2	3	3	2	1	2	2
13	3	7	2	6	6	5	4	5	5	1	1	1	3	2	5	2	4	2	2	3	5	3	5	5	6	2	3	5
14	6	7	4	7	4	5	6	6	7	0	8	8	8	6	9	4	6	3	6	5	9	9	3	5	5	6	6	2
15	8	8	2	6	4	3	3	4	8	2	3	10	8	9	8	9	5	9	0	8	12	9	10	8	10	8	9	8
16	6	6	4	10	5	6	6	9	9	6	8	7	8	7	9	4	6	5	9	5	5	6	6	7	5	.	.	.
17	3	5	5	4	5	6	8	9	5	6	7	9	11	8	7	2	3	6	9	4	5	3	5	5	8	6	3	6
18	3	7	7	8	8	8	10	9	8	8	8	10	9	6	8	8	8	7	7	4	7	10	8	8	10	9	5	10
19	1	8	8	6	3	3	2	4	5	5	2	2	6	0	4	2	2	4	3	3	3	5	0	4	2	6	3	5
20	7	12	12	10	8	11	12	8	8	10	10	10	9	9	11	10	9	9	7	8	10	7	9	10	9	10	8	10
21	2	6	8	6	3	4	2	4	8	2	4	10	5	6	5	4	3	4	5	2	4	2	1	3	1	3	2	0
22	3	3	4	8	7	6	5	4	10	6	6	8	9	7	6	2	4	5	6	5	6	3	5	4	7	4	6	6
23	5	6	10	0	8	8	5	9	10	7	6	8	10	7	10	5	4	5	8	5	8	8	5	4	8	7	8	9
24	.	.	.	.	.	.	.	.	.	.	.	.	.	.	.	.	.	.	.	3	9	7	3	7	7	3	5	7

vorhin. Die Klassendurchschnitte bieten deshalb keinen genauen
Anhalt für die Verschiebungen in der Arbeitsfähigkeit. Solche
Schüler, die eine hinreichende Widerstandskraft haben, ferner die-
jenigen, welche mit vorrückender Zeitlage besser arbeiten, kom-
pensieren im Durchschnitt einen Teil jener, welche starke
Arbeitseinbussen erleiden.

Ein zweiter Durchschnitt wurde für 19 von den namentlich
angeführten Schülern gebildet (Übergangen wurden No. 2, 3, 8,
16, 24). Die Tab. III entspricht somit Tab. I, und Fig. II. der
Fig. I. Eine gewisse Ähnlichkeit zwischen ihnen ist unverkennbar,
wenn man davon absieht, dass Zahlen und Linien der Tab. III
und Fig. II. in einem tieferen Niveau liegen. Abweichungen
zeigen sich am Mi. 6./2., an welchem die Linie von 11³⁰ bis 12³⁰
in Fig. II. nicht ansteigt, sondern bis auf den tiefsten Stand sinkt;
ferner am Sonnabend 9./2., da die Linie eine Knickung nach
unten erfährt; sodann am Donnerstag 14./2., an welchem eine
Streckung der Tageslinie zu konstatieren ist. In beiden Figuren
erhebt sich in der letzten Zeitlage nur je eine Linie, je eine
andere liegt horizontal, der Rest zeigt Steilabfall. Die Montags-
linie ist für beide gleich charakteristisch.

Arbeitstypen. Die Vermutung, dass einige Schüler immer das
gleiche Arbeitsverhalten zeigen würden, bestätigte sich für die Mehrzahl (Tab. IV). No. 8 hat die Tendenz, mit vorrückender Zeitlage
besser zu arbeiten, zwischen dem Frühwert und dem höheren Mittags-
wert liegt wiederholt eine geringe Depression; ein einziges Mal,
am 5. 2., findet sich auch eine günstige Frühdisposition. Ein
solch typischer Fall ist unter den angeführten nur noch in No. 7
vorhanden, dagegen sehen wir bei No. 4 dasselbe Verhalten mit
dem gerade entgegengesetzten abwechseln, mit dem allmählichen
Sinken der Arbeitswerte. Vielleicht könnte man für 13./2. oder
14./2. die Tendenz nach oben mit der in den späteren Stunden
gewährten längeren Arbeitszeit in Zusammenhang bringen, aber
sie tritt auch sehr deutlich am 5./2. hervor. Eine Erklärung für
dieses aussergewöhnliche Arbeiten ist nach KRAEPELIN in einer
gewissen Müdigkeit der Versuchsperson am Morgen zu suchen.

Einen zweiten Typus bieten die Schüler, bei denen eine
Arbeitsanregung nicht stattfindet, deren Leistungsfähigkeit morgens
am grössten ist und dann merklich abnimmt; auch ihre Zahl ist
nicht gross. Beispiele sind No. 21, 22, 24, ganz besonders No. 23.
Diese Knaben liefern durch ihre Arbeiten den Beweis.

dass der voraufgegangene Unterricht eine starke psychische Ermüdung herbeigeführt hat. Wenn No. 21 in der ersten Zeitlage des 1., 4. und 5. Versuchstages von 12 Aufgaben 10 richtig löst und in der letzten nicht mehr als 2 oder 4 Aufgaben richtig zu rechnen vermag, so bezeugt die mangelhafte Leistung unzweideutig eine geistige Lähmung oder Ermüdungsnarkose.

Ein dritter Typus wird repräsentiert durch solche Knaben, deren Leistungen an einer bestimmten Stelle des Vormittags ihr Maximum erreichen, vorher steigen, nachher fallen; sie bilden einen allmählichen Übergang vom zweiten zum ersten Typus; einige haben die beste Leistung um 9³⁰, andere um 10³⁰ oder 11³⁰.

Bei einem vierten Typus endlich zeigen sich in den mittleren Zeitlagen Depressionen. Zu allen Zeiten gleiche Arbeitswerte hat keine von den Versuchspersonen gehabt, da auch die guten Rechner zuweilen Fehler machten, die schlechten Rechner wie No. 3 aber nicht berücksichtigt werden können.

Zur Gewinnung von Durchschnittszahlen für die einzelnen Arbeitstypen empfiehlt es sich, zunächst zwei nebeneinanderliegende Versuchstage, welche sich durch die Zeitlage der Versuche ergänzen, zu einer vollständigen Tagesreihe zu kombinieren und fehlende Stundenwerte durch Interpolation zu fixieren; darauf aus den Kombinationen Durchschnittszahlen herzustellen.

Es ergeben sich vier Kombinationen:

Do. 31./1. und So. 2./2., Mo. 4./2. und Di. 5./2., Mi. 6./2. und Do. 7./2., Do. 7./2. und So. 9./2. Die folgenden Tage stehen isoliert und haben ungleichartige Versuchsbedingungen, so dass sie ausser Betracht bleiben. Die erste Zusammenstellung ist schon einmal gemacht worden, es fehlt darin noch ein 9⁰⁰ Wert, welcher als Mittel aus den benachbarten Zahlen zu konstruieren ist. Zur zweiten Ergänzungsreihe wird der 8³⁰ Wert vom Montag den Dienstagswerten vorangestellt, er ist nach dem früher Gesagten eher zu niedrig als zu hoch gegriffen. Dagegen wird der 11³⁰ Wert vom Montag vernachlässigt, weil dieser Wochentag ein besonderes Arbeitsgesetz in der Mehrzahl der Fälle aufweist; der 9⁰⁰ Wert wird interpoliert. Bei der dritten Kombination wird der Frühwert vom Donnerstag an die Spitze gestellt, da er auch für Sonnabend 9./2. benutzt wird, ist ein gewisser Ausgleich herbeigeführt, sofern Übungswirkung im Spiel ist. Die Verwendung desselben Wertes für Sonnabend ist ohne Bedenken, da die verlängerte

Tab. V.

No.	Komb. Do. 31. 1. So. 2. 2.					Komb. Mo. 4./2. Di. 5./2.					Komb. Mi. 6.2 Do. 7. 2.					Komb. Do. 7./2. So. 9./2.				
	8ᵘ	9ᵘ	10ᵘ	11ᵘ	12ᵘ	8ᵘ	9ᵘ	10ᵘ	11ᵘ	12ᵘ	8ᵘ	9ᵘ	10ᵘ	11ᵘ	12ᵘ	8ᵘ	9ᵘ	10ᵘ	11ᵘ	12ᵘ
1	7	7	7	6	7	4	5,5	7	7	6	6	4	6	7	6	5	6	7	6	5
2	8	8	8	7	8	5	6,5	8	5	10	4	7	5	5	4	4	0	4	4,5	5
3	11	11,5	12	12	12	12	12	12	12	10	12	12	10	12	12	12	11	12	12	12
4	1	1	1	2	3	5	5	5	4	3	4	1	3	3	4	2,5	0	3	3	3
5	6	6	6	7	7	8	7	8	10	8	9	8	9	0	8	5	8	7	5,5	4
6	10	10	10	9	8	7	9	11	10	9	6	7	0	8	8	0	8	10	0	6
7	12	11,5	11	11	9	10	10	10	7	10	0	11	10	9	0	5,5	8	6	6	6
8	7	5,5	4	3	5	4	2,5	1	3	1	5	4	5	3	3	3	2	3	2,5	2
9	8	7	6	4	9	7	6,5	6	6	9	0	8	7	6	0	7	4	6	7,5	6
10	7	0,5	6	5	5	7	0	5	5	6	6	3	7	4	5	5	5	6	6,5	7
11	7	6	5	6	6	6	5	4	5	0	7	3	6	7	0	7,5	0	7	7,5	4
12	3	5	7	6	6	4	2,5	1	4	4	1	2	1	2	3	2	0	2	2	2
13	3	5	7	2	6	6	5	4	5	5	2	1	1	1	3	3,5	4	2	2	2
14	6	6,5	7	4	7	4	8	6	6	7	0	6	8	6	8	4,5	0	3	4,5	6
15	8	8	8	2	6	4	3,5	3	4	8	0	2	3	10	8	9,5	5	0	9	9
16	6	6	6	4	10	5	5,5	6	0	9	7	6	8	7	8	0,5	6	5	7	4
17	3	4	5	5	4	5	6,5	6	0	6	8	6	7	9	11	6,5	3	6	7,5	9
18	3	5	7	7	8	8	9	10	0	8	8	8	8	10	9	7	8	7	7	4
19	4	6	8	8	6	3	2,5	2	4	5	0	5	2	2	6	0	2	4	3,5	3
20	7	9,5	12	12	10	8	10	12	8	9	9	11	10	10	9	0	9	0	8	9
21	2	4	6	8	6	3	2,5	2	4	8	6	2	4	10	5	3,5	3	4	4,5	5
22	3	3	3	4	8	7	6	5	4	10	7	6	0	8	0	6	4	5	8,5	6
23	5	5,5	6	10	8	8	6,5	5	0	10	7	7	6	8	10	6	4	5	6,5	8

Tab. VI.

No.	Durchschnitte.									
	8ᵘ	9ᵘ	10ᵘ	11ᵘ	12ᵘ			a ⁰⁄₀.		
1	5,5	5,6	6,8	6,5	6		15,5	16,7	56,7	54,2	50
2	5,3	6,0	6,3	5,4	6,5		44,2	57,5	52,5	45	56,7
5	7,0	7,3	7,5	7,0	0,8		60,8	60,8	62,5	65,8	56,7
6	7,3	8,5	10	9	8,3		60,8	70,8	83,3	75	66,2
7	9,0	10,1	0,3	8,3	8,5		82,5	84,2	77,5	89,2	70,8
8	4,8	3,5	3,3	3,4	2,8		40	29,2	27,5	28,3	23,3
9	7	6,0	7	5,0	8,3		58,3	57,5	58,3	40,2	69,2
10	6,3	5,1	0	5,9	5,8		52,5	42,5	50	49,2	48,3
11	6,9	5,8	5,5	6,9	8		57,5	48,3	45,8	57,5	66,7
12	2,5	2,4	2,8	3,5	3,9		20,8	20	23,3	29,2	31,7
13	3,0	3,8	3,5	2,5	4		30	31,7	29,2	30,8	33,3
14	5,1	5,0	6	6,6	7		42,5	49,2	50	46,7	58,3
15	7,6	4,6	5,8	6,3	7,9		63,3	38,3	48,3	52,5	65
16	6,1	5,9	6,3	6,8	9		50,8	49,2	52,5	59,7	75
17	5,6	4,9	6,5	7,0	7,3		46,7	40,8	54,2	63,3	60,8
18	6	7,5	8	8,3	8		50	62,5	60,7	69,2	66,7
19	1,8	3,9	4	4,4	5		15	32,5	33,3	36,7	41,7
20	8,3	9,9	10,8	9,5	8,5		69,2	82,5	90	79,2	70,8
21	3,6	2,9	4	6,6	5		30	24,2	33,3	55	50
22	5,8	4,8	4,9	5,4	8,3		48,3	40	40	45	69,2
23	6,5	5,8	5,5	8,4	9,3		54,2	48,3	45,8	70	77,5

Arbeitszeit (90 Sek. pro Exempel) auf die Frühwerte kaum einen Einfluss hat, jedoch wird, weil schon der Montagsfrühwert für Dienstag zu tief liegt, und auch der Übungsfortschritt berücksichtigt werden muss, der 8^{30} Wert vom Do. 7./2. mit dem 8^{30} Wert vom Do. 14./2. auf einen Mittelwert vereinigt und an die Spitze der Sonnabendreihe gestellt.

Tab. V enthält die entstehenden Tagesreihen für 23 Schüler, Tab. VI die daraus hervorgehenden Fehlerdurchschnitte und Fehlerprozente, Tab. VII einige zu letzteren gehörige Tageslinien.

Es haben ein Maximum (Tab. VII) ein Minimum

(Fig. 1) um 8^{30}: No. 12, 18, 19.   (Fig. 6) um 9^{30}: No. 1, 6, 20, 22.

(Fig. 2) um 9^{30}: No. 10, 15, 16, 17, 21. (Fig. 7) um 10^{30}: No. 2, 14.

(Fig. 3) um 10^{30}: No. 11, 23.   11^{30}: No. 5.

(Fig. 4) um 11^{30}: No. 9, 13.

(Fig. 5) um 12^{30}: No. 7, 8.

Dem verschiedenen Arbeitsverhalten der Versuchspersonen liegen vermutlich verschiedene physiologische Zustände zu Grunde, die sich zu einem Teil aus den gegenwärtigen Arbeitsverhältnissen ableiten. Es ist anzunehmen, dass manches Individuum wie No. 4 zu verschiedenen Zeiten einem andern Typus angehören kann. Zwischen den einzelnen Arbeitstypen giebt es alle möglichen Übergänge und Kombinationen.

Unterrichtspausen. Von den berücksichtigten 21 Individuen

haben	um 10 h	11 h	12 h
ihr Optimum überschritten	8	10	14
ihr Optimum noch nicht erreicht	6	4	2
das 2. Optimum noch nicht erreicht	7	7	5

Nehmen wir an, dass eine Klasse aus zweimal oder dreimal 21 unserer Versuchspersonen sich zusammensetzt, so hat um 10 Uhr nach zweistündigem Unterricht ⅓ der Klasse die beste Leistung erreicht, ⅓ arbeitet sich weiter herauf, ⅓ erleidet eine Depression, welche einem zweiten Optimum voranfgeht. Die lange Pause an dieser Stelle erscheint demnach gerechtfertigt.

Um 11 Uhr steht das Verhältnis verändert, es haben 10, d. h. ½ unserer Schülerzahl das Optimum überschritten, 4 noch nicht erreicht, und 7 nähern sich der zweiten besten Leistung. Die Chancen für eine gute Leistung sind jetzt bei einer Klassenhälfte vorhanden; auch zu dieser Zeit dürfte eine längere Pause sich wertvoll erweisen.

Tab. VII.

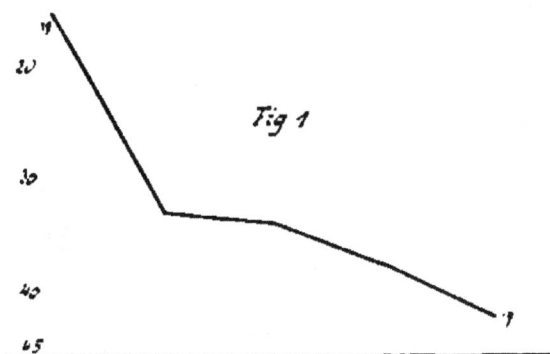

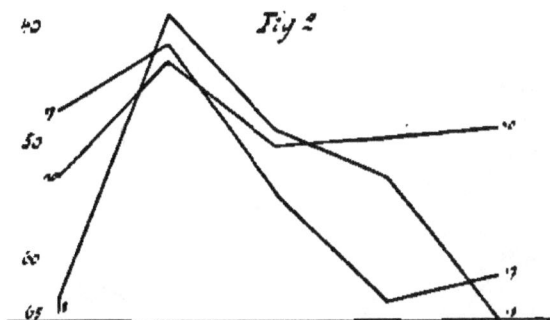

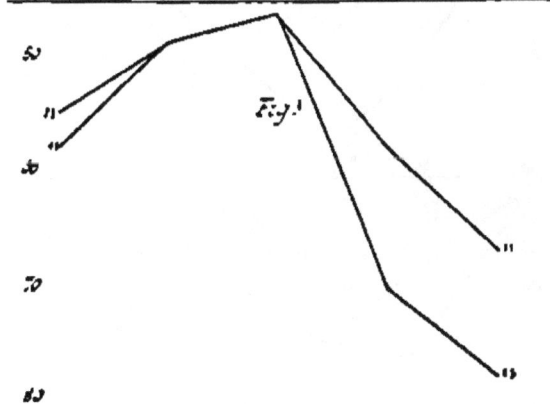

Tab. VII.

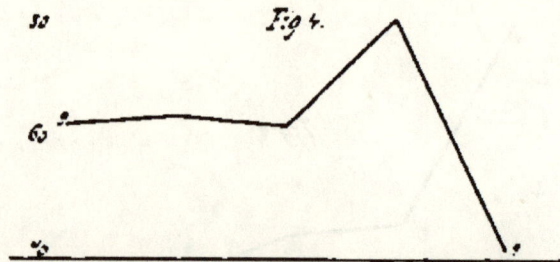

Fig 4.

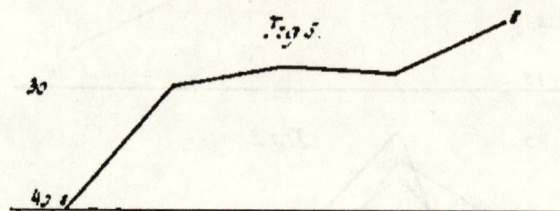

Fig 5.

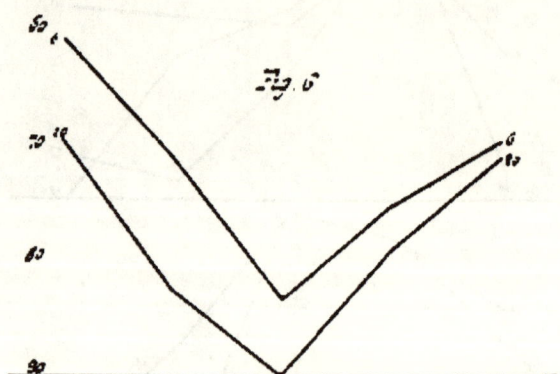

Fig. 6

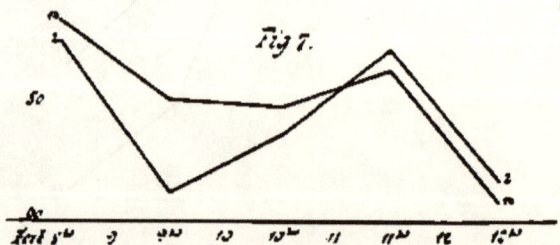

Fig 7.

Um 12 Uhr haben ⅔ der Schüler die beste Leistung hinter sich, nur ⅓ ist noch imstande, bessere Arbeitswerte zu erzielen. Deshalb wäre hier eine noch längere Pause an ihrem Platze: besser wäre es wohl, den Unterricht abzubrechen, da die zu erwartenden Resultate nur gering sind. Für die Mittelstufe einer Volksschule dürften 4 tägliche Unterrichtsstunden auch genügend sein.[1]

In sämtlichen Arbeitstypen (Tab. VII) bemerken wir einen Steilabfall der Qualität nach jedem Optimum. Die Schüler, welche nur ein Optimum in einer der ersten Zeitlagen besitzen, erleiden sehr starke Depressionen und dürften einer Überbürdung in erster Linie ausgesetzt sein.

Übung. Darunter versteht KRAEPELIN den Arbeitszuwachs, welchen eine Versuchsperson in gleichen Zeitstrecken mit vorrückender Zeitlage erzielt. Unter sonst gleichen Bedingungen muss jede folgende Zeitstrecke die vorhergehende um einen bestimmten durchschnittlichen Arbeitsbetrag übertreffen, und damit ist zugleich ein Mass für die Grösse der thatsächlichen Ermüdungswirkungen gegeben. Übung und Ermüdung haben auf jeder Arbeitsstufe einen bestimmten Wert. Der Übungszuwachs wird jedoch allmählich kleiner und sinkt auf 0, hängt ausserdem in hohem Grade von Disposition und Widerstandskraft ab, sodass er in Berechnungen einen beträchtlichen positiven oder negativen Fehler hervorrufen kann. KRAEPELIN berücksichtigt übrigens in dem Falle RIVERS[2] die Disposition nur, wenn sie ungünstig erschien. Bei einer einfachen Versuchsarbeit nach fortlaufender Arbeitsmethode ist die Arbeitsmenge direkt proportional der Arbeitsgeschwindigkeit bei gleichbleibender Qualität.

Eine zweite Übungswirkung ist der Arbeitsfortschritt in der Qualität bei gleichbleibender Quantität und Arbeitsgeschwindigkeit, er ist für die Schularbeit bei weitem wichtiger als der Arbeitszuwachs. In den in Rede stehenden 28 Versuchen, bei welchen 28×12 oder 336 Einzelaufgaben gestellt wurden, fällt ihm eine Rolle zu, welche in der Mehrzahl der Leistungen zur Erscheinung kommt. Der Fortschritt bleibt gänzlich aus bei No. 3.

[1] In den Schulen Frankreichs ist die Stundenzahl eine beträchtlich niedrigere als in Deutschland. Ein französischer Schulmann, der an einer Berliner Anstalt hospitierte, fällte über unsere Schüler das zutreffende Urteil, sie kämen ihm durchweg ermüdet vor.

[2] Über Ermüdung und Erholung von RIVERS und KRAEPELIN l. c.

Dieser Schüler bietet einen eigenartigen Fall. Er ist für sein Lebensalter (10½ Jahre) kräftig entwickelt, ist gleichwohl Neurastheniker. leidet sehr oft an Kopfschmerz und Unwohlsein; nach dem Schulbesuch ist er meist so abgespannt, dass er des Schlafes bedarf. Seine Leistungen sind befriedigend mit Ausnahme im Rechnen, obgleich er sich hierin viel Mühe giebt und häusliche Nachhilfe hat. Wie Ergographenmessungen ergaben, erleidet er nach Rechenversuchen einen enormen muskulären Verlust. es tritt also nicht einmal eine gewisse Gewöhnung an diese Denkoperation ein, die Versuchsarbeit ruft immer dieselbe psychische und physiologische Ermüdung hervor.

Vereinigt man sämtliche Frühwerte mit Ausnahme von Do. 21./2. (Tab. VIII). so geben die Durchschnittszahlen keinen Anhalt für Übungswirkung, das Verhältnis ist 30,3% : 37% : 36% : 29%:

dagegen bemerkt man in vielen Einzelfällen das Ansteigen des Arbeitswertes. Bei No. 1 ergiebt das Verhältnis 7 : 4 : 6 : 4 eine Aufbesserung von 25% : 8,3% : 25%; bei No. 2 sogar 25% : 33,3% : 33,3%; bei No. 5 haben wir einen scheinbaren Rückschritt von 25%, resp. 6,3%. Dieser Fall lässt sich wie No. 4 durch die Annahme ungünstiger Dispositionen erklären. Eine fortschreitende Reihe von Arbeitswerten liefert No. 6, ferner No. 7. Interessant sind die extremen Fälle No. 8, 21, 22, 23. Bei No. 8 sieht man einen vorzüglichen Übungsfortschritt in dem Fehlerverhältnis 7 : 4 : 5 : 1. No. 21 könnte, wenn Do. 7./2. eine Ausnahme darstellt. als konstant angesehen werden. Dagegen lassen No. 22 und 23 weder in den Frühwerten

Tab. VIII.

Datum	31./1.	4./2.	7./2.	14./2.
Uhr	8⁴⁵			
Zeit pro Exempel	60	60	60	60
Fehlerdurchschn.	30,3	37	36	29
Fehlerzahlen				
Schüler 1	7	4	6	4
2	8	6	4	4
3	11	12	12	12
4	1	5	4	1
5	6	8	9	7
6	10	7	6	6
7	12	10	6	8
8	7	4	5	1
9	8	7	6	8
10	7	7	6	4
11	7	6	7	6
12	3	4	1	3
13	3	6	2	6
14	6	4	6	3
15	8	4	0	10
16	6	5	4	6
17	3	5	8	5
18	3	8	6	8
19	4	3	6	0
20	7	8	9	8
21	2	3	6	1
22	3	7	7	5
23	5	8	7	6

noch in den übrigen Tagesleistungen (Tab. IV) Fortschritt. selbst nicht Konstanz erkennen. die Leistungen gehen vielmehr in der

ersten Versuchsserie herab und bessern sich erst bei verlängerter
Arbeitszeit etwas auf. Man ist vielleicht berechtigt, den
Schluss zu ziehen, dass leicht ermüdbare Schüler nur
geringe Übungsfähigkeit besitzen, während ausdauernde
sehr übungsfähig sind. Im übrigen ist das Zahlenmaterial
nicht ausreichend, um es rechnungsmässig zu verwerten.

Disposition. Mehr noch als Erwachsene sind Kinder von
ihrer Aufgelegtheit abhängig. Kinder haben ihren guten Tag, an
dem sie brillieren, und ihren schlechten Tag, dass Eltern und
Lehrer verzweifeln möchten. Mangel an Aufmerksamkeit, Gedächtnis, Denkfähigkeit, infolgedessen an Qualität und Quantität der
Leistungen gegen den normalen Zustand sind die Kennzeichen
der Indisposition wie der Ermüdung. Der öftere Wechsel der
Aufgelegenheit aus geringfügigen Ursachen, welcher so tief in
die Arbeitsfähigkeit eingreift, kommt in den Fehlerzahlen zu
markantem Ausdruck (Tab. VIII). Bei No. 1 liegt um 7./2. um 8³⁰ eine
Depression, schon um 9³⁰ ist sie ausgeglichen. Bei No. 4 findet
sich um 4./2. um 8³⁰ eine Indisposition, welche bis 11³⁰ behoben
ist, um 7./2. eine solche nachwirkend bis 9³⁰. No. 8 giebt ein
schönes Beispiel von günstiger Disposition. Am 11./2. steigen die
Arbeitswerte gegen den vorhergehenden Tag erheblich, seinem
Arbeitstypus entsprechend erreicht er an diesem Tage um Mittag
die beste Position überhaupt, nämlich 0 Fehler.

Schlussbemerkung. Die Diskussion der Ergebnisse lehrt,
dass die Beantwortung der Überbürdungsfrage von der
Beobachtung der individuellen Arbeitsverhältnisse
unserer Schüler ausgehen muss: es giebt Arbeitstypen,
auf welche im gegenwärtigen Lehrverfahren nicht genügend Rücksicht genommen wird. Der Überbürdung
fallen in erster Linie diejenigen Schüler anheim, welche
ihr Arbeitsoptimum in den ersten Stunden einbüssen und zu
den späteren Zeitlagen eine starke geistige Ermüdung in der
Herabminderung des Arbeitswertes erkennen lassen. Eine Überbürdung, d. i. Ermüdung von längerer zeitlicher Ausdehnung bei
tieferen Funktionsstörungen, deren Beseitigung besondere Massnahmen erforderlich macht, war durch die gewählte Unter-
suchungsmethode nicht mit Gewissheit zu konstatieren.

—

Versuche II.

An vier Versuchstagen wurden in späteren Zeitlagen die Arbeitszeiten verlängert, um vielleicht die Ermüdung dadurch etwas zu paralysieren. Nicht in allen Fällen trat die erwartete Wirkung ein, dagegen liess sich sofort am Freitag 8./2. und Sonnabend 9./2. eine bedeutende Aufbesserung der Klassenleistungen konstatieren, die auch Mittwoch 9³⁰ vorhanden war. Es finden dann so starke Qualitätseinbussen statt, dass die Aufstellung von Vergleichszahlen sich erübrigt. Dass jedoch verlangsamtes Arbeiten zunächst bessere Arbeitsqualität zur Folge hat, scheint aus den Zahlen vom 8./2. und 9./2. hervorzugehen.

Einige Versuche, welche die **Arbeitsgeschwindigkeit** in verschiedenen Zeitlagen und ihr Verhältnis zur Arbeitsqualität betreffen, mögen hier ihren Platz finden.

Versuchsarbeit A. Division einer dreistelligen Zahl aus dem Kreise 501—999 der Reihe nach durch die Grundzahlen 2—9 mittels Kopfrechnen. Je 8 Aufgaben bildeten eine Gruppe, zwischen zwei Gruppen lag eine Pause, welche nicht immer gleich lang ausfiel. Die Lösung erfolgte nach dem Verfahren des schriftlichen Rechnens, d. h. mit Berücksichtigung des Stellenwertes der Ziffern, weil die Schüler diese Methode als leichtere bevorzugen; jedoch wurden die Ziffern der Teilaufgaben nicht niedergeschrieben. Die vierte Versuchsperson hatte allerdings in den beiden ersten Gruppen das Verfahren des Kopfrechnens gewählt und dadurch mehr Zeit verbraucht. Tab. IX giebt in 4 Kolumnen die Arbeitszeiten für jede Aufgabengruppe, die Denkfehler (F), Versehen oder Schreibfehler (V) und Korrekturen (K) an.

Ergebnis. Versuchsperson Jachan erreicht in einer Arbeitsstunde drei Maxima der Arbeitsgeschwindigkeit in Gruppe II, V. VIII—IX und ein Maximum der Arbeitsqualität in Gruppe VI—VII. Grösste Arbeitsgeschwindigkeit und beste Arbeitsqualität fallen also bei ihm nicht zusammen:

Tab. IX.

23.2. 95 Uhr	Jachen				Domnitz				Wehling				Lassotti			
	Arbeitszeit	Fehler	Vers.	Korr.	Arbeitszeit	Fehler	Vers.	Korr.	Arbeitszeit	Fehler	Vers.	Korr.	Arbeitszeit	Fehler	Vers.	Korr.
6h	I 6 min.	3	.	.	I 6 min.	5	.	1								
									I 10 min.	2	1	.				
	II 3 min.	2	1	1									I 18 min.	8	.	.
					II 10 min.	5	.	.								
	III 5 min.	1	.	1					II 7 min.	.	.	2				
7h					III 6 min.	5	.	1								
	IV 5 min.	1	1	1					III 7 min.	3	.	.				
	V 3½ min.	1	1	1	IV 8 min.	1	.	1	IV 7 min.	2	1	.	II 17 min.	7	.	.
	VI 5 min.	1	.	.												
					V 6½ min.	2	.	1	V 10 min.	.	.	2				
	VII 4½ min.	1	.	.									III 6½ min.	6	.	.
	VIII 3 min.	1	1	.	VI 7 min.	5	.	1					IV 5 min.	8	.	.
	IX 3 min.	2	.	1					IV 9 min.			.				
					VII 9½ min.	5	.	1					V 8½ min.	8	.	.

Schüler Domnitz: Drei Geschwindigkeitsmaxima in Gruppe I, III, V—VI und ein Qualitätsoptimum in Gruppe IV—V; auch hier fallen die Maxima zeitlich auseinander.

Schüler Wehling: Typus eines gleichmässigen Arbeiters, Geschwindigkeitsmaximum in II—III—IV, zwei Qualitätsmaxima in II und V—VI.

Schüler Lassotti (No. 3 in Tab. VI) ein Geschwindigkeitsmaximum in IV, die Qualität bleibt gleich schlecht.

In diesen 4 Beispielen zeigt sich wieder die Thatsache, dass langsames Arbeiten bessere Arbeitswerte zur Folge hat, und der Arbeitszuwachs mit dem Arbeitsfortschritt nicht coincidiert.

Dieser Versuch sowie der nachfolgende (B) wurden zugleich als Vorversuche für Ergographenmessungen angestellt. Als weiteres Ergebnis wird deshalb hervorgehoben, dass am Ende des einstündigen Versuches weder die Arbeitsgeschwindigkeit noch der Arbeitswert einen sicheren Schluss auf Ermüdung gestatten, während die Ergographenmessung überall ein enormes muskuläres Minus anzeigte, und alle vier Schüler starke subjektive Ermüdung empfanden.

Versuch B. Die Arbeitszeit wurde mittels der Fünftelsekundenuhr direkt gemessen. Als Versuchspersonen fungierten gleichzeitig zwei Tertianer der Realschule: Krause (14,5 Jahre) und Staudt (14,5 J.), beide von kräftiger Konstitution und hinreichender Befähigung. Als Versuchsarbeit wurden die in den Versuchen I beschriebenen Additionen und Subtraktionen gewählt. Im Momente der Aufgabenstellung wurden 2 Uhren in Gang gesetzt, im Momente der Niederschrift des Resultats durch den Schüler die betreffende Uhr arretiert; zur Bedienung der Uhren waren zwei Versuchsleiter vorhanden. Für Nennung der Aufgabe verbrauchte der Versuchsleiter stets 6 Sekunden. 24 Sekunden waren für die Lösung angesetzt; 60 Aufgaben nahmen demnach 30 Minuten in Anspruch.

Ergebnis. Tabelle X giebt die verbrauchten Arbeitszeiten an, je 10 Aufgaben sind zu einer Serie zusammengestellt. Bei K. lassen die Summen 159,5 : 161,5 : 163,5 : 185,2 : 185 : 178 ein allmähliches Sinken der Arbeitsgeschwindigkeit erkennen, ausgenommen in der letzten Serie. Die Differenz zwischen End- und Anfangsgeschwindigkeit ist noch beträchtlicher bei S., sie beträgt 201,4 — 163,5 = 37,9 Sekunden oder 3,79 Sek. pro

Tab. X.

K.   **S.**

19	20	16	22	22,4[1]	17		17	21	17,5	18,5	24,5	18,2
15	18	15	17,5	19,4	21,5		15	17	18	17	19	22,8
19	19	16,5	19	19	20,5		15	19[4]	20	15,5	15	22
12	20,5	13	17	15,8	19,5		12,5	21	18,5	19,5	15,4	15
19	17	14	20	20,6	17		20	16	17	21,5	18	24
16	14	20	19	18,0	19[4]		15	10	18,5	17,2	24	
14	18[1]	14	23,8	21,2	16,4		11	17[5]	20,5	21,2	20,8	21
13,5	10,5	12	20,5	10,8	18,8		15	16	18	19	19	21
17,5	16	12	19	14,0			14,5	16	23	17	17,2	16,4
15	11,5	10	19,5	20,2			19,5	18	17	21	18,8	17

159,5	161,5	163,5	185,2	185,0	179,0		163,5	170,0	186,0	188,7	181,4	201,4
4 r	5 r	8 r	8 r	9 r	10 r		8 r	1 r	5 r	2 r	5 r	4 r

[1] Störung durch Geräusch.
[2] Nachträglich korrigiert.
[3] Schwieriges Exempel.

[4] Störung durch Geräusch.
[5] Nachträglich korrigiert.
[5] Schwierig.

Tab. XI.

K.   **S.**

11,4	11	11,2	12,4	11,8	14,4		11,4	12,2	11	16,4	13	13,8
13	12,4	12	12,2	11,8	13		13,6	12,4	13,2	16,2	14,6	13,8
12,4	11,2	11	11	11,1	13		13	11	11,2	15,4	16,4	17
14,2	12,4	12,4	10	13	13,4		14,6	12,4	11,0	10	15,8	14
12,8	12,4	12,2	13	11	11,6		11,8	13,2	11	11	13,4	15
11,2	10,6	12	11,8	13,4	10,4		14,6	12	11,2	15	11	16
11	11	16,8	13	15,4	13		15,2	12,4	11,6	15	15,2	14
11,5	11,6	11,2	12,2	10,8	10		14,8	14,8	14,4	12,6	12,0	14
11,2	13,6	12,2	12,2	13,4	12,4		14	11	16,4	16,8	12,2	14,4
11	13,6	12	14,0	15,6	11,8		12	12,4	14	16,8	16,2	14,1

125,0	120,2	122,2	123,4	135,0	126,0		136,2	127,8	141,0	146,4	150,6	151,0
10 r	8 r	9 r	10 r	10 r	9 r		9 r	10 r	7 r	5 r	6 r	7 r

Tab. XII.

K.   **S.**

16	16,6	12	14,2	14,2	14,5		15,6	15,4	15	17,2	19,4	9,5
10,6	13,6	12	12,4	10	12		17,2	12,0	15	18,6	11,8	17,5
14,4	11,4	14,8	11,8	10,2	12,2		17,5	15,2	17,2	15,4	12	16,8
20,8	16,2	20,6	12,4	13	14,5		21	13,2	16	18	10	14
14,4	13,5	13,6	11	14,2			15,4	14,8	15,8	13,6	10,8	14,8
15,2	16	13,5	14	11,0	14,4		16,4	14	14,5	16,2	12,8	14
20	14,5	15,2	18	13,2	13,2		18	16,5	17,5	12,4	11,6	14,2
17	16	13,8	18	21	22		13,8	14,8	17,6	16,8	14,4	14,4
11,4	10,5	14,2	11,4	12,4	14		13,4	18,0	16,6	12	12,2	15
11,5	17	10,4	13,8	12	14,5		16	17	20	13,4	13	17,5

151,4	170,0	154,7	140,4	130,2	140,2		161,3	153,0	168,2	155,8	122,0	146,7
5 r	10 r	10 r	8 r	10 r	6 r		5 r	8 r	1 r	3 r	5 r	5 r

Ergograph ergiebt Anregung.   Ergograph zeigt ein geringes Minus.

Einzelaufgabe. Man könnte aus dem Herabgehen der Geschwindigkeit auf beginnende Ermüdung schliessen, auch würde die sinkende Arbeitsqualität bei S. darauf hindeuten, bei K. ist jedoch eine stetige Zunahme der letzteren vorhanden. Dieser Schüler fühlte sich bei Beendigung des Versuches noch nicht ermüdet, während S. schon eine Abneigung vor der Versuchsarbeit hatte und sich durch einen Spaziergang Erholung zu schaffen wünschte. Die Ergographenmessung ergab bei K. vor dem Versuch um 11 Uhr (gehobenes Gewicht 4.200 kg, ein Hub in der Sekunde): 2.604 kgm, nach dem Versuch um 11⁵⁰ Uhr: 3,192 kgm; bei S. (Gewicht 3,570 kg) vor dem Versuch: 1,678 kgm, nach dem Versuch: 1.571 kgm. Die Zunahme der muskulären Leistung beim ersten Schüler bezeichnet einen Erregungszustand, die Abnahme dieser Leistung beim zweiten Schüler zeigt, dass hier der Erregungszustand bereits einer Depression gewichen ist.

In den folgenden Versuchen (Tab. XI) nahm die Arbeitsgeschwindigkeit erst zu, dann bei K. allmählich, bei S. schneller ab, während die Qualität noch konstant blieb. Der Ergograph indizierte wie vorhin.

In einer andern Versuchsreihe (Tab. XII) sind mehrfache Oscillationen in der Arbeitsgeschwindigkeit zu konstatieren. Die fettgedruckten Zahlen der Tab. X und XII geben die Lage der unrichtigen Resultate an, dieselbe ist ohne Regel. Auch zwischen Arbeitsqualität und Arbeitsgeschwindigkeit ist eine Beziehung scheinbar nicht vorhanden; vermutlich wirken nicht längere Arbeitszeit, sondern längere Arbeitspausen (die in diesem Falle nicht gewährt wurden) günstig auf die Arbeitsresultate ein.

Das verlangsamte Arbeiten hatte verschiedene Gründe. Wiederholt wurden in den späteren Aufgaben Zahlen vergessen infolge Nachlassens des Gedächtnisses, zuweilen traten sie wieder ins Bewusstsein. Oder Vorstellungen anderer Art schoben sich unmerklich zwischen die Zahlen ein. Mitunter trat eine Denkpause ein, der Verstand stand thatsächlich einen Moment still, man könnte diesen Vorgang als intermittierendes Denken bezeichnen. Endlich fand auch Verrechnen verbunden mit schnellem Nachrechnen statt.

—

Versuche III.

(Ergographenmessungen.)

Die Untersuchungen Mosso's über Muskelermüdung unter dem Einfluss geistiger Arbeit eröffneten einen Weg, die neben der geistigen Ermüdung hergehende körperliche Ermüdung zu messen und die ebengenannten Versuche wertvoll zu ergänzen. Mosso's Ergograph ermöglicht es, die jeweilige physiologische Leistungsfähigkeit eines Individuums festzustellen, indem er die mechanische Arbeit einer bestimmten Muskelgruppe bis zu ihrer totalen Erschöpfung direkt verzeichnet. Der Apparat zerfällt in zwei Teile: in den Fixierapparat, welcher die Hand unbeweglich festhält, und den Registrierapparat, welcher die periodischen Kontraktionen des sich frei bewegenden und belasteten Mittelfingers auf einem rotierenden berussten Cylinder graphisch angiebt. Die hier entstehende Linie heisst Ermüdungskurve, „sie ist für jede Person charakteristisch.[1]) d. h. in ausgeruhtem Zustande bei einem gewissen Gewichte und demselben Rhythmus entsteht die gleiche Linie. Wenn aber ein grösseres oder geringeres Gewicht gehoben werden soll, oder der Rhythmus der Kontraktionen sich ändert, oder die Person durch vorhergegangene Arbeit mehr oder weniger ermüdet ist, so verändert sich die Kurve; denn sie ist die Resultante eines Komplexes von Ursachen, welche auf die Muskeln, auf die Nervenzentren, auf den Blutkreislauf wirken und die von der Zusammensetzung des Blutes und von der Gesamtresistenz des Organismus abhängen.“ Die Ermüdung ist für Mosso ein Vorgang chemischer Natur; wenn sich im Blute Zerfallstoffe, deren wichtigster die Milchsäure ist, anhäufen, so fühlen wir uns ermüdet, überschreiten sie die physiologische Grenze, so werden wir krank.

---

[1]) Vgl. Mosso: Über die Gesetze der Ermüdung. Archiv für Physiologie 1890 und: Die Ermüdung. Aus dem Italienischen übersetzt von J. Glinzer. Leipzig, Hirzel, 1892.

Zur muskulären Ermüdung tragen ausser der geistigen Thätigkeit bei: unzweckmässige Lebensweise, namentlich Mangel an Schlaf und Nahrung, übermässiger Genuss alkoholischer Getränke, ferner schwere körperliche Arbeit, Aufregungen u. s. w. Zu den Faktoren, welche ein muskuläres Plus hervorbringen, gehören, ausreichender Schlaf, Nahrungsaufnahme, Bäder, Spaziergänge, leichte körperliche oder geistige Arbeit bei gutem physiologischem Zustande des Individuums. Es ist nicht nur zulässig, sondern in pädagogischem Interesse erwünscht und notwendig, dass dieser ganze Komplex in dem Organismus wirkender Ursachen zu einem messbaren Ausdruck gebracht wird. Für die Frage nach dem Ermüdungswert einer bestimmten geistigen Arbeit wird natürlich die Konstanz der physiologischen Bedingungen erforderlich sein.

Einwürfe gegen die Anwendung des Ergographen können nicht das Prinzip, sondern nur die Empfindlichkeit desselben zur Messung der Ermüdung treffen. Dieselben kann man durch die Messungen selbst und Vergleich der Befunde mit anderen Momenten widerlegen.

Ich lasse einige Zahlen folgen, welche an der eigenen Person gefunden wurden, um den Wert des Ergographen zu illustrieren: diese Zahlen stellen die muskuläre Leistung des Mittelfingers in Kilogrammmetern vor und werden berechnet, indem man sämtliche Hubhöhen der Ermüdungskurve addiert und die Summe mit dem gehobenen Gewicht (1,200 kg) multipliziert.

3. Januar 1896, 3 Uhr nachmittags 4,578 (um diese Tageszeit liegt ein periodisches Minimum), 8 Uhr 30 Min. 5,000 (Durchschnittsleistung).

4. Januar 1896, 8 Uhr 45 Min. vormittags 5,418 (nach neunstündigem Schlaf, frisch), 10 Uhr 45 Min. 5,657 (nach Zeitungslektüre und einhalbstündiger Arbeit angeregt); 3 Uhr 15 Min. nachmittags 4,086 (nach fortgesetzter geistiger Beschäftigung, müde), 6 Uhr 15 Min. 5,282 (nach Spazieren und Baden, frisch); 2 Uhr 30 Min. nachts 4,494 (Ermüdung nach einem gesellschaftlichen Abend).

5. Januar 1896, 10 Uhr 30 Min. vormittags 4,368 (nach siebenstündigem Schlaf, welcher nicht ausgereicht hat, die Ermüdung fortzuschaffen); 1 Uhr 30 Min. nachmittags 2,982 (nach fortgesetzter geistiger Beschäftigung, Übermüdung).

6. Januar 1896, 8 Uhr 30 Min. vormittags 5,124 (nach zehnstündigem Schlaf, die Übermüdung scheinbar ausgeglichen); 2 Uhr

45 Min. nachmittags **3,444** (tritt wieder hervor), 5 Uhr 30 Min.
4,620 (nach einstündigem Schlaf), 8 Uhr 15 Min. **5,292** (nach
Baden, Spazieren und Nahrungsaufnahme, frisch).

7. Januar 1896, 1 Uhr 30 Min. mittags **4,872** (nach Schulschluss).

8. Januar 1896, 8 Uhr morgens **5,964** (Maximum).

5. Februar 1896, 8 Uhr abends **4,242** (müde); 12 Uhr
nachts **4,116** (nach einer Vereinssitzung, müde, doch geistig
angeregt).

6. Februar 1896, 7 Uhr 30 Min. morgens **3,948** (Ermüdung
noch nicht ausgeglichen, obwohl psychisch angeregt).

Es mag hier ferner der Befund einer Voruntersuchung,
welcher sehr instruktiv ist, angeführt werden; dieselbe Versuchsarbeit enthält für verschiedene Versuchspersonen je nach den
individuellen Verhältnissen: der Vorbildung, der Befähigung, dem
physiologischen Zustand und dem Arbeitstypus eine verschieden
starke Belastung, welche muskulär zur Erscheinung kommt. Ein
Rechenversuch nach Art der Versuche I von 70 Minuten Dauer,
11^{25} bis 12^{25} (von 10^{30} bis 11^{25} Ruhepause), an welchem zwei
Tertianer Krause und Staudt, sowie zwei Quartaner Hartung und
Merten teilnahmen, ergab die folgenden Differenzen:

	bei Krause	Staudt	Hartung	Merten
Gewicht:	4,200 kg	3,550 kg	2,550 kg	2,550 kg
10^{30}:	3,318 kgm	1,714 kgm	1,122 kgm	1,097 kgm
12^{25}:	3,612 „	1,607 „	0,638 „	0,536 „
Differenz:	+ 0,294 „	− 0,107 „	− 0,484 „	− 0,561 „

Der Befund charakterisiert die Versuchspersonen durchaus
zutreffend. Krause, ein befähigter Schüler von grosser Widerstandskraft, wird durch die bezeichnete Arbeitsleistung subjektiv
und objektiv angeregt, wie in den Versuchen II, sein Klassen-
genosse Staudt büsst einen kleinen Prozentsatz an Muskelkraft ein;
die beiden Quartaner dagegen erleiden eine beträchtliche Einbusse
von 43, resp. 51% und sind subjektiv stark deprimiert. Man
muss sich diese Thatsache vergegenwärtigen, wenn bei den
Messungsergebnissen Verschiedenheiten zu Tage treten; im Klassen-
unterricht ist zudem die Anstrengung der einzelnen Schüler verschieden gross.

Fig. III. giebt vier zu dem Versuch gehörige Arbeitskurven.
Messungen nach Schulstunden ergaben am 30./11. 1895:

	bei Hintze	Hartung
Gewicht:	2.840 kg	2,550 kg
6 Uhr:	1,737 kgm	0,879 kgm
Religion		
9 Uhr:	1,676 „	1,02 „
Französisch		
10 Uhr:	1,619 „	0,842 „

Am 2./12. 1895:

	bei Hintze	Hartung	Merten
Gewicht:	2,840 kg	2,550 kg	2,550 kg
6 Uhr:	1,040 kgm	1,084 kgm	1,250 kgm
Geometrie			
9 Uhr:	1,529 „	1,100 „	0,906 „
Französisch			
10 Uhr:	1,704 „	1,020 „	0,956 „
Naturb.			
11 Uhr:	1,882 „	1,326 „	0,765 „
Zeichnen			
12 Uhr:	1,409 „	0,561 „	0,816 „
Deutsch			
1 Uhr:	1,882 „	0,816 „	0,994 „
Differenz			
zwischen 6 und 1 Uhr:	0,058 „	0,168 „	0,256 „

Deutlicher als irgend welches Gefühl oder irgend welcher
Kalkül, den man über den physiologischen Zustand der eigenen
oder einer fremden Person anzustellen imstande wäre, geben
diese Messungen denselben an. Der Ergograph erweist sich auch
als der sicherste Indikator für Ermüdung. Es zeigte sich vorhin,
dass aus der Beschaffenheit der Resultate bei Rechenversuchen,
sowie der Länge der verbrauchten Arbeitszeiten nichts oder wenig
ersichtlich war, wenn der Ergograph schon eine bedeutende Herabminderung der Muskelkraft indizierte und die Versuchsperson
subjektiv Ermüdung an sich wahrnahm. Das Sinken der Aufmerksamkeit und des Interesses, der Qualität und Quantität der
Leistungen kann oft noch einige Zeit unterdrückt werden, wenn
der Wille vorhanden ist, der die Person sagen lässt: „Ich habe

Fig. 111.

1)

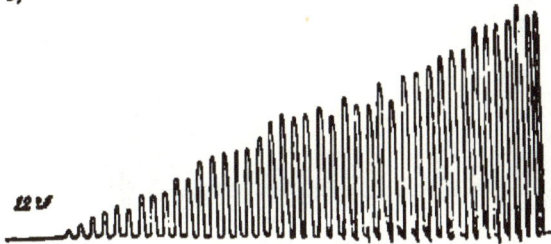

2)

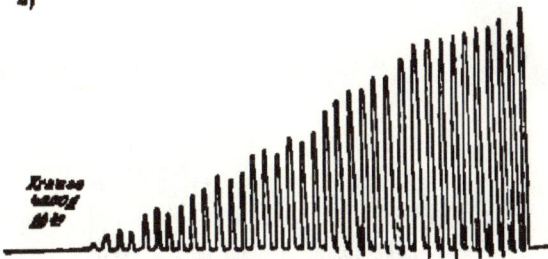

Fig. III.

3)

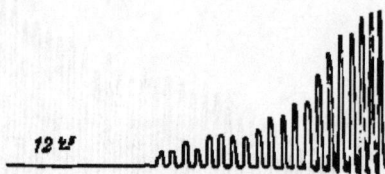

12 *t*

4)

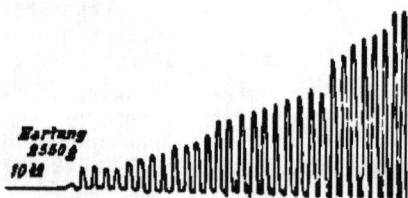

Hartung
2550 g
10 M

jetzt keine Zeit müde zu sein?" Die Muskeldepression lässt sich durch die stärkste Willensanstrengung nicht verdecken.

Deshalb wurde der Apparat während der Dauer von mehreren Monaten fast täglich benutzt, um an einer Anzahl von Schülern verschiedener Klassen einer Gemeindeschule und der V. Realschule Messungen zu allen Tageszeiten vorzunehmen, oft wurde nach jeder Unterrichtsstunde eine gemacht. Die gewonnenen Zahlen sind Stichproben, welche aus dem physiologischen Zustand einiger Schüler Auskunft über die Wirkung des vorangegangenen Unterrichts geben sollen. Messungen an arbeitsfreien Tagen wurden ausgeführt, um den Unterschied zwischen den Resultaten an diesen und an Schultagen festzustellen. Als Versuchspersonen wurden meist Knaben gewählt, welche in ihrer Befähigung dem Durchschnitt der Klasse entsprachen, zugleich als aufmerksam und fleissig bekannt waren, so dass die Überzeugung vorhanden war, die volle Wirkung des Unterrichts werde an ihnen zum Ausdruck kommen.

Die hauptsächlichste Fehlerquelle des Apparates, mangelhafte Befestigung der Hand und des Armes auf dem Fixierbrett, konnte dadurch ausgeschaltet werden, dass der linke Unterarm mit 2 Gurten auf der Platte fest angeschnallt und der Ellbogen nach vorn gedrückt wurde. Ausserdem kamen nur solche Schüler für die Messung in Betracht, welche nach einer Übungszeit Reflexbewegungen gut zu unterdrücken vermochten, sodass eine eindeutige periodische Kontraktion des Mittelfingers erfolgte.

Das Gewicht wurde ziemlich hoch gewählt, um die Arbeitskurve abzukürzen, aus demselben Grunde wurde in jeder Sekunde ein Gewichtshub gemacht.

Neuerdings erhielt der Ergograph, welcher vom hiesigen psychologischen Universitätsseminar durch Herrn Professor Stumpf bereitwilligst zur Verfügung gestellt wurde, auf meinen Wunsch eine weitere Umgestaltung. Das Fixierbrett, welches bei Mosso eine schiefe Ebene ist, wurde horizontal gelegt mit einer leichten Neigung nach vorn. Unterarm und Hand werden in Pronation darauf befestigt; dadurch ist die Tendenz derselben, nach hinten auszuweichen und die Widerstände zurückzudrängen, in die entgegengesetzte verwandelt, gegen die vorderen, vollkommen unverrückbaren Widerstände, welche durch die angeschraubten Hülsen dargeboten sind, zu drücken. (Siehe die Abbildung.)

Die Drehungsachse des Mittelfingers hat nunmehr bei den Kontraktionen eine Identische räumliche Lage. Ferner wurden die Metallhülsen für Zeige- und Goldfinger in zwei Halbrinnen zerschnitten, welche durch je zwei verschiebbare Ringe zusammengehalten werden und für jede Fingerweite verwendbar sind. Der Mittelfinger besitzt eine gleiche Hülse, an deren Spitze die das Gewicht haltende Schnur befestigt ist, die Beugung des

Der Ergograph.

Mittelfingers vollzieht sich daher nur in dem Fingergrundgelenk; der Ausschnitt des Fixierbrettes ist für diesen Finger angemessen erweitert. Zwischen Registrierapparat und Fixierbrett ist ein Klotz eingeschaltet, der auf seinem Kopfe ein Rad mit Rinne zur Aufnahme der Gewichtsschnur trägt. Unmittelbar unter dem Rade liegt die Spitze der Mittelfingerhülse in ihrer höchsten Stellung, sodass die Hubhöhe ungefähr gleich ist ihrem graphischen Bilde; eine genaue Bestimmung der Abweichung ist ohne Schwierigkeit auszuführen.

Krause aus III. O.

Datum	3./12. 95	7./12. 95	8./12. 95	0./12. 95	15./12. 95	22./12. 95	20./12. 95	3./1. 00	4./1. 00	6./1. 00
Wochen-tage	Diens-tag	Sonn-abend	Sonntag	Mon-tag	Sonntag	Sonntag	Sonntag	Freitag	Sonn-abend	Mon-tag
						Ferien				
Gewicht	4200 g									
Uhr 8		3,402 Zeichnen		3,006						
9		3,150 Zeichnen								
10		3,493	3,192 Rechen-versuch		3,316 Rechen-versuch	3,192 Rechen-versuch	3,234 Rechen-versuch			
11			3,860				2.814 (Mini-mum)			
12					3,612	3,024				
1										
2				2,040						
3	3,373 Geo-graphie							3,192 leichte Be-schäf-tigung	3,528 leichte Be-schäf-tigung	3,480
4	3,025									
5										
6									4,158	
7								3,760		
8										

XLII.

5./2. 96	6./2. 96	7./2. 96	8./2. 96	9./2. 96	10./2. 96	11./2. 96	15./2. 96
Mittwoch	Donnerstag	Freitag	Sonnabend	Sonntag	Montag	Dienstag	Sonnabend
	3,822		frisch 3,024			frisch 3,000	
				frisch 3,612		frisch nach Schulschluss 4,704	
	frisch 3,108	frisch 3,528	frisch 3,360	frisch 4,746	ziemlich frisch nach Schulschluss 4,704	frisch 5,082 (Maximum)	frisch 4,704
3,402	frisch 3,738	ziemlich frisch nach Schulschluss 3,780	nach 4 stündiger Beschäftigung ziemlich frisch 5,054		ziemlich frisch 4,158	frisch nach Schulschluss 4,410	
				frisch 4,074			

Staudt aus III. O.   Tal.

Datum	3./12. 95	7./12. 95	8./12. 95	9./12. 95	15./12. 95	22./12. 95	29./12. 95	1./1. 96	3./1. 96
Wochentag	Dienstag	Sonnabend	Sonntag	Montag	Sonntag	Sonntag	Sonntag	Mittwoch	Freitag
									Ferien
Gewicht 3570 g									
8		1,571 Zeichnen		1,571					
9		1,295 (Minimum) Zeichnen							
10		1,642	1,571 Rechenversuch			2,178 Rechenversuch	2,071 Rechenversuch	2,403 Rechenversuch	
11			1,321		1,714 Rechenversuch	1,850	2,142		
12					1,607				2,535
1									
2				1,821					
3	1,828 Geographie								1,607 leichte Beschäftigung
4	1,357								
5									
6									
7									2,355

XIV.

4./1. 96	5./1. 96	5./2. 96	6./2. 96	7./2. 96	8./2. 96	9./2. 96	10./2. 96	11./2. 96	16./2. 96
Sonnabend	Sonntag	Mittwoch	Donnerstag	Freitag	Sonnabend	Sonntag	Montag	Dienstag	Sonnabend
			1,309		ziemlich frisch 1,964			frisch 2,535	
						frisch 1,678		frisch Schulschluss 2,121	
	2,142 leichte Beschäftigung								
	3,285 Maximum)						frisch Nach Schulschluss 2,570	frisch 2,985	
				ziemlich frisch 1,969	frisch 1,862				
2,213 leichte Beschäftigung						frisch 2,103			etwas müde 1,409
2,178		1,821	frisch 1,858	ziemlich frisch Nach Schulschluss 1,678	ziemlich frisch 3 stündige Beschäftigung 1,990			Nach Schulschluss ziemlich frisch 1,742	
						ziemlich frisch 1,964			

Hinted aus IV. G.

Datum	19./11. 05	20./11. 05	21./11. 05	23./11. 05	25./11. 05	28./11. 05	30./11. 05	2/12. 05
Wochentag	Dienstag	Mittwoch	Donnerstag	Sonnabend	Montag	Dienstag	Sonnabend	Montag
Gewicht	2340 g							
Uhr: 8	1.804							
9			1.490 Religion	1.382 Religion			1.737 Religion	1.940 Geometrie
10		1.470	0.941 Turnen	1.411 Französisch	2.176 Maximum	2.265 Rechnen	1.676 Französisch	2.205 Rechnen
11			0.823 Französisch	1.204 Turnen		1.617 Geographie	1.520 Französisch	1.704 Naturlehre
12			Französisch	1.000 Deutsch		1.646 Zeichnen	1.610	1.882 Zeichnen
1			Geometrie 1.411	1.659 Deutsch	1.470	2.234		1.400 Deutsch
2			1.411	1.411 Französisch		2.381 Singen		1.882
3								
4	1.470 Singen	1.490				2.264 Turnen		
5	0.958 Französisch					2.410 Französisch		
6	0.911 Turnen					1.823		
	0.735 (Minimum)							

19./11. 95	21./11. 95	23./11. 95	25./11. 95	30. 11. 95	2. 12. 95	15./12. 95	6./2. 96	7./2. 96	8./2. 96	11./2. 96
Diens-tag	Donners-tag	Sonn-abend	Mon-tag	Sonn-abend	Montag	Sonntag	Donners-tag	Freitag	Sonn-abend	Dienstag
							1,301		1,275 schlecht geschlafen	
0,561	0,918 Religion	1,02 Religion	0,867	0,879 Religion	1,444 Geometrie					
	1,148 Turnen	1,301 Französ.		1,020 Französ.	1,199 Französ.					
	0,484 Französ.	1,224 Turnen		0,842	1,020 [illegible]	1,122				
	Französ.	0,867 Deutsch			1,328 Zeichnen	Rechenversuch.				
		0,027			0,561 Vortrag angehört					
	Geometrie	Französ.				0,638	Nach Schulschl. etw. müde			
	1,122	0,816	1,097		0,616					
							0,603			
0,959 Singen										
0,841										Nach Schulschluss etwas müde
							Nach Privatstunde	Nach Schulschl. etwas müde		
							1,320	1,224		1,328

Datum	6./2. 90	7./2. 90	8./2. 90	9./2. 90	10./2. 90	11./2. 90	14./2. 90
Wochentag	Donnerstag	Freitag	Sonnabend	Sonntag	Montag	Dienstag	Freitag
Gewicht	25,50 K		31,80 K				
Uhr: 7							
8							
9							
10							
11				frisch 1,495			
12				frisch 1,791		ziemlich frisch Nach Schul-schluss 1,016	ziemlich frisch Nach Schul-schluss 1,240
1	etwas müde nach Schul-schluss 1,734				müde 0,854 (Minimum)	frisch 1,405	ziemlich frisch 1,208
2		ziemlich frisch 1,464	etwas müde 1,651	frisch 1,781			
3							
4				ziemlich frisch 1,500	etwas erholt 1,316	frisch 1,685	ziemlich frisch 1,654
5	Schularbeiten gefertigt darauf Schlaf 2,244 sehr frisch (Maximal-leistung)	Schulschluss müde 1,530	etwas müde 1,654			Schulschluss ziemlich frisch 1,685	Schulschluss etwas müde 1,654
6							
7							

Datum	5./2. 96	6. 2. 96	7./2. 96	8./2. 96	10./2. 96	11. 2. 96	14./2. 96
Wochentag	Mittwoch	Donnerstag	Freitag	Sonnabend	Montag	Dienstag	Freitag
Gewicht	2550 g			Schultage			
Uhr: 8				Schwere im Kopf 1,173		frisch 2,130 Maximum	etwas müde Schulschluss 1,430
9							
10							
11							
12							
1							
2	2,048 Maximum	etwas müde Schulschluss 1,02	etwas müde(?) 0,867	ziemlich frisch(?) 0,867		1,700	1,453
3		Schularbeiten gefertigt etwas müde 1,224	etwas müde Schulschluss 0,740	ziemlich frisch 0,842	ziemlich frisch 1,575	ziemlich frisch 1,190	
4							
5							
6							

Datum		6./2. 96	7./2. 96	8./2. 96	9./2. 96	10./2. 96	11./2. 96	14./2. 96
Wochentag		Donnerstag	Freitag	Sonnabend	Sonntag	Montag	Dienstag	Freitag
Gewicht		3180 g						
Uhr: 7⁴⁵								
8								
9				frisch 1,140	sehr frisch 1,463			
10								
11								
12								
1					nicht so frisch wie morgens 1,308	ziemlich frisch 1,049	ziemlich frisch am Schulschluss 2,040	Nach Schulschluss ziemlich frisch 2,131
2		Nach Schulschluss etwas müde 1,680	Kopfweh 1,205	ziemlich frisch 1,309			2,043 (Maximalleistung)	2,115
3								
4								
5		Schularbeiten gefertigt frisch 2,003		eine Arbeit gefertigt 1,300		nach der Klavierstunde 1,740	Nach Schulschluss ziemlich frisch 1,019	Nach Schulschluss 2,417
6			müde 1,016					

Ergebnisse.

Die muskuläre Ermüdung.

Einer dem psychologischen und physiologischen Zustande der Versuchsperson angemessenen geistigen Arbeit folgt zunächst eine Vermehrung der muskulären Leistung (Anregung), bei längerer Fortführung der Arbeit entsteht eine Depression; einer relativ grösseren geistigen Anstrengung folgt schon nach kurzer Zeit die muskuläre Minderleistung. Jeder Unterrichtsgegenstand kann sie herbeiführen je nach dem Betrieb desselben, je nach der individuellen Veranlagung des Schülers und seiner augenblicklichen Widerstandsfähigkeit. Unter den gewöhnlichen Umständen unseres Schulunterrichts stellt jedoch jeder Gegenstand eine ziemlich konstante Belastung oder Erholung vor. Wenn man an verschiedenen Versuchspersonen zu verschiedenen Tagen und Zeitlagen die Wirkung derselben Disziplin prüft, so stellt sich trotz des Wechsels der physiologischen Bedingungen ein bestimmter Ermüdungswert des betreffenden Faches heraus. Es liesse sich durch Berücksichtigung dieses Wertes der Lektionsplan so einrichten, dass das Aufeinanderfolgen zweier anstrengenden Unterrichtsstunden (Mathematik und Turnen) vermieden wird und ein gewisser Ausgleich (Mathematik und Deutsch) stattfinden kann. Ebenso wird ein Ausgleich zwischen mehr und weniger anstrengenden Thätigkeiten in der einzelnen Unterrichtsstunde erzielt, wenn für mehrfachen Wechsel in der Arbeitsform gesorgt wird. Nach einer grossen Anstrengung bringt schon der blosse Wechsel in der Arbeitsform Erholung mit sich. Dieser Gesichtspunkt ist in unsern Lehr- und Lektionsplänen auch vielfach vertreten.

Einige Beispiele werden das Gesagte anschaulich machen, es ist nur zu beachten, dass nicht jede Differenz als alleinige Wirkung der jeweiligen Arbeitsleistung anzusehen ist, weil es eine Konstanz der Arbeitsbedingungen bei unsern Schülern nicht giebt.

Turnen.

Das Turnen gehört selbstverständlich zu den anstrengendsten körperlichen Arbeiten, namentlich bringen Gerätturnen und Laufübungen starke muskuläre Depressionen hervor, dagegen haben Marsch- und Freiübungen nicht selten ein muskuläres Plus.

Der Quartaner Hintze (Tab. XV) hatte folgende Ergographen-
leistungen vor und nach dem Turnen:

19./11. 5 Uhr: 0,911 mkg   23./11. 10 Uhr: 1,204 mkg
     6 „ 0,735 „   11 „ 1,000 „

21./11. 9 „ 0,911 „   26./11. 5 „ 2,264 „
     10 „ 0,823 „   6 „ 1,823 „

Quartaner Hartung 21./11. 9 Uhr: 1,148 kgm   23 /11. 10 Uhr: 1,224 kgm
     10 „ 0,434 „   11 „ 0,447 „

Volksschüler Benezeck 25./10. 12 Uhr: 0,580 kgm   L/11. 12 Uhr: 1,326 kgm
aus 3c.   1 „ 0,490 „   1 „ 1,352 „

Volksschüler Ziggel 4./11. 10 „ 0,714 „   10 „ 1,148 „
aus 4c.   11 „ 0,705 „   11 „ 0,867 „

Volksschüler Groppler 11./11. 10 „ 1,38 „
aus 4c.   11 „ 0,70 „

Mathematische Fächer.

Die anstrengendste geistige Arbeit der Schule steckt in den
mathematischen Disziplinen, sie erfordern eine stete Konzentration
der Aufmerksamkeit und der Denkthätigkeit, deren nur wenige
Schüler mit Leichtigkeit fähig sind. In ihrer physiologischen
Wirkung kommt die Mathematik dem Turnen vollständig gleich.

Hintze   26 /11.   8 Uhr: 2,265 kgm   2./12.   8 Uhr: 1,840 kgm
     9 „ 1,617 „   9 „ 1,529 „

Hartung   2./12.   8 „ 1,444 „
     9 „ 1,199 „

Benezeck   25./10.   8 „ 0,570 „   26./10. 10 „ 1,007 „
     9 „ 0,610 „   11 „ 0,842 „
     1./11.   8 „ 1,275 „
     9 „ 1,199 „

Ziggel   1./11. 10 „ 1,040 „   4./11.   8 „ 0,842 „
     11 „ 1,021 „   9 „ 0,765 „

Wernicke   26./10. 10 „ 2,060 „
     11 „ 0,954 „
     12 „ 0,867 „

Lassotti   22 /10.   9 „ 0,62 „
     10 „ 0,32 „

Groppler   11./11.   8 „ 1,17 „
     9 „ 0,92 „

Deutsch.

Nach dem Unterricht im Deutschen war in vielen Fällen
ein muskuläres Plus oder status quo zu konstatieren, demnach

kommt ihm gegenüber den vorigen ein Erholungswert zu. Der Grund dafür scheint wohl darin zu liegen, dass die Denkinhalte dieses Faches leichter und durch die Muttersprache von Jugend auf geläufiger sind als die der Mathematik, dass ferner mehr Abwechselung in ihnen stattfindet, und eher eine Unaufmerksamkeit des Schülers eintreten kann, weil nicht sofort das weitere Verständnis dadurch aufgehoben wird.

Hintze	23./11. 11 Uhr: 1,000 kgm		2./12. 12 Uhr: 1,490 kgm	
	12 „	1,088 „	1 „	1,882 „
Hartung	23./11. 11 „	0,807 „	2./12. 12 „	0,561 „
	12 „	0,927 „	1 „	0,816 „
Ziggel	4./11. 11 „	0,765 „	14./11. 11 „	0,867 „
	12 „	0,689 „	12 „	0,740 „
	1 „	0,612 „	1 „	0,995 „
	10./11. 11 „	1,301 „		
	12 „	1,377 „		
Benezeck(3c.)	25./10. 9 „	0,610 „	30./10. 9 „	0,995 „
	10 „	0,610 „	10 „	1,148 „
	26./10. 9 „	0,434 „	1./11. 9 „	1,199 „
	10 „	1,007 „	10 „	1,734 „
Wernicke	25./10. 11 „	0,80 „		
	12 „	0,80 „		
	28./10. 9 „	1,295 „	28./10 11 „	0,953 „
	10 „	1,295 „	12 „	1,295 „

Französisch.

Dieses Unterrichtsfach ist für die beiden Schüler Hintze und Hartung anstrengender als das vorige, meist tritt am Ende der Stunde ein muskuläres Minus auf, doch ist es nie so bedeutend wie nach Mathematik und Turnen.

Hintze	19./11. 4 Uhr: 0,858 kgm		30./11. 9 Uhr: 1,676 kgm	
	5 „	0,911 „	10 „	1,619 „
	23./11. 9 „	1,411 „	2./12. 9 „	1,529 „
	10 „	1,264 „	10 „	1,764 „
	12 „	1,088 „		
	1 „	1,411 „		
Hartung	23./11. 9 „	1,301 „	30./11. 9 „	1,020 „
	10 „	1,224 „	10 „	0,842 „
	12 „	0,927 „	2./12. 9 „	1,199 „
	1 „	0,816 „	10 „	1,020 „

Religion.

Dem Religionsunterricht kommt trotz einiger negativen Differenzen Erholungswert zu.

Hintze	21./11.	8 Uhr:	1,460 kgm	30./11.	8 Uhr:	1,737 kgm
		9 „	0,941 „		9 „	1,676 „
	23./11.	8 „	1,382 „			
		9 „	1,411 „			
Hartung	21./11.	8 „	0,018 „	30./11.	9 „	0,979 _
		9 „	1,148 „		9 „	1,020 „
	23./11.	8 „	1,020 „			
		9 „	1,301 „			
Benezeck	20./10.	8 „	0,536 „	30./10.	8 „	0,765 „
		9 „	0,434 „		9 „	0,605 _
Werncke	25./10.	8 „	1,09 „	30./10.	8 „	1,210 „
		9 „	1,74 „		9 „	1,676 „
	26./10.	8 „	1,412 „			
		3 „	1,412 „			

Naturwissenschaftliche Fächer.

Sie besitzen im allgemeinen Erholungswert.

Hintze	2./12. 95	10 Uhr:	1,764 kgm	26./11. 95	9 Uhr:	1,817 kgm
		11 „	1,882 „		10 „	1,646 „
Hartung	2./11. 05	10 „	1,020 „			
		11 „	1,326 „			
Ziggel	4./11. 05	9 „	0,765 „			
		10 „	0,714 „			
Benezeck	25./10. 95	10 „	0,610 „	1./11. 05	10 „	1,734 „
		11 „	0,560 „		11 „	1,454 „
Groppler	11./11. 95	9 „	0,92 „			
		10 „	1,38 „			
Benezeck	1./11. 05	9 „	0,870 „	22./10. 05	11 „	0,47 „
		10 „	0,838 „		12 „	0,39 „
Lassotti	23./10. 95	10 „	0,65 „			
		11 „	0,65 „			

Über die physiologische Wirkung der Geschichtsstunde liegen nur 3 Messungen vor; sie ergaben 2 positive, 1 negative Differenz.

Singen und Zeichnen.

Zu besondern Leistungen in diesen Fächern ist eine intensive Arbeit notwendig, der starke muskuläre Depression nachfolgt; bei geringeren Anstrengungen stellt sich Erholung ein.

Hintze	19./11. 05	3 Uhr:	1,470 kgm	20./11. 95	10 Uhr:	1,646 kgm
		4 „	0,568 „		11 „	2,234 „
	26./11. 95	3 „	2,391 „	2./12. 95	11 „	1,882 „
		4 „	2,490 „		12 „	1,409 „

Hartung	19./11. 95	3 Uhr:	0,659 kgm	2./12. 95	11 Uhr:	1,326 kgm
		4 „	0,841 „		12 „	0,561 „
Wernicke	25./10. 95	10 „	1,01 „	29./10. 95	11 „	1,295 „
		11 „	0,80 „		12 „	0,762 „
Ziggel	1./11. 95	8 „	1,007 „			
		9 „	1,071 „			
Lassotti	23./10. 95	11 „	0,65 „			
		12 „	0,53 „			
Lehmann	23./10. 95	11 „	1,964 „	12./11. 95	11 „	1,678 „
		12 „	1,892 „		12 „	1,821 „

Die subjektive Ermüdung.

Darunter wird die Vorstellung verstanden, welche von der eigenen Ermüdung auf Grund der Ermüdungsempfindungen entsteht. Diese treten auf, wenn die Ermüdung schon einen gewissen Grad erreicht hat, und gehören zu den Gemeinempfindungen, welche das allgemeine Befinden stark beeinflussen.[1] Bei körperlicher Arbeit werden sie nach den angestrengten Körperteilen, bei geistiger Arbeit nach dem Gehirn lokalisiert und breiten sich allmählich durch den ganzen Körper aus. Wird die Arbeit im Zustand der Ermüdung fortgesetzt, so steigert sich die Intensität der Empfindungen und kann zum unerträglichen Schmerz ausarten; nach anhaltender geistiger Arbeit tritt leicht Kopfschmerz ein.

Bei den Ergographenmessungen wurde notiert, welche subjektive Ermüdung vorhanden war. Die Bezeichnungen lauteten: „sehr frisch", „frisch", „ziemlich frisch", „etwas müde", „müde", bildeten also eine Skala. Die Angaben stimmten jedoch selten mit dem objektiven Befund genau überein, sicher unterliegen Schüler wie Erwachsene in der Auffassung ihrer inneren Zustände vielen Täuschungen. Es bestand nicht selten ein voller Gegensatz zwischen subjektiver und objektiver Ermüdung, woraus hervorgeht, dass die eigentliche Quelle der Gemeinempfindungen in den Nervenzentren gelegen ist, nach deren Zuständen das Verhalten derselben sich vorzugsweise richtet."[1]

Nach einem reichlichen Tagewerk fühlte sich Verfasser am 5./2. 96 abends 8 Uhr müde, die Messung ergab 4,242 mkg: nach einem Vortrag an demselben Abend um 12 Uhr befand er sich geistig angeregt und hatte nicht mehr das Gefühl der Ermüdung.

[1] Wundt. Grundzüge der physiologischen Psychologie. 4. Aufl. 421. 435 f.

4*

der objektive Befund war 4,116 mkg. Obgleich der Ergograph am nächsten Morgen einen noch niedrigeren Wert angab: 3,948 mkg, herrschte die geistige Erregung vor und liess kein Gefühl von Ermüdung aufkommen. Dasselbe entwickelte sich aber bald und machte schliesslich einem Gefühl grosser und allgemeiner Abspannung Platz, der Ergograph indizierte 3,654 kgm.

In ähnlicher Weise fand sich bei den Schülern eine angeregte Stimmung oder ein Gefühl der Erleichterung, sogar der Frische noch nach fünf bis sieben Unterrichtsstunden, obgleich eine ganz geringe muskuläre Leistung vorlag.

Die Meinung, dass die Stimmung, welche der Unterricht erzeugt, und das Interesse, welches der Schüler den Gegenständen entgegenbringt, geeignet seien, der objektiven Ermüdung Einhalt zu thun, ist nicht haltbar.

Die Überbürdung.

Ein Kriterium der Überbürdung kann nach den bisherigen Ausführungen in der andauernden Muskeldepression gefunden werden. Dieser Ermüdungszustand zeigt sich, sobald der Organismus durch Mangel an Schlaf, Nahrung, hinreichender Bewegung im Freien, durch Überarbeitung oder krankhafte Störungen in einen Schwächezustand gerät, aus welchem er dann Tage lang, ja eine Woche hindurch nicht herauskommt. Wird z. B. die Herabminderung der Muskelleistung am Tagesschluss durch den Nachtschlaf nicht mehr ausgeglichen, so treten am folgenden Tage als natürliche Folge der Schulanstrengung noch tiefere Werte auf, deren Beseitigung erst durch besondere Massnahmen möglich ist. Oft bleiben solche Depressionen scheinbar unberücksichtigt, sie verschwinden nämlich wieder nach kräftiger Ernährung, vermehrtem Schlaf, geringerer Arbeitsleistung oder völliger Arbeitseinstellung, wobei die Jugend noch durch ihre grosse Elastizität unterstützt wird. Namentlich im Sommerhalbjahr dürften sie kaum zur Geltung kommen, da ausreichende Ferien, Aufenthalt im Freien und Bäder den Körper hinreichend kräftigen. Ob sich jedoch durch wiederholte starke und anhaltende Hemmungen vitaler Prozesse nicht dauernde Nachteile für die physische und psychische Entwickelung ergeben, ist eine Frage, welche man bejahen möchte. Der Schule müssen die meisten tiefen Werte zur Last gelegt werden, ohne ihr Zuthun würden viele Depressionen nicht stattfinden, sicher sich schneller ausgleichen, bei Primärschülern traten sie nicht oft hinter einander auf. Wenn man täglich eine etwa gleich grosse geistige Arbeit zu verrichten hat, die nicht bloss aus geläufigen Operationen mit bekannten Inhalten besteht, sondern einen steten geistigen Fortschritt enthalten soll; wenn man also eine energische geistige Anstrengung dazu machen muss, etwa wie jemand, der einen Berg besteigt, bei jedem Schritt sein Körpergewicht dieselbe Wegstrecke vorwärts- und aufwärtsbewegt; wenn ferner die Übung darin noch mangelt: so muss der Organismus täglich in angemessener Weise präpariert sein, es muss ein gleiches Quantum potentieller Energie zur Stelle sein. Ist das nicht der Fall, so geschieht der geistige Fortschritt zunächst auf Rechnung der Widerstandsfähigkeit und der vitalen Prozesse.

Tertianer Krause lässt keine starke Ermüdung, geschweige Übermüdung erkennen, er ist das Beispiel eines Widerstandsfähigen. Die Durchschnittsleistung aus der ersten Versuchsreihe vom 3./12. 95 bis 6./1. 96 beträgt (Tab. XIV): 3,347 kgm, das Maximum: 4,158, das Minimum: 2,814. Man sieht, dass er sich zu vielen Zeiten der Durchschnittsleistung sehr nahe hält, sie ebenso oft überschreitet, als unter ihr bleibt. In der zweiten Versuchsserie vom 5./2. bis 15./2. macht er einen entschiedenen muskulären Fortschritt. Das Maximum steigt auf 5,082, das Minimum beträgt 3,024. Die höchsten Zahlen der ersten Serie liegen in den Ferien, die höchsten Werte der zweiten Serie setzen am Sonntag ein.

Bei Staudt (Tab. XV) ist der Durchschnitt der ersten Reihe: 1,953 kgm, diesen erreicht er während der Schulzeit vom 3./12. 95 bis 15./12. 95 nicht ein Mal, dagegen überschreitet er ihn während der Ferien täglich und erreicht am 5./1. 96 das Maximum 3,285. Im Februar 96 sehen wir die Leistungen wieder auf das alte Niveau sinken, der Durchschnitt von 1,953 wird wiederholt nicht erreicht, eine Aufbesserung tritt am Sonntag 9./2. 96 ein, sie hält nur bis Dienstag Mittag an, am Nachmittag um 6 Uhr, nach 6stündigem Unterricht, ist bereits ein tiefer Wert aufgetreten, die subjektive Ermüdung lautet zwar noch „ziemlich frisch", um Mittwoch 15./2. um 4 Uhr stimmt jedoch der objektive Befund 1,499 mit dem subjektiven „etwas müde" richtig überein. Dieser Fall, der einen ziemlich kräftigen und befähigten Schüler betrifft, erregt Bedenken.

Tabel. 4. c. Tab XX.

Datum		6/2. 06	7/2. 06	8/2. 06	9/2. 06	10/2. 06	11/2. 06	13/2. 06
Wochentag		Donnerstag	Freitag	Sonnabend	Sonntag	Montag	Dienstag	Donnerstag
Uhr: 8	1							
Gewicht : 1700 g								
	2	1,120		frisch 1,034	sehr frisch 1,02	nach Tisch ziemlich frisch 1,071	nach Tisch sehr frisch 1,207	sehr frisch 0,743
	3	0,743		sehr frisch 0,826				nach Tisch sehr frisch 1,813

Lampa. 4. c.   Tab. XXI.

Datum	6./2. 96	7./2. 96	8./2. 96	9./2. 96	12./2. 96	13./2. 96	16./2. 96
Wochentag	Donnerstag	Freitag	Sonnabend	Sonntag	Mittwoch	Donnerstag	Sonntag
Gewicht	1700 g						
Uhr: 7	0,850		frisch 0,935			frisch 0,731	
8				frisch 0,680			
12				nach Tisch sehr frisch 0,952			
1							
2							frisch 1,326
3	nach Tisch 0,554						
4		frisch 0,919					

Beneseck. 3. c.   Tab. XXII

Datum	25./10. 1895	26./10. 1895	30./10. 1895	1./11. 1895
Wochentage	Freitag	Sonnabend	Mittwoch	Freitag
Gewicht	2550 g			
	Schultage			
Uhr: 8	0,570 Rechnen	0,530 Religion	0,705 Religion	1,275 Rechnen
9	0,010 Deutsch	0,434 Deutsch	0,905 Deutsch Grammatik	1,100 Deutsch
10	0,010 Naturkunde	1,097 Rechnen	0,148	1,734 Naturbeschr.
11	0,580	0,842 Geschichte		1,454
12	0,580 Turnen	0,842		1,326 Turnen
1	0,400			1,352

Wernicke. I. b. **Tab. XXIII.**

Datum	25./10. 95	26./10. 95	29./10. 95	30./10. 95
Wochentage	Freitag	Sonnabend	Montag	Mittwoch
Gewicht	3810 g			
	Schultag			
Uhr: 8	1,00	1,412		1,210
9	Religion 1,74	Religion 1,412	1,203	Religion 1,670
10	Physik 1,00	Geschichte 2,060	Deutsch 1,295	Geschichte 1,426
11	Gesang 0,80	Rechnen 0,954	Geometrie 0,053	
12	Deutsch 0,80	Geometrie 0,567	Deutsch 1,295	
1			Zeichnen 0,702	

Lassott L. IVc. **Tab. XXIV.**

Datum	21./10. 95	22./10. 95	23./10. 95	24./10. 05	25./10. 95
Wochentage	Montag	Dienstag	Mittwoch	Donnerstag	Freitag
Gewicht	2940 g				
	Schultag				Ruhetag
Uhr: 8		1,00		0,89 Religion	0,205
9		Religion 0,62	Religion 0,22		
10		Rechnen 0,32	Deutsch 0,65	Rechnen 1,03	0,382
11		Zeichnen 0,47	Geographie 0,62	Turnen 0,53	0,704
12		Geographie 0,59	Schreiben 0,53	Deutsch 0,32	0,520
1		Gesang 0,02		Deutsch 0,78	

Grappler. 4. c.

Tab. XXV.

Datum	15./10. 06	4./11. 06	11./11. 06	12./11. 06	13./11. 06	14./11. 06	5./2. 06	6./2. 06	7./2. 06	9./2. 06	10./2. 06	11./2. 06
Wochentage	Dienstag	Montag	Montag	Dienstag	Mittwoch	Donnerstag	Mittwoch	Donnerstag	Freitag	Sonntag	Montag	Dienstag
Gewicht	2850 g											
Uhr: 8		0,50	1,17 Rechnen					0,450			0,428	0,714
9		0,78	0,82 Natur-beschreib.							frisch 0,342		
10		0,94	1,38 Turnen	0,93 1,02	0,803	0,903 1,02			frisch 0,367			
11		1,05	0,70 Deutsch 0,91	1,097	0,063	1,071		nach Tisch 0,381			0,536	
12		0,82	Deutsch 0,54	1,25	0,842	0,842	0,408	Schularb. reflertiqt ziemlich frisch 0,018				ziemlich frisch 0,408

Lehmann, 4. c.   Tab. XXVI.

Datum	21./10. 95	23./10. 95	24./10. 95	12./11. 95
Wochentage	Montag	Mittwoch	Donnerstag	Dienstag
Gewicht	3180 g	3570 g		
		Schultage		
Uhr: 8				
9		Religion 1,785		
10		Deutsch 2,37		1,678
11		Geographie 1,964	1,749	Zeichnen 1,821
12		Schreiben 1,892	Deutsch 1,357	Deutsch 2,220
1	2,670		Deutsch 1,325	

Benessek, 4. c   Tab. XXVII.

Datum	23./10. 95	24./10. 95	1./11. 95
Wochentage	Mittwoch	Donnerstag	Freitag
Gewicht	3570 g		3810 g
	Schultag		
Uhr: 8			0,724
9	Religion 1,964		Schreiben 0,870
10	Deutsch 1,142		Naturbeschr. 0,809
11	Geographie 1,490	0,964	Deutsch 0,724
12	Schreiben 1,564	Deutsch 1,035	Zeichnen
12³⁰		Pause 0,821	
1		Deutsch 0,828	

Diagrel. 4. a. Tab. XXVIII

Datum	18/10. 95	1./11. 95	4./11. 95	13/11. 95	14/11. 95	15./11. 95	16/11. 95
Wochentage	Freitag	Freitag	Montag	Mittwoch	Donnerstag	Freitag	Sonnabend
Gewicht	2550 g						
Uhr: 8		1,097	0,842			0,918	
9		Schreiben 1,071	Rechnen 0,765			0,089	
10		Naturbeschreibung 1,046	Naturbeschreibung 0,714	0,740		1,02	
11		Deutsch 1,021	Turnen 0,765	0,810	1,149	1,071	1,301
12		Zeichnen 0,959	Deutsch 0,689	0,644	Turnen 0,807		Deutsch 1,377
1			Deutsch 0,812		Deutsch 0,740		
					Deutsch 0,906		

Ein kräftiger, gleichwohl nicht sehr widerstandsfähiger Schüler ist der **Quartaner Hintze**; er besitzt eine gute Konstitution, dazu untersteht sein körperliches Befinden täglicher häuslicher Aufsicht. Seine höchsten Werte erreicht er Montag 25./11., Dienstag 26./11 und Montag 2./12., den niedrigsten Wert am Dienstag 19./11. abends 6 Uhr nach 6 stündigem Unterricht; durch den folgenden Ruhetag wird das Minimum einigermassen beseitigt, doch bleiben die Zahlen bis Sonnabend in einem tieferen Niveau, und steigen erst während des Sonntags. Auch hier kann man von einer längeren Depression sprechen.

Hartung aus IV. O., ein nicht sehr kräftiger Knabe, schreibt einen Wert von 1.301 kgm am Montag, 18./11. 95, den er nicht früher als Sonnabend 23./11. zum zweiten Mal erreicht; die zwischenliegenden und drauffolgenden Zahlen sind zum Teil sehr niedrig, so dass ein Ausfall von über 50 % der Muskelleistung vorkommmt.

Hammes aus IV. O. kann das Maximum von Donnerstag, 6./2. 96, welches nach einem ihm vom Verfasser angeratenen Schlaf auftritt: 2.244 kgm in keinem der späteren Werte, die bis zum 14./2. reichen, wiedergewinnen, vielmehr bewegt er sich beträchtlich darunter, einmal um 57,5 %. Noch geringere Widerstandskraft zeigt **Merten** aus IV. O., bei welchem die Depression vom 6./2. bis 10./2. oder 11./2. anhält; hier ist auch die subjektive Ermüdung zuweilen stark ausgeprägt.

Mittwoch, 3 Uhr Nachmittags: 2.058 kgm (Maximum).

Donnerstag, 2 Uhr Nachmittags: 1.02 kgm (fühlt sich etwas müde), 6 Uhr 1.224 kgm (Schularbeit gefertigt, etwas müde).

Freitag, 3 Uhr Nachmittags: 0.867 kgm (etwas müde), 6 Uhr: 0.740 kgm (Schulschluss, etwas müde).

Sonnabend, 8 Uhr Vormittags: 1.173 kgm (**Schwere im Kopf**), 2 Uhr Nachmittags: 0.867 kgm (ziemlich frisch (?) 6 Uhr: 0.842 kgm (ziemlich frisch).

Montag, 6 Uhr Nachmittags: 1.275 kgm (ziemlich frisch).

Dienstag, 8 Uhr Vormittags: 2.130 kgm (frisch = Maximum), 2 Uhr Nachmittags: 1.700 kgm.

Kahlmann aus IV. O. erreicht seine Leistung von Donnerstag 6./2. erst Dienstag, 11./2. und bleibt in der Zwischenzeit tief darunter. Bei dem Volksschüler **Ziggel** kann man von einer geringen Depression am Montag. 4./11. und Mittwoch. 13./11. sprechen.

Kabel ist, soweit die Messungen einen Schluss gestatten, gleichmässig; übrigens ist er ein geweckter Schüler.

Ebenso **Lampe.** Zwei Maxima an zwei Sonntagen vorhanden.

Benezeck erleidet eine Depression am 25./10., welche am 26./10. zu weichen beginnt.

Wernicke ist der Typus eines leicht Ermüdbaren; die Frühwerte sind gleich hoch, die Mittagswerte gleich niedrig.

Groppler, eines der bedauernswerten Grossstadtkinder, die durch Übernahme einer Laufstelle beim Bäcker zum Unterhalt der Familie beisteuern müssen, hat in der ersten Versuchsserie vom 15./10. bis 14./11. 95 höhere Werte als in der Zeit vom 5./2. bis 11./2. 96, in welcher auch sein Aussehen infolge des abgekürzten Nachtschlafes ungünstig war.

Lehmann, ein kräftiger Knabe zeigt eine geringe Depression um 24./10. 95.

Auch **Benezeck** hat am 24./10. und 1./11. zum Teil beträchtliche Einbussen.

Aus diesen Beispielen, welche nur einen Teil der vorgenommenen Messungen repräsentieren, kann die Frage der **zeitweiligen Überbürdung** der Schüler unserer höheren Lehranstalten im bejahenden Sinne beantwortet werden.

—

Schluss.

Die dargestellten Untersuchungen, deren Resultate mit früheren Versuchen, insbesondere KELLERS[1]) Ergographenmessungen und GRIESBACHS[2]) Sensibilitätsmessungen übereinstimmen, haben über einige Fragen der Arbeitshygiene unserer Lehranstalten Aufschlüsse gebracht; weitere Belehrung dürfte von einer Fortführung der Ergographenmessungen, wozu es dem Verfasser an Zeit fehlte, zu erhoffen sein.

Durch diese Versuche wird in unzweideutiger Weise dargethan, dass der Erwerb von Kenntnissen, namentlich einer höheren Bildung eine spezifische Arbeitshygiene zur Voraussetzung hat. Die Belastung des Geistes führt nach kurzer Zeit zu einer Herabsetzung der Arbeitsgeschwindigkeit, der Qualität der Leistungen und zu einer Muskeldepression; es entsteht also ein Schwächezustand des Geistes und Körpers. Die ermüdete Hand ist ungeschickt in der Handhabung der Feder wie jedes feineren Instruments; die ermüdete Hand macht langsamere Bewegungen, es bleibt die Arbeitsmenge zurück; ebenso arbeitet das ermüdete Hirn langsamer und schlechter. Mit dieser Thatsache müssen Handarbeiter und Kopfarbeiter rechnen, am meisten jedoch der jugendliche Arbeiter, der erst ein Arbeiter werden soll, der seine Kräfte allmählich heranreifen lassen muss. Mit der Überanstrengung sinkt die Produktivität, die Arbeitsfrische und Arbeitsfreudigkeit; verloren geht ferner die Gefühlsauffassung, welche den Leistungen noch einen ethischen Wert aufdrücken soll; denn „dazu ward ihm der Verstand, dass er im innern Herzen spüret, was er erschafft mit seiner Hand." Nicht darauf allein kommt es an, was man weiss

[1]) KELLER. Pädagogische Psychometrie. Biolog. Centralblatt 1894.
[2]) GRIESBACH. Energetik und Hygiene des Nervensystems in der Schule. München. Oldenbourg.

und was man lernt, sondern wie man es weiss, und wie man es
lernt. In der Überanstrengung und Überhastung liegt auch eine
Ursache der Neurasthenie, der Krankheit unseres Zeitalters.

Wie wirken wir der Überbürdung entgegen? Durch eine
richtige Pflege des Leibes und richtige geistige Diät, die möglichst
individuell beschaffen sein müssen!

Die bisherigen Ergebnisse lassen die Forderung der Stunden-
ermässigung für gewisse Lebensalter und richtigen Verteilung der
Lektionen auf den Schultag, welche von Schulmännern und Ärzten
dringend erhoben wird, als gerechtfertigt erscheinen; ferner dürfte
dem Turnunterricht eine isolierte Stellung im Lektionsplan einzuräumen sein.

Die wichtigsten Ergebnisse sollen noch einmal zusammengefasst werden:

Die besten Arbeitstage der Woche sind der Montag
und Dienstag, sowie jeder erste und zweite Tag nach einem Ruhetag. Sie eignen sich infolgedessen zur Vornahme von Prüfungs-
arbeiten. Die am Sonntag erworbene körperliche und geistige
Frische hält vielfach nur bis Dienstag Nachmittag an. Deshalb
dürfte sich empfehlen, den Mittwoch oder Donnerstag an höheren
Schulen stark zu entlasten, eventuell zuweilen einen Ruhetag
einzurichten.[1]

Die beste Arbeitszeit des Schultages sind die beiden
ersten Schulstunden, in denen die Mehrzahl der Schüler ihr
Arbeitsoptimum besitzt: nur am Montag dürften die 3. und 4.
Stunde bessere Arbeitswerte ergeben; der Ergograph indiziert für
diese Zeitlagen in der Regel den besten physiologischen Zustand.
Der dreistündige Nachmittagsunterricht der höheren Lehranstalten
wirkt überaus anstrengend und müsste auf Montag verlegt werden.

Pausen von längerer Dauer sind nach zweistündigem Unterricht, sowie nach jeder folgenden Stunde einzuschieben.

Ferien üben eine kräftigende Wirkung aus, deren Folgen
jedoch kaum länger als vier Wochen nachweisbar sind; auch aus
diesem Grunde erscheint öftere Einschiebung von Ruhetagen in
die Arbeitszeit wünschenswert.

Der Lektionsplan hat die einzelnen Lektionen nach
ihrem Ermüdungswert so zu gruppieren, dass ein gewisser Aus-

[1] In den französischen Schulen ist der Donnerstag freigegeben, damit die
Familien ihren Kindern den religiösen Unterricht der Confession erteilen lassen,
welcher in den Händen der Geistlichen liegt. Schulunterricht findet an diesem
Tage nicht statt.

gleich beginnender Ermüdung herbeigeführt wird. Die Fächer ordnen sich nach ihrem ergographischen Index folgendermassen:

1. Turnen.
2. Mathematik.
3. Fremdsprachen.
4. Religion.
5. Deutsch.
6. Naturwissenschaft u. Geographie.
7. Geschichte.
8. Singen und Zeichnen.

In späteren Zeitlagen kann durch verlangsamtes Arbeiten die Arbeitsqualität gehalten werden.

Die Stundenzahl des Schultages soll ohne Not für Kinder von 10—12 Jahren nicht 4 Stunden überschreiten, für 12—14 jährige dürften 5 Stunden Maximum sein.

Auf leicht ermüdbare Kinder kann im Unterricht weitgehende Rücksicht genommen werden.

Als weitere geeignete Arbeitsbedingungen erscheinen nach den Messungen: kräftige Ernährung, hinreichender Schlaf, Bäder und Spaziergänge.

Es würde sich empfehlen, diese Thesen durch Unterrichtsversuche verschiedener Art zu prüfen. Die Schule darf sich den Forderungen moderner Hygiene und Unterrichtstechnik nicht ohne Grund verschliessen. Die Leistungsfähigkeit des jugendlichen Geistes und Körpers ist beschränkt und darf nicht voll ausgenutzt werden. Müde dürfen unsere Schüler werden, erst durch die Fortführung der Arbeit bis zum Zeitpunkte der Ermüdung wird die Gewöhnung erzeugt, welche jenen Moment stetig hinausrückt. Doch überbürdet sollen sie nicht werden, weil öftere Übermüdung und Überreizung zu einer längeren, vielleicht dauernden Herabsetzung der psychischen und physischen Leistungsfähigkeit führen kann.

> „Der Esslust gleicht die Wissbegier, wie jene
> Bedarf sie der Beschränkung auf das Mass
> Des Wissens, das der Geist ertragen kann.
> Durch Überladung wandelt Weisheit sich
> In Thorheit, sowie Nahrung sich in Dunst."
>
> (Milton).

SAMMLUNG VON ABHANDLUNGEN AUS DEM GEBIETE DER
PÄDAGOGISCHEN PSYCHOLOGIE UND PHYSIOLOGIE

HERAUSGEGEBEN VON

H. SCHILLER   UND   TH. ZIEHEN.

II. BAND. 2. HEFT.

PSYCHOLOGISCHE ANALYSE

DER

THATSACHE DER SELBSTERZIEHUNG.

VON

DR PHIL. G. CORDES.

BERLIN,
VERLAG VON REUTHER & REICHARD
1898.

Druck von Paul Schettler's Erben, Hofbuchdruckerei in Cöthen.

Die nachstehende Arbeit will die psychologische Analyse vor-
gefundener und dem Bewusstsein als irgendwie zusammengehörig
erscheinender Thatsachen sein. Die Frage, ob und wie, meta-
physisch betrachtet, Selbsterziehung überhaupt möglich sei, ist
daher ebenso wenig zu berühren, wie hier eine Verpflichtung
oder Berechtigung besteht, praktische, pädagogisch-ethische, Vor-
schriften aufzustellen, wie man es eigentlich machen müsse, wenn
man sich selbst erziehen wolle.

Den zu analysierenden Thatbestand fand ich in meinem
eignen Leben vor. Ich meine zwar, dass unter Abrechnung des
individuell Persönlichen dieser Thatbestand bei allen Menschen
der gleiche sei. Ich lege aber kein Gewicht darauf. Einerseits
nämlich könnten etwaige logische Folgerungen, die ich daraus
ziehen möchte, der Lösung meiner Aufgabe in keiner Weise
zu gute kommen; andererseits bin ich mir darüber klar, dass der
Versuch der Beobachtung fremder Selbsterziehung entweder ergeb-
nislos verlaufen würde, oder aber, wenn auf Ergebnisse gedrungen
wird, in übermächtiger Gefahr stände, Phantasievorstellungen, die
durch Analogieschlüsse auf grund der Selbstbeobachtung an die
Hand gegeben wären, für beobachtete Thatsachen zu nehmen.

Macht somit das zu bearbeitende Thatsachenmaterial einen
Teil meines eignen Lebens aus, lässt sich aber dieses Thatsachenmaterial, wie selbstverständlich, nicht einer eigentlich experimentellen Untersuchung unterworfen, so erhebt sich die Frage nach
der einwandsfreien Beschaffung dieses Materials für die Untersuchung.

Die Frage ist von Bedeutung. Zunächst allgemein, insofern
es erstes Erfordernis für jede wissenschaftliche Untersuchung ist,
dass sie ihre Objekte möglichst sicher so auffasst, wie sie wirklich

1*

sind. Weiter aber aus folgendem besonderen Grunde. Der Verfasser möchte gern als Schüler der modernen (experimentellen) Psychologie angesehen werden, so, dass er die wenigen Termini, deren Verwendung zur Bezeichnung psychologischer Abstraktionen in der modernen Psychologie ziemlich einheitlich ist, ohne weitere Rechtfertigung gebrauchen und sich auf psychologische Gesetze, die dort als sicher gestellt gelten, berufen zu dürfen glaubt. Die moderne Psychologie steht aber seiner Beschaffungsweise des Materials — der Selbstbeobachtung — zum mindesten skeptisch gegenüber.

Zwar wird auch von ihr selbstverständlich nicht all und jede Selbstbeobachtung einfach als Selbsttäuschung verworfen, vorsichtige und vorurteilslose Beobachtung des eignen psychischen Geschehens vielmehr für die meisten Experimente geradezu vorausgesetzt. Als eine selbständige Erkenntnisquelle wird die Selbstbeobachtung aber abgelehnt, vornehmlich auf grund folgender Erwägungen:

Die Thatsachen, die der Psychologie zur Untersuchung stehen, sind nicht beharrende Objekte, sondern Vorgänge, Verläufe. Damit ist eine erste Schwierigkeit für ihre Beobachtung gegeben. Dazu fällt weiter erschwerend ins Gewicht, dass die zu beobachtenden Vorgänge sich nicht jederzeit willkürlich herbeiführen und sich nicht durch beliebigen Wechsel ihrer Bedingungen variieren lassen. Bedeutsamer aber noch ist der Einfluss, den die Aufmerksamkeit, die doch unerlässliche Bedingung aller Beobachtung ist, allgemein auf den Ablauf des eignen psychischen Geschehens ausübt, sobald sie auf dieses selbst gerichtet wird. Fasst man den Entschluss, in einem bestimmten folgenden Zeitraum allgemein seine psychischen Erlebnisse zu beobachten, so wird das Resultat sein, dass nichts erfolgt, als etwa das Gefühl der Aufmerksamkeit und allenfalls einige schwächliche Assoziationen zu „Aufmerksamkeit" und deren Abwehr. Vorgängig auf das eigene psychische Geschehen gespannte Aufmerksamkeit („apperzeptiv gespannte A.") unterdrückt das natürliche Geschehen. Wollte man aber die Beobachtung eines bestimmten psychischen Erlebnisses unter „perzeptiv gespannter" Aufmerksamkeit (die A. wird erst durch das psychische Geschehnis selbst erregt) für möglich halten, so widerspräche dem die Thatsache, dass das betreffende Beobachtungs-Objekt im stetigen Fluss des psychischen Lebens schon entschwunden wäre, wenn wir zur Beobachtung

bereit wären. „Niemals aber kann ein Gegenstand beobachtet
werden, der im Augenblick der Beobachtung selbst nicht mehr
vorhanden ist." (Wexdt.)

Nun hat man wohl versucht, die so vorgefundenen Hindernisse der Selbstbeobachtung durch die Annahme zu umgehen,
wissenschaftlich brauchbare Selbstbeobachtung könne erfolgen auf
dem Wege unwillkürlicher Selbstbeobachtung, hervorgerufen
durch früher gefasste Entschlüsse und Gewöhnung (Volkelt). Oder
aber man hat die Unmöglichkeit der Beobachtung von psychischen
Original-Vorgängen zugestanden, aber die Möglichkeit der Beobachtung von willkürlichen Reproduktionen derselben behauptet(Elsen-
haxs). Beide Auswege führen m. E. nicht zum Ziel. Der erste genügt
mir nicht, weil meine meisten Selbstbeobachtungen durchaus nicht
unwillkürlich erfolgten. Der zweite Versuch der Beseitigung der
Schwierigkeit scheint mir ausser Acht zu lassen, dass doch auch
Reproduktionen psychische Vorgänge sind. Gilt der Satz, dass
die Aufmerksamkeit auf ein nach selbständigen Gesetzen ab-
laufendes psychisches Geschehen störend und hemmend einwirkt,
allgemein, so dürfte die Schwierigkeit, die der gewöhnlichen
Fassung der Selbstbeobachtung durch die Eigenart des psychischen
Geschehens aufgebaut wurde, hier nur um eine Staffel zurück-
geschoben sein, dann aber doch alle Versuche endgültig zum
Scheitern bringen. —

Und doch ist Selbstbeobachtung als eine selbständige psychologische Erkenntnisquelle unentbehrlich. Das Arbeitsgebiet
der Psychologie würde einer, wie mir scheint unberechtigten,
Einschränkung unterworfen, wenn nur das experimentell Erforsch-
bare hineingerechnet würde. Thatsachenkomplexe wie der der
Selbsterziehung, lassen sich überhaupt experimentell nicht untersuchen, und die „Völkerpsychologie", die als Ergänzung der
experimentellen Psychologie Geltung gefunden hat, kann hier nie
zu Resultaten kommen. So dürfte hier eine prinzipielle Ent-
kräftung der Bedenken, die gegen die Möglichkeit der Selbstbeobachtung erhoben werden, ebenso wünschenswert sein, wie
eine kurze Kennzeichnung wirklicher Selbstbeobachtungs-
Verfahren. —

Nicht die Eigenart des psychischen Lebens überhaupt, die ja
allerdings wirklich die Beobachtung des eignen psychischen
Geschehens in vielen Fällen schwierig und in manchen Fällen
unmöglich macht, ist es, was die Leugner der Möglichkeit der

Selbstbeobachtung überhaupt zu ihrer Negation und die Verteidiger zu zu weitgehenden Zugeständnissen und falschen Interpretationen führt. Das, was vielmehr von vornherein den theoretischen Erörterungen über Möglichkeit und Unmöglichkeit der Selbstbeobachtung einen falschen Ausgangspunkt und falsche Massstäbe an die Hand gab, finde ich in nichts anderm, als einer unzutreffenden Analogie.

Das Wort Selbstbeobachtung veranlasst leicht dazu, die Selbstbeobachtung als eine Spezies der Beobachtung überhaupt aufzufassen, welch letztere man dann gewöhnlich in der wissenschaftlichen Beobachtung des Naturforschers repräsentiert sieht. Das verführt dann nur zu leicht dazu, alle Umstände, die eine wissenschaftlich fruchtbare Beobachtung der äusseren Gegenstände verhindern würden, auch als Hemmnisse der Selbstbeobachtung anzunehmen und — soll Selbstbeobachtung dann doch wieder ermöglicht werden — darnach zu suchen, eine Konstanz der psychischen Thatsachen herbeizuführen, die nun einmal dem Wesen der psychischen Thatsachen widerspricht.

Wären wir gewohnt statt „Selbstbeobachtung" etwa den Ausdruck „wissenschaftlich brauchbare Auffassung der eignen psychischen Erlebnisse" zu gebrauchen, so würde kaum jemand auf den Gedanken kommen, dass diese Auffassung nur unter denselben oder wenigstens sehr ähnlichen Bedingungen möglich sei, wie dem mit Glas und Sezierinstrument bewaffneten Naturforscher die korrekte und wissenschaftlich brauchbare Auffassung äusserer Gegenstände. Die Theoretiker der Selbstbeobachtung würden vermutlich viel eher sich etwa unter der Leitung der Analogie zwischen Selbstbeobachtung und Apperzeption äusseren Geschehens finden.

Zwei Sätze scheinen mir den richtigen Ausgangspunkt für eine Theorie der Selbstbeobachtung zu bilden. Erstens: Auch Selbstbeobachtungen sind psychische Vorgänge. Zweitens: In Selbstbeobachtung wird Antwort auf eine bestimmte Frage gesucht.

Der erste Satz bedarf keiner Erläuterung. Der zweite wird ohne weiteres zugestanden werden, wenn an den Zweck aller psychologisch wissenschaftlichen — und nur mit solcher haben wir es zu thun — Selbstbeobachtung gedacht wird.

So weit ich sehe, lassen sich nun alle Selbstbeobachtungen im grossen und ganzen in drei wesentlich verschiedene Gruppen ordnen, von denen jede unter der Herrschaft einer bestimmten Frage steht.

1. In den Beobachtungen der ersten Gruppe wird Antwort gesucht auf die Frage: Welches ist die richtige begriffliche Bestimmung eines konkreten psychischen Erlebnisses?

Jeder, der psychologische Untersuchungen unternimmt, hat eine Reihe von mehr oder weniger geschlossenen psychologischen Begriffen, wozu wir auch diejenigen Gruppen von zusammengehörig erscheinenden Vorstellungen psychischer Thatsachen rechnen wollen, deren Kreis noch nicht fest geschlossen ist. Die einfachste Form unserer Frage ist also die: Wird die psychische Thatsache, etwa das Gefühl oder die Empfindung, die unter den und den Bedingungen zu erwarten steht, mit meinem Begriff eines bestimmten Gefühls oder der und der Empfindung übereinstimmen?

Konnte die Aufmerksamkeit vorher auf das in Frage stehende Ereignis gespannt werden, so erfolgt die Selbstbeobachtung so, dass im zum Bewusstsein-Kommen des Gefühls oder der Empfindung diejenigen ihrer Züge, welche über den Kreis des nach Massgabe des Begriffs Erwarteten hinausliegen, klarer und deutlicher zum Bewusstsein kommen, als die andern: bezw. dass diejenigen Merkmale, bezüglich derer eine Spezialfrage gestellt war, schärfer hervortreten. Dieses Vorstellungsbild giebt dann den Untergrund zu einer begrifflichen Fixierung des Apperzipierten, und damit ist der Selbstbeobachtungsprozess geschlossen. Der Originalvorgang selbst und seine begriffliche Auffassung machen also den Vorgang „Selbstbeobachtung" aus. Mithin ragt die letztere in jedem Falle über den zur Beobachtung stehenden Vorgang noch hinaus. Es ist klar, dass Reproduktionen, zumal wenn sie in grösserer Zahl willkürlich herbeigeführt werden können, die Sicherheit der Bestimmung der betroffenen psychischen Erscheinung verstärken können. Aber ein wesentlicher Unterschied zwischen der Beobachtung des Originalvorgangs und der treuer Reproduktionen ist nicht zu konstatieren.

Ähnlich erfolgt die wissenschaftlich brauchbare Auffassung eines kurzen Erlebnisses zum Zweck seiner begrifflichen Bestimmung auch bei perzeptiv gespannter Aufmerksamkeit (d. h. dann, wenn die Einstellung der A. auf die psychologischen Charakteristika des Vorgangs erst im Ablauf dieses Vorgangs erfolgt. Beachtenswert ist dabei, dass dieser Fall nur dann ein-

treten wird, wenn für das Subjekt ein Interesse vorhanden ist,
gerade dieses Geschehen zu einem psychologischen Begriffe in
Beziehung zu setzen. Die Aufmerksamkeit wird somit eben dadurch erregt sein, dass die am meisten interessierenden Züge des
Ereignisses schon besonders energisch ins Bewusstsein getreten
sind). — Bei längeren Vorgängen, in denen die Aufmerksamkeit
rege wird, wird zunächst der schon verflossene Teil des Vorgangs
begrifflich aufgefasst, während der weitere Verlauf gleich im
Lichte der gestellten Frage zum Bewusstsein kommt. Eine
Apperzeption der Apperzeption liegt auch hier nicht vor. —
(„Erinnerungen" (siehe unter 2.) können schon in den beiden
letzten Fällen vor der endgiltigen Fixierung des Resultats als
Hilfsmittel herangezogen sein: ebenso, wenn möglich, Reproduktionen.)[1]

---

[1] Zur Illustrierung das Beispiel einer gelegentlichen Beobachtung eines
kurzen Vorgangs und zwar eines Gefühls, das komplexen psychischen
Geschehnissen zugehört:

Ich las einen Zeitschrift-Aufsatz, von dem ich Aufklärung über
eine interessante Frage erwartete. Der Name des Verfassers, seine klare
Schreibweise, die gute Formulierung des Problems und die ansprechende Behandlung einiger Nebenfragen erweckten die fröhliche Erwartung auf das
Kommende. Ich blätterte noch einmal um mit dem spannungsvollen Gedanken:
„jetzt kommt's" und erblicke auf der folgenden Seite das Ende des Aufsatzes
mit der Bemerkung „Fortsetzung folgt". Den folgenden Band der Zeitschrift
habe ich aber nicht zur Hand. Ein lebhaftes Unlustgefühl bildet den domi-
nierenden Bestandteil der nächst folgenden psychischen Erlebnisse.

Ich habe schon lange einen Begriff „Gefühl der Enttäuschung". Wahrscheinlich weil ich z. Z. Psychologie studiere, taucht noch während jenes Unlustgefühl verläuft — und zwar je länger desto mehr durchschossen von verschiedenen Vorstellungen — die Wortvorstellung „Gefühl der Enttäuschung" auf;
dem assoziiert sich der Gedanke an meinen Begriff „Gefühl der Enttäuschung".
Nun hätte ich vielleicht versucht, meine Aufmerksamkeit zum Zweck der
Beobachtung auf jenes Gefühl zu richten, wenn ich nicht im voraus gewusst
hätte, dass es gerade dann verschwunden sein würde und etwa einem Lustgefühle, Gefühl des Interesses zu benennen, Platz gemacht hätte. Nun habe
ich zwar noch Erinnerungen an Charakteristika jenes Unlustgefühls, und auch
eine dunkle Hinterlassenschaft des eben gehabten Gefühls, vergleichbar mit dem
Nachbild einer Gesichtswahrnehmung, ist noch vorhanden. Aber für meine
Zwecke scheint mir eine Reproduktion des Gefühls selbst, die hier leicht
möglich ist, wertvoller. So erinnere ich mich denn an die Erwartung, die mich
beim Lesen der letzten Seiten beherrscht hatte — verstärke dieses Gefühl
noch durch die Erwägungen, wie angenehm es gewesen wäre, wenn ich jetzt
weiter lesen könnte und wie umständlich es sei, den folgenden Band der Zeitschrift zu beschaffen und dass es vielleicht sogar unmöglich sei, — sehe dann
die ominösen Worte „Fortsetzung folgt" an — und das Gefühl der Enttäuschung
ist wieder da. Es fällt mir auf, dass es etwas anderes ist, als wie ich erwartet
habe, dass es auch von dem vorhin gehabten Gefühle, von dem ich noch ein
Nachbild habe, bezüglich der Intensität, aber auch wohl etwas bezüglich der
Qualität, abweicht. Aber „es war tatsächlich ein Gefühl der Enttäuschung"
sage ich mir, als es verklingt; und darüber, dass es nicht genau dasselbe war,
wie das erste, bin ich nicht betrübt, denn es kommt mir nur auf die für da-

2. Eine zweite Gruppe von Selbstbeobachtungen erfolgt in Beantwortung von Fragen, welche sich auf das Zusammensein oder die Succession oder ein anderweitiges Verhältnis zweier oder mehrerer psychischer Thatsachen beziehen. Auch hier kann unter Umständen der erste Teil des Selbstbeobachtungsprozesses durch die Vorgänge selbst oder deren Reproduktion, die allerdings selten möglich ist, gebildet werden. Häufiger aber tritt an deren Stelle ein unmittelbar nachfolgender (Erinnerungs-)Vorgang, der zu dem Originalvorgang etwa folgendermassen in Beziehung steht:[1]

Ein Bestandteil des Originalvorgangs, etwa eine Vorstellung oder ein Gefühl, der sich durch besondere Intensität oder Klarheit auszeichnete, wird reproduziert und zwar stets, wenn ich recht sehe, unter Assoziation einer psychologischen Bezeichnung. („Ich wollte" oder „Gefühl der Erwartung".) Daran schliessen sich Assoziationen sehr verschiedenen Charakters in bunter Reihe: Vorstellungen von psychischem Geschehen, von akustischen und von geschriebenen Worten, von Ausdrucksbewegungen; aber auch Ausdrucksbewegungen selbst, leise Gefühle u. s. w. Gemeinsam ist all den verschiedenartigen Teilchen, die als Bestandteile dieses zweiten Vorgangs erkennbar sind, dass sie irgend wie Zeichen oder Symbole für Bestandteile des Originalvorgangs sind, und zwar so, dass bei willkürlichem oder unwillkürlichem Verweilen bei einem dieser Teilchen assoziativ weitere Elemente anschiessen, die zur weiteren Charakterisierung der entsprechenden Bestandteile des Originalvorgangs dienen. Dieser zweite Vorgang lässt sich nun, so oft als es nötig scheint, rekapitulieren.[2] Es geschieht dies aber nur so, dass bei jeder neuen Wiederholung die einzelnen

Enttäuschungsgefühl charakteristischen Züge an und nicht auf Besonderheiten des einzelnen Falls.

Der psychologische Ertrag solcher Selbstbeobachtung, die wegen der willkürlich herbeigeführten Entstehung der Reproduktion dem eigentlichen Experiment verwandt ist, kann in einem zwiefachen bestehen. Entweder fällt mir schon während des Verlaufs des Gefühls stark auf, dass dasselbe sich anders charakterisiert, als meinem Begriff gemäss zu erwarten stand. So führt das zu einer Urteilsbildung, in der mein Begriff des gemeinten Gefühls korrigiert oder doch bereichert oder erweitert wird — falls nicht etwa gar konstatiert werden muss, dass die Beziehung des betreffenden Begriffs auf das reale Gefühl eine irrige war, woran sich dann weitere Denkoperationen schliessen würden, die zu verfolgen hier zu weit führte. Oder aber solche Differenzen kommen nicht zum Bewusstsein. So wird mein Begriff jenes Gefühls gefestigt, klarer und deutlicher.

[1] Die im Anfang der vorigen Anm. skizzierte Geschehensfolge kann auch hier als Beispiel dienen.

[2] — und wenigstens noch einmal wäre es in unserem Exemplifikations-Falle nötig gewesen, nämlich beim Niederschreiben

Glieder fortschreitend reineren Vorstellungscharakter annehmen und dass weiterhin die einzelnen Vorstellungen die ihnen zukommenden sprachlichen Bezeichnungen liefern.

War es uns nun nur um Kenntnisnahme der Aufeinanderfolge der für unsere Auffassung unterscheidbaren Bestandteile des Originalprozesses zu thun, so ist eine solche Kenntnisnahme eben in den beschriebenen Erinnerungsvorgängen selbst zu finden. Nichts hindert uns, die willkürliche Herbeiführung solcher Erinnerungsprozesse Selbstbeobachtung zu nennen. — Dies ist der Weg, auf dem sich konstatieren lässt, dass dies oder jenes Gefühl, diese oder jene Wollung oft, gewöhnlich, oder so weit beobachtet stets, begleitet, dass diese oder jene Vorstellung stets, so weit unsere Erfahrung reicht, mit einem eigentümlichen Gefühle verknüpft ist u. s. w.

Und noch einen Schritt weiter kann diese Art der Selbstbeobachtung führen. Bei der Auffassung zweier Ereignisse, von denen das zweite dem ersten folgt, unterscheiden wir, ob wir ihre Aufeinanderfolge als blosse Succession oder als durch das erste Ereignis gewirkte, also kausal, auffassen. Die letztere Auffassung gewisser Aufeinanderfolgen drängt sich entweder unmittelbar im einzelnen Falle auf, oder aber sie liegt allgemein schon in dem Begriff, dem wir, gleich in der Beobachtung, das erste Ereignis subsumieren.[1]

3. Ging bei den Selbstbeobachtungen der zweiten Gruppe die Frage auf den psychologischen Zusammenhang bestimmter Thatsachen, die gerade verfliessen oder soeben erst verflossen sind, so erfolgen die Selbstbeobachtungen der letzten Gruppe zur Beantwortung von Fragen nach Erlebnissen, die der weiteren Vergangenheit angehören. Und zwar ist die Frage: Welches waren meine (erinnerbaren) psychischen Erlebnisse unter den und den Bedingungen? Oder aber umgekehrt: Welches waren die Bedingungen für das und das psychische Erlebnis?

[1] In Konstatierung solcher kausalen Verhältnisse baut sich naturgemäss alle Erkenntnis grosser Thatsachen-Komplexe, wie das der Selbsterziehung, auf. Es dürfte aber im Interesse der Sache liegen, bei der Analyse nichts aus Begriffen zu folgern, da die letzteren falsch gebildet oder im einzelnen Falle unrichtig bezogen sein können, sondern rein empirisch zu verfahren. Geradezu falsch aber wäre es m. E. bei solch kompliziertem Sachverhalt nach „Gesetzen" zu fahnden. So unentbehrlich das Kausalprinzip als Leitfaden bei Aufsuchung und Anordnung des Materials zum Zweck der Untersuchung ist, so verfehlt wäre es, ohne weiteres Gesetze aufstellen zu wollen, wo im günstigsten Falle eine grosse Reihe von ähnlichen Wirkungen einander ähnlicher Ursachen zur Beobachtung kam.

Die hierher gehörigen Selbstbeobachtungen sind durchweg Erinnerungen, gefasst in begriffliche Form. Die Grenzen der Erinnerungsfähigkeit entscheiden hier also auch für die Möglichkeit oder Unmöglichkeit der Selbstbeobachtung. Daraus folgt, dass eine Beantwortung der Fragen im allgemeinen nur unter günstigen Umständen möglich ist, und dass im besonderen, seltene Ausnahmefälle abgerechnet, hier nur Vorstellungen, bezw. der „Inhalt" von psychischen Erlebnissen im Unterschiede von ihrer Geschehensweise Beobachtungsobjekt sein können. Innerhalb dieser Begrenzung aber sind solche Selbstbeobachtungen vielfach wertvoll und unentbehrlich. So wenn es sich mir handelt um die in meinem vergangenen Leben erfolgten Entwickelungen oder Modifikationen im allgemeinen für kürzere Zeiträume gleichartiger psychischer Vorgänge, welche entweder in Relation zu Realitäten, die als konstant und „objektiv" vorgestellt werden, stehen, oder aber nach ihrer Wechselwirkung in betracht kommen;[1] oder wenn es sich um die empirische Bestimmung des Inhalts höherer psychologischer Formen handelt[2] und in manchen anderen Fällen. —

Mithin: Unter den Begriff Selbstbeobachtung sind drei nach Objekt und Artung wesentlich verschiedene Erkenntnisthätigkeiten zusammenzufassen, gegen die von seiten wissenschaftlicher Methodologie ein berechtigter prinzipieller Einwand kaum erhoben werden kann. Gemeinsam ist ihnen aber ausser anderen die Abhängigkeit von vorgebildeten psychologischen Begriffen und die Gefährdung durch unberechtigt sich aufdrängende Phantasiebilder. Gegen beide Mängel giebt es nur ein Mittel: den immer wiederholten Vorsatz, nur das thatsächlich Beobachtete als Material für Untersuchungen zu benutzen. Dass sich das Material dann wesentlich dürftiger stellt, als wenn man Phantasiekonstruktionen und Mei-

<hr>

[1] Als Beispiele solcher Beobachtungen nenne ich hier in prinziploser Wahl: Die Erinnerungen an die verschiedenen Vorstellungen, Begriffe, Gefühle und ständig assoziierten Gedanken, die sich mir in verschiedenen Zeiten meines Lebens mit dem Worte „die Seele" verbanden oder mit dem Worte „liberale Politik"; ferner die Erinnerungen an die Rolle, die in meinem bisherigen Leben meine Disposition zum „Eigensinn" spielte, oder an meine jeweilig verschiedene Erkenntnis, Wertung und Behandlung dessen, was ich meine „Nächstenliebe" nenne.

[2] Was es z. B. war, angesichts dessen mir die höchsten ästhetischen Gefühle zum Bewusstsein kamen, kann ich auf keinem andern Wege eruieren. Es zu wissen, ist aber für meine Psychologie des ästhetischen Gefühls von höchster Bedeutung.

nungen, wie etwas recht schön hätte erfolgen können, gelegentlich auch benutzt, ist selbstverständlich.[1]) —

Noch seien an dieser Stelle zwei Bemerkungen über die Anlage der vorliegenden Arbeit gestattet.

Ich hatte im ersten Entwurfe versucht, mich überall da, wo es im Interesse der Klarheit und der Begründung meiner Ansichten zu liegen schien, mit abweichenden Anschauungen auseinanderzusetzen und da, wo ich nicht selbst zu einem bestimmten Urteile kam, die mir bekannten möglichen und in der wissenschaftlichen Psychologie vertretenen Ansichten über den betreffenden Punkt anzuführen. Dadurch wurden aber die einzelnen Teile der Arbeit so überaus ungleichmässig an Umfang, und zwar schwollen gerade weniger wichtige Ausführungen so gewaltig an, dass ich mich entschloss, alles derartige zu streichen und einfach die Auffassung zu geben, die ich auf grund der Belehrung der modernen Psychologie, vornehmlich Wundt's, von den beobachteten Thatsachen gewonnen habe. So hält sich die Arbeit in den bescheidensten Grenzen des Grundrisses einer Analyse, — dessen Ausführung ich für später erhoffe.

Und zweitens: Jede Analyse von Lebendigem reisst Zusammengehöriges auseinander. Das wusste ich schon früher, aber es trat mir nie so klar und oft von einem Gefühle des Missbehagens begleitet entgegen, wie bei der vorliegenden Arbeit. Ich habe

[1]) Von hier aus erhellt auch die Bedeutung der experimentellen Psychologie für die Selbstbeobachtung. Sie ist meiner Ansicht nach bedeutend grösser als gewöhnlich angenommen wird.

Voraussetzungen für Selbstbeobachtung sind psychologische Begriffe des Beobachtenden. Psychologische Begriffe pflegen sich beim Einzelnen zunächst zu bilden auf grund gelegentlicher innerer Wahrnehmung in Verbindung mit den überlieferten Bildungen der Sprache, dann durch gelegentliche Belehrungen von Dichtern, Philosophen u. s. w. Gestellt man der experimentellen Psychologie zu, dass sie das Material zur Bildung der Grundbegriffe reiner zu gewinnen versteht, als wie es sonst gegeben ist, so leuchtet ohne weiteres ein, wie sehr es einerseits die Selbstbeobachtung erleichtert, und mit wie viel grösserer Wahrscheinlichkeit andererseits auf wissenschaftlich nutzbaren Erfolg der Selbstbeobachtung zu rechnen ist, wenn der Beobachter in der Fragestellung wie in der Beobachtung die korrekteren Begriffe der experimentellen Psychologie verwendet, als wenn das nicht der Fall ist. Mit vorlaufenden falschen Begriffen wird Selbstbeobachtung nie zu Resultaten kommen, die zu einer allgemein gültigen, widerspruchslosen und allgemein verständlichen, Darlegung eines psychischen Thatsachen-Komplexes dienen können. — An dieser Frucht der experimentellen Psychologie aber darf auch derjenige partizipieren, dem selbst die Möglichkeit Experimente zu machen nicht oder nur in allerbescheidensten Masse gegeben ist. Denn die Experimente und ihre Ergebnisse lassen sich durch Wort und Bild so genau beschreiben, dass auch der Entfernte, wenn nicht in die Stelle des Experimentators, so doch in die des Zuschauers einrücken kann.

versucht, das Auseinandergerissene in Anmerkungen wieder zu verweben. Das Resultat blieb dürftig und störte wiederum die Einheitlichkeit der Arbeit. So wurde auch das gestrichen.

Endlich möchte der Hinweis darauf, dass mein Versuch einer psychologischen Analyse des „Selbsterziehung" genannten Thatsachenkomplexes, so viel ich weiss, vorgängerlos ist, eine captatio benevolentiae sein bei Konstatierung der unleugbaren Lücken und der vermutlich vorhandenen Irrtümer.

Übersicht
über den zur Bearbeitung stehenden Thatbestand.

Unter „Erziehung" versteht man die Thätigkeit eines Menschen, des Erziehers, welche eine nachhaltige Beeinflussung eines andern Menschen, des Zöglings, in der Art zum Zweck hat, dass die psychischen Vorgänge und ihnen entsprechende äussere Handlungen des letzteren einem dem Erzieher vorschwebenden Ideale entsprechen.

Von „Selbsterziehung" können wir also nur per analogiam reden. Hier liegt nicht eine Thätigkeitsbeziehung eines Menschen zu einem zweiten vor, sondern der gemeinte Komplex von Geschehnissen geht von uns selbst, von Grössen, die wir irgendwie mit unter den Begriff unserer eigenen Person fassen, aus, und er bezieht sich auf uns selbst, hat die Beeinflussung von psychischen Vorgängen, die wiederum irgendwie konstitutive Faktoren unseres Ich bilden, zum Ziel. Die Berechtigung zum Gebrauche des Wortes Selbsterziehung finden wir aber in der Thatsache, dass auch hier eine Thätigkeit vorliegt, welche dauernde Beeinflussung unserer psychischen Vorgänge nach einem uns vorschwebenden Ideale zum Zweck hat.

Die Gesamtheit der bei der Selbsterziehung in Frage kommenden psychischen Thatsachen lässt sich somit ohne weiteres in zwei Gruppen zerlegen, von denen die zweite die die Selbsterziehung selbst ausmachende Thätigkeit umfasst, während die erste die psychischen Voraussetzungen — das Wort ganz allgemein genommen — dieser Thätigkeit umfasst. Da das psychische Leben des Individuums ein Kontinuum ist, steht allerdings zu vermuten, dass die Thatsachen der zweiten Gruppe irgendwie nur Fortsetzungen der die erste Gruppe bildenden Thatsachen sind, womit

aber wiederum nicht ausgeschlossen ist, dass diese letzteren
Geschehnisse Produkte bilden können, die der auf sie gelenkten
Aufmerksamkeit als etwas neues erscheinen. Wird somit voraussichtlich die Grenze zwischen beiden Gruppen stets eine fliessende
sein, so liegt doch die Berechtigung zu jener Scheidung zum
wenigsten in der Thatsache, dass die Vorgänge der ersten Gruppe
ablaufen können, ohne die der zweiten Gruppe nach sich zu
ziehen. —

I. Die psychischen Voraussetzungen der Selbsterziehung.

Wird allgemein nach den Voraussetzungen für den Eintritt
von Selbsterziehung in dem Sinne gefragt, dass damit gemeint
ist, was notwendig da sein müsse, wenn Selbsterziehung möglich
sein und wirklich werden solle, so werden Verschiedene sehr
Verschiedenes als Grund-Voraussetzungen angeben. Der Physiolog
wird eine ganz andere Antwort geben als der praktische Pädagog,
der Psycholog älterer Schule wird seine Theoreme entwickeln und
der Metaphysiker wird — je nachdem — „Freiheit" oder aber
„Unfreiheit" des Willens als erstes Axiom fordern.

Hier kommt in Gemässheit des Themas der vorliegenden
Arbeit zur Beantwortung der Frage natürlich nur dasjenige
inbetracht, was an psychischen Thatsachen sich der durch die
experimentelle Psychologie geschulten Selbstbeobachtung darstellt
als regelmässig der Selbsterziehung vorausgehend. Nun ist es
unvermeidlich, dass bei dem Aufsuchen dieser Thatsachen die
Aufmerksamkeit gelenkt wird durch theoretische Erwägungen,
durch das Kausalprinzip und Analogievorstellungen. Nur das ist
vom Übel und ist vermeidlich, dass man in der aus logischen
Gründen motivierten Erwartung, etwas Bestimmtes zu finden,
eine Phantasievorstellung als Wahrnehmungsvorstellung annimmt
oder aber unaufmerksam die Augen vor etwas verschliesst, was
thatsächlich da ist.

Die einfachste theoretische Erwägung giebt uns nun für die
psychischen Thatsachen, die als Voraussetzungen der Selbsterziehung zu gelten haben, eine Gruppierung an die Hand, deren
Brauchbarkeit auch dadurch wahrscheinlich gemacht wird, dass
jene Thatsachen gerade nach diesen Gruppen oft zeitlich durch
grössere Zwischenräume getrennt sind. Sie lassen sich ordnen in

1. Vorstellungen von der vorläufigen Eigenart meines psychischen Geschehens,

2. stark gefühlsbetonte Vorstellungen anderer Artungen des psychischen Geschehens,

3. Wollungen.

Die erste Gruppe kann ohne die zweite und dritte, die erste und zweite können ohne die dritte sein, während die dritte die zweite und erste und die zweite die erste voraussetzen.

1. Vorstellungen von der vorläufigen Eigenart meines psychischen Geschehens.

a. — α. Von vielen meiner der Vergangenheit angehörigen psychischen Erlebnisse und der mit ihnen in Korrespondenz stehenden äusseren Handlungen habe ich Erinnerungsvorstellungen. Sehe ich von einem Doppelten ab, nämlich

davon, dass ich mich im allgemeinen an jüngst vergangene Geschehnisse naturgemäss klarer und deutlicher erinnere, als an weiter zurückliegende,

und davon, dass auch Ereignisse, denen ich keine über das Niveau des gewöhnlichsten Tageslebens sich erhebende Bedeutung zumesse, infolge „zufälliger" Verknüpfung mit ausser ihnen liegenden bedeutsamen oder auffälligen Thatsachen leicht lange im Gedächtnis haften.

so sind die übrig bleibenden psychischen Erlebnisse meiner Vergangenheit, von denen ich leicht Erinnerungsvorstellungen habe, solche, die sich entweder durch eine besondere Intensität (allenfalls auch seltene Qualität) vor den andern (vergessenen) auszeichneten, oder aber dadurch, dass ihnen Thaten, für die Gestaltung meines Lebens bedeutsam, folgten. Diese Erinnerungsvorstellungen bilden ein reiches Material für die Erkenntnis meiner selbst.

β. Ich habe oft wahrgenommen, dass ein und dasselbe Ereignis auf andere Menschen einen andern Eindruck machte als auf mich; oder mit andern Worten: dass andere Menschen in gleicher Situation mit mir doch anderes wollten, anderen Gedanken, anderen Gefühlen Ausdruck gaben. So wurde ich aufmerksam auf die Eigenart meines psychischen Geschehens.

γ. — auf die Eigenart meines psychischen Geschehens. Denn das blieb mir nicht verborgen, dass meine einzelnen

Wollungen unter sich in engem Zusammenhange stehen, und dass gleiches von meinen Gedanken- und Gefühlsprozessen gilt; dass weiter auch mein Denken, Fühlen und Wollen einigermassen in Einklang mit einander steht, etwas Zusammengehöriges ist. So finde ich bei der Reflexion über mein Leben eine Einheit vor, die ich mit dem Worte „ich" bezeichne — ein Reflexionsbegriff, der stets mit einem eigenartigen Gefühle verknüpft ist. So ist mir die Vorstellung meines Ich hier gegeben als die eines komplexen und einheitlichen Vorgangs.

Die Komplikation des psychischen Lebens nimmt die moderne Psychologie selbstverständlich als gegebene Thatsache hin; und sie sieht ihre Aufgabe darin, auf grund von Einzelbeobachtungen die höheren Komplikationen in immer einfachere komplexe Vorgänge und letztere möglichst in ihre Elemente zu zerlegen — wie solches für ihr Gebiet auch die vorliegende Arbeit anstrebt.

b. — Die einheitliche Eigenart eines psychischen Lebens lässt sich dagegen nicht empirisch erklären, d. h. auf unmittelbar beobachtete Realitäten zurückführen. Zu ihrer Erklärung brauchen wir Theorien. Theorien, die selbstverständlich nicht als Deduktionen aus metaphysischen Annahmen entstanden sein dürfen, sondern die einfach an der von der Erfahrung freigelassenen Stelle einer Verbindung zwischen gegebenen psychischen Thatsachen eine nach Analogie konstatierbarer psychologischer und physiologischer Verbindungen erdachte Verbindung einsetzen. Erklärt eine solcherweise korrekt gebildete Hypothese sämtliche in betracht kommende Erscheinungen ohne Schwierigkeit und widerspricht ihr keine einzige bekannte Erscheinung, so darf die Psychologie mit ihr m. E. operieren wie mit einer gegebenen Thatsache. — Als einzige derartige Hypothese scheint mir für unsere Untersuchung unentbehrlich die der „persönlichen Dispositionen". Und zwar ist diese Hypothese in folgender Ableitung und Form vorausgesetzt.

a. Es ist eine bekannte Thatsache, dass Wahrnehmungsvorstellungen, Assoziationen, Urteile, Gefühle, Wollungen im allgemeinen um so leichter und sicherer vor sich gehen, je häufiger ihnen gleiche psychische Erlebnisse voraufgegangen sind. Daraus lässt sich der auch durch andere Beobachtungen und analoge Verhältnisse auf physiologischem Gebiete unterstützte Schluss ziehen: jeder psychische Vorgang verschwindet nicht spurlos mit dem Endpunkt seines Verlaufes, sondern hat die Nachwirkung.

dass wir Späteres in bestimmter anderer Weise erleben, als wir es erleben würden, wenn er nicht dagewesen wäre.

Dasselbe mit andern Worten ausgedrückt: Ich bin durch meine früheren Erlebnisse in bestimmter — selbstverständlich nie auf einen erschöpfenden Ausdruck zu bringender aber durchaus wirklicher — Weise „disponiert" die zukünftigen psychischen Vorgänge so zu haben, wie sie thatsächlich erfolgen. Gruppieren wir das Ganze unseres psychischen Geschehens aus Gründen der Übersichtlichkeit in Wollungen, Vorstellungen und Gefühle, so können wir demnach auch reden von persönlichen durch unser Vorleben erworbenen Dispositionen des Wollens, Fühlens, Vorstellens (bezw. des Urteilens und in Begriffe Fassens).

β. Hinzu kommt ein Zweites. Die Erfahrung zeigt, dass sich oft bei dem Sohne dieselben Eigentümlichkeiten des psychischen Geschehens wiederfinden, die bei Vater oder Mutter oder den Grosseltern auffielen. Diese gemeine Erfahrung führt, unterstützt durch entsprechende Beobachtungen auf dem physiologischen Gebiete, zu der Annahme der Möglichkeit der Vererbung besonderer Artung des psychischen Geschehens.

γ. Nehmen wir das mit auf in unsern Dispositionsbegriff, so kommen wir zu dem Resultate: jedem Individuum eignet in jedem Augenblicke seines Lebens eine persönliche Disposition zu eigenartigen psychischen Vorgängen, die ein Produkt ist aus ererbter Anlage und erworbener Qualifikation.

Die „persönliche Disposition" selbst ist nicht beobachtbar; über dasjenige was eigentlich der „Träger" dieser Disposition ist, wird — wenn anders wir auf einen psychologischen Begriff einer „Seele" die unterscheidbar wäre von den psychischen Geschehnissen selbst, verzichten und auch in den psychischen Vorgängen nicht einfach Funktionen physischer Dinge sehen — zur Zeit kaum eine bestimmte Aussage zu machen sein. „Persönliche Disposition" ist somit ein Begriff, der zwar einerseits nur gelten kann als psychologischer Hilfsbegriff, der aber andererseits als berechtigter Abstraktions-Ausdruck für psychische Realitäten dieselben Dienste leisten kann, wie etwa die der Erleichterung des Sprachgebrauchs und der Beobachtung dienenden Ausdrücke „Empfindung", „Apperzeption" u. s. w.

In der Auffassung unserer persönlichen Eigenart benutzen wir Dispositionsbegriffe in grosser Menge — wovon weiter unter die Rede sein wird.

2. Vorstellungen anderer, höher gewerteter, Artungen des psychischen Geschehens.

Selbsterziehnng hat nur da statt, wo ausser den Vorstellungen von der Eigenart des eignen psychischen Geschehens Vorstellungen einer andern möglichen Artung psychischen Geschehens vorhanden sind (a); wo ferner ein Vergleich zwischen der bisher faktischen Artung und jener anderen möglichen nach dem Massstab des Wertes zu einer intensiven Höherschätzung der letzteren geführt hat (b).

a. — Die Vorstellung einer Artung meines psychischen Geschehens, die von der thatsächlichen und also allein irgend wie erkennbaren verschieden ist, ist eine Phantasie-Vorstellung.

α. Das Gesetz der Phantasievorstellungen, dass in ihnen nichts vorkommt, wozu nicht das Material, oder wie man hier mit gleichem Rechte sagen kann, die Elemente, in der Erfahrung gewonnen wären, gilt natürlich auch hier. Und unschwer lassen sich die Quellgebiete dieses Vorstellungsmaterials feststellen. Es kommen als solche vornehmlich in betracht:

Wahrnehmungs- und Erinnerungs-Vorstellungen von Handlungen anderer Personen; dazu auch wieder Phantasievorstellungen, die das auf grund der Erfahrung als wahrscheinlich vermutete Handeln jener Menschen unter angenommenen Umständen zum Gegenstand haben.[1] Weiter: Überkommene „Lebensregeln", gefühlsbetonte Verallgemeinerungs-Urteile bezüglich Kategorien von Handelns-Artungen, die nun auf einen einzelnen Fall angewandt, wieder ihren abstrakten Charakter verlieren; „Maximen", die im Verlauf der voraufgegangenen Erziehung bezw. Selbsterziehung entstanden sind, und gefühlbetonte, Handlungs-Artungen zusammenfassende bezw. repräsentierende Begriffe (davon, wie von den Maximen, wird weiter unten ausführlicher die Rede sein). Endlich: Erinnerungsvorstellungen aus dem Gebiete des eignen, der weiter zurückliegenden Vergangenheit angehörigen Handelns.

β. Der psychische Prozess einer solchen Phantasievorstellung enthält gewöhnlich eine ziemlich scharfe Vorstellung der äusseren

---

[1] Zur Illustrierung von Darlegungen dieses Abschnittes sei der Fall angenommen: ich habe einen Hülfebittenden ohne besondere Gründe kurz abgewiesen.

War ich nun oft Zeuge von barmherzigen Handlungen eines bestimmten Mannes, so taucht jetzt leicht eine Phantasievorstellung auf, wie jener Mann in meinem Falle gehandelt haben würde.

Umstände, unter denen die Handlung erfolgend gedacht ist. Die
Handlung selbst wird gewöhnlich im Ganzen unbestimmter vor-
gestellt; doch hebt sich gemeiniglich ein stark gefühlsbetontes
Moment heraus, von dem aus dann bei längerem Verweilen ein-
zelne Teile, Stadien und Beziehungen der Handlung in wachsender
Klarheit und Deutlichkeit vorgestellt werden. Der Handelnde der
Phantasievorstellung bin ich, die Artung der Handlung ist einer
den Quellgebieten angehörigen Vorlage entnommen oder aus
mehreren Vorlagen komponiert.[1]) — Anlass zur Entstehung dieser
Phantasievorstellung geben, wie es scheint regelmässig, psychische
Elemente, die ursprünglich einer Vorstellung der bisherigen
Artung des eigenen psychischen Geschehens zugehören, seien es
Vorstellungs- oder, was mir das Häufigere zu sein scheint,
Gefühls-Elemente. An diese schliessen sich im Verlauf des
Geschehens Elemente der Vorlagen assoziativ, wenn es sich um
unwillkürlich auftretende Vorstellungen handelt, — in den Formen
der aktiven Apperzeption, wenn es sich um Vorgänge einer Stunde
der „Selbstbesinnung" und gewissermassen programmatischer
Reflexion handelt.

b. — a. Eine solche Vorstellung lässt sich mit einer Vorstellung, die mein wirkliches psychisches Geschehen zum Gegenstande hat, vergleichen — vorausgesetzt natürlich, dass beide
Vorstellungen eine genügende Menge von Gleichheitsmomenten
haben, die etwa bestehen können in der Übereinstimmung der
äusseren Umstände, von denen eingefasst das psychische Geschehen
vorgestellt wird; einer teilweisen Konstanz der die Vorstellung des
„Ich", als dem angehörig das Geschehen ja gedacht wird,
zusammensetzenden Elemente; und einer Ähnlichkeit der verglichenen Vorgänge nach ihrer „formalen" Seite. Die Unterscheidung im Vergleich erfolgt dann auf grund der wirklichen
Differenz einer grösseren oder geringeren Menge von Vorstellungs-
und zugehörigen Gefühls-Elementen, die einzeln je nach der
herrschenden Aufmerksamkeits-Richtung des Vergleichenden in
den Blickpunkt treten. Die Vergleichung, die als Voraussetzung

---

[1]) Waren die Verhältnisse in unserem Falle komplizierter Natur, so ist
mir zunächst gar nicht klar, wie jener barmherzige Mann gehandelt haben
würde. Nur dass er freundlicher und hilfsbereiter gewesen wäre, als ich war,
ist mir gewiss. Weiteres Nachsinnen, während dessen jener als vor meinem
Hilfenden stehend vorgestellt wird, führt dann zur Vorstellung einer bestimmten
Handlung, die einer andern ähnlich ist, deren Zeuge ich einst war. Und dann
denke ich mich so handeln.

der Selbsterziehung genannt ist, berücksichtigt unter den differierenden Elementen allein den „Wert" der Gegenstände der verglichenen Vorstellungen.

β. Der psychologischen Auseinanderlegung dieser Thatsache sei die Ablehnung von drei sich leicht an das Wort „Wert" knüpfenden Gedanken, die hier irre leiten würden, vorausgeschickt.

Wenn gesagt wird: ich vergleiche zwei meiner Handlungen unter alleiniger Berücksichtigung ihres Wertes, so ist damit selbstverständlich ausgeschlossen, dass unter Wert irgend etwas verstanden werden soll, was den Handlungen vielleicht „an sich" zu kommen mag ohne von mir erkannt zu werden. Mit einem „objektiven Werte" im Gegensatz zu dem „subjektiven" haben wir es hier in keiner Weise zu thun. —

Zweitens: Es ist weder hier, noch überhaupt je zulässig, die psychologische Thatsache der Wertung einer Handlung auf die Höhe der Summe aller ihre Vorstellung begleitenden oder für die Zeit ihrer Vollziehung erwarteten bezw. erinnerten Lust- oder Unlust-Gefühle zurückzuführen. Denn thatsächlich ist erfahrungsgemäss die Wertung einer Handlung sehr oft nicht der Gesamtheit dieser Lust- und Unlust-Gefühle bezw. einem aus ihnen resultierenden Totalgefühl proportional; und „wertvoll" deckt sich nicht mit „angenehm". —

Endlich ist eine Zurückführung der Wertung einer Handlung auf die intellektuelle Auffassung ihrer „Nützlichkeit" abzuweisen. Thatsächlich kann eine Handlung von mir sehr hoch gewertet werden, ohne dass ich mir darüber klar wäre, ob sie nun eigentlich mir oder sonst jemanden nützt; zudem scheint es (MEINONG p. 13) als könne der Begriff der Nützlichkeit überhaupt nur vom Wertbegriff aus abgeleitet werden. —

Das psychische Erlebnis, durch welches eine Handlung (wie jeder andere mögliche Inhalt einer Vorstellung), überhaupt die charakteristische Bedeutung für mich erlangt, die ich durch den Wert-Ausdruck bezeichne, scheint vielmehr stets ein besonderes, ihre Vorstellung begleitendes Gefühl zu sein, das man also richtig „Wertgefühl" nennt. Giebt es solcher Wertgefühle wiederum qualitäts-verschiedene Systeme, so braucht im folgenden doch nur von einem derselben die Rede zu sein. Ein besonderes Wort hat die Sprache zur Bezeichnung gerade dieses Gefühls nicht gebildet, eine Thatsache, die nicht überrascht, wenn man weiss, wie ausserordentlich arm unser Wortschatz an Bezeichnungen für

verschiedene Gefühle ist. So nenne ich denn der Einfachheit
halber dies für uns allein wichtige Wertgefühl im Unterschiede
von anderen uns beschäftigenden Gefühlen schlechthin das Wertgefühl — die Versuchung, diesen laxen Sprachgebrauch zur Ver-
kleidung der hier vorliegenden Schwierigkeiten zu missbrauchen,
nicht verkennend.

Beschreiben im Sinn einer Darstellung durch äquivalente
Thatsachen lässt sich das Wertgefühl ebensowenig wie irgend ein
anderes Gefühl. Psychologisch zu charakterisieren ist es etwa
so: Es scheint eindimensional zu sein, kommt in sehr feinen
Abstufungen zum Bewusstsein und verläuft nach den beiden
Richtungen der Lust („positiv") und der Unlust („negativ"). Denken
wir uns das System als Linie dargestellt, so liegen dem Indifferenz-
punkte, nach der positiven wie nach der negativen Seite hin,
Abstufungen an, die an sich sehr scharf unterscheidbar, auch zur
Unterscheidung nach Lust und Unlust noch einigen Anhalt geben,
ohne doch stets deutlich als Lust- bezw. Unlust-Gefühle zum
Bewusstsein zu kommen. Bei schnell wechselnder Aufmerksam-
keitsrichtung auf verschiedene Teile und Beziehungen der Vorstellungen pflegen diese Abstufungen des Gefühls in ausgeprägt
oszillierender Weise zum Bewusstsein zu kommen.

Das Wertgefühl tritt nie als Begleitung von einfachen
Empfindungen auf, sondern ist stets verknüpft mit Vorstellungen
oder aber Begriffen bezw. Urteilen, die sich auf Handlungen
beziehen. Doch ist es nicht notwendig Begleiter jeder Vorstellung
einer Handlung, sondern es hat nur die einer bestimmten Kategorie angehörenden Handlungen zum „Gegenstand". Diese Kategorie
lässt sich nun aber erfahrungsgemäss wiederum nicht anders
bestimmen als eben durch Zurückgehen auf die Thatsache der
steten Verknüpfung mit diesem Wertgefühl bezw. durch urteils-
mässige Charakterisierung auf grund dieses Gefühls. Und dies
erst ist die Angabe, welche unzweideutig auf das gemeinte
Gefühl allein hinweist: am intensivsten und klarsten kommt
unser Wertgefühl zum Bewusstsein bei der Vorstellung derjenigen
Handlungen, welche wir als „gut" oder „böse, schlecht" charakterisieren. Zur Vervollständigung mag noch erwähnt werden,
dass die Gegenstände derjenigen Wert - Gefühlsabstufungen,
welche dem Indifferenz-Punkte auf positiver Seite nahe liegen,
als „korrekt", derjenigen, die von dort aus zu dem negativen
Extreme absteigen, als „zulässig" bezeichnet werden können

(nach MEINONG). Das ganze Gebiet solcher Handlungen nennen wir das sittliche.¹)

Endlich seien der Charakterisierung dieses Wertgefühls noch die Bemerkungen schon hier hinzugefügt:

Das Wertgefühl kommt im gewöhnlichen psychischen Geschehen natürlich ebensowenig wie je ein anderes einfaches Gefühl isoliert zum Bewusstsein. Seiner steten Gebundenheit an Vorstellungen etc. ist schon gedacht; hier sei noch erwähnt, dass es sehr häufig mit anderen Gefühlen und Vorstellungen Komplikationen eingeht, die den Grund abgeben für den Gedanken des ethischen bezw. religiös-ethischen „Sollens".

Und endlich: Gerade diesem Wertgefühl scheint die Eigentümlichkeit aller Gefühle in besonders hohem Masse anzuhalten, auch nach Verlauf der Vorstellung, mit der es eintrat, im Blickfeld

---

¹) Dass uns angesichts der genannten Handlungen ein solches psychisches Geschehnis, wie es oben Wertgefühl genannt ist, zum Bewusstsein kommt, ist unleugbare Thatsache. Ob diese Thatsache aber psychologisch als ein einfaches, unzerlegbares Gefühl anzunehmen sei oder nicht, ist diskutierbar. Es würde den Rahmen der vorliegenden Arbeit überschreiten, wenn ich in die Diskussion des allgemeinen Problems eintreten wollte, ob nur Lust und Unlust als Qualitätsunterschiede von Gefühlen anzuerkennen seien oder ob es eine grosse, eventuell unbegrenzbare Mannigfaltigkeit von qualitätsverschiedenen Gefühlen gebe. Zudem scheinen mir persönlich einstweilen gleich gute Gründe auf beiden Seiten zu stehen, und die eigene Meinung wechselte mehrere Male unter dem Eindruck einzelner Erfahrungen. Komme ich z. B. vom Studium der physiologischen Grundlagen der Empfindungen, so scheint es mir unerhört ein „logisches" oder „ästhetisches" oder gar „moralisches" Gefühl als letzte Einheit annehmen zu können. Fand ich aber z. B. am Ende der tiefsten wissenschaftlichen Untersuchungen als aller Logik letzten Schluss „das Gefühl der Evidenz", so schien es mir durchaus wahrscheinlich, dass auch psychologisch betrachtet ein Letztes sei. Ein Letztes im Rahmen des psychischen Geschehens beim modernen Menschen; denn die Entstehungsgeschichte dieses Gefühls — falls es eine solche giebt — gehört einem ganz anderen Arbeitsgebiete an. Ich bin bei der letzteren Ansicht auch bezüglich des Wertgefühls einstweilen stehen geblieben. Mutet die Behauptung eines solchen einfachen Gefühls fremdartig an, so scheint mir der Vergleich mit dem Gefühl der Tonharmonie Analogien zu bieten, die zur Verständigung dienen können. — Zwei andere und durchaus nicht hierher gehörige Fragen sind die nach der Entwicklungsgeschichte dieses Gefühls und die nach den konkreten Gegenständen, auf die sich das Wertgefühl bei den verschiedenen Menschen bezieht.

Ist die dem Texte zu grunde liegende Anschauung, dass es qualitätsverschiedene Gefühle in grosser Menge gebe, falsch, so wäre das „Wertgefühl" als eine Komplikation zu betrachten und der Vorwurf zu erheben, dass die Analyse auf diesem Punkte nicht weit genug geführt sei. Weitere Fehler würden hier, so weit ich sehe, aus obiger Annahme nicht erwachsen, da aus der Auffassung des Wertgefühls als einer elementaren Thatsache Konsequenzen nicht gezogen sind. Jenem Vorwurf könnte ich auch dann nicht ausweichen, wenn ich das „Wertgefühl" als Komplikation anerkennte — denn ich könnte diese Komplikation absolut nicht anders zerlegen, als in Lust bezw. Unlust und ein mir durchaus unbekanntes x. Und das wäre keine Analyse.

des Bewusstseins zu verharren, von hier aus oft für lange Zeit die gesamte Gefühlslage des Bewusstseins zu beeinflussen und, assoziativ oder apperzeptiv in den Blickpunkt des Bewusstseins gerufen, dort schneller und klarer hervorzutreten als die zugehörige Vorstellung selbst. In dieser Eigentümlichkeit des Wertgefühls scheint mir, nebenbei bemerkt, zum Teil auch die Erklärung der Eigenart der komplexen Gebilde zu liegen, die man gemeiniglich „das böse Gewissen" nennt.

Handelt es sich nun also — um auf unsern Ausgangspunkt zurückzukommen — um den Vergleich zweier Vorstellungen unter alleiniger Berücksichtigung ihres Wertes, besteht nun aber das Wertmoment einer Vorstellung in dem sie begleitenden Wertgefühl, so stellt sich der in Rede stehende Vergleich dar als eine Vergleichung zweier Gefühle, die ein und demselben System angehören — ein einfacher, gewöhnlich mit einem Urteil schliessender psychischer Vorgang, der hier weiter keiner Beschreibung bedarf.[1])

7. In zwei anderen Beziehungen aber ist die Untersuchung noch zu ergänzen. — Als unsere Voraussetzung der Selbsterziehung war zunächst genannt der Vergleich von Vorstellungen des eignen bisherigen psychischen Geschehens bezw. der persönlichen Dispositionen mit solchen, die ein als uns möglich vorgestelltes Geschehen zum Gegenstand haben, nach dem Massstab des Werts. Hernach sind aber als Gegenstand des Wertgefühls einfach „Handlungen" genannt.

Die Berechtigung, mit der Wertung von Handlungen auch ohne weiteres die Wertung von Dispositionen des psychischen Geschehens gesetzt anzunehmen, finde ich in folgendem:

Thatsächlich wird eine Handlung bei ihrer Wertung nicht in künstlicher Isolierung aufgefasst, sondern unmittelbar in ihrem Zusammenhang mit der persönlichen Disposition, für die sie ein Merkmal ist. Der Beweis für diese Behauptung liegt in den Thatsachen, dass wir dieselbe äussere That ganz verschieden werten bei verschiedenen Menschen;[2]) dass wir unsere eigenen

[1]) Die Vorstellung meiner eigenen Handlung war von dem Gefühle negativer Wertung begleitet, die Vorstellung des gegensätzlichen Handelns von positivem Wertgefühl. Und zwar handelt es sich um eine sehr grosse Gefühlsdifferenz und ohne Schwanken erfolgt das Urteil: meine Handlung war schlecht, diese ist gut.

[2]) Hatte ein Bekannter, von dem ich weiss, dass er seine nicht geringe Wohlthätigkeit auf grund bitterer Erfahrungen jetzt grundsätzlich nur durch

Handlungen oft durchaus verschieden werten, auch wenn sie äusserlich gleich waren und unter denselben äusseren Umständen erfolgten;[1] dass wir angesichts erzwungener Handlungen überhaupt kein Wertgefühl haben. Wir stehen an dem ethischen Gemeinplatz, dass der Wert von Handlungen sich nicht nach dem Erfolge und nicht ausschliesslich nach der Artung ihres äusseren Geschehens, sondern zum Teil nach letzterem, zum andern und gemeiniglich grösseren Teil nach der psychischen Verfassung des Handelnden richtet.[2] Eine weitere Bestätigung dieser Behauptung, dass bei der Wertung einer Handlung ihre Vorstellung ihren Zusammenhang mit der zu grunde liegenden Disposition mit enthält, ist in den bei dem Wertungs-Vorgang gewöhnlich assoziierten Wortbezeichnungen zu finden, die wie: eine „barmherzige" That, „hochmütige" Worte, „selbstsüchtige" Gedanken etc. diesen Zusammenhang unmittelbar zum Ausdruck bringen.

Andererseits werden unter Umständen die Dispositionen auch direkt gewertet, aber doch wiederum nur indem ihre Vorstellung die Beziehung auf die eine oder die andere ihr entsprechende Handlung mit enthält. Eine Disposition ist eben nichts, wenn ausser betracht bleiben soll, wozu sie disponiert. Endlich kann die Wertung einer Disposition auch die Folge eines Urteils sein, das ihre Beziehung zu einer positiv gewerteten Handlung zum Ausdruck bringt. Wenn mir etwas wertvoll ist und ein Zweites das Erste zu kausieren scheint, so werde ich um deswillen auch das Zweite positiv werten.[3] Liegt damit für die theoretische Betrachtung die Möglichkeit einer doppelten Beziehung des Wertgefühls auf eine Disposition vor, so ist das nicht etwas, was psychologisch auch nur besonders auffällig wäre.

Vermittlung organisierter Armenpflege übt, so gehandelt, so wäre meine Wertung eine ganz andere.

[1] Ich erinnere mich, wie ich in einem ganz ähnlichen Falle vor vielen Jahren ganz ähnlich gehandelt habe; aber damals wusste ich kaum, was Not heisst, und das Bewusstsein der schlechten That hatte sich erst nach eindringlicher Belehrung seitens eines andern eingestellt.

[2] Jetzt ist das negative Wertgefühl um so intensiver, je klarer mir wird, dass ich bei der schönsten theoretischen Wertschätzung von Barmherzigkeit und sozialem Verantwortungsbewusstsein selbst doch eher egoistisch als barmherzig zu nennen bin.

[3] Ich war Zeuge einer selten uneigennützigen, einer heroisch zu nennenden Handlung, die ich mir selbst nicht zutraue, obwohl ich sie ausserordentlich hoch werte. Ich lernte verstehen, dass sie die Frucht einer durch ein langes Leben hindurch geübten Barmherzigkeit war. Seitdem werte ich Barmherzigkeit höher als früher.

Mithin: mag es auch oft vorkommen, dass der Vergleich zweier Handlungen zur wirksamen Voraussetzung von Selbsterziehung wird — sei es nun, dass die Handlungen ganz konkret, in allen einzelnen Zügen bestimmt, vorgestellt werden, oder dass ihre Vorstellungen begriffsartigen Charakter tragen, den allgemeinen Spielraum einer bestimmten Artung der Handlung angebend — so sind doch thatsächlich diese Handlungen in ihrer Wertung nicht isoliert von ihrer Dispositionsgrundlage aufgefasst. So konnte denn auch bei der Untersuchung unserer Voraussetzung gelegentlich mit der Wertung von Handlungen exemplifiziert werden. Trotzdem ist festzuhalten, dass es sich für gewöhnlich, und bei allgemeiner Klarheit der Gedanken wohl stets, bei unserer Voraussetzung um Höhenwertung einer Disposition handelt, denn Selbsterziehung hat nachhaltige Beeinflussung des psychischen Geschehens zum Zweck.

δ. Und noch in einer zweiten Beziehung werde die Untersuchung der Wertungen, die der Selbsterziehung notwendigerweise vorausgehen, ergänzt.

Es ist im Vorausgehenden nicht bezug genommen auf eine Unterscheidung, die im allgemeinen geeignet ist zur näheren Bestimmung von Wertungen: Die Unterscheidung von aktuellen und potenziellen Werten. (KÜLPE.)

Die Unterscheidung hat ihren Grund in folgender Beobachtung. Nicht in allen Fällen ist der Wert, den wir einem Objekte zuschreiben, proportional dem Wertgefühle, welches wir gerade jetzt bei Vergegenwärtigung dieses Objektes (bezw. seines Kausalzusammenhangs mit einem bestimmten gewerteten Objekte) haben. Häufig schreiben wir vielmehr einem Objekte einen Wert nur deshalb zu, weil dasselbe uns geeignet oder fähig erscheint, ein Wertgefühl zu erregen, oder genauer: weil dasselbe uns als ein solches erscheint, bei dessen Vergegenwärtigung wir das, unser jetzt abgegebenes Werturteil rechtfertigende Wertgefühl dann thatsächlich haben würden, wenn wir selbst in der zur korrekten Auffassung des Objekts geeigneten geistigen Verfassung wären. Wir unterscheiden somit richtig zwischen aktuellen und potenziellen Werten; nicht verkennend, dass vielleicht in der Mehrzahl unserer thatsächlichen Wertungen der (Gesamt-) Wert des Objekts sich als zusammengesetzt aus aktuellen und potenziellen Werten darstellt.

Die Thatsache der potenziellen Werte bietet die Erklärung dafür, dass wir einer Handlung einen höheren Wert zusprechen

können, als einer anderen, deren Vorstellung momentan von einem
höheren Wertgefühl begleitet ist. Das ist von Bedeutung auch
für die Selbsterziehung. Und obwohl Aufgabe einer Analyse nur
ist, das Gegebene zu zerlegen, und nicht, die Zerlegungsprodukte
noch zu erklären, so sei hier doch wenigstens darauf hingewiesen,
dass die Motivationskraft, die bei fortschreitender Selbsterziehung
gewissen blossen Vorstellungen in wachsender Stärke zuzuschreiben
ist, ihre Erklärung eben in der Thatsache ihres potenziellen Wertes
findet. Allgemein lässt sich behaupten, dass bei fortschreitender
Selbsterziehung potenzielle Werte eine immer mehr ausschlaggebende Rolle spielen.

Anders hier, wo es sich um die Voraussetzungen der
Selbsterziehung handelt. Ich glaube nicht zu irren, wenn ich
behaupte, dass die Wertungen, welche die unerlässliche Voraussetzung der Selbsterziehung sind, durchweg auf aktuelle Werte
gehen, momentan unmittelbar erlebte Wertgefühle zur Grundlage
haben. Wie im nächsten Abschnitte berührt werden wird, ist zur
Motivation des Entschlusses zur Selbsterziehung eine Lebhaftigkeit des psychischen Geschehens notwendig, wie sie mit der
Konstatierung bloss potenzieller Werte zunächst nicht gegeben ist.[1]

[1] Was die anderen grössten Scheidungen anlangt, mit denen die Lehre
von den Wertungen das Gesamtgebiet der Werte überhaupt zu zerlegen sucht,
so lässt sich nur feststellen, dass sie zu einer näheren Bestimmung der uns
beschäftigenden Wertungen nicht dienen könne. Die Unterscheidung von
„Eigenwerten" und „Wirkungswerten" (MEINONG, nach EHRENFELS; „intensive und
konsekutive Wertungen" bei CONS) ist in Ansehung des Gesamtgebiets der
Wertungen gewiss richtig und wichtig, aber, wie schon gelegentlich (p. 24)
angedeutet, die Wertungen, die als Voraussetzung der Selbsterziehung zu gelten
haben, können jeder der beiden Gruppen angehören. — Bezüglich der Unterscheidung zwischen „thatsächlichen" und „geforderten" Werte bemerke ich,
dass der von CONS (p. 22 ff.) gewählte Teilungsgrund mir nicht für die
beabsichtigte Scheidung geeignet scheint. Ich glaube nicht, dass es für eine
Scheidung in der hier angestrebten Richtung einen besseren Teilungsgrund
giebt, als die Qualitätsdifferenz der Wertgefühle, die den Wertungen zu grunde
liegen. Dabei bleibt in dann allerdings der Übelstand bestehen, dass diese
Qualitätsunterschiede nicht anders zur Vergegenwärtigung gebracht werden
können, als durch Verweisung auf das eigene Erleben. — Charakteristisch für
diejenigen Wertungen, die als Voraussetzungen der Selbsterziehung gelten
müssen, ist jedenfalls, dass in ihnen auf irgend einer Intensitätsstufe dasjenige
Wertgefühl zum Bewusstsein kommt, das wir angesichts von Handlungen haben,
die wir als „gut" oder „schlecht" bezeichnen. Zwar wäre denkbar ja auch
eine zielbewusste Beeinflussung des eignen psychischen Geschehens ohne
unsere Voraussetzung. So kann jemand sich einen Fehler vorläufig abgewöhnen
wollen aus keinem anderen Grunde, als weil derselbe ihm in den Augen eines
Vorgesetzten schadet, der über seine nächste Zukunft zu entscheiden hat.
Dann bildete allerdings nicht eine Höher-Wertung in unserem Sinne die in
Frage stehende Voraussetzung, sondern die Einsicht in die Nützlichkeit der

e. An die Höher-Wertung einer nur vorgestellten Disposition im Vergleich mit der thatsächlich gegebenen können sich zunächst weitere psychische Vorgänge schliessen — Vorstellungsassoziationen der verschiedensten Art, weitere Urteile, mancherlei Gefühlskomplikationen u. s. w., die für etwa nachfolgende Selbsterziehung allerdings oft von Bedeutung sein mögen, die aber doch nicht als ihre unerlässliche Voraussetzung gelten können.[1])

Andrerseits kann die unmittelbare Folge des psychischen Geschehens hier auch abreissen. Die angeführten psychischen Vorgänge sind Voraussetzung für Selbsterziehung, ziehen letztere aber nicht mit Notwendigkeit nach sich. Wird die Selbsterziehung aber wirklich, so ist zuvor jedenfalls noch eine letzte Voraussetzung erfüllt: die bisher besprochenen psychischen Erlebnisse sind zu Motiven einer Wollung geworden.

3. Der Wille zur Selbsterziehung.

Es ist hier natürlich nicht Aufgabe, eine Theorie des Willens im allgemeinen zu geben. Das was für unsere Zwecke zu sagen ist, muss bestehen können sowohl mit einer Theorie, die im Willen irgendwie ein spezifisches Elementarphänomen findet, wie mit Theorien, welche in den Wollungen nur eigenartige Komplikationen der sonst bekannten Elemente und ihrer Verbindungen sehen. Die Beobachtung so komplexer Gebilde, wie sie das Ganze der Selbsterziehung ausmachen, kann unmöglich direkt zur Entscheidung dieser — vielleicht der subtilsten — Frage der Psychologie führen. —

a. — Das was wir „vorstellen" nennen, kann eintreten ohne einen direkt voraufgegangenen mit ihm offenbar in Verbindung stehenden Vorgang. Ein „Gefühl" kann, z. B. getragen von einer Empfindung, abrupt im Bewusstsein auftreten. Dem, was wir „wollen" nennen, gehen dagegen stets — lehrt die Erfahrung — psychische Erlebnisse voraus, die unserm etwaigen späteren

---

erstrebten Disposition. Aber in diesem Falle wird man die zur Erreichung des Zieles gemachten Anstrengungen auch nicht Selbsterziehung nennen, sondern nur etwa Dressur.

[1] Z. B. die Vorstellung eines dauernd unbefriedigten Gemütszustandes als Resultat einer konsequenten Fortentwicklung der bisherigen Dispositionen, — die Vorstellung innerer Beglückung bei Erreichung der hochgewerteten Disposition; Urteile, die die Beziehungen der hochgewerteten Disposition zu den mir vorschwebenden letzten Zwecken des Lebens setzen; das Gefühl innerer Leere oder das ahnungsvolle Gefühl sich regenden neuen Lebens, Gefühle religiöser Natur u. s. w.

Nachdenken als Gründe oder Veranlassungen des Wollens erscheinen. Wir nennen sie die Motive des Wollens.

Die modernen Psychologen sind sich uneinig darüber, ob ein Gefühl allein und eine Vorstellung allein oder nur eine Verbindung von Vorstellung und Gefühl genügt, eine Wollensmotivation abzugeben. Ich brauche auch in dieser Meinungsverschiedenheit hier nicht Partei zu ergreifen, denn als die typische Motivation des Willens zur Selbsterziehung wurde das Differenz-Urteil der Vergleichung zweier sittlich geworteter Vorstellungs-Gegenstände genannt. Das ist ein Urteil, das einem bestimmten Gefühlsbestand Ausdruck giebt. Im ganzen genommen läge also ein Vorgang vor, der sowohl Gefühle wie Vorstellungen enthält.

b. Von diesem letzteren Geschehnis, dem Resultat der bisher als Voraussetzungen der Selbsterziehung angegebenen Vorgänge, behaupte ich nun für den Fall, dass es wirklich zur Selbsterziehung kommt: es motiviere den Willen zur Selbsterziehung. Ich brauche diesen Ausdruck zur Bezeichnung einer Reihe von beobachtbaren Thatsachen, von denen die späteren irgendwie als Folge, Wirkung, der voraufgegangenen aufgefasst werden, ohne dass der letzte Grund, bezw. die Notwendigkeit solch eigenartiger Abfolge nachzuweisen wäre. Die Thatsachen sind folgende:

α. Während die Vorstellung der höchst geworteten Disposition präsent bleibt, erfolgen — neben später zu erwähnenden Vorstellungen — ziemlich starke Gefühle, durch welche die ganze Gemütslage eine unruhige wird: ein Gefühl, das sich Freiheitsgefühl benennen lässt, da es demjenigen gleicht, das wir haben, wenn wir andere, mit denen wir in sonst gleicher Situation sind, gezwungen handeln sehen, während bei uns jeder Zwang fortfällt; andere Gefühle, die wir auf grund früherer Erfahrung und theoretischer Erwägung Aktivitätsgefühle nennen. Dann werden diese Gefühle abgelöst von einem „lösenden" Gefühl, das nun, wieder auf grund früherer Erfahrung und theoretischer Erwägung, das der Entscheidung zu benennen pflegt.

β. Währenddessen ging eine eigentümliche Wandlung der Vorstellung der höchstgeworteten Disposition vor sich. Die Züge, die sie als meine Disposition charakterisierten, hoben sich hervor, Vorstellungen von mir bereits eignen Dispositionen, die mit jener verwandt sind, tauchten auf, das ihr bisher zugehörige Gefühl der Unwirklichkeit, des bloss Vorgestellten, wich und machte einem anderen, das etwa als das bestimmter Erwartung bezeichnet werden kann, Platz. Zugleich assoziieren sich Vorstellungen von Mitteln, durch welche jene Disposition zu der meinigen gemacht werden kann.

γ. Von da ab ist in der Folgezeit die Vorstellung jener Disposition bei jedem Auftauchen mit Vorstellungs- und Gefühls-Elementen durchsetzt oder verbunden, die vorher nicht als ihr zugehörig angesehen werden konnten. Zudem assoziieren sich ihr jetzt gewöhnlich Vorstellungen der psychischen Ereignisse, die in der eben behandelten Zeit geschahen; und selbst wenn solche nicht in den Blickpunkt des Bewusstseins treten, scheint doch die Vorstellung der Disposition selbst mit Gefühlen bekleidet, die sie irgendwie in der oben erwähnten Zeit lokalisieren. Ausserdem wird die Vorstellung dieser Disposition jetzt oft und leicht durch Vorstellungen und Gefühle, die zu ihr in irgend einer Beziehung stehen, hervorgerufen. Mit andern Worten: Seit jenem Zeitpunkt datiert eine Veränderung unserer Disposition der Auffassung jener Disposition.

δ. Endlich ist konstatierbar, dass wir von jenem Zeitpunkte an öfter und leichter in einer Weise handeln, die geeignet erscheint zur Herbeiführung jener Disposition, dabei manches höher wertend als zuvor, weil es uns als Mittel für die Ausbildung jener Disposition tauglich scheint; und dass wir unter sonst günstigen Umständen fortschreitend häufiger und leichter in einer Weise handeln, die symptomatisch ist für das Vorhandensein jener Disposition.

Mithin: Wir haben einen Vorgang vor uns, der unter Aktivitäts- und Freiheitsgefühlen verläuft, und von dem ab eine konstante Veränderung der Vorstellung jener Disposition, eine Reihe planmässiger, auf Ausbildung jener Disposition gehender Handlungen und eventuell eine fortschreitend ausgeprägtere jener Disposition entsprechende Eigenart unseres psychischen Geschehens und der äusseren Handlungen datiert.

Was der thatsächlich ausschlaggebende Grund jener Neuerungen war, wissen wir nicht. Zur Bezeichnung eines solchen psychischen Vorgangs brauchen wir das Wort „Wollen" und zwar in einem Fall wie dem unsrigen das Wort „Entschluss".[1])

---

[1]) Dass ein solcher Vorgang noch andere psychische Elemente enthält, die sich weder dem Gefühl noch dem Vorstellen unterordnen lassen, ist durchaus wahrscheinlich. Von den in betracht kommenden Empfindungen musste ich

Noch nach einer Seite hin lässt sich diese Wollung näher bestimmen.

c. — Sie ist ein Wahlvorgang. Neben unser Werturteil treten andere motivationsfähige psychische Geschehnisse in bunter Reihe. Da sind zunächst assoziative Vorstellungen möglich, die eine Handlungsweise repräsentieren, welche erfahrungsmässig mit sinnlicher Lust verbunden ist. Andere Vorstellungen erhalten durch ihre Beziehung auf unsere Disposition zur Eitelkeit oder zum Neid u. s. w. oder auf unser allgemeines „Temperament" leicht bedeutendes Gewicht. Und endlich spielt fast stets ein psychischer Faktor eine besonders wichtige Rolle, der niemandem unbekannt ist und gewöhnlich „Faulheit"[1] genannt wird.

Beschliessen wir dem Werturteil gemäss, so stellt sich späterer Erinnerung jener Ereigniskomplex unter dem Phantasiebilde eines Kampfes um den Willen dar. Während all jene gefühlsbetonten Vorstellungen successiv, aber zum teil auch simultan, einzeln oder in Gruppen, kommen und gehen, bleibt die dem Werturteil entsprechende Vorstellung bezw. das Wertgefühl präsent und giebt die feste Grösse ab zu ausführlichen oder abgekürzten Vergleichen. Enden diese Vergleichungen mit der eigenartig gefühlsbetonten Vorstellung: „ich zukünftig aus der höchst gewerteten Disposition heraus handelnd", so erfolgt Rückzug aller andern etwa noch im Bewusstsein vorhandenen Vorstellungen unter lebhaften Ablehnungsgefühlen. Der Wahlvorgang ist perfekt.

Der Willensentschluss zur Selbsterziehung ist stets ein Wahlvorgang. Motiviert das Werturteil einen Willensvorgang ohne „Widerspruch" anderer Motive, so erfolgt das Wollen als eindeutig bestimmtes ohne weiteres — aber von Selbsterziehung kann keine Rede sein. Erziehung mag dann allenfalls vorliegen, z. B. wenn die höchst gewertete Vorstellung uns durch eine andere Person an die Hand gegeben wurde; eigene Entscheidung kommt dabei aber nicht zum Bewusstsein. Die etwa erfolgenden Handlungen wären

aber absehen, weil ich mich in ihrer Analyse durchaus unsicher fühlte und über ihre Bedeutung für das Zustandekommen und für unsere Auffassung der Wollungen z. Z. vollkommen unklar bin. Im übrigen dürfte eine empirische Analyse nicht weiter geführt werden können als oben geschehen.

[1] „Faulheit" ist, wenn ich recht sehe, ein Totalgefuhl, die Resultante einer Menge von Unlustgefühlen, die Vorstellungen von Anstrengungen zugehören, welch letztere, wenn das Subjekt sehr faul ist, nicht einmal in den Blickpunkt des Bewusstseins erhoben zu werden brauchen. Vermutlich gehen in dies Totalgefühl gewöhnlich auch verwandte sinnliche Gefühle, Gefühlsbetonungen gleichzeitiger innerer körperlicher Empfindungen ein, ihm besondere Stärke und Dauer verleihend.

(um einen Wundtschen Ausdruck zu gebrauchen, dessen populärer Nebensinn hier nicht ganz ungelegen kommt) Triebhandlungen.[1]) Wahrscheinlich wird dem einen und dem andern noch dieser und jener psychische Vorgang, einer Einordnung in die angegebenen Verläufe widerstrebend, als eine Ursache seiner Selbsterziehung gelten. Ich glaube nicht, dass es unerlässliche Voraussetzungen der Selbsterziehung sind.

II. Die Vorgänge der Selbsterziehung selbst.

Wenden wir uns nun zur Analyse der Selbsterziehung selbst, so scheint ein Rückblick auf das Voraufgegangene wünschenswert zur vorläufigen Vergegenwärtigung des vermutlichen Umfangs der selbsterzieherischen Thätigkeit und zur Gewinnung der für die zerlegende Beobachtung des komplizierten Thatbestandes leitenden Gesichtspunkte. Zur endgültigen Erkennung des wirklich Vorliegenden dient dann aber selbstverständlich allein die empirische Forschung.

a. Es ist im Voraufgegangenen Selbsterziehung zunächst als Beeinflussung der eignen psychischen Vorgänge und der ihnen entsprechenden äusseren Handlungen gefasst, und im Laufe der Untersuchung hat sich dies näher dahin bestimmt, dass unsere psychischen Dispositionen als die Verursacher der einzelnen Vorgänge das Objekt der selbsterzieherischen Thätigkeit sind: dass diese selbsterzieherische Thätigkeit dahin geht, die persönlichen Dispositionen so zu gestalten, dass die Einzel-Geschehnisse unserer höchsten (sittlichen) Wertung entsprechen. Das also wird, für kurzen Überblick unter Verwendung gebräuchlicher Kategorien, das Gebiet sein, auf das sich Entschlüsse, die wir Entschlüsse zur Selbsterziehung nennen können, beziehen: Herstellung bezw. Ausbildung von Dispositionen, in bestimmten sittlich relevanten

---

[1]) Als kleiner Knabe weigerte ich einem bekannten armen Altersgenossen 5 Pfennig zum Karoussellfahren, obwohl ich 10 Pfennig im Besitz hatte und im Begriff war, die ganze Summe in jenem Vergnügen anzulegen. Als ich hernach ohne Gewissensbisse meiner Mutter den Fall erzählte, verstand sie es, mich den Unwert solcher Handlungsweise und den Wert der entgegengesetzten empfinden zu lassen. Und wenn ich nun während der nächsten Zeit in gleichem oder sehr ähnlichem Falle dem erschlossenen Werte gemäss handelte, ohne im übrigen ein System von Freigebigkeitswerten zu haben, so war jedenfalls mein Wille für jene Fälle eindeutig bestimmt — In späteren Lebensaltern dürften bei Aufnahme eines neuen sittlichen Prinzips sich stets Widerspruchs-Motive schon infolge von ausgebildeten gegensätzlichen Dispositionen einstellen.

Fällen die höchst gewerteten Vorstellungen zu haben und höchst
gewerteten Urteile zu bilden, die höchst gewerteten Gefühle zu
haben, und das höchst Gewertete in höchst gewerteter Weise zu
wollen — um in höchst gewerteter Weise nach aussen zu handeln.
Der letzte Finalsatz ist nicht so gemeint, als bildete das höchst-
gewertete äussere Handeln schlechtweg ein dem „inneren"
psychischen Geschehen übergeordnetes Ziel, so dass jenes
etwa lediglich als Mittel zum Zweck gelte, sondern er soll nur
der Thatsache Ausdruck geben, dass die inneren psychischen
Vorgänge in der Wertung aufgefasst werden in ihrer natürlichen
Verbindung mit den ihnen entsprechenden äusseren Handlungen.

β. Sind es also Einzel-Dispositionen, auf deren Ausbildung
sich die Selbsterziehung bezieht — ein allgemeines „anders werden
wollen", der „Wunsch besser zu werden" können noch nicht als
ein zur Herbeiführung von Selbsterziehung genügender Entschluss
gelten — und ist im einzelnen Fall die Vorstellung einer solchen
Disposition mitbedingt durch die Begriffe des praktischen Lebens
bezw. deren Wortbezeichnungen, so dürfte es kaum Widerspruch
finden, wenn zum Zweck einer übersichtlichen Anordnung der
Vorgänge der Selbsterziehung die im praktischen Leben üblichste
Verteilung jener Begriffe auf ein intellektuelles, ein Gefühls- und
Willens-Gebiet auch hier als Disponierungsgrundlage festgehalten wird.

Dabei ist die Meinung natürlich nicht die, es sei eine Selbsterziehung, die sich grundsätzlich etwa auf das emotionale Gebiet
beschränken wolle, möglich. Gefühlselemente kommen nur im
Zusammensein mit Vorstellungselementen vor, und die hoch-
komplexen Gebilde, die uns das emotionale Gebiet, auf dem die
Selbsterziehung arbeitet, ausmachen, sind von ganzen Vorstellungs-
komplexen durchsetzt, von den verknüpften voluntaristischen Vorgängen ganz zu schweigen. Nur insofern hat hier eine Trennung
Sinn, als thatsächlich die Selbsterziehung im einen Falle das
Gefühlsmoment in sittlich relevanten Geschehnissen vorzüglich
ins Auge fasst und auf Mittel und Wege sinnt, das was diese
nach ihrer Gefühlsseite hin bestimmt, möglichst ihrem Ziele entsprechend wirken zu lassen; im andern Falle dagegen sich mit
dem bei der Auffassung und in der Wertung der Vorgänge meist
hervortretenden Vorstellungsmoment beschäftigt u. s. w., — Thätigkeiten, die thatsächlich sehr verschieden von einander sind.

Handelt es sich uns also nicht um drei unabhängig von einander neben einander hergehende Selbsterziehungen, und wollen wir uns andererseits doch die relative Unterscheidbarkeit von drei Gebieten, auf die sich Selbsterziehung vorzugsweise richten kann, zu nutze machen, so werden wir ein gewisses Gewicht legen müssen auf die Anordnung jener Gebiete. Dieselbe muss ihrem inneren Zusammenhange angepasst sein. Dieser tritt uns aber entgegen in der Beobachtung, dass die intellektuellen und die emotionalen Vorgänge, die die Selbsterziehung interessieren, stets Willensprozessen angehören und zwar vornehmlich als Motivierungsbestandteile. Wenn wir also unter diesem Gesichtspunkte nach einander die Selbsterziehung auf intellektuellem Gebiete, auf dem emotionalen und dem voluntaristischen behandeln, so hat diese Anordnung den Vorzug, die unvermeidliche Trennung von Zusammengehörigem weniger scharf erscheinen zu lassen und zugleich vorwärts zu drängen zu dem Ziel aller Selbsterziehung.

Es sei noch bemerkt:

dass die Selbsterziehung, die sich ja auf Ausbildung von Dispositionen richtet, in concreto natürlich zunächst einzelne Akte des psychischen Geschehens zum Gegenstande hat, wobei gerade der dem Werturteile entsprechende Verlauf der letzteren die entsprechende Disposition begründet bezw. ausbildet;

dass die Einzel-Ausführungen der folgenden Abschnitte nur als Exemplifikationen gelten wollen und nicht etwa Anspruch machen, alles umfassende Kategorieen vorzuführen;

dass die hier aus der populären Anschauung übernommene Voraussetzung, dass Willensvorgänge noch neben der auf ihre intellektuelle und emotionale Motivation gerichteten Thätigkeit, irgendwie direkter Beeinflussung unterliegen können, oder mit anderen Worten, dass es Wollensdispositionen gebe, die unterscheidbar seien von den Dispositionen zu den Motivationsvorgängen, an späterer Stelle untersucht werden wird.

γ. Die Vorgänge der Selbsterziehung sind Fortsetzungen der Vorgänge, die als ihre psychischen Voraussetzungen behandelt sind. Nicht nur in dem allgemeinen Sinne, als alle die Einheit unseres Bewusstseins bildenden Vorgänge Fortsetzungen der ihnen vorausgegangenen sind, sondern in dem engeren Sinne, dass Elemente der Voraussetzungs-Vorgänge auch in den Selbsterziehungs-Vorgängen zu finden sind und zwar dergestalt, dass bestimmte Gebilde aus solchen Elementen immer wieder gleich reproduziert werden. So pflegt die Vorstellung der höchst gewerteten Disposition aller Selbsterziehung präsent zu sein, und kommt das ihr zugehörige Wertgefühl auch nicht in jedem Selbsterziehungsakte klar zum Bewusstsein, so taucht es doch leicht und oft, besonders gegenüber gegensätzlichen aktuellen Motiven auf. Der selbsterzieherische Entschluss findet in der Selbsterziehung unverkennbare Folge-Vorgänge, deren Bestimmung allerdings der späteren Analyse überlassen bleiben muss.

Dennoch, meine ich, würde das Verständnis der Selbsterziehung wenig gefördert werden, wenn man sie unter diesem Gesichtspunkt als dem leitenden erforschen wollte. Die Bekanntschaft mit dem im Zeitpunkt des selbsterzieherischen Entschlusses Gegebenen könnte vielleicht dann das Gefüge der einzelnen selbsterzieherischen Akte vermuten lassen, wenn wir eine so gute Kenntnis von „Gesetzen" des psychischen Geschehens hätten, wie man sich ihrer auf den am meisten bevorzugten Gebieten der Naturwissenschaft erfreut, und wenn das im Moment des selbsterzieherischen Entschlusses Vorhandene uns so erkennbar gegeben wäre, wie etwa chemische Elemente zu Beginn eines Experiments. So wie die Verhältnisse aber liegen und stets liegen werden, selbst wenn eine viel weiter gehende Verifikation der schärfst bestimmten Hypothesen betreffs psychischer Elemente und „Gesetze" erfolgen sollte, wird es unmöglich sein, auch nur den einfachsten „Willkürakt" als das allein mögliche Produkt des konstatierbaren vorgängigen Bestandes zu verstehen. Dem entsprechend erfolgt denn die folgende Untersuchung wieder nur in Analyse der möglichst einfachen psychischen Akte, die unter den Begriff Selbsterziehung fallen.

1. Selbsterziehung in bezug auf intellektuelle Vorgänge.

a. — a. Das Gebiet der Objekte, auf die sich unter Umständen sittlich relevantes Handeln erstreckt, ist unbegrenzt. Daraus ergiebt sich ohne weiteres die Bildung sachgemässer Vorstellungen überhaupt als ein Haupterfordernis zur Befähigung zu sittlichem Handeln. Wer die Dinge anders „ansieht" als sie wirklich sind, wird an und mit ihnen natürlich auch nicht korrekt handeln; wer ein „verschrobenes" Bild von der Welt hat, wird sich naturgemäss auch verschroben bethätigen. Von besonderer Bedeutung sind dabei selbstverständlich die Vorstellungen von denjenigen Dingen,

Verhältnissen und Personen, zu denen wir tagtäglich in Beziehung treten.[1]

Wiederholte Prüfung der konstant wiederkehrenden Vor-
stellungen von diesen Objekten an den in der unmittelbaren
Erfahrung gegebenen Einzelmerkmalen und die Gewöhnung, „die
Dinge vorurteilslos auf sich wirken zu lassen", sind die hier zum
Ziele führenden Verfahren der Selbsterziehung.

β. Eine Psychologie des „Begriffs" hier im Vorübergehen zu
geben, ist schon deswegen nicht angängig, weil offenbar verschiedene Arten von Begriffen auf sehr verschiedene Weise zu
stande kommen und als psychologische Gebilde sehr verschieden
charakterisiert sind. Es genügt der Hinweis auf zwei — wohl
die grössten — Gruppen von Begriffen. Zur ersten gehören diejenigen Vorstellungen, in denen uns Elemente früherer Vorstellungen, die eine überwiegende Anzahl von Gleichheitsmomenten
haben, dergestalt verschmelzen, dass die Gleichheitsmomente vorgestellt werden und die Ungleichheitsmomente beim Auftauchen
zurückgedrängt werden. Nicht minder häufig sind diejenigen
Begriffe, die ursprünglich nichts anderes als Teile einer Gesamtvorstellung waren, durch Beziehung auf und Vergleichung mit
anderen Vorstellungen oder Teilen derselben Gesamtvorstellung
deutlich gemacht wurden, und dann durch Verknüpfung mit einem
bestimmten Worte erinnerbar gemacht wurden, obwohl ihnen in
ihrer Isolierung die Vorstellbarkeit abgeht. Solcher komplizierten
Bildung der Begriffe entspricht die Erfahrungsthatsache, dass es
nicht immer „leicht" ist, korrekte Begriffe zu haben und dass die
Begriffsbildung oft in besonderem Masse der Willenskontrolle
bedarf.

Wichtig ist die selbsterzieherische Aufmerksamkeit auf diesem
Punkte deswegen, weil wir in unzähligen Fällen in Ansehung
eines Objekts, mit dem wir es zu thun haben, gar nicht eine klare
Vorstellung entstehen lassen, sondern uns an der Wortbezeichnung
des allgemeinen Begriffs, unter den uns auf grund einiger hervor-
stechender Eigentümlichkeiten des Objekts das letztere zu fallen
scheint, genügen lassen; weil wir ferner ganze Handlungsweisen
durch einen Begriff zu charakterisieren lieben und uns damit über

---

[1] Der junge Lehrer pflegt sich Kinder im allgemeinen fassungsfähiger
vorzustellen als sie thatsächlich sind. Diese inkorrekte Vorstellung veranlasst
ihn dann leicht, die eigne Aufgabe zu leicht zu nehmen und den Schüler, der
verständnislos blieb, ungerecht zu behandeln.

die scharfe Auffassung des Einzelfalls hinwegsetzen; weil endlich
gerade unsere Begriffsprägung in ihrer Abhängigkeit von früher
Erlebtem besonders leicht bestimmt wird durch mehr „zufällige"
Faktoren.[1]

Somit findet Selbsterziehung hier ihr Arbeitsfeld wieder in
der sachgemässen Auffassung der Einzelobjekte (und zwar eventuell
unter besonderer Berücksichtigung ihres Wertes); in der Induktion
— wenn es sich um Allgemeinbegriffe handelt —, die in ausreichender Fülle und unter Bevorzugung des reinsten Vorstellungsmaterials zu geschehen hat; und in den weiteren
Denkoperationen, deren korrekter Verlauf ja wiederum in hohem
Masse bedingt ist durch den Willen, sachgemäss zu denken und
sich nicht durch „Vorurteile" und Neigungen bestimmen zu lassen.

γ. Wiederum als eine besondere Art des Vorstellens erscheint,
psychologisch betrachtet, das Urteilen, denn wenigstens in seinen
einfachen Formen scheint es kaum etwas anderes zu sein als eine
Wort-Assoziations-Reihe, die einem Apperzeptionsprozess parallel
läuft, der ein einzelnes Merkmal einer Vorstellung oder eines
Begriffs in der Blickpunkt rückt oder aber ein neu beobachtetes
Moment einer Vorstellung oder einem Begriffe einfügt. Kann bei
diesem Verfahren eine Fehlerquelle ebenfalls schon in der
Inkorrektheit der vorlaufenden Vorstellungen oder Begriffe liegen,
so kommt als weitere jetzt noch hinzu eine falsche oder phan-
tastisch getrübte Auffassung thatsächlicher Beziehungen.[2]

Möglichst eindringende Beobachtung der realen Beziehungen
der Objekte unserer Vorstellungen ist hier das Haupt-Erfordernis.
Von da aus leuchtet ein die Bedeutung wissenschaftlicher Arbeit
für die Selbsterziehung.

Dem sei noch die Skizzierung von zwei anderen Richtungen
der Selbsterziehung auf intellektuelle Vorgänge angefügt, die eben-

---

[1] Wem Arbeitsscheu allgemein ein Merkmal des „Arbeitslosen" ist, der
wird sich hartherziger benehmen und also hartherziger werden, als es ohne
diese falsche Begriffsbildung geschehen wäre; wem „Bescheidenheit" wenigstens
zum Teil dadurch charakterisiert scheint, dass man möglichst viel von der
eigenen Unwürdigkeit und Bedeutungslosigkeit rede, der wird sich mit ziem-
licher Sicherheit zu einem recht prätentiosen Menschen entwickeln.

[2] Wenn jemand unbedingte Freiheit der Konkurrenz für eine notwendige
Grundlage einer gesunden Volkswirtschaft hält, wenn ein anderer die privat-
kapitalistische Ordnung der Verhältnisse für so verderbt hält, dass jede Einzel-
Reform zwecklos sei, wenn ein dritter für alle wirtschaftlichen und sittlichen
Schäden des Volkslebens die Juden verantwortlich macht — so werden allen
dreien diese falschen Urteile in vielen Fällen in den Weg treten, wo es sich
handelte um ihre pflichtmässige praktische Mitarbeit an den der Gegenwart
gestellten sozialen Aufgaben.

falls Begriffs- und Urteilsdispositionen zum Zielpunkt haben, dies
aber unter anderm Gesichtspunkt als dem logischer bezw.
erkenntnis-theoretischer Korrektheit.

β'. Die Begriffe, die im sittlichen Leben eine Rolle spielen,
pflegen ausser mit dem ihren Vorstellungen entsprechenden Wertgefühl noch mit anderen Gefühlen verbunden zu sein, die man
die „persönliche Gefühlsbetonung" der Begriffe nennen kann.
Sie scheinen einen doppelten Ursprung zu haben. Teils gehören
sie ursprünglich solchen Vorstellungen zu, die uns einst zu den
Begriffen in naher Beziehung standen; später können sie auch
dann noch dem Begriffe selbst verknüpft auftauchen, wenn die
Beziehung zu jenen Vorstellungen nicht mehr mitgedacht ist.
Teils scheint (nach Coux) der Name, welcher den Begriff repräsentiert, sich mit allerlei schwer kontrollierbaren Nebenvorstellungen
und Vorstellungsbeziehungen zu verbinden und so dem Begriffe
selbst gewissermassen „zufällige" Gefühle zu verknüpfen. Um so
stärker pflegt aber solche Gefühlsbetonung der Begriffe zu wirken,
als ja eine eigentliche Vorstellbarkeit der Begriffe nicht oder nur
in sehr beschränktem Masse vorhanden ist.[1]

Insofern diese persönliche Gefühlsbetonung der Begriffe zum
grössten Teile ihre Erklärung in der Thatsache findet, dass der
Begriff oft von denselben Vorstellungen assoziativ begleitet war,
unterliegt auch sie in etwas der willkürlichen selbsterzieherischen
Einwirkung: Das häufige Aufsuchen von Gedankengängen, in
denen die Beziehung des Begriffs zu positiv gewerteten Vor-
stellungsobjekten hergestellt wird, führt zum Ziel. Hier scheinen
mir zu einem Teil die sittlichende Macht der Religion, die
erzieherische Bedeutung der Erinnerung an die Eltern und
sonstige verehrte Personen, der Hauptnutzen der Beschäftigung
mit vaterländischer Geschichte und Heimatskunde, und der sittliche
Wert guter künstlerischer Darstellung von menschlicher Arbeit
und menschlichem Kampf in Wort und Bild ihren Grund
zu haben. —

[1] So kann beim Zumbewusstseinkommen des Begriffs „Gottes Wille"
regelmässig dem einen ein Gefühl freudiger Ehrerbietung, einem andern ein
Gefühl des Missbehagens, einem dritten das Gefühl innievoller Überlegenheit
auftauchen; ein ständiger Begleiter des Begriffs „Selbstlosigkeit" ist für den
einen (dem etwa das jenes Abstraktum stets repräsentierende Konkretum die
Person Jesu ist) ein Gefühl der Liebe, für einen andern (dem etwa seine Selbst-
sucht besonders schwer zu schaffen macht) ein Gefühl der Trauer, für einen
dritten (der etwa vor langen Zeiten Zeuge einer sehr lächerlichen ernstgemeinten
Definition jenes Begriffs war) ein Gefühl unwiderstehlicher Komik.

γ¹. Das Urteil kommt gewöhnlich, wenn nicht stets, in Wortbezeichnungen zum Bewusstsein. Da Worte Symbole sind, hat in ihrer Wahl Willkühr häufig einen gewissen Spielraum. Man kann unbeschadet der Wahrhaftigkeit oft bei der Beurteilung fremder Handlungen einen „milderen" Ausdruck als Prädikat einsetzen, einen die eigne Handelns-Verpflichtung energischer zum Ausdruck bringenden in der Beurteilung vorliegender Verhältnisse. Gerade auf diesem Punkte hat selbsterzieherische Gewöhnung grossen Einfluss auf spätere Urteilen und Handeln.¹)

b. — Wir sind so veranlagt, dass wir auf allen Gebieten eine gewisse Zusammenfassung der „Objekte" psychischer Bewegungen anstreben. Wie wir die einzelnen Wahrnehmungsvorstellungen, schon in der Beobachtung selbst, einem Begriffe subsumieren, so erwachsen uns aus Werturteilen funktionelle Realitäten, die ich Maximen nennen möchte.

Dieselben sind also so gewonnen:

Anlässlich annähernd gleicher Handlungsvorstellungen kamen annähernd gleiche Wertgefühle zum Bewusstsein und führten zu gleichen Werturteilen. Schloss dann theoretische Überlegung jene Handlungen mit allen ihnen gleichen zu einer festen Gruppe zusammen, so wurde (das Wertgefühl bezw.) das Werturteil dispositionell für Vorstellung jeder Handlung die jener Gruppe zuzugehören schien, selbst wenn ihre Vorstellung noch nicht so klar und allseitig deutlich geworden war, dass sie an sich das entsprechende Wertgefühl geweckt hätte.

Gekreuzt und beeinflusst wird solche Entwicklung von Maximen durch die Überlieferung sittlicher Gebote, Gesetze, Grundsätze, die zunächst auf Autorität hin angenommen, dabei mit Gefühlsbetonung versehen sind und somit, bezogen auf einen einzelnen Fall, auch zu Urteilen führten, die ähnlich sind den eigentlichen Werturteilen.

Die beiden Entwicklungsreihen können im einzelnen Fall in Widerspruch geraten, treffen häufiger aber zusammen zur Verdeutlichung des Werturteils beim einzelnen Fall und schliessen sich dann weiter zusammen zur Klärung und Festigung der Maxime.

Mag somit die Maxime auch einem allgemeinen Satze ähnlich sein, so unterscheidet sie sich von letzterem doch dadurch,

¹) Im einzelnen Falle können wir gerade so gut jemandes „unglückliches Temperament" wie seine „Launenhaftigkeit" konstatieren; der „Auswurf der Gesellschaft" will als „die Elendesten unserer Volksgenossen oder unserer Mitmenschen" beurteilt werden.

dass die Induktion nicht nur auf theoretischem Wege erfolgte, sondern in jedem Augenblicke durchsetzt war mit Erfahrungen, die den Gefühls- und Willensvorgängen angehören. So ergiebt sich auch die Vergegenwärtigung eines Satzes, den wir nur als allgemein (und daher auch für mich) gültigen Satz sittlicher Weltordnung ansehen, psychologisch betrachtet als ein durchaus anderer Vorgang als das Zumbewusstseinkommen einer Maxime. Mag man den ersteren Vorgang ein gefühlsbetontes Urteil nennen, so dürfte in dem letzteren direkt eine eigenartige Komplikation von Vorstellungs-Gefühls- und Willenselementen zu erkennen sein.[1]

Die Bedeutung der Maximen für das praktische Handeln ist vergleichbar mit der von Begriffen und allgemeinen Sätzen für wissenschaftliches Arbeiten. Sie unterliegen mit den letzteren der Gefahr inkorrekt gebildet oder falsch bezogen zu werden. Selbsterziehung arbeitet direkt an ihrer Reinigung und Festigung durch theoretische Erwägungen im allgemeinen — hier ein Nutzen der Beschäftigung mit Ethik — und indirekt durch Beeinflussung derjenigen Faktoren, die ihre Entwicklung verursachen. Davon ist im einzelnen schon gehandelt und wird noch gehandelt werden. —

2. Selbsterziehung in bezug auf emotionale Vorgänge.

War im Letztvoraufgegangenen auch schon von Einwirkung auf Gefühle die Rede, so handelte es sich dabei doch nur um Gefühle, die Vorgängen angehörten, welche wegen des Vorwiegens der Vorstellungselemente als intellektuelle zu bezeichnen waren.

[1] Die, buchstäblich verstandene, Norm: „Du sollst nicht töten", kann ich mir auch in der Form vergegenwärtigen: „Ich soll nicht töten" und in erweiterten Formen unter Einführung verschiedener das Sollen bedingender Faktoren — aber, nie in die Versuchung gekommen, einen Menschen tot zu schlagen, sehe ich meine psychischen Bewegungen dabei ungefähr in derselben Art erfolgen, wie bei der Konstatierung, dass es eine Forderung idealer Gerechtigkeit sei, dass der, welcher nicht arbeiten wolle, auch nicht essen solle. „Ich will keinen Menschen hassen" ist mir dagegen zur Maxime geworden, indem das in vielen Einzelfällen zum Bewusstsein gekommene Werturteil „Hass ist schlecht" zu Entschlüssen führte, deren dispositionelle voluntaristische Nachwirkungen gelegentlich der Versuchung zum Hass merklich werden, und indem ein zusammengesetztes Gefühl dispositionell wurde — als dessen Bestandteile ich neben dem negativen Wertgefühl, das Gefühl der Ehrfurcht vor einer als verbietend vorgestellten Macht, das Zugehörigkeitsgefühl zu dem Friedfertigsten und Grössten unter den Menschenkindern und „Erinnerungsgefühle", die in Relation stehen zu denjenigen Gefühlen, die vulgo als Gewissensbiss (wiederum eine Gefühlsresultante) bezeichnet werden, erkenne — das in keinem besseren Wortausdruck zum Bewusstsein kommt, als „Du sollst nicht hassen."

Dem entsprechend fanden wir als das auf sie bezügliche Verfahren der Selbsterziehung eine Einwirkung auf die Dispositionen der Vorstellungen, denen sie zugehörten.

Wir kommen jetzt zur Beeinflussung von „emotionalen Vorgängen", die wir so nennen nicht deswegen, weil in ihnen etwa „reine" Gefühle oder Verschmelzungen solcher zu erkennen wären, sondern nur deshalb, weil erstens aus den hierher gehörigen Prozessen Gefühle vorzugsweise in den Blickpunkt des Bewusstseins treten und die wesentlich verschiedenen Perioden ihres Verlaufs durch Gefühlsänderung charakterisiert sind, weil zweitens ihre Willensmotivationskraft gerade in dem eigenartigen Charakter der in ihnen vorkommenden Gefühlselemente und deren Verbindungen zu beruhen scheint und weil endlich eine Beeinflussung ihres Verlaufs vornehmlich durch Einführung anderer Gefühle erreicht wird. —

Wie alles psychische Geschehen können auch die dem emotionalen Gebiete angehörigen Vorgänge sowohl hemmend und störend als auch fördernd in die den Intentionen der Selbsterziehung entsprechende Entwicklung eingreifen. Aufgabe der Selbsterziehung ist natürlich, die störenden Dispositionen unschädlich zu machen, die fördernden eventuell zu mehren und zu verstärken.

Ohne zu versuchen, eine allgemeine Übersicht über die überhaupt vorkommenden Gefühle und ihre Verschmelzungen zu geben, hebe ich aus dem Ganzen gleich diejenigen emotionalen Geschehnisse heraus, deren Bedeutung für die Selbsterziehung am klarsten zu tage tritt. Sie gehören drei Gruppen an: (*a*) denjenigen unter den sinnlichen Gefühlen, die im populären (engeren) Sprachgebrauch diesen Namen führen, sodann (b) dem Gemeingefühl und endlich (c) den Affekten.

a. — Der psychologische Begriff eines „sinnlichen Gefühls" (= Gefühlston einer Empfindung) entsteht durch Abstraktion von der Empfindung, mit der verbunden es allein vorkommt, und alleinige Berücksichtigung desjenigen Gefühls, das bei vorhandener Empfindungs-Konstanz blieb, wenn die übrigen Bedingungen wechselten (nach Wundt). Gehört nun vielleicht grundsätzlich auch jeder Empfindung ein sinnliches Gefühl zu, so zeichnen sich doch manche Empfindungen vor den anderen dadurch aus, dass sie von so starken sinnlichen Gefühlen begleitet sind, dass sich der Beobachtung des psychischen Geschehens dieser Gefühlston der Empfindung mehr als die sonstige Beschaffenheit der Empfindung aufdrängt. Solche Gefühle sind es allein, die uns hier zu beschäftigen haben.

Wir müssen den Kreis noch etwas enger ziehen. Zu den sinnlichen Gefühlen in der eben angegebenen Beschränkung gehören auch Gefühle, die mit Empfindungen der „objektiven Sinne" verbunden sind. Diese kommen hier nicht in Betracht. So bleibt nur dasjenige Gebiet sinnlicher Gefühle übrig, an das man thatsächlich in der Redeweise des Tages bei jenen Worten in erster Linie denkt, nämlich der Kreis derjenigen Gefühle, die Empfindungen zugehören, welche inneren, in den Organen des Körpers entstehenden Reizen entstammen. —

Die Meinung vergangener Jahrhunderte, als handele es sich bei dem Begriff des „Sinnlichen" von vornherein um etwas Untersittliches, ist für moderne Lebensanschauung ausgefallen. Dennoch wissen wir aus Erfahrung, dass jene sinnlichen Gefühle unter Umständen ausserordentlich geeignet sind, das gleichzeitige und nachfolgende Geschehen zu beeinflussen. In eigenartiger Lebendigkeit, durch die sie sich im allgemeinen von anderen, z. B. intellektuellen und ästhetischen Gefühlen ähnlich unterscheiden, wie Wahrnehmungsvorstellungen von Erinnerungs- und Phantasievorstellungen, und die in ihrer unmittelbaren physiologischen Grundlage — um einen kurzen Ausdruck zur Bezeichnung des undurchsichtigen Sachverhalts zu gebrauchen — die Erklärung wird finden müssen, können sie für das gesamte psychische Leben zu verhältnismässig lange konstanten Faktoren werden, immer wieder auftauchend, wenn aus dem Blickpunkt des Bewusstseins gedrängt, den Vorstellungslauf modifizierend, dem Willen Motive bietend, die unter Umständen ohne weiteres triebartigen Charakter annehmen.[1])

---

[1]) Für die Tragweite der Einwirkung sinnlicher Gefühle auf das Ganze des psychischen Geschehens erlebte ich eben, gerade nachdem das Obige niedergeschrieben war, ein Beispiel, das zu charakteristisch ist, als dass ich seine Wiedergabe hier unterdrücken möchte. Es fiel mir ein, dass eben jetzt in der Nähe ein Restaurations-Garten-Konzert ist und die stark lustbetonte Phantasievorstellung: ich, dort sitzend, Zeitung lesend, Musik hörend und ein Glas Bier trinkend (ich glaube namentlich letzteres schien äusserst verlockend) motivierte, dass ich trotz des Wunsches noch bei der Arbeit zu bleiben, aufstand, um Mantel und Hut zu ergreifen. Während ich dachte: Selbsterziehung kommt hierbei ja wohl nicht in Frage, da ich heute schon leidlich fleissig gewesen war, und hernach noch gut weiterarbeiten könnte, kam ich an der Wasserflasche vorbei und trank, ohne gedanklich zu konstatieren, dass ich durstig sei, ein grosses Glas Wasser und unmittelbar darauf ein zweites. Während des schnellen Trinkens kam der Gedanke, dass ich die Zeitung, die ich lesen wollte,

Sinnliche Gefühle können im Zusammenhang der Selbsterziehung günstig wirken. Nicht gewillt, all und jedes unter ermüdende Kontrolle zu stellen, lassen wir solchen Wirkungen ihren freien Lauf.

Sie können aber auch ungünstig wirken, so plötzlich und energisch wie kaum etwas anderes, und dann muss die Selbsterziehung sie zu beseitigen oder ihren Zwecken gemäss zu regeln suchen. Die Möglichkeit solcher „Beherrschung" der sinnlichen Gefühle und im Zusammenhang damit einer Beeinflussung ihrer Disposition liegt in den beiden Thatsachen, dass ihre Existenz bezw. ihre grosse Intensität häufig in konstatierbarem Zusammenhange steht mit reizenden äusseren Objekten, und dass zweitens ihr Verlauf stets bedingt ist durch die gleichzeitige Gesamtlage des Bewusstseins. Dem entspricht die hier in betracht kommende Verfahrungsweise der Selbsterziehung wie sie thatsächlich geübt wird:

Sind die Reize, zu denen widrige sinnliche Gefühle in Relation stehen, klar erkennbar und können sie durch äussere Willenshandlungen sistiert werden, so hat das zu geschehen. Man begiebt sich aus der Reizsphäre des reizenden Objekts, man ändert seine Lebensweise u. s. w. Ist dies Verfahren unmöglich oder nicht allein genügend — und selbst wenn es durchführbar ist, pflegt es nicht allein zu genügen, da man entsprechenden und ähnlich lustbetonten Erinnerungs- und Phantasievorstellungen nicht ohne weiteres aus dem Wege gehen kann, so sind „geistige" Gegengewichte und Übergewichte aufzusuchen. Diese tragen naturgemäss wiederum nur vorwiegend entweder Gefühlscharakter oder aber Vorstellungscharakter. Vorstellungen entsprechen dem Zweck, wenn sie geeignet sind durch Vergleich oder Beziehungsknüpfung mit den Vorstellungen, mit denen die sinnlichen Gefühle verbunden waren, die negativ gewertete Seite der letzteren Vorstellungen in den Blickpunkt des Bewusstseins zu rücken. Ge-

wahrscheinlich gar nicht mehr bekommen werde, dann, dass wahrscheinlich schon alle Tische besetzt seien, und dass ich Bekannte treffen würde, deren Unterhaltung mir heute wenig Vergnügen machen würde — „und dann überhaupt"; letzteres wurde, wenn ich nicht sehr irre, unter Bildung der akustischen Worte gedacht. Jedenfalls war die vorher erwähnte Phantasievorstellung nicht nur bedeutend weniger lustbetont, sondern auch wesentliche Vorstellungszüge waren verändert, und das Weiterarbeiten schien mir verlockender. Dann kam auch sofort der Gedanke, dass dieser auffällige Wechsel seine Erklärung finde in der Thatsache des Verschwindens des vorher vorhandenen, mir aber nicht klar zum Bewusstsein gekommenen Durstgefühls.

fühle aber können als Gegengewicht gegen die sinnlichen natürlich dann gelten, wenn ihnen eine Motivationskraft eignet, die der jener entgegengesetzt ist. Ihre willkürliche Einführung in das Bewusstsein kann geschehen mit Hülfe von Vorstellungen, denen sie erfahrungsgemäss zugehören, oder aber unter Umständen durch Herbeiführung von Empfindungskomplexen, die als ihre Träger gelten müssen. In letzterer Beziehung werden selbsterzieherische Mittel vornehmlich durch die Kunst, namentlich die Musik geboten, in der andern Beziehung erweisen sich religiöse Vorstellungen vor andern wirksam.

b. — Unter dem „Gemeingefühl" ist verstanden das an die äussern und innern Empfindungen geknüpfte zusammengesetzte Gefühl, in welchem der Gesamtzustand unseres sinnlichen Wohl- oder Übelbefindens zum Ausdruck kommt (nach Wundt).

Es ist also nicht einfach etwa die Summe einer Menge von Partialgefühlen sondern ein aus ihnen resultierendes Totalgefühl, obwohl in dem so entstandenen Produkt ein einzelnes Partialgefühl vorherrschend sein kann. Dieser Sachverhalt würde eine rationelle Behandlung des Gemeingefühls in Sachen der Selbsterziehung an- nähernd unmöglich machen, wenn wir nur die Theorie dieses Totalgefühls kennten und nicht vielmehr durch instinktive Be- thätigung, die ja allgemein zu den Gemeingefühlen in nächster Beziehung zu stehen pflegt, leicht das Richtige fänden.

Eine rationelle Behandlung des Gemeingefühls aber ist in der Selbsterziehung notwendig. Aus gleichen Gründen wie sie bei den einfachen sinnlichen Gefühlen vorliegen, eignet ihm unter Umständen die Fähigkeit, auf das gesamte psychische Geschehen ausschlaggebenden Einfluss auszuüben. Die Bedeutsamkeit des Gemeingefühls spricht sich in der Thatsache aus, dass von ihm her überhaupt die Unterscheidung von Gefühlsgegensätzen als „Lust" und „Unlust" genommen ist. Und es ist eine alte Er- fahrung, dass das „unlustige" Gemeingefühl auf das gesamte psychische Geschehen einen deprimierenden, hemmenden Einfluss ausübt, während sein Gegenteil unter sonst günstigen Umständen sollizitieren kann — ein Einfluss, der je nach dem, was gerade an sittlich relevanten psychischen Bewegungen im Werke ist, dem Interesse der Selbsterziehung sehr günstig und sehr ungünstig sein kann.

Ragt ein einzelnes sinnliches Gefühl aus dem Gemeingefühl beobachtbar heraus, so greift natürlich eins der unter a) skizzierten

Verfahren der Selbsterziehung Platz; ist dies nicht der Fall, so erfolgt bei planmässiger Selbsterziehung die indirekte Behandlung des Gemeingefühls, zu der wir uns zunächst instinktiv gedrängt fühlten. Dem Abgespannten ein langer Schlaf, dem Missgestimmten ein ordentlicher Gang in die freie Natur oder wenigstens ein energischer Trab durch den Garten — das sind die einfachsten und jedem zugängigen Mittel der Selbsterziehung auf diesem Punkte. Werden begüterte Menschen im übertriebenen Genuss ihrer Güter stumpf und matt, so ist für sie Luftveränderung und Diätwechsel beliebtes und, falls nicht schon wirkliche Krankheit straft, ziemlich sicheres Mittel. Weiteres Verweilen bei diesem Punkte scheint unnötig.

c. — Affekte nennt man ziemlich scharf begrenzte Abschnitte des psychischen Lebens, in denen lebhafte Gefühle in ziemlich konstanter Folge am stärksten hervortreten. Für nachfolgende Reflexion sind sie noch besonders dadurch charakterisiert, dass während ihres Verlaufs sowohl Vorstellungen, die sonst ziemlich gleichartig zu verlaufen pflegen, modifiziert waren und mit einer von der gewöhnlichen zum mindesten bezüglich der Intensität abweichenden Gefühlsbetonung zum Bewusstsein kamen, als auch Wollungen in anderer Weise erfolgten, als wie man auf grund der ja allerdings stets begrenzten Kenntnis der vorhandenen Dispositionen hätte annehmen müssen.

Dieses letzte Merkmal ist es insonderheit, was die Affekte der Selbsterziehung bedeutungsvoll macht. Wie wir sahen, geht die Selbsterziehung von vorgefassten Entschlüssen aus, und wie später erörtert werden wird, geht sie unter gewisser Konstanz von Willensdispositionen, die zu jenen Entschlüssen in Relation stehen, vor sich. Schon rein theoretische Erwägung würde also den Affekten die Fähigkeit zutrauen müssen, die Selbsterziehung gewissermassen „zufälligerweise" zu fördern, häufiger aber noch sie zu unterbrechen und zu hemmen. Die Erfahrung zeigt, dass beides der Fall ist.

Aus demselben Grunde wie dort, wo die günstige Einwirkung einfacher sinnlicher Gefühle zur Verhandlung stand, übergehe ich auch jetzt diejenige Selbsterziehung, die in der Herbeiführung und der planmässigen Ausnützung ihr günstiger Affekte besteht. Ein willkürliches Sich-in-Affekt-versetzen ist erfahrungsgemäss nur in beschränktem Masse möglich; und was die Ausnutzung günstiger Affekte und mit ihnen im Zusammenhang stehender

Stimmungen anlangt, so scheint mir allzuviel Reflexion und Berechnung unpraktisch und gefährlich.

Wichtiger ist die einen notwendigen Bestandteil der Selbsterziehung bildende Behandlung der ihr widerstrebenden Affekte, sei es, dass dieselben schon selbst eine Durchbrechung der dem selbsterzieherischen Entschlusse entsprechenden Geschehensfolge bilden, sei es, dass sie durch Nachwirkungen die Entwicklung der gewollten Disposition schädigen.

Nun ist es aber durch die grosse Verschiedenheit der Affekte, zu denen die verschiedenen Menschen sonderlich disponiert sind, sowie durch die Schwierigkeit einer einigermassen scharfen Grenzbestimmung zwischen den Affekten und andern lebhaften einfachen und zusammengesetzten Gefühlen sehr erschwert, über die Behandlung der Affekte allgemein treffende Aussagen zu machen. So hebe ich als allgemein übliches Verfahren nur das hervor: Im Affekt, der als solcher auch bei nur geringer Aufmerksamkeit zum Bewusstsein kommt oder sich doch durch begleitende Empfindungen und Ausdrucksbewegungen verrät, keine wichtigen Entschlüsse zu fassen und sofort zu vollziehende Wollungen nicht zum entsprechenden Ende kommen zu lassen. Die Gewöhnung daran scheint es zu sein, was den wichtigsten Teil von dem ausmacht, was man gewöhnlich „Selbstbeherrschung" nennt. Bei nicht übermässig starken Affekten vermag oft die Erhebung einer geeigneten, assoziativ nahe liegenden Vorstellung in den Blickpunkt des Bewusstseins den Affektverlauf zu unterbrechen. Um so leichter und erfolgreicher geschieht das natürlich, je häufiger jene Vorstellungen mit energischer Gefühlsbetonung behaftet zum Bewusstsein kamen, bezw. je häufiger zu ihnen in Relation stehende Urteile und Begriffe erfolgt waren. Endlich aber kann jeder Affekt durch einen Gegenaffekt gestört werden, wenigstens so, dass er seine Motivationskraft verliert. Selbsterzieherische Thätigkeit kann solche Gegenaffekte unter Umständen herbeiführen wieder durch Erhebung von Vorstellungen in den Blickpunkt der Aufmerksamkeit, die erfahrungsgemäss zur Erregung der hier wünschenswerten Gegenaffekte geeignet sind.

Dem mag noch hinzugefügt werden, dass vornehmlich, aber nicht nur, bei sthenischen Affekten die Ausdrucksbewegungen in gewissen Grenzen willkürlich sistiert werden können. Das kann dann unter sonst günstigen Umständen die Rückwirkung auf den Affektverlauf haben, dass er entweder überhaupt abreisst oder doch wenigstens nicht die Steigerung erfährt, die ihm sonst seitens der ungehemmten Ausdrucksbewegungen zukommen kann. Endlich sei noch erwähnt, dass gegenüber kleinen ungünstigen Affektdispositionen kleine künstliche Mittelchen nicht stets zu verachten sind. Auch wer sich jedesmal, wenn er über eine Nichtigkeit in Aufregung gerät, hernach zur Strafe seine Pfeife Tabak versagt, handelt weise oder doch wenigstens selbsterzieherisch. Die Erklärung der Wirksamkeit des Mittels wird bald in dem Unlustgefühl, das die Vorstellung des zu entbehrenden Genusses begleitet, bald darin zu suchen sein, dass der sich so Erziehende sich im richtigen Augenblick vor sich selbst lächerlich macht. — Der Bekämpfung von Affekten durch gewaltsamere physische Mittel, wie Brausebad u. s. w., sei wenigstens noch eben Erwähnung gethan.

3. Selbsterziehung in bezug auf das Wollen.

Durch die auf intellektuelle und emotionale Vorgänge gehende Selbsterziehung werden, falls sie erfolgreich ist, Dispositionen ausgebildet, die für jeden späteren Willensakt durch Schaffung und Gestaltung von Motiven mitbestimmend sind. Somit hat alle bisher erwähnte Selbsterziehung Beziehung auf das Wollen.

Es ist die Frage, ob es ausserdem noch Selbsterziehung giebt, die unter Absehung von der Ausbildung von Motivdispositionen auf eigentliche Wollensdispositionen geht.

Im Tagesleben hört man die Frage wie selbstverständlich bejahen. Video meliora proboque deteriora sequor ist eine alte Erfahrung; so scheint nur übrig zu bleiben, dass das Manko im Wollen liege. Ich muss also noch energischer wollen oder wollen wollen oder — — man kann die Reihe fortsetzen.

Der Psycholog wird in den meisten Fällen, die dem zum Beweise dienen sollen, einen Beobachtungsfehler vermuten. Starke Dispositionen zu Schlechtem, das man in gewissen, vielleicht in den gewöhnlichen Gemütslagen allerdings missbilligt, gesteht man sich nicht gern ein und übersieht sie deshalb leicht. Dispositionen zu Gutem werden entsprechend mit Vorliebe überschätzt. Die Gesamtdisposition ist nie ganz erkennbar und wird lieber etwas zu gut als zu schlecht taxiert.

Trotzdem, meine ich, steckt in der populären Argumentation etwas Wahres. Der einzelne Willensakt stellt sich uns nicht als

psychologisch notwendiges Resultat des Zusammentreffens von
Motiven dar, auch nicht, wenn wir fest im Auge behalten, dass
die Motive nicht „fremde Kräfte", sondern Bestandteile unseres
Geschehens sind. Sein Ausfall scheint vielmehr, wenn nicht von
noch anderem, noch davon abhängig zu sein,

(a) wie das Subjekt auf Motive überhaupt zu reagieren pflegt,
ob (relativ) schnell oder langsam,

(b) wie gross die Energie des Willens beim Subjekt im
allgemeinen ist, und

(c) von der (willkürlichen) Einstellung der Aufmerksamkeit.

In allen drei Bedingungen des einzelnen Willensaktes
scheinen eigentliche Willensdispositionen vorzuliegen, erreichbar
für planmässige Selbsterziehung.

a. — Wie verschiedene Menschen bezüglich der Sinnesempfindungen von verschiedener Sensibilität — das Wort ganz
allgemein gebraucht — sind, wie der eine leichter in Gemütsbewegungen zu bringen ist als ein anderer, so erfolgen bei dem
einen auch Entschlüsse sowohl wie Ausführungshandlungen ganz
allgemein leichter und schneller als bei einem anderen. Im
allgemeinen werden die Veranlagungen auf den drei unter-
schiedenen Gebieten einander entsprechen, wie ja auch die Dis-
positions-Bezeichnungen der „Temperamente" wohl auf die Unterschiede der Erregbarkeit und Geschwindigkeit der Bewusstseins-Vor-
gänge insgemein zielen. Somit werden wir von einer bei verschiedenen
Menschen verschiedenen Erregbarkeit des Willens sprechen dürfen
— ohne den Verdacht zu erwecken, dabei unter „Willen" eine
Kraft, ein Vermögen, oder sonst ein „Etwas", das von den
Wollungen unterscheidbar wäre als deren Verursacher, zu verstehen.

Diese Erregbarkeit des Willens kann als geringer oder aber
als höher erkannt werden als wünschenswert ist. Handelt es sich
um eine bloss zeitweise Minderung, so dürfte diese Erscheinung
in der derzeitigen „Stimmung" etc. ihren Grund haben und in
jener zu bekämpfen sein; damit haben wir es hier nicht mehr zu
thun. Wird die geringe Erregbarkeit aber als in der Anlage
begründet erkannt, so ist Selbsterziehung wünschenswert und
wie mir scheint möglich.[1] (Ich wiederhole, dass wir es hier nicht
mehr mit der Selbsterziehung zu thun haben, die praktisch hier
vielleicht zunächst am Platze ist, welche sich direkt auf Intellektuelles

[1] Ihre Unterlassung ist Hamlets „Schuld".

und Emotionales und erst indirekt auf die uns hier beschäftigende Disposition richtet.) Sie scheint mir zu liegen in der absichtlichen Gewöhnung allgemein nicht zu zaudern; in Dingen geringeren Gewichts auf Entschluss zu drängen, selbst auf die Gefahr hin, einmal fehl zu greifen. — Für den Fall, dass die Erregbarkeit des Willens höher ist als wünschenswert, der Mensch also zu Übereilungen geneigt ist, ergiebt sich aus dem Gesagten die entgegengesetzte Behandlung von selbst.[1]

b. — Der Begriff einer persönlich verschiedenen Energie des Wollens im allgemeinen ist m. E. aus folgenden Thatsachen zu erheben.

Erfahrungsgemäss kann eine sich auf Geschehnisse, die erst in späterer Zeit erfolgen können, beziehende Wollung, die das Ende eines längeren sich aus einfachen Vorstellungen und Gefühlen, Erwägungen und Vergleichungen u. s. w. zusammensetzenden Prozesses war, hernach unter gewissen Bedingungen wieder ein deutlicher und lebhafter Bewusstseinsinhalt werden, ohne dass jener Motivationsprozess erneuert wäre. Die Energie des Wollens ist Ausdruck für die Sicherheit, mit der sich jetzt die Wollung vollzieht gegenüber widerstrebenden Motiven.[2] — Und: Einem Entschluss sei eine gefühlsbetonte Vorstellung vorausgegangen als Motiv. Dieselbe erhält, wenn im Entschluss ihre Realisation gewollt wird, dort eine neue Gefühlsbetonung. Taucht diese Vorstellung hernach im Leben wieder auf, wiederum geeignet eine Wollung zu motivieren, so pflegt sie, selbst wenn nicht eine Erinnerungsvorstellung des stattgehabten Entschlusses zum Bewusstsein kommt, von jenem im ersten Entschluss ihr verbundenen Gefühle durchsetzt zu sein, wodurch ihre Motivationskraft verstärkt wird. Der Grad dieses Motivations-Kraftzuschusses dürfte das Mass der persönlichen Willensenergie sein. Er ist nicht proportional der Motivationskraft der gefühlsbetonten Vorstellung selbst, sondern persönlich und bei demselben Subjekte zeitweilig verschieden. —

[1] Ich glaube hinaufügen zu sollen, dass ich in diesem einzigen Punkte nicht aus Erfahrung zu sprechen mir bewusst war. Zudem macht sich der Mangel einer vorauszusetzenden Willenstheorie hier fühlbar.

[2] Ich fasste auf grund reiflicher Erwägungen den Entschluss, stets unter allen Umständen die Wahrheit zu sprechen. Ich komme längere Zeit hernach in eine Situation, die eine eigentliche „Notlüge" so nahe legt wie nur möglich. Die mir bekannten und manchmal geradezu als Autoritäten behandelten Ethiker würden schwanken, was zu thun sei, bei mir aber entscheidet den Kampf der Motive in entschiedener Weise der Gedanke: ich wollte immer die Wahrheit reden.

Verstärken lässt sich die Energie des Willens durch Wert-
beurteilung der Geschlossenheit des Wollens, eines „schlanken
Willens", und durch Gewöhnung auch kleine Dinge gelegentlich
unter grossem Gesichtspunkte aufzufassen.[1]

c. — Das Verhältnis der „Sinnesempfindlichkeiten", der
Empfindlichkeiten auf den einzelnen Sinnesgebieten, ist für verschiedene Menschen verschieden. Auch für Gefühle scheinen
verschiedene Menschen verschieden beanlagt zu sein (auch für
das Wertgefühl). Auf dem Gebiete des Wollens können wir unter
Absehung von Motivdispositionen eine analoge von vornherein
veranlagte Disposition, durch bestimmte Motive erregt zu werden,
kaum suchen.

Von der allgemeinen Veranlagung für bestimmte Empfindungs-
und Gefühls-Gebiete ist zu unterscheiden die Thatsache, dass
unter bestimmten Bedingungen die Empfindungen eines Sinnes-
gebiets und die Gefühle einer einzelnen Gruppe allgemein ausser-
gewöhnlich klar und deutlich zum Bewusstsein kommen; ebenso
einzelne Empfindungen oder ein besonderes Gefühl. Von diesen
„bestimmten Bedingungen" interessiert uns hier der Zustand der
Aufmerksamkeit auf jene Gebiete oder Einzel-Vorgänge, der
durch einen vorgängigen Entschluss veranlasst werden kann.
Dem Physiologen, der sich mit der Untersuchung der Funktionen
eines einzelnen Sinnesorganes beschäftigt, kommen die zugehörigen
Empfindungen klarer und deutlicher zum Bewusstsein, als es
während seines vorhergehenden Lebens der Fall war; dem
Psychologen, der sich an einer Systematik der Lustgefühle versucht, wird während dieser Zeit ein Lustgefühl, über dessen Bestimmung und Einordnung er schwankte, auch dann auffallen,
wenn es in so geringer Intensität erfolgt, dass er es sonst kaum
bemerkt hätte. Dem entspricht es, dass der selbsterzieherische
Entschluss zur Förderung von Dispositionen, deren Vorstellung
vom Wertgefühl begleitet ist, uns in einen Zustand der Aufmerksamkeit auf dieses Wertgefühl versetzt, der durch Rekapitu-
lation des Entschlusses, wie sie von Zeit zu Zeit unter ver-
änderten inneren und äusseren Verhältnissen in neuen Formen
erfolgt, erhalten und eventuell gesteigert wird.

[1] Dahin gehört z. B. das Durchdenken des engen Zusammenhangs alles
Geschehens, die Vorstellung der Wirkungen, die eine bestimmte kleine Ursache
haben kann und voraussichtlich haben wird, insonderheit der Gedanke an die
Folgen, die ein Abgeben vom Entschlusse für das Selbstvertrauen und für die
Ausbildung erstrebter Dispositionen haben wird.

Erkennen wir diese Aufmerksamkeit als wichtig für unsern
Zweck, so werden wir sie willkürlich zu steigern suchen, uns
wiederholt vornehmen, das Wertgefühl oder das Sollensgefühl, oder
weiter das instinktive Gefühl, dass einem uns entgegentretenden
Dinge die Fähigkeit eigne, ungünstig bezw. günstig auf uns einzuwirken, die Wahrnehmung einer bestimmten Konstellation der
äusseren Verhältnisse u. s. w., wenn nur im Blickfeld des Bewusstseins gegeben, in den Blickpunkt zu ziehen. Wenn wir wirklich
Unterscheidbares scharf unterscheiden, so ist auch hier eine auf
das Wollen gehende Selbsterziehung zu erkennen. Zwar kann
mit den eben gebrauchten Worten gerade auch selbsterzieherische
Thätigkeit in bezug auf intellektuelle und emotionale Vorgänge
beschrieben werden, denn thatsächlich erfolgt alle Selbsterziehung
so, dass aus dem vorwärts drängenden Laufe der psychischen
Ereignisse einzelnes in Aufmerksamkeit fixiert, festgehalten,
anderm gegenübergestellt oder verbunden wird, dass anderem in
freiem Verlauf Aneignung und Ausübung von Motivationskraft
gestattet wird oder aber durch Verdrängung aus dem Gesichtspunkte die Motivationsfähigkeit unterbunden wird. Doch ist
davon zu unterscheiden die hier vorliegende Bethätigung, die
darin besteht, dem was zu jener Bethätigung in bezug auf
intellektuelle und emotionale Vorgänge im einzelnen veranlassen
kann, durch Einstellung der Aufmerksamkeit den Weg zu bahnen.
Es scheint sich thatsächlich um das wollen Wollen zu handeln.

In dem Entschlusse, der dem Wertgefühl entsprechenden
Vorstellung gemäss dann auch wirklich zu handeln, wird man
dem Gesagten gegenüber etwas Neues kaum zu finden haben.
Denn nur um den Vorsatz scheint es sich dabei zu handeln, in
einem speziellen Punkte die Aufmerksamkeit von widerstrebenden
Motiven ab- und dem Werturteil, bezw. der Vorstellung, über die
das Werturteil jetzt schon „ein für allemal" gefällt ist, zuzuwenden.
— Die Bedeutung solcher guten Vorsätze wird man nicht überschätzen dürfen. —

Das Resultat ist nicht umfangreich aber inhaltsreich. In
der Selbsterziehung inbezug auf das Wollen handelt es sich um
Regulierung der natürlichen Schnelligkeit der Wollensvorgänge
und ihrer Energie im allgemeinen und um Einstellung der Aufmerksamkeit. Durch Übung und Gewöhnung erwachsen die entsprechenden Dispositionen.

Mit dem Blick auf den Einfluss, den die einzelnen, den Intentionen der Selbsterziehung entsprechenden äusseren Handlungen
selbst auf die Ausbildung unserer Disposition ausüben, sehen wir
über die Grenzen unserer, nur die eigenen psychischen Selbst-
erziehungsvorgänge umfassenden Aufgabe. Eine der Hauptstrassen,
die von unserem in das andere Gebiet hinüberführen, ist die
„Heterogonie der Zwecke".

<hr>

Den Enderfolg durchgeführter Selbsterziehung betreffend lässt
sich in Analogie zu den beobachtbaren, gewöhnlich ziemlich
bescheidenen, Einzelerfahrungen folgendes schliessen:
    Ist die äussere Gelegenheit, die unser Handeln fordert, gegeben,
so werden die Vorstellungen von nicht sittlichem Handeln in
immer geringerer Menge und unter immer schwächerer Lust-
gefühlsbetonung auftreten und unter Umständen ganz verschwinden.
Die Vorstellung des positiv gewerteten Handelns wird auch dann,
wenn das Wertgefühl, — nach der Regel, dass Gewohnheit die
ursprüngliche Lebhaftigkeit der Gefühle bis zur Indifferenz
abstumpfen kann und wegen des Ausfalls der kontrastierenden
Gefühle — nicht zum Bewusstsein kommt, herrschendes Motiv
sein. Endlich kann auch jene Phantasievorstellung selbst ausfallen, indem der Wahrnehmungsvorstellung die äusseren Verhältnisse unmittelbar die Willenshandlung folgt. Die letztere trägt
nunmehr den Charakter einer Triebhandlung. Nicht möchte ich
sie eine automatische nennen, denn eine stattgehabte Wollung
kommt etwaiger nachfolgender Reflexion zum Bewusstsein; aber
diese Wollung ist dem Menschen jetzt eine „ganz natürliche und
selbstverständliche" geworden.

Litteraturangaben.

Die Auffassung des psychischen Geschehens im allgemeinen ist mir gegeben durch das Studium von:

Wundt, Physiologische Psychologie. (4. Aufl.) Leipzig 1893.
— —, Grundriss der Psychologie. (1. Aufl.) Leipzig 1896.
— —, Essays. Leipzig 1885.
— —, Ethik. (1. Aufl.) Stuttgart 1888.
Külpe, Die Lehre vom Willen in der neueren Psychologie. Leipzig 1888.
— —, Grundriss der Psychologie. Leipzig 1893.
— —, Einleitung in die Philosophie. Leipzig 1895.

Die Auffassung des Wortgefühls haben beeinflusst:

Meinong, Psych. eth. Untersuchungen z. Wert-Theorie, Graz 1894, und
J. Cohn, Beiträge zu der Lehre von den Wertungen. Ztschr. f. Philos. u. phil. Kritik. Bd. 110.

Bezüglich meiner Anschauung von der Selbstbeobachtung verglich ich:

Volkelt, Psychologische Streitfragen I. Ztschr. f. Philos. u. phil. Kritik. Bd. 90.
Wundt, Selbstbeobachtung u. innere Wahrnehmung. Philos. Stud. IV.
Ebbinghaus, Über erklärende und beschreibende Psychologie. Ztschr. f. Psycholg. u. Phys. d. Sinnesorgane IX.
Erdmann, Zur Theorie der Beobachtung. Archiv f. system. Philos. I (p. 14 ff. u. 145 ff.).
Elsenhans, Selbstbeobachtung und Experiment in der Psychologie. Freiburg 1897.

In Einzelheiten sind für Auffassung und vielleicht auch Darstellung von Einfluss gewesen:

Volkmann, Psychologie. 3. Aufl. Cöthen 1894.
Höffding, Psychologie [übers. v. Bendixen]. Leipzig 1887.
Nahlowsky, Gefühlsleben. 2. Aufl. Leipzig 1884.
Elsenhans, Gewissen. Leipzig 94.
Schopenhauer, Die beiden Grundprobleme der Ethik. Frankfurt 1841.
Traeger, Wille, Determinismus, Strafe. Berlin 1895.
Fr. J. Mach, Willensfreiheit. Paderborn 1894.
Baumann, Über Willens- und Charakterbildung. Berlin 1897;

sowie die Zeitschriftenaufsätze:

F. Ehrhardt, Kausalität und Naturgesetzlichkeit. Zeitschr. f. Philos. u. philos. Kr. 109, II. 2.
J. Cohn, Gefühlswirkung der Begriffe. Philos. Stud. XII.
Störring, Zur Lehre vom Einfluss der Gefühle auf die Vorstellungen und ihren Verlauf. Philos. Stud. XII.

Inhaltsangabe.

SAMMLUNG VON ABHANDLUNGEN AUS DEM GEBIETE DER
PÄDAGOGISCHEN PSYCHOLOGIE UND PHYSIOLOGIE

HERAUSGEGEBEN VON

H. SCHILLER   UND   TH. ZIEHEN.

II. Band. 3. Heft.

DIE KUNST

DES

PSYCHOLOGISCHEN BEOBACHTENS.

PRAKTISCHE FRAGEN DER PÄDAGOGISCHEN PSYCHOLOGIE

VON

DR. OSKAR ALTENBURG,

DIREKTOR DES KÖNIGLICHEN GYMNASIUMS ZU WOHLAU.

. . . ἄλλῳ δὲ διακρίσεις πνευμάτων·
1. Kor. 12, 10.

BERLIN,
VERLAG VON REUTHER & REICHARD.
1898.

Druck von Paul Schettler's Erben, Hofbuchdruckerei in Cöthen.

Inhaltsverzeichnis.

I. Fleiss und Aufmerksamkeit nach der Wertung der Praktiker.

Ich sprach einmal im Kreise von Kollegen über das neue Unternehmen von Einzelschriften aus dem Gebiete der pädagogischen Psychologie und bat um Mitteilung interessanter und wertvoller Beobachtungen aus der täglichen Praxis. Da sagte ein Kollege, das ist gut; man ändert sofort das Unterrichtsverfahren, sobald man psychologische Beobachtungen gemacht hat. Dieses Wort bezeichnet die Sachlage sehr richtig. Wer es im Unterricht nur mit der lieben Gewohnheit, mit der Routine hält, der ahnt es gar nicht, wie leicht er in seiner Praxis auf Holzwege geraten kann oder schon geraten ist. Aber gerade diese Gattung praktischer Schulmänner wird nicht müde, über die Schüler zu klagen, über ihre Faulheit, sie setzt am liebsten den ganzen Apparat der Zuchtmittel in Bewegung, die der Schule zur Verfügung stehen, um den Fleiss zu erzwingen, sie macht mit ihren ewigen Klagen sich, den Kollegen, dem Direktor nur das Herz schwer. Können und Fleiss, Nichtkönnen und Unfleiss hängen für die Praxis unmittelbar zusammen. Hat der Schüler eine gute Arbeit geliefert, war er fleissig; taugt die Arbeit einmal nichts, so hat er sich sträflich vernachlässigt; gelingen die Arbeiten einer ganzen Klasse, so ist sie in gutem Zuge, misslingt eine Arbeit, so soll sie unbegreiflicherweise aus Rand und Band geraten sein. Man wird in der täglichen Praxis immer wieder dagegen ankämpfen müssen, dass wegen der schlechten Zensuren in den einzelnen Fächern eine schlechte Fleisszensur erteilt wird; die Fleisszensur darf nicht zu einem Durchschnittsurteil über die Leistungen gemacht werden. Auch der Laie versteht zu lesen: eine gute Fleisszensur bei schlechten Leistungen weist auf einen Widerspruch zwischen Wollen und Können hin, eine schwache Fleisszensur bei besseren Leistungen lässt eher auf einen befähigten, aber windigen Schüler schliessen. Ich wurde schon als junger Lehrer manchmal stutzig, wenn in der Zensurberatung die entgegengesetzten Urteile über Fleiss oder Unfleiss eines Schülers sich begegneten und zu einem Kompromiss drängten. Wissen wir nun wirklich, so fragte ich mich, ob der Schüler fleissig war? Wer weiss, sagte mir mancher ernstgestimmte Lehrer, ob wir mit diesem Zensurprädikat wirklich den Nagel auf den Kopf getroffen haben? Man könnte manchmal zu Zweifeln kommen, ob die dienstlich vorgeschriebenen Urteile über den Fleiss der Schüler geeignet sind, ein richtiges Bild vom Schüler zu geben. Erfahren die Eltern wirklich ein zutreffendes Bild vom Stande ihrer Söhne in der Schule? wirkt das gegebene Fleissurteil in der Seele des Schülers fort als ein Zügel, als ein Sporn. oder lehnt der Schüler sich innerlich dagegen auf als gegen ein Unrecht, das ihm widerfahren sei? Oft genug ists nicht anders als: schola locuta est.

Es liegt für den Kenner der Verhältnisse auf der Hand, das Wort Fleiss ist ein sehr zusammengesetzter Begriff; es handelt sich nur darum, die einzelnen Faktoren zu erkennen und zu ergründen, welche den Fleiss bedingen und beeinflussen. Die psychologische Beobachtung wird abgesehen von den ethischen Gesichtspunkten, welche mitwirkend sind, zu einer einigermassen sicheren Wertung dessen führen, was wir Fleiss nennen. Ich muss wohl schon als junger Lehrer solchen inneren Zusammenhang zwischen Fleiss, geistiger Regsamkeit und demjenigen äusseren Verhalten, welches wir Betragen nennen, geahnt haben, als ich einst zum Erstaunen der beteiligten Lehrer für einen schläfrigen Schüler die Betragenszensur ,leider gut' vorschlug mit der Begründung, wenn der Junge mehr Frische hätte, selbst einmal einen Streich verübte, so würde ich glauben, er folge dem Unterrichte mit mehr Empfänglichkeit und innerem Anteil. Es wird sich aus denselben Gründen erklären, wenn ich von jeher gegen die sogenannten „Musterschüler" natürlich nicht eine persönliche, sondern theoretische Abneigung gehegt habe. Solche Schüler empfehlen sich manchem Lehrer dadurch, dass sie nie unbequem werden: der Lehrer sieht mit Stolz auf sie als den sichtbaren Erfolg seiner gesegneten Arbeit, er sagt ihnen eine glänzende Zukunft voraus als den selbstverständlichen Lohn ihrer Treue, und doch bestätigen die späteren Prüfungen und die weitere Lebensentwicklung oft genug solche Voraussagungen nicht. Die Musterschüler werden nicht immer die Lumina, für welche sie galten. Man glaube nur, es sind nicht immer die schlechtesten Schüler, welche der Schule Not gemacht haben, an deren psychologisch-ethischer Eigenart die Schule hat manchen Widerstand überwinden müssen.

Wissen und Können, daran halten wir von vornherein fest, sind das Ergebnis eines Prozesses, dessen Entwicklung sich zusammensetzt aus dem Inhalt und der Art aller Einwirkungen auf die Seele des Zöglings, sie mögen beabsichtigt oder nicht beabsichtigt, geplant oder zufällig, jedenfalls ausserhalb des Bereiches des erzieblichen Wollens gelegen haben, anderseits aus dem entgegenkommenden Verlangen, Aufnehmen, Innenbewahren des Zöglings. Und so sind auch Arbeit, Fleiss, Selbstthätigkeit nicht, wie die Praxis stillschweigend vorauszusetzen scheint, die Ausgangspunkte für das Lernen, sondern die Folgen und Wirkungen der erzieblichen Thätigkeit, wie sie sich in, mit und unter dem Lernprozess entwickeln, ihn begleiten und als nachhaltiger Niederschlag des befruchteten geistigen Lebens bis in unendliche Fernen überdauern.

Schon die Frage der Begabung ist für den Praktiker, sehe ich zunächst von der theoretischen Erörterung ab, eine ungemein strittige. Die Urteile gehen täglich weit auseinander. Der Mathematiker bestreitet gar oft dem Schüler die Befähigung für sein Fach: derselbe Schüler macht in den Sprachen ganz gute Fortschritte. Der Sprachlehrer fordert für seine Fächer unbedingt Begabung, wenn er Erfolge erzielen soll. Mag nun die Praxis die Fortschritte sowie die Hemmnisse des Fortschreitens auf mathematischem und auf sprachlichem Gebiet mit Begabung oder mit Mangel an Begabung erklären, will sie nun auch für Religion. Geschichte, Geographie oder Naturlehre an spezielle Begabung glauben lassen? Ist es mit der Begabung für einzelne Fächer so, dass es in der Seele „Spezialvermögen" giebt, die wie die Kästen im Laden des Kaufmanns neben einander liegen? Haben die Recht, welche sich an den Grundsatz halten, ein normal beanlagter Mensch sei bis zu einem gewissen Grade durchaus fähig, in jedem Fache Erfolge zu erzielen? Welch buntes Bild individueller Besonderheiten zeigt die tägliche Praxis! Mir schwebt ein alter Abiturient vor, ein entschieden philosophisch beanlagter Kopf, der um der Mathematik willen jahrelang nicht von der Schulbank herunter kam; der Lehrer sprach ihm jede Befähigung ab. Ein Schüler bekundet das lebhafteste Interesse für alle sprachlichen Übungen, er interessiert sich lebhaft für die Sprachen, auf dem Gebiete der Lektüre kommt er nicht leicht aus der Verworrenheit heraus. Wieder ein Schüler zeigt sich für die sprachlich-formale Schulung wohl zugänglich und bildsam, für alles Geschichtliche zeigt er sich höchst ungeschickt und wenig brauchbar; er selbst sagt, die Geschichte falle ihm schwer. Mir schwebt ein stiller, bescheidener, in sich versunkener Primaner vor: seine deutschen Aufsätze zeigen eine gewisse Tiefe und einen gewissen Schwung, wenn sie philosophischen Inhaltes sind, geschichtliche Themata gelingen ihm weniger wohl. Fallen diese Erscheinungen so ohne Weiteres in das Gebiet der Begabung? Man hört im Leben recht besonnene Männer berichten, wie sie der Mathematik keinen Geschmack, kein Interesse haben abgewinnen können, sie sei ihnen auch jetzt noch widerwärtig geblieben. Haben sie nun wenig gelernt, weil sie kein Interesse hatten oder keine ‚Befähigung‘, oder hat umgekehrt der Mangel an Interesse seinen Grund darin gehabt, dass sie kein Fortschreiten in ihrem Lernen, kein Wachsen der geistigen Kraft, kein sich steigerndes Selbstvertrauen zu verspüren vermochten? Wie mag der Lehrer sie seinerzeit beurteilt haben? Kann es nun wirklich als ausgeschlossen gelten, dass sie für Arbeit auf mathematischem Gebiet zu brauchen seien? Ich habe Knaben beobachtet, die den Lehrer der Geographie gänzlich im Stiche liessen. Liegt auch hier Mangel an Begabung vor? Der eine steht vor dem Kartenbild wie vor einem Rätsel, einem zweiten musste ich von der Wahl der militärischen Laufbahn ernstlich abraten, weil ihm anscheinend jeder Blick und jedes Verständnis für alles abging, was sich auf Terrain, Bodenverhältnisse u. dergl. bezog. Eines dritten Vater seufzte schwer, dass der Junge stundenlang über dem geographischen Lehrbuch und der Karte lernte und doch nie den Lehrer zu befriedigen vermochte. Wie ich den Vater fragte, ob er jemals auf seinen täglichen Spaziergängen mit seinem Sohne einen Blick auf die Natur gethan habe oder habe thun lassen, sagte er sehr erstaunt, daran habe ich noch nie gedacht. Liegt nun hier Mangel an Begabung oder Anschauungsübung vor? Derselbe Vater war nicht wenig stolz auf die Geschicklichkeit seines Sohnes im Rechnen, aber der Lehrer klagte, dass er für das Verständnis der algebraischen Gesetze nicht oder nur schwer zu haben sei. Begabung oder einseitige Vorentwicklung? Unsre Schüler waren einst nicht wenig stolz, als eines jener berühmten Rechenphänomene eine algebraische Aufgabe aus dem Gebiet der III° nicht lösen konnte. Ein Lehrer beklagt sich über die ewig schlechten und fehlerhaften Arbeiten eines Schülers auch im Deutschen, rühmt aber dessen äusserst verständige und urteilsreife Antworten auf Gebieten, „für die er sich interessiert." Knaben der höheren Stände reden im Kreise der Angehörigen, des Besuchs klug, angemessen und gewandt, in der Schule können sie sich nicht sammeln, noch viel weniger sich über einen Gegenstand geordnet aussprechen. Welche Quelle von Reibungen zwischen Haus und Schule! Kommen wir in solchen Fällen mit den schablonenhaften Schulbegriffen Fleiss und Fähigkeit wirklich zum Verständnis geistiger Art? Und nun gar die unheimliche Scheu mancher Schüler vor dem Sprechen! Den einen führt sie thatsächlich ins Irrenhaus, dem andern verdirbt sie jedes Examen, und er hat „sonst den Mund auf dem rechten Fleck," einem andern hilft seine edeldreiste „Suade" selbst über Lücken seines Wissens und Könnens sicher hinüber. Gerade auf dem Gebiete der Redegewandtheit ist man ohne Weiteres bereit von Begabung zu reden. Liegt nun specielle Begabung vor, ist es die Wirkung der Erziehung oder einer geschickten Übung? Oder hat schroffer, vielleicht nicht ganz berechtigter Tadel oder ein ungeduldigzufahriges Unterbrechen die Scheu vor dem Sprechen genährt? Man sieht, jeder einzelne Fall müsste sehr gründlich geprüft werden, ehe das Urteil über Begabung oder Unfähigkeit sich herauswagt.

Ganz ähnlich liegt die Sache in praxi mit dem Gedächtnis. Die Lehrer klagen über Mangel an Gedächtnis für diesen oder jenen Memorierstoff, die Eltern entschuldigen ihre Kinder damit, dass sie für Vokabeln oder für Geschichtszahlen oder für Sprüche und Lieder kein Gedächtnis haben sollen. Ist nun die angebliche Gedächtnisschwäche das Hemmnis für den Fleiss oder ist Mangel an geordnetem Fleiss die Ursache der Gedächtnisschwäche? Ich weiss nicht, ob ich Recht habe, wenn ich bei einem normal entwickelten Menschen auch ein normal wirkendes Gedächtnis voraussetze. Vorübergehende Störungen des Gedächtnisses infolge von Krankheiten sind ja nichts ungewöhnliches. Ich selbst habe es erlebt, dass ich nach wiederholtem gastrischem Fieber keine Geschichtszahl mehr sicher sagen konnte; später hat sich dies wieder verloren. Auch nach dem Gebrauch von Bromkali sind mir teilweise Hemmungen des Gedächtnisses, besonders inbezug

auf Namen, Textstellenzitate u. dergl. entgegen getreten. Es wäre
mir sehr lehrreich, festgestellt zu wissen, ob die physiologischen
Vorgänge des Wachstums einen hemmenden Einfluss etwa auf das
Gedächtnis ausüben. Jedenfalls wird man von seiten der Schule
wie des Elternhauses mit dem Glauben an eine sozusagen
angeborene Gedächtnisschwäche sehr vorsichtig zurückhaltend
sein müssen. Kinder lernen im frühsten Lebensalter ungemein
viel durch das Gedächtnis; Kinder im Alter von 2 Jahren sagten
sämmtliche Verse des Struwwelpeter auswendig; ein Kind über-
raschte die Eltern mit dem Gebet des „Vater Unser", welches
es von den älteren Geschwistern gehört hatte. Sollte solche
Gedächtniskraft später aus physiologischen Gründen erlahmen?
Mir ist es noch immer so vorgekommen, als wenn das Gedächtnis
sich steigere mit dem Grade des Interesses. Und auch das ist
doch täglich zu bemerken, dass planmässige Übungen im Unterricht das Gedächtnis überraschend üben und stärken können.
Ich habe mit Schülern von Quarta bis Prima grössere Perioden
ihrer lateinischen Lektüre zergliedert, in ihre Elemente zerlegt
und wieder aufgebaut und zusammengesetzt; es fanden sich da
nicht wenige Schüler, welche die ganze Periode ohne Anstoss
vortragen konnten. Weshalb erfolgt wohl immer wieder der Wink,
nichts zum memorieren aufzugeben, was nicht dem Auge und dem
Ohr des Schülers schon bekannt geworden ist? Die Klage über
mangelndes Gedächtnis der Schüler dürfte doch auch wohl ein
Bekenntnis der eigenen methodischen Unzulänglichkeit enthalten.
Aber die Thatsache kann auffallen, dass manche Schüler in den
unteren Klassen recht gute Fortschritte machen, weil das gute
Gedächtnis den Schein entwickelten Verstandes erweckt; tiefer
blickende Erzieher sehen voraus, wie solche anscheinend viel
versprechende Schüler je weiter nach oben versagen, versiechen
und erlahmen.

Wie mit dem Gedächtnis so ist's mit dem Urteil. Die Praxis
hat leicht sagen, der Schüler hat Urteil oder er hat keines. Die
Sache liegt doch wohl viel tiefer. Der Fall ist gar nicht so selten,
dass den Schülern für das vorauszusetzende Urteil als Wirkung
des Milieus, in dem sie aufgewachsen sind, der Lebensgewohnheiten, des Gedankenkreises der umgebenden Verhältnisse des
Schulorts, der Familie, des Umgangs ganze Reihen von Thatsachen
fehlen, z. B. aus dem Gebiete der gesellschaftlichen, der geschichtlichen und staatlichen Beziehungen, oder dass zusammenhanglose

Einzelheiten da die Urteilsbildung hemmen, wo der Unterricht
zusammenhängende und glatt ablaufende Reihen voraussetzt.
Manchmal glaubt der Lehrer, nun habe ich dem Schüler alles so
nahe gelegt, so mundgerecht gemacht, dass er nur ja oder nein
zu sagen brauchte; wenn er es nun doch nicht thut, so muss er
doch wohl zu „dumm" sein. Ich gestehe offen, ich habe manchmal an mir die Erfahrung gemacht, wenn ich denselben Gegenstand später wieder zu behandeln hatte; es wurde mir klar,
weshalb die Urteilsbildung doch nicht so leicht von statten ging,
wie wir es uns dachten. Es waren eben doch noch Lücken in
den Schlussreihen, es fehlte an der klaren Erfassung der Einzelthatsachen; kurz, auch ich wurde vorsichtiger und zurückhaltender in dem Glauben an die „Dummheit" gewisser Schüler.

Was soll ich nun vom Interesse aus der Praxis sagen?
Die Praxis mag sich meinetwegen manchmal in der Zwangslage
befindlich glauben, zu sagen, wir müssen die Leistungen erzielen,
wir werden verantwortlich gemacht, folglich muss der Schüler
lernen, wir können nicht immer darauf warten, dass er mit Interesse lernt. Es ist ja wohl möglich, dass die Praxis nicht sicher
genug unterscheidet zwischen dem Interesse als dem Hebel zur
Selbstthätigkeit und einem gewissen „Sichinteressieren", welch
letzteres ja gewiss oft aufflackernd sich auf eine oder die andere
Sache wirft, sie aber auch ebenso kühl vergessend wieder beiseite
schiebt. Dass nur die Schule nicht ein Lernen, einen Anteil an
der Lernarbeit erzwingen will, indem sie auf die hohe Warte der
philosophischen Ethik steigt und den kategorischen Imperativ zur
Geltung bringen will! Man kann ja auch die unbestreitbare
Thatsache aus dem praktischen Leben hinzufügen, wie viel jeder
Mensch thun und schaffen muss, auch wenn es ihm angenehm
ist, wenn es ihn anwidert; wie viel müssen die Mütter thun, und
sie thäten manche schönere Arbeit viel lieber. Wir könnten nun
aus der Rüstkammer der Ethik den ebenso wahren Satz herbei-
holen: nemo debet cogi; ich will nur zeigen, wie wir in der
Praxis eben die bunte Zusammensetzung der Momente übersehen,
welche Fleiss, Wissen, Können, Lernen bedingen. Und da übersehen wir auch den Widerspruch, recht regen Fleiss vorauszusetzen,
ihn zu fordern, ärgerlich zu sein, wenn er fehlt, ihm aber zu
seiner Entwicklung manch förderlichen Hebel zu versagen.

Komme ich jetzt auf die Aufmerksamkeit zu sprechen, so
fürchte ich, die Praxis zeigt sich da gar manchmal schablonen-

haft und zu tieferem Eindringen nicht gehörig ausgerüstet.
Jeder Lehrer wünscht sich mit Recht nichts lieber als gespannte
Aufmerksamkeit, er würde es als den schwersten Vorwurf seines
amtlichen Wirkens ansehen, wenn es hiesse, bei ihm seien die
Schüler nicht aufmerksam. Ich rede hier nicht von den geflissent-
lichen Störungen der Aufmerksamkeit durch unnütze Streiche,
offene oder versteckte; es kann sich hier nur um jene innere,
intensive Aufmerksamkeit handeln, ohne die auch der Übergang
zur Hausarbeit nicht gelingen will, also um einen der wesentlichsten
Hebel für den echten Fleiss. Schon dies ist nicht zu leugnen,
die Knaben, die von wildem Spiel aus der Zwischenstunde in die
Klasse zurückkommen, können auch bei allen Formen der äusseren
Ordnung nicht gehörig gesammelt für den Unterricht sein, es
bedarf noch längerer Zeit, bis sie ihm wieder mit vollster Aufmerksamkeit folgen können. Es kann in einer Klasse die muster-
hafteste Ordnung herrschen, und die rechte Aufmerksamkeit kann
doch fehlen. Ich will hier nicht auf alle möglichen Fehler eingehen, welche den Mangel innerer Aufmerksamkeit bedingen
können, aber ich will hier nur das sagen, was ich den betreffenden
Schülern als Thatsache vorzuhalten pflege, dass die Psychologie
noch nach Jahren der Verräter des Mangels an Aufmerksamkeit
ist. Man prüfe nur die Fehler der Schüler, die mündlich wie
schriftlich gemachten, wie ich es seinerzeit, von der Not getrieben,
systematisch zu thun gelernt habe, und man entdeckt eine auffallend grosse Menge akustischer Fehler, Fehler, die auf halben
oder ganz unsicheren Gehöreindrücken beruhen, auf so sonderbaren Verwechslungen mit gleich oder ähnlich klingenden Laut-
gruppierungen, dass der erfahrene Erzieher nur zu dem Urteil
kommen kann, hier war das Ohr nur halb oder gar nicht bei der
Sache. Ich möchte die Anregung nicht unterlassen, solche Fehler
zu sammeln; eine solche Sammlung würde ein reiches analytisches
Material sein für ein tieferes Eindringen in das Wesen und die
Natur der Aufmerksamkeit. Man würde zugleich in der Lage
sein zu prüfen, ob die äusseren und inneren Mittel der Unterrichtspraxis zur Erzielung solcher inneren Aufmerksamkeit ausreichen
oder gar schon erschöpft seien.

Gedenken wir jetzt der Arbeit, besonders der Hausarbeit, so
ist gewiss für ihren Verlauf und für ihr Gelingen die Gewöhnung
an eine regelmässige Ordnung und an eine verständige Einteilung
und Ausnutzung der Zeit unendlich wichtig. Trotzdem möchte

ich mit Rücksicht auf die älteren und in ihrer individuellen Entwicklung sich selbständiger ausreifenden Schüler auf gewisse
Erscheinungen aufmerksam machen, welche in das Gebiet des
persönlichen Innenlebens gehören. Horaz sagt einmal (Od. II 10, 18):
quondam cithara tacentem suscitat Musam Apollo. Er will
offenbar sagen, es giebt Zeiten, wo der Dichter nichts schafft,
nichts schaffen kann, mag ihm nun die nötige Stimmung fehlen,
mag er nicht aufgelegt sein, mag er keinen Stoff haben, der seine
schöpferische Kraft anregt und vorwärts bewegt, mag er sich
einmal ganz unfruchtbar, steril vorkommen. Dann schlägt ein
schöpferischer Funke in sein Inneres, die Phantasie beflügelt sich,
das dichterische Schaffen gelingt ihm leicht und wie spielend.
Jeder Mann der Feder macht ähnliche Erfahrungen an sich. Er
erlebt Perioden des Stillstandes wie der geistigen Vorwärts-
bewegung, aber es bleibt meist ein Geheimnis, wann und wie der
Funke zu zünden beginnt. Es lässt sich nicht auf Geheiss pro-
duzieren; soll das Schaffen leicht, natürlich, sich wie von selbst
gestaltend sein, so muss der Geist in der rechten Verfassung sein.
Dann drängen sich die Gedanken unaufhaltsam in den Vordergrund
des Bewusstseins, dann reihen sie sich immer fester gefügt an
einander, dann erfüllen und beherrschen sie die Seele mit aller
Macht, das innere Auge sieht die innere Ordnung der Gedanken
wie ein greifbares harmonisches Gebilde vor sich, und nun entstehen die süssen Schmerzen des Schaffens, bis das Gedachte zu
Papier gebracht ist. Erst dann fühlt sich die Seele entlastet und
frei. Es kann sein, dass die schöpferische Anregung, der zündende Funke inmitten der grössten Arbeit entsteht, und so kann
sich die schöpferische Produktion sehr wohl mit der ganzen
Menge laufender Arbeit verbinden und den Schein einer Überlastung erzeugen, von welchem der keine Ahnung hat, der die
Reize ureignen Schaffens aus sich heraus nicht erfährt und
geniesst. — Die Schülerarbeit ist ja meist nur eine nachschaffende,
nicht selbstschaffende; und doch wird nicht in Abrede zu stellen
sein, dass auch die Seele des Schülers vor ähnlichen Perioden
anscheinender Unfruchtbarkeit, anscheinenden Brachliegens und
freudigen Vorwärtsgehens steht. Solche Freude hat ihren Grund
in der ungeahnt zunehmenden Stärke des Selbstvertrauens, gehobenen
Selbstbewusstseins oder Selbstgefühls. Wo der Erzieher zu seinem
Zögling im rechten seelsorgerischen Verkehr steht, wird er wohl
einen Einblick in solche geistigen Zustände gewinnen, um das

rechte Urteil über die Arbeit des Zöglings zur Geltung zu
bringen. Wir kleiden solche Erscheinungen des individuellen
Lebens — denn nur um solche handelt es sich hier — in die
Form, es falle einem wie „Schuppen von den Augen". Man hat
über eine Sache, eine Regel, einen Zusammenhang der Dinge
lange, lange nachgedacht; man hat gelernt, alles davon gehört,
alles geübt, und doch — man wird der Sache nicht Herr, man
„kriegt sie nicht klein", wie der volkstümliche Ausdruck lautet.
Es ist eines von den geheimnisvollen Rätseln des Daseins
(wie Joh. 3, 8), zu sagen, wie es nur auf einmal zugeht, wie ein
Wort zu rechter Zeit, eine überraschende Parallele, eine ungeahnte
Beziehung das innere Dunkel erhellt, wie es dann wie eine düstere
Wolke von dem Auge herabfällt und ein Gefühl innerer
Erleichterung sich regt. Aber in solchen Augenblicken sieht man
nicht bloss das Einzelne klar und deutlich, nein, man sieht oder
ahnt die Schönheit einer höheren, geistigen Welt, man ahnt den
Reiz eines geistig gehobenen Lebens; ein gesteigertes Kraftgefühl,
eine gesunde Anspannung aller Kräfte bemächtigt sich unserer.
Solche Nebel vor den Augen sind es sicherlich oft genug, welche
dem „Fleiss" den Erfolg versagen, welche das Gelingen, das Urteil
nicht fördern wollen, welche das drückende innere Gefühl erzeugen,
man habe gethan, was man konnte, aber doch beim Lehrer keine
Anerkennung zu finden vermocht. Und so mag wohl manchmal
der Widerspruch entstehen, dass gerade da über „Unfleiss"
gescholten wurde, der Tadel gerade da ansetzte, wo thatsächlich
Arbeit gethan wurde. Aber der Erzieher, der das geistige Leben
kennt, der auch den Erfahrungen individuellen Lebens nicht fremd
gegenübersteht, rechnet in seinem Werturteil ebenso mit den
Nebeln vorm Auge wie mit den Schuppen, die vom Auge
fallen.

Wenn ich am Ende dieser vorläufigen Besprechung auch des
Schlusses der Schularbeit, des Examens gedenke, so geschieht es,
weil anders als die landläufige Auffassung der Praxis von Fleiss,
Fähigkeit und Aufmerksamkeit die psychologische Beobachtung
ungleich fruchtbarer die Individualitäten in ihrem gesamten geistigen
Zustand studieren und verstehen lehrt. Das Gelingen der Prüfungen
ist doch nicht immer allein nur von dem Fleiss abhängig:
unzweifelhaft spielt ein vielleicht als inkommensurabel zu bezeichnendes individuelles Moment eine Rolle mit. Es giebt Examen-
köpfe, es giebt solche, die es nicht sind. Den ersteren gelingt das

Meiste in der Prüfung anscheinend ohne jede Schwierigkeit, die anderen hinterlassen mindestens einen dürftigen Eindruck. Da mag die Angst, die Verwirrung, die Verblüffung über irgend eine unerwartete Anreihung oder Zusammenstellung sonst bekannter Vorstellungsmengen, es mag die Scheu davor, etwas Verkehrtes zu sagen, mitwirkend sein, es wäre nicht richtig, den Erfolg der Prüfung zum Massstab der Beurteilung der Gesamtpersönlichkeit zu machen. Jener Examenkopf ist im Leben, in seinem Beruf nicht immer der gediegene, aus sich selbst mit schöpferischer Initiative wirkende Mann, und der anscheinend dürftige Prüfling entwickelt sich zu einer tüchtigen, selbständig wirkenden Kraft, welche ebenso wissenschaftlich wie beruflich Zeugnis ablegt von eigener Gedankenarbeit, von eignem Ein- und Durchdringen der Sache und von sichrem, selbständigem Urteil. Es ist nicht undenkbar, dass Schillers „Brotstudent" im Examen glänzt, sein „philosophischer Kopf" ziemlich abfällt. Nur das Leben erst wird auch hier die Geister scheiden und ihnen volle Gerechtigkeit zu teil werden lassen. Und es ist ja auch gut, dass die weise Gliederung unseres öffentlichen, dienstlichen und beruflichen Lebens für die Ergänzung des Examenurteils durch die praktische Bewährung sorgt.

Die bisherigen Erörterungen haben zeigen wollen, wie für eine richtige Wertung des Anteils der Schüler an der Schularbeit vor allem ein tieferes Ergründen ihrer Individualität unerlässlich ist. Dies ist die Aufgabe der pädagogischen Psychologie. Schon indem sie dies Wesen des Fleisses eingehend prüfte, indem sie alle diejenigen Faktoren zergliederte, welche sich in dem Begriffe Fleiss vereinigen, gab sie der Praxis nicht nur wertvolle Winke für die Beurteilung der Schüler, sondern zugleich Winke für eine rationelle Gestaltung der äusseren und inneren Unterrichtsordnung. Der lateinische Sprachgebrauch mag uns überdies die Vielseitigkeit des Fleissbegriffes verdeutlichen: Der Lateiner bezeichnet mit dem assiduus den bei der Arbeit festsitzenden Mann, den „Büffler", er will die massenhafte, zähe Arbeitsleistung bezeichnen, aber über die Qualität der Arbeit kein Urteil aussprechen. Wie anders mutet uns doch die industria an, die frisch-rührige Thätigkeit des Mannes, der inmitten seines Arbeitsfeldes überall selbst auf dem Platze ist, Augen und Hände überall hat, überall zu helfen, zu winken, anzuregen und zu fördern versteht. Sein subjektives Ergänzungsbild haben wir in dem impiger, der mit Lust und Liebe

bei der Sache ist, nichts von Gefühlen der Widerwärtigkeit in
sich aufkommen lässt. Wie ganz anders nimmt sich der piger,
der Unlustige aus, der aus lauter innerem Missbehagen oder ver-
kehrtem Urteil an der Sache selbst so viel auszusetzen und zu
mäkeln hat, dass er gar nicht erst zum Arbeiten selbst kommt.
Doch aber hat die lateinische Sprache den höchsten Begriff von
Fleiss erst dargestellt in dem Worte diligentia, dem Zerlegen, der
Auswahl der Mittel, also dem höchsten Grad bewusst-planmässiger
Thätigkeit mit den rechten Mitteln. Welche Gattung von Fleiss
schwebt nun wohl der täglichen Praxis vor? welche setzt sie
voraus? welche wertet sie im Urteil über die Schüler? zu welcher
zieht sie die Schüler heran? Man wird angesichts solcher Erwägungen und angesichts der Thatsache, dass die den Schülern
erteilte Fleisszensur sich oft genug als ein Kompromiss darstellt,
bei welchem der tiefer denkende Lehrer sich doch nicht der De-
sorgnis erwehren kann, es könnte das Urteil nicht vollauf zutreffend
sein, man wird doch wohl dem Bedenken Raum geben dürfen,
ob überhaupt eine offizielle Fleisszensur angebracht sei, ob nicht
eine Reform des Zensurwesens inbezug auf den Ersatz der Fleisszensur durch eine kurze, den thatsächlichen und zugleich individuellen Verhältnissen Rechnung tragende Charakteristik angebracht wäre.

Aus allen bisherigen Besprechungen geht, denke ich, dies eine
deutlich hervor, wie wir in der Praxis vor ungezählten Mengen
psychologischer Probleme stehen; wir brauchen nicht erst darnach
zu suchen. Es ist wie mit dem Gelde, das auf der Strasse liegt;
aber es gehört einer dazu, der es findet; es ist wie mit dem
Poetischen, das der Blick des Dichters selbst in den entlegenen
Winkeln des Daseins findet, wie mit dem Malerischen, das das
sichere Auge des Künstlers überall entdeckt, wo das gewöhnliche
Auge auch gar nichts besonderes zu sehen glaubt. Und so weiss
auch der psychologisch gestimmte Erzieher, wie er nur zuzugreifen
braucht, um Erscheinungen, Fragen, Probleme in Hülle und Fülle
zu finden, welche ihm keine praktische Fertigkeit allein, keine
praktische Erfahrung allein zu lösen und zu entwirren vermag.
Wir stossen alle Tage, ja in jeder Stunde unsrer der Schule ge-
widmeten Arbeit umgeben von psychologischen Erscheinungen,
sie stellen uns immer wieder vor neue Rätsel, ja sie necken und
foppen wie unsichtbare Geister den Erzieher, aber er kann doch
ihr Dasein nicht in Abrede stellen. Ich gestehe, man wird immer

ernster, je tiefer man psychologisch sehen lernt, man wird viel ruhiger, zurückhaltender im Urteil, weniger absprechend; denn je mehr man begreifen lernt, desto mehr lernt man geduldig nachgehen, nachfühlen, auch verzeihen. Wie mit Fingern weist uns die psychologische Beobachtung auf das Verständnis der Einzelpersönlichkeiten hin, somit auf die Pflege der Kunst des Individualisierens. Aber ich gestehe, man wird in seinem Erzieherberufe auch fröhlicher, weil man immer mehr zu der Erkenntnis kommt, dass auch in der geistigen Entwicklung nicht Laune und Willkür herrscht, nicht springendes Ungefähr, nicht Plötzlichkeit und Zufall, sondern Gesetz, Ordnung und Planmässigkeit. Denn dies ist gewiss, der Praktiker erlebt es doch recht oft, wie in seiner Art die Dinge der Schule anzusehen und zu behandeln eine Lücke, ein Mangel ist. Warum umgeben sich gerade diejenigen Lehrer mit dem Schein der grössten Strenge, warum fordern die gerade immer die strengsten und rücksichtslosesten Strafen, warum rufen sie die Superi und Inferi herbei zum Fluch wider die ganze faule Zeit, die am allerwenigsten einen Einblick in das geistige Leben ihrer Schüler gethan haben und sich auch nicht dazu entschliessen mögen, tiefer hineinzuschauen?

Andrerseits möchte ich vor dem Bedenken warnen, als ob durch allzuvieles psychologisches Sehenwollen die frische, in ihrer Unmittelbarkeit stets köstliche Unbefangenheit des Pädagogen verloren gehe. Es ist eben so wie mit einer gefährlichen Waffe in der Hand eines, der nicht mit ihr umzugehen gelernt hat. Nichts schrecklicher als einer, der jeden Augenblick auf Probleme ausgeht, Schritt für Schritt Probleme suchen, ergründen, mindestens sie erörtern will. Es kann ihm wohl so gehen, dass er die Bäume im Walde sieht, aber den Wald nicht. Ein rechter Schulmeister von Gottes Gnaden besitzt als seine Gnadengabe von oben gerade das Auge, das in die Tiefe sieht, das aus so mancher Untugend und so manchem Fehler des Schülers heraus die Not einer ringenden Seele erkennt, das auch aus dem unbeholfenen, eckigen Wort den richtigen Gedanken ahnt, das die Schmerzen der inneren Entwicklung im Kampf wider die spröde Sache und das noch viel sprödere eigene Ich ebenso nachfühlt, wie es die inneren Weihe- und Feierstunden ahnt, wo der Geist sich über sich selbst emporhebt und sein Selbstvertrauen sich regt und seine Kraft sich geltend machen will, wenn ihr nur die Wege zur Selbstentfaltung nicht durch eingreifendes Ungeschick versperrt werden.

II. Psychologische Bestimmtheiten
als Mitglift von Landschaft, Gross- und Kleinstadt,
Haus und Gesellschaft.

Wenn wir jetzt die Wanderung durch das Gebiet der
pädagogischen Psychologie antreten, wenn wir eine Übersicht
gewinnen wollen über das, was Gegenstand psychologischer
Wahrnehmung in der Schule, besonders im Unterricht sein kann,
so werden wir von vornherein zwischen dem unterscheiden
müssen, was unsre Zöglinge schon an psychologischer Bestimmtheit in das Schulleben mitbringen, und zwischen den wahrnehmbaren Einflüssen des Unterrichts wie des Schullebens überhaupt
auf das geistig-leibliche Dasein des Schülers: man wird also
darauf aus sein müssen, ein möglichst bestimmtes Bild von den
direkten Einwirkungen des Unterrichts auf die Seele der Zöglinge
zu gewinnen. Indessen lassen sich beide Gesichtspunkte nie
völlig von einander trennen. Denn was der Schüler an innerem
Wesen und Leben aus seinen alltäglichen Lebenskreisen mit zur
Schule bringt, kann ein erhebliches Hemmnis, eine Erschwerung
der Unterrichts- und Erziehungsthätigkeit sein, es kann aber auch
dazu angethan sein, unsre Arbeit zu fördern, mindestens sie zu
erleichtern. Da giebt es nun recht viele Einflüsse. Ganz gewiss
spielt im Leben des Zöglings das allgemeine Temperament der
Landschaft, welcher er durch Geburt angehört, eine Rolle.
Landschaftliche Sitte, Sprache, das Volkstum, je mehr es sich
noch in ausgeprägter Eigenart erhalten hat, kurz alle Besonderheiten deutscher Landschaft, ihrer geschichtlichen Erinnerungen
wie ihres geschichtlichen Entwicklungsprozesses geben dem Zögling
von Kindheit so viele Eindrücke mit, dass sie für das fernere
Leben bestimmend werden. Ich erinnere nur an Klopstock und
seine Quedlinburger Heimat. Für den Lehrer kann es nicht
gleichgültig sein, ob er mehr bewegliche oder mehr phlegmatisch-
zurückhaltende Schüler vorfindet: die einen gehen rasch und
gewandt auf alles ein, was der Unterricht Neues bringt, sie sind
aber leicht geneigt, auf jede Blösse und Schwäche zu achten und
zu warten, die der Lehrer sich etwa in der Sache oder in seiner
persönlichen Haltung giebt, die anderen sind schwerfälliger im
Eingehen auf die Art des Lehrers, aber sie verarbeiten das ihnen
Dargebotene innerlich tiefer, wenn verwandte Saiten in ihrem
Innern zum Klingen gebracht sind. Man achte auch darauf, ob

dem Temperament der Landschaft entsprechend die Jugend dem Lehrer, zumal dem fremden, mit zugeknöpftem Wesen, mit Zurückhaltung begegnet, bis sie endlich das Gefühl hat, dass sich's unter seiner Führung warm werden lässt, oder ob sie ihm leichter und williger offne Herzen und weites Vertrauen entgegenbringt. Ja selbst das grössere oder geringere Autoritätsgefühl, welches den Schüler im Grunde auf allen seinen Schulwegen begleiten sollte, ist nicht unwesentlich bestimmt und bedingt durch die Lebensgewohnheiten, Stimmungen und Erziehungsformen der verschiedenen Landschaften. Nun wäre es aber eine lohnende Beobachtung, dem Einfluss nachzugehen, welchen die Verschiebungen ausüben, die durch den Umzug, den Ortswechsel, die Versetzungen der Eltern in der Seele der Zöglinge hervorgerufen werden. Ich sehe einmal von den ethisch-gesellschaftlichen Einflüssen ab, aber schon die Einwirkungen auf das Ohr verdienen Beachtung. Kinder werden ja schnell im Dialekt der neuen Umgebung heimisch; aber unvermeidlich entstehen aus den Sprachgewohnheiten der Eltern aus fremder Landschaft und denen der Kinder leicht sich durchkreuzende akustische Eindrücke. Mir schwebt ein Schüler vor, dessen Vater Sachse ist, dessen Mutter und mütterliche Verwandte Schlesier sind. Der Schüler ist geweckt, zeigt leichte und verständige Auffassung, schreitet daher geordnet vorwärts, aber inbezug auf die Rechtschreibung passieren ihm die sonderbarsten Fehler, für die ich nur ein starkes Durcheinander dialektverschiedener Gehörvorstellungen als Erklärung finden kann.

Wenn die Erziehung mit Recht so viel Wert auf die Förderung des Triebes zur Selbstthätigkeit legt, bei Lichte besehen auf eine planmässige Weiterentwicklung eines von frühster Kindheit an vorhandenen und bethätigten Triebes, so kann die Förderung dieses Triebes in der Schule durch jahrhundertelange Gewohnheiten oder Entwicklungsformen einer Landschaft wesentlich gehemmt werden. Wo die Bewohner einer Landschaft ohne eigene Initiative sind, wo sie auf den Befehl von oben, auf höheren Anstoss warten, wo selbst der Zaun nicht von selbst wieder festgenagelt, der Obstbaum nicht ohne obrigkeitliche Anordnung von selbst gepflegt wird, da erwarte man wenig vom Selbständigkeitsgefühl und Selbstthätigkeitstrieb; wie mag es anders sein, wo die gesamten Lebensformen der Landschaft der Entwicklung des selfmade man günstig sind. Es giebt im Schulleben so viel Kleines und Grosses, was der allgemeinen Ordnung dient, was da, wo es als Ergebnis folgerichtiger Gewöhnung gleichsam von selbst da ist und sich gestaltet, zuerst ein ästhetisches Wohlgefallen erweckt, alsdann ethische Zustimmung herbeiführt. Aber wir wissen auch, wie wenig von selbst gesehen, von selbst zugegriffen, von selbst gehandelt wird. Es ist dies ein Mangel, den die Jugend mit vielen Erwachsenen teilt. Man unterlasse es nicht, gerade auf dem Gebiete der äusseren Ordnung in unablässigem, folgerichtigem Bemühen Auge und Hand des Zöglings zu freiwilligem, ja zu selbstthätigem Mithelfen und Miterhalten der gemeinsamen Ordnung in Bewegung zu setzen, zu beflügeln. Man klagt nicht umsonst über die lässige Gleichgültigkeit, über den Mangel an thätiger Mithülfe auf dem Gebiete unserer ernstesten Lebensfragen! Die Schule muss solche von Selbstthätigkeit weit entfernte gleichgültige Lässigkeit durch alle Formen der Pflege des Gemeinschaftslebens gar nicht erst aufkommen lassen!

Bestimmend auf das gesamte geistige Leben der Schüler wirkt auch das Leben und Treiben der Grossstadt wie der Kleinstadt ein. Wir beachten hier vorzugsweise den grösseren oder kleineren Vorrat von Anschauungsmaterial. Da ist es nun leicht zu sagen, in der grossen Stadt sehen die Schüler viel mehr, in der kleinen naturgemäss recht wenig. Es kommt aber auch auf die Anschauungsgebiete an, und noch viel mehr auf den Grad der Klarheit der Anschauung und der Verwendbarkeit des Angeschauten für die geistigen Prozesse des Unterrichts. Wenn die neuen Lehrpläne auf den Mittelstufen Anleitung zu deutschen Aufsätzen nach Selbstgesehenem verlangen, meines Erachtens mit vollem Rechte verlangen, so habe ich diesen Gegenstand des öfteren in Konferenzen mit meinem Kollegium erörtert. Es ist für solche Besprechungen wichtig, wenn jeder Kollege aus dem Umkreise seiner Erfahrungen und Beobachtungen interessante Thatsachen mitteilt. Ich stimme der Bemerkung des Preussischen Unterrichtsministeriums (Zentralblatt, Juniheft 1897, S. 430) aus vollster Überzeugung bei: „Von besonderer Wichtigkeit ist ein richtiger Gebrauch der täglich sich mehrenden neuen Lehr- und Anschauungsmittel. Die Gefahr liegt nahe, dass die Schüler die Bilder und Apparate sehen und beschreiben, ohne die Anschauung zu gewinnen, die durch dieselbe vermittelt werden soll." Kein Anschauungsmittel ersetzt die unmittelbare Anschauung aus Natur und Leben. Aber sind wir uns darüber in praxi klar, welchen Vorrat unmittelbarer Anschauung unsere Schüler zur Schule mitbringen? Ich kann auch hier wieder nur die Anregung zu exakten Beobachtungen und zu geordneter Sammlung und Sichtung des Beobachtungsmaterials geben. Einmal hatte ich in einer oberschlesischen Anstalt Hannibals Übergang über die Alpen nach Liv. 21 zu erklären; es wollte sich kein Verständnis finden. Ich trat der Sache näher, ein grosser Teil der Sekundaner stammte aus kleinländlichen Kreisen, die Söhne halfen ihren Eltern in den Ferien bei der Ernte u. dgl.; trotz der Nähe der Berge hatten recht viele Berge und Wege über das Gebirge noch nicht gesehen. Wenn ich umgekehrt bei der Lektüre des macedonischen Krieges nach Liv. 31 ff. aus einer systematischen Zusammenstellung des Sprachmaterials das Bild des zerklüfteten wilden macedonischen Gebirges vor das geistige Auge des Schülers treten liess, so hiess ich sie alsdann in den Ferien sich auf die Wanderung zu machen, um an Ort und Stelle selbst das geistig Geschaute thatsächlich bestätigt zu sehen, z. B. im Riesengebirge, im Altvatergebirge, in der hohen Tatra. Es ist mancher Knabe in Breslau gewesen und giebt über die Lage der Stadt an der Oder recht unklare, d. h. nicht auf sicher geleiteter Anschauung beruhende Auskunft. Im Sinne der Lehrpläne und Lehraufgaben S. 47 pflege ich mir jeden Knaben, der in die Schule aufgenommen werden soll, in Gegenwart der Eltern oder Erzieher auf seine Anschauung inbezug auf unsere Münzen und Masse hier genauer anzusehen. Man glaube mir, es kommen die sonderbarsten Vorstellungen zutage. Als ich angesichts der auffallenden Phantasie- und Anschauungslosigkeit des Schülers, von dessen Mängeln in seiner geographischen Bildung ich oben berichtete, ernstlich mit der Mutter verhandelte, teilte sie mir mit, wir beide Eltern haben thatsächlich für unsres Jungen Anschauung und Gehör nichts gethan. Mein Mann hat immer so viel zu thun gehabt, ich habe nie daran gedacht. Solche Fälle sind sicherlich nicht vereinzelt. Und doch, was könnten Eltern in dieser Hinsicht ohne jeden Zwang und ohne jede Künstelei thun? was sollten sie thun? Wer das Glück gehabt hat, einen Vater, eine Mutter gehabt zu haben, die das Auge in der rechten Weise zu öffnen verstanden, der fühlt mit Dank an hunderten von Erscheinungen im Leben wie im Studium, wie ihm die Phantasie beflügelt wird, wie das geistige Auge schon die Sache schaut, ehe noch die logische Zergliederung auch ihrerseits Klarheit gebracht hat. Worauf gründete sich denn die so eigenartig ausgeprägte, liebenswerte Persönlichkeit des Horaz anders als auf die Vereinigung von praktischer Anschauung im Leben (Hor. Sat. I 4, 105 ff.) und wissenschaftlicher Bildung? Und wie hat der Sohn gerade den ersten Teil seiner Bildung seinem Vater gedankt! (Hor. Sat. I 6. 89 f.). Gewiss versteht mancher Vater und manche Mutter ganz von selbst die Kunst, die Aufmerksamkeit der Kleinen auf das Leben in der Natur in den Formen der Märchenphantasie zu lenken! Dass sie sich nur nicht solcher Kunst schämen! Rechtzeitig vollzieht sich in der Seele des Kindes der Übergang von der märchenhaft personifizierenden Naturbetrachtung zu der sachlichen Naturanschauung. Die Hauptsache ist, dass eben die Anschauung geweckt sein muss. Wie viele junge Leute sind wohl heute in der Lage, sich einmal in einer Handwerkstätte richtig umgesehen, oder gar einmal eine richtige Laubhütte zum Laubhüttenfest gesehen zu haben? Die Richtung unsrer Zeit fördert thatsächlich die unmittelbare Anschauung viel zu wenig, darum fehlt es so oft an fachkundigem Urteil, wo ein gewichtiges Wort in Lebensfragen unsres heutigen Daseins mitgesprochen werden soll.

Das Leben der Grossstadt bietet der Eindrücke für das Auge eine fast übergrosse, erdrückende Fülle, aber die tägliche Gewohnheit des Vielessehens stumpft leicht ab und lässt eine vertiefte Betrachtung des Einzelnen oder der Ordnung in einem Vielerlei schwer zu. Man wird ja selbst gleichgültig und hat kein Auge mehr für die Menschen im selben Haus, auf demselben Flur. Umgekehrt ist der Kleinstädter naturgemäss ärmer an Anschauungsmaterial, insofern dieses dem Gebiete des technisch Fertigen, seiner mannigfachen Verwendbarkeit, ferner einem unendlich grösseren Kreis von Lebensbeziehungen jeder Art angehört. Er sieht täglich dasselbe Einerlei, der Gesichtskreis bleibt enger, die Betrachtung und Erörterung der Einzelerscheinungen und Einzelbeziehungen der täglichen Umgebung wird breit und wichtig, aber weil ohne Beziehung zu allgemeineren Gesichtspunkten nicht tief und bedeutend. Aus dem gewohnten Gleis täglicher Betrachtungsweise zieht jedes Neue, es wirkt innerlich beunruhigend, es erweckt jenes eigentümliche Gebilde der Neugierde, welche von Wissbegierde und Interesse noch sehr weit verschieden ist. Dort also Abgestumpftheit von der täglichen Gewohnheit vieles zu sehen, hier inneres Erregtsein durch jedes Neue, das den Kreis des täglichen Beobachtungsgebietes durchbricht oder erweitert. Thatsächlich sieht man den kleinstädtischen

Knaben auf Schritt und Tritt die Neugierde an. Mancher bringt sie unter dem Einfluss seiner häuslichen oder gesellschaftlichen Umgebung mit in die Schule. Ich sehe einen Schüler vor mir, den ein Vogel auf dem Baum, die Bewegung eines Mitschülers in der Klasse so hochgradig zur Neugierde, zum neugierigen Sehenwollen erregte, dass ihm darüber der Faden des Unterrichts zerriss und natürlich der Gewinn der Unterrichtsstunde sich auf Null herabsetzte. Mit der Enge des Gesichtskreises hängt vielfach eine verhältnismässige Dürftigkeit des Sprachvorrates zusammen. Wir haben des öfteren in Konferenzen in dieser Thatsache ein ganz ungeahntes Hemmnis des Fortschreitens erkannt und festgestellt. Die Knaben wissen für ihren lateinischen Vokabelvorrat nichts anzustellen angesichts deutscher Worte mit verschiedenen Vorsetzesilben wie angeben und vergeben, anhalten und behalten. Unterschiede wie „er hat gefallen", „er ist gefallen" werden nicht leicht geläufig: nicht die Zergliederung der Muttersprache kommt da dem Verständnis des Lateinischen oder Französischen, sondern umgekehrt die der Fremdsprachen kommt dem vollen Verständnis der Muttersprache entgegen. Man wird in solcher Enge des sprachlichen Horizonts die auffallenden Minderleistungen im deutschen Aufsatz bei Knaben begründet finden, die sonst ein gutes und verständiges Urteil zeigen. Verständige Eltern geben mir unumwunden zu, wie der geringe geistige Gehalt des häuslichen Lebens solche inneren Mängel zur Folge haben kann. Ich versuche durch Darreichung guter Bücher verschiedenen, den Gesichtskreis erweiternden Inhalts nachzuhelfen. Welche akustischen Verwirrungen mag nun noch der Einfluss des Dialektjargons anrichten. Im Gebiete der Oderniederung bemerken wir beispielsweise Eigenheiten des Vokalismus; u klingt vor r wie ü, ö klingt oft wie e, ü wie i, o in gewissen Lautverbindungen fast wie u. gewisse Diphthonge erscheinen beim Sprechen breit oder gebrochen; und das ist psychologisch die Quelle für eine Menge von Unklarheiten und Fehlern z. B. im Griechischen, wenn αι und ει, οι und ευ nicht deutlich unterschieden werden, wenn nur die strengste Nötigung zu artikuliertem Sprechen zu scharfer Erfassung von Formen wie τιμῶν, τιμῶσα, τιμῶν, τιμῶντος, und ἐρῶν ἐροῦσα ἐροῦν ἐροῦντος führt. — Ich glaube aber auch dies bemerkt zu haben, dass Rechenaufgaben deshalb nicht gelingen wollen, nicht weil die Gesetze nicht klar beherrscht werden, sondern weil von dem Vorgange aus Leben und Verkehr

keine oder eine nur unklare Anschauung vorhanden ist. Und
wie oft stockt die Erklärung der Lektüre nicht wegen der sprachlichen Unwissenheit, sondern wegen des Mangels einer sachgemässen Vorstellung aus dem Gebiete der staatlichen, gesellschaftlichen, gerichtlichen, militärischen Verhältnisse. Der Lehrer
sucht gar manchmal den Grund in ganz anderen Umständen als
da, wo er wirklich zu suchen ist.

Streng genommen in das Gebiet des Ethischen, noch richtiger
des Ethisch-Sozialen gehörig, doch aber ein ganz bestimmtes
psychologisches Gepräge verleihend ist derjenige Haus- und
Familiengeist, der für die Arbeit, also auch für die Arbeit in
und für die Schule keinen angemessenen Massstab der Wertschätzung vorhanden sein lässt. Solcher Geist ist die Ursache
wesentlicher Hemmnisse im Schulleben, zugleich ein Quell un-
angenehmer Differenzen zwischen Haus und Schule. Niemand
wird in Abrede stellen wollen, es giebt gerade in unseren Tagen
Menschen genug, Männer und in gewissem Sinne auch Frauen,
denen die Arbeit, die des Dienstes, des Berufes, ihre eigene und
die der Kinder eine unangenehme Unterbrechung der Ruhe oder
wenigstens des geschäftigen Müssigganges (Hor. Ep. 1 11, 28) ist.
Ich weiss nicht, ob nicht in so manchen Formen der höheren
Töchterbildung der Keim jener abgünstigen Wertschätzung
gewisser Zweige der Arbeit liegt, die sich unwillkürlich als das
moderne, zeitgemässe „Chike" in die Familie und von da aus
wieder auf die Söhne und Töchter überträgt. Die Arbeit erscheint
oft als ein notwendiges Übel, gut genug für andere Leute. Es
kann nicht anders sein, als dass ein tiefer und grundsätzlicher
Gegensatz zwischen solchem Haus und der Schule sich herausbildet. Die Schule lebt in und von dem Gedanken, wie nur die
Arbeit dem Menschen seinen sittlichen Wert giebt, manche
Familie erkennt diesen Satz als für ihre Mitglieder nur äusserst
bedingt geltend oder gar nicht an, die Schule erzieht zur Arbeit,
sie erkennt freudig jede Arbeitsbezeugung an, manche Schüler
wissen es aus den intimsten Familienanschauungen heraus gar
nicht anders, als dass sie nicht dazu da sind und auf die Schule
geschickt werden, um sich zur Arbeit erziehen zu lassen. Wenn
nun die Lehrer klagen über Trägheit, Indolenz oder gar Unfähigkeit einzelnen Individuen, so treffen sie mit ihren Klagen doch
nicht den Kern der Sache, den Haus- und Familiengeist, der die
Zöglinge zur Schule schickt ungeübt in Arbeit, ohne Verständnis

für den Wert der Arbeit, nicht gewöhnt an geregelte Thätigkeit im Dienste einer höheren Pflicht. Schon die häuslichen Erzieher haben zu seufzen unter dem Widerspruch, die Bildung rasch, leicht fördern zu sollen, aber es soll dem Kinde keine Mühe, keine Pein machen, das Kind soll nicht noch nach der Unterrichtsstunde mit Arbeit gequält werden, mit „unnützer", „langweiliger". Aber es erregt doch manches Erstaunen, wenn die Schule die Erwerbung der „Berechtigungen" bei allen ihren Schülern von pflichttreuem Fleiss, von bewiesener Arbeit, von Leistungen abhängig macht, die das Ergebnis redlicher Mitarbeit sein sollen. Wie oft führt der Wunsch nach recht baldigem Verlassen der Schulbank zum Genuss der „Berechtigungen" zu recht langem Verweilem auf der Schulbank, selbst bei Knaben, denen die Befähigung unbedingt zuzusprechen ist, die aber innerlich und äusserlich sich in die Forderung der Schule nach Arbeit nicht hineinfinden können. Die ethisch-soziale Praxis des Hausgeistes in mancher Familie, weit entfernt von der altgermanischen Überlieferung nach Tacit. Germ. c. 20 lässt in der Seele mancher Kinder so zeitig etwas von der „Herrenmoral" aufkommen, dass psychologische Verirrungen und Verwirrungen inbezug auf das Verhältnis der Einzelpersönlichkeit zur Arbeit, zumal der Arbeit im Dienste eines und des Ganzen ganz unvermeidlich sind. Von der geringen Wertschätzung der Arbeit, die der Kindesseele eingeimpft wird, geht der Weg durch die Ungeübtheit, die Unbeholfenheit zur Scheu von der Arbeit. Es wäre sehr gut, die Kinder schon früh an gewisse Thätigkeiten und Verrichtungen für ihre Personen und an kleine Handreichungen für andere zu gewöhnen. Man zieht nur zu leicht eine Unselbständigkeit gross, die aus Befehlen und Bedientwerden sich allzusehr gewöhnte, dass sie im Leben vor so und so viele Aufgaben ihre Hülflosigkeit bekennen muss und es gewiss manchmal zu spät bedauert, nicht bei Zeiten gelernt zu haben oder dazu angehalten worden zu sein, sich selbst zu helfen und auch anderen!

Wir müssen den Haus- und Familiengeist unsres Zeitalters noch einmal ansprechen als den Quell einer Zerstreutheit in der Kinderwelt, die ich zum Unterschiede von der im nächsten Abschnitte zu besprechenden angeborenen die angewöhnte nennen möchte. Ein vielbeschäftigter Jurist aus einer grossen Stadt fand im Bade öfter Gelegenheit, mit mir wegen seines Söhnchens, eines Kandidaten für die Sexta zu sprechen. Der sonst nette

Junge zeigte alle Merkmale der Zerstreutheit. Meine Fragen nach gewissen Erscheinungen beim Schreiben, besonders dem Diktatschreiben und beim Rechnen fanden die Antwort, die ich erwartet hatte. Ich gab Winke inbezug auf die Mitarbeit des Hauses bei der Schularbeit, besonders in der Richtung, den Knaben laut, deutlich, sinngemäss im Interesse der Verdichtung der Gehöreindrücke lesen, das Gelesene nach Diktat im Interesse der Vereinigung der Gesichts- mit den Gehöreindrücken schreiben zu lassen, leichte Aufgaben für das Kopfrechnen zu stellen, sich aber nicht mit der Lösung zu begnügen, sondern den Knaben zu zusammenhängendem Sprechen über den ganzen Gang der Lösung anzuhalten. Der Vater nahm diese Winke mit Interesse entgegen, fing auch sogleich an sie praktisch anzuwenden, versicherte aber, weder er noch seine Frau hätten bisher in dieser Richtung hin irgend etwas gethan noch zu thun Zeit gefunden. Dieses Beispiel ist mir typisch. Aus meinem dienstlichen Verkehr mit Eltern sind mir zahlreiche Beispiele bekannt. Es ist thatsächlich oft genug so, die Hast um den Erwerb, das Geschäft, um Genuss und Vergnügen machen die erziehliche Fürsorge für die Kinder zu einer unangenehmen Beigabe des Familienlebens; die Kinder bleiben sich oder oft genug auch zweifelhaften Pflegern überlassen, wie schon Tac. dial. de orat. 1. 28—29 sehr treffend ausführt, es fehlt gerade daheim vielfach die Möglichkeit und der erziehliche Rückhalt für die Sammlung und Vertiefung. Was bleibt denn da übrig, als dass sich die Zerstreuung und Zerflackerung des geistigen Lebens einstellt, und nun der geistige Fortschritt auf so viele Hemmnisse stösst, dass die Eltern verwundert nach dem Woher? und Warum? fragen und am allerwenigsten auf sich selbst und ihre Unterlassungen kommen. Gewiss, viele Eltern wollen das Übel gar nicht entstehen lassen, aber sie ahnen gar nicht, wie sie mindestens durch Gewährenlassen das Übel weiter wachsen lassen. Aber wer kann sich so leicht dem „modernen" Geist entziehen?

Meine Leser erinnern sich gewiss der köstlichen Schilderung der Wege zu und aus der Schule in des jüngst verstorbenen W. H. Riehls Novelle ‚Abendfrieden'. So gemütlich geht es heute kaum noch zu. Aber die modernen Verkehrs- und Wohnungsverhältnisse stellen die Schuljugend vor Formen der Beziehung zur Schule, welche auf ihre psychologische Bestimmtheit vielfach hemmend und die Lernarbeit erschwerend einwirken müssen. Viele Kinder haben einen recht weiten Weg zur Schule; sie müssen die Pferdebahn, die Eisenbahn, den Wagen benützen, andere treten zu Fuss die Wanderung an. Es ist in den Schulordnungen vorgesehen, dass die Söhne im Elternhause im näheren oder weiteren Umkreise des Schulorts verbleiben dürfen, so lange nicht Unzuträglichkeiten für die Disziplin oder das Fortschreiten der Schüler sich herausstellen. Man wird als Wirkungen mancherlei Hemmungen wahrnehmen können. Die Eindrücke aus der Schule verflüchtigen sich, glatt ablaufende Reihen wollen nicht mehr richtig verlaufen, die Formen der Apperzeption, die Verknüpfungen der Vorstellungsreihen gehen verloren oder werden nicht mehr sicher beherrscht. In schlimmen Fällen fand ich bei einzelnen Individuen anscheinend die Unmöglichkeit oder Unfähigkeit, sich so zu sammeln, dass auch nur eine Reihe glatt ablief oder dass ein erarbeitetes Stoffgebiet in zusammenhängendem Ausdruck dargestellt wurde, oder dass man sich noch auf die Verwebung verwandter Gedankenreihen besinnen konnte. In solchen Fällen musste dem Vater aufgegeben werden, den Sohn in einer Pension unterzubringen. In einem anderen Falle, wo der Vater gestorben, die Mutter aufs Land verzogen und der Sohn nunmehr täglich herein- und herausfahren musste, fielen mir längere Zeit die Ermüdungszustände, die Mattigkeit und Langsamkeit des Knaben auf, der mit Recht als ein sehr befähigter galt; zu meiner Freude hat die Gewöhnung diese Zustände glücklich überwinden lassen, aber es ist doch zu besorgen, dass solche Erscheinungen, wo sie nicht in ihren Ursachen erkannt werden, den Glauben an das Nachlassen des Fleisses und Eifers entstehen lassen können.

Ein weiterer Grund angewöhnter Zerstreuung, zugleich eines Widerstreites zwischen Schule und Haus liegt in der Gesamtanlage des gesellschaftlichen Tons, der gesellschaftlichen Haltung mancher Gruppen von Familien. Ich möchte hierzu an ein Wort Goethes in den Wahlverwandtschaften II, 7 (Stuttgarter Ausgabe, 8, S. 477) anknüpfen, denn die Sache ist hier ganz zutreffend gekennzeichnet. Charlotte sagt dort sehr richtig: „Die gute Pädagogik ist also gerade das Umgekehrte von der guten Lebensart. In der Gesellschaft soll man auf nichts verweilen, und bei dem Unterricht wäre das höchste Gebot, gegen alle Zerstreuung zu arbeiten." Der Gehülfe führt das Gespräch so fort: „Abwechslung ohne Zerstreuung wäre für Lehre und Leben der schönste Wahlspruch, wenn dieses löbliche Gleichgewicht nur so

leicht zu erhalten wäre!" Es giebt doch Häuser genug, in denen
die Pflege des guten Tones, der gesellschaftlichen Formen, des
gesellschaftlichen Gespräches mit denkbar grösstem Gewicht und
Nachdruck betrieben wird, deshalb weil die tadellose gesellschaftliche Haltung als eine der höchsten Formen der Lebensbethätigung,
ein Verstoss gegen die gesellschaftliche Sitte und Form fast noch
übler empfunden wird als ein sittlicher Makel. Ich kann mich
in diese Anschauung sehr wohl hineinversetzen und kann von
diesem Standpunkte aus sehr wohl begreifen, wie mit solcher
gesellschaftlichen Gewöhnung so früh als möglich begonnen wird.
Das Kind muss sich bei Zeiten in der Gesellschaft Erwachsener
zeigen, muss „sich bewegen" lernen, muss sich mit unterhalten
können, es hört es und sieht es am vielfachen Beispiel, wie die
anmutige Kauserie gepflegt wird, wie überall ein verbindliches
Wort bereit ist, wie man sich nirgends lange bei einem Gegenstande des Gesprächs verweilt, wie Pedanterie, Langeweile, be-
lehrender Ton geflissentlich fern gehalten werden. Aber nun
kommen die Kinder zur Schule, nun sollen sie im Gegensatz zur
häuslichen und gesellschaftlichen Gewohnheit sich verweilen, sich
besinnen und vertiefen, das fällt furchtbar schwer, ja es fehlt für
diese Anforderung überhaupt das rechte Verständnis, weil auch
der häusliche Unterricht sich nicht allzuweit von den gesellschaftlichen Gewohnheiten des Hauses hat entfernen sollen. So
tritt zunächst der Widerspruch zu tage, dass Kinder, die daheim
als geweckt, gesprächig, daher als gescheidt gelten, sich
in der Schule anscheinend unbegreiflicher Weise ganz anders
darstellen; sie können nicht aufmerken, sie sind nicht gesammelt,
die „Abwechslung ohne Zerstreuung" schmeckt nicht, es bildet
sich leicht die Neigung aus zur Abwechslung mit Zerstreuung.
Wie leicht kommen sie nun in den Schein der Trägheit, der Unfähigkeit; die Verstimmung ist fertig, die Schule hat, so heisst es
alsdann, ihre Schüler nicht richtig zu nehmen verstanden. Wo
die rechte Kunst des Individualisierens geübt wird, wird man ja
wohl solchen Erscheinungen noch beikommen können. Aber es
ist doch gut, erst über die Quellen solcher psychologischen Bestimmtheiten eingehend unterrichtet zu sein.

Nur mit Zurückhaltung berühre ich noch eine Gruppe von
Erscheinungen, die Eltern und Lehrern rechte Sorge machen
können und thatsächlich auch machen, für Eltern, für Mütter, für
schwache Mütter, verbunden mit leider zu später Erkenntnis

eigenen Verfehlens. Wie kommt es, dass der Herzenskündiger unter den Erziehern in so manchem Falle mit erschreckender Deutlichkeit den Untergang eines Schülers voraussehen und voraussagen kann und als das Ende mit Schrecken — die Kugel vor den Kopf?

Es kann nicht genug auf die Notwendigkeit der Einheit des erzieherischen Willens hingewiesen werden, wenn der Zweck der Erziehung erreicht werden soll. Solche Einheit ist ja freilich oft genug ein frommer Wunsch; es wird immer schwer sein, alle Lehrer einer Anstalt unter einen Hut zu bringen, sie zu gemeinsamer Arbeit an einem Ziel unter Unterordnung der eigenen Persönlichkeit unter die Idee des Ganzen zu vermögen. Aber wie viel mehr bleibt die Einheit des erzieherischen Willens zwischen Haus und Schule oft ein frommer Wunsch. Dazu sind, wie oben gesehen, die Anschauungen beider viel zu verschieden, und die persönlichen Instinkte müssen für den Praktiker, der mit gegebenen Grössen rechnet, auch in Betracht gezogen werden. Wo äussern sich nun die Folgen gestörter Einheit des erzieherischen Willens? In letzter Linie in sittlichen Verkehrtheiten, aber zunächst muss doch die psychologische Wirkung in Hemmungen der Verdichtung und Verwebung der Vorstellungsmengen zu erkennen sein. Ich deute hier aber nur die übelste Art der gestörten Willenseinheit an, wenn Vater und Mutter nicht an einem Strange ziehen. Ich muss es mir versagen, von meiner Kenntnis solcher Familienverhältnisse, von dem Einblick, den ich dienstlich in das Leben und Treiben so mancher Familie habe thun müssen, hier Gebrauch zu machen. Wohin rechnen wir nun aber solche Knaben, die gar keinen „Appell" haben, die absolut nicht folgen können, dann auch nicht folgen wollen, an denen jedes seelsorgerische Nähertreten erfolglos ist, die zu Haus nicht folgen, sich in die Ordnung der Schule nicht fügen, denen selbst der Exerzierplatz nicht Scheu genug einflösst vor dem Widerstreit und Widerstreben — rechnen wir sie in das Gebiet ethisch Verirrter oder auch psychologisch Verwirrter? Ich glaube wohl beides. Wiederum schweben mir Beispiele von Schülern vor, denen die häusliche Erziehung oder Nichterziehung vor der Zeit ein denkbar hohes Mass von Selbständigkeit gegeben hat, Sekundaner, die den Eindruck älterer Referendare oder Lieutenants oder Gutsbesitzer machten, die aber in ihrem Wissen und Können, in der Gabe sich wissenschaftlich selbst weiter zu helfen, weit

hinter den Schülern ihrer Klasse zurückstanden. Ganz natürlich
bildet sich allmählich das Gefühl des inneren Widerspruchs in
ihrer Seele aus, es lastet schwer auf der Seele; mir sind die Fälle
nicht unbekannt, wo der Entschluss der Selbstvernichtung, der
gewaltsamen Flucht aus so widerspruchsvollem Leben schon in
der Seele zu reifen begann. Man kann natürlich nur auf grund
eingehendster Kenntnis der Verhältnisse sicher urteilen. Aber
wir fragen nun wieder, kommen wir in der täglichen Praxis
durch mit den Begriffen Fleiss, Fähigkeit, Faulheit und Dummheit? Soviel ist mir klar, ehe wir über den Einfluss der Schularbeit auf das Seelen- und Leibesleben unserer Zöglinge uns klar
werden wollen, muss die Hand auf die Wunden gelegt werden,
die auf dem Seelenzustande unsrer Zöglinge lasten, ehe sie noch
zur Schule kommen, und die um so klaffender werden, je länger
sie zur Schule gehen, weil und solange die tiefsten Quellen, die
Störungen der erzieherischen Willenseinheiten nicht verstopft sind.

III. Psychologische Bestimmtheiten ·
als Folge vorübergehender oder dauernder körperlicher
Gebrechen.

Die Individualitäten, welche wir im vorigen Abschnitte
kennen gelernt haben, waren, so durften wir voraussetzen, von
vornherein körperlich und geistig normal veranlagt, daher einem
normalen Mass geistiger Thätigkeit durchaus gewachsen. Doch
standen sie unter dem Einfluss von Verhältnissen, welche auf die
Fortschritte der geistigen Entwicklung fördernd, in der Mehrzahl
der Fälle hemmend einwirken konnten. Die Hemmnisse konnten
psychologischer Art sein, sie erstreckten sich auf den grösseren
oder geringeren Grad der Klarheit der Gesichts- oder Gehörvorstellungen, auf die Sicherheit der Reihenbildung, der Assoziation, auf die verlässliche Gewissheit der Anknüpfung des
Neuen an das Alte, an die Übung in geordneter Wiedergabe des
Gelernten mündlich oder schriftlich. Wir lernten aber auch
Hemmnisse ethischer Art kennen, besonders inbezug auf Wertschätzung der Arbeit, Entschluss zur Arbeit, Kraft zu anhaltender
Beschäftigung, endlich inbezug auf eine an Stärke immer mehr
zunehmende Unlust oder Unfähigkeit, sich einem fremden Willen
unterzuordnen oder gar sich in diejenigen heilsamen Ordnungen

zu fügen, wie sie sich als das Ergebnis der Einheit des erzieherischen Willens darstellen. Wir hatten es also mit angewöhnten Zuständen des seelischen Lebens zu thun; sie entstehen unvermerkt als Folgen öffentlicher, häuslicher, gesellschaftlicher Verhältnisse: niemand will sie absichtlich entstehen lassen, mancher erschrickt und erstaunt, wenn sie sich bemerkbar machen, aber selten tritt auch eine solche Veränderung der einwirkenden Verhältnisse ein, dass eine Rückbildung jener psychologischen Zustände denkbar wäre, im Gegenteil, solche Zustände verdichten sich und nehmen den Charakter dauernder psychologischer Bestimmtheiten an. Wenn sie der Erziehung oft unüberwindlich scheinende Schwierigkeiten entgegensetzen, so war es doch für den Erzieher unerlässlich, sich mit den Gründen solcher Erscheinungen genau vertraut zu machen, um nicht den persönlichen Anteil der einzelnen Individualitäten an der Schularbeit in dem Masse verantwortlich zu machen, welches die Möglichkeit des Eingehens auf hemmende, nicht in dem Willen des Zöglings liegende Umstände ausgeschlossen erscheinen lässt. Der Erzieher muss sehen, wie er hier doch vorwärts dringen kann, wenn er auch auf die Mitwirkung und das Entgegenkommen des Elternhauses und der Gesellschaft nicht allzusehr wird zählen dürfen. Wir gehen nun zu solchen psychologischen Bestimmtheiten als Förderungs- und noch mehr als Hemmungserscheinungen der Lernarbeit über, welche durch körperliche, in gewissen Fällen vielleicht auch körperlich-geistige Gebrechen bedingt sind. Ich berühre hier ein sehr heikles Gebiet; ich fürchte, sein Umfang wird sich eher noch vergrössern als vermindern — unter dem zerstörenden Einfluss des Zeitgeistes oder der Zeitverhältnisse. Der einzelne Lehrer tappt gerade auf diesem Gebiete ohne sein Dazuthun im Finstern, er ist oft genug auf Vermutungen angewiesen, ja die Fälle liegen auch so eigenartig, dass der Lehrer nicht einmal auf die Vermutung krankhafter Dispositionen kommen kann. Streng genommen sollte dies niemals der Fall sein. Die Eltern müssen unter allen Umständen dazu angehalten werden, dem Direktor bei der ersten Vorstellung der Söhne etwaige körperliche Gebrechen vertraulich mitzuteilen. Die zunehmende Häufigkeit solcher Erscheinungen wird ja die Aufmerksamkeit der praktischen Schulmänner immer dringlicher hierauf lenken. Der Direktor findet Wege genug, den Ordinarius und die Lehrer der Klasse ebenso vertraulich zu verständigen. Der Erzieher,

welcher selbst Kinder gross gezogen hat, wird die rechte Stellung
zur Sache unschwer finden, er weiss wohl zu unterscheiden
zwischen thatsächlich vorhandenen hemmenden Gebrechen,
zwischen übertriebener Ängstlichkeit besonders allzuzärtlicher
Mütter und zwischen der Neigung, krankhaften Stimmungen allzusehr nachzugeben, wofür die Umgangssprache das bezeichnende
Wort „Pimpeln" hat. Im allgemeinen kann ja die Pflege einer
gesunden Natürlichkeit gar nicht genug empfohlen werden. Der
Mann dankt es durch seine Frische und Widerstandsfähigkeit
seinen Erziehern, wenn man ihm ein Kapital von Gesundheit mit
auf seinen Lebensweg gegeben hat. Aber nur keine Über-
treibungen! Ich habe zeitweise beobachtet, wie die Schüler es
als Zeichen von Kraft und Korpsgeist betrachteten, selbst bei
grösserer Kälte ohne Überzieher zu kommen. Man lasse sich
aber auch nicht durch gewisse Spekulationen auf Kränklichkeit
imponieren. Ein Vater stirbt an Schwindsucht; die Gefahr einer
erblichen Belastung liegt bei den zwei Söhnen nahe. Der eine
ist treu in der Pflichterfüllung, die Schule trifft in aller Stille
und von ihm selbst unbemerkt Veranstaltungen, ihn zu schonen.
Der andere ist windiger angelegt und nimmt es mit der Pflicht
nicht so genau. Er weint leicht, so bei der Aufnahmeprüfung,
wenn ein Tadel in Sicht ist u. dergl.; da klagt er gern über Stiche
in der Seite, im übrigen muss er vor allzu wildem Spiel kräftig
behütet werden. In vielen Fällen wird der Direktor im Ein-
vernehmen mit den Eltern auf die körperliche Pflege der Schüler
in Pensionen durch Waschungen, besondere Verpflegung u. dergl.
einen Einfluss ausüben müssen. Aber wie, wenn Eltern aus
falscher Scham oder sonstigen Gründen die Gebrechen ihrer
Kinder verschweigen? Ein Vater brachte seinen Sohn zur
Schule; von körperlichen Gebrechen ward nichts erwähnt. Später
beklagte sich der Vater über die Rücksichtslosigkeit der Lehrer,
die seinem Sohne Plätze anwiesen, wo er nicht hören könne u. s. w.
Da war es an mir, dem Vater sein schweres Unrecht dem eigenen
Kinde wie der Schule gegenüber zu Gemüte zu führen.

Es kommen zuerst Schwächen des Gesichts und Gehörs
in Betracht. Ich will nicht etwa deshalb, weil in unsrer Anstalt
die Lichtverhältnisse recht günstige sind, vor der Annahme warnen,
als entständen alle Gesichtsschwächen in und durch die Schule.
Jeder verständige Lehrer passt seine Schularbeit den Lichtverhält-
nissen an. Aber manche Schule mag thatsächlich recht übel

darum sein. Indes wer hindert den Gebrauch aller in Perldruck gedruckten Bücher, Bibeln, deutschen Klassiker, gewisse Übersetzungen nicht zu vergessen! Ungünstigen Verhältnissen in den Pensionen lässt sich bis zu einem gewissen Grade bei gehöriger Aufmerksamkeit der Schule begegnen, alles kann die Schule nicht schon. Und liegen denn die häuslichen Wohnungsverhältnisse stets so günstig, dass sie dem Auge der Zöglinge jeden Schutz gewähren? Es war im zweiten Abschnitt schon ein Blick in manche Hausverhältnisse gethan: wer garantiert der Schule eine so geregelte Arbeitseinteilung, dass die Augen geschont werden, wer hindert mit allem Nachdruck ehrgeizige, planlose oder lesewütige Kinder, bis in die Dämmerung hinein zu lesen oder zu schreiben? Es ist gut, wo es durchgeführt werden kann, dass der Gebrauch von Augengläsern, Lorgnetten u. dergl. in der Schule nur unter dem Nachweis des ärztlichen Befundes gestattet ist. Weniger leicht lassen sich Massregeln zum Schutze des Ohres treffen. Die Schule kann ja in den meisten Fällen gar nicht wissen, mit welchen tieferen pathologischen Vorgängen die Gehörschwäche zusammenhängt.

Recht viel Aufmerksamkeit erfordern jetzt diejenigen Erscheinungen, welche die Aufmerksamkeit und Kraft sich zu sammeln so wesentlich beeinträchtigen. Es ist mir ein Rätsel, woher die auffällige Zunahme der Wucherungen[1] in Nase und Hals kommen mag. Der Lehrer, der von diesen Thatsachen nichts weiss, klagt über Mangel an Aufmerksamkeit und Sammlung, er zweifelt am Fleiss, er bestreitet die Fähigkeit, was aber das schlimmste ist, er bestreitet den guten Willen, weil kein Zureden, kein Disziplinarmittel dauernd Erfolg hat. Mir liegt eine ziemliche Reihe von Erscheinungen vor, welche im allgemeinen den gleichen Verlauf zeigten. Die Eltern haben meist selbst keine Ahnung von dem, was vorliegt; wer achtet gleich auf einen auch lang anhaltenden Schnupfen, auf eine leichte Schwellung der oberen Nasenpartie, auf eine anscheinend leichte Störung des Gehörs? Und doch ist dieses ganze Gebiet so recht eigentlich ein Grenzgebiet zwischen Erzieher und Arzt; mir liegt ein Fall vor, wo erst nach mehr als 3 Jahren ärztlich der Grund einer immer bedrohlicher werdenden Hemmung aller geistigen Arbeit konstatiert und durch Operation beseitigt wurde. Ehe ich an der

---

[1] Vergl. Prof. Mor. Schmidt, Die Krankheiten der oberen Luftwege. 2. Aufl., Berlin 1897, I, S. 200 ff. (Die Rachenmandel).

34

geistigen Potenz eines Knaben verzweifle, habe ich meine Entschliessungen und Massnahmen von dem Gutachten und den
Winken eines erfahrenen Arztes abhängig gemacht; ich verweise
die Eltern in solchen Fällen an den Spezialarzt und erbitte
mir ein versiegeltes Gutachten. Ehe ich Knaben aufnahm, die
bei der Prüfung gewisse charakteristische Mängel an Konzentration
und Aufmerksamkeit zeigten, veranlasste ich die Eltern erst zur
Rücksprache mit dem Arzt. Denn jeder Fall von Zerstreutheit
bei Prüfungen ist ja nicht etwa immer ein Zeichen eines krankhaften Zustandes, sondern einer mangelhaften Gewöhnung. Es
wäre sehr nützlich und heilsam, wenn gerade diese physiologischen
Zustände, welche zum Erschrecken von Haus und Schule so
schwere Hemmungen im Gefolge haben, von sachkundiger Hand
eine solche Darstellung fänden, dass die Schule in die Lage käme,
selbst solche Fälle zu beobachten und auch ihrerseits auf das
Elternhaus einzuwirken. Denn die Gefahr einer schiefen Beurteilung eines unter physiologischen Störungen leidenden Knaben,
liegt nahe genug.

Nicht uninteressant ist es mir gewesen, zu beobachten, welche
psychologischen Wirkungen lange und häufige Kinderkrankheiten zurücklassen. Ich meine hier nicht das, was von solchen
Krankheiten etwa an körperlichen Gebrechen wie Störung des
Gesichts oder Gehörs zurückbleibt, sondern welchen Einfluss oft-
maliges Kranksein auf die Lern- und Arbeitsfähigkeit ausübt. Die
Kinder haben oft lange zu Bette gelegen, sie sind gepflegt worden,
man hat sie zu zerstreuen, ihre Ungeduld durch Darbietung
geistiger Unterhaltung, durch Spiel, Bilderbücher, Erzählung und
dergleichen zu bemeistern sich bemüht. Infolgedessen ist der
Geist geweckt, das Kind ist empfänglich für alles Neue, mag das
Neue nun in der dargebotenen Sache liegen oder in dem Reiz
einer überraschenden Verbindung und Anreihung bekannter Vorstellungsreihen. Bei erster Betrachtung machen solche Kinder
den Eindruck besonderer Befähigung, aber mit der Empfänglichkeit für das Neue hält die Zuverlässigkeit der Aneignung, des
Behaltens nicht gleichen Schritt; es tritt daher leicht eine gewisse
Ermüdbarkeit und ein Mangel an Ausdauer bei der Arbeit ein.
Ihre häusliche Arbeit wird für die Beteiligten eine Qual, zumal
wenn Gewissenhaftigkeit, Treue oder Ehrgeiz hinzukommt: solche
Kinder bleiben nicht fest bei einer Sache, jeder neue Eindruck
aus der Umgebung bildet ein Hemmnis der Besinnung und Ver-

tiefung. Typen dieser Art spotten nur zu leicht einer täglichen Durchschnittsfestsetzung für die häusliche Arbeit; sie brauchen leicht die doppelte Zeit, sie werden mit nichts fertig, dann aber werden sie ängstlich — verwirrt, beunruhigt und beunruhigend. Ich fürchte, die Klagen über häusliche Überbürdung mögen in nicht wenigen Fällen in den häuslichen Erfahrungen an solchen Kindern ihren Ausgangspunkt haben. Für solche Zöglinge, wenn die Schule nur immer in der Lage ist, ihren Typus richtig feststellen zu können, ist es wichtig, dass die Schule auf ihre Arbeitsweise ein fürsorgliches Auge wirft, dass sie Winke giebt für eine richtige Einteilung der Arbeit, dass sie für die häusliche Arbeit nichts aufgiebt, zumal für das Memorieren, was nicht schon in der Schule dem Auge und Ohre der Zöglinge gehörig nahegebracht worden ist. Gut ist es auch, wenn für die Stärkung des Gedächtnisses gerade solcher spröder Naturen systematische Übungen vorgenommen werden.

Wieder ein ganz anderes Bild geistiger Bestimmtheit zeigen die Kinder unter dem Einfluss derjenigen pathologischen Zustände, welche man früher schlechtweg als Skrophulose zu bezeichnen pflegte. Man hat schon längst einen gewissen Zusammenhang zwischen Skrophulose und Tuberkulose vermutet (s. C. GERHARDT, Lehrbuch der Kinderkrankheiten, 3. Aufl., Tübingen 1874, S. 209 f., 214), heute ist kein Zweifel, dass es sich um bestimmte Formen tuberkulöser Infektion handelt, welche namentlich bei Mitwirkung ungünstiger Wohnungs-, Luft-, besonders aber Ernährungsverhältnisse entweder von aussen erfolgt oder noch häufiger auf direkte oder überspringende Vererbung zurückzuführen ist. Ich verweise zur Orientierung über das pathologische Bild auf Prof. M. SCHMIDT, die Krankheiten der oberen Luftwege, 2. Aufl., Berl. 1897, I, S. 355 ff. Dass die gesamten Lebensverhältnisse der niederen Stände, der Mangel an geordneter und sachgemässer Pflege und Wartung der Kinder der massenhaften Entstehung dieses Krankheitsbildes ausserordentlich günstig sind, darüber ist man sich ja von jeher klar gewesen; aber auch die Kinder höherer Stände zeigen vielfach, gleichviel ob unter der Mitwirkung einer unzweckmässigen Lebenshaltung, besonders auch inbezug auf Genussmittel, oder ohne solche Mitwirkung ausschliesslich auf Grund vererbter Dispositionen alle Anlage zu den in Rede stehenden pathologischen Erscheinungen. Ich habe in meinem Schuldienst Kinder der verschiedensten Herkunft mit diesen Zuständen behaftet gefunden. Der praktische Schul-

mann beobachtet ja leicht die auffallenden, in die Augen sprin-
genden Merkmale: bleich-graue Gesichtsfarbe, schwammig auf-
gedunsene Gesichtszüge, Anschwellung der Drüsen namentlich
am Hals, feuchter, dann grindiger Ausschlag (Ekzem) am
Kopf u. s. w. Auch wo der Ausschlag nicht merklich zu tage
tritt, fällt doch das Bild eines kränklichen, schwächlichen, ver-
kümmerten, in der körperlichen Entwicklung nur dürftig und
langsam fortschreitenden Gesamtzustandes auf. Der Praktiker im
Schulfach wird bei den Typen dieser Gattung die Schablone:
geistig beschränkt, borniert, dumm bei der Hand haben. Das
Kennzeichnende erscheint mir die Verlangsamung aller geistigen
Prozesse: langsam reizen äussere Sinneseindrücke wie alles, was
der Geist sich aneignen soll, das Innere, es ist, als ob die tele-
graphische Leitung zum Gehirn gestört wäre: nur langsam wird
das, was dem Geiste zur Aneignung nahegebracht ist, mit verwandten Vorstellungsmassen verknüpft, gerade auf dem Gebiete
der Assoziation tritt mir die auffallende Langsamkeit und Schwer-
fälligkeit recht deutlich entgegen. Natürlich will auch das Gedächtnis nichts recht fest und sicher behalten, und auch die
Arbeit vollzieht sich träge und langsam, und es will das zur Bewältigung der Sache nötige Wissensmaterial weder überhaupt
sicher bereit sein, noch in den erforderlichen und von der Schule
geübten Assoziationen und Reihenbildungen. Ich muss es nur
für meine Person bedauern, dass mir die physiologische Schulung
fehlt, um den Einwirkungen solcher krankhaften Dispositionen auch
nach der physiologischen Seite hin nachgehen zu können, und
ich werde mich damit getrösten müssen, wenigstens ein Weg-
weiser auf dem so umfangreichen Gebiete der pädagogischen
Psychologie zu sein, wenn ich mich auch nicht vermessen will,
eines der Probleme zu lösen, auf die ich die Aufmerksamkeit
ebenso unsrer praktischen Lehrer wie der Psychologen und
Physiologen habe lenken wollen.

Nur mit Zaghaftigkeit und ängstlicher Scheu komme ich jetzt
zu denjenigen Erscheinungen, welche den Erzieher nur mit tiefstem
Mitleid, den Freund seines Volkes nur mit grosser Besorgnis erfüllen können, jeden weitschauenden Menschenfreund aber auf-
fordern müssen, Mittel zu ersinnen, dem immer mehr überhand
nehmenden Übel wirksam zu begegnen. Mögen die Gründe sein,
welche sie wollen, die Thatsache ist nicht in Abrede zu stellen,
auch unter der Schuljugend nehmen Blutarmut und Nervosität

immer mehr überhand. Sollen wir mit Joh. 9, 2 besorgt fragen, wer hat gesündigt, diese oder ihre Eltern oder das gesamte Geschlecht unserer Zeit oder der Zeitgeist unserer Tage? Ist es etwa wahr, dass die früheren Geschlechter mit dem Blute zu verschwenderisch umgegangen sind? Sollte eine vernünftige Hygiene des Körper- und Seelenlebens heute wirklich ein Ding der Unmöglichkeit sein? Lebt unser heutiges Geschlecht nur noch von künstlichen Präparaten, ist eine Pflege gesunder Natürlichkeit durch den gesamten Zuschnitt unsrer Lebensführung und der modernen Lebensgewohnheiten unwiderbringlich verloren gegangen? Nur in tiefster Seele erschreckt und erschüttert kann man die Zunahme der Nervosität bei beiden Geschlechtern wahrnehmen. Es ist gewiss viel von Einbildung dabei, von Modesucht, aber auf unsrer heutigen Generation ruht über alle Einbildung hinaus eine nervöse Belastung. Und das sollte sich nicht auf die Kinderwelt übertragen, nicht schon im Keime bei Tausenden von Kindern eine krankhafte Belastung bedingen? Oder sollte das alles wirklich erst die Folge einer Überbürdung der Schuljugend sein? Schon jetzt weist der Gang dieser Erörterungen hin auf die Notwendigkeit gesteigerten Eindringens in die individuellen Lebensverhältnisse, auf ein ungleich tieferes Erfassen der Kunst des Individualisierens, als es zur Zeit die Schulpraxis thut und thun kann. Mag man mit Recht Schutz suchen gegen die Überlastung der Schüler, aber wer schützt unsere Schulen gegen das massenhafte Eindringen der Nervosität, die deren Arbeit kommen und lähmen muss, ehe sie nur recht begonnen hat? Die Nervosität unsrer Zeit nach allen Seiten hin zu ergründen, dazu sollten sich der Arzt und der Philosoph, der Staatsmann und der Menschenfreund die Hand reichen. Kommen denn alle die Patienten, die für ihre Nerven Ruhe und Heilung da und dort, in der Wasserheilanstalt, in der Sommerfrische, im Gebirge, an der See, auf der Fahrt zu Wasser und zu Lande gesucht haben, wirklich gesund, frisch und gestählt zum Widerstand gegen die verheerenden Mächte des Lebens heim? Es ist ein grosser Irrtum, vom Arzt allein die Heilung von Zuständen zu erwarten, deren tiefster Quell doch im eigenen Innern der unglücklich gequälten Menschen liegt. Denn was ist es sonst wohl, was das Gefühl voller leiblicher Frische und Gesundheit nicht aufkommen lässt und dem auch Wasser und Diät, Elektrizität, Stahl und Massage nur in enggesetzten Grenzen beikommen können? Es

ist ein Inkommensurables, der Zustand der Seele, des Gemütes,
ein Gefühl inneren Unbehagens, dem man entfliehen möchte und
doch nicht entkommen kann. Das Zeitalter des Horaz kennzeichnet sich durch einen ähnlichen psychopathischen Zustand,
es ist die ungestillte Sehnsucht nach Ruhe, es ist die Angst vor sich
selbst, der Wunsch nach Flucht vor sich selbst — und nichts,
nichts, kein Reichtum, keine Herrlichkeit des Lebens, der Kunst
stillt diesen inneren Hunger nach Frieden. Ja, Horaz hatte schon
seinerzeit recht, wenn er dem „Honigkuchen" des Lebens seiner
Zeit das nährende „Brot" gesunder Natürlichkeit gegenüberstellte.
Wie entzückt doch das Bild dieses Dichters in seinem sich stets
gleichbleibenden Humor, seiner Einfachheit, seinem Verständnis
für die rechte Gesundheit Leibes und der Seele. Ist denn nun
der Zustand der Übellaunigkeit und Missbehaglichkeit unsres Geschlechts begründet in der Angst vor wirklichen Übeln, vor einem
Unheil, das wie eine schwere Gewitterwolke über uns schweben
soll, ist es, wie es manche Zweige der Presse gern glauben machen
wollen, der Druck wirklicher Leiden, der wie ein bleierner Himmel
alle Glieder lähmend, jeden freien Ausblick hemmend, auf uns
lastet, ist es eine Autosuggestion von schwerer Not der Zeit?
Soviel ist klar, aliquid est animum (Hor. Ep. I. 2, 39), es zehrt
etwas an Herz und Gemüt, aber kein Mensch weiss so recht
eigentlich, was? Aber die Nerven wollen nicht fester werden —
was Wunder, wenn die Besorgnis immer schwerer wird, dass die
kommende Generation schwer belastet das Licht dieses Daseins
erblicken muss, um in dem Willen zur Bejahung des Daseins, in
dem Trieb nach kräftigem Widerstand gegen die Mächte des
Lebens von vornherein gebunden und geknebelt zu sein. Und
die Wirkungen eines solchen unsre Zeit beherrschenden morbus
sympathicus sollen sich an unsrer Kinderwelt, unsrer Jugend
nicht traurig und bedauerlich fühlbar machen? Wer besorgt da
nicht mit Recht eine Heimsuchung der kommenden Geschlechter
ebenso in physischer wie in ethischer und religiöser Hinsicht!

Was will angesichts des Bildes der Zerrüttung gerade der
feinsten und edelsten Teile unseres Organismus, angesichts des
betrüblichen Eindruckes, den ein nicht unerheblicher Teil unserer
Kinderwelt inbezug auf Blutarmut und Nervosität macht, die Klage
über Unfleiss, Unaufmerksamkeit oder Unfähigkeit bedeuten?
Wäre nur immer eine Ergründung solcher Zustände möglich. Es
giebt Eltern, die anscheinend kerngesund sind, ihr häusliches

Leben macht den Eindruck voller Ordnung und Gediegenheit, und sie zerbrechen sich mit Recht den Kopf darüber, weshalb gerade ihre Kinder alle Merkmale jenes bedenklichen Zustandes der Blutarmut oder der Nervosität an sich tragen. Man wird selbst auf sehr intime Thatsachen zurückzugehen haben, will man dem psychologischen Zustande eines Teiles der heutigen Schülerwelt völlig gerecht werden. Mir schwebt das Bild eines allerliebsten Jungen vor, munter, vergnügt, nie übel gelaunt, auf jede Weisung des Lehrers eingehend; er schien beim Unterricht höchst angeregt, lebendig sich beteiligend; sagte er etwas falsch, nahm er die Verbesserung mit freudigster Zustimmung, als hätte er selbst schon das Richtige gefunden, munter und frisch mit einem ungekünstelten „ach ja" hin. Er machte zunächst einen recht geweckten Eindruck, doch musste auffallen, dass er in seinem impulsiven Drange manchmal anscheinend ohne jede Kritik verkehrtes dazwischen „polterte". Allmählich blieb nicht die liebenswürdige, temperamentvolle Frische aus, aber die Kraft, dem Unterricht mit Erfolg zu folgen. Die Bereitheit zu sprechen war geblieben, aber der Inhalt war verkehrt. Er versagte zeitweise auf der ganzen Linie. Der Vater verhandelte eingehend mit mir, er hatte zuhause dieselben Wahrnehmungen gemacht. Wenn der Junge zuhause auf Besuch war, versuchte der Vater es auf diese und jene Weise, seinen Sohn geistig anzuregen und zu wecken; aber dieser reagierte nicht, nur sein unverdrossenes, fideles Wesen blieb sich auch daheim stets gleich. Aber gerade dieser Widerspruch war es wohl mit Recht, der dem Vater Sorge machte. Er sagte, er habe sich schon den Kopf zerbrochen, ob vielleicht in der Zeit, wo die Mutter das Kind unter dem Herzen trug, irgend welche Spuren von absonderlichem Wesen zutage getreten seien, er könne nichts davon konstatieren. Wer erklärt nun dieses Rätsel? Ein anderes Beispiel. Ich sehe einen Knaben vor mir, 11 Jahre alt, er zeigte sich bei der Aufnahmeprüfung geweckt und genügend vorgebildet; bald nach seinem Eintreten in die Schule traten allmählich alle Merkmale der Zerfahrenheit auffällig zu tage; er zeigte sich zerfahren, ohne jeden Sinn für Ordnung, planlos in seinen Bewegungen und seinem Thun, zahllose Papierschnitzel kennzeichneten die Spur seines jeweiligen Aufenthalts, beim Unterricht wechselte rasche Empfänglichkeit mit Mangel an Sammlung und Aufmerksamkeit, bei der Arbeit war er trotz sehr verständiger Leitung durch seine Pensionsmutter, eine frühere Lehrerin, nur schwer festzuhalten, noch viel weniger zu sicherem Lernen und sorgfältigem Schreiben: er besass augenscheinlich wenig Sinn und Fähigkeit zur Assoziation. Der Knabe war ein Spätling seiner schon in höheren Lebensjahren stehenden Eltern, die ältere Schwester war vor einiger Zeit gestorben. Liegt nun in diesem psychologischen Habitus die Folge eines Defekts in der natürlichen Anlage oder einer verkehrten Erziehung oder von beiden vor? Man berichtet mir noch weiter, dass dieser Knabe, vor seinem Schulleben in einer Pension auf dem Lande, zusammen mit einem idiotischen Knaben, von diesem manches durch unwillkürliche Nachahmung angenommen habe. Ich will nur zeigen, wie es also doch in den thatsächlichen Verhältnissen der Praxis nicht so fern abliegt, die Ergründung so schwieriger Erscheinungen so weit wie möglich rückwärts zu versuchen.

Das Hauptmerkmal der nervös beanlagten Schüler ist Zerstreutheit oder Zerfahrenheit. Die Unterschiede beider werden ja noch näher festzustellen sein; es wird zugleich zu ermitteln sein, ob noch besondere physiologische Erscheinungen beobachtet werden müssen. Mir kommt es so vor, als wenn die hochgradig zerfahrenen Schulkinder abgesehen von der Planlosigkeit ihres täglichen Thuns und Lassens auffällig wären durch die unruhigen, trippelnden Körperbewegungen, besonders beim Gehen und den unwillkürlichen Bewegungen der Extremitäten (Beine und Hände) sowie durch die eigenartig glänzenden und hin- und herflackernden Augen. Die Zerstreuten und Zerfahrenen sind ja natürlich eine wahre crux für die einzelnen Lehrer, ja auch für die ganze Schule. Ich habe in solchen Fällen, wo mir der Zustand sehr auffällig entgegentrat, die Aufnahme ganz abgelehnt. Der einzelne Lehrer wird bei der ersten Berührung mit seinen Schülern das Vorhandensein dieses eigenartigen psychologischen Bildes nicht immer sogleich erkennen, aber dies ist gewiss, es lässt sich auf die Dauer nicht verheimlichen, verstecken; die Willenskraft ist viel zu wenig stark und auf ein Ziel planmässig gerichtet, um nicht so und so oft ins Wanken zu kommen und das psychologische Gebilde der Zerfahrenheit wieder hervortreten zu lassen. Wo bleiben alle die feierlichen Versprechungen vor Vater, Mutter, Direktor in dem feierlichen Moment der Aufnahme? Es ist, als verflögen sie bald in alle Winde unter dem Einfluss einer geistigen Bestimmtheit, die den so Belasteten widerstandslos zu beherrschen scheint. Die ersten Begegnungen mit solchen

Knaben sind eigentümlicher Art. Sie werden schnell heimisch, verlieren sehr bald die Schüchternheit, sie bemerken alles, einen Vogel, ein Bild, bald dies, bald jenes, was anderen Knaben kaum ins Gesicht fällt; daher werden sie bald zutraulich, geben anscheinend kluge und sichere Antwort: aber sie versagen sofort, wenn eine Reihe gebildet werden (z. B. est, erat, erit, fuit etc.) und lückenlos gesagt werden soll, oder wenn eine Gedankenreihe zusammenhängend auszusprechen ist. Geht man auf die eignen Beobachtungen und Erlebnisse ein, so folgen sie lebhaft und freudig, aber es fällt auf, wie oft sie auf orientierende Zwischenfragen nur den Bescheid haben, das weiss ich nicht, das habe ich noch nicht gesehen; ich habe das Gefühl, als wollten sie sich nicht gern festhalten lassen, nicht gerne „die Stange halten". Ebenso fällt der plötzliche Wechsel der Stimmung auf: sie weinen leicht, aber die Thränen sind vergessen, sowie ein leichter Reiz der Unterhaltung sie fesselt. Sie versprechen alles Gute, wollen recht artig sein, ihren Eltern viel Freude machen. Fragt man nach einem Beruf, der ihnen besonders gefällt, so haben sie schon vorzeitig ihre Wahl getroffen. So könnten wohl die ersten Eindrücke über die tieferliegenden Mängel hinwegtäuschen, aber sowie nur die regelmässige Ordnung des Schullebens sie umfängt, so treten die Spuren des zerfahrenen Wesens deutlich hervor. Da wird bald dies, bald jenes vergessen, dies oder jenes hinwiederum zwecklos mitgebracht, da fehlt die Fähigkeit, sich in die festen Formen der Schulordnung zu fügen oder hineinzuleben, da muss an allen Enden eingegriffen, zurechtgewiesen, getadelt, gestraft werden, aber der Erfolg aller dieser Disziplinarmassregeln bleibt ganz unerheblich. Und nun während des Unterrichts selbst wechselt Aufmerksamkeit ab mit Zuständen anscheinend gänzlicher Abwesenheit, bald kommen gescheidte, sichre Antworten, die den Lehrer wohl an grosse Fähigkeit glauben lassen können, dann fehlt wieder die Antwort auf die einfachsten Fragen, kein Memorierstoff wird präzis und ohne Anstoss gesagt; eine besondere Sonderbarkeit ist die, dass mündlich wie schriftlich das Falsche wie das Richtige sich mit gleicher Macht ins Bewusstsein drängt, daher mündlich wie schriftlich mit beharrlicher Konsequenz zur Verzweiflung des Lehrers erst das Falsche, dann erst das Richtige herauskommt. Gewisse Individualitäten erkennen das Falsche sofort als Falsches; manche solcher Mängel erklären sich allerdings aus akustischen Halbheiten, aus merkwürdigen Lücken in

den Reihenbildungen, aus einer unklaren Kombination von Vorstellungsmassen, die sachlich und logisch nichts mit einander zu
thun haben, nur gewisse Ähnlichkeiten des Klanges und dergl.
haben. Dass die streng logische Schulung solcher Individualitäten auf unüberwindliche Schwierigkeiten stösst, liegt nahe, aber
es gelangen überhaupt die gewöhnlichen Reihen, so aus Grammatik,
Mathematik, Geschichte, nicht zu lückenlosem Ablaufen. Ich muss
gestehen, ich weiss nicht, wie die Lehrer grösserer Klassen oder
Schulen mit solchen zweifelsohne belasteten Individualitäten sich
abfinden, denn sie verlangen eine streng individualisierende
Behandlung, welche in der Schule doch oft nur in gewissen
Grenzen möglich ist. Das disziplinarische Eingreifen hat selten
bleibenden Erfolg, wirksam kann in erster Linie nur konsequente
Gewöhnung sein; diese aber erfordert einen sachkundigen, zielbewussten Erzieher. Die Einheit des erzieherischen Willens bei
einer Mehrheit von Lehrern herzustellen stösst gerade solchen
Individualitäten gegenüber aus den verschiedensten Gründen auf
Schwierigkeiten. Ich habe die Beobachtung gemacht, man fördert
solche Geister noch leidlich am besten, wenn es gelingt, an die
eigenartigen Interessenrichtungen solcher Individualitäten unvermerkt und anscheinend unabsichtlich die Kunst der Reihenbildung und Anreihung anzuknüpfen. Lateinische Vokabeln z. B.
solchen Knaben beizubringen ist eine wahre crux; ich habe den
Einzelerziehern daheim den Wink gegeben, die Knaben dazu
anzuhalten, ihre Beobachtungen aus dem Horizont ihres Aussen-
und dann auch Innenlebens zum Ausgangspunkte von Gruppierungen
zu machen. Kurz die Zerstreuten und Zerfahrenen, ob nun ihr
Zustand auf eine gewisse Willensschwäche, die Planlosigkeit oder
auf eine Schwäche des Intellekts, also den Mangel an Fähigkeit
zur Assoziation zurückgeht, sie stehen schon auf derjenigen Grenze,
wo die Frage entstehen muss und nicht so ganz von der Hand
gewiesen werden kann, ob sie eigentlich noch geeignetes Material
für die öffentliche Schulerziehung seien, zumal für die in grossen
und grössten Schulorganismen.[1]

Wir müssen jetzt auf die psychologische Bestimmtheit gewisser Individualitäten näher eingehen, welche meiner Ansicht

[1] Zu dieser gewiss naturgetreuen Schilderung des Verfassers ist hinzu-
zufügen, dass die Nervosität in dem Sinn seiner Darstellung mehrere zum Teil
sehr verschiedene Krankheitsbilder, die Neurasthenie (oder Nervosität im engeren
Sinn), die Hysterie etc. umfasst. Z.

nach als ungeeignet für den Besuch öffentlicher Schulon
bezeichnet werden müssen. Augenscheinlich handelt es sich hier
um Abnormitäten, welche grösserenteils wohl angeborene sind,
toilweise auch durch verkehrte Erziehung hinzugekommen sein
können. Gowisse körperliche Disharmonien wird auch der Laie
ohne weiteres erkennen. Mir wurde vor Jahren ein Knabe zur
Prüfung für Quinta präsentiert, er hatte schier die Masse oines
Gardisten, lang, sehr hagor, die Arme auffallend lang. Bei andren
fiel mir die eigentümliche eiförmige, nach hinten sich zuspitzende
Kopfbildung auf, ein andror zeigte eine unverhältnismässig starko
Entwicklung, ein merkwürdiges Hervortreten der vorderen Stirn-
partie. Liegen hior wahrscheinlich schon körperliche Abnormitäten
vor, so haben häufige offene oder versteckte Krankheiten auf das
geistige Leben einen hemmenden Einfluss ausgeübt. Als solche
Krankheiten sind mir Krampfzufälle, epileptische und epilepti-
forme (möglicherweise letztere als Folgen oder Begleiterscheinungen
von Wucherungen in den Nasengängen), Gelenkrheumatismus u. a.
genannt. Der häusliche Unterricht hat daher öfter unterbrochen
werden müssen, daher haben die vorgeführten Prüflinge das
durchschnittliche Alter der Klasse, für die sie geprüft worden
sollten, weit überschritten: Der langgeschossene Prüfling für
Quinta war mindestens 14 Jahre alt, ein Prüfling für IIIa würde
im Falle der Aufnahme Not gehabt haben, noch rechtzeitig das
Zeugnis für den Einjährig-Freiwilligen-Dienst zu erlangen, ein
Prüfling für IIIb würde auch im Falle regelmässiger Versetzungen
fast schon zu alt geworden sein, um rechtzeitig die Offizierslaufbahn
mit dem Zeugnis für Prima zu beginnen. Was mir in solchen
Fällen meist auffiel, war dies, dass die Eltern von der Abnormität
ihres Sohnes keine Kenntnis hatten oder haben wollten, vielleicht
sie sich selbst nicht eingestehen wollten. Sie schienen von der
Erreichbarkeit der „Borechtigungen" völlig überzeugt, allerdings
nicht ohne auf eine gewisse, sehr weit gehende Rücksicht und
Nachsicht der Schule zu rechnen. Auch die Hauslehrer schienen
sich in den mit ihnen unter vier Augen geführten Vorhandlungen
nicht klar über den abnormen Zustand ihrer Zöglinge; sie bekannten, dass sie mit dem Unterricht sehr viel Mühe hatten,
gespannte Aufmerksamkeit sei schwer, am wonigsten auf längere
Zeit zu erlangen, es trete leicht Ermüdung und Abspannung ein,
auf das Gedächtnis sei gar kein sicherer Verlass, aber es wurde
fast noch mehr darüber geklagt, dass die Eltern, besonders die

Mutter ihre Arbeit durch allzu zärtliche Schonung durchkreuze. Erst weitere eindringende Fragen meinerseits führten die Erzieher mit mir zu der Vermutung tiefer liegender Schäden. Ich kann wohl auch annehmen, dass Prüfungen an öffentlichen Schulen nicht zu dem Ergebnis abnormer Verhältnisse gelangt sind. Das Ergebnis der Prüfung lautet in der Regel nur: nicht reif für die gewünschte Klasse, das Wissen ist lückenhaft und unsicher, das Können unzuverlässig, daher nicht ausreichend. Ich meine, das Urteil müsste lauten: abnormer geistiger Habitus, nicht geeignet für die Schulerziehung. Die Aufnahme des oben erwähnten Gardisten für Quinta lehnte ich ab, da ich ihm die in solchen Fällen notwendige eingehende individuelle Behandlung nicht gewährleisten konnte; ich riet, ihn versuchsweise einer kleinen Lehranstalt mit kleiner Schülerzahl und beschränktem Lehrziel zu übergeben; der Knabe, so wurde mir später bestätigend berichtet, ist dort wegen seines auffälligen Wesens unmöglich geworden: er ist einer öffentlichen Schule nicht wieder zugeführt worden. Der Knabe für IIIa besass kaum die sichere Vorbereitung für IV oder V; der Hauslehrer gestand mir unter vier Augen, der Knabe sei schon an verschiedenen Anstalten ohne Erfolg für die Aufnahme geprüft worden: ich hatte geraten, von jedem weiteren Versuche abzustehen. Dass nun solche Enttäuschungen bei Aufnahmeprüfungen oft vorkommen, ist nicht zu leugnen, aber nicht jede begründet die Vermutung geistig-körperlicher Abnormität. Man wird auf ganz bestimmte psychologische Erscheinungen achten müssen. Mir fiel auf, dass die Hauslehrer für die Prüfung tüchtig exerziert oder, wie der Schulausdruck lautet, „gepaukt" hatten. Aber bei den Prüfungen zerbröckelte das gedächtnismässig nach einer bestimmten Schablone angeeignete Material und zerschmolz wie Schnee vor der Sonne; es braucht noch nicht einmal ein Urteil gefordert, sondern nur eine mit der häuslichen Vorbereitung nicht verbundene anderweitige Assoziation gewünscht zu werden, um zu sehen, wie das Gedächtnis selbst inbezug auf die bekanntesten Thatsachen versagte. Ich habe öfter Gelegenheit gehabt, einen Einblick in das geistige Leben eines Knaben aus den höheren Ständen zu gewinnen, der ab und zu von epileptiformen Zuständen heimgesucht ward.[1] Seine Haltung war die eines vollendeten Kavaliers von tadellosen, offenbar vorzeitig zur Reife

---

[1] Es handelt sich in diesem Fall wahrscheinlich um das Krankheitsbild einer beginnenden Dementia epileptica. Z.

gekommenen Formen. Ich habe mich öfter mit ihm allein oder in Gegenwart des Erziehers unterhalten; er ging auf alle meine Fragen mit freudigster Zustimmung ein, man hätte ihn in der That für einen geweckten Knaben halten können. Aber es traten doch alle Merkmale, welche für eine geistige Abnormität sprechen, auffallend deutlich zu tage. Ich rechne hierhin zunächst den Mangel an Kraft der Reihenbildung, von Marathon gelang schon der Weg nicht zu Salamis, nicht etwa zu Gaugamela; von video nicht zu putor, von piget gelang die Reihe nicht bis pigebit, vom Nominativ fand sich keine Brücke zum Dativ, so wenig wie etwa von Heinrich I. zu Heinrich II. Auch die Herstellung einer lückenlosen Reihe gelang nicht, oder wenn sie wirklich einmal gelang, erschien sie bald darauf so verloren, als wäre sie nie dagewesen. Wurde der Beweis, dass die Summe der Winkel im Dreieck gleich zwei Rechten ist, wirklich mit Nachhilfe zustande gebracht, so war inbezug auf das Verständnis für den Gang und die Gliederung des Beweises nichts zu erzielen. Und so zeigte sich dasselbe geistige Bild der Gebundenheit bei der Verwendung der einfachsten Elemente der Satzgliederung; war z. B. in einer einfachen Stelle des Nepos das Prädikat eines Satzes wirklich nach und nach aufgefunden, so fehlte die Erkenntnis von Vorder- und Nachsatz völlig, für die Konstruktion des Acc. c. Inf. war kein Verständnis zu erzielen, noch viel weniger gelang es auch nur am einfachsten Beispiel, diese Konstruktion sicher und glattlaufend zur Verwendung zu bringen. Der Mangel an Kraft der Reihenbildung und des Aneinanderfügens verwandter und nahe liegender Vorstellungen und Thatsachen, der auffallende Mangel an logischer Einsicht, wie sie die Erkenntnis eines mathematischen Satzes oder die Übersicht über ein Satzgefüge voraussetzt, dazu die Unfähigkeit, eine durch gemeinsame Arbeit glücklich zustande gebrachte Reihe zu reproduzieren oder auch nur auf kurze Zeit festzuhalten, alle diese Erscheinungen lassen nur den einen Schluss zu: kein Objekt für die öffentliche Erziehung. Auch die Eltern mussten, so unangenehm ihnen solches Ergebnis auch sein mochte, doch auf die Erreichung höherer Berechtigungen vorläufig verzichten, wollten sie das unglückliche Kind nicht vollends zum geistigen Krüppel und siechen Menschen machen.

Kehren wir jetzt zu normaleren Verhältnissen zurück, so möchte ich die Aufmerksamkeit meiner Leser jetzt auf die mit dem körperlichen Wachstum verbundenen Zustände lenken.

Die Praxis wird ja wohl ab und zu eine bemerkenswerte Hemmung des Fleisses und der Aufmerksamkeit richtig auf ein schnelles Wachsen zurückführen, das wird aber auch alles sein. Wer weiss, wie viele Klagen der Lehrer über Trägheit, Schlappheit, Energielosigkeit und dergl. Zustände treffen, die der Schüler nicht in seiner Hand hat zu ändern, aber auch der Lehrer nicht. Ich meine, gerade auf dem Gebiete des Wachstums und der Entwicklungsjahre ist die Hygiene sehr berechtigt, ja notwendig, aber auch eine Hygiene des geistigen Lebens. Wenn auf irgend einem Gebiete, kann hier Geduld, Schonung und ruhiges Abwarten nicht genug zur Pflicht gemacht werden, den Lehrern wie den Eltern, welche oft genug in aller Stille beschwichtigt, verständigt und zum Zeitlassen ermahnt werden müssen. Wir thun gut, ein aufmerksames Auge auf schnell wachsende Knaben zu haben; es ist nicht unmöglich, ab und zu sich über ihre Massverhältnisse Kenntnis zu verschaffen; es liegt auch nicht allzu fern ab, nach Verhältnissen der Müdigkeit in den Beinen, besonders den Knien beim Treppensteigen zu fragen, nach dem Appetit, nach etwa sich öfter einstellenden Kopfschmerzen, nach der Ruhe oder Gestörtheit des Nachtschlafes. Aber damit ist die Sache nicht abgethan, werden mir doch Fälle von Schlafsucht, hochgradiger Ermüdung, ja von Ohnmachtsanwandlungen mitgeteilt. Sicherlich übt die Wachstumsperiode und in Verbindung mit ihr Blutarmut und vielleicht auch Blutüberfüllung auf das Gehirn einen bemerkenswerten Einfluss aus. Anders wüsste ich mir so manche Sonderbarkeiten in den Vorstellungskreisen Wachsender nicht zu erklären. Es gährt im gesamten geistigen Leben, die Vorstellungen erscheinen oft bunt durcheinander geworfen, wirr und kraus; es fallen die häufigen Verwechslungen namentlich auf dem Gebiete der Gehöreindrücke auf, alsdann aber die sonderbaren logischen Sprünge, die den praktischen Lehrer in Verzweiflung versetzen können, nur dass dieser an Faselei, Zerstreuung denkt, an einen Mangel an Sammlung; es ist, als ob solche Schüler ihre Gedanken nicht zusammennehmen und festhalten können, um so übler, wenn diese zweifelsohne psychologisch bestimmte Schwäche der Sammlung auf das ethische Gebiet übertragen und als Mangel an Strebsamkeit, überhaupt an gutem Willen ausgelegt wird. Man wird den wachsenden Knaben gegenüber meist viel richtiger wirken mit dem Ausdruck fröhlicher Hoffnung, dass die Gährungsprozesse glücklich und ohne Schaden vorübergehen: wenn der schnell wachsende, in der

Entwicklung begriffene junge Mensch mit seinen Gliedern nicht
weiss, wohin, wenn alle seine Bewegungen eckig, täppisch werden,
so weiss er auch in dem Zustande gährenden Ahnens nichts mit
sich selbst anzufangen, zukühriger Mut wechselt mit ängstlicher
scheuer Zurückhaltung, Kraftgefühl und Schwächebewusstsein beherrschen ihn schier gleichermassen, aber auch die Gedanken, die
Vorstellungsmassen finden noch keine Ordnung, noch keinen
Halt, kein festes Gefüge — es kann in einem Atem das dümmste
Zeug und auffallend scharf und klar Gedachtes gesagt werden —
aber sicher entwickelt sich die im Wachstum begriffene Jugend
nur da, wo sie sich auf geduldigen, hoffenden, zugleich aber in
aller Fröhlichkeit festen Händen getragen weiss. Da mag das
Elternhaus es manchmal wohl eben so fehlen lassen wie die Schule.

Fast fürchte ich meine Leser auf der Wanderung durch
dieses Gebiet leiblich-geistiger Hygiene allzusehr zu ermüden;
und doch muss ich mir die Aufmerksamkeit noch für ein Gebiet
von Erscheinungen erbitten, die ich als vorübergehende, nicht
dauernd verbleibende Anomalien der geistigen Entwicklung
bezeichnen möchte. Man kann die Beobachtung machen, wie
einzelne Individualitäten im Laufe des Schullebens einen so
eignen Entwicklungsgang nehmen, die Schule vor merkwürdige
Rätsel stellen und ihr ungeahnte Schwierigkeiten bereiten, wo es
gilt, ihre Entwicklung in gesunde Bahnen zurückzulenken. Es
kann fraglich sein, ob solche Erscheinungen durch die gesamte
Arbeit des Schullebens oder trotz ihr entstanden sind; es sind
Erscheinungen, angesichts deren der Psychologe und der Ethiker
sich um die Zuständigkeit streiten mögen. Wir haben in der
Praxis die Bezeichnung: „eine Schraube ist los", und wir meinen
damit gewisse augenfällige Unberechenbarkeiten des Wesens und
Treibens, welche der Vermutung Raum geben, als fehle jede Einsicht in die Gesetze einer sittlichen Ordnung, als spönne diese
Art von Individualitäten sich so sehr in das Bewusstsein des eigenen
Ich ein, dass der Gemeinsinn, das Gefühl im Dienst und unter
der Macht einer alle Teile gleichermassen beherrschenden gemeinsamen Ordnung zu stehen bedenklich getrübt zu sein scheint. Ich
nehme an, dass solche Anomalien ungesunde Begleit- oder Folge-
erscheinungen des Wachstumsprozesses sind, daher auch späterhin
sich ganz oder teilweise verlieren. Ich will zwei Beispiele vorführen, das eine kennzeichnet sich mehr nach der psychologischen,
das andere mehr nach der ethischen Seite hin als eine Anomalie.

Vor Jahren wurde mir ein Knabe von 12—13 Jahren zugeführt,
Sohn rechtlicher und fleissiger Eltern aus einem kleinen Städtchen;
der Knabe war in der dortigen Privattöchterschule erzogen worden,
er machte einen sehr geweckten Eindruck, er schrieb wie
gestochen, seine Kenntnisse waren so sicher, dass sie zum Eintritt in IV berechtigten. Die Eltern wollten jedes Opfer bringen,
diesem Knaben die Wege zu einer höheren Beamtenlaufbahn zu
ebnen. Aber sie hatten für ihre Entschliessungen doch nicht
den rechten Zeitpunkt gewählt, sie erschienen bei mir im Spät-
herbst, der Knabe sollte Neujahr eintreten; bei dem regen Eifer
des Knaben, bei seiner schnellen Auffassung und der guten
elementaren Vorbildung schien die Einführung in das Latein und
die Mathematik nicht unüberwindlich schwer; es wurde alle Zeit
auf diese Fächer verwandt, ein Lehrer nahm sich des Knaben in
rührend wohlwollender, uneigennütziger und väterlicher Fürsorge
an. Die Sache machte sich sehr gut, der Junge schritt sicher
vorwärts und entwickelte sich unter der Obhut seines treu sor-
genden Lehrers so erfreulich weiter, dass er zu Ostern die Versetzung aus IV erreichte. Er machte auch die nächsten Klassen
regelmässig in je einem Jahre durch, aber derjenige Grad der
Befähigung, welcher von vornherein angenommen ward, trat nicht
zu tage, auch die Leistungen ragten nicht so hervor, wie es
erwartet werden konnte. Die Schule würde es für kein Unglück
angesehen haben, wenn er einmal sitzen geblieben wäre, damit er
mit Ruhe und Sammlung sein verarbeitetes Wissen vertiefen und
sich noch mehr zu eigen machen könnte. Inzwischen fiel allmählich ein gewisser Hang zum Spielen während des Unterrichts,
zur Zerstreuung, zu hastigem Suchen nach irgend einer anderen
Beschäftigung, ja zum Sprechen vor sich hin auf. Er musste
gemahnt, getadelt, ja gestraft werden, es wurde der Verwunderung
darüber Ausdruck gegeben, dass er sich so anders entwickle, als
es ursprünglich geschienen und die Eltern es erwartet hatten.
Indes entzog ihm die Schule ihre Fürsorge nicht, sie suchte ihm
Anregung zu weiterem Streben und zur Vertiefung zu geben, sie
stellte aber auch fest, dass das körperliche Befinden zu wünschen
übrig liess, er klagte öfter über einseitige Kopfschmerzen, kurz es
schien sich ein krankhafter Zustand des Nervensystems einzustellen.
Es wurde mit den Eltern weiteres verabredet, kalte Abreibungen, eine
bestimmte Diät, er wurde zur Schonung seiner Gesundheit und recht
vorsichtiger Lebensführung angehalten. So ging seine Entwicklung

bis zur Abschlussprüfung inbezug auf die Leistungen befriedigend, inbezug aber auf sein individuelles Leben doch besorgniserweckend; Vergesslichkeit, Zerfahrenheit, Planlosigkeit nahmen zu; ja es musste bezweifelt werden, ob ihm angesichts dieses Beherrschtseins von einem inneren nicht normalen Zustand die volle Einsicht in sein planloses Wesen und dessen Folgen beiwohne. Nach der Abschlussprüfung verhandelte der Vater eingehend mit mir wegen der Zukunft seines Sohnes; er wollte ihn am liebsten sogleich Postbeamter werden lassen. Statt alles weiteren Rates veranlasste ich ihn, es war gerade der erste April und auf der Post ein sehr bedeutender Geldverkehr, geraden Weges auf die Post zu gehen, um zu beobachten, in welcher Weise der umfangreiche Verkehr in den Stunden, wo aller Dienst sich oft ungewöhnlich zusammendrängt und an die Arbeitskraft, Ruhe und Besonnenheit der dienstthuenden Beamten die grössten Anforderungen stellt, erledigt wird. Das Ergebnis war so, wie ich es erwartet hatte; meiner Ansicht nach war der Schüler bei seinem nervös-zerflackerten Wesen den Anforderungen des Postdienstes noch nicht gewachsen, und es mussten in Fällen sich drängender Arbeit unliebsame Erscheinungen befürchtet werden. Vater und Sohn überzeugten sich von der Richtigkeit meiner Auffassung; der Sohn blieb auf der Schule; man konnte glauben, es werde nun mehr Ruhe und Stetigkeit in seine Entwicklung kommen. Indes es kam doch anders. Das Jahr der II A ging nicht hin, ohne dass das fahrig-zerflackerte Wesen immer weniger erfreuliche Blüten trieb; es war, als ginge ihm die Fähigkeit, sich zu sammeln und sich in die allgemeine Unterrichts- und Klassenordnung zu finden, gerade im Unterrichte mehr und mehr verloren, ein Symptom dafür, dass es sich um ein hochgradig überhastetes, nervöses Wesen handelte. Die Leistungen reichten im Ganzen wohl aus, seine deutschen Aufsätze haben mich nicht die geringste Abnormität erkennen lassen. Wenn nun keine Form der Mahnung, des Tadels, der Strafe, des vernünftigen Zuredens, keine Form der Einwirkung auf seine Einsicht die Wirkung hatte, seine Haltung in günstigerem Sinne zu beeinflussen, so kann dies exzentrische Wesen nur als eine Anomalie betrachtet werden, die auf eine Überreizung des Gehirns zurückzuführen sein dürfte. Man darf glauben, dass sein Abgang von der Schule und die Wahl eines ihm zusagenden Berufes, falls er ihm mit Ruhe und ohne Überhastung obliegen kann, allmählich gesündere Zustände werde herbeigeführt haben.

In dem andern Falle, den ich zur Beurteilung vorlegen will, treten neben der Störung der sittlichen Einsicht merkwürdige Abnormitäten der Intelligenz zu tage. Ein Knabe, Sohn eines als Schriftsteller nicht ganz unbekannten Lehrers vom Lande, besuchte das Gymnasium von Sexta ab. Angesichts einer ziemlich mässig verlaufenen Aufnahmeprüfung schien der Vater von den geistigen Fähigkeiten seines Sohnes eine ziemlich hohe Meinung zu haben. Der Knabe entwickelte sich in den ersten Jahren geordnet weiter, es fiel nichts besonderes an ihm auf; seine Urteilsbildung liess an Schärfe und Klarheit manchmal zu wünschen übrig. Seit seiner Obertertianerzeit fielen Erscheinungen auf, welche um so mehr Besorgnis erwecken mussten, je mehr sie sich verdichteten. Der Knabe war ziemlich gross gewachsen, seine Haltung wurde geziert, maniriert, künstlich in den Formen der Begegnung, seine Sprache nahm etwas eigentümlich Festes, Selbstbewusstes, aber Kaltes an, sie gewährte nicht leicht einen Einblick in das innere Leben. Die Schriftzüge wechselten auffallend zwischen steil und schräg, nahmen aber bald so eigentümliche Formen der Schnörkel und Verzierungen an, dass sie auch ohne graphologische Kenntnis auf ein gespreiztes, auffallen wollendes, selbstgefälliges Wesen schliessen liessen. Mir fiel in aller Stille beobachtend der Hang zum Unwahren auf, es schien, als ob ihm die Grenze zwischen Wahrheit und Unwahrheit immer mehr sich verrücke. Unwillkürlich gab dieses sein Wesen den Mitschülern Anlass zum Lächeln und Necken, ja zu Reibungen, denen von Schulwegen gewehrt werden musste. Es ist möglich, dass der kleinstädtische Geist einiger Mitschüler auch Anlass nahm, die vielseitige Thätigkeit des Vaters mit in den Bereich ihrer Neckerei zu ziehen. Aber allen Neckereien seiner Mitschüler setzte unser Zögling ein ungewöhnlich sicheres Gefühl des Selbstbewusstseins, der Selbstgewissheit, das Gefühl absoluter Gleichgültigkeit gegen jede Reaktion entgegen. Indes ging ihm aber auch der Schule selbst gegenüber die Einsicht in die Pflicht der Einordnung in die Formen des Gemeinschaftslebens mehr und mehr verloren. Seine Individualität wurde sonderbarer, unberechenbarer, sie zeigte das Bild eines Menschen, dem über dem sicheren Glauben an sein eignes Ich und dem hochgradig entwickelten Selbstgefühl das sittliche Bewusstsein sich merklich getrübt haben musste. So bildete sich der Glaube an persönliche Fähigkeiten und Leistungen auf Gebieten aus, auf denen ich mit festem Griff sein Unvermögen ihm mit vollster Deutlichkeit rechtzeitig klar zu machen in der Lage war. Auch seine Art zu Hause zu arbeiten liess merkwürdige Widersprüche zu tage treten. Die schriftlichen Arbeiten waren in der oben gekennzeichneten gezierten Schrift peinlich sauber geschrieben, aber die Fehler, welche in ihnen zu rügen waren und die den Fachlehrern Beweis argen Unfleisses zu sein schienen, waren mir der Beweis einer ungewöhnlichen inneren Vorwirrung, besonders auf dem Gebiete der Gehörvorstellungen, so dass ich eher auf Mangel an Aufmerksamkeit und Sammlung während des Unterrichts, auf Träumerei, auf ein gefälliges Sicheinspinnen in die eigene Bewusstseinswelt schliessen musste, so dass er schon aus dem Unterrichte viel zu wenig sicher ausgerüstet an die häuslichen Arbeiten gegangen sein konnte. Besonders seine deutschen Aufsätze bewiesen einen entschiedenen Mangel an Sinn für Ordnung, Planmässigkeit und logischer Folgerichtigkeit. Ab und zu blitzte ein ganz verständiger Gedanke auf, im übrigen schien er auch nicht imstande zu sein, die Aufgabe des Themas im Auge zu behalten noch auf ein bestimmtes Ziel, das ihm gesteckt war, sichren und graden Schrittes los zu gehen. Die logischen Mängel des Ausdrucks waren selbst für seine Altersstufe nicht gewöhnlich. Ich bemerkte, wie auch in der Mathematik, wo er es zu leidlichen Leistungen gebracht hatte, seine Art sich an der Tafel zusammenhängend auszusprechen neben der gespreizten Weise des Vortrages an merkwürdigen logischen Mängeln litt. Ich machte den Vater rechtzeitig auf alle diese Erscheinungen, die mich für seine weitere Entwicklung fürchten liessen, aufmerksam; über einige meiner Wahrnehmungen war der Vater augenscheinlich selbst erstaunt, indes schien er der Sache keine Wichtigkeit beizulegen — oder er selbst beurteilte seinen Sohn in der Richtung höherer Beanlagung. Ganz plötzlich, wenigstens für die Schule oder den nicht tiefer Blickenden plötzlich, zeigte sich der Trieb und das Bedürfnis sich geltend zu machen und auch vor den Schülern als Held zu erscheinen in mehreren gröblichen Verletzungen der Schuldisziplin, aber wieder unter Formen, die einen Widerspruch nach dem anderen in Gestalt von Unwahrheiten zu tage förderten, bei denen zu zweifeln war, ob die Dreistigkeit oder Kurzsichtigkeit und Unklugheit den höheren Grad erreichten. Mir konnte dieses individuelle Bild nur das Zeugnis einer besorgniserweckenden Entwicklung in der Richtung zum Grössenwahn sein; denn das Bedürfnis nach Genuss

des eigenen Ich und nach Geltendmachung der eigenen Persönlichkeit war so unüberwindlich herrschend geworden, dass darüber
ebenso der Sinn für Wahrheit, für Richtigkeit des Denkens wie
für die Pflichten der sittlichen Ordnung eine bedenkliche Trübung
erlitten haben mussten. — Es wäre sehr erwünscht, wenn aus der
Praxis ähnliche Erscheinungen zu genauerer Prüfung und zum
Zwecke der Scheidung der Geister mitgeteilt würden.

IV. Psychologische Bestimmtheiten
unter der Einwirkung des Unterrichts und der
Lehrordnung.

Wenn wir jetzt den möglichen Einwirkungen des Unterrichts
im engeren, des gesamten Unterrichtsorganismus im weiteren
Sinne auf das leiblich-geistige Leben unserer Schüler nachgehen
wollen, werden wir uns zuvörderst mit einem Widerspruch abfinden müssen, welcher leicht erhoben werden kann. Die Arbeit,
so erfährt und hört es der Schüler immer wieder, so wird es ihm
in den ernstesten Stunden seines Schuldaseins mit nachhaltigem
Ernst nahegelegt und tiefer begründet, so klingt es ihm aus den
täglichen Mahnungen seiner Lehrer, aus dem gesamten Ton, auf
den das Schulleben gestimmt ist, die Arbeit — sie soll er, wenn
er in das Leben hinaustritt, gelernt haben, lieb gewonnen haben,
er soll ihrer froh geworden sein, ihrer froh sein können. Und
aus allen Teilen des Unterrichts, aus allen ethischen und religiösen
Belehrungen soll ihm die Idee der Arbeit als Summa menschlicher
und göttlicher Weisheit entgegen getreten sein, die Arbeit, so
heisst es, sie allein begründet seinen sittlichen Wert, sie giebt
ihm Selbstvertrauen, hebt sein Selbstbewusstsein, sie ist der Quell
eines geordneten wirtschaftlichen Daseins, sie soll der Balsam
seines Blutes sein, sie soll ihn mit den engeren und weiteren
Kreisen der menschlichen Gesellschaft in Beziehung bringen, sie
soll ihm die Wechselbeziehungen zwischen dem Einzelnen und
der Gesamtheit verständlich machen. Ohne solches Verständnis
für den Wert der Arbeit dringt er nicht tiefer in Schillers Glocke,
in Goethes Schatzgräber, versteht er die Zersetzungsprozesse in dem
geschichtlichen Leben der Völker nicht, begreift er auch die Hebel
nicht, welche das Christentum zur sittlich-religösen Erziehung des
Menschengeschlechtes angesetzt hat und stets wieder ansetzen wird,
sowie zum Aufbau eines neuen Lebens in seligem Frieden mit Gott.

Es wäre ja für mich sehr verlockend, hier auf die vielfältigen und überaus fruchtbaren Beziehungen der Idee der Arbeit zu allen Zweigen des Unterrichts näher einzugehen. Und nun weiss man es ja, keine Arbeit ohne Anstrengung, kein opus ohne labor, keine ἀρετή ohne ἱδρὼς, ohne Schweiss, ohne Daransetzen aller leiblichen und geistigen Kraft, ohne Ermüdung; darum verknüpfen wir zu voller Gesundheit unsrer Daseinsbethätigung mit der Arbeit die Erholung, mit den „sauren Wochen die frohen Feste".

Andrerseits geht in unsren Tagen ein Zug durch unser Volksleben, der geneigt ist, die Arbeit minder zu werten, sie für ein notwendiges Übel zu halten und ihr, wenigstens jedem nicht durch die gebietenden Umstände bedingten Mehrmasse aus dem Wege zu gehen. Es will wohl manchem nicht recht zu Sinne, dass es nach 1. Kor. 15, 10 eine besondere Gnade Gottes sei, wenn jemand gearbeitet habe und arbeiten könne „mehr denn sie alle". Kein Kenner unsrer Verhältnisse wird in Abrede stellen können, dass auch unsre liebe Jugend von diesem der Arbeit abholden Geiste unsrer Zeit angekränkelt ist. Sie weiss es auch zu gut, wie scharfe Augen darüber wachen, dass ihr nicht zu viel zugemutet, dass sie nicht überlastet, überbürdet werde. Eine Konzession an diesen Geist, das dürfen wir wohl ausdrücklich erklären, liegt in diesen unsren Bestrebungen, die Arbeit des Unterrichts auf ihre psychologischen und physiologischen Wirkungen zu prüfen, gewiss nicht. Keine vernünftige Erziehung wird jemals ihren Zöglingen die Arbeit und mit ihr die unvermeidliche Anstrengung ersparen oder abnehmen wollen. Aber alle die Untersuchungen, welche die Neuzeit mit löblichem Eifer, mit immer mehr zunehmendem Interesse und immer tiefer eindringendem Verständnis auf dem Gebiete der pädagogischen Psychologie und Physiologie anstellt, werden die segensreiche Wirkung haben, die Arbeit weniger nach ihrer quantitativen Seite einseitig zu würdigen als vielmehr Fingerzeige für eine zweckmässige Einrichtung der Schularbeit zu geben, welche die Zeit nicht unnütz verwendet, der Förderung des geistigen Lebens, zumal dem selbstthätigen Trieb nach Beschäftigung und Kraftverwertung dient, einer Arbeit, um die es sich lohnt, freudig, mit Stolz und wahrhaft innerer Befriedigung die ganze Persönlichkeit einzusetzen.

Es ist eine recht interessante Beobachtung, wie die Arbeit der Schule, ja das ganze Leben der Schule, die Eingliederung des Einzelnen in den Gesamtorganismus auf die äusserlich sichtbaren Formen der Individualität einen unverkennbaren Einfluss ausübt. Wie oft verfolge ich die Entwicklung der Knaben, die mir aus ländlichen und kleinbürgerlichen Kreisen zugeführt werden. Man bemerkt allmählich eine „Durchgeistigung" der Gesichtszüge, eine andre festere, sichere, auf sich mehr achtende Haltung — Beweis, dass die geistige Arbeit und das Gemeinbewusstsein der Schule auch physiologisch umgestaltend einwirkt. Man kann aber auch die gleichen Formen einer gewissen Rückbildung ins Rohere bei Zöglingen beobachten, an denen die geistige und sittliche Zucht sich als vergeblich erweist. Und doch habe ich aus meiner sozialen Praxis an heruntergekommenen Individuen, Bettlern und Vagabunden Beweise einer gewissen Unvertilgbarkeit ursprünglicher Durchgeistigung selbst unter den Stürmen eines halbverlorenen Lebens wahrzunehmen Gelegenheit gehabt.

Wenn wir nun für die Unterrichtsarbeit auf allen Stufen ein gewisses Gleichmass mittlerer Durchschnittsfähigkeit und eines mittleren Durchschnittskönnens voraussetzen müssen und sollen (z. B. s. amtliche Ordnung der Reife- und Abschlussprüfungen S. 57), wie sie sich schon äusserlich in der Festsetzung von Altersgrenzen für jede Klasse ausspricht, so betrachte ich zunächst die psychologischen Erscheinungen objektiver oder subjektiver Unzulänglichkeit. Es ist leicht gesagt, jeder Knabe soll „reif" in die Klasse eintreten, gleichviel ob aufgrund von Aufnahmeprüfungen oder von Versetzungen. Ich glaube auf dem Gebiete der Aufnahmeprüfungen eine umfangreiche Praxis, daher eine ziemlich bedeutende Beobachtungsreihe vor mir zu haben; werden mir doch viele Knaben in Begleitung ihrer Eltern, Lehrer, Erzieher, Gouvernanten oft zwei bis dreimal vorgeführt, ehe sie in die Schule eintreten. Die Prüfungen erstrecken sich nicht bloss auf die Ermittlung des positiven Wissens, sondern auch auf die Ermittlung der Urteilsfähigkeit, der „geistigen Potenz" oder Reife. Man muss bei aller Zutraulichkeit doch mit der Schüchternheit, dem Einfluss ungewohnter Umgebung, ungewohnter Persönlichkeiten, einer andren Art des Fragens rechnen, noch viel mehr mit den Zeichen der Ermüdung und Abspannung, welche ganz deutlich zutage treten, äusserlich in der Form starker Errötung, selten des Gegenteils, innerlich in der zunehmenden Schwäche im Kombinieren verwandter Vorstellungsreihen, so dass die Erzieher manchmal dazwischen fahren möchten

mit der Bemerkung, aber das hat ja der Junge alles schon
gehabt und so und so oft richtig beantwortet. Man muss dem
Knaben Erholungspausen gewähren. Unverständige Erzieher
tragen selbst, vielleicht ohne es zu beabsichtigen, dazu bei, dass
die ersten Eindrücke keine günstigen sind. Vor Jahren wurde
mir ein Knabe aus weiterer Ferne vorgeführt, den ich bei der
ersten Vorstellung für ganz unreif hielt. Der sehr auf seine
Erfolge pochende, zufahrige geistliche Erzieher hatte u. a. während der ganzen Eisenbahnfahrt Geschichtszahlen „gepaukt", und
nun wollte es vor lauter Verwirrung erst recht nicht gehen. Ein
anderer kam zu mir, nachdem er beim frühsten Morgengrauen
hatte aufstehen, hastig frühstücken, nicht essen, dann reisen
müssen: er war dabei eifrig noch in der Mathematik, seinem
schwächsten Punkte, exerziert worden. Die Prüfung musste unter
diesen Umständen abgebrochen werden, um erst ein ärztliches
Gutachten über den Gesundheitszustand des Knaben einholen zu
lassen. Solche Erfahrungen kann man häufig machen. Solche
und ähnliche Fälle kommen gewiss nicht selten vor. Aber selbst
abgesehen von solchen Fällen wird es nie ganz zu vermeiden
sein, dass die Vorbildung nicht gleichmässig sich auf alle Fächer
erstreckte, dass keine Gleichmässigkeit herrschte in der Bildung
des Gedächtnisses und des Urteils, oder inbezug auf die Pflege
des Mündlichen und Schriftlichen, des Inhalts und der Form.

Aber auch bei allen Versetzungen ist es nie ganz zu ver-
meiden, dass der eine oder der andere Schüler mit einer gewissen
subjektiven Unzulänglichkeit in die nächste Klasse eintritt; solche
Unzulänglichkeit mag sich auf einzelne Fächer erstrecken, auf
einen merklichen Unterschied in den mündlichen und schriftlichen
Leistungen und dergl. Insbesondere lässt die Gestaltung des
Kompensationswesens bei der Abschlussprüfung doch manchen
Untersekundaner in die Obersekunda gelingen, nicht ohne dass
Strenge bei der Versetzung nach Prima vorbehalten wird. Ich
deute diese Erscheinungen, die ja jedem Praktiker und „Real-
politiker" im Schulleben wohl bekannt sind, nur wegen der
psychologischen Begleiterscheinungen an. Die Freude über die
Aufnahme in eine zu hohe Klasse und über die Versetzung in
die nächste Klasse hält bei manchem Schüler nicht über die
ersten Tage im neuen Schuljahr hinaus an. Die psychologische
Beobachtung giebt überdies erst das rechte Rüstzeug gegen die
oft so unverständigen, oft aber auch so einleuchtend scheinenden

Vorstellungen der Eltern. Selbst wenn der Junge das ganze Jahr über den Mut zum Unfleiss, zum Sichgehenlassen gehabt hat, so wird ihm doch die Nichtversetzung „allen Mut rauben", er wird aus dem alten Pensum keine Anregung mehr zum Lernen gewinnen, er wird „erst recht faul werden" und dergl. mehr. Es ist mir der Fall selten entgegengetreten, dass Eltern oder die Schüler selbst unumwunden und offen im vorliegenden Falle die Versetzung in die höhere Klasse als eine dem Sohne angethane Grausamkeit empfunden und bezeichnet haben, wie sie es in der That sein kann. Ich habe ein einziges Mal und zwar erst kürzlich in einem vielgelesenen Breslauer Pressorgan vor den diesjährigen Osterversetzungen eine eindringliche Mahnung zur Vernunft und Besonnenheit an die Eltern gelesen, wenn die Söhne einmal sitzen bleiben. Da müssen nicht gleich harte Strafen vollzogen werden, da muss auch nicht die Schuld bei den Lehrern und bei der Schule gesucht werden, da müssen einsichtsvolle und vernünftiger Erwägung zugängliche Eltern bedenken, wie eine Versetzung bei oben bezeichneter subjektiver Unzulänglichkeit des Knaben von entscheidend üblem Einfluss auf die wissenschaftliche, ich füge nach meinen Wahrnehmungen hinzu, auf die Charakterbildung sein kann. Aber selbstverständlich lässt sich hier nicht voreilig verallgemeinern, sondern man muss Fall für Fall seinen individuellen Umständen entsprechend in betracht nehmen. Das schöne Wort Vergils (Aen. V 231) hos successus alit, possunt, quia posse videntur, sollte ebenso für die Lehrer in der Pflege des Bewusstseins des Könnens, der Hebung des Selbstvertrauens und der geistigen Kraft und Schaffensfreudigkeit massgebend sein wie für die Eltern in ihrem inneren Verhältnis zu allen Massnahmen der Schule. Verständige Eltern haben dem Rate der Schule willig gefolgt, ihre Söhne in eine tiefere Klasse zurücktreten zu lassen; die Schule weiss Formen zu finden, dass solcher Rücktritt ohne jede Beschämung und Demütigung, ohne Verletzung des Ehrgefühles und des inneren Triebes sich vollzieht. Ist doch selbst der Fall nicht ausgeschlossen, dass Knaben, welche in einer Reihe von Klassen ganz gut standen, zu den besseren Schülern gehörten, je weiter nach oben den Anforderungen der oberen Stufen sich nicht mehr in gleicher Weise wie früher gewachsen zeigen. Dem psychologischen Beobachter werden solche Fälle nicht überraschend kommen, er sieht, ja er sagt diesen Entwicklungsgang deutlich voraus.

Wenn nun oben auf die Hebung und Steigerung des Selbstvertrauens der höchste Wert gelegt wurde, so sind die Erscheinungen des Gegenteils oft recht betrübende, den menschlich gestimmten Erzieher gar manchmal tief erschütternde. Ich rede nicht davon, dass das jetzige Geschlecht der Jugend nicht allzuviel Respekt vor der Arbeit, nicht allzuviel Lust zur Arbeit, nicht allzuviel Ausdauer bei der Arbeit hat. Mancher möchte lieber auf höhere und weitere Wege seiner Lebenslaufbahn verzichten, nur weil er in gewissen Klassen die Scheu vor gründlich eindringender Arbeit nicht überwinden will. Es kann ja wohl auch vorkommen, dass ein Schüler einmal dies und jenes nicht gleich richtig versteht und daher mutlos werden möchte, vielleicht weil er nicht den Weg zum Herzen und zu der führenden Hand seines Lehrers zu finden vermag. Nicht also von der Gleichgültigkeit, vom absichtlichen Unfleiss, von geflissentlichem Sichgehenlassen wollte ich hier sprechen, sondern von hochgradigen Hemmungen des Selbstvertrauens und deren Einfluss auf das geistige und sittliche Leben der Schüler. Man achte zuerst auf die immer mehr zunehmende Scheu vor dem Sprechen, besonders dem Sprechen im Zusammenhang. Die einen möchten gern sprechen, aber es ist, als würgte sie etwas im Halse, als bleibe ihnen das Wort, das sie sagen wollen, in der Kehle stecken; die anderen ahnen das Richtige, ringen aber nun nach dem zutreffenden Ausdruck und finden ihn nicht, darum schweigen sie lieber sich gleich ganz aus, dort liegt eine Hemmung des Willens vor, hier eine Hemmung des Intellekts. Es braucht nun bloss ein etwas ungeduldiger, hastiger Lehrer, der die Erscheinungen nicht auf ihre psychologisch-ethischen Quellen geprüft hat, drein zu fahren, zumal mit Sarkasmus oder Ironie, und die Sache wird immer schlimmer. Es bildet sich ein Zustand inneren Verdrusses, einer krankhaften Unzufriedenheit mit sich selbst aus, der allmählich sich so steigert, dass der gewöhnliche Volksausdruck äusserst zutreffend erscheint: „Der Betreffende hat einen Bock, er ist verbockt". Das Streben vorwärts zu kommen, sich selbst, den Angehörigen, den Lehrer Freude zu machen, stösst Schritt für Schritt auf Hindernisse; unwillkürlich, ich weiss nicht, ob unbewusst überträgt sich das Gefühl des inneren Unbehagens, der Unzufriedenheit mit sich selbst auf die Sache, die nicht gelingen will, auf den Lehrer, der gerade diese Sache vertritt, und Ärger, Missstimmungen, ja selbst Unartigkeiten, um nicht zu sagen Zeichen von Insubor-

dination sind die notwendige Folge. Nur dass in solchen Fällen
die disziplinarische Behandlung gar keinen Erfolg verspricht, hier
kann nur ein System seelsorgerischen, geduldigen, liebevollen und
ermutigenden Eingehens auf die Individualität des Schülers Wandel
schaffen. Freilich, wird man einwenden, dazu sind die öffentlichen Schulen nicht da, oder dazu haben sie keine Zeit und
keine Mittel. Wo solche Zustände der Verbocktheit und des
Schweigens aus einer krankhaften Beziehung zum eigenen Ich
entspringen, thut der Lehrer mit gutem Takte gut, während des
Unterrichts gar nicht zu reagieren und unauffällig und unvermerkt
zu einem anderen Schüler überzugehen. In aller Stille aber wird
der Lehrer gut thun, vertraulich, ernst und bestimmt den krankhaft gereizten Schüler auf die Gefahr hinzuweisen, in welchen
Schein er sich bringt, den Schein des Trotzes und der Wider-
setzlichkeit, der den Lehrer schon der anderen Schüler wegen
nur zu leicht nötigt, durch Wort und That zu reagieren. Man
weise auch auf die Folgen solchen Wesens im Leben hin; da ist
nicht immer auf so nachsichtige, sachkundige, mit- und nach-
fühlende Beobachter zu rechnen. Ich halte es aber doch auch
für wichtig, wenigstens den Versuch zu machen, das Selbstvertrauen erst in der Stille des seelsorgerischen Verkehrs, alsdann
auch vor der Klasse zu heben, und zwar dadurch, dass man dem
so unglücklichen Schüler solche Aufgaben zuweist, die er thatsächlich lösen kann, vielleicht schon in der Stille gelöst hat.
Liegt die Ursache des „verbockten" Schweigens in einer krankhaften Beziehung zur Sache selbst, in der Scheu vor einer verkehrten Antwort, vor einer etwaigen Blamage, wenn ein Ausdruck
etwa verkehrt oder schief geraten sollte, so wird auch hier Zank,
Hohn, Ironie keinen Erfolg erreichen, mögen diese Erscheinungen
den Lehrer auch noch so sehr zur Verzweiflung bringen, sie an
seine physische Kraft ungewöhnliche Anforderungen stellen. Man
kann hier nur durch systematische Übung im Ausdruck, vom
„Reden, wie einem der Schnabel gewachsen ist" bis zum Ausdruck
der gebildeten Schriftsprache Erfolge erzielen. Mir schwebt ein
Schüler vor, der ausserhalb der Schule gar nicht auf den Mund
gefallen schien, im Unterricht durch sein Schweigen zu einer
schweren crux wurde. Er erreichte die Reifeprüfung nicht rechtzeitig, seine Staatsprüfungen hat er nach wiederholten Ansätzen
nie bestanden. Ein andrer war infolge der bis zum Wahn sich
steigernden Scheu vor dem Sprechen nicht mehr auf die Kanzel

zu bringen; er verfiel dem Irrsinn. Soviel ist klar, wenn das
Eindringen in dieses psychologische Gestrüpp dazu führt, den
Erziehern immer mehr Geduld und schonendes Eingehen auf
die Eigentümlichkeiten ihrer Schüler zur Pflicht zu machen, nun,
in praxi wird den Lehrern diese Pflicht ungemein erschwert.
Der Jugend werden die Mittel zu unehrlicher Arbeit, zur Unselbständigkeit, die Krücken und Brücken so massenhaft, leicht-
lich und gewissenlos dargereicht, dass sie um einer Augenblicks-
leistung willen immer die Hauptsache, die Hebung der eigenen
geistigen Kraft vergessen und versäumen lernt. Und die Schule
greift in diesem Kampf wider die Unehrlichkeit viel mehr zu
polizeilichen und disziplinarischen Mitteln als zu denen, die ihr
die Rüstkammer der Psychologie und Ethik bereit stellt. Aber
auch wider die Scheu vor dem Sprechen kann die Schule von
Anbeginn ihrer Arbeit nicht genug ankämpfen durch planvolle
und systematische Veranstaltungen zur Pflege des Sprechens im
Zusammenhange: es müssen Formen gesucht werden, um auch
den schwächeren und von geringerem Mute beherrschten Schüler
nicht in eine Zwangslage, sondern in die gewohnheitsmässige,
daher gar nicht anders bekannte Übung, sich zusammenhängend
auszusprechen, hineinversetzt. Man sieht, die Zergliederung psychologischer Zustände giebt die deutlichsten Fingerzeige für eine
gesunde Gestaltung des Unterrichts und der Erziehung.

Es wäre ein leichtes, hier noch manche verwandte Erscheinung
aus der Praxis zu berühren, wenn ich nicht fürchten müsste zu
ermüden. „Heute begrabe ich meine schönsten Hoffnungen",
sagte mir einmal ein Vater aus den höheren Ständen unter Thränen,
als alle Versuche, den Sohn zu energischem Auffassen, zu einem
festen Entschluss, sich der Mühe der Vorbereitung für die Reifeprüfung zu unterziehen, vergeblich waren. War solche Schlaffheit
und Energielosigkeit psychologischer oder ethischer Art? oder
übertrug sie sich auf das sittliche Gebiet, nachdem auf psychologischem ein Schaden anscheinend unheilbar geworden war?

Woraus erklärt sich ferner die sonderbare Afterarbeit der
Dilettanten in der Schule, die sich mit aller Wut in allerlei
litterarische Lektüre hineinstürzen und sich selbst das Trugbild
wissenschaftlichen Arbeitens und Studierens vorzaubern, zu jeder
geordneten Arbeit aber, die die Schule von ihnen gerade zwecks
Förderung der Fähigkeit zu wissenschaftlicher Arbeit fordert,
sich unfähig, unlustig und abgeneigt zeigen?

Ein Gegenstück zu dem „verbockten" Znstande als einer Form innerer Reaktion wider Unterricht und Erziehung bilden gewisse Formen des Lachens der Schüler. Es giebt Lehrer, die ihre Direktoren um des Lachens ihrer Schüler willen oft recht hart angehen. Ein äusserst humoristisch gestimmter, reizend liebenswürdiger Lehrer hatte die Eigenart, seinen glücklichen Humor draussen zu lassen vor der Thür seiner Klasse. Niemand klagte mehr über das Lachen der Schüler als er. Schon das Gefühl solches Kontrastes machte die Behandlung der einzelnen Fälle subjektiv schwierig. Wie leicht wird von „frechem" Lachen geredet! Giebt sich der Lehrer durch seine auf zu geringer Selbstzucht beruhende Haltung Blössen vor den Schülern, so kann nur die strengste Selbstkritik die Quelle des Lachens verstopfen. Das Lachen ist oft genug ein Ausdruck innerer Verlegenheit, eine Schutzvorrichtung dagegen, dem Lehrer den eigenen inneren Zustand zu zeigen. Es ist, wie das Lachen der Freier bei Homer (Odyss. 20, 347) beweist, dem Lachenden gar nicht lächerlich zu Mute, es ist eine andere Form der „Verbocktheit". Die Behandlung kann daher auch keine andre sein; nicht die „Frechheit" gilt es zu rügen oder zu strafen, sondern dem Zustand inneren Missbehagens, der Unzufriedenheit mit sich selbst mit Mitleid, aber auch mit Festigkeit entgegenzukommen.

Meine Leser wollen mir nun erlauben, aus der bunten Menge psychologischer Erscheinungen, wie sie der Unterricht allein ans Tageslicht fördert und von denen oft genug die Eltern, die Schüler nicht eher eine deutliche Ahnung haben, bis sie zu Lob oder zu Tadel, zu Anerkennung und noch häufiger zu Warnungen Anlass geben, einige Beispiele vorzuführen. Oben war von der Qualität der Arbeit die Rede. Reizloser, abwechslungsloser Unterricht lässt merkwürdig bald Ermüdung eintreten. Ich erinnere wieder aus Abschnitt 2 an Goethes „Abwechslung ohne Zerstreuung". Zu vieles und zumal zu lautes Sprechen des Lehrers wirkt eintönig, es übertönt die Ohren so, dass man mit mechanischer Geduld und Ergebung die Töne über sich ergehen lässt etwa wie Geläute von Glocken, Gehämmer der Schmiede. Musik des Leierkastens, ohne sich noch dazu aufgelegt zu fühlen, die Töne zu unterscheiden und auf sich mit Bewusstsein einwirken zu lassen. Einförmigkeit entsteht auch, wenn ein Gegenstand, den die Schüler nicht begreifen können, immer wieder in derselben Form der Reihe und Übung behandelt wird, ohne dass

ihm neue Seiten abgewonnen werden. Für die jüngeren Schüler
wirkt schon das beharrliche Stillsitzen auf demselben Fleck
ermüdend. Schon ein Zusammensprechen im Chor bringt
Abwechslung. Im Falle wahrnehmbarer Abspannung empfiehlt sich
ein- bis dreimaliges Aufstehenlassen aller nach Kommando. Einförmigkeit kann liegen in dem Mangel neuer Gesichtspunkte,
neuer Verbindungen der Vorstellungsmassen oder vertiefenden
Begründung, also dass der Gesichtskreis sich nicht erweitert
noch die Betrachtung verborgeneren Zusammenhängen nachzugeben imstande ist. Einförmig wirkt auch z. B. im Sprachunterricht einseitiges blos mündliches oder bloss schriftliches
Verfahren. Der Schüler will unwillkürlich beschäftigt sein; der
Trieb zur Trägheit ist gar nicht das Natürliche, Normale. Der
Stoff interessiert den Schüler, wenn sein Beschäftigungstrieb rege
ist, wenn er selbst mit helfen, selbst mit formen und gestalten
kann, wenn er selbst auf neue Verbindungen, Gruppierungen,
Zusammenhänge geführt wird; wo er unmittelbar das Gefühl
inneren Erregt- und Gespanntseins und damit seines Wachsens in
sich trägt, da fühlt er keine Ermüdung, oder er fühlt sie nicht
als einen unangenehmen, lästigen Zustand, da fühlt er sich nicht
gelähmt und nicht dazu aufgelegt, seinen Thätigkeits- und
Beschäftigungstrieb auf Gebiete zu verlegen, die mit dem Unterrichte nichts zu thun haben. Jeder Lehrer muss es sich also
sagen, dass Langeweile das grösste Verbrechen an der jugendlichen Seele ist. Mir sind manche Fälle bekannt, wo Schüler
sehr fidel auf eine freie Stunde wegen Erkrankung ihres Lehrers
rechneten; sie waren enttäuscht, wie ein andrer Lehrer eintrat
und zu unterrichten anfing. Oder Klassen erwarten einen ihnen
weniger bekannten Lehrer mit dem instinktiven Gefühl, werden
wir wohl zu irgend einem unnützen Streich kommen? Aber die
Stunde ging hin, es klingelte, man hätte noch lange mit arbeiten
können, man merkte gar nicht, wie die Zeit verstrich. Warum?
Der Lehrer hatte die Gabe zu interessieren, zu beschäftigen, die
Gedanken bei der Sache festzuhalten, den Trieb zu anderweitiger
Beschäftigung gar nicht erst aufkommen zu lassen. Oder sollte
diese Erweckung angespannter Aufmerksamkeit und Lust zur
Mitarbeit auch eine krankhafte Ermüdung im Gefolge haben?
Ich glaube, das Gefühl körperlicher Ermattung würde durch die
Lustgefühle des Interesses und der zweckmässigen Arbeit aus-
geglichen. Es ergeben sich aus diesen Erwägungen sogleich

Folgen für die Praxis. Ist es richtig, wenn das Pensum der vorigen Klasse bei Beginn des neuen Schuljahres etwa ein Vierteljahr lang wiederholt wird, ehe zu neuem übergegangen wird? Ich glaube, nein. Der Schüler tritt in die neue Klasse ein mit der gespannten Erwartung des Neuen. Wie waren wir als Schüler unwillkürlich doch stolz und gespannt auf die erste Rede Ciceros, die wir nun lesen sollten, oder auf Homers Odyssee! Der einzige Reiz der Wiederholung liegt höchstens in der Persönlichkeit eines andren Lehrers, aber auch dieser Reiz hält nicht lange vor, wenn die Wiederholung nur das Alte und auch dies nur im alten Zusammenhang, in der alten Verbindung, in der alten, unveränderten Form behandelt.

Man wird schon vom Standpunkte dieser psychologischen Erwägungen aus der organischen, immanenten Wiederholung, der Verknüpfung des Neuen mit dem Alten zum Zwecke des erweiterten Gesichtskreises, der Erkenntnis neuer Verbindungen, Zusammenhänge und Gestaltungsmöglichkeiten das Wort reden müssen. Weshalb klagen wir heute so sehr darüber, dass die Elemente des Lateinischen bis zur Prima hinauf nicht sicher beherrscht werden? Man bürdet den neuen Lehrplänen gar manche Schuld unbegründet auf. Aber man zeige mir doch die unterrichtlichen Veranstaltungen, damit der Primaner von den eigentümlichen Formengebilden und ihren Gesetzen mehr erfährt und weiss als der Sextaner oder Quartaner und von den syntaktischen Regeln eine tiefer begründete Vorstellung gewinnt als der Quartaner oder Untertertianer! Natürlich stumpft sich angesichts des ewigen Einerleis das Interesse immer mehr ab, und nach Lustgefühlen inmitten der thatsächlich intensiv gesteigerten Arbeit des Lehrers und des Schulunterrichts wird man vergeblich suchen. Man kann die Erfahrung machen, wie die einfachsten Reihen, die einmal von der Schablone des Paradigma abweichen, selbst in Prima den Reiz der Neuheit haben und erfrischend wirken. Ich glaube, man ist manchmal ein wenig zu eilig mit dem Urteil bei der Hand von Trägheit, Gleichgültigkeit und Indolenz der Schüler, die sich angeblich für nichts mehr interessieren, für vieles, was uns von früher her lieb und wert war, jeden Massstab der Wertschätzung verloren haben sollen. Man biete ihnen nur das, was ihr Interesse und ihren Thätigkeitstrieb fesseln und anregen mag, und man wird ganz anders urteilen. Wie eintönig kann der Geschichts- oder gar der Religionsunterricht werden, wenn

er sich immer in demselben Gleis der Thatsachen oder trocknen
Lehren bewegt, ohne dass immer reichere Beziehungen das
geschichtliche Urteil vertiefen oder den Lehren der Wert von
Heilserfahrungen und lebensvollen Thatsachen geben!

War bisher im einförmigen, langweiligen Unterricht eine
Quelle möglicher subjektiver Abspannung gefunden, so können
leicht Halbheiten des täglichen Unterrichts die Schüler allmählich in die Lage versetzen, sich den Anforderungen der
Schule gegenüber ohnmächtig, unzulänglich zu fühlen und aus
solchem Gefühl inneren (subjektiven) Druckes heraus den Glauben
in sich zu nähren, thatsächlich (objektiv) überlastet zu sein. Jeder
Lehrer empfindet unmittelbar als unangenehme Thatsache den
Widerstreit zwischen mündlichen und schriftlichen Leistungen,
es wird oft nicht leicht, in den einzelnen Fächern eine Gesamtzensur
zu finden, und der Ausgleich zwischen mündlichen und schriftlichen
Leistungen wird oft eine schwere Aufgabe. Doch aber zeigt sich die
Unterrichtspraxis dieser Erscheinung gegenüber ganz besonders hilf-
los und unzulänglich, und es wäre oft sehr ungerecht, Mangel an Fleiss,
Aufmerksamkeit oder Interesse seitens der Schüler verantwortlich
zu machen. Wir haben noch keine psychologisch durchgebildete
Seh- und Hörkunst in der Schule. Ich knüpfe einmal an ganz
nahe liegende Thatsachen an. Sind wir über die Schreibung
eines Wortes nicht sicher, so schreiben wir es einmal in allen
möglichen Schreibweisen auf, da tritt uns endlich das richtige
Gesichtsbild entgegen. Ein Schüler sagt mir inbezug auf etwas
Falsches in der schriftlichen Leistung, ich wollte es so schreiben,
aber es sah mir so komisch aus. Es haftet also am Gesichtsbild,
an dem, was man sich jeden Augenblick geschrieben vorstellen
kann, die Gewissheit der Richtigkeit. Der Lehrer des Griechischen
in III b handelte also richtig, der die Aussprache der griechischen
Worte nach ihrem Accent von einer kennzeichnenden Handbewegung begleiten liess. Ich beobachte bei meinen Gängen
durch die Klassen unwillkürliche Handbewegungen mancher
Schüler, mit denen sie das, was sie sagen wollen, gleichsam in
eine sichtbare Form kleiden wollen. Was entscheidet denn bei
den Eigenheiten deutscher Dialekte? Mag der Thüringer die
„Bost", die „Pirne" sprechen, die Gesichtsvorstellung weist ihn doch
auf die Post und die Birne. Wie sollte doch dies für das
Griechische, das Französische, andre Sprachen und Fächer natürlich nicht ausgeschlossen, gelten! Was nützen da alle nur münd-

lichen Operationen? Ich möchte den Lehrer sehen, der den
Schülern wirklich die sogenannten unregelmässigen Verba zum
Verständnis und sicherem Besitz mündlich und schriftlich ohne
planvolle Berücksichtigung der Sehkunst bringen will. Umgekehrt
spreche ich auch hier wie schon anderwärts meine Überzeugung
dahin aus, wie der Rückgang aller altklassischen Studien unter
den vielen Gründen, die man tief klagend geltend machen mag,
einen Hauptgrund darin suchen muss, dass ein allzu grosser Teil
der Lehrstoffe viel zu viel und einseitig durch das Auge vermittelt den Schülern entgegentritt, der ursprünglich seiner ganzen
Anlage, seinem Zweck und seiner Form nach für das Ohr von
Hörern berechnet war. Ich möchte glauben, im Zeitalter des
Humanismus ist von den alten Sprachen viel mehr gelernt worden,
nicht obgleich, sondern weil die Schüler viel weniger Texte vor
sich hatten. Von den ersten Elementen an wurde ihnen viel
mehr vorgesprochen, d. h. durch das Ohr vermittelt. Die Praxis
legt auf artikuliertes Sprechen, auf sinngemässes Lesen und Vortragen so in der eignen Muttersprache wie in den Fremdsprachen
viel zu wenig Wert. Es ist jeden Augenblick durch praktische
Beobachtungen festzustellen, wie der Gehöreindruck von Gelesenem
das sichere Verständnis anbahnt und fördert, und das gewonnene
Verständnis sollte durch gutes Lesen zum Ausdruck gebracht
worden, d. h. also durch gutes Lesen oder Sprechen nach
der Auslegung, nicht blos vor deren Beginn! Gleich bei
den ersten Übungen im Übersetzen aus dem Lateinischen
ins Deutsche und umgekehrt kann man die Probe auf die
Richtigkeit meiner psychologischen Anschauung machen. Der
Lehrer sagt z. B., ihr seht, das Prädikat steht im Lateinischen
auch am Ende; das Unterschiedliche — und darauf kommt es
doch von den ersten Elementen an an — kann aber nur durch
gleichzeitige vergleichende Sprechübung, also durch Gehörschulung
im Bewusstsein befestigt werden. Meine fortgesetzten Wahrnehmungen haben mich zu der Überzeugung geführt, sehr viele
Fehler auch im Schriftlichen haben ihren letzten Grund in halben,
in unbestimmten Gehöreindrücken, noch viel mehr aber in nicht
ausreichender Kombination der Seh- und Hörvorstellung an einem
und demselben Gegenstand. Wenn der Obertertianer sprachliche
Gebilde lernt wie $\mu \alpha \nu \vartheta \acute{\alpha} \nu \omega \; \mu \alpha \vartheta \acute{\eta} \sigma o \mu \alpha \iota \; \mu \varepsilon \mu \acute{\alpha} \vartheta \eta \varkappa \alpha$, $\beta \acute{\alpha} \lambda \lambda \omega \; \beta \acute{\epsilon} \beta \lambda \eta \varkappa \alpha$
$\acute{\epsilon} \beta \lambda \acute{\eta} \vartheta \eta \nu$, $\delta o \varkappa \acute{\epsilon} \omega \; \delta \acute{o} \xi \omega \; \acute{\epsilon} \delta o \xi \alpha$, so müssten ihm drei verwandte
Sprachvorgänge zum Bewusstsein kommen: 1) $\mu \alpha \vartheta$ — $\mu \alpha \vartheta \varepsilon$ —,

also die vokalische Erweiterung eines konsonantisch auslautenden
Stammes, 2) βαλ — βλα — Lautumstellung zum Zwecke der
Gewinnung eines vokalischen Anlauts. 3) δοκε — δοκ — ob
ähnlich oder umgekehrt wie 1)? Das muss aber ebenso erst das
Auge wie die Zunge sich geläufig machen an Reihen wie μαθ —
μαθε —, τυχ — τυχε —, ὁμ — ὁμο —, βαλ — βλα —, καμ —
κμα —, τεμ — τμε —, θαν — θνα —, θοϱ — θϱο — u. s. w.
Wie oft will die Feder deshalb nicht vorwärts, weil — die Zunge
nicht von der Stelle will oder kann. Ich nehme selbst in Prima
solche kombinierte Sprech- und Schreibübungen vor, z. B. bei
der Wortstellung: Cicero in seiner Rede gegen Katilina, Horaz
in seinem Briefe an Mäcenas. Manlius sprach zu seinem Heere
in Asien, der Reiche soll seinen Reichtum gut anwenden
= Cicero in ea quam in Catilinam habuit oratione, Horatius in
ea quam ad Maecenatem scripsit epistola, Manlius cum exi in
Asia praeerat exercitum monuit, divites eis quas sibi paraverunt
divitiis bene utantur. Man darf sich nur nicht imponieren lassen
durch den allezeit bereiten Einwand, dazu sei keine Zeit da!
Die Zeit, die von Sexta auf planmässig im Sinne der psychologischen Thatsachen verwendet wird, rentiert sich gewiss doppelt
und dreifach. Wie oft bemerkt man im Griechischen die falsche
Betonung des Konjunktivs des zweiten Aorists wie λαβῶ statt
λάβω von ἔλαβον. Man stelle dem Sprech- und Schreibübungen
entgegen wie Ἔλαβον λάβω, ἔβαλον βάλω, ἔμαθον μάθω, ἔτυχον
τύχω oder in weiterer Verdichtung der Gehörvorstellungen in der
Reihe: ἔλαβον λάβω λαβεῖν, ἔτυχον τύχω τυχεῖν u. s. w. Im
Lateinischen ganz ähnliche akustische Verdichtungsreihen wie
expuli expulerim expulisse, sensi senserim sensisse, respondi
responderim respondisse, faciunt faciant facient faciento facien-
dus, expellere, expellens expellendus u. s. f., griechisch εἶδον ἴδω
ἰδεῖν gegen εἶπον εἴπω εἰπεῖν. Wie viel halbes, selbst von der
heimischen Umgangssprache Unterstütztes lässt sich nur durch
weit genug fortgeführte Sprech- und Schreibübungen beseitigen
wie ἐρῶν ἐροῦσα ἐροῦν ἐροῦντος (nicht ἰρόν ἰρούντος), oder
σκεδῶν σκεδῶσα σκεδῶν σκεδῶντος σκεδώσις (nicht σκεδόντος),
aber λαβών λαβοῦσα λαβόν λαβόντος. Ich könnte aus meiner
Sammlung merkwürdiger Gehörfehler manches höchst Lehrreiche
anführen; wie kommt es, dass Xen. Hell. 2. 4. 2 θρασσόμενοι
τινες τῶν νέων eine Reihe von Sekundanern, trotzdem es sich
offenbar um eine Expedition zu Lande handelt, auf Schiffe oder

wenigstens junge Leute zu Schiffe vorfielen? Es hat sie ein halber Gehöreindruck auf πῶν geführt. Bei der Innerlichkeit des Gehörsinnes bleiben verkehrte Vorstellungen tief haften. Man mache die Probe an den Gleichklängen ἰῤῥήθην ἠῤῥήθην εὑῤῥθην ᾐσθείς αἱσθείς εὑῤεθείς, aber man wird finden, nur die Vereinigung des Gesichts- mit dem Gehörbild führt hier zu voller Klarheit wie in vielen anderen Fällen. Nur die systematische Vereinigung der mündlichen mit der schriftlichen Übung entspricht den psychologischen Thatsachen, die Feder, das Auge muss das Wort mit hören, die Zunge, das Ohr es mit sehen. Man stelle selbst einmal Beobachtungen an über die falsche oder richtige Betonung von Bibelworten im Leben, ja selbst auf der Kanzel, z. B. Matth. 11, 3. 11, 7, 6, 26, 6, 28, 6, 24: Luk. 10, 27; man wird fühlen, wie richtige Betonung das Verständnis gewisser Heilsthatsachen ganz wesentlich vertieft. Man übe ganz ähnlich Homerpartieen oder Horazoden nach der Erklärung sinngemäss und mit Beachtung der Interpunktion zu lesen: man spreche geeignete Stellen in der Fremdsprache laut und deutlich vor und lasse sie deutsch niederschreiben, z. B. als Übersicht über die philosophische Schriftstellerei Ciceros de divin. II 1, zu Hor. Od. III 24, 9 ff. die Schilderung der Scythen mit der überraschenden Schlussbemerkung über den Triumph der unverbildeten Natur über die Kultur bei Trogus Pompeius II 2, 3—15. Diese Andeutungen mögen genügen, um zu zeigen, wie das organische Ineinandergreifen des Mündlichen und Schriftlichen im Unterricht in der That jene „Abwechslung ohne Zerstreuung" ist, welche die jugendlichen Geister vor Ermüdung und Reizlosigkeit schützt, ihnen den Antrieb zu lohnender Arbeit giebt.

Die vorläufigen Betrachtungen, welche wir im ersten Abschnitt auch über die Examenarbeit angestellt haben, führen mich darauf, deren Wert oder Unwert für die Gesamtbildung psychologisch zu prüfen: vielleicht dass sich gewisse Rückschlüsse auf die Gestaltung des inneren Schullebens ergeben. Die Vorbereitung für jede Art von Prüfungen ist unvermeidlich mit einer grossen Menge von Gedächtniswerk verbunden, das bald nach der Prüfung nicht tropfenweise absickert, sondern wie aufgestautes Wasser abfliesst. Indes muss doch vieles von den gedächtnismässig angehäuften Wissensmengen einen Wert mindestens für die Fachbildung behalten; wer studieren gelernt hat, weiss die Einzelheiten, die er so eilig wieder zu vergessen sich bemüht, jeden Augenblick sicher wieder zu finden, aber die wertvollen Gesichtspunkte, die Erweiterung des Gesichtskreises, die Vertiefung in die Sache, die sichere Schulung, den Gegenstand mit dem Auge des Fachgebildeten zu betrachten, von ihm in der Sprache des Fachmannes treffend zu reden, bleibt doch als nachhaltige Wirkung. Keine Macht auch des glücklichsten Gedächtnisses würde die Gewähr des Gelinges der Prüfung geben. Weshalb? Weil der Prüfling die „allgemeine Bildung" hinter sich hat, jene Schulung in Assoziation, Apperzeption und Urteilsbildung; überall gilt es, an dem einzelnen Gegenstande der Prüfung diejenigen geistigen Prozesse als vorhanden nachzuweisen, welche das Einzelne mit dem Allgemeinen in Beziehung zu setzen, das Einzelne mit Einzelnem durch die Vermittlung des Allgemeinen zu verknüpfen imstande sind. Wo die Ausbildung der einzelnen Individuen mehr auf die gedächtnismässige Aneignung einer bestimmten Wissensmenge als auf die sichere Herrschaft über die psychologisch-logischen Formen der Beziehung des Einzelnen zum Allgemeinen abgezielt hat, da wird der Prüfling stets im Stiche lassen, wenn von ihm über die Darlegung positiv zu wissender Einzelheiten hinaus eine Anreihung oder eine Anknüpfung verwandter Gedankenreihen, eine Urteilsbildung verlangt wird, die ja stets undenkbar ist ohne die Fähigkeit, eine Reihe von Einzelthatsachen unter einem einheitlichen Gesichtspunkte zusammenzufassen, sie im Lichte eines Allgemeinen (einer Idee, eines Prinzips, eines Gesetzes) zu betrachten. Was anderes lassen uns denn auch die Begriffe „geistvoll" und „geistreich" erwarten als die sicher entwickelte Gabe der Anreihung und Verknüpfung, ersteres mehr inbezug auf die Tiefe und Fülle, letzteres mehr inbezug auf die überraschende Kombination der Beziehungen? Aber ob das eine oder das andere, es setzt einen sicheren Blick für Verwandtes und Anreihbares voraus. Es giebt thatsächlich sehr viele assoziationsblinde Menschen; aber dies ist kein Fehler der Geburt, sondern der Bildung, man hat solch inneres, verknüpfendes Sehen nicht gelernt und geübt. Es ergiebt sich zunächst dies: auf der ganzen Linie desjenigen Unterrichts, welcher darauf Anspruch erhebt, als erziehender zu gelten, kann der Gedächtnisarbeit für Prüfungen nicht mehr als eine bescheidene Rolle zugewiesen sein; die Arbeit des erziehenden Unterrichts ist nicht gleichbedeutend mit der Arbeit der Presse. Das allgemein gültige aller höheren geistigen Arbeit muss auch die Grundlage

jeder Prüfung der Erziehungschule sein. Nicht vom Standpunkte
der Staatsleitung aus, die ein Interesse daran hat, die künftigen
Staatsdiener vor ihrem Eintritt in den Staatsdienst kennen zu
ernen, ist eine Prüfung für jeden Schüler als wünschenswert und
heilsam zu betrachten, nicht vom Standpunkte des Kompromisses
zwischen Staat und Erziehern aus ist die Prüfung einzuschränken,
sondern vom Standpunkte der Erziehung zur wissenschaftlichen
Arbeit aus sollte jeder Schüler durch das Feuer der Prüfung
gegangen sein, gleichviel, mit welchen besonderen Formen sie
sich umkleidet. Jedenfalls aber muss der Prüfling an das Prüfen
gewöhnt worden sein, oder es müssen ihm diejenigen geistigen
Prozesse durch das Ganze seiner Schulung geläufig sein, welche
der Prüfung nicht den Charakter eines Abladegeschäfts für aufgestapelten Gedächtnisballast geben, sondern eines Einblicks in
das nach allgemein gültigen Gesetzen sich entwickelnde geistige
Leben des Zöglings. Ich habe neuerdings mehrfach gelesen, wie
man dies als bedeutend und kennzeichnend in der Entwicklung
und Lebensbethätigung hervorragender Schulmänner gerühmt hat,
dass sie in ihrem Fache sich lediglich auf ihr Fach beschränkten,
nicht nach rechts und nach links sahen und unverwandten
Blickes gerade vorwärts gingen. Dies hat aber doch auch seine
sehr berechtigte Kehrseite. Als vor Jahren ein Lehrer der IIb
gegen seine Gewohnheit von der strengen Linie des Sprachlichen
abging und im Griechischen eine Frage aus der Geographie that,
machte ein ungezogener und naseweiser Schüler die Bemerkung:
das gehört nicht hierher. Das war abgesehen von der unartigen
Form psychologisch betrachtet die Reaktion gegen die Nötigung,
das Griechische mit der Geographie zu verbinden, allgemeiner
gesprochen gegen die Nötigung zur Assoziation. Man kann sehr
oft die Bemerkung machen, dass sich der Schüler eine gewisse
Unsicherheit bemächtigt, wenn einmal der Verlauf des Unterrichts aus dem Lateinischen ins Griechische, aus dem Deutschen
in die Geschichte, aus der Geschichte in die Religion führt. Und
doch können solche Anknüpfungen gar nicht vermieden werden,
sie sind zum Zwecke der Verwebung verwandter Gedankenreihen
unbedingt erforderlich. Die muttersprachlichen Gesetze verstehen
sich viel besser durch die Vermittlung der fremdsprachlichen
Unterweisung als durch noch so eingehendes deutsches Grammatik-
treiben. Kein Lehrer kann wohl an den sogenannten Unregel-
mässigkeiten der Flexion vorübergehen, ohne auf solche der

Muttersprache hinzuweisen. Kein Lehrer kann die Natur der irrealen Satzgebilde zu vollem Verständnis bringen, ohne auf die verschiedene individuelle Sprachanschauung einzugehen *sí eíχοɩ* und si j'avais (indikativisches Präteritum) neben si haberem und „wenn ich hätte" (konjunktivisches Präteritum), wobei also das Präteritum das gemeinsam kennzeichnende Merkmal (die Veraltung der Voraussetzung durch die Thatsachen der gegebenen — *νῦν δέ* — Wirklichkeit) ist, das mediale Verhältnis das unterscheidende. Oder sollte der Lehrer des Deutschen in Prima nicht über Lessings Laokoon zu Homer, geradezu zu einer Zergliederung von Homerpartieen im Sinne der Lessing'schen Gesetze kommen und von da zu unsren Dichtern vor und nach Lessing? Es ist unmöglich, den Unterricht ohne Aneihung und Verwebung wissenschaftlich zu vertiefen. Es ist eine grosse Reihe, die der deutsche Lehrer der Prima bildet, um das Zurück- und Wiederhervertreten des nationalen Gedankens etwa bei Fischart, Weckherlin, Uz, Klopstock, Lessing, Goethe u. s. f. darzuthun; und unwillkürlich wird er auf das Dahinschwinden des nationalen Gedankens im Griechenvolk eingehen und Ausblicke auf so manche Erscheinungen der neueren und neusten Geschichte thun müssen. Es ist eine interessante Reihe, die vier avari in ihrer individuellen Ausprägung Od. II 14, II 16, II 2, II 18 kennen zu lernen; aber weit darüber hinaus — weshalb müssen wir von Horaz den Weg zu Walter von der Vogelweide, zu Sebastian Brant's Narrenschiff, zu Hans Sachs' Narrenschneiden, zu den Elegikern, ja auch Idyllikern des 18. Jahrhunderts finden? Einfach deshalb, weil alle diese Einzelerscheinungen in einem inneren kulturgeschichtlichen Zusammenhange stehen, also mehr oder minder ein und dieselbe Idee in ihnen zur Ausprägung kommt. Liegt es so fern ab nach den verschiedenen Gründen zu fragen, die Voss und die Lessing zu Homer führten? Dort das Suchen nach der verlorenen Natur, hier das Suchen nach künstlerischen Gesetzen. Liegt es so weit ab, im Religionsunterricht Geschichte, Lehre, Leben, Lied auf das Engste zu verknüpfen? oder bei der Wahl der deutschen Lesestücke von unten auf an Jahreszeit, Heimat und solche Kulturkreise anzuknüpfen, die der Anschauung und Empfindung des Knaben nahe liegen? Wie oft bin ich freudig überrascht worden, wenn zwischen getrennten Gedankenkreisen an einem und demselben Tage im Deutschen und Lateinischen oder Religionsunterricht die Berührungspunkte sich

fanden, deren wir zur Ineinanderwebung bedurften. Man nenne
es Einheit des Lehrplans oder Konzentration, auf den Namen soll
es mir nicht ankommen, aber darüber ist mir psychologisch kein
Zweifel, dass die zusammenhangslosen Einzelheiten des Wissens
sich unrettbar verflüchtigen, auf den Untergrund des Bewusstseins
niedersinken, die Apperzeption da ungemein erschweren, wo
fleissige, aber zu wenig psychologisch gestimmte Lehrerarbeit
meint, es müsse Anknüpfung und Verbindung von selbst und ohne
Weiteres gelingen; und so geschieht es, dass so viel Neues, statt
mit dem schon vorhandenen geistigen Gehalt zu verschmelzen
und ein Glied des Bewusstseins zu werden, gar nicht bis ins
geistige Leben eindringt, sondern wie Sand rechts und links
hinabfällt, wenn das Gleis nicht eben und frei ist. Erst die
psychologische Beobachtung wird die Gründe festzustellen wissen,
weshalb so sehr viele treue, gewissenhafte und mühevolle Lehrerarbeit auf unsren höheren Schulen sich doch nicht immer der
Erfolge zu erfreuen vermag, welche man von jeder hingebenden
und ehrlichen Arbeit zu erwarten berechtigt ist. — Wir wollten
von dem Anteil des Gedächtnisses an der Prüfungsarbeit sprechen.
Jetzt wird es klar, worauf wir hinaus müssen: es hängt von
der grundsätzlichen Natur der gesamten Unterrichtseinrichtung.
von dem Streben nach Zusammenhang, nach möglichster Einheit
des Lehrplanes ab, ob das Gedächtnis seine naturgemässe Förderung
und Schulung erhält im Rahmen der Herstellung inneren Zusammenhanges, der Anreihung und Verknüpfung, oder ob es genötigt ist,
mangels eines solchen Zusammenhanges sich auf die Bewältigung
grosser, ja ungesund vieler Wissenseinzelheiten zu verlegen. Je
nachdem bestimmt sich der psychologische Habitus unsrer
Prüflinge. Es giebt bekanntlich eine höchst bedenkliche Art
der Arbeit ad hoc, der „Büffelei“ für das Examen. Wir können
ja unsre Schüler gar nicht genug davor warnen und behüten.
Nichts ist betrübender als das Bild dieser Examenarbeiter. Es
wird bis in die Nacht hinein gearbeitet, gelernt, dem Körper, der
die Strapazen nicht aushalten will, muss durch Stimulantien jeder
Art, starken Kaffee u. dergl. nachgeholfen werden. Dann klagt
man freilich über drohende Nervenzerrüttung. Viel schlimmer ist
dies, dass diese Art der Arbeit gar keine Gewähr des Erfolges in
sich trägt. Die Schule will solche Art der Arbeit nicht, sie kann
sie nicht wollen. Jeder einsichtige Lehrer muss über das Bild
solcher Schüler in seinem Unterricht bei Annäherung der Prüfung

erschrecken. Sie gehen nur schwer auf die vorliegende Sache ein, weil sie voll des gedächtnismässig aufgestapelten Wissensstoffes aus den früheren Semestern sind, der ihrer Berechnung nach in der Prüfung daran kommen muss. Zu logischem Urteil sind sie schwer zu bringen, sie sehen das Einfachste und Naheliegende nicht mehr mit unbefangenem Auge, sie wittern überall Schwierigkeiten und fallen über das aller Einfachste. Geht der Lehrer in ihrem Interesse wiederholend zur Befestigung auf dies oder jenes ein, so verblassen und verbleichen selbst diese Eindrücke, als wären sie nie vorhanden gewesen. Die Erfahrung bestätigt es tausendfältig, gerade das, was zuletzt noch da war, kommt bei der Prüfung so wie vom Monde herabgeholt, halb, unklar, verträumt heraus, so dass man den Unmut manches Lehrers wohl verstehen kann. Es muss gesagt werden, der gesamte Geist unserer Prüfungsordnung richtet sich klar und bestimmt auf die Verhütung solcher Zerrüttung und Zerstörung Leibes und des Geistes. Darum mit Recht das Verbot aussordentlicher und ermüdender Geschichtswiederholungen, darum der so richtige Gedanke der Abschlussprüfungsordnung S. 57: „Dem mit aller Entschiedenheit zu wehren und in den Schülern die Überzeugung zu befestigen, dass treue Arbeit während des ganzen Jahres die beste Bürgschaft für die Versetzung sei, ist Pflicht der Direktoren und Aufsichtsbeamten." Aber wir werden uns eben doch alles Ernstes zu prüfen haben, ob wir zu so treuer Pflichterfüllung auf dem Boden einer Unterrichtsgestaltung anhalten, die der oben erwähnten psychologischen Reize und Anregungen zu lusterfüllter Arbeit vielfach entbehrt, oder ob wir das gesamte Schulleben von einer Unterrichtsgestaltung getragen wissen, die den Anforderungen an eine Reiz erweckende Thätigkeit entspricht, die also psychologisch gesprochen die Geister nicht durch interesselose Arbeit ermüdet, ohne die geistige Kraft merklich zu heben, den so natürlichen Trieb zur Thätigkeit in die rechten Bahnen lenkt und mit der Freude an dem, was die Schule bietet, das Selbstbewusstsein und Selbstvertrauen stetig sich kräftigen und befestigen, darum auch sich zweckmässig bethätigen lässt. Es giebt doch manche gute Mittel, z. B. das Gedächtnis im Dienste der wissenschaftlichen Arbeit, also der Assoziation, angemessen zu schulen und zu kräftigen! Wie oft muss eine Parallelstelle im Horaz, im N. T., im Homer, wie oft müssen Belegstellen aufgesucht und im Interesse der Assoziation verwendet werden.

Das ist schon ein Stückchen wissenschaftlicher Arbeit. Kein Schüler darf da zurückbleiben, die Stelle selbst aufzusuchen und nachzulesen, er muss das Zitieren als Sprechübung betrachten, er muss gegebenenfalls die verwendeten Stellen sämtlich aus dem Kopf bezeichnen, er muss vor allem das Auge üben, sich den Ort zu merken, wo es stand, zur Pflege eines litterarischen Ortsgedächtnisses. Ja es giebt Fälle, wo auch die Zeitumstände in den Dienst dieser Gedächtnisschulung gestellt werden können. Mit dem Advent wiederholen wir das Kirchenjahr, für die Hauptzeiten des Kirchenjahres suchen wir für das Gedächtnis ein Motto (z. B. Röm. 13, 11, Phil. 4, 5, 1. Tim. 3, 16, Joh. 1, 14, 1. Kor. 13, 1. Petr. 2, 2, Röm. 11, 36); um den Totensonntag herum fingen wir an zu lesen Hor. Od. II 13 und der Reihe nach die Oden des zweiten Buches, welche die meditatio mortis enthielten, Röm. 5, 1 f. und Hor. II 16, das Ringen nach innerem Frieden, trafen an einem Tage zusammen.

Jeder Lehrer der Sexta und Quinta wird es doch noch zu Wege bringen, seine Schüler zu selbstthätiger Ordnung ihrer Vokabeln nach Realiengruppen anzuhalten; und seit der § 11 der Reifeprüfung mit Recht auf die Kenntnis altklassischer Realien grossen Wert legt, wird sich unsre methodische Arbeit immer mehr nach der Richtung hin entwickeln müssen, die Realien aus der Lektüre selbst gewinnen, ordnen und zum Verständnis der altklassischen Kulturwelt fruchtbar werden zu lassen, statt sie ohne Zusammenhang mit der jeweiligen Lektüre aus Realienbüchern, doch offenbar nur gedächtnismässig zu erlernen. Das III. Buch des Horaz bringt z. B. zum Verständnis der Topographie genug Material; III, 29, 5 f. der Esquilin, III, 24, 25 Kapitol und das nächste Meer, III, 1, 11 den Campus Martius, hierzu auch III, 12, 7; die ländlichen Feste des Horaz III, 13, III, 18, III, 23, III, 28 geben Material aus dem Gebiete des Kultus, man nehme hierzu für das Kultusleben in Rom III, 6, 2 ff., III, 1, 1 f. u. s. w. Jedes Buch des Livius führt reichlich zu sakralrechtlichen Fragen, der Kenner kann aus Hor. III, 13, 6, III, 18, 5, III, 23, 12 f. Eigentümlichkeiten der Sakralsprache herausschälen. Welche Ausbeute bietet die vierte Dekade des Livius für die Topographie Griechenlands, Kleinasiens, für Staats- und Völkerrecht, für Heer- und Kriegswesen. Man muss sich nur nicht die Mühe verdriessen lassen, zu sammeln und zu ordnen und auch die Sprachübungen durch die Beziehung zu den Realien fruchtbar und anregend zu machen.

Doch ich fürchte, ich verliere mich ins Detail. Ich wiederhole hier, was ich in der wissenschaftlichen Abhandlung des Osterprogramms Wohlau 1891 geschrieben habe, „Vereinzelung der Vorstellungen bedeutet den Tod des geistigen Lebens". Von diesem Gedanken aus kann die Stellung zu den praktischen Fragen der pädagogischen Psychologie, auch zur Frage der Überbürdung, Ermüdung und Abspannung keinen Augenblick zweifelhaft sein.

Haben wir bisher gesehen, wie die praktischen Fragen der pädagogischen Psychologie, man mag einen Ausgangspunkt wählen, welchen man will, hinführen auf das Eine, was für die Gestaltung des inneren Schullebens notthut, auf einen Unterricht und eine Schularbeit, an die sich kein Gefühl innerer Unzulänglichkeit knüpft, die nicht durch Einförmigkeit und Abwechslungslosigkeit ermüdet, stumpf macht oder der Neigung zur Zerstreuung, d. h. eines auf anderweitige, mit der Sache des Unterricht nicht in Beziehung stehende Dinge gerichteten Thätigkeits- oder Beschäftigungstriebes, die endlich mit der Lust am Empfangen des Dargebotenen den Reiz zu freudiger Mitarbeit verbindet, so ist es auch vollkommen richtig, zu erwägen, inwieweit die gesamte äussere Organisation des Schullebens den erziehlichen Zweck des inneren Schullebens zu fördern oder zu hemmen, sammelnd oder zerstreuend zu wirken vermag. Die erste Schrift der vorliegenden Sammlung, die über den Stundenplan, hat gleich zum Nachdenken und Erwägen über die zweckmässigste Lage und Aufeinanderfolge der Unterrichtsstunden angeregt. Es sind mir seitdem manche lehrreiche Beobachtungen, für mich zugleich Winke und Fingerzeige aus dem Kreise der Kollegen mitgeteilt worden. KRÄPELINS Studien über die Arbeit führen das Nachdenken zwingend auf die praktische Gestaltung der Zwischenstunden, der Erholungspausen. Es darf kein Schüler während der Pausen im Freien Bücher mitbringen, um noch zu lernen. Wahrnehmungen über die überhandnehmende Neigung einer Klasse zur Zerstreutheit während des Unterrichts, besonders in gewissen Stunden wie den Rechenstunden führten dazu, dem Spiel in den Erholungspausen massvollere Grenzen zu stecken. Unverkennbar macht sich der Einfluss des angeregten Nachdenkens auf diesem Gebiete geltend in der sorgfältigen Abwägung der Haus- und Klassenarbeit, der Regelung des Korrekturwesens, der Prüfung sämtlicher Lehrbücher und Lehrmittel auf ihre Zweckmässigkeit und Anpassung an die

geistige Kraft der einzelnen Klassen, in der eingehenden Erwägung
der Gegenmittel gegen die Neigung zur Unselbständigkeit, besonders
auch zum Gebrauche unerlaubter Hülfsmittel durch planvolle
Anleitung zum Präparieren mit Hülfe der geeignetsten Lehrmittel
(worunter wir den grösseren Teil der neuerdings so beliebt
gewordenen Schülerpräparationen und Schülerkommentare nicht zu
rechnen vermögen), damit in der planmässigen Hebung des
Selbstvertrauens. Ich halte die Untersuchungen dieser Schriften-
sammlung für ein sehr heilsames Mittel, allen solchen Fragen
von einer Seite aus näher zu treten, an die man früher eigentlich
nicht gedacht hat. Hierher gehört unter anderem auch die Frage
über die zweckmässigste Gestaltung des Ferienwesens, ferner über
die gleichmässige Länge der einzelnen Schuljahre. Jeder erfahrene
Lehrer seufzt über die endlos langen Schuljahre: die Freude, noch
Zeit zu eingehender Wiederholung zu finden, verkehrt sich in
das Gegenteil, man hört jeden aufrichtigen Praktiker bekennen,
die Schüler lernen nicht mehr hinzu, ja sie lernen das Pensum
ihrer Klasse in keiner Weise tiefer, so oft auch wiederholt wird.
Der Grund liegt offenbar, wie oben schon angedeutet, in der Reizlosigkeit der Wiederholung, sie vermag nichts Neues zu bringen,
soll sie dem Unterrichte der folgenden Klasse nicht vorgreifen:
diese Reizlosigkeit der Wiederholung wirkt ermüdend auf Lehrer
und Schüler. Hier liegt offenbar ein psychologischer Fingerzeig
für eine von der Lage der Osterfeiertage unabhängige Gestaltung
der Schuljahre, welche die aufgewendete Arbeit zu keiner Zeit
zwecklos erscheinen lässt und welche die Arbeit rechtzeitig
abbricht, ehe sie ihre Reize verloren hat. Auf dieselben
Erwägungen, aber weniger aus psychologischen als aus ethischen
Gründen weist die Thatsache hin, dass die Schüler sich zwischen
den Sommer-Ferien und den Michaelis-Ferien gern gehen lassen.
Sie haben kein Ziel vor Augen, das ihnen Zügel und Sporn
zugleich sein mag; sie haben ihren Vorstellungen nach noch viel
Zeit. Selbst die Reifeprüfungen in unmittelbarem Anschluss an
die soeben beendigten Sommerferien sind nur ein Notbehelf, der
sicherlich nicht aus psychologisch-physiologischen Bedürfnissen
hervorgegangen ist. Es wäre aber doch sehr interessant, wenn
sich feststellen liesse, wie die oben erwähnten psychologisch-
physiologischen Bedürfnisse sich aufs engste berühren mit den
praktischen Bedürfnissen der bürgerlichen Gesellschaft und ihrer
Berufe.

Schlusswort.

Ist es richtig, dass unser Schulleben auf den Grundton der
Liebe und Geduld gestimmt ist, ist es uns wirklich Ernst damit,
dass sich unsre Schüler in der Schule wohl fühlen, dass sie gern
zur Schule kommen und in der und für die Schule arbeiten, dass
auch vom Schülerherzen gilt, was Sprüch. Salom. 15, 13 geschrieben
steht: „Ein fröhlich Herz macht ein fröhlich Angesicht, aber wenn
das Herz bekümmert ist, so fällt auch der Mut" — dann muss
uns die pädagogische Psychologie die Handhabe gegeben haben,
nicht nur zu ergründen, wie sich das Allgemeingültige der Schularbeit in jeder einzelnen Individualität abspiegelt, sondern auch
um jeder Individualität in ihrer Weise beizukommen. In dieser
Hinsicht fehlt es im Urteil der Praktiker nicht an manchem
Widerstreit. Die einen fürchten, über der allzuweit gehenden
Berücksichtigung der Einzelindividualitäten kommen die Forderungen des Ganzen übel fort, man müsse vor Allem fordern, dass
jedes Individuum voll und ganz sich an der Gesamtarbeit beteilige,
den allgemeinen Anforderungen gerecht werde, die andren halten
das Eingehen auf die Individualität für praktisch undurchführbar,
die andren suchen das Hemmnis nur in den allzugrossen Schulorganismen. In allen solchen Ansichten steckt ein Kern Wahrheit. Es ist aber wahr, in der Generalisierung der Forderungen
liegt in unsren Tagen die Gefahr einer subjektiven Überspannung
der Einzelindividuen, welche der Quell der nervösen Belastung
werden kann. Die Übertreibung der Forderung individueller
Behandlung der Schüler könnte zu der Konsequenz führen, zur
Einzelerziehung zurückzukehren. Aber die Gesamterziehung, die
gemeinsame, sagen wir selbst bis zu einem gewissen Grade die
Massenerziehung ist im Interesse der ethisch-sozialen Tugenden
unbedingt notwendig, ja selbst die Entstehung des ästhetischen
Wohlgefallens ist tausendfach gerade an das gemeinsame Thun,
an die gemeinsame Unterordnung unter eine das Ganze in allen
seinen Teilen beherrschende Idee gebunden. Daraus ergiebt sich,
der Schulorganismus muss einen so begrenzten Umfang haben,
dass die Verbindung beider Gesichtspunkte, der Einordnung des
Einzelnen in den Gesamtorganismus mit seinen für alle gleich
bindenden Forderungen und der von psychologischem Geist be-
seelten liebevollen Berücksichtigung der Einzelindividualitäten
noch möglich ist. Unsren neuen Lehrplänen schwebt diese Aufgabe

wohl vor, aber deren zielbewusste Verfolgung scheitert noch
an Thatsachen, die weder mit der Ethik noch der Psychologie in
Verbindung stehen. Der Geist der neuen Lehrpläne entwickelt
sich anscheinend auch immer mehr in der Richtung, jeder Schule
die Entfaltung individuellen Lebens möglich zu machen. Die
Uniformität hat gewiss ihr Gutes, Heilsames und Notwendiges,
aber gerade der Geist, aus welchem heraus die neuen Lehrpläne
geboren sind, erfordert zum Schutze der Individualitäten gegen
subjektive Belastung mit allen ihren physiologischen Begleiterscheinungen das Recht auf Entfaltung individuellen Lebens
in Unterricht, Erziehung, äusserer und innerer Schulordnung.
Möge die soziale Ethik und das ästhetische Wohlgefallen sich zum
harmonischen Bunde mit der pädagogischen Psychologie vereinigen;
ferne Generationen werden solche Vereinigung noch segnen!

SAMMLUNG VON ABHANDLUNGEN AUS DEM GEBIETE DER
PÄDAGOGISCHEN PSYCHOLOGIE UND PHYSIOLOGIE

HERAUSGEGEBEN VON

H. SCHILLER   UND   TH. ZIEHEN.

II. BAND. 4. HEFT.

STUDIEN UND VERSUCHE

ÜBER DIE

ERLERNUNG DER ORTHOGRAPHIE.

IN GEMEINSCHAFT MIT

LEHRAMTSASSESSOR HEINRICH FUCHS UND LEHRER AUGUST HAGGENMÜLLER

VERÖFFENTLICHT VON

HERMAN SCHILLER.

BERLIN,

VERLAG VON REUTHER & REICHARD

1898.

Druck von Paul Schettler's Erben, Hofbuchdruckerei in Cöthen.

Wenn man die Tageslitteratur der Volksschule durchblättert, so begegnet man nicht selten der Erörterung[1]), wie dem mangelhaften orthographischen Wissen und Können der Schüler abgeholfen werden könne, und es fehlt nicht an Heilkünstlern, die bald dieses, bald jenes Mittel zur Abhilfe gegen das „Schulkreuz" vorschlagen. Und wenn man etwa meint, in den höheren Schulen stünde es erheblich besser, so darf man nur die Verhandlungen der Versammlungen von Schulmännern, Parlamentariern, Schulreformatoren u. s. w. in die Hand nehmen, um sofort dasselbe Klagelied zu vernehmen. Nimmt man noch die Bestrebungen dazu, die eine phonetische Schreibweise herbeizuführen suchen, wenn sie einstweilen auch noch auf keine allgemeine Zustimmung rechnen können, so bekommt man, man mag sich noch so sehr dagegen sträuben, den Eindruck, es müsse hier etwas in der Schule schlecht bestellt sein.

Ruhig denkende Leute wagen allerdings die Frage zu stellen, ob es denn auch wirklich so sei, wie da und dort behauptet wird; aber diese Zweifel werden regelmässig nur in Fachkreisen geäussert, wenn es überhaupt geschieht, und so verlautet von diesen Bedenken in weiteren Schichten so gut wie nichts. Das grosse Publikum macht sich zum Glück darüber, wie über viele andere wichtigere Fragen, wenig Gedanken. Denn wozu sind denn die Schulen da, die einem das bischen Leben ohnedies so sauer machen, wenn man Kinder hat? Mögen sie dafür sorgen, dass diese richtig schreiben lernen; dafür sind sie doch in der Welt; den Eltern kann man unmöglich zumuten, sich auch noch darum zu kümmern. Und viele sind in der That gar nicht dazu imstande; sie würden ihre Kinder nicht fördern, sondern eher noch verwirrter machen, wenn sie sich der häuslichen Arbeit auf dem

---

[1]) S. W. A. Lay, Führer durch den Rechtschreib-Unterricht. Karlsruhe 1897. S. 1 ff., der eine gute Zusammenstellung der Theorieen giebt.

1*

Gebiete der Orthographie annehmen wollten. Und so scheint es, die Lehrer und die Versammlungen behalten Recht mit ihren Klagen, dass fin de siècle es mit der deutschen Orthographie schlechter bestellt sei als je.

Zum Troste unserer Generation sei nun schon hier ausgesprochen, dass ich diese Ansicht nicht nur nicht teile, sondern sogar zu beweisen hoffe, dass sie unrichtig ist. Freilich muss ich den Leser einladen, mir zunächst etwas in die Vergangenheit zu folgen: er braucht keine Angst zu haben, dass ich ihn mit gelehrtem germanistischem Ballaste beschweren will — ich bin mit wenigen handgreiflichen Beweisen zufrieden. Ich will auch nicht in die Tiefen der Jahrhunderte zurückgreifen, obgleich dies nicht wenig lehrreich wäre. Luthers Verdienste um die deutsche Hochsprache sind bekannt, aber wie stand es mit seiner Orthographie? Dass wir nicht erwarten dürfen, sie sei ganz so wie die heutige, weiss jedes Kind. Aber man könnte doch erwarten, dass der gewaltige Sprachmeister wenigstens das erfüllte, was heute auch jedes Kind leistet, dass er dasselbe Wort stets gleichmässig schriebe. Wie steht es aber damit in Wirklichkeit? Wenige, beliebig herausgegriffene Zeilen mögen dies beweisen. In seinem Briefe an Leo X. (1520) schreibt er in der einen Zeile „in", in der andern „ynn", in der einen „und", in der andern „unnd", bald „dan" und bald „dann"; bald werden der Infinitiv und das Partizip mit „enn" bald mit „en" geschrieben u. s. w. Von der Inkonsequenz in der Schreibweise der Wörter derselben Bildungsart gar nicht zu reden (z. B. Zodoma gomorr odder Babylonien). Nun, und jetzt einen Schritt über ein paar Jahrhunderte hinüber zu Goethe: man lese seinen Brief vom 9. August 1779 an die Frau Rat, da wird die Anrede Sie und Ihro bald gross und bald klein geschrieben, ebenso Eure und euch. Nach einem Punkte findet sich bald gross und bald klein geschrieben, die sonstige Interpunktion wäre nach unserer heutigen Auffassung für einen Quintaner strafwürdig. Von der Orthographie Friedrichs d. Gr., Blüchers und anderer Grössen will ich nicht reden. Was ergiebt sich daraus? Meines Erachtens zweierlei. In früherer Zeit waren der Einzelne und das Publikum in den Anforderungen an die Rechtschreibung lange nicht so genau, man kann auch sagen, lange nicht so pedantisch wie heute. Nun werden alle, die unseren heutigen Zustand als entsetzlich darstellen, rufen da haben wirs ja, was wir meinen, die Orthographie ist heute viel zu

sehr erschwert. Und die Anhänger der „fonetischen" Schreibweise werden uns ihr Heilmittel als unfehlbar bezeichnen:
Schreibe, wie du sprichst! Nur nebenher sei bemerkt, dass wir
dann vielleicht vom Regen in die Traufe geraten würden; denn
wenn man erst schriebe, wie man spricht, gnade Gott in den
meisten deutschen Gegenden der Orthographie! Es soll ja nicht
bestritten werden, dass unsere heutige Schreibweise noch manche
Vereinfachung erhalten könnte, namentlich wenn man konsequenter
wäre; aber ich will hier keine Vorschläge machen in dieser
Richtung. Denn der Kundige weiss, wie aussichtslos derartige
Umsturzpläne sind, und wie wenig selbst die bescheidene Reform
des Herrn von Puttkamer sich durchzusetzen vermochte, obgleich
sie die Unterstützung grosser Zeitungen und Zeitschriften und fast
aller grossen Verleger fand; das Trägheitsgesetz gilt eben auch
hier. Änderungen sind für mich auch gar nicht so dringend, weil
meiner Meinung nach die Lage gar nicht so schlimm ist, bezw.
die Abhilfe ganz wo anders gesucht werden muss.

Wenn ich vorhin bemerkt habe, wir seien heute erheblich
genauer, ja pedantischer als früher in der Rechtschreibung, so
liegt hier schon zu einem Teile die Erklärung, warum ich unsere
Zeit nicht so schlimm finden kann. Ich behaupte nämlich, dass
es zu Luthers und Goethes Zeit viel schwieriger war, das Recht-
schreiben zu erlernen als heute, eben weil man es damals so
unendlich weniger genau nahm. Wir eignen uns die Orthographie, wie später des genaueren dargelegt werden soll, teils
durch das Auge, teils durch das Ohr an, teils durch andere
Gedächtnisse, in jedem Falle durch Nachahmung und Einübung.
Wer findet nun mehr Unterstützung bei dem Bestreben, eine
richtige Schreibweise zu gewinnen, unsere Zeit oder die unserer
Altvorderen? Der Schüler von heute begegnet in seinen Büchern
stets nur demselben Wortbilde; die Beirrung durch ein anderes
erwächst ihm höchstens aus seinen eigenen Nachahmungsver-
suchen, wenn diese, wie leider nur zu oft, in methodisch ver-
fehlter Weise hervorgerufen werden. Erst wenn er älter wird,
können ihm Zeitungen und Bücher eine andere Schreibweise vor
Augen führen; aber dann ist der Schaden nicht mehr gross.
Wie ganz anders bei unseren Vorfahren! Wie konnte sich hier
ein Wortbild befestigen, wenn es in der einen Zeile so und in
der nächsten anders aussah? Und dabei ging doch wieder die
Willkür nicht so weit, dass jeder schreiben konnte, wie es ihm

in den Sinn kam, sondern der Einzelne war auch an bestimmte, nur wechselnde und schwankende Traditionen gebunden, so gut wie heute. Nur war es für ihn viel mühevoller, diese zu erlernen, weil sie eben keinen festen Normen folgten und so keine feste Gewöhnung fördern konnten. Der Schüler, der heute in die Rechtschreibung eingeführt wird, ist von diesen Schwierigkeiten befreit, denn er muss sogar ganz fest bestimmte Regeln erlernen; freilich tragen gerade diese Einrichtung und das darauf begründete Vertrauen vielleicht einen Teil der Schuld, dass seine Orthographiefähigkeit zu wünschen übrig lässt.

So viel dürfte bereits die bisherige Ausführung gezeigt haben, dass die grössere Schwierigkeit die heutigen angeblich so unbefriedigenden Zustände weder erklärt noch rechtfertigt. Und doch wurde ein Umstand noch gar nicht erwähnt, der das Verhältnis zu ungunsten der alten Zeit noch erheblich verschiebt. Heute lernt das Kind beim Eintritt in die Schule 3—4 Jahre lang bloss die deutsche Sprache kennen, und die Wortbilder, die es in der Schule erfasst, sind ausnahmslos aus seiner Muttersprache entnommen. Zu Luthers Zeit fingen diejenigen Kinder, die die lateinische Bildung der Zeit empfangen sollten, gleichzeitig Latein und Deutsch oder richtiger eigentlich nur Latein an, und die Wortbilder beider Sprachen kreuzten und verwirrten sich im Hirn der armen Kleinen. Und dies Verhältnis änderte sich nicht mehr: war es ein Wunder, dass in der Orthographie Tradition und Konsequenz auf so schwachen Füssen standen? Also Schluss: die Schwierigkeit der Sache könnte die heutigen angeblich geringen Erfolge des Schulunterrichts weder rechtfertigen noch erklären, denn welche Vorteile besitzt ausser den schon erwähnten dieser heute in der besseren Bildung der Lehrer, in der energischeren und dauernderen Schulung der Jugend, in den wohlfeilen Büchern und dem noch wohlfeileren und unendlich besseren Schreibmaterial!

Woher weiss man aber denn, dass heute die Erfolge der Orthographie so viel unbefriedigender sind als früher? Zweifellos kann ein genügender Beweis für diese Behauptung auch für den zu grösster Nachsicht geneigten Beurteiler gar nicht erbracht werden, da es für einen solchen an der erforderlichen Vergleichung eines umfangreichen Materials gänzlich fehlt. Es ist das genau so, wie bei der nicht minder oft vernommenen Behauptung, unsere heutigen Primaner würden im deutschen Stile nicht mehr so weit gebracht, wie in früheren Zeiten. Der Einzelne urteilt in allen diesen Fragen rein subjektiv, oft gefühls-mässig, unter dem Eindruck zufälliger Erfahrungen und Stimmungen. Beweise für diese Behauptungen hat noch niemand erbracht, und ich fürchte, es wird sie auch niemand erbringen, da hier überall die Schüler- und die Lehrerindividualitäten sowie das Elternhaus Faktoren sind, die schwer ins Gewicht fallen und doch gänzlich unfassbar sind, abgesehen davon, dass eine Beschaffung des zu vergleichenden Materials auf weit grössere Schwierigkeiten stiesse, als etwa bei der ähnlichen Enquête betreffs der stilistischen Ge-wandtheit der Primaner. Denn hier können wenigstens die Reife-prüfungsarbeiten in grösserem Umfang eingesehen werden; nur müsste man dabei verschiedene Faktoren in Rechnung bringen, die auch irrational bleiben werden. Freilich glaubt insbesondere der Lehrer, namentlich wenn er älter wird, feststellen zu können, dass es früher in seinem Unterrichtsleben besser gewesen sei, vor allem, dass er befriedigendere Resultate erreicht habe. Doch hierbei spielt zweifellos der Tribut, den jeder dem Alter zahlen muss, eine erhebliche Rolle; an das eigene geringere Mass von Arbeits-energie und Frische, an das weniger zuverlässige und gerade das Gegenwärtige nicht mehr treu festhaltende Gedächtnis, an das geringere Anpassungsvermögen wird in der Regel zu wenig gedacht. Auch mögen oft wirklich geänderte Verhältnisse geringere Erfolge veranlasst haben. In früheren Jahrzehnten überwog der Sprachunterricht den Sachunterricht; heute mag es meist umgekehrt sein. Wie sollte also hier, wenn sich das Ver-fahren, die Methode nicht geändert hat, sich keine Rückwirkung geltend machen? Die Stundenzahl ist verringert, die Zahl und vor allem die Bewertung der nichtsprachlichen Unterrichtsstunden erheblich gestiegen; die häusliche Arbeit ist auf dieser Stufe — in der Volksschule auch auf höherer — noch wenig bedeutend, irgendwo muss sich also der verminderte Zeit- und Kraftaufwand in dem Umfang der Übung zu erkennen geben. In diesem Falle liegt aber die Abhilfe nur in einem Wechsel der Methode und in einer Steigerung der Stundenzahl im Schulunterrichte. Und diese Forderung kann nicht oft genug wiederholt werden. Heute handelt man hygienisch und pädagogisch verkehrt, wenn man die Zahl der Schulstunden herabsetzt und die der Hausarbeit erhöht, unbe-dingt wenigstens, so weit es das frühere kindliche Alter betrifft. Und von der Volksschule gilt das in doppeltem Masse; was haben

die meisten Kinder, die sie besuchen, zuhause für Arbeitsgelegen-
heiten, welche Luft-, welche Lichtverhältnisse, während unsere
Schulpaläste, die man ja heute gerade für die Volksschulen mit
Recht in splendidester Weise errichtet, alles bieten, was viele
Kinder dort entbehren, und was selbst die besser situierten Eltern
ihren Kindern nur in seltenen Ausnahmefällen bieten können.

Indessen für so erheblich erachte ich auch diese Frage nicht,
dass man verzweifeln müsste, wenn man sie nicht sofort ganz
befriedigend zu gestalten vermag. Ich habe vielmehr die feste
Überzeugung, dass bei kleineren Schulklassen die meisten dieser
Übelstände leicht beseitigt werden können, und dass auch bei
grösseren manche Besserung erzielt werden kann, wenn nur erst
einmal über die hier einschlagenden psycho-physiologischen Fragen
Klarheit erzielt und Einverständnis herbeigeführt wird. Dazu
möchte diese Arbeit einigermassen mithelfen.

Die natürliche Spracherlernung erfolgt, sagen wir es zunächst
einmal ganz einfach, durch Hören und Nachahmen der gehörten
Laute. Schon allein auf diesem Wege müsste also die richtige
Aussprache der Wörter, und wenn Laut- und Lautzeichen über-
einstimmten, auch allmählich die richtige Bezeichnung durch die
Schrift herbeigeführt werden können, und zwar in dem Masse,
als Laut und Lautzeichen sich verschmelzen oder identifizieren.
Dass das in der That der Fall ist, lehrt der Unterricht der Blind-
geborenen. Freilich wird später darzulegen sein, dass zum Hören
und Nachahmen eine Reihe von komplizierten Gehirnthätigkeiten
erforderlich ist, die ihre besondere Einübung erfordern. Für den
Rechtschreibunterricht ziehe ich aus dieser Thatsache nur den
Schluss, dass in ihm der Weg vom Mund zum Ohr ein Hauptfaktor ist und unter allen Umständen bleiben muss. Wenn nun
BORMANN und seine Anhänger in den vierziger und fünfziger
Jahren unseres Jahrhunderts für die Rechtschreibung ausschliesslich den Weg durch das Auge empfahlen, so war das zwar zum
Teil richtig, aber natürlich eine grundlose Einseitigkeit. Leider
sind wir heute noch vielfach auf diesem falschen Wege: man
verkennt, dass an der Erlernung der Rechtschreibung nicht nur
beide Sinnesgebiete fast gleichmässig beteiligt werden müssen,
sondern, dass sie allein sogar dafür noch gar nicht ausreichen.
Bedauerlicherweise hemmen zwei Thatsachen die Erlernung der
Rechtschreibung auf dem Wege vom Munde zum Ohre, die falsche
Aussprache der Laute und die Inkonsequenz in deren Bezeichnung.

Der Dialekt kümmert sich vielfach wenig um Reinhaltung der Laute und trübt Vokale und Konsonanten ohne Unterschied, und gerade in diesem Punkte, wo die Arbeit der Schule mit Nachdruck einsetzen müsste, versagt sie zum guten Teile. Das Elternhaus unterstützt dabei die Anstrengungen der Schule nicht, wenn sie vorhanden sind, sondern es durchkreuzt sie sogar, nicht bewusst und nicht absichtlich, aber für die schliessliche Wirkung macht dies keinen Unterschied. Wie viel dies ausmacht, kann der Lehrer oberer Klassen täglich feststellen. In manchen Gegenden Deutschlands, unter anderem in der Umgebung Frankfurts a. M., wird der Zischlaut sch fast stets unrichtig ausgesprochen, meist als ch. Obgleich nun die Schüler von 16—18 Jahren doch ohne allen Zweifel die orthographischen Regeln über die Suffixe isch, lich, ig so sicher kennen, wie man irgend etwas kennen kann, und ihre Gesichtsbilder auch richtig sind, begegnen z. B. in Giessener Primanerarbeiten regelmässig Schreibungen wie teuflich, argwöhnig, und zwar kann man stets feststellen, dass die betreffenden Schüler nicht imstande sind, sch zu sprechen. Hier überwiegt also das Gehörbild alle Unterstützung, die denkende Vorgänge bei der Orthographie und das Sehbild leisten. Es ist ferner bekannt, dass Stotterer und Stammler auch beim Schreiben stottern und stammeln, also z. B. das e vor dem h oder ein ganzes Wort weglassen etc., ein Beweis, wie eng Sprech-, Klang- und Schreibbild verbunden sind.[1]

Wie hier Abhilfe geschaffen werden kann, soll nachher erörtert werden. Aber ein nicht minder grosses Hindernis bildet die Inkonsequenz der Lautbezeichnung. Man kann das feinst organisierte Ohr haben und ist doch nicht imstande, durch das Gehör zu entscheiden, ob die Dehnung durch Verdoppelung des Vokals oder durch Dehnungszeichen ausgedrückt wird, weil es sich hier nicht um organische, sondern um künstlich historisch gewordene Verhältnisse -- bisweilen sogar um historische Verkehrtheiten -- handelt. Die „fonetische" Schreibweise[2] hat diesen Punkt in seiner Bedeutung richtig erfasst, und wir wollen unsere Enkel und Urenkel beglückwünschen, wenn sie die dadurch herbeigeführte Vereinfachung der Rechtschreibung erleben. Aber bis

[1] O. Berkhan, Über Störungen der Sprache und der Schriftsprache. Berlin 1889, S. 23 f., 72 ff.
[2] Man ersieht deren Bestrebungen aus der von J. Spieser geleiteten Zeitschrift „Reform" (s. insb. Spieser eb. 1897, 141, 1898, 87, 48, 73.

dahin müssen wir uns eben einzurichten suchen, und sicherer ist
es schon, wenn wir diese Einrichtung gleich so treffen, als ob sie
es am Ende auch noch nicht erlebten. Und wenn sie es erleben,
so wird auch ihnen einige Arbeit nicht erspart bleiben, da die
schöne Regel: schreibe, wie du sprichst, meinetwegen auch wie
du richtig sprichst, so lange ein Luftschloss bleiben wird, als
nicht der gesamte Anfangsunterricht auf ähnliche Grundlagen
gestellt wird, wie sie SPIESZA versucht hat. Freilich wird auch
da erst zu sehen sein, in wie weit ein im Einzelunterrichte
erprobtes Verfahren sich für Schulen eignet.

Diese beiden Hemmnisse sind es nun, die uns nötigen,
zunächst einen zweiten Sinn zuhilfe zu ziehen, der eigentlich bei
der Spracherlernung nur da eine Rolle spielt, wo es sich um die
Nachahmung der Laute in der Schrift handelt, ich meine den
Gesichtssinn. Jeder hat schon beobachtet, wie das Kind, das zu
sprechen beginnt, häufig den Sprechenden zugleich auf den Mund
sieht und unter dem Eindrucke der Mundbewegungen, die neben
dem Schalle als Reize mitwirken, selbst reflektorisch diese Bewegungen nachzuahmen versucht. Zunächst natürlich zweck- und
ziellos; die Lautbildungen gelingen teils, teils nicht; aber in diesen
unbewussten Lauterzeugungen werden doch die Grundlagen des
gesamten Sprachmechanismus geschaffen. Der Gesichtssinn hat
vor dem Gehörsinn voraus, dass Reize, die auf ihn geübt werden,
rascher haften; die Kehrseite, dass diese rasch perzipierten Eindrücke auch weniger treu sind, übersieht man nicht bloss im
gewöhnlichen Leben nur zu leicht. Und sagt Jemand, er
erinnere sich einer einmal geschenen Gegend, eines einmal
betrachteten Bildes ganz genau, so wird er, falls er der Selbstbeobachtung und Selbstbeurteilung fähig ist, sofort eines Besseren
belehrt, wenn er nach einiger Zeit den gleichen Eindruck, aber
diesmal unter genauer Selbstkontrole, abermals auf seinen Gesichtssinn wirken lässt.[1] Noch ungünstiger gestaltet sich das Resultat
in dieser Hinsicht, wenn man minder komplizierte Vorstellungen
durch den Gesichtssinn in das Bewusstsein gelangen lässt, und
zwar gerade auf dem Gebiete der Druck- oder Schreibschrift.
Weil man diese Thatsache regelmässig übersah, konnte man in
den früheren Jahrzehnten auf den Gedanken kommen, die Rechtschreibung ausschliesslich durch den Gesichtssinn erwerben zu

---

[1] Dies hebt auch DODOT, die motorischen Wortvorstellungen, Halle
1896, S 72, hervor.

wollen, und auch in allerneuester Zeit hat man dieser Thatsache nicht immer gebührend Rechnung getragen. Wie wenig aber gerade er zuverlässig ist — ich bestreite durchaus nicht, dass er rascher erwerben kann —, das zeigt sich an einer Beobachtung, die namentlich Lehrer oft machen können. Wenn man Schüler-hefte korrigiert und einem orthographischen Fehler zum erstenmal begegnet, so wird man keinen Augenblick zweifelhaft sein, dass es sich hier um einen solchen handelt: auch eine zweite und dritte Begegnung mit ihm wird kaum eine Beirrung herbei-führen. Aber bei der 4., 5., 6. wird man schon zu zweifeln be-ginnen, wer eigentlich im Rechte sei, der Schüler mit seiner Orthographie oder der Lehrer mit seiner Korrektur. Je nach der Natur des Fehlers — oft hilft starkes Artikulieren des fraglichen Lautes in der einen und der andern Form und der dadurch herbeigeführte Vergleich, manchmal Besinnung auf Stamm oder Suffixe u. dgl. — kann diese Unsicherheit sich so sehr steigern, dass einem schliesslich nichts anderes übrig bleibt, als nach dem Orthographieverzeichnis zu greifen und dem Zweifel durch seine Autorität und durch die Autopsie ein Ende zu machen. Bezeich-nenderweise steigert sich diese Unsicherheit mit dem Alter und mit dem Grade des Abgezogenwerdens durch intensive und unser Vorstellungsleben beherrschende Gedankenkomplexe. Und doch handelt es sich in diesem Falle um wohlbefestigte Wortbilder, die durch langjährige Übung und theoretische Einsicht für einen festen Besitz gelten konnten. Wenn selbst in solchem Falle die wieder-holte Einwirkung eines teilweise falschen Wortbildes genügte, um rasch Unsicherheit und Verwirrung hervorzubringen, so kann man daraus schliessen, wie gross erst die Wirkung bei Kindern sein muss, bei denen alle jene Voraussetzungen fehlen.

Die mangelhafte Festigkeit der Sehbilder für eine sichere orthographische Gewöhnung wird noch durch eine andere Er-fahrung bestätigt, die jeder aufmerksame und vielschreibende Mensch an sich machen kann. Auch dem sichersten und ge-übtesten Orthographen passiert es, dass er, namentlich, wenn er längere Zeit geschrieben hat, und ihn der Stoff fesselt, unbegreif-liche Verstösse gegen die einfachsten Regeln der Orthographie entdeckt. So fand ich bei Beobachtungen, dass ich entlich schrieb, was man doch einfach für unmöglich halten müsste; ein anderes Mal schrieb ich adelisch, und wer hätte nicht schon bei sich oder anderen in statt ihn, das statt dass u. s. w. gefunden? Geht man der Quelle dieser auffälligen Verschreibungen nach, so wird man dreierlei finden. In vielen, meiner Beobachtung nach sogar in den meisten Fällen beruhte der Fehler auf einem Reiz, der an einer bestimmten Stelle, auf der das Auge in dem Augenblicke der Verschreibung geruht haben musste, auf es geübt werden konnte und ohne Zweifel geübt worden war, indem hier z. B. entsprang stand oder seelisch. Der Verstand und der Wille übten eine schwache oder auch keine Kontrole, weil sie durch den Inhalt in Anspruch genommen waren, und so vollzog sich ein im wesentlichen automatischer Prozess von Analogiebildung, der mit der Schreibung entlich und adelisch schloss. Die zweite Quelle liegt bei solchen Verschreibungen im Gehörbilde. Ihn und in, ihm und im, das und dass befanden sich so oft in Gegenüberstellung zugleich im Bewusstsein, dass sie in unkontrolierter Reproduktion für einander eintroten. Man wird überall an diese zweite Fehlerquelle zu denken haben, wo die erste physisch unmöglich ist und es sich zugleich um gleich- oder ähnlichlautende Wörter handelt. Nicht vereinzelt entspringen endlich solche Verschreibungen Anticipationen, die beim Denken erfolgen: es wirkt dabei die Schreibweise eines erst später zu setzenden Wortes bereits auf ein früheres ein, da die Feder dem Gedanken oft nicht zu folgen vermag. Es ist dies ein analoger Prozess, wie er beim Versprechen und Verlesen so oft vorkommt.[1)]

Noch eine weitere Beobachtung, die man bei kleineren Schülern oft machen kann, und die in mancher Beziehung lehrreich ist. Wenn ihnen im Diktate oder — seltener — im mündlichen Unterrichte ein Wort begegnet, über dessen Schreibweise sie unklar oder schwankend sind, so versuchen sie auf zwei Arten sich Gewissheit zu verschaffen. Sie sprechen meist das Wort halblaut vor sich hin und accentuieren dabei den Konsonanten oder Vokal, über den sie unklar sind, scharf; oder sie schreiben mit dem Finger das betreffende Wort auf den Tisch oder die Decke ihres Buches, ja selbst auf die Hand. Und der Erfolg dieses Hilfeversuchs? Nach meinen Beobachtungen stellt er sich ungefähr ebenso oft ein, wie er ausbleibt. Freilich wird sich diese Entscheidung durchaus nur äusserlich treffen lassen; denn das Hauptmoment, der grössere oder geringere Klarheitsgrad des fraglichen Wortbildes, entzieht sich meist der Beobachtung und lässt sich nur in besonders günstigen Fällen feststellen. Bei manchen Lauten nämlich, namentlich den Lippen-, Zahn- und Kehllauten, fällt häufig der leise Hülfsversuch der Kleinen so hörbar aus, dass man, verglichen mit dem Resultate, in der Lage ist, zu entscheiden, wie der Klarheitsgrad beschaffen war. Lediglich bestätigt wird durch diese unwillkürlichen und unüberlegten Hülfeversuche, dass auch schon der kleine Schüler die Erfahrung besitzt, die er natürlich durch den Unterricht gewonnen hat, dass das völlige Erfassen des Wortbildes in seinem Lautbestande durch das Ohr erfolgt. Natürlich schwankt auch die Leichtigkeit der Erwerbung von Erinnerungsbildern durch das Gehör individuell, und ebenso ist es der Fall mit dem Grade der Beständigkeit oder des Haftens dieser Bilder. Aber Thatsache ist doch, dass bei Tauben ein mehr oder minder reicher Vorrat von Bildern bleibt, die sie in einer mehr oder weniger weit zurückliegenden Zeit ihres Lebens vor Beginn der Taubheit erwarben. Man denke an Beethoven, der, längst taub, noch einige seiner schönsten Kompositionen schuf. Indem der Schüler aber auch den Versuch macht, den zweifelhaften Laut sich in der Schrift prüfend vorzuführen, zeigt er sich nicht minder als geübter Psychologe; denn er weiss, dass über die Schrift das Auge entscheidet. Ob es ihm nun gelingen wird, die Übertragung des Lautes in die Schrift richtig zu vollziehen, wird von dem Mass der Übung abhängen, die er bereits besitzt. Wie leicht sich aber auch hier eine weniger natürliche Gewöhnung schaffen lässt, zeigt folgende Thatsache. Manche Lehrer verbieten thörichterweise dem kleinen Schüler solche Hilfen, angeblich aus disziplinarischen Rücksichten, in der That meist infolge jener gedankenlosen diktatorischen Willkürneigung, die sich bei den Lehrern sehr leicht erzeugt, da sie stets Kindern gegenüberstehen, die ihren Willen als alleingültig anerkennen sollen. Natürlich geschieht, was immer der Fall ist, wenn man die Natur zu meistern sucht: diese hilft sich auf andere Weise. Die Kinder solcher Klassen gewähren beim Diktatschreiben meist ein sehr auffälliges Bild. Es vergeht fast keine Minute, ohne dass man einige in ganz eigentümlicher Gesichtshaltung sitzen sieht, bisweilen den Federgriff im Munde, ganz in Anspruch genommen von einem inneren Vorgange, nicht schreibend, starr auf einen Punkt blickend, als wollten sich ihre Blicke an einer bestimmten Stelle in die Wand oder die Wandtafel bohren. Fragt man die Kleinen, was sie machen, so erhält man oft die Antwort, „sie wollten sehen, wie das und das Wort geschrieben werde". Thut man dann, als verstände man nicht, was sie meinten und wollten, so wird man häufig die Antwort erhalten, sie schrieben für sich das Wort an die Wandtafel. Sie suchen also die vorhin erwähnte, aber ihnen untersagte natürliche, leichte und einfache Hilfeleistung durch eine künstliche und anstrengendere zu ersetzen, indem sie das innere Bild lediglich auf dem ursprünglichen Wege der inneren Projektion an der Tafel hervorzurufen und zu kontrolieren suchen. Dass diese unsinnliche Reproduktion viel weniger deutlich wird, bedarf keiner weiteren Ausführung; sie leistet gerade deshalb aber auch dem Kinde noch geringere Dienste als die sinnliche Reproduktion, während sie ihm doch viel grössere Anstrengungen zumutet. In der Ermüdungsfrage spielt dieser Faktor eine viel grössere Rolle, als man insgemein annimmt.

Irreführend wirkt hier und bei der ausschliesslichen Betonung des Gehörs- oder des Gesichtssinns die Analogie des Blinden- und Taubstummenunterrichtes. Man zieht daraus unrichtige Schlüsse in der Art, dass man meint, aus dem einen wie dem andern könne man deduzieren, dass sich Auge und Ohr für die Rechtschreibung durchaus gleichwertig verhielten. Übersehen wird dabei aber, dass es sich hier überall um etwas sehr Verschiedenes handelt. Der Mangel des einen Sinnes hat eine desto schärfere Entwicklung des anderen oder der anderen, namentlich auch des Tastsinnes und des Hautsinnes im Gefolge, und der erhaltene und die für den nicht vorhandenen subsidiär eintretenden anderen Sinne führen hier eine solche Leistungsfähigkeit herbei, dass das vollsinnige Kind damit nicht in Vergleich gestellt werden kann. Seine Sinne entwickeln sich sämtlich, wenn auch nicht in gleicher Stärke, miteinander, und da sich alle aushelfen und unterstützen, wird keiner zu besonderer Ausbildung und Entfaltung gebracht; übrigens ist auch hier noch vieles unaufgeklärt. In diesem Zusammenhange muss endlich noch eine Frage besprochen werden, die häufig ganz übersehen wird, und die doch von der grössten Bedeutung ist. Man nimmt gewöhnlich schlechthin an, bei normal veranlagten Menschen erfolge auch die gedächtnismässige Aneignung von Wortbildern immer auf gleiche Weise, teilweise durch das Auge, teilweise durch das Ohr, teilweise durch das Gefühl der Sprachorgane. In der That ist das individuell sehr verschieden. Die Untersuchungen von MÜLLER und SCHUMANN (Experim. Beitr.

z. Unters. d. Gedächtn. Zeitschr. f. Psychol. u. Physiol. d. Sinnesorgane 6. 280 ff.) habeu ergeben, dass manche Menschen nur mit
dem Gesichtsinn memorieren, andere mit dem Gehörsinn; wieder
bei andern geht die eine Art in die andere über. Der eine asso-
ziert seine Wortklangbilder hauptsächlich mit Gesichtsbildern, ein
anderer mehr mit Bewegungsbildern, ein dritter mehr mit Wortreihen. Ballet hat diese Thatsache bereits völlig richtig erkannt
und beschrieben.

Wohin zielen diese Ausführungen? Es ist im letzten Jahre
eine interessante und wertvolle Schrift von Lay über eine Umgestaltung des Rechtschreibunterrichtes erschienen, die S. 1 A. 1
angeführt wurde. Der Verfasser hat nicht die Zahl der Schriften
über diesen Gegenstand einfach durch neue Behauptungen vermehrt, sondern er versucht es, auf physio-psychologischem Wege
und an der Hand des Experiments sicheren Boden zu gewinnen.
Die Arbeit ist sehr verdienstlich, und sie wird wohl geeignet sein,
die jetzt bestehende Unklarheit manchfach zu beseitigen. Für
wertvoller aber als die eigentlichen psychologischen Resultate
halte ich, dass der Verfasser die Frage von neuem in Fluss
gebracht, sie in der Hauptsache auf richtige Grundlagen gestellt
und dadurch die Veranlassung, ja die Notwendigkeit geschaffen
hat, sich nachprüfend mit seinen Ergebnissen zu beschäftigen. Je
häufiger und sorgfältiger dies geschehen wird, desto eher werden
wir hoffen dürfen, auf dem Wege immer vollständigerer Versuche
zu sicheren Anschauungen über die Erlernung der Orthographie
zu gelangen, als dies jetzt der Fall ist. Denn so bestechend die
Resultate sind, und so gut sie hirnphysiologisch begründet zu sein
scheinen, so darf doch nicht unausgesprochen bleiben, dass die
Sicherheit, die für die Resultate dieser physio-psychologischen
Untersuchung in Anspruch genommen wird, noch nicht vorhanden
ist. Um so weniger, als in der Volksschullitteratur bereits das
Bestreben zutage tritt, die Lay'schen Resultate auch in ihrer Be-
gründung als zweifellos und unumstösslich zu betrachten, und als
Lay selbst aus sehr allgemein, ja selbst vorsichtig gehaltenen
Urteilen einiger Psycho-Physiologen die gleiche Auffassung für
sich entnehmen zu dürfen glaubt (Lay, Grundfehler im ersten
Sprachunterricht. Karlsruhe 1897.). Die Schwäche liegt meines
Erachtens in zwei Thatsachen. Es werden physiologische Theorien
und Erklärungsversuche einfach als feststehende Thatsachen betrachtet, ohne dass sie solche sind, und die Versuche lassen

wesentliche Momente ausser acht, können also nicht das beweisen, was sie sollen. Um dies darzuthun, muss kurz auf die Ausführungen der Schrift eingegangen werden.

Der Verfasser entwickelt nach Ziehen die physiologische Verknüpfung von Begriff und Wort und kommt zu dem Resultate, dass man „vom didaktischen Standpunkte aus z. B. an der Vorstellung Rose folgende Einzel- oder Teilvorstellungen zu unterscheiden habe: Eine Gesichtsvorstellung, eine Berührungsvorstellung, eine sensorische Sprachvorstellung (Wortklangbild), eine motorische Sprachvorstellung (Bewegungsvorstellung für das Sprechen des Wortes), eine sensorische Schriftvorstellung (Bild eines geschriebenen oder gedruckten Wortes) und eine motorische Schriftvorstellung (Bewegungsvorstellung für das Schreiben des Wortes)." Man kann diesem, übrigens längst bekannten Ergebnisse im grossen und ganzen beistimmen, ohne den Glauben Lay's zu teilen, dass die Lokalisation und der Verlauf dieser Vorgänge im Gehirn in allen Einzelheiten so feststände, wie er es darstellt; ebenso sicher ist, dass gerade Gehirnphysiologen hierüber mancherfach abweichender Ansicht sein werden. So weit ist die Gehirnphysiologie noch nicht, um diese schwierigen und verwickelten Probleme so schlankweg zu entscheiden, und gerade die Fachmänner werden darin sehr zurückhaltend sein.[1] Namentlich wird der Hauptvorgang, die Vereinigung dieser Teilvorstellungen in den Assoziationszentren, wohl stets dunkel bleiben. Aber auch andere Fragen bedürften noch sehr der Klärung, ehe man darauf Schlüsse begründen kann. Man sieht z. B., dass Ungeübte vor dem Schreiben sich die Worte laut vorsprechen, und es entsteht die Frage, ob nicht überhaupt immer vor dem Schreiben an das gesprochene bezw. gehörte Wort, also an das akustisch-motorische Wortbild gedacht werden müsse. Es ist ferner wahrscheinlich, dass wenigstens der Ungeübte, und das ist doch der die Orthographie erlernende Schüler, sich vor der Ausführung der Schriftzüge deren Sehbild mittels der Phantasie oder der inneren Anschauung vorstellt und ebenso den hierbei auszuführenden Komplex von Bewegungen vor der wirklichen Bewegung. Nicht minder problematisch sind die von Lay übernommenen Resultate Strickers bezüglich der Sprachvorstellungen, vor allem aber die von ihm daraus gezogenen, viel zu weit gehenden und einseitigen

[1] Flechsig, Gehirn und Seele. Leipzig 1896. S. 11 ff. 24 ff.

Schlüsse. STRICKER geht von folgender Beobachtung aus. „Wenn ich ruhig sitze, die Augenlider und Lippen schliesse, dann irgend einen mir wohlbekannten Vers durch meine Gedanken ziehen lasse, und dabei auf meine Sprachwerkzeuge achte, so kommt es mir vor, als wenn ich (gleichsam innerlich) mitreden würde. Meine Lippen sind zwar geschlossen, meine beiden Zahnreihen sind unbewegt und fast bis zur Berührung genähert. Die Zunge selbst rührt sich nicht, sie schmiegt sich ihrer Nachbarschaft allerwärts innig an. Ich kann bei der grössten Anspannung meiner Aufmerksamkeit in den Sprachorganen keine Spur einer Erregung erkennen, und dennoch kommt es mir vor, als ob ich den Vers, den ich still durchdenke, mitreden würde. Wenn ich ruhig sitze und die Augen schliesse, fällt mir dieser Vorgang in den Sprachwerkzeugen am meisten auf." LAY meint, jeder Leser, der den Versuch erprobt habe, werde ihn wohl bestätigt finden. STRICKER habe mit etwa 100 Personen in dieser Angelegenheit Besprechungen geführt und jeweils die Bestätigung erhalten, dass das stille Denken in Worten von „Gefühlen" in den Sprachorganen begleitet sei.

Es ist stets misslich, aus solchen subjektiven Beobachtungen, noch dazu eines Einzelnen, allgemeine Schlüsse zu ziehen; denn sie werden nie allgemein überzeugen, da hierbei die Individualitäten zu sehr beteiligt und massgebend, natürlich auch irreführend sind. Es soll nicht bestritten werden, dass STRICKER an sich jene Beobachtung gemacht hat, ebenso sicher ist aber, dass zahlreiche andere, die nicht voreingenommen oder unter dem Einfluss einer bestimmten Suggestion an diese Beobachtung gingen, sie sich nicht oder höchstens nur sehr rudimentär bestätigt fanden.[1]) Ich bin vorwiegend Akustiker und Optiker und habe trotz sorgfältigster und langer Beobachtung nur schwache Spuren von motorischen Wortvorstellungen feststellen können; einigen Bekannten von mir gelang dies ebensowenig, andere wollten stärkere Gefühle haben, waren aber selten imstande, sie genau zu beschreiben.

Von den etwa 100 Personen, mit denen STRICKER über jene Angelegenheit Besprechungen führte, müsste erst bewiesen werden, wie weit sie unter seiner mächtigen und autoritativen Suggestion standen. Und dazu hat die Lehre STRICKERS von der ausschliesslich motorischen Natur unserer Wortvorstellungen mehr Widerspruch

---

[1]) DODGE a. S. 10. Anm. 1 angeg. Orte S. 9 ff.

als Zustimmung gefunden. G. BALLET[1] hat im Anschluss an CHARCOT die Lehre von den verschiedenen „Typen" entwickelt, den Menschen mit vorwiegend motorischen, solchen mit optischen, solchen mit akustischen Wortvorstellungen. R. DODGE[2] zeigte, wie schwierig und kompliziert dieses Problem ist, und dass wir von sicheren, empirisch bestätigten Kenntnissen noch weit entfernt sind. Und ein so gründlicher Physiologe wie HOPPE[3] hat darauf hingewiesen, dass wir beim Sprechen zwar Hör-, Berührungs-, Vibrations- und Bewegungs-Empfindungen und auch entsprechende Bilder und Vorstellungen haben, dass aber nichts davon vorherrschend und oft nicht einmal wissentlich beachtet wird. Jedenfalls kann das Hörbild beim hörenden Menschen nicht durch die anderen (Fühl-, Vibrations- und Bewegungs-) Bilder ersetzt werden, und ob ein besserer Unterricht dem Menschen diese anderen Bilder zur klareren Erkenntnis bringen, und der Mensch sich auch gewöhnen wird, sie zu benutzen, wie HOPPE hofft, ist vorläufig noch nicht zu entscheiden, da es hier an jeder ausreichenden Erfahrung mangelt. Naturgemäss denken und sprechen alle Menschen mehr nach dem Hörbilde als nach dem Fühlbilde ihrer Sprachorgane, und das Fühlbild im Munde ist schwächer als an den tastenden Fingern. Was man durchaus dem Fühl- oder Artikulationsbilde zuschreiben will, gehört bei dem hörenden Menschen grossenteils dem Hörbilde an; denn das Gefühl im Munde und Rachen kommt infolge von allerhand Einflüssen dem feineren Gehöre nicht gleich. Nun hat aber bereits BALLET in zutreffender Weise darauf hingewiesen, dass STRICKER den Fehler machte, seinen besonderen Fall zu verallgemeinern; er denkt in Bewegungsvorstellungen und nimmt an, dass es bei allen Menschen ebenso sei. Seiner Auffassung steht diametral die von EGGER (La Parole intérieure, Paris 1881) gegenüber, der ebenso einseitig, da er in Sprachvorstellungen denkt, den Wortbewegungsbildern wenig Gewicht beilegt; sie sind für ihn fast vollständig unterdrückt durch die Gehörvorstellungen. Wenn man auch diese Übertreibung zurückweisen muss, so wird doch soviel richtig bleiben, dass fast alle Menschen bis zu einem gewissen Grade in Sprachvorstellungen denken d. h., dass alle

---

[1] Die innerliche Sprache (aus dem Franz. übers. von PAUL BONGERS, Leipzig und Wien 1890).
[2] Die motorischen Wortvorstellungen, Halle 1896.
[3] Das Auswendiglernen und Auswendighersagen, Hamburg und Leipzig 1883.

eine gewisse Anzahl von Sprachvorstellungen zur Verfügung haben, von denen fortlaufend Gebrauch gemacht wird, dass somit die Sprachvorstellungen für die innerliche Sprache am wichtigsten sind und bei der grössten Zahl der Menschen vorherrschen. Die meisten Menschen aber bedienen sich nicht einer einzigen Art von Vorstellungen, sondern der Bilder aller drei Reihen, ohne dass eine merkliche Überlegenheit einer von ihnen über die anderen besteht; sie denken gleichzeitig in Schrift-, Sprach- und Bewegungsbildern. Kurz ich bin der Meinung, dass, wenn man zugibt, infolge von Häufung der Sprechübungen werde die Assoziation der Wortbilder mit der Artikulation schliesslich so stark, dass bei vielen Menschen beim lebhaften Denken öfter leise Artikulationsbewegungen unbewusst mit ausgeführt werden, so wird man damit ungefähr das formuliert haben, was der allgemeinen Erfahrung entspricht. Wenn also LAY schlankweg versichert, das Gedächtnis der Wörter beruhe nicht, wie man gewöhnlich annehme, in dem Klangbild, sondern vor allem in dem Erinnerungsbilde der Sprechbewegungen, die das stille Denken in Worten, das Lesen, Hören, Schreiben stets begleiten, so ist dies eine Behauptung, die zur Zeit noch des Beweises entbehrt, ja die sehr viele Bedenken gegen sich hat. CHARCOT hat zweifellos das Richtige getroffen, wenn er das Wort als eine Zusammensetzung betrachtet aus dem Gehör- oder Sprachbilde (gehörtem Wort), dem Gesichts- oder Schriftbilde (gelesenem Wort), dem Sprechbilde (gesprochenem Wort) und dem Schreibbilde (geschriebenem Wort). Aber ist jene leise Artikulationsbewegung, wenn sie vorhanden ist, denn für die Erlernung der zur Zeit bestehenden Orthographie wirklich von so grossem Werte? Es ist eine von KUSSMAUL[1]) mit Recht betonte Erfahrungsthatsache, dass die Muskelgefühle, welche die bei der Artikulation ausgeführten Bewegungen in uns hervorrufen, sehr unbestimmt sind, dass sie aber durch Übung so verfügbar für uns werden, dass wir in der Gewohnheit mit unbewusster Sicherheit darüber verfügen können. Doch gerade hierin liegt eben auch ihre Schwäche und Geringwertigkeit für die Erlernung der nichtphonetischen und in erheblicher Ausdehnung auch der phonetischen Orthographie. „Die vergleichende Sprachkunde" fährt KUSSMAUL fort, „giebt Beispiele genug, was Übung und Gewohnheit bedeuten. Es giebt ganze Nationen oder einzelne Stämme einer Nation, denen die

---

[1]) Die Störungen der Sprache, S. 33 f.

Aussprache des r oder l, h oder ch, des dentalen th, der Diphthonge oder irgend anderer Laute die grösste Schwierigkeit bereitet, obwohl die Organe zu deren Artikulation ihnen nicht abhanden gekommen sind. Und wie die Koordination der artikulatorischen Zentralstationen, so steht auch die Assoziation der Vorstellungen mit Vorstellungen und ihre Verknüpfung mit Gefühlen und Strebungen unter der Macht der Erziehung und Gewöhnung". Halten wir uns an diese sicheren Thatsachen und ziehen wir die Lehre daraus: denn was für Nationen und Stämme gilt, gilt auch für jeden Dialekt. Diese motorischen Sprachvorstellungen haben für die Erlernung der Orthographie nur einen beschränkten Wert: denn gerade in den Fällen, in denen es darauf ankommt, den Schüler an die richtige Schreibweise zu gewöhnen, also bei b und p: k, ck und g: ks, cks, chs; g, ch und sch: t und th: s, ß, f und ff; z und tz; f, ph, v: bei den Doppelkonsonanten, bei Vokalen und Diphthongen wie eu, ai und ei, e und ö, i und ü, u. s. w. werden überall sich die zuerst erworbenen Sprachbilder und Bewegungsvorstellungen der dialektischen Gewöhnungen als die frühesten, häufigsten, regelmässigsten und deshalb stärksten einstellen. Sie werden nicht bloss die richtige Sprach- und infolgedessen die richtige Schreibweise nicht fördern, sondern sie werden sie regelmässig beeinträchtigen, und kein Unterricht kann dagegen etwas ausrichten, da eben die ständige Gewohnheit der täglichen Redeweise von ihm nicht verdrängt werden kann. STRICKER und DODGE haben zwar bei D und T Unterschiede, der eine in der Intensität, mit der die Zunge an die Zähne gepresst wird, und im Zungenabschnitt, der daran teilnimmt, der andere in den Vibrations- und Bewegungsgefühlen feststellen wollen. Aber wenn hier auch grössere Übereinstimmung bestände, als besteht, so würde sie für die Zwecke der Erlernung der Orthographie nichts bedeuten, da Kinder die Selbstbeobachtung von Physiologen nie erlangen und nie üben werden. Aber bei G und K sind nicht einmal die Physiologen imstande, deutlich unterscheidende Bewegungsgefühle zu haben, und selbst die unvollkommen empfundenen differieren wieder. Noch schlimmer steht es mit den Vokalen und anderen Konsonanten. Kurz man braucht nur die Untersuchung von DODGE (namentlich S. 39 f.) zu lesen, um zu wissen, wie viel, ja wie beinahe alles hier noch unsicher ist.

Was die von LAY angestellten Versuche betrifft, so muss man ihm zugestehen, dass er sorgfältig über ihre Gestaltung nach-

gedacht und sich alle Mühe gegeben hat, sichere Ergebnisse zu
finden. Aber ich kann auch sie zu meinem Bedauern nicht für
einwandfrei halten. Wenn jemand heute den Versuch machen
wollte, aus einer Reinkultur von Bakterien deren Wirkung im
menschlichen oder tierischen Organismus zu bestimmen, so würde
er Fiasko machen; denn eben dieser Organismus bedingt Wirkungen
und Gegenwirkungen, die aus der Reinkultur nicht zu erfahren
sind. Ein ähnliches Verfahren hat LAY darin eingeschlagen, dass
er sinnlose Wörter konstruierte und nun deren Wirkung auf das
kindliche Bewusstsein prüfte. Er schaltete dabei gerade den
Hauptfaktor aus, der bei dem Erlernen der Orthographie in
Wirkung tritt, die Thatsache, dass mit dem Wortbilde auch ein
Komplex von Vorstellungen verbunden ist, der die Aufnahme
und Aneignung des Wortbildes nicht nur erleichtert, sondern
auch dessen Reproduktion ganz wesentlich bedingt. Der geistige
Prozess ist eben ein so vielfach verschlungener, da bei jeder
komplizierteren geistigen Leistung wohl alle geistigen und Sinnes-
zentren zusammenwirken, dass er einfacher Übertragung physio-
logisch-experimenteller Methoden stets nur zum Teil erfassbar
werden wird. Ausserdem hat LAY die von EBBINGHAUS festgestellte
Thatsache nicht gewürdigt, die doch jedermann an sich sofort
kontrolieren kann, dass der Unterschied im Festhalten sinnvollen
und sinnlosen Materials sehr bedeutend ist. Der Vorteil, der dem
sinnvollen Material durch das vereinigende Band des Sinnes, des
Rhythmus, des Reimes und der Zugehörigkeit zu einer bestimmten
Sprache zuteil wurde, setzte die zum Memorieren erforderliche
Zeit auf $^1/_{10}$ der Zeit herab, die bei sinnlosem Material nötig war.
Merkwürdigerweise verlangt LAY dabei S. 170 selbst, „dass die
Begriffsvorstellung, die sensorische und motorische Schriftvorstellung
oder Sinn des Wortes, Aussprache, Lesen und Schreiben beim
Erlernen der Orthographie stets verknüpft werden sollen." Die
unten mitgeteilten Versuche in der ersten Vorschulklasse bestätigen die von EBBINGHAUS beobachtete Thatsache vollauf; denn
die Fehlerzahl sinkt gegenüber den Versuchen LAY's bis zu einem
Fünftel der dort gefundenen Zahlen. Dazu ist ein Teil der Versuchswörter deshalb wenig geeignet, weil einigermassen findige
Schüler, vollends aber Seminaristen, sehr rasch hinter das bei
ihrer Bildung beobachtete Prinzip kommen und dadurch eine
bedeutende Erleichterung sich verschaffen werden, die bei der
wirklichen Erlernung der Orthographie nicht vorhanden ist. LAY

hat nämlich bei einem grossen Teile seiner Versuchswörter nur
die Vokale geändert, die Konsonanten aber belassen (Beispiel:

Musogep	Sobiken
Masigop	Sibokun
Mosegap	Sebakin
Mesagip	Subokan
Misogup	Sabikon
Musogep	Sobuken
Masigop	Sabuken.)

Nun kommt hier noch die Thatsache in Betracht, dass sich
gerade Vokale rascher einprägen als Konsonanten, somit das
akustische Gedächtnis hierbei überwiegend in Betracht kommt.
Man denke an die semitischen Sprachen, die sich mit den Konsonanten allein zur Bezeichnung der Wörter und Begriffe begnügen
konnten. Zur Prüfung und Ergänzung der LAY'schen Versuche
wurden auf meine Veranlassung von dem Lehrer der 1. Vorschulklasse, Herrn HAGGENMÜLLER, und dem Ordinarius der Sexta, Herrn
Lehramtsassessor Focus, am Giessener Gymnasium Versuche mit
wirklichen deutschen und lateinischen Wörtern angestellt, die
sämtlich zum ersten Male den Schülern entgegentraten, bei denen
sie auch, soweit es die lateinischen betrifft, deren Bedeutung
nicht kannten. Doch waren sie schon ³/₄ Jahre im Lateinischen
unterrichtet, und Wortrhythmus, Zugehörigkeit zur lateinischen
Sprache, verwandte Klänge konnten ihren unterstützenden Einfluss
üben. Bestimmend war dabei neben dem Versuchsinteresse auch
die Rücksicht auf den Lehrplan, der es nicht gestattet, dass mit
sinnlosen Wörtern eine grosse Anzahl von Stunden vergeudet
und dadurch die sichere Erreichung des Lehrzieles unmöglich
gemacht wird. Es wurden deshalb lauter Versuchswörter gewählt,
die zu dem Lehrpensum der betreffenden oder der nächsten Klasse
in Beziehung standen.

Neu hinzu traten folgende Versuche. Die vorgesprochenen
oder von der Tafel abgelesenen Wörter wurden in der Luft nach-
geschrieben. Dieser Versuch wurde unternommen, weil es eine
Erfahrungsthatsache ist, dass die Kinder selbst in dieser Weise
Worte markieren, teils um sie einzuprägen, teils wenn es sich
bei der Reproduktion um zweifelhafte Laute und die Feststellung
der richtigen handelt. Solche Gewohnheiten, die sich scheinbar
ganz von selbst und unabhängig von der Nachahmung bilden,
haben häufig eine berechtigte psycho-physische Grundlage: jeden-

falls verdienen sie eine Untersuchung, um ihren wahren Wert
festzustellen. Es führen aber auch Beobachtungen der Nerven-
heilkunde auf einen solchen Versuch. BERNARD[1] und CHARCOT[2]
haben die Geschichte eines Wortblinden mitgeteilt, der die Fähigkeit zu lesen verloren hatte, aber zum Verständnis des ihm
vorliegenden Wortes gelangte, wenn er mit seiner rechten
Hand die zum Abschreiben erforderlichen Bewegungen machte;
bei ihm wurde vermutlich die durch das Wort ausgedrückte Vorstellung nicht mehr durch das erloschene Schriftbild, sondern
durch das Schreibebild hervorgerufen. Bei LAY fehlt endlich der
nicht entbehrliche Versuch, festzustellen, wie es mit dem Haften
der Eindrücke bestellt ist, die durch die verschiedenen Sinnesorgane gewonnen werden, und doch ist eine experimentelle Feststellung gerade hierüber von aktuellem, hohem Werte. Es sei
hier nur darauf hingewiesen, wie die Hörbilder bezüglich des
Haftens bei den Vorschülern ein weit günstigeres Resultat ergaben,
als die Sehbilder in ihren verschiedenen Gestaltungen.

Nachstehend werden die Versuche und ihre Ergebnisse mitgeteilt.

Resultate der Versuche
über die psychologischen Grundlagen des Rechtschreibens.

Von AUGUST HAGGENMÜLLER, Lehrer an der Vorschule.

Acht Versuche mit deutschen Wörtern mit Schülern
im III. Schuljahr:
8 und 9jährige Knaben der Vorschule des Grossherzoglichen
Gymnasiums.

Die von mir angestellten beifolgenden Versuche gründen
sich auf „LAY, Führer durch den Rechtschreibunterricht, neues,
naturgemässes Lehrverfahren": sie umfassen nach LAY I. Hören,
II. Sehen, III. Buchstabieren, IV. Abschreiben. Bei LAY zerfallen
die Versuche I und II in drei Abteilungen:

   I a. Hören ohne Sprechbewegung,
    b. „ mit leisem Sprechen,
    c. „ mit lautem Sprechen;

---

[1] Progrès médical 21. Willet 1883.
[2] Leçons sur les maladies du système nerveux 3. 152. Paris 1887.

II a. Sehen ohne Sprechbewegung.

   b. „ mit leisem Sprechen.

   c. „ mit lautem Sprechen.

Auf Anregung des Herrn Geheimrat Schuller habe ich zu Hören und Sehen als vierte Abteilung Hören resp. Sehen mit Schreibbewegung in der Luft hinzugefügt: ferner erstrecken sich die Versuche auf Abschreiben mit leisem Sprechen und Abschreiben mit lautem Sprechen. Es gliedern sich demnach die folgenden 8 Versuche in je 11 Abteilungen:

I 1. Hören ohne Sprechbewegung.

  2. „ mit leisem Sprechen.

  3. „ mit lautem Sprechen,

  4. „ mit Schreibbewegung:

II 5. Sehen ohne Sprechbewegung.

  6. „ mit leisem Sprechen.

  7. „ mit lautem Sprechen,

  8. „ mit Schreibbewegung:

III 9. Buchstabieren;

IV 10. Abschreiben mit leisem Sprechen,

    11. „ mit lautem Sprechen.

Jedem Versuche liegen deutsche Wörter zu grunde, welche den Schülern verständlich sind, aber gewisse Schwierigkeiten in der Rechtschreibung bieten. Die Wortreihen der einzelnen Versuche enthalten nicht gleich viel Wörter, aber meist gleich viel Silben, worauf es bei der Berechnung ja hauptsächlich ankommt. Ebenso wurde die Wortreihe eines jeden Versuchs gleich häufig vorgesagt, abgelesen, buchstabiert oder abgeschrieben. Die Wiederholungszahl war für Versuch I und II 7 mal, III 6 mal, IV 5 mal, V 6 mal, VI 5 mal, VII und VIII 6 mal. Die Ausführung der Versuche geschah wie bei Lay.

Es werden beifolgend 88 Klassenversuche vorgeführt, welche gegen Ende des Schuljahres 1897/98 angestellt wurden.

I.

Hören mit geschlossenem Mund ohne Sprechbewegung 7 mal.
Abenteuer, fuenfstrahlig, Wiesenfläche, Sklavinnen, allenthalben.

    30 Schüler   18 Silben

4 2 5 4 3 5 4 3 2 5 4 5 4 1 5 3 3 2 2 4 4 3 3 5 2 1 3 1 3 4 = 109 F.', | 3.361

0 0 4 0 0 0 0 0 0 0 1 0 4 0 0 0 0 0 0 0 0 4 0 0 0 0 0 0 .. 13 f. S.⁹) | p. Sch.')

', F. Fehlerzahl. ⁹) f. S. — fehlende Silben. ³) p. Sch. — durchschnittlich auf den einzelnen Schüler entfallende Fehlerzahl.

Hören mit leisem Sprechen 7 mal.

Aftermiets, Besitznahme, Dickthuerei, Ehrerbietung, Dezembernacht.

28 Schüler   20 Silben

4 2 1 1 3 7 2 5 3 2 2 5 3 5 3 2 3 1 2 1 9 0 3 4 6 2 3 5 — 80 F. } 3,4
0 0 4 3 0 0 0 0 0 4 0 0 8 0 12 0 4 0 0 0 0 0 0 0 1 0 0 0 — 38 f. S. } p. Sch.

Hören mit lautem Sprechen 7 mal.

Dienstunfähig, lebenslänglich, halsstarrig, Beendigung, Hässeligkeit.

20 Schüler   19 Silben

2 3 1 2 0 5 1 3 5 0 5 2 5 2 2 5 2 1 1 7 1 2 5 3 0 3 1 4 3 — 76 F. } 2,837
0 0 4 0 0 0 0 0 0 6 4 0 5 0 0 0 0 0 0 0 0 1 1 1 0 5 0 0 0 — 42 f. S. } p. Sch.

Hören mit Schreibbewegung 7 mal.

Niederlassung, Lebhaftigkeit, Marketender, Dickhäuter, herzzerreissend.

20 Schüler   19 Silben

1 1 1 0 0 0 1 2 1 0 4 1 1 1 2 0 2 0 2 4 1 3 0 3 3 1 1 3 3 — 42 F. } 1,407
0 0 3 0 0 0 0 4 0 3 3 1 0 0 0 0 0 0 0 0 4 0 0 0 0 0 0 — 18 f. S. } p. Sch.

Sehen mit geschlossenem Mund ohne Sprechbewegung 7 mal.

Beherbergung, Empfindlichkeit, Bevollmächtigte, Schokolade, vielfältig.

30 Schüler   20 Silben

0 3 3 0 0 1 1 2 2 3 1 2 0 2 4 0 2 1 0 0 4 0 0 6 0 0 1 0 4 2 — 44 F. } 1,605
5 3 1 0 0 0 0 0 3 5 4 15 0 0 1 0 0 0 0 4 5 2 0 4 0 0 0 0 0 — 52 f. S. } p. Sch.

Sehen mit leisem Sprechen 7 mal.

Bewerkstelligung, Bessemerstahl, Dazwischenkunft, Magazin, beerdigen.

30 Schüler   20 Silben

1 1 1 1 0 0 0 2 0 2 0 3 0 2 2 3 2 1 0 0 4 0 1 2 0 0 2 1 2 2 — 35 F. } 1,205
0 0 0 0 0 0 0 4 0 4 0 6 1 0 0 4 0 0 0 0 0 0 0 0 0 0 0 0 — 19 f. S. } p. Sch.

Sehen mit lautem Sprechen 7 mal.

Beherrschung, Apotheker, Empfangnahme, Duckmäuserei, beeinflussen.

30 Schüler   10 Silben

0 0 1 1 1 0 0 0 0 1 2 1 3 2 0 3 1 0 0 1 6 0 0 0 1 1 2 0 2 0 — 31 F. } 1,003
0 1 0 0 0 2 0 0 0 0 0 4 4 3 2 0 0 0 0 0 0 4 1 0 0 0 7 1 0 2 — 31 f. S. } p. Sch.

Sehen mit Schreibbewegung 7 mal.

Auszirkelung, Ziegenställe, einquartieren, wissenschaftlich, grossherzoglich.

30 Schüler   20 Silben

0 0 0 1 0 0 0 0 0 0 1 0 1 0 0 0 0 1 1 0 0 1 0 0 1 0 0 1 0 0 2 5 0 — 14 F. } 0,460
0 0 0 0 0 0 0 0 0 0 3 0 0 0 0 0 0 0 0 0 0 0 0 0 0 0 0 0 0 — 3 f. S. } p. Sch.

Buchstabieren 7 mal.

Wohlthätigkeit, Verdeutlichung, Direktion, Freiwillige, gravitätisch.

29 Schüler   20 Silben

0 2 0 0 0 2 0 2 0 0 0 0 0 0 2 1 0 0 1 4 1 0 0 1 1 1 0 4 0 — 22 F. } 0,760
0 0 0 0 0 0 0 0 0 0 0 0 0 0 0 0 0 8 0 0 0 0 0 0 0 0 0 — 8 f. S. } p. Sch.

Abschreiben mit leisem Sprechen 7 mal.

Gefälligkeit, Preiselbeere, Tropfenzieher, unentgeltlich, mineralisch.

27 Schüler   20 Silben

1 0 0 0 1 0 0 0 2 0 1 0 2 1 0 0 0 3 1 1 0 2 1 2 1 = 21 F. } 0,795
    8   1 1   1   = 11 f. S. } p. S.

Abschreiben mit lautem Sprechen 7 mal.

Überwölbung, Tyrannei, Deklination, unermesslich, Dolmetscher.

27 Schüler   21 Silben

0 1 0 0 0 0 0 1 0 2 0 1 0 1 0 0 0 0 1 1 0 1 0 0 1 0 1 = 11 F. } 0,408
             1   = 1 f. S. } p. S.

II.

Hören mit festgeschlossenem Mund ohne Sprechbewegung 7 mal.

entsetzlich, kostspielig, schrankenlos, rückwärts.

30 Schüler   11 Silben

1 1 0 0 0 0 1 2 0 0 2 2 1 3 1 0 0 0 0 4 0 1 0 4 0 0 1 3 1 = 28 F. } 0,994
  5   2   2 2 1   3   3   2   = 20 f. S. } p. S.

Hören mit leisem Sprechen 7 mal.

Korridor, entschlossen, runzelig, schimpflich.

30 Schüler   11 Silben

3 0 0 3 1 0 0 0 2 5 0 2 3 2 1 2 1 0 1 1 5 1 1 3 2 0 1 1 1 0 = 42 F. } 1,471
3   4   2 2 3   2   = 10 f. S. } p. S.

Hören mit lautem Sprechen 7 mal.

entfalten, kutschieren, leutselig, rötlich.

30 Schüler   11 Silben

0 1 0 0 0 1 3 0 1 2 0 1 1 2 2 1 1 0 0 0 1 1 1 2 1 0 2 0 1 2 = 27 F. } 0,0
                                = 0 f. S. } p. S.

Hören mit Schreibbewegung 7 mal.

entziffern, langwierig, wohllöblich, rücklings.

30 Schüler   11 Silben

2 1 0 0 0 0 0 0 1 0 1 3 0 0 0 0 1 1 0 0 3 0 0 2 3 2 0 0 2 1 = 23 F. } 0,843
  2 3   2 3 3   2 8   1 6 = 30 f. S. } p. S.

Sehen mit geschlossenem Mund ohne Sprechbewegung 7 mal.

unzählig, behaglich, frohlockend, entspringt.

27 Schüler   11 Silben

0 0 2 1 0 1 1 0 0 0 1 1 1 0 0 0 1 0 1 1 0 0 1 0 1 0 6 = 16 F. } 0,700
  3   5   5   2 3 = 16 f. S. } p. S.

Sehen mit leisem Sprechen 7 mal.

dreieckig, wohlthuend, purpurrot, ähnlich.

27 Schüler   11 Silben

0 0 1 0 0 0 0 0 0 0 1 1 1 0 2 0 0 1 0 0 1 0 0 1 0 0 0 3 = 15 F. } 0,579
          2 2 3   3 2 = 12 f. S. } p. S.

Sehen mit lautem Sprechen 7 mal.

Verheerung, Herrlichkeit, Graspflanze, Fischchen.

27 Schüler 11 Silben

1 0 0 0 0 1 1 0 0 0 1 2 0 0 0 0 0 0 1 0 0 1 0 0 0 0 0 = 8 F. } 0,301
3 2 = 5 f. S. } p. S.

Sehen mit Schreibbewegung 7 mal.

Kapuze, Siegellack, merkwürdig, schmerzlich.

27 Schüler 11 Silben

0 0 0 0 0 0 0 0 0 1 1 1 1 0 1 0 1 5 0 0 0 0 1 0 0 2 = 14 F. } 0,538
2 2 2 2 2 = 10 f. S. } p. S.

Buchstabieren 7 mal.

Haargefäss, Flüssigkeit, Holzmasse, zahllos.

20 Schüler 11 Silben

0 0 0 1 0 0 0 0 0 1 1 0 0 0 1 0 0 0 0 1 0 0 0 0 0 0 3 0 = 8 F. } 0,278
2 2 f. S. } p. S.

Abschreiben mit leisem Sprechen 7 mal.

spiegelglatt, allmählich, schöpferisch, Vesuv.

29 Schüler 11 Silben

0 2 0 1 0 0 1 1 0 0 0 0 0 0 0 1 0 0 0 1 0 0 1 0 0 1 0 0 0 = 0 F. } 0,317
1 3 3 7 f. S. } p. S.

Abschreiben mit lautem Sprechen 7 mal.

Längsthäler, Entziehung, winkelig, trefflich.

29 Schüler 11 Silben

0 0 0 0 0 0 0 0 0 0 3 0 0 0 0 0 0 0 1 0 0 1 1 0 1 0 0 0 = 7 F. } 0,241
= 0 f. S. } p. S.

III.

Hören mit geschlossenem Mund ohne Sprechbewegung 6 mal.

Birkenstrauch, Schlupfwespe, Saatkrähe, Butterkrebs.

29 Schüler 12 Silben

0 0 0 1 0 0 1 0 0 1 3 0 1 0 1 1 1 0 2 1 2 0 4 0 0 2 1 0 = 22 F. } 0,815
3 3 1 3 6 3 3 2 = 24 f. S. } p. S

Hören mit leisem Sprechen 6 mal.

Spaltöffnung, Vertilgung, Ungeziefer, Geizhals.

29 Schüler 12 Silben

0 0 1 1 0 1 2 2 0 1 3 4 1 1 0 2 0 0 1 2 1 0 1 3 0 1 0 4 0 = 32 F. } 1,140
3 3 3 2 3 = 14 f. S. } p. S.

Hören mit lautem Sprechen 6 mal.

Nesthocker, Märzveilchen, Grasmücke, Fliegenpilz.

29 Schüler 12 Silben

1 0 1 1 0 1 1 1 1 4 2 0 1 1 1 1 2 0 3 1 0 1 1 0 3 0 3 0 = 30 F. } 1,004
3 1 3 3 3 3 3 = 10 f. S. } p. S.

Hören mit Schreibbewegung 6mal.

Salzquelle, Riesengurke, Kohlenteer, Schiffahrt.

20 Schüler   12 Silben

0011000000010001000300100010 — 0 F. | 0,323
  4 3 3   3   — 13 f. S. | p. S.

Sehen mit geschlossenem Mund ohne Sprechbewegung 6mal.

Vorderfuss, Heldschnucke, Forderung, Schwarzbeere.

· 20 Schüler   12 Silben

0000000100000000000000010100 20 — 5 F. | 0,179
        3   6   5   — 14 f. S. | p. S.

Sehen mit leisem Sprechen 6mal.

Töpferthon, Salpeter, Kupferkies, Bittersalz.

20 Schüler   12 Silben

01000020010002101000000000010 — 0 F. | 0,313
        3   — 3 f. S. | p. S.

Sehen mit lautem Sprechen 6mal.

Zuckerrohr, Wiesenklee, Maiglöckchen, Singdrossel.

20 Schüler   12 Silben

020000001031020000020000010 10 — 13 F. | 0,486.
3   3   333   3   3   3   3 — 27 f. S. | p. S.

Sehen mit Schreibbewegung 6mal.

Kreuzspinne, Perlmuschel, Rüsselkäfer, Konzert.

20 Schüler   12 Silben

0000000000000000000000000000 — 0 F. | 0
    4 3   2   — 9 f. S. | p. S.

Buchstabieren 6mal.

militärpflichtig, Gamasche, moosig, Roggen.

28 Schüler   12 Silben

00000001002100000010000000 10 — 6 F. | 0,216
                 3   — 3 f. S. | p. S.

Abschreiben mit leisem Sprechen 6mal.

Mohrrübe, Kreuzotter, Birkhühner, freventlich.

28 Schüler   12 Silben

000000001200000003001001030 — 11 F. | 0,4
         3   3   — 6 f. S. | p. S.

Abschreiben mit lautem Sprechen 6mal.

Herkules, heimtückisch, Maulwurfsgrille, meuchlings.

28 Schüler   12 Silben

00000002001010100200010 1040 — 13 F. | 0,464
        2   3   3   3 3   — 14 f. S. | p. S.

IV.

Hören mit geschlossenem Mund ohne Sprechbewegung 5 mal.

Polizei, Priesterin, nichtsnutzig, Hochverrat.

28 Schüler 12 Silben

```
0 2 2 3 0 0 0 4 3 1 3 3 2 3 2 3 2 0 1 3 2 2 4 4 1 3 3 1 = 57 F.    2,105
    2 3                 6                            = 11 f. S.   p. S.
```

Hören mit leisem Sprechen 5 mal.

glänzendweiss, mühselig, nachmittags, kurzsichtig.

29 Schüler 12 Silben

```
1 2 3 1 0 1 1 0 0 1 0 1 1 0 1 1 0 1 2 3 0 0 0 3 3 1 5 1 = 33 F.    1,241
3   3               3         3       2       3      = 17 f. S.  p. S.
```

Hören mit lautem Sprechen 5 mal.

Orakel, Todesangst, Missethat, kurzweilig.

28 Schüler 12 Silben

```
0 1 1 3 1 1 0 1 0 3 2 3 1 0 1 0 0 0 1 1 2 2 2 1 1 1 0 = 29 F.    1,071
            5               6                      = 11 f. S.   p. S.
```

Hören mit Schreibbewegung 5 mal.

Koralle, hügelig, hoffärtig, spiegelblank.

29 Schüler 12 Silben

```
0 2 1 1 1 2 0 1 1 0 1 1 4 1 1 1 0 0 1 3 1 0 2 2 2 1 3 1 = 34 F.    1,225
                                    3           = 3 f. S.   p. S.
```

Sehen mit geschlossenem Mund ohne Sprechbewegung 5 mal.

kriegerisch, ohnmächtig, entlarven, Gekrfächze.

27 Schüler 12 Silben

```
0 2 0 1 0 0 0 1 0 1 0 0 0 0 2 0 1 2 0 4 0 1 0 0 0 2 0 = 17 F.    0,63
    3   6       0 6                       3   = 24 f. S.  p. 8
```

Sehen mit leisem Sprechen 5 mal.

kostspielig, empfindlich, fieberkrank, Fopperei.

27 Schüler 12 Silben

```
0 0 1 0 0 0 0 0 1 3 0 0 0 0 0 0 0 2 1 1 0 0 0 0 0 1 1 = 11 F.    0,427
          2 3       1         3       3     = 15 f. S.  p S.
```

Sehen mit lautem Sprechen 5 mal.

erschöpflich, nebelig, entfiedern, Fuchsschwänzerei.

27 Schüler 12 Silben

```
0 1 1 0 0 0 1 2 0 0 1 1 1 0 1 0 1 0 0 1 0 2 0 1 0 1 0 = 15 F.    0,627
3 2 6   3       6 3 3                 2 3 3 3 = 37 f. S.  p. S.
```

Sehen mit Schreibbewegung 5 mal.

fahrlässig, fiehentlich, niederwärts, Geplätscher.

27 Schüler 12 Silben

```
0 0 1 0 0 0 0 0 1 0 0 0 0 2 0 0 0 0 1 0 0 1 0 0 2 0 = 8 F.    0,332
3 3   3       3 3 3 5 3 3             1 2   3 = 35 f. S  p. S.
```

Buchstabieren 5mal.

Pantherfell, Felszacken, alljährlich, fussfällig.

29 Schüler   12 Silben

0 0 0 0 0 0 0 0 0 0 1 1 0 0 0 0 0 0 0 4 1 0 1 0 0 1 0 3 0 — 12 F. | 0,416
        4   — 4 f. S. | p. S.

Abschreiben mit leisem Sprechen 5mal.

Pfeilspitze, Schicksalsschlag, vierköpfig, jungfräulich.

29 Schüler   12 Silben

0 0 0 0 0 0 0 0 0 1 1 0 0 0 1 0 0 1 0 0 0 0 0 0 0 0 0 — 4 F. | '0,146
       3   6 3 2   3   3 1   — 21 f. S. | p. S.

Abschreiben mit lautem Sprechen 5mal.

Bogenschütz, Epheukranz, ehrfurchtsvoll, riesenstark

20 Schüler   12 Silben

1 0 1 0 0 0 0 0 0 0 0 0 0 0 0 0 0 0 0 3 0 0 0 0 0 0 0 0 — 5 F. | 0,166
3   6   3   1   6   3   3 — 25 f. S. | p. S.

V.

Hören mit geschlossenem Mund ohne Sprechbewegung 6mal.

Zinnober, Ziegelei, wohlklingend, ketzerisch.

30 Schüler   12 Silben

0 2 2 1 1 0 1 4 1 1 1 3 2 1 2 3 1 2 0 1 2 0 1 3 4 3 2 0 3 0 — 47 F. | 1,607
       3 3   3   — 9 f. S. | p. S.

Hören mit leisem Sprechen 6mal.

Zehrpfennig, Kabinett, Klatscherei, Entstehung.

30 Schüler   12 Silben

3 3 3 3 1 2 1 2 1 2 3 4 3 3 2 1 1 0 1 2 3 0 0 3 2 1 2 2 3 2 — 59 F. | 2,052
3   3   3   1   1   3   1 — 15 f. S. | p. S.

Hören mit lautem Sprechen 6mal.

kaufmännisch, widerwillig, hauptsächlich, wahnsinnig.

30 Schüler   13 Silben

2 2 0 2 2 1 3 2 0 1 0 3 1 0 0 0 1 3 1 0 2 0 0 2 3 0 2 0 2 1 — 36 F. | 1,209
3   3   5 2   3   6   — 22 f. S. | p. S.

Hören mit Schreibbewegung 6mal.

Gaukelei, halbwüchsig, grammatisch, langstielig.

30 Schüler   12 Silben

0 0 1 1 0 0 0 1 0 3 0 3 2 1 1 0 3 0 0 0 4 0 1 2 0 0 0 0 2 0 — 25 F. | 0,802
      1 3   4 4   — 12 f. S. | p. S.

Sehen mit geschlossenem Mund ohne Sprechbewegung 6mal.

Musketier, Staubbeutel, jämmerlich, watschelig.

30 Schüler   12 Silben

1 0 0 0 0 0 3 0 2 2 1 1 1 1 2 2 0 0 0 2 0 0 1 0 0 1 0 4 2 — 26 F | 0,894
  2   8 3   3   — 11 f. S. | p. S.

Sehen mit leisem Sprechen 6 mal.

Wertschätzung, Wiederkehr, Wühlerei, Gänserich.

30 Schüler   12 Silben

0 0 2 1 0 3 1 2 0 0 1 5 1 0 0 1 3 0 1 0 1 1 1 3 0 1 0 0 2 0 — 30 F   } 1,025
3 3   3   — 0 l. S.   } p. S.

Sehen mit lautem Sprechen 6 mal.

hartnäckig, räuberisch, zipfelig, Müssiggang.

30 Schüler   12 Silben

1 1 3 0 0 1 1 1 0 1 0 3 1 0 1 0 0 1 0 1 3 3 0 3 1 0 0 1 7 2 — 36 F.   } 1,333
3 3   3 3 3 2 6 3 3   4 3   — 30 l. S. } p. S.

Sehen mit Schreibbewegung, 6 mal.

Drachenzahn, Wettrennen, übelriechend, entfliehen.

30 Schüler   12 Silben

0 1 0 0 0 0 0 0 0 1 1 0 1 0 1 0 0 0 0 2 0 1 0 1 0 1 0 2 1 = 19 F   } 0,405
3 3 2   3   4 6 4 5 1   3   2 4   2 3 — 45 l. S. } p. S.

Buchstabieren 6 mal.

Engerling, Spitzmäuse, Viehfutter, Kreuzblütler.

30 Schüler   12 Silben

0 0 0 0 0 0 0 1 0 2 1 0 0 0 2 0 0 0 0 1 0 1 1 0 0 0 0 0 1 0 — 10 F. } 0,343
3   3   3 1   — 10 l. S. } p. S.

Abschreiben mit leisem Sprechen 6 mal.

Eidechse, Saaterbse, Schwanzspitze, Wiederkäuer

30 Schüler   12 Silben

0 0 0 0 0 0 1 0 0 1 0 0 0 0 0 0 1 0 0 0 0 0 0 0 0 0 0 0 0 0 — 3 F.   } 0,104
2   5   7   — 14 l. S. } p. S.

Abschreiben mit lautem Sprechen 6 mal.

Wurzelstock, Pflanzenstoff, Insekten, Bienenvolk.

30 Schüler   12 Silben

0 0 0 0 0 1 0 0 0 0 0 1 0 0 0 1 1 0 0 0 0 0 0 0 0 0 0 3 0 — 7 F.   } 0,238
3   1 3   — 7 l. S. } p. S.

VI.

Hören mit geschlossenem Mund ohne Sprechbewegung 5 mal.

Nervenüberreizung, Geschmackssinn, Nasenhöhle.

26 Schüler   13 Silben

1 3 3 0 1 2 1 1 1 3 2 3 3 2 2 2 1 1 4 3 3 2 3 2 4 0 — 53 F. } 2,137
2   1   2   6   — 11 l. S. } p. S.

Hören mit leisem Sprechen 5 mal

Schmarotzergewächs, Bauchspeicheldrüse, Lorbeerzweig.

26 Schüler   13 Silben

4 2 1 1 1 2 2 1 1 3 2 3 3 5 2 3 1 1 1 1 1 4 3 1 3 1 — 53 F. } 2,137
2   4 1   1 3 — 11 l. S. } p. S.

Hören mit lautem Sprechen 5 mal.
Seidenraupenzucht, Flossenfüsse, Gewürznelke.

      26 Schüler   13 Silben
3 1 0 3 0 1 1 1 1 3 2 2 0 1 1 1 2 0 1 1 2 1 0 4 0 — 33 F. | 1,27
                                          — 0 L.S. | p. S.

Hören mit Schreibbewegung 5 mal.
Kapuzinerpilz, Vanillestrauch, Wacholderbusch.

      26 Schüler   13 Silben
0 0 0 0 0 1 0 0 1 0 0 0 0 0 0 1 3 0 0 1 1 0 3 1 — 12 F. | 0,47
              1   5   — 6 L.S. | p. S.

Sehen mit geschlossenem Mund ohne Sprechbewegung 5 mal.
Selbstregierung, Erzbischof, widerspenstig, stattlich.

      28 Schüler   13 Silben
0 1 0 0 1 0 1 0 1 0 2 1 0 1 0 2 0 6 0 1 1 0 1 0 1 0 4 1 — 16 F. | 0,08
                3 4   7 2 4   20 L.S. | p. S.

Sehen mit leisem Sprechen 5 mal.
Giebichenstein, Spazierfahrt, Österreich, Werkstatt.

      28 Schüler   13 Silben
0 0 1 1 0 0 0 0 2 0 0 0 1 0 0 0 0 0 2 0 0 1 0 0 0 2 0 — 10 F. | 0,382
              2   3   · 5 L.S. | p. S.

Sehen mit lautem Sprechen 5 mal.
Stammesgenosse, Kaiserjüngling, Blutsverwandte.

      28 Schüler   13 Silben
0 0 0 1 0 0 0 0 0 0 0 0 1 0 0 1 0 0 0 3 0 0 0 1 1 0 0 0   8 F. | 0,286
                                          0 L.S. | p. S

Sehen mit Schreibbewegung 5 mal.
Gerechtigkeitsliebe, Urenkel, trotzig, Scepter.

      28 Schüler   13 Silben
0 0 0 0 0 0 0 0 0 0 0 0 1 0 0 0 0 2 0 0 1 0 0 1 1 0 — 6 F. | 0,218
              4   2   — 6 L.S. | p. S.

Buchstabieren 5 mal.
Franzosenkönig, Liederdichter, Quartier, schluchzen.

      27 Schüler   13 Silben
0 0 1 0 0 0 0 0 0 0 0 0 1 0 0 0 0 0 0 0 0 0 0 2 0 — 4 F. | 0,155
2   4   4   4   2 — 16 L.S. | p. S.

Abschreiben mit leisem Sprechen 5 mal.
verfertigen, beispiellos, katholisch, ehrgeizig.

      27 Schüler   12 Silben
0 0 0 1 0 0 0 0 0 0 0 0 0 1 0 0 0 0 0 0 0 1 0 0 1 0 — 4 F. | 0,169
3 3   3 7 7 4   7   3 3   ·· 40 L.S. | p. S.

Abschreiben mit lautem Sprechen 5 mal.

Truppentransport, Kriegsvorrat, Staatschatz, dreissigjährig.

27 Schüler   13 Silben

1 0 0 0 0 1 0 1 0 0 0 0 0 0 0 1 1 0 5 0 0 1 0 5 0 0 0 — 16 F. } 0,623
   4 2   1   4   4 2   — 17 f. S. } p. S.

VII.

Hören mit geschlossenem Mund ohne Sprechbewegung 6 mal.

Struwwelpeter, Lämmergeier, teerig, brühheiss.

30 Schüler   12 Silben

3 1 4 2 0 2 1 4 2 5 2 4 2 4 3 0 4 2 1 1 1 2 3 5 4 2 3 1 6 1 — 75 F. } 2,571
        2   2   2 4   ·· 10 f. S. } p. S.

Hören mit leisem Sprechen 6 mal.

Dudelsack, Enterich, Gliedmassen, endgültig.

30 Schüler   12 Silben

0 2 1 2 0 0 3 5 1 2 1 1 1 3 2 1 2 0 1 2 2 1 0 2 1 0 0 0 0 0 — 42 F. } 1,432
        2 3   3   3   2   · 13 f. S. } p. S.

Hören mit lautem Sprechen 6 mal.

vierteilig, empfänglich, haushälterisch, Gummi.

30 Schüler   12 Silben

0 0 0 2 0 3 1 0 0 2 0 3 0 1 0 0 0 2 0 1 2 0 3 2 0 1 0 3 1 — 28 F. } 0,949
         3   3   — 6 f. S. } p. S.

Hören mit Schreibbewegung 6 mal.

Tapezierer, Stöpsel, Lakritze, wählerisch.

30 Schüler   12 Silben

1 0 0 1 0 0 0 0 0 0 0 0 1 2 2 0 0 0 0 0 0 0 0 1 0 0 2 1 — 11 F. } 0,4
     3   4   5   6   4 — 22 f. S. } p. S.

Sehen mit geschlossenem Mund ohne Sprechbewegung 6 mal.

Stadtmusikant, Majestätsbrief, Buchdruckerkunst.

29 Schüler   12 Silben

0 1 0 0 0 0 0 1 0 2 0 0 1 0 1 1 0 0 0 4 0 0 0 0 0 0 0 4 0 — 15 F. } 0,507
       4   4   4   7 4   4   4   31 f. S. } p. S.

Sehen mit leisem Sprechen 6 mal.

Wanderheuschrecke, Regierungsantritt, Prophet.

29 Schüler   12 Silben

0 0 0 0 0 0 0 0 1 0 0 0 0 1 2 0 0 0 3 0 0 1 0 0 1 0 4 1 — 14 F. } 0,845
           2   2 f. S. } p. S.

Sehon mit lautem Sprechen 6 mal.
Verzweiflungskampf, Doppelnummer, unterthänigst.
29 Schüler   12 Silben
0 1 1 0 0 0 0 0 0 0 0 0 0 0 1 0 0 1 0 1 0 0 1 0 1 0 0 3 0   10 F.   0,348
                 4   —. 4 f. S.   p. S.

Sehen mit Schreibbewegung 6 mal.
Achterklärung, dienstwillig, elektrisch, Provinz.
29 Schüler   12 Silben
0 0 0 0 0 0 0 0 0 1 0 0 1 1 1 0 0 0 0 1 0 0 1 0 0 0 0 2 0   8 F.   0,293
3   3 4 4   6   20 f. S.   p. S.

Buchstabieren 6 mal.
Sachsenherzog, Riesenspielzeug, Fixstern, thöricht.
30 Schüler   12 Silben
0 0 0 1 0 0 0 0 0 0 0 0 0 2 0 0 0 0 0 0 0 1 0 0 0 1 0 0   5 F.   0,169
2   4   6 f. S.   p. S.

Abschreiben mit leisem Sprechen 6 mal.
Meereswelle, Grasvezier, Quecksilber, Thräne.
30 Schüler   12 Silben
0 0 0 0 0 1 0 0 0 0 0 0 0 0 0 0 0 9 1 3 0 1 1 0 0 0 0 1 0   8 F.   0,274
               7   3   10 f. S.   p. S.

Abschreiben mit lautem Sprechen 6 mal.
Religion, Kilogramm, Prinzessin, Thaler.
30 Schüler   12 Silben
0 0 0 0 0 0 0 0 0 0 0 1 0 0 1 0 0 0 1 0 0 0 0 0 0 0 0 — 3 F.   0,101
2   2   2   — 6 f. S.   p. S.

VIII.

Hören mit geschlossenem Mund ohne Sprechbewegung 6 mal.
Versicherungsgesellschaft, Pistolenduell.
30 Schüler   12 Silben
2 3 1 2 0 2 4 2 1 2 2 1 1 0 2 2 3 1 0 1 4 0 2 3 0 2 2 1 0 0 = 40 F.   1,601
5   1 3 2   2 1   2   — 16 f. S.   p. S.

Hören mit leisem Sprechen 6 mal.
Porzellanfabrik, Reisegefährte, Engpass.
30 Schüler   12 Silben.
1 2 2 2 1 1 2 1 1 2 1 4 3 1 2 1 1 1 2 1 2 0 0 1 2 2 2 1 1 3 — 46 F.   1,55
2   2   — 4 f. S.   p. S.

Hören mit lautem Sprechen 6 mal.
Seligenstadt, Glockenklang, Bettelmann, Glühwurm.
30 Schüler   12 Silben
1 0 1 2 0 1 0 0 0 0 1 1 2 0 1 0 1 0 0 2 0 0 1 1 0 0 1 1 0 — 17 F.   0,578
2   4   — 6 f. S.   p. S.

Hören mit Schreibbewegung 6mal.

Waschschüssel, Frühlingsahnung, Maulbeerbaum, Fischfang.

30 Schüler   12 Silben

1 0 0 0 0 1 0 0 1 0 0 1 2 1 1 0 0 0 1 0 0 0 0 1 1 0 1 1 1 2 — 10 F. | 0,559
   2   3   1 4   7   — 17 f. S.   p. S.

Sehen mit geschlossenem Mund ohne Sprechbewegung 6mal.

Weihnachtsfest, Friedensschluss, Wollspinnerei, Bayern.

30 Schüler   12 Silben

1 0 1 4 0 1 1 0 0 0 0 1 0 0 0 0 1 0 1 0 5 0 0 3 0 1 0 0 2 1 — 23 F. | 0,793
        2   2   5   3   12 f. S.   p. S.

Sehen mit leisem Sprechen 6mal.

Schlossruine, Schneeglöckchen, Pommern, Schildkröte.

30 Schüler   12 Silben

1 0 0 1 0 0 0 0 0 0 0 0 0 0 0 0 0 0 4 0 1 2 0 0 0 0 2 0 -- 11 F. | 0,378
   3   3   2   3   11 f. S.   p. S.

Sehen mit lautem Sprechen 6mal.

Rheinhessen, Niederbeerbach, Hausarzt, willkürlich.

30 Schüler   12 Silben

0 0 0 0 0 0 0 0 0 0 0 0 0 0 0 0 0 0 0 0 3 0 0 1 0 0 1 0 2 0   7 F. | 0,234
       1   1 f. S.   p. S.

Sehen mit Schreibbewegung 6mal.

Geldsumme, Kassierer, Vollmacht, unentbehrlich.

30 Schüler   12 Silben

0 0 1 0 1 0 0 0 0 1 0 0 0 0 0 2 0 0 1 0 1 0 0 0 0 0 0 0 3 2   12 F. | 0,406
         3   4   7 f. S.   p. S.

Buchstabieren 6mal.

Quadratfuss, Strassendampfwalze, Alleinherrscher.

30 Schüler   12 Silben

0 0 0 0 1 0 0 1 0 1 0 0 0 0 2 0 1 0 1 0 2 0 1 1 0 0 0 0 1 2 — 14 F. | 0,501
   6   4 3   4   4 4   -- 25 f. S.   p. S.

Abschreiben mit leisem Sprechen 6mal.

Nierenentzündung, Schlachtendonner, Panzerschiff.

30 Schüler   12 Silben

0 0 0 0 0 0 0 0 1 0 0 1 1 0 0 0 0 0 0 0 0 0 0 0 2 0 0 0 -- 5 F. | 0,169
        2   4 1   -- 7 f. S.   p. S.

Abschreiben mit lautem Sprechen 6mal.

Tannenzapfen, Lieblingsplätzchen, Bärenschinken.

30 Schüler   12 Silben

0 0 0 0 0 0 0 0 0 0 0 0 0 0 0 0 0 0 0 0 0 0 1 0 0 0 2 0   3 F.   0,1
                    — 0 f. S.   p. S

Zusammenstellung der Resultate von Versuch I bis VIII.

	Hören				Sehen				Buch-stabieren	Abschreiben	
	mit geschloss. Mund	mit leisem Sprechen	mit lautem Sprechen	mit Schreib-bewegung	mit geschloss. Mund	mit leisem Sprechen	mit lautem Sprechen	mit Schreib-bewegung		mit leisem Sprechen	mit lautem Sprechen
	1,881	3,4	2,837	1,480	1,005	1,205	1,003	0,420	0,743	0,795	0,108
	0,544	1,171	0,9	0,843	0,769	0,779	0,201	0,250	0,276	0,397	0,201
	0,815	1,149	1,094	0,323	0,759	0,303	0,480	0,	0,296	0,4	0,184
	2,106	1,241	1,071	1,226	0,68	0,125	0,627	0,332	0,414	0,140	0,108
	1,897	2,052	1,280	0,882	0,841	1,025	1,389	0,165	0,343	0,101	0,294
	2,137	2,137	1,270	0,47	0,980	0,242	0,296	0,318	0,155	0,180	0,623
	2,551	1,452	0,919	0,4	0,567	0,845	0,318	0,268	0,102	0,274	0,101
	1,904	1,550	0,570	0,569	0,703	0,679	0,234	0,408	0,501	0,102	0,1
	15,214	14,352	0,905	6,172	6,105	5,134	4,708	2,753	2,880	1,574	2,351

Vergleichen wir die 5 Versuche nach der Durchschnittsfehler-
zahl, so erhalten wir folgendes Ergebnis:

1) Abschreiben mit leisem Sprechen: 0,297 Fehler.
2) Abschreiben mit lautem Sprechen: 0,298 „
3) Sehen mit Schreibbewegung: 0,344 „
4) Buchstabieren: 0,356 „
5) Sehen mit lautem Sprechen: 0,589 „
6) Sehen mit leisem Sprechen: 0,642 „
7) Sehen mit geschlossenem Mund: 0,763 „
8) Hören mit Schreibbewegung: 0,772 „
9) Hören mit lautem Sprechen: 1,213 „
10) Hören mit leisem Sprechen: 1,801 „
11) Hören mit geschlossenem Mund: 1,902 „

Aus obiger Zusammenstellung folgt:

1) Das Hören (Diktieren) ergiebt die grösste Fehlerzahl, das
Sehen (Anschauen) eine bedeutend geringere, dann folgt das
Buchstabieren und zuletzt das Abschreiben.

2) Tritt die Sprechbewegung hinzu, so nimmt die Fehlerzahl beim Hören und Sehen ab. Lautes Sprechen liefert ein
günstigeres Resultat als leises Sprechen, ausgenommen beim Abschreiben.

3) Kommt zu Hören und Sehen die Schreibbewegung
hinzu, so sinkt die Fehlerzahl: Sehen mit Schreibbewegung über-
trifft sogar das Buchstabieren und kommt dem Abschreiben am
nächsten.

Dass die Zeit der Ausführung auf das Ergebnis der Versuche
Einfluss hat, kann man nicht durchgängig erkennen. Die einzelnen
Versuche wurden ausgeführt:

Versuch I gegen Schluss der ersten Stunde täglich eine Versuchs-
abteilung.

„ II am Anfang der zweiten Stunde nach vorhergegangener
Pause von 10 Minuten.

„ III am Anfang der ersten Stunde täglich eine Versuchs-
abteilung.

„ IV gegen Schluss der zweiten Stunde täglich eine Versuchs-
abteilung.

„ V am Anfang der dritten Stunde täglich zwei Versuchs-
abteilungen.

Versuch VI am Anfang der zweiten Stunde täglich zwei Versuchs-
abteilungen,
  „ VII in der ersten, zweiten und dritten Stunde 11 Versuchs-
abteilungen hintereinander,
  „ VIII in der zweiten und dritten Stunde nach voraus-
gegangener halbstündiger Spielstunde.

Wenn wir nun Versuch III und VII miteinander vergleichen
und voraussetzen, dass die Wörter gleiche orthographische Schwierigkeiten bieten — was sich mit dem besten Willen nicht machen
lässt — so finden wir, trotzdem bei Versuch VII sämtliche Ver-
suchsabteilungen aufeinanderfolgen, also eine Ermüdung hätte
eintreten müssen, folgendes Ergebnis:

Versuch III:

a	b	c	d	e	f	g	h	i	k	l
0,545	1,149	1,094	0,323	0,179	0,313	0,486	0,—	0,210	0,4	0,484

Versuch VII:

a	b	c	d	e	f	g	h	i	k	l
2,571	1,452	0,949	0,4	0,567	0,845	0,318	0,203	0,160	0,274	0,101

Ein günstigeres Resultat bezüglich des Versuchs III ist also
nur bei 6 (a, b, c, d, e, f, h) Abteilungen wahrzunehmen, während
gerade gegen Ende der dritten Stunde die Ergebnisse bei Versuch VII bessere sind, als bei Versuch III am Anfang der ersten
Stunde. Vergleichen wir Versuch V mit Versuch VIII, so sehen
wir, dass bei letzterem in 9 Abteilungen ein besserer Erfolg erzielt worden ist; ob man hier der vorausgegangenen halben Spielstunde dieses günstigere Ergebnis zuschreiben kann?

Um zu sehen, welchen bleibenden Wert diese Versuche für
die Schüler hatten, habe ich den I. und den III. Versuch wiederholt; die Ergebnisse sind aus der folgenden Tabelle ersichtlich.

Die Repetitionsversuche ergeben im allgemeinen ein günstigeres
Resultat als die Versuche der I. Durchnahme. Bei dem ersten
sind nur Sehen mit Schreibbewegung und Abschreiben mit lautem
Sprechen schlechter ausgefallen, während beim zweiten Versuch
Sehen mit geschlossenem Mund und Sehen mit Schreibbewegung
eine grössere Fehlerzahl ergeben. Hieraus bestimmte Schlüsse
zu ziehen, ist indes mit Rücksicht auf die kurze Zeit, nach welcher
diese Versuche stattfanden, wohl kaum möglich.

Ergebnis des Repetitionsversuchs

am 14./III., 15./III., 16./III. Im Vergleich zu dem I. Versuch am 21./I. bis 29./I.

	Hören				Sehen				Buch-stabieren	Abschreiben	
	geschloss. Mund	leisem Sprechen	lautem Sprechen	Schreib-bewegung	geschloss. Mund	leisem Sprechen	lautem Sprechen	Schreib-bewegung		leisem Sprechen	lautem Sprechen
I a	1,361	3,4	2,63?	1,8?0	1,005	1,?6	1,?61	0,4?3	0,769	0,705	0,408
R a	0,437	1,?4?	1,5??	1,421	0,363	0,482	0,513	0,53?	0,534	0,4?5	0,5?1

Ergebnis des Repetitionsversuchs

am 21./III., 22./III., 23./III. Im Vergleich zu dem III. Versuch am 15./II., 16./II., 19./II.

	Hören				Sehen				Buch-stabieren	Abschreiben	
	geschloss. Mund	leisem Sprechen	lautem Sprechen	Schreib-bewegung	geschloss. Mund	leisem Sprechen	lautem Sprechen	Schreib-bewegung		leisem Sprechen	lautem Sprechen
III b	0,81?	1,1?9	1,?84	0,?20	0,179	0,313	0,48?		0,2?6	0,4	0,48?
R b	0,50?	0,7?7	0,418	0,?45	0,735	0,151	0,2?6	0,16	0,148	0,1?2	0,18?

Anmerkung. Ia bezeichnet die erste Durchnahme, Ra die Repetition von Versuch I; ebenso IIIb und Rb die erste Durchnahme und die Repetition von Versuch III.

Orthographische Versuche mit lateinischen Wörtern.

Angestellt und beschrieben von Lehramtsassessor Heinrich Fucus.

Die vorliegenden Versuche, die in der Sexta des hiesigen Gymnasiums angestellt wurden, erstrecken sich wie die S. 28—39 geschilderten auf folgende 11 Versuchsarten:

I. 1. Hören ohne Sprechen,
   2. „ mit leisem Sprechen,
   3. „ mit lautem Sprechen,
   4. „ mit Schreiben in der Luft;
II. 1. Sehen ohne Sprechen,
   2. „ mit leisem Sprechen,
   3. „ mit lautem Sprechen,
   4. „ mit Schreiben in der Luft;
III. Buchstabieren;
IV. 1. Abschreiben mit leisem Sprechen,
   2. „ mit lautem Sprechen.[1]

Zu jedem Versuche wurden 4 noch nicht gelernte lateinische Wörter von je 3 Silben gewählt, also Wörter, die einen Sinn haben, der aber den Schülern noch nicht bekannt war. Die Ausführung der Versuche war dieselbe wie bei Lay, nur habe ich beim Lesen den Stock nicht unter den Wörtern hingeführt, sondern einfach vor oder hinter das betreffende Wort gedeutet, das gelesen werden sollte.[2]

Jede Versuchsart ist achtmal vorgenommen worden, so dass 88 Klassenversuche vorliegen. Die 22 letzten Versuche wurden nach einiger Zeit wiederholt, um auch dabei den Wert der verschiedenen Versuchsarten zu beobachten. Da an jedem Klassenversuche 41—49 Schüler beteiligt sind, so entsprechen die 88 Klassenversuche der ersten Durchnahme 4128 Einzelversuchen und die 22 der Wiederholung 958 Einzelversuchen; im ganzen liegen also 5086 Einzelversuche zu Grunde. Ihr Ergebnis ist in den folgenden Tabellen zusammengestellt:

[1] Es fehlen also Versuche über die Bedeutung der Regel für den Rechtschreibunterricht. Auf welche Weise man die ermitteln könnte, lässt sich schwer sagen.

[2] Auch die Umrechnung der fehlenden Silben in Fehler und die Berechnung der durchschnittlichen Fehlerzahl eines Versuchs entspricht dem Verfahren bei Lay S. 101/2 (obwohl sich erhebliche Bedenken dagegen geltend machen lassen). In einer Formel ausgedrückt, stellt sich dies Verfahren so dar, wenn wir mit F die Fehlersumme, die sich bei einem Klassenversuch ergiebt, mit f die Zahl der fehlenden Silben und mit S die Schülerzahl bezeichnen und dabei berücksichtigen, dass bei jedem Versuche 12 Silben eingeprägt werden sollten:

$$\left(F + \frac{F \cdot f}{12S - f}\right) : S \text{ oder, des bequemeren Rechnens halber umgeformt, } \frac{12F}{12S - f}$$

Versuch A.

Versuchart	wie oft wiederholt		Unterrichtsstunde	Reihenfolge[*]	Schüler	Fehler	absl. Silben	Fehler im Durchschnitt
I 1.	5 mal	patabis, mollium, onero, tempestas	V	a	48	74	118	1,04
I 2.	5 „	praebemus, classibus, accusat, gratiam	V	b	48	94	99	2,30
I 3.	5 „	valeas, pavidi, verbera, saevite	V	c	48	50	153	1,42
I 4.	5 „	lateret, expedi, erudis, opibus	V	d	48	80	107	2,05
II 1.	5 „	taceo, impetus, punire, vitium	II	a	43	19	37	0,48
II 2.	5 „	sonitus, noceo, proelium, finire	II	b	43	25	29	0,62
II 3.	5 „	spatium, munire, hinnitus, vinculum	II	c	43	25	67	0,67
II 4.	5 „	placeo, cerasus, leniro, laceo	II	d	43	32	106	0,94
III	5 „	tenetur, pavidus, impedit, dormivi	V	e	47	31	118	0,83
IV 1.	5 „	llcuit, attenti, excita, sities	IV	e	46	13	08	0,32
IV 2.	5 „	paenitet, poenarum, expleris, venator	III	a	47	28	45	0,65

Versuch B.

					Sch.	F.	l. S.	Durchschnitt
I 1.	7 mal	obtines, nutritur, sciebat, stultorum	IIIb		47	62	142	1,76
I 2.	5 „	infletis, pellium, dormiat, vestiens	IIIc		47	53	72	1,20
I 3.	5 „	finiunt, imperti, sonorum, induit	Va		44	24	138	0,74
I 4.	5 „	oboedit, nescio, servimus, sitiunt	Vb		44	45	120	1,32
II 1.	5 „	esari, religent, acute, armeris	Vc		45	22	67	0,58
II 2.	5 „	expleat, stultorum, mandatus, formicae	Va		48	20	48	0,59
II 3.	5 „	famibus, comporter, saltanto, carmine	Vb		48	31	178	0,93
II 4.	5 „	minues, statuant, volventem, colligens	Vc		48	26	74	0,62
III	5 „	tribuat, ruerint, legaris, averso	Vd		48	17	112	0,44
IV 1.	4 „	gnesorum, cerinus, follobis, cancamum	Va		46	20	33	0,47
IV 2.	4 „	egerunt, actorum, sublgis, praedico	IIIb		48	16	64	0,39

Versuch C.

					Sch.	F.	l. S.	Durchschnitt
I 1.	6 mal	adempto, edisse, incendi, ascendas	IIIc		48	91	114	2,36
I 2.	6 „	cogitia, emisti, adimat, defensus	IIId		48	82	136	2,24
I 3.	6 „	verterit, dicunto, horarum, duxisset	IIIe		48	95	149	2,00
I 4.	8 „	conversis, indicar, reducto, affliget	IIIf		47	70	141	1,96
II 1.	5 „	eloquentes, innxerunt, regatis, illudunt	IIa		47	36	142	1,02
II 2.	5 „	diliget, carpseria, scribantur, dirigens	IIb		48	44	148	1,23
II 3.	5 „	contemptum, sumpserit, clauderer, inclusi	IIc		48	45	226	1,54
II 4.	5 „	disiuncti, corrigas, neglegunt, praescriptus	IId		48	62	230	2,15
III	5 „	dividor, laedunto, lusiatia, texisse	IIe		47	49	168	1,56
IV 1.	4 „	illudunt, evasi, converit, misistis	Va		49	33	00	0,75
IV 2.	4 „	fixisset, avorum, concedas, apibus	Vb		49	19	00	0,43

[*] Innerhalb der betreffenden Stunde.

Versuch D.

				Sch.	F.	f. S.	Durchschnitt
I 1.	7 mal	invadis, amittam, vitis, tergorum	IIIa	40	86	117	2,10
I 2.	7 „	comedat, vexamur, pecoris, crearis	IIIb	49	43	203	1,34
I 3.	7 „	deforus, aeramen, drinones, eaneas	Vc	45	91	172	2,97
I 4.	7 „	monstrorum, inferus, ancilla, medius	IIId	49	53	09	1,28
II 1.	5 „	rupibus, aries, turpium, serpentes	IIIe	49	35	110	0,88
II 2.	5 „	harundo, absenti, curruum, ignarus	IIIf	49	40	00	1,04
II 3.	5 „	libenter, totidem, incessum, atroci	IIa	47	34	120	0,92
II 4.	5 „	solitus, gaudeo, particeps, diffide	IIb	47	23	54	0,54
III	5 „	aemulor, nemora, particus, opiner	IIc	47	19	180	0,50
IV 1.	4 „	diffusus, gremium, basula, foedero	Vd	45	21	61	0,53
IV 2.	4 „	prospectus, commodum, nascendo, inepti	IIe	47	28	76	0,59

Versuch E.

				Sch.	F.	f. S.	Durchschnitt
I 1.	7 mal	crepuit, cubamus, domantes, secetis	IIId	49	47	128	1,23
I 2.	7 „	priusquam, foveres, potabis, dederunt	IIIa	49	05	130	1,72
I 3.	7 „	darotur, circumda, luverant, lataris	IIIb	49	42	118	1,07
I 4.	7 „	steterunt, cavens, sonni, movistis	IIIc	49	48	50	1,07
II 1.	5 „	dissecar, tonabal, adiutum, constiti	Va	47	48	49	1,12
II 2.	5 „	laverint, obstemus, votorum, sedebit	Vd	47	24	118	0,84
II 3.	5 „	vidistis, mordebar, spondeto, augetur	IIIc	49	38	143	1,02
II 4.	5 „	commoti, posside, vetantur, impendent	IIIf	49	52	70	1,22
III	5 „	indulget, terrui, lugorer, arserat	Va	47	37	168	1,12
IV 1.	4 „	ridebis, mulcerent, suavisse, maavero	Vb	47	16	67	0,30
IV 2.	4 „	iubebar, urgeri, minurum, infantis	Vc	47	12	60	0,28

Versuch F.

				Sch.	F.	f. S.	Durchschnitt
I 1.	7 mal	abolet, lucebit, caedimur, relinquo	Vo	47	57	153	1,60
I 2.	7 „	rupistis, fregerunt, constrinxi, ungulao	Vd	47	70	138	1,97
I 3.	7 „	devictus, coluit, mutarum, currebas	Vo	47	03	140	1,78
I 4.	6 „	pependi, fluentes, discamus, corrumpor	Vb	47	56	90	1,42
II 1.	5 „	occido, caneret, simulac, intendit	IIIb	46	28	105	0,75
II 2.	5 „	arcibus, radiis, finxisse, resurgo	IIIc	46	26	74	0,03
II 3.	5 „	forsitan, cadetis, exstruam, vexerunt	IIb	45	21	100	0,72
II 4.	5 „	gerunto, uremus, mergendi, sparsisses	IIa	45	30	08	0,81
III	5 „	deprimi, invehit, viverent, pyramis	IIIa	46	34	128	0,98
IV 1.	4 „	ernectus, olebat, infundo, alerer	IIIe	46	22	83	0,56
IV 2.	4 „	gignitur, gematis, discindent, opponar	IIId	46	21	09	0,60

Versuch G.

				Sch.	F.	l. S.	Durchschnitt
I 1.	5mal	perculi, siveras, spretorum, nepotes	Vb	46	26	139	0.75
I 2.	5 „	succumbat, dexinis, gregibus, quaeramus	Vc	46	52	164	2,84
I 3.	5 „	decerno, severat, prostravi, virgarum	IId	45	18	201	0,64
I 4.	5 „	oblerit, teratur, spernere, pavistis	IIc	45	51	75	1,32
II 1.	5 „	Inseram, petivi, sepulcrum, degerunt	Vd	46	34	130	0.07
II 2.	5 „	accessunt, caperet, adsiste, paululum	Va	46	34	106	0,01
II 3.	5 „	deceptus, venarum, crescentes, facesso	Ve	46	32	142	0,04
II 4.	5 „	afficior, securus, consuesce, pudoris	IIId	47	22	250	0,84
III	5 „	prorepo, egebat, pardorum, axellus	IIIb	47	25	90	0,64
IV 1.	4 „	conquires, lacesso, viduus, indiget	IIIc	47	9	46	0,21
IV 2.	4 „	praecipe, efficis, libuit, fugisset	IIIa	46	22	42	0,52

Versuch H.

				Sch.	F.	l. S.	Durchschnitt
I 1.	7mal	aperi, senesco, commentus, hauriam	Ve	47	45	123	1,22
I 2.	7 „	fatelar, exarsit, repperi, potimur	Ie	47	87	107	2,28
I 3.	7 „	consolor, vinximus, affarim, salui	Va	48	77	126	2,05
I 4.	7 „	sentitis, heredes, saepiet, aucuper	Vd	47	64	123	1,74
II 1.	5 „	rixetur, redibant, confercit, vilium	Vc	48	40	172	1,37
II 2.	5 „	turifer, cunctator, emendo, ventribus	Vb	48	42	100	1,68
II 3.	5 „	litium, vescerer, memini, coepisse	Vd	47	27	162	0,80
II 4.	5 „	undique, ambobus, ilico, langior	Vb	45	29	82	0,76
III	5 „	invitus, sufferens, temere, mavultis	IIIc	47	17	80	0,43
IV 1.	4 „	certatim, obsequar, eminus, noluit	IIIa	47	11	37	0,25
IV 2.	4 „	oblita, introi, labuntur, vicissim	IIIb	47	10	52	0.23

Die Zusammenstellung der Ergebnisse s. in der Tabelle auf S. 44.

Nach der Fehlerzahl geordnet, folgen also die Versuchsarten so aufeinander:

1) IV 1 Abschreiben mit leisem Sprechen: 0.43 Fehler,
2) IV 2 „ mit lautem Sprechen: 0.47 „
3) III Buchstabieren: 0.82 „
4) II 2 Lesen mit leisem Sprechen: 0.84 „
5) II 1 „ ohne Sprechen: 0.90 „
6) II 3 „ mit lautem Sprechen: 0.94 „
7) II 4 „ mit Schreibbewegung i. d. L.: 0.98 „
8) I 4 Hören mit Schreibbewegung i. d. L.: 1.52 „
9) I 1 „ ohne Sprechen: 1.64 „
10) I 3 „ mit lautem Sprechen: 1.67 „
11) I 2 „ mit leisem Sprechen: 2.00 „

Zusammenstellung der Ergebnisse von Versuch A—H.

Versuchs-arten.	I 1.	I 2.	I 3.	I 4.	II 1.	II 2.	II 3.	II 4.	III.	IV 1	IV 2
1. Versuch A:	1,04	2,38	1,42	2,06	0,48	0,82	0,07	0,94	0,83	0,32	0,45
2. „ B:	1,76	1,20	0,74	1,32	0,58	0,59	0,43	0,82	0,44	0,47	0,39
3. „ C:	2,38	2,91	2,65	1,98	1,02	1,54	1,54	1,56	0,75	0,43	
4. „ D:	2,19	1,34	2,07	1,29	0,89	1,04	0,92	2,15	0,50	0,51	0,37
5. „ E:	1,23	1,72	1,07	1,07	1,12	0,04	1,02	1,22	1,12	0,30	0,28
6. „ F:	1,60	1,97	1,78	1,42	0,75	0,65	0,72	0,61	0,90	0,56	0,40
7. „ G:	0,75	2,84	0,64	1,32	0,97	0,91	0,04	0,84	0,64	0,21	0,52
8. „ H:	1,22	2,29	2,05	1,74	1,37	1,08	0,90	0,78	0,43	0,25	0,57
in d.8 Versuchen:	13,11	16,04	13,33	12,18	7,17	6,76	7,54	7,88	6,57	3,48	3,79
im Durch-schnitt:	1,64	2,00	1,67	1,52	0,90	0,84	0,94	0,98	0,82	0,43	0,47

Das Ergebnis ist demnach:

1) Das Diktieren (= Hören) ergiebt die grösste Fehlerzahl (trotzdem dabei die Wörter gewöhnlich häufiger wiederholt worden sind als bei den übrigen Versuchsarten),
das Lesen (= Sehen) schon eine bedeutend geringere,
das Buchstabieren eine noch etwas niedrigere und
das Abschreiben bei weitem die geringste (trotzdem die Wörter dabei am wenigsten wiederholt worden sind).

2) Wenn die Sprechbewegung hinzutritt, sinkt die Fehlerzahl beim Sehen, wächst dagegen beim Hören.

3) Wenn die Schreibbewegung in der Luft hinzutritt, sinkt die Fehlerzahl beim Hören, wächst dagegen beim Sehen.

4) Wenn das laute Sprechen hinzutritt, wächst die Fehlerzahl beim Hören, Sehen und Abschreiben.[1]

Man kann nun die Frage aufwerfen, ob und inwiefern die Zeit, zu der die Versuche vorgenommen wurden, das Ergebnis beeinflusst haben, ob die Versuche in den früheren Stunden und in der ersten Hälfte der Stunden besser ausgefallen sind als in der zweiten Hälfte und in den späteren Stunden. Auf die einzelnen Unterrichtsstunden verteilen sich die Versuche in nachstehender Weise:

Versuchsarten:	I 1.	I 2.	I 3.	I 4.	II 1.	II 2.	II 3.	II 4.	III	IV 1.	IV 2.
Es fielen in die											
I. Stunde:	—	1	—	—	—	—	—	—	—	—	—
II. „	—	—	1	1	2	2	4	4	2	—	1
III. „	4	4	2	3	2	2	1	2	3	3	5
IV. „	—	—	—	—	—	—	—	—	—	1	—
V. „	4	3	5	4	4	4	3	2	3	4	2

Innerhalb dieser Stunden war die Reihenfolge (durch a, b, c . . . bezeichnet) der Versuche folgende:

Versuchsarten:	I 1.	I 2.	I 3.	I 4.	II 1.	II 2.	II 3.	II 4.	III	IV 1.	IV 2.
Reihenfolge: a	2	1	2	2	3	2	1	1	2	3	2
b	2	2	1	—	1	3	2	2	1	1	3
c	1	2	3	2	2	1	2	1	2	1	1
d	1	2	1	3	1	1	1	3	1	2	1
e	1	1	1	—	1	—	2	—	2	—	1
f			1		1		1				

---

[1] Wir können nur das Abschreiben mit leisem Sprechen zum Vergleich heranziehen, aber LAY versichert ja S. 101, dass der Einfluss der Sprechbewegungen beim Abschreiben „nicht von sehr grosser Bedeutung" sei.

Etwas übersichtlicher gestaltet sich diese Tabelle, wenn wir
die beiden ersten Versuche (a und b) unter „erster Teil der Stunde",
c unter „Mitte" und die übrigen (d, e, f) unter „letzter Teil der
Stunde" zusammenfassen. Es fielen dann in:

	I 1.	I 2.	I 3.	I 4.	II 1.	II 2.	II 3.	II 4.	III.	IV 1.	IV 2.
d. 1. Teil d. St. (a, b):	4	3	3	2	4	5	3	3	3	4	5
d. Mitte (c):	1	2	3	2	2	1	2	1	2	1	1
d. letzten Teil d. St. (d, e, f.:	3	3	2	4	2	2	3	4	3	9	2

Wenn wir die Schwierigkeit der Wörter ausser Betracht
lassen — es ist wohl unmöglich, diesem Umstande in völlig be-
friedigender Weise gerecht zu werden —, so wird sich schwerlich
aus den drei letzten Tabellen etwas Bestimmtes entnehmen lassen.
Vergleichen wir z. B. — immer die gleichmässige Schwierigkeit
der Wörter vorausgesetzt — die Versuchsart I 1. beim Versuch A
mit der beim Versuch D, so finden wir dort weniger Fehler (1,84)
als hier (2,19), obwohl sie dort in einer 5., hier in einer 3. Stunde
den ersten Versuch bildete und obwohl die Wörter dort fünfmal,
hier siebenmal vorgesprochen wurden. Ähnlich verhält es sich
mit der Versuchsart I 1. bei den Versuchen D und G:

Versuch B:

1,76 Fehler in der 3. Stunde als 2. Versuch, bei siebenmaligem Vorsprechen.

Versuch G:

0,75 Fehler in der 5. Stunde als 2. Versuch, bei fünfmaligem Vorsprechen.

Ebenso ergiebt die Versuchsart I 2. beim Versuch B nur
1,29 Fehler, beim Versuch E 1,97 Fehler, obschon sie dort in
die Mitte, hier an den Anfang einer 3. Stunde fiel und obschon
dort fünfmaliges, hier siebenmaliges Vorsprechen stattfand. Es
scheint also, dass die Unterrichtsstunde und die Reihenfolge innerhalb der Stunde keinen durchgreifenden Einfluss auf den Ausfall
der Versuche geübt hat. Doch müssen wir berücksichtigen, dass
sehr viele Umstände das Resultat beeinflussen, so dass sich die
Bedeutung der einzelnen kaum genau bestimmen lassen wird. —

Ein ähnliches Ergebnis, wie das auf S. 45 vorgeführte, lieferte
die Wiederholung des 7. und 8. Versuchs, wie aus den
vier nächsten Übersichten erhellt:

Wiederholung des Versuchs G.

				Sch.	F.	i. S.	Durchschnitt	Unterschied gegenüber der ersten Durchnahme in %
I 2.	5 mal	nach 15 Tagen	V b	42	18	101	0,53	— 20,33
I 2.	5 „	„ 16 „	IV c	42	101	59	2,72	— 4,22
I 3.	5 „	„ 18 „	IV d	41	13	111	0,41	— 35,94
I 4.	5 „	„ 16 „	V b	41	37	21	0,04	— 28,70
II 1.	5 „	„ 10 „	III d	43	26	63	0,00	— 28,86
(II 2[1])	5 „	„ 10 „	III a	43	22	46	0,50	— 33,40
II 3.	5 „	„ 10 „	III e	43	20	87	0,56	— 40,42
II 4.	5 „	„ 10 „	I d	44	21	104	0,59	— 29,76
III	5 „	„ 0 „	III b	44	26	38	0,64	0
IV 1.	4 „	„ 0 „	III c	44	2	35	0,05	— 76,10
IV 2.	4 „	„ 15 „	IV a	42	9	33	0,23	— 55,77

Wiederholung des Versuchs H.

				Sch.	F.	i. S.	Durchschnitt	Unterschied gegenüber der ersten Durchnahme in %
I 1.	7 mal	nach 15 Tagen	III e	43	48	53	1,24	+ 1,04
I 2.	7 „	„ 15 „	IV e	43	77	78	2,11	— 7,46
I 3.	7 „	„ 15 „	III a	46	69	27	1,55	— 24,39
I 4.	7 „	„ 15 „	III d	43	29	30	0,72	— 59,02
II 1.	5 „	„ 15 „	III e	46	22	105	0,59	— 56,93
II 2.	5 „	„ 14 „	IV b	44	10	78	0,43	— 60,18
II 3.	5 „	„ 15 „	III d	45	6	74	0,15	— 81,25
II 4.	5 „	„ 2 „	III b	47	11	50	0,26	— 65,70
III	5 „	„ 16 „	I c	44	6	50	0,20	— 53,40
IV 1.	4 „	„ 16 „	I a	44	2	10	0,05	— 80,00
IV 2.	4 „	„ 16 „	I b	44	9	14	0,07	— 60,56

Zusammenstellung.

Unterschied der Wiederholungen gegenüber der ersten Durchnahme in %

(Die kleinen Zahlen in Klammern geben die Zahl der Tage an, die zwischen der ersten Durchnahme und der Wiederholung liegen.)

	beim (7.) Versuch G:	beim (8.) Versuch H:	im Durchschnitt:
I 1.:	— 20,33 (15)	+ 1,04 (15)	— 13,64
I 2.:	— 4,22 (16)	— 7,46 (15)	— 5,64
I 3.:	— 35,94 (18)	— 24,39 (15)	— 30,16
I 4.:	— 28,70 (16)	— 58,62 (15)	— 43,70

---

[1]) Infolge einer Verwechslung ist hier nicht leise mitgesprochen, sondern wie bei II 1 verfahren worden.

	beim (7.) Versuch G:	beim (6) Versuch G:	im Durchschnitt:
II 1.:	— 28,60 (10)	— 56,03 (15)	— 42,80
II 2.:	(— 33,46) (10)	— 60,18 (11)	— 60,18
II 3.:	— 40,42 (10)	— 61,25 (15)	— 60,83
II 4.:	— 29,76 (18)	— 65,79 (2)	— 47,77
III:	0 (9)	— 53,40 (18)	— 26,74
IV 1.:	— 76,19 (9)	— 80,00 (16)	— 78,09
IV 2.:	— 55,77 (15)	— 69,56 (16)	— 62,66

oder nach dem Werte der Versuchsart geordnet.

Es verminderte sich infolge der Wiederholung des Versuchs
die Fehlerzahl:

bei	IV 1.	IV 2.	II 3.	II 2	II 4.	I 4.	II 1,	I 3.	III	I 1.	I 2.
um %	78,09	62,66	60,83	60,18	47,77	43,70	42,89	30,10	26,74	13,84	5,84

Daraus sehen wir:

1) Auch bei der Wiederholung der Versuche erweist sich, wie
bei der ersten Durchnahme, am vorteilhaftesten das Abschreiben,
und zwar wieder das Abschreiben mit leisem Sprechen:
am geringwertigsten ist wieder das Hören mit leisem
Sprechen.

2) Das Hinzutreten der Sprechbewegung zeigt sich wieder
günstig beim Sehen, (denn hier vermindert sich die Fehlerzahl um 60,18 %, beim einfachen Sehen nur um 42,89 %):
ungünstig beim Hören, (denn hier vermindert sich die Fehlerzahl um 5,84 %, beim einfachen Hören aber um 13,84 %).

3) Das Hinzutreten der Schreibbewegung in der Luft ist
wieder wirksam beim Hören (vgl. I 1. u. I 4.), nur wenig
wirksam beim Sehen (vgl. II 1. u. II 4.). In dem letzten
Punkte unterscheidet sich schon das Ergebnis der wiederholten Versuche von dem der ersten Durchnahme. Noch
grösser ist der Unterschied

4) beim Hinzutreten des lauten Sprechens; dies liefert hier
bessere Resultate beim Hören und Sehen, geringere beim
Abschreiben.

5) Das Buchstabieren ist an die drittletzte Stelle gerückt. —

Wichtiger als die wiederholten Versuche sind natürlich
diejenigen, bei denen die Wörter zum erstenmal den Schülern
entgegentreten, also die der ersten Durchnahme; denn es
handelt sich um die Frage, durch welches Verfahren die
Rechtschreibung neuer Wörter am besten eingeprägt wird.

Vergleichen wir nun noch diese Ergebnisse unserer Sextanerversuche, bei denen lateinische Wörter angewandt wurden, mit den Ergebnissen der Volksschüler- und Seminaristenversuche Lays, bei denen künstlich gebildete, sinnlose Wörter zur Verwendung kamen.

Zu dem Zweck ist es vor allem notwendig, Lays Zusammenstellung der Versuchsergebnisse (S. 127) zu verbessern, denn es finden sich darin 46 (mit den Fehlern im Kopf der Tabelle sogar 61) Fehler. Ich lasse also zunächst diese Zusammenstellung in berichtigter Form folgen; die Angabe des Schuljahres, der Schülerzahl und der Wiederholung ist hier überflüssig.

Lays Schülerversuche.

	I 1.	I 2.	I 3.	II 1.	II 2.	II 3.	III	IV 1.
I. Versuch	5,97			2,49				
II. „	6,37			3,02				
III. „							2,62	1,11
IV. „							1,21	0,30
V. „	6,99			1,50				
VI. „		5,18			1,62			
VII. „			0,02			2,58		
VIII. „							1,82	0,70
IX. „					1,09	1,01		
X. „				2,10	2,00	1,90		
XI. „	6,20	5,63	4,55					
XII. „							2,38	0,76
XIII. „	2,75	2,97	2,22					
XIV. „	3,53	2,81	2,81					
XV. „				1,12	1,70	0,96	0,48	0,65
XVI. „	6,08	4,01	5,13	2,02	2,00	2,38	2,79	0,92
XVII. „	5,87	4,51	4,21	1,44	1,77	1,91	1,60	0,54
XVIII. „	3,25	3,28	2,47	0,69	0,82	1,20	0,73	0,17
XIX. „	4,75	4,74	2,81	2,24	2,35	1,53	1,03	0,87
XX. „	2,24	2,44	2,49	1,68	1,09	0,95	1,14	0,74
XXI. „	3,50	4,44	2,08	2,10	1,90	2,40	2,51	0,46
XXII. „	2,93	3,30	2,21	1,34	1,70	0,97	1,24	0,40
XXIII. „	2,67	3,15	3,35	2,01	1,84	1,47	1,42	0,52
XXIV. „				1,03	1,65	1,03		
	63,73	47,56	41,25	25,77	21,52	21,03	20,94	8,32 Fehler,
	: 14	: 12	: 12	: 14	: 13	: 13	: 13	: 13 Versuche
Durchschnitt der Schülerversuche	4,55	3,96	3,44	1,84	1,65	1,62	1,61	0,64

Lays Seminaristenversuche.

	I 1.	I 2.	I 3.	II 1.	II 2.	II 3.	III	IV 1.
Versuch 25 a:	2,20	1,85	1,07					
„ 25 b:	0,92	0,74	0,41					
„ 25 c:	—	2,18	1,43					
„ 26:	0,54	0,43	0,43					
„ 27:	2,67	2,38	1,85	0,77	0,77	0,43	0,15[1]	0,43
„ 28:	1,05	1,05	0,02	0,45	0,47	0,18		
„ 29:				0,56	0,41	0,18	0,50[1]	0,23
„ 30:	1,87	1,07	1,74	0,56	0,43	0,46	0,30	0,33
„ 31:				0,30	0,30	0,13		
„ 32:	1,67	1,06	1,48	1,15	0,49	0,59	0,55	0,55
	10,92	12,56	9,93	3,85	2,76	1,07	1,88	1,54
	:7	:8	:8	:6	:6	:6	:4	:4
	1,56	1,57	1,24	0,64	0,46	0,33	0,47	0,38

Den Tabellen auf S. 45 und 46 entsprechend füge ich auch hier eine Übersicht über die Reihenfolge der Lay'schen Schülerversuche innerhalb der einzelnen Stunden hinzu.

Versuchsarten: I 1. I 2. I 3. II 1. II 2. II 3. III IV 1.

Reihenfolge:	a	12	1		4	2	1	2	1
	b	2	11	1	2	3	1	3	2
	c			11	1		3		2
	d				7	1		1	
	e				7	1		1	
	f				7				
	g						7		
	h								7

oder, etwas übersichtlicher gestaltet: Es fielen in

	I 1.	I 2.	I 3.	II 1.	II 2.	II 3.	III	IV 1.
d. 1. Teil d. St. (a, b, c):	14	12	12	7	5	5	5	5
d. Mitte (d, e):				7	8	1	1	1
d. letzten Teil d. St. (f, g, h):				7		7		7

Hinsichtlich der Seminaristenversuche hebe ich hervor, dass hier wie bei den Sextanerversuchen das „Hören mit leisem Sprechen" die grösste Fehlerzahl liefert: dagegen erscheint als das wirksamste Verfahren das „Lesen mit lautem Sprechen", das „Abschreiben mit leisem Sprechen" kommt erst an 2. und das „Buchstabieren" gar erst an 4. Stelle.

Für unsere Frage, welches Verfahren für die Erlernung der Orthographie am zweckmässigsten ist, sind natürlich nicht die

---

[1] Mit Wiederholung der Silben.

Erfolge bei Seminaristen, sondern die bei Schülern etwa der
vier untersten Klassen massgebend. Und da finden wir das
1. Ergebnis der Sextanerversuche (S. 45) vollkommen bestätigt:

Das Diktieren (Hören) ergiebt die grösste Fehlerzahl,
das Lesen (Sehen) schon eine bedeutend geringere,
das Buchstabieren eine noch etwas niedrigere und
das Abschreiben bei weitem die geringste.

Anders verhält es sich mit dem Hinzutreten der Sprechbewegung und des lauten Sprechens; die führen beim Hören
und beim Lesen der Volksschüler eine Verminderung der Fehlerzahl herbei.

Dieser Unterschied zwischen Lay's Versuchen und den vorliegenden legt die Vermutung nahe, dass die Ergebnisse hinsichtlich
des leisen und des lauten Sprechens nicht als allgemeingültig
betrachtet werden können. Und die Vermutung wird durch eine
andere Wahrnehmung zur Gewissheit.

Wir haben nämlich bisher immer nur die durchschnittliche Fehlerzahl einer Anzahl von Versuchen berücksichtigt.
Es ist aber auch wichtig, festzustellen, ob alle oder fast alle Versuche in demselben Sinne ausgefallen sind oder ob die Ergebnisse
der einzelnen Versuche schwanken und das Gesamtresultat sich
vielleicht bei Hinzufügung eines oder mehrerer Versuche ändern
kann. Wir müssen also auch untersuchen, wie oft eine Versuchsart die Fehlerzahl herabsetzt und wie oft nicht. Dies zeigen
die nächsten Übersichten[1] S. 52.

Daraus ergiebt sich zunächst, dass Lay im Irrtum ist, wenn
er S. 102 versichert, „dass alle Versuche von gleicher Art ohne
Ausnahme in gleichem Sinne ausgefallen" seien. Er fügt zwar
hinzu: „Von den vielen Versuchen haben nur einige ein wider-
sprechendes Resultat ergeben, und in jedem Falle konnte ich mit
Bestimmtheit nachweisen, dass die normalen Versuchsumstände
gestört waren durch irgend ein mehr oder weniger auffälliges
Ereignis während des Versuchs." Aber erstens würde durch
diese „auffälligen Ereignisse" eine neue unmessbare Grösse in die
Versuche eingeführt, und zweitens wäre es doch seltsam, wenn

[1] Lay's Seminaristenversuche müssen ausser Betracht bleiben, aus dem
oben erwähnten Grunde, weil wir es im Rechtschreibunterricht der Schule nicht
mit 16 und 17 jährigen, sondern mit 6—10jährigen Schülern zu thun haben.
Lay selbst betont wiederholt S. V und 93, dass „jüngere Schüler" als Versuchspersonen verwendet werden müssen.

4*

Sextanerversuche:

Beim Hinzutreten der Sprechbewegung
zum Hören sinkt die Fehlerzahl bei 3 Versuchen, wächst die Fehlerzahl bei 5 Versuchen.
» Sehen » » » » 4 » » » » 4 »

Beim Hinzutreten der Schreibbewegung in der Luft
zum Hören sinkt die Fehlerzahl bei 5 Versuchen, wächst die Fehlerzahl bei 9 Versuchen,
» Sehen » » » » 3 » » » » 5 »

Beim Hinzutreten des lauten Sprechens
zum Hören sinkt die Fehlerzahl bei 4 Versuchen, wächst die Fehlerzahl bei 4 Versuchen, } Hören (Sehen) ohne Sprechen, verglichen mit
» Sehen sinkt die Fehlerzahl bei 6 Versuchen, wächst die Fehlerzahl bei 2 Versuchen, } ver- Hören (Sehen) mit leisem Sprechen.
» Hören sinkt die Fehlerzahl bei 8 Versuchen, wächst die Fehlerzahl bei 2 Versuchen, } glichen Hören (Sehen) mit
» Sehen » » » » 4 » » » » 6 » } mit Abschreiben (Sprechen)
» Abschreiben » » » » 4 » » » » »

Lays Schülerversuche:

Beim Hinzutreten der Sprechbewegung
zum Hören sinkt die Fehlerzahl bei 6 Versuchen, sinkt die Fehlerzahl nicht[1]) bei 6 Versuchen,
» Sehen » » » » 5 » » 7 »
». Abschreiben war der Einfluss der Sprechbewegung „nicht von sehr grosser Bedeutung", Lay S. 101.

Beim Hinzutreten des lauten Sprechens
zum Hören sinkt die Fehlerzahl bei 10 Versuchen, sinkt die Fehlerzahl nicht bei 2 Versuchen, } Hören (Sehen) ohne Sprechen,
» Sehen » » » » 8 » » 6 » } verglichen mit
» Hören » » » » 7 » » 5 » } Hören (Sehen) mit Sprechen.
» Sehen » » » » 7 » » 6 » } Hören (Sehen) mit lebh. Sprechen.

[Lays Seminaristenversuche:

Beim Hinzutreten der Sprechbewegung
zum Hören sinkt die Fehlerzahl bei 4 Versuchen, sinkt die Fehlerzahl nicht bei 3 Versuchen,
» Sehen » » » » 3 » » 3 »

Beim Hinzutreten des lauten Sprechens
zum Hören sinkt die Fehlerzahl bei 7 Versuchen, sinkt die Fehlerzahl nicht bei 0 Versuchen, } Hören (Sehen) ohne Sprechen,
» Sehen » » » » 6 » » 1 » } verglichen mit
» Hören » » » » 7 » » 1 » } Hören (Sehen) mit Sprechen,
» Sehen » » » » 4 » » 2 » } Hören (Sehen) mit ein.Sprechen.]

1) D. h. sie wächst oder bleibt gleich

wirklich z. B. von den Versuchen „Sehen mit leisem Sprechen"
die Mehrzahl (7) durch auffällige Ereignisse gestört worden wäre,
während nur 5 unter normalen Verhältnissen hätten durchgeführt
werden können. Lay selbst berücksichtigt diesen Umstand auch
gar nicht weiter, wo er aus der durchschnittlichen Fehlerzahl
sein Gesamtergebnis ermittelt. Wir dürfen also ebenfalls seine
Resultate verwerten ohne Rücksicht auf jene störenden Ereignisse,
zumal Lay die gestörten Versuche auf keine Weise kenntlich
gemacht hat. Wenn sich aus den Volksschüler- und Sextaner-
Versuchen etwas für die Erlernung der Orthographie entnehmen
lässt, so ist es demnach folgendes:

Die Sprechbewegung und die Schreibbewegung[1]
haben keineswegs einen hervorragenden Anteil am Recht-
schreiben, wie Lay S. 92 und sonst behauptet; denn die Fehlerzahl
wächst fast ebenso häufig oder gar häufiger, als sie zurückgeht.

Auch dem lauten Sprechen kann keine besondere Bedeutung
zuerkannt werden beim Lesen und beim Abschreiben. Nur
beim Hören wirkt es in der Mehrzahl der Fälle günstig; das
Wirksame ist aber auch hierbei offenbar nicht die Sprechbewegung,
sondern das Klangbild. —

Eine bessere Stütze für Lay's Aufstellungen könnten allerdings die Vorschülerversuche abgeben, die oben S. 28—39
beschrieben sind; denn da verminderte sich die Fehlerzahl fast
regelmässig beim Hinzutreten der Sprechbewegung, der Schreibbewegung und des lauten Sprechens. Nur wenn das Hören von
der Sprechbewegung begleitet war, sank die Fehlerzahl in der
Mehrzahl der Fälle nicht (5 gegen 3), und wenn zum Abschreiben
das laute Sprechen hinzukam, wuchs die Fehlerzahl ebenso häufig,
wie sie zurückging. In diesen beiden Versuchsarten (I 2 und
IV 2) stimmen also die Vorschülerversuche genau mit den

[1] Ich meine hier die Schreibbewegung in der Luft. Lay folgert
den Wert der Schreibbewegung aus dem Abschreiben, und zwar durch
folgende Überlegung: Das Abschreiben ist (in unsern Versuchen) ein „Sehen
mit leisem Sprechen", zu dem das Schreiben hinzutritt; liefern also die Versuche „Abschreiben" ein besseres Ergebnis als die Versuche „Sehen mit leisem
Sprechen", so ist der Unterschied durch die Bewegungsvorstellungen des
Schreibens herbeigeführt. (Lay 150.)

In Wirklichkeit ist aber die Sache viel verwickelter, denn beim Abschreiben
entsteht das Sehbild immer noch einmal auf dem Heft der Schüler. Man
müsste also mindestens die Übung des Lesens doppelt so oft vornehmen, wie
die des Abschreibens, um beide vergleichen zu können. Und dann bleibt immer
noch die Ungleichheit, dass sich beim Abschreiben die rascher Schreibenden
das Schriftbild an der Tafel noch mehrmals einprägen können, bis die langsamer Schreibenden fertig sind.

Sextanerversuchen überein: auch die Wiederholungen meiner Versuche G und II wiesen beim „Hören mit Sprechbewegung" die geringste Verminderung auf, und die Seminaristenversuche lieferten dabei die höchste Fehlerzahl. Man muss jedoch immer im Auge behalten, dass es sich bei diesen Vorschülerversuchen um ganz andere Wörter handelt und darum die Ergebnisse nicht ohne weiteres zum Vergleich herangezogen werden dürfen (s. o. S. 21 und LAY S. 94 o.).

Wie wenig LAY berechtigt ist, aus seinen Versuchen den hohen Wert der Sprechbewegung zu folgern (hinsichtlich der Schreibbewegung vgl. S. 53, Anmerk. 1), zeigt sich besonders deutlich, wenn man von seinen Versuchen diejenigen zusammenstellt, zu denen er genau dieselben Wörter verwandt hat oder solche, die er für gleich schwer hielt (s. S. 55).

Aus dieser Vergleichung sehen wir,[1] dass — selbst wenn die Versuchswörter dieselben sind — beim Hinzutreten der Sprechbewegung die Fehlerzahl bald sinkt, bald wächst, bald gleich bleibt, während sie doch nach LAYs Annahme überall sinken müsste.

Wir dürfen uns überhaupt nicht verhehlen, dass es kaum möglich ist, den Einfluss eines einzelnen Umstandes, der Sprechbewegung, der Schreibbewegung u. s. w. exakt zu bestimmen, denn die Versuche hängen von gar mancherlei Verhältnissen und Zufälligkeiten ab. Solche mitwirkenden Umstände sind z. B.

1. **Die verschiedene Schwierigkeit der Wörter.** Von dem 16. Versuche LAYs an bleiben in seinen Wörtern durch alle 8 Versuchsarten hindurch die Konsonanten gleich, lediglich die Vokale wechseln. (Nur einige Male ist auch ein Konsonant durch einen verwandten ersetzt, und auch da bleibt man bei der Fülle der Druckfehler oft im Zweifel, ob die Vertauschung beabsichtigt war oder nicht.) Und gerade in diesen Versuchen ist fast immer dieselbe Reihenfolge eingehalten: mit dem Hören ohne Sprechen beginnt die Stunde, und mit dem Abschreiben schliesst sie. Naturgemäss prägen sich bei den späteren Versuchen die Wörter immer leichter ein, weil man da nicht mehr auf die Konsonanten zu achten braucht.

---

[1] Besonders deutlich bei der 7. Wortgruppe, wo der Versuch XXIII für die Versuchsart I 1. ebensoviel Fehler ergeben hat wie der Seminaristenversuch XXVII.

Versuche mit der nämlichen Wortgruppe oder Wörtern von gleicher Schwierigkeit (nach Lay).

		I1.	I2.	I3.	II1.	II2.	II3.	III.	IV1.	Versuch
1. Wortgruppe:	7 mal	5,97 27 mal*)	2,07	2,23	2,49 9 mal	1,70	0,98	2,62 8 mal	1,11 8 mal	I, III
	7 mal	6,77 16 mal	2,81	2,81	3,92 8 mal			1,24 12 mal	0,30 8 mal	II, IV
										XIII
										XIV, XV
2. Wortgruppe:	5 mal	0,99	5,18	0,02	1,12	1,82	2,58	0,48	0,05	V—VIII
	5 mal				1,50	1,09	1,51	1,82	0,70	IX
	7 mal	6,91	5,63	4,55	2,10	2,00	1,81	2,08	0,76	X—XII
3. Wortgruppe:	7 mal	6,08	4,01	5,13	2,02	2,00	2,30	2,73	0,42	XVI
	5 mal	5,87	4,51	4,21	1,44	1,77	1,81	1,60	0,54	XVII
4. Wortgruppe:	5 mal	3,25	3,28	2,47	0,89	0,82	1,20	0,73	0,17	XVIII
	5 mal	4,75	4,74	2,81	2,24	2,35	1,53	1,03	0,87	XIX
5. Wortgruppe:	3 mal	2,24	1,63	2,49	1,03	1,09	0,05	1,14	0,74	XX
	2 mal		2,18	1,43						6. XXVc
	2 mal	0,54	0,43	0,43	0,56	0,41	0,18	0,50 7)	0,23	8 XXVIu.XXIX
6. Wortgruppe:	3 mal	2,96	3,90	2,21	1,34	1,70	0,57			XXII
	2 mal	0,02	0,74	0,41	0,45	0,47	0,18			8. XXVb
	2 mal	1,03	1,05	0,52						8. XXVIII
7. Wortgruppe:	3 mal	2,67	3,15	3,35	2,01	1,91	1,47	1,42	0,52	XXIII
	2 mal	2,17	2,38	1,85	0,77	0,77	0,43	0,15 7)	0,43	8. XXVII
8. Wortgruppe:	3 mal				1,09	1,10	1,03			XXIV
	2 mal				0,36	0,20	0,13			8. XXXI

*) Diese Zusätze geben an, wie oft die Wortgruppe vor der Niederschrift vorgesprochen, gelesen, buchstabiert oder abgeschrieben worden ist. 7) Mit Wiederholung der Silben.

2. Die Ermüdung, überhaupt die Stimmung der Schüler; so sind z. B. vier Vorschülerversuche und ein Sextanerversuch bei der Wiederholung schlechter ausgefallen als bei der ersten Durchnahme. Auch sonst haben einzelne Schüler, selbst sehr gewissenhafte und aufmerksame, bei der Wiederholung mehr Fehler gemacht.

3. Das Tempo, in dem die Versuche durchgeführt werden; bei grösserer Schnelligkeit wächst natürlich die Fehlerzahl. (Mir ist es unverständlich, wie Lay seine sämtlichen 8 Versuchsarten in einer Stunde hat ausführen können: nach seiner Anmerkung 1 auf S. 103 muss man dies für die Versuche XVI—XXIII annehmen.)

4. Fehlerberechnung. Lay verfuhr nach dem Grundsatze (S. 102): Wenn in einer Silbe die Mehrzahl der Buchstaben falsch geschrieben war, wurde sie als eine fehlende Silbe betrachtet. Diese und die wirklich fehlenden Silben rechnete er dann in Fehler um auf Grund folgender Erwägung (S. 101): „Für die niedergeschriebene Silbenzahl eines Klassenversuchs ergab die Korrektur eine bestimmte Fehlerzahl, und man darf daher annehmen, dass für die fehlende Silbenzahl auch jenes Verhältnis zwischen Silben und Fehlern anzunehmen sei; dabei sind aber die Versuche so einzurichten, dass die Summe der fehlenden Silben die Hälfte der Silbenzahl überhaupt nicht erreiche." Letztere Forderung hat freilich Lay selbst nicht immer erfüllt, so gleich bei seinem 1. Versuch; beim XI. und XVI. Versuch je zweimal. Aber auch der angeführte Grundsatz erweckt Bedenken. Giebt ein Schüler nur einen Laut falsch wieder in einer Silbe von drei Buchstaben, so wird dafür ein Fehler gerechnet, z. B. für broeium statt proeium, prebemus statt praebemus. Sind aber zwei Laute falsch, z. B. in brelium oder brebemus, so muss nach Lay die Silbe als fehlend betrachtet werden, denn die Mehrzahl der Laute ist falsch. Eine fehlende Silbe wiegt aber niemals so schwer wie ein Fehler. Ihr Wert schwankt je nach der Fehlersumme in einem Klassenversuch: sie kann $= \frac{1}{6}$ Fehler, aber wenn sehr wenig Fehler gemacht worden sind, auch bloss $= \frac{1}{40}$ Fehler sein. Sind also in Wirklichkeit mehrere orthographische Fehler in einer Silbe gemacht worden, so

werden doch weniger Fehler dafür gerechnet als wenn nur
ein orthographischer Fehler darin vorkäme.

Ausserdem kann man zuweilen im Zweifel sein, wie
man die Fehler bewerten soll, z. B. bei toditem statt
totidem, tapetis statt patebis, sonite statt sacrite oder
latibus statt lateris, motorum statt monstrorum.

5) Die Häufigkeit der Wiederholung vor dem Niederschreiben;

6) die Störungen durch Entlassung eines erkrankten Schülers,
Fallen eines Federhalters u. s. w.;

7) das gegenseitige Abschreiben;

8) Kurzsichtigkeit oder Schwerhörigkeit einzelner Schüler;

9) die Deutlichkeit der Schrift an der Wandtafel und die
Deutlichkeit der Aussprache beim Vorsprechen;

10) das Überwiegen des akustischen, visuellen oder
motorischen Gedächtnisses in den verschiedenen Klassen;

11) die Abwesenheit tüchtiger oder schwacher Schüler;

12) das Alter der Schüler. LAY S. 129: „Das Buchstabieren
erfolgte bei den Seminaristen mit grösserer Aufmerksamkeit
als das Abschreiben, das sehr flüchtig und in kürzerer Zeit
ausgeführt wurde als das Buchstabieren; bei den Volks-
schülern war das Gegenteil der Fall";

13) die Einübung der Wörter vor der Niederschrift, z. B.
bei den Versuchen mit Schreibbewegung in der Luft. Wenn
ein Schüler vor der Klasse steht, mit dem Rücken ihr zu-
gekehrt, und in grossen Zügen die Wörter in die Luft schreibt,
während die übrigen Schüler, von dem hinten stehenden
Lehrer kontrolliert, genau dieselben Züge nachschreiben, so
entstehen deutliche Sehbilder; die Versuche werden besser
ausfallen, als wenn ich die Schüler ihre gewöhnliche Schreibweise, also raschere, kleine Schriftzüge anwenden lasse;

14) Anders würden vielleicht auch die Versuche ausfallen, wenn
man nach der Einübung der Wörter bei allen Versuchsarten die Wörter einzeln diktierte, wodurch
man auch den wirklichen Verhältnissen im Unterricht näher
käme. Bei den Versuchen, bei denen die Wörter aus dem Kopfe
niedergeschrieben werden; handelt es sich um zwei verschiedene Dinge, um das Behalten der Wörter und um
die Einprägung ihrer Schreibung;

15) die Schreibbewegung in der Luft erzeugt zugleich ein
Sehbild als Phantasievorstellung, und das Hören (Sehen,
Abschreiben) mit geschlossenem Mund schliesst nur
einen Teil der Sprechbewegungen aus. Selbst wenn man,
wie Coux (Zeitschr. für Psych. u. Phys. der Sinnesorg. 1897,
162), die Zunge umgerollt an den Gaumen drücken liesse,
wären nicht alle Sprechbewegungen unmöglich gemacht.

Es kommt also bei den orthographischen Versuchen eine
ganze Reihe von Umständen und Nebenumständen in Betracht,
die das Resultat beeinflussen. Auch LAY ist dies nicht entgangen:
er bemerkt S. 99: „Die Versuche boten viele Schwierigkeiten dar,
ja diese schienen mir manchmal unüberwindlich; doch kam ich
durch viele Vorversuche in verschiedenen Schuljahren allmählich
zu der Überzeugung, dass man auf dem eingeschlagenen Wege
zu gewissen zuverlässigen Resultaten gelangen könne, wenn man
alle Umstände und Nebenumstände gehörig ins Auge fasse." Wir
haben jedoch gesehen, dass seine Resultate keineswegs zuverlässig
sind, dass die Versuche, auch die von LAY angestellten, keinen
Beweis für den angeblichen hohen Wert der Sprechbewegungen
und der Schreibbewegungen erbracht haben.

Und dies Ergebnis wird durch die Erfahrung durchaus bestätigt. Wenn jemand zweifelhaft ist, ob er „das" oder „dass" zu
schreiben hat, so kann er gar nicht die verschiedenen Sprechbewegungen mit einander vergleichen, die bei der Aussprache
der beiden Wörtchen vor sich gehen. Denn diese Bewegungen
erfolgen unbewusst: man kennt sie überhaupt nicht, wenn man
nicht als Phonetiker sein Studium darauf gerichtet hat (vgl. HOPF,
das Auswendiglernen, S. 127/8). Nur die verschiedenen,[1] uns
bekannten **Klangbilder** können wir vergleichen, oder wir müssen
unsere Zuflucht zu der **Regel** nehmen: Wenn dies zweifelhafte
Wörtchen das demonstr. (= „dies", „dasjenige") oder das relat.
= „welches") Pronomen oder der bestimmte Artikel ist, so wird
es mit s geschrieben, sonst mit ß.

Gerade für die Schwierigkeiten der Orthographie, für die Fälle,
wo die Schreibung nicht lauttreu (phonetisch), sondern historisch
ist, kommt die Sprechbewegung überhaupt nicht in Betracht,

---

[1] Die Aussprache ist allerdings nicht überall dieselbe. KERN lehrt sogar
in seinem Leitfaden f. d. Anfangsunterricht i. d. deutschen Grammatik § 169
ausdrücklich, dass das Relativpronomen „das" und die Konjunktion „dass"
gleich lauten.

vgl. mir. hier. ihr: Wal, Aal, Mahl, Thal: ai—ei; äu—eu u. s. w.
Hierher gehört auch die Thatsache, dass in manchen Gegenden
die Verschiedenheit einzelner Laute nicht zum Ausdruck kommt,
z. B. bei b und p. d und t; und umgekehrt werden ganz verschiedene Laute durch dasselbe Zeichen g wiedergegeben (es
lautet bald wie j, bald wie ch, bald ist es Verschlusslaut wie im
französischen vor a, o, u": BEHAGHEL, d. deutsche Spr. 57).

Ebenso wenig nützt dem Schüler die Schreibbewegung,
wenn er z. B. das Wort „winklig" schreiben soll. Die Schreibbewegungen sind ihm ja gleich geläufig für die Silben ig und
lich. Auch die Sprechbewegung und das Klangbild können ihm
die Entscheidung nicht erleichtern, denn sie sind beide gleich
für „winklig" und für „winklich". Hier kommt er nur mit Hilfe
des Sehbildes zum Ziel, indem er die zwei Schriftbilder miteinander vergleicht (wie oft auf dem Löschblatt des Diktathoftes!);
oder er macht sich die Ableitung von dem Stammwort „Winkel"
klar und folgt der Regel: Die Nachsilbe ig wird mit g geschrieben.

Nach wie vor bleiben also Hörbild, Sehbild und Regel
(dazu kann man auch die Gruppenbildung rechnen) die Haupt-
stützen des Rechtschreibunterrichts; das Sprechen dient im wesentlichen nur zur Einprägung des Hörbildes, das Buchstabieren und
das Abschreiben zur Befestigung des Sehbildes.

Die vorstehend beschriebenen Versuche haben ergeben, dass
die von LAY mit sinnlosen Wörtern angestellten Versuche zu
mannigfach anderen Ergebnissen führten als die mit wirklichen
sinnvollen, der Mutter- oder einer fremden Sprache angehörigen
Wörtern veranstalteten. Herr Lehramtsassessor FUCHS hat die
Resultate sorgfältig zusammengestellt, und es genügt, darauf zu
verweisen. Können wir also die LAYschen Vorschläge zu einer
Reform der Orthographieerlernung als unwiderleglich begründet
ansehen? Ich fürchte, nein. Herr FUCHS hat schon den Schluss
gezogen, dass wir zunächst auch künftig hauptsächlich auf Ohr,
Auge und Regel (Reihenbildung) angewiesen bleiben werden.
Selbstverständlich können auch unsere Versuche noch nicht als
abschliessend gelten, sondern die Untersuchung muss fortgesetzt
werden; nur zahlreiche Beobachtungen können uns schliesslich
vielleicht die Sicherheit des Urteils verschaffen, die wir zur Zeit

noch nicht besitzen. Aber m. E. können doch auch jetzt schon gewisse Schlüsse für eine unterrichtliche Behandlung gezogen werden, und diese werden bezüglich der Beteiligung der einzelnen Sinnesgebiete in der Erlernung der Orthographie doch etwas anders ausfallen, als man noch meist annimmt.

Unbestreitbar dürfte sein, dass bei der verschiedenen individuellen Veranlagung aller Menchen auch in der Schule nicht angenommen werden darf, dass allein oder überwiegend eine Art von Vorstellungen für die Erlernung der Orthographie in Betracht kommen müsse. Vielmehr wird es angezeigt sein, allen dabei mitwirkenden Vorstellungen ausreichende Pflege zu widmen. Hören und Sehen sind ebenso unbestreitbar für die Mehrzahl der Menschen bei Erwerbung von Wortbildern die wichtigsten Quellen, und auf ihre richtige Pflege wird demnach zunächst unsere Aufmerksamkeit sich richten müssen. So lange wir eine phonetische Schreibweise nicht haben, müssen wir suchen, das Hörbild möglichst richtig und rein zu gestalten und von dem Sehbild alle beirrenden Reize nach Kräften fernzuhalten.

Auf den Unterricht übertragen heisst das vom ersten Anfang an nicht nur richtig sprechen von seiten des Lehrers, sondern auch die Kinder in sprachphysiologischer Weise korrekt erziehen. Lay hat darüber S. 164 ff. durchaus richtige Forderungen gestellt, und H. Gutzmann hat im 1. Bande 2. Hefte dieser Sammlung dem Lehrer hierfür nützliche Anleitung gegeben. Aber auch das von Spieser (s. S. 9 A. 2) beschriebene Verfahren ist interessant genug, um auf seinen Wert für Schulklassen geprüft zu werden; ich kann allerdings nicht verhehlen, dass ich nicht glaube, es könnten in solchen ähnliche Erfolge errungen werden, wie er sie erreicht zu haben glaubt. Denn es fehlt hier der Faktor, den er wohl nicht gehörig geschätzt hat, das bewusste und zielvolle Handinhandgehen des Unterrichts und des Hauses, ferner aber auch das liebevolle Interesse und vielleicht auch die leicht eintretende Überschätzung des Propagandisten, endlich das Verhältnis des Kindes zu Vater und Mutter, das in der Schule doch nur ein schwaches Surrogat finden kann. Ob und inwieweit es durch einen geschickten phonetischen Unterricht gelingen wird, den Schülern die Fühl-, Vibrations- und Bewegungsbilder beim Sprechen zu besserer Erkenntnis zu bringen, muss die Erfahrung lehren. Jedenfalls wird es schon längerer Zeit bedürfen, um allein die hierfür vorgebildeten Lehrer zu schaffen.

Eine dem Sprechen und Hören von Gesprochenem verwandte
Thätigkeit ist das Lesen; nur kommen dabei nun auch bereits
Sehbilder in Betracht. Hier kann es nur darauf ankommen, dass
durch Teilen der verschiedenen Thätigkeiten deren Ergebnisse um
so gründlicher befestigt werden. Der Erwachsene, der ein inhalt-
lich spannendes Buch liest und sich vornimmt, zugleich die Darstellung des Autors zu kontrolieren oder gar sich zu eigen zu
machen, wird eine nach beiden Seiten unbefriedigende Thätigkeit
verrichten. Er kann infolge der Enge des Bewusstseins beide
Gebiete nicht gleichzeitig mit gleicher Aufmerksamkeit und
gleichem Klarheitsgrade umfassen, sondern bald wiegt das eine,
bald das andere über, und sein Gewinn bleibt auf beiden mangelhaft. Dasselbe gilt von dem kleinen Schüler bezüglich des Inhalts
des betreffenden Wortes und der sprachlichen Erscheinungsform,
und zwar in um so höherem Masse, je ungewohnter ihm der neue
Begriff ist. Es muss darum zur Regel werden, jedes neue ihm
entgegentretende Wort zuerst nach seinem Inhalt und dann nach
seiner sprachlichen Erscheinung ins Auge zu fassen. Dass diese
letztgenannte Behandlung durch Lautieren (Buchstabieren), An-
schreiben an die Wandtafel und Abschreiben erfolgt, bedarf nach
dem Vorhergehenden keiner weiteren Erörterung. Ebensowenig,
dass bei allen diesen Thätigkeiten die Hauptsache ist, falsche und
beirrende Bilder fernzuhalten. Darum darf nicht diktiert werden,
was nicht so fest eingeübt ist, dass die meisten Schüler fehlerlos
schreiben. Leider ist man auf höheren Schulen noch recht oft
von der richtigen Einsicht in diese fundamentale Wahrheit entfernt. Manche Lehrer konstatieren mit einer gewissen Genugthuung die grosse Zahl orthographischer Fehler, um daraus allerlei
Schlüsse auf die Faulheit und Zerstreutheit der Schüler zu ziehen,
statt ihr eigenes unmethodisches Verfahren anzuklagen. Und
Regel mag es noch immer sein, dass die sog. Diktate nicht vorher
besprochen werden; denn sie sollen ja ein Ausweis für die Aufmerksamkeit und den Fleiss des Schülers in den vorhergehenden
Stunden sein. Als ob sie dies nicht auch sein könnten, wenn sie
unmittelbar vorher sorgfältig eingeübt würden; doch darf dieser Ausweis nie die Hauptsache sein, sondern diese muss stets die Vermeidung
falscher Schreibweise bleiben. So viel kann nach den von LAY
und uns angestellten Versuchen wohl als sicher gelten, dass das
Diktieren an sich für die Orthographie einen sehr geringen Wert
besitzt, und dass es diesen erst erhält durch die ihm vorher-

gegangene Übung und Befestigung der Wortbilder bis zu völliger
Sicherheit. Man darf also wohl sagen, dass als Ausweis für Fleiss
und Aufmerksamkeit nur das Diktat festeingeübten Sprachstoffes
gelten darf: selbstverständlich gilt dies auch für die kleinen Auf-
sätzchen, die bei uns schon im 3. Jahre der Vorschule gefertigt
werden.

Sehr wahrscheinlich dürfte es ebenfalls nach den überein-
stimmenden Ergebnissen unserer und LAYs Beobachtungen sein,
dass Abschreiben in allem Anfangsunterrichte eine der
förderlichsten Veranstaltungen für Erlernung der Orthographie
ist, um so förderlicher, je mehr es gelingt, ein aufmerksames
Abschreiben herbeizuführen. Denn dies, und nicht das Hören
oder laute Sprechen an sich, wird die Hauptsache sein, wie sich
aus den Resultaten der besonders beweiskräftigen Vorschulversuche
ergiebt: Abschreiben mit leisem Sprechen ergab im Durchschnitt
0,297 Fehler, solches mit lautem 0,298. Die psychologische
Begründung dafür wird sich verschieden geben lassen; aber für
den Elementarunterricht darf und muss diese Begründung einstweilen unentschieden bleiben. Ob dem wiederholten mechanischen
Abschreiben ein so grosses Gewicht beizulegen ist, wie es LAY
thut, stets von seiner Theorie der Bewegungsvorstellungen aus-
gehend, ist noch nicht zu entscheiden; mir scheint, dass es dabei
viel mehr auf die intensive Thätigkeit bei dem Hören und Sehen
und die Erzeugung richtiger Hör- und Sehbilder ankommt, die
grossenteils durch Erhaltung der Aufmerksamkeit bedingt ist, und
die er ja selbst auch (S. 178 f.) als entscheidend annimmt, wenn
er fordert, „dass das zu schreibende Wort unmittelbar vorher
deutlich ausgesprochen und mit gleichzeitiger Bewegung der
Sprachorgane abgeschrieben werde“.

Darum ist die Luft-Schreibbewegung von so grossem Werte,
weil sie bei richtiger Behandlung ohne intensive Aufmerksamkeit
sich gar nicht ausführen lässt. Es dürfte durch weitere Versuche
festzustellen sein, ob sogar diese Luft-Schreibbewegung in Verbindung mit Sehen, wenn sie erst ein regelmässiges Unterrichts-
mittel wird, nicht infolge der steten Kontrolle ein wirksamerer
Faktor werden wird als das unkontrollierte, oft gedankenlose Abschreiben. Nach den Vorschulversuchen — bei den Versuchen
mit lateinischen Wörtern war das Resultat etwas abweichend —
ergab Sehen mit Schreibbewegung die geringste Fehlerzahl nach
Abschreiben (0.344). Aber selbst beim Hören war, wenn Schreib-

bewegung damit verbunden wurde, das Ergebnis (0,772) günstiger
als wenn es mit lautem (1,213) oder leisem Sprechen (1,801)
kombiniert war.

Die Bedeutung der Regel wurde in allen Untersuchungen
ausser acht gelassen. Der Grund lag für uns darin, dass wir
keinen Weg fanden, auf dem Versuche in dieser Richtung gemacht
werden konnten. Ich halte indessen diesen Ausfall nicht für bedeutend; denn die Erfahrung, die ein jeder an sich machen kann,
zeigt, dass die Regel an und für sich nur nützt, wenn man zu
zweifeln beginnt und eine ruhige, längere Überlegung anstellen
kann. Für den Anfänger sinkt daher ihr Wert sehr tief. Einzig
die Bildung fester Wortreihen kann für diesen ein Hilfsmittel
werden, vorausgesetzt, dass diese so sicher ablaufen, dass jedes
Glied der Reihe die anderen, mindestens die benachbarten, hervorruft. Es liegt in der Natur der Sache, dass diese Festigkeit und
dieser sichere Ablauf der Reihen nur selten vorhanden sein wird.
Wertvoller wird sich die richtig betriebene Wortbildungslehre
erweisen, weil die gleichen Vor- und Nachsilben verhältnismässig
leicht zur Festigkeit gebracht und durch stetes Begegnen immer
wieder von neuem befestigt und beständig neue Glieder in die
Reihen einverleibt werden können. Was LAY hierüber S. 180 ff.
sagt, wird, abgesehen von der Begründung, für den Anfangsunterricht sehr vorteilhaft sein. Überhaupt sind seine praktischen
Vorschläge meist recht nützlich und berechtigt, wenn er auch
dabei seiner Theorie mannigfach untreu wird.

SAMMLUNG VON ABHANDLUNGEN AUS DEM GEBIETE DER
PÄDAGOGISCHEN PSYCHOLOGIE UND PHYSIOLOGIE

HERAUSGEGEBEN VON

H. SCHILLER UND TH. ZIEHEN.

II. BAND. 5. HEFT.

AUS DER PSYCHIATRISCHEN KLINIK ZU GÖTTINGEN.
(GEHEIMRAT MEYER.)

ÜBER DIE
AUSSERHALB DER SCHULE LIEGENDEN

URSACHEN DER NERVOSITÄT

DER KINDER.

VON

PROFESSOR DR. A. CRAMER
IN GÖTTINGEN.

BERLIN,
VERLAG VON REUTHER & REICHARD
1899.

Druck von Paul Schettler's Erben, Hofbuchdruckerei in Cöthen.

Als ich seinerzeit eine Aufforderung von der Redaktion erhielt, einen Beitrag für das neue Unternehmen zu liefern, hatte ich zunächst die Absicht, psychisch abnorme Zustände, wie sie die Schule mit sich bringt, zu beschreiben. Eine Durchsicht des mir zur Verfügung stehenden Materials zeigte mir indessen, dass ganz einwandsfreie Fälle, d. h. solche, bei denen die bestehenden Symptome nur durch die schädlichen Einflüsse der Schule bedingt waren, sich nicht unter meinen Beobachtungen befanden.

Dabei gewann ich die Überzeugung, dass namentlich von der Laienseite der Einfluss, den die Schule bei dem Zustandekommen der nervösen Zustände der Kinder hat, leicht überschätzt wird, und dass es nützlich sein dürfte, gerade in dieser Sammlung von Abhandlungen kurz alle die Momente zusammenzustellen, welche Nervosität bei Kindern im Gefolge haben können.

Wenn ich im Folgenden von Schädlichkeiten, welche in der Schule selbst die Kinder treffen können, nicht spreche, so geschieht das nur deshalb, weil ich mir das Thema enger gesteckt habe und nicht, weil ich glaube, dass solche fehlen oder selten sind.

Über dasselbe Thema ist in den letzten 15 Jahren viel geschrieben worden, wenn auch meistens die Schädlichkeiten, welche in der Schule selbst liegen, im Vordergrund des Interesses standen (GROSSE, HEUSE, ROTH und viele andere). Auch ist, wie bekannt, im Jahre 1883 in einem umfangreichen, im Auftrage der wissenschaftlichen Deputation für das Medizinalwesen von WEST-PHAL und VIRCHOW erstatteten Gutachten die Frage der Schulüberbürdung erörtert worden mit der Schlussfolgerung, dass die Sache noch nicht spruchreif sei. Wenn wir erwägen, dass damals bereits umfangreiche Erhebungen stattgefunden haben, z. B. Gutachten von zahlreichen Psychiatern eingefordert worden sind, so wird uns das eine wenigstens daraus klar sein, dass es nicht so ganz

1*

einfach sein muss, mit Sicherheit festzustellen, inwieweit die
Schule als Ursache an der Nervosität der Kinder beteiligt ist.

Unser Jahrhundert wird als das nervöse bezeichnet, — ob ganz
mit Recht, lasse ich dahingestellt (WITZEL u. a.), − wir dürfen daher
nicht erstaunen, dass auch die Kinder gelegentlich nervös werden
und nervös sind. Dass im Allgemeinen die Nervosität unter den
Kindern erheblich zugenommen hat, glaube ich mit WILDERMUTH und
anderen nicht, wohl aber bin ich überzeugt, dass eine lokale Zunahme
der Nervosität der Kinder in den grösseren Städten stattgefunden hat.

Auch daraus ergiebt sich der Schluss, dass es nicht die Schule
allein ist, wie das manchmal behauptet wird, sondern dass auch
ausserhalb der Schule liegende Ursachen vorhanden
sein müssen, welche diese Nervosität herbeiführen.

Dass wir diese Ursachen kennen lernen, ist schon deshalb
wichtig, weil, wie wir sehen werden, eine ganze Reihe dieser
schädlichen Momente sich vermeiden lassen.

Was verstehen wir nun unter Nervosität und speziell unter
Nervosität bei Kindern?

Zunächst muss ich auf einen Punkt eingehen, der von den
Laien immer und nicht selten auch von einzelnen Ärzten[1]) verkannt wird. Die Nervosität ist keine Erkrankung der Nerven an
sich, namentlich nicht der peripheren äusseren Nerven, wie das
der Laie sich vorstellt, sondern das Organ, dessen krankhafte,
gestörte Funktion der Nervosität zu Grunde liegt, ist das Gehirn.
Trotzdem ist aber ein Nervöser noch kein Geisteskranker, ebensowenig wie wir einen Menschen, der einen Schnupfen hat, als
einen Kranken im engsten Sinne des Wortes zu betrachten pflegen.[2])

Aber es führt die Nervosität in breiter Stufe und unter
mannigfachen Übergängen allmählich in das Gebiet der eigentlichen Geisteskrankheiten hinüber. Es ist eine Schwächung einzelner

---

[1]) So las ich kürzlich in einem gerichtlichen ärztlichen Gutachten, die
Hysterie sei keine Geisteskrankheit, sondern eine Nervenkrankheit, sie müsse
deshalb nicht vom Irrenarzt, sondern vom Nervenarzt behandelt werden.

[2]) Nach VIRCHOW verstehen wir unter Krankheit ein Leben unter abnormen
Bedingungen mit dem Charakter der Gefahr. Bei Krankheiten, welche aus einer
Funktionsstörung des Gehirns resultieren, Nervosität und Geisteskrankheit, besteht
die Gefahr weniger darin, dass das Leben gefährdet ist, sondern hauptsächlich
nach der sozialen Seite hin, insofern diese Kranken unfähig werden, ihre An-
gelegenheiten selbst zu verwalten oder in Konflikte mit dem Strafgesetzbuch
kommen. Diese Gefahr ist nun bei den Nervösen äusserst gering oder kaum
vorhanden. Es würde bei der Ausdehnung der Nervosität eine Revolution entstehen, wenn wir generell die Handlungsfähigkeit der Nervösen anzweifeln wollten.

Die Geisteskrankheit dagegen bedingt fast immer Ausschluss der Handlungsfähigkeit.

Hirnfunktionen, welche der Nervosität zu Grunde liegt; man nimmt
an, dass sie auf Stoffwechselveränderungen beruht.

Das Wort Nervosität ist heute, soweit die wissenschaftliche
Diagnose in Betracht kommt, ein Sammelbegriff geworden, man
trennt die Nervösen in Hysterische, Neurasthenische, in Über-
gangsfälle zwischen beiden und in eigentliche Nervöse.

Als Hauptsymptom der Neurasthenie möchte ich mit MÖBIUS
die Ermüdung, die krankhaft gesteigerte Ermüdbarkeit bezeichnen.

Unter Hysterie haben wir eine psychische Erkrankung, eine
Erkrankung der Vorstellungen zu verstehen (MÖBIUS, BRUNS und
andere). Diese Erkrankung besteht darin, dass das Vorstellungsleben ausserordentlich labil ist und ausserordentlich leicht durch
äussere und innere Eindrücke zu beeinflussen ist. Es verbindet
sich, wie JOLLY scharf präzisiert, eine gesteigerte Einbildungskraft
mit einer gesteigerten affektiven und reflektorischen Erregbarkeit.
Was der Hysterische nur denkt, wird ihm leicht, ohne dass er
sich dessen bewusst wird, zur Gewissheit, so entstehen unbewusst
die schwersten Krankheitssymptome, z. B. Lähmungserscheinungen.

Für die Nervosität im engeren Sinn bleiben demnach nur
noch diejenigen Fälle übrig, bei denen die Erscheinungen der
Hysterie und Neurasthenie weniger hervortreten und leichtere
Störungen der Thätigkeit des Nervensystems bestehen, ohne dass
eine der bekannten Nerven- bezw. Geisteskrankheiten vorliegt,
z. B. eine abnorme Reizbarkeit, hypochondrische Veranlagung,
Mutlosigkeit etc. (MÖBIUS). Schliesslich käme noch in Betracht
eine 4. Gruppe mit ausgeprägten sogenannten degenerativen
Symptomen (isolierten Zuckungen, Zwangszuständen etc.) und
allerlei ausgeprägten psychischen abnormen Erscheinungen als
Vorläufer einer späteren einsetzenden Geisteskrankheit. Dazu zu
rechnen wären auch die Menschen mit mehr oder weniger leichten
angeborenen intellektuellen Defekten.

Wie werden sich nun diese Erscheinungen beim Kinde
markieren?

Nach EMMINGHAUS fehlt dem Kinde das Gleichgewicht der
psychischen Funktionen, welches bei dem erwachsenen Menschen
vorausgesetzt wird. Das Kind muss weiter den Vorstellungsinhalt,
den der Erwachsene als sein Wissen bezeichnet, noch erwerben.
Es muss lernen, von dem täglich sich mehrenden Wissen einen
zweckentsprechenden Gebrauch zu machen und sich die Fähigkeit
erwerben, in abstrakten Begriffen zu denken.

Es wird also das neurasthenische Kind seine krankhaft
gesteigerte Ermüdbarkeit hauptsächlich nach der Richtung zeigen,
dass es bei dem Versuche, zu lernen, viel eher als andere Kinder
einhalten muss, weil es seine Aufmerksamkeit nicht mehr fixieren
kann, und die Fähigkeit, sich zu konzentrieren, zu frühzeitig
erlahmt. In der Schule kann es dem Unterricht nicht folgen,
weil das Vermögen, aufzupassen, zu rasch zu Ende geht. Dass
dem wirklich so ist, zeigen uns die Erfahrungen, welche die
Lehrer mit dem Unterricht in früher Morgenstunde gemacht haben.
Der Erfolg mit dem Unterricht war ein viel schlechterer, als wenn
bei späterem Schul-Anfang die Kinder ausgeschlafen hatten. Die,
wenn ich so sagen darf, aus psychologischer Ursache (id est zu
früh unterbrochener Schlaf) vorhandene Ermüdung setzte das
Auffassungs-Vermögen herab. Ausserdem nimmt successive die
Leistungsfähigkeit der Schüler nach einigen Unterrichtsstunden
ab, sodass, wie bekannt, namentlich der Wegfall der Nachmittags-
stunden gefordert wird.

Bei den hysterischen Kindern werden wir, wie auch bei
den ausgesprochenen Kinderpsychosen, kein einigermassen voll-
ständiges Krankheitsbild finden. Da der Vorstellungsinhalt des
Kindes ein noch geringer ist, zeigen sich die Störungen mehr auf
körperlichem Gebiet; wir finden psychisch bedingte Lähmungen,
Schmerzen, Krämpfe und dergleichen, die sich meist nur auf
beschränkte Gebiete des Körpers erstrecken (DARXS u. a.) So weit
das erkrankte Vorstellungsleben selbst in Betracht kommt, handelt
es sich um eine krankhafte Steigerung des unter normalen Verhältnissen schon recht erheblichen kindlichen Egoismus mit krank-
haftem Eigensinn, gesteigerter Reizbarkeit und einer ausgeprägten
Neigung zum Lügen.

Rein nervöse Kinder in dem oben angedeuteten Sinne
sind selten, meist finden sich Symptome der Hysterie und
Neurasthenie beigemengt. Auch kommen gelegentlich schon im
Kindesalter allerlei nervöse Symptome, welche als degenerative
gedeutet werden müssen, vor, oder es machen sich einzelne Erscheinungen einer erst in der Pubertät oder später auftretenden
geistigen Erkrankung bereits in der Kindheit geltend.

Auch die Fälle, in denen eine bei Kindern zu beobachtende
Nervosität weder hysterische noch neurasthenische Symptome
zeigt und die sogenannten degenerativen Symptome ganz ausgeschlossen werden können, sind selten. Es ist stets zweifelhaft, ob

die in solchen Fällen auftretende allzu grosse Lebhaftigkeit oder
allzu grosse Schüchternheit und Scheu und andere Erscheinungen
nicht doch einen ausgeprägten degenerativen Charakter habon.
Man hat deshalb auch die 3. und 4. Gruppe nicht unzweckmässig
an Koch sich anlehnend zusammengefasst in dem Ausdruck
„psychopathisch minderwertige Kinder". (Sänger.)

In den ersten Lebensjahren leistet das Kind eine ausserordentliche Arbeit, indem es lernt, die Eindrücke aus der Aussenwelt aufzufassen, und seine willkürliche Muskulatur in die Gewalt
bekommt, d. h. also indem es die Sinnes-Eindrücke verstehen und
sprechen, laufen und sich bewegen lernt. Das Gehirn wächst im
ersten Lebensjahre um ungefähr ein Drittel und weiter bis zur
völligen Reife um ein weiteres Drittel.

Wenn man das Gehirn eines Kindes mit dem eines Erwachsenen vergleicht, so fällt die viel grössere Blutfülle des kindlichen Gehirns auf, das letztere macht einen viel zarteren, leichter
verletzbaren Eindruck. Vergleicht man die beiden in ihren
Details mikroskopisch, so zeigt sich, dass namentlich in den
Teilen des Gehirns, welche der gewollten Bewegung als Bahnen
dienen und in den Partien, welche wir als Organ der bewussten
Vorgänge zu betrachten pflegen,[1]) diejenigen Elemente, welche als
Träger der nervösen Funktion angesehen werden, Nervenfasern und
Ganglienzellen, z. T. noch völlig unentwickelt, oder nur mangelhaft
entwickelt sind. Es stellt also, wenn ich so sagen darf, die Hirnrinde
des neugeborenen Kindes noch ein unbeschriebenes Blatt dar.

Nach den zuletzt mitgeteilten Thatsachen muss man sich
wundern, dass bei dem zarten Organismus, wie ihn das kindliche
Gehirn darzustellen scheint, und bei der Arbeit, welche ihm zugemutet wird, doch verhältnismässig so wenig Störungen vorkommen.

Es muss also die Lebensenergie des „zarten" kindlichen Gehirns eine grosse sein.

Die Ursachen, welche bei den Kindern nervöse Zustände
hervorrufen können, zerfallen, so verschiedenartig sie an sich sind,
in zwei grosse Gruppen.

I. Innere, endogene:

II. Äussere, exogene Ursachen (Sommer).

Ich folge dieser allgemein angenommenen Einteilung der
Übersichtlichkeit wegen; will aber gleich hier betonen, dass Natur

---

[1]) Man muss bei allen Schlüssen, welche Anatomie und Psychologie zusammenbringen sollen, ausserordentlich vorsichtig sein.

und Leben und der damit verbundene Zufall sich an diese
Einteilung nicht kehren, so dass wir beim einzelnen Individuum
häufig, ich möchte fast sagen immer, sowohl endogene als auch
exogene Ursachen als veranlassende Momente auffinden.

Überhaupt ist es falsch und unwissenschaftlich, namentlich
bei Geistes- und Nervenkrankheiten immer die zunächst auffallende
Schädlichkeit als alleinige Krankheitsursache aufzufassen. Untersucht
man genauer, so stellt sich die Sache gewöhnlich ganz anders dar.

Selbstverständlich wird eine exogene Ursache viel leichter
und nachhaltiger einwirken können, wenn bereits eine endogene
Ursache vorhanden ist. Ein grosser Fehler ist es ferner, wie das
Hirzig mit Recht betont hat, wenn man bei den nervösen und
geistigen Erkrankungen der Menschen, die ja in ihrer psychischen
Konstitution ebenso variabel sind wie in ihrem körperlichen Aussehen, den Schluss zieht: gleiche Ursachen, gleiche Wirkungen. Infolge eben der endogenen Vorgänge, welche die psychische Variabilität
bedingen, reagieren die einzelnen Individuen auf das einzelne veranlassende Moment in sehr verschiedener Weise und zwar nicht nur
dem Grade, sondern auch der Art der Erscheinungen nach.

Unter den endogenen Ursachen kommt in erster Linie in
Betracht die erbliche Belastung.

Wir betrachten einen Menschen als erblich belastet für Nerven-
oder Geisteskrankheiten, wenn in seiner Blutsverwandtschaft
Geistes- oder Nervenkrankheiten vorgekommen sind. Zu der erblichen Belastung ist auch zu rechnen, wenn die Eltern trunksüchtig
oder morphinistisch sind oder sich anderen Giftwirkungen in dem
Grade ausgesetzt haben, dass ihre Gesundheit Schaden erlitten hat.

Man spricht von einer direkten erblichen Belastung,
wenn Vater oder Mutter oder beide Zeichen von Nerven- oder
Geisteskrankheit zeigen. Unter indirekter erblicher Belastung
versteht man eine entsprechende Erkrankung entfernter stehender
Verwandten, also des Grossvaters, der Grossmutter, Geschwister etc.

Am gefährlichsten ist eine direkte erbliche Belastung.
Es kann aber auch eine indirekte erbliche Belastung denselben
schädlichen Einfluss erlangen, wenn eine grössere Zahl von Bluts-
verwandten erkrankt waren, z. B. der Grossvater, Grossvaters und
Vaters Bruder. Dieser Einfluss wird noch stärker, wenn sowohl
in der mütterlichen als in der väterlichen Linie Erkrankungen
vorgekommen sind und namentlich, wenn sich eine solche indirekte
Belastung noch mit einer direkten verbindet.

Der Grad der Gefährlichkeit einer erblichen Belastung richtet sich nun nicht immer nach dem soeben entwickelten Gesetze.

Denn damit auch ein schwer belasteter Mensch in stärkerem Grade nervös wird oder geistig erkrankt, sind noch andere meist exogene Ursachen erforderlich. Sind die exogenen Ursachen sehr schwerwiegende oder sehr zahlreiche, so wird natürlich auch bei leichterer erblicher Belastung eher ein krankhafter Zustand ausgelöst werden.

Es ist in neuerer Zeit Mode geworden, in Zeitungsfeuilletons, Romanen und Theaterstücken in einer übertriebenen und tendenziösen Weise die Bedeutung der Belastung und einer damit verbundenen sogenannten Entartung zu behandeln. Danach würde es für einen erblich belasteten Menschen das beste sein, wenn er gar nicht geboren oder nach Art der Spartaner gleich nach der Geburt vom Taygetos heruntergeworfen worden wäre, weil er unbedingt geisteskrank oder ein Verbrecher werden muss. Wie derartige geschickt vorgetragene, übertriebene Behauptungen auf den Laien einwirken, sehen wir alle Tage. Er forscht nach, ob sich nicht irgend ein Onkel oder eine Tante findet, welche etwas wunderlich oder nervös waren, und sucht nun an sich so lange herum, bis er auch „etwas Abnormes" gefunden hat, quält sich mit dem Gedanken, dass auch er eines Tages geisteskrank werden müsse, und erwirbt sich nicht selten auf dem Wege der Selbsteinredung allerhand psychopathische Symptome.

Die genaueren Untersuchungen der neueren Zeit haben uns gezeigt, dass sich die Dinge etwas anders verhalten. Man hatte bisher immer nur eine Erblichkeitsstatistik bei Geisteskranken aufgestellt und war hier zu sehr abweichenden Resultaten gekommen. Die Gegenprobe bei Gesunden war nie gemacht worden. Das ist in neuer Zeit von JENNY KOLLER geschehen.

Findet man bei Geisteskranken als durchschnittlichen Prozentsatz der erblichen Belastung zwischen 80 und 50 Prozent, so ergiebt sich nach KOLLERS bei 370 Gesunden angestellten Untersuchungen eine Belastung in 59 Prozent und zwar in 26 Prozent direkte und 26 Prozent indirekte erbliche Belastung.[1]

Die Hälfte der geistig Gesunden ist also erblich belastet. Daraus ergiebt sich mit zwingender Notwendigkeit der Schluss, dass ein erblich belasteter Mensch nicht geisteskrank werden muss.

---

[1] Dazu kommen noch 4.9 Prozent collaterale Belastung.

Immerhin sind wir aber verpflichtet, Kinder, welche in einem stärkeren Grade erblich belastet sind, nach Möglichkeit vor weiteren Schädlichkeiten zu bewahren.

Eine häufig nicht genug beachtete Schädlichkeit, welche die direkt belasteten Kinder in der Regel sehr schwer trifft, ist der nachteilige Einfluss, den geisteskranke oder schwer nervöse Eltern auf die Kinder haben. Bei der leichten Empfänglichkeit des kindlichen Gemüts wird leicht die überkommene Disposition geweckt. Wenn auch schliesslich die häufigen Scenen keinen besonderen Eindruck mehr machen, so kann doch ganz unbewusst die Neigung zu ähnlichen Scenen hervorgerufen werden.

Am schlimmsten wirkt in dieser Beziehung der Einfluss der meist schwer oder gar nicht zu entfernenden Mutter auf die Descendenz.

Bei Geisteskranken spricht man in solchen Fällen bekanntlich direkt von psychischer Infektion und Induktion.

In zahlreichen Fällen dokumentiert sich die erbliche Belastung und die dadurch bedingte Disposition zu nervöser und geistiger Erkrankung zunächst weder in der körperlichen Entwicklung noch im psychischen Verhalten.

Man hat zwar versucht, in allerlei Bildungs-Anomalien, sogenannten Degenerationszeichen, ein Merkmal der Belastung und Entartung zu finden. Die genauere Untersuchung und objektive Prüfung hat aber gezeigt, dass diese Zeichen, wenn sie in grösserer Zahl vorhanden sind, wohl auf eine nervöse Disposition hinweisen können, aber nicht müssen, d. h., dass sich bindende Schlüsse daraus nicht ziehen lassen.

Sehr unangenehme Folgen für das Kind können eintreten, wenn es von den Eltern im Rausch gezeugt wurde. Man geht so weit, zu behaupten, dass die vereinzelten idiotischen Kinder, welche sich neben zahlreichen ganz gesunden Kindern in einzelnen Familien finden, darauf zurückzuführen sind. (MOBEL, KIND, WULF u. a.) Ich habe selbst noch keinen reinen Fall gesehen und bin überzeugt, dass dabei auch eine gewisse Disposition und andere Momente eine Rolle spielen. Dass im Rausch häufig der Beischlaf ausgeübt wird, ist ebenso sicher, wie, dass mit dem Stärkerwerden des Rausches der Beischlaf unmöglich wird. Es müsste also bei dem leider sehr ausgedehnten Abusus spirituosorum in unserem Vaterlande entschieden das Auftreten von Idiotie aus diesem Grunde häufiger sein.

In ihrem Einfluss einer erblichen Belastung gleich können die Schädlichkeiten sein, welche das Kind während seiner intrauterinen Entwicklung treffen.

Zu diesen Schädlichkeiten sind zu rechnen eine schwere Erkrankung der Mutter während der Schwangerschaft. Dazu gehören auch konstitutionelle Erkrankungen der Mutter, z. B. Syphilis, Diabetes, Tuberkulose und dgl.

Auch die schädlichen Einflüsse, welche mehr auf psychischem Gebiet auf die Mutter während der Schwangerschaft einwirken, z. B. ein heftiger Schreck, Kummer und Sorgen, fallen unter diese Rubrik.

Alle diese schädigenden Einflüsse wirken natürlich um so gefährlicher, wenn die Mutter bereits eine disponierte, nervöse oder gar geisteskranke Person ist, während eine ganz gesunde Schwangere schon einen starken Stoss in psychischer Beziehung vertragen kann, ohne dass nachteilige Folgen für das kommende Kind zu erwarten sind.

Ich will dabei bemerken, dass namentlich bei den Frauen der gebildeten Stände sich häufig während der Schwangerschaft ein hysterischer Zustand mit Neigung zu exaltiertem Wesen entwickelt. Diese Zustände brauchen in ihrer Erscheinung und ihren Folgen nicht sehr tragisch genommen zu werden, wenn auch der Mann gut thut, sich damit abzufinden, dass das neun Monate ertragen werden muss.

Nach MOREL's Vorgang muss hier auch erwähnt werden, dass unter z. T. noch gänzlich unbekannten lokalen Einflüssen eine psychopathisch veranlagte Descendenz entstehen kann. MOREL hat dabei die Kretin- und Kropf-Gegenden im Auge. Auch in einzelnen Wechselfiebergegenden resultieren nervöse und schwachsinnige Kinder, wenn die Eltern zur Zeit der Zeugung bereits den Ernährungsstörungen des Wechselfiebers verfallen waren.

Ebenso ist es begreiflich, dass die Nachkommenschaft von Eltern, welche seit Jahren unter schlechten sozialen Verhältnissen leben, denen Luft, Licht und Nahrung nicht in genügender Weise zur Verfügung stehen, welche, wenn ich so sagen darf, an der Cachexie des Elends leiden, auch zu nervösen Erkrankungen in mehr oder weniger hohem Grade veranlagt sein wird.

Wir können nach Vorstehendem ganz allgemein sagen: sind durch irgend welche Schädlichkeiten die Eltern dauernd in ihrem Kräfte- und Gesundheitszustand benachteiligt und schreiten sie in diesem Zustande zur Zeugung, so ist zu erwarten, dass die Descendenz sich weniger widerstandsfähig zeigt. Kommen bei den Eltern psychische (nervöse) Störungen vor, so wird auch bei den Kindern die Widerstandsfähigkeit in psychischer (nervöser) Beziehung geringer sein.

Die nachteiligen Folgen der bisher aufgeführten, die Eltern treffenden Schädlichkeiten sind natürlich um so grösser, in je grösserer Zahl sich die Schädlichkeiten kombinieren und je intensiver sie zur Einwirkung gelangen.

Wir sehen also, wie ein Kind, ohne dass wir immer imstande sind, das zu erkennen, schon bis zu seiner Geburt einer grossen Reihe von Schädlichkeiten ausgesetzt sein kann, und dass diese Schädlichkeiten als eine mehr oder weniger intensive Disposition zu nervösen und geistigen Erkrankungen zum Ausdruck kommen können.

Wir finden das auch bestätigt, wenn wir die Litteratur über die Hysterie im Kindesalter ansehen, die nachstehend aufgeführt ist. In fast allen mitgeteilten Fällen ist von einer erblichen Veranlagung die Rede. Jolly und andere sehen in der ererbten Disposition ein wichtiges Moment für das Zustandekommen der kindlichen Hysterie.

Wir können eine Parallele darin sehen, dass auch bei der Kurzsichtigkeit der Schüler erbliche Anlage eine grosse Rolle spielt (Schmidt-Rimpler).

Wir werden danach auch begreifen, dass ein solches Kind, wenn es zur Schule kommt, leichter nervös werden wird.

Dazu kommt nun noch, dass das Kind in den Jahren von der Geburt bis zum schulpflichtigen Alter und auch während der Schuljahre noch einer weiteren Reihe von Schädlichkeiten ausgesetzt sein kann, die geeignet sind, nervöse und psychisch abnorme Zustände hervorzurufen.

Diese Schädlichkeiten, mit welchen wir uns jetzt beschäftigen müssen, stellen die exogenen Ursachen dar.

In erster Linie kommen hier in Betracht die sogenannten Kinderkrankheiten. Darunter sind zu verstehen eine Reihe von Infektionskrankheiten, Masern, Scharlach, Diphtherie und dergl. Auch Influenza und Pneumonie wird in einzelnen Fällen in Betracht zu ziehen sein, ebenso wie die infektiösen Magendarmerkrankungen des Säuglingsalters.

Obschon die Kinder im allgemeinen mit hohem Fieber reagieren und leicht delirieren, überstehen sie bekanntlich diese Krankheiten meist ohne einen bleibenden Nachteil an ihrer Gesundheit zu nehmen.

Abgesehen von der Intensität der Erkrankung im einzelnen Falle und abgesehen von dem eigenartigen Charakter mancher Epidemien lassen aber auch die einzelnen Kinder in der Art und Weise, wie sie auf das Fieber auf psychischem Gebiet reagieren, einen grossen Unterschied erkennen. Die einen delirieren leicht und bei geringem Fieber, die andern zeigen nur bei hoher Temperatur Neigung dazu. Es mag sein, dass hierbei auch rein toxische, durch die der Krankheit zu Grunde liegende Infektion gegebene Ursachen eine Rolle spielen, sicher aber ist die Erscheinung auch abhängig von einer mehr oder weniger durch endogene Ursachen gegebenen Disposition. Dasselbe gilt von den bei einzelnen Kindern, namentlich bei Magendarm-Erkrankungen auftretenden Krämpfen.

So besorgt die Eltern meist um ihre Kinder sind, so falsch und ohne Rücksicht auf ihre nervöse Konstitution werden die Kinder während solcher Krankheiten behandelt.

Das fiebernde Kind ist apathisch, will und muss Ruhe haben. Das Gegenteil geschieht aber nur zu häufig, es werden Spielsachen ans Bett geschleppt, es wird gerasselt und getrommelt und das Kind so lang gequält, bis es einen schwachen Versuch zum Lächeln macht. Fällt nachher das Fieber ab, wird das Kind regsamer und teilnehmender für die Umgebung, dann erneuern sich diese Bemühungen aufs intensivste. Obschon das Kind weinerlich und reizbar ist, gerade wie ein Erwachsener, wenn er einige Tage Fieber gehabt hat und Ruhe haben will und muss, weichen nun die besorgten Eltern, Tanten und Grossmütter nicht vom Bett und suchen das Kind zu unterhalten. Das Kind kommt infolgedessen um die nötige Ruhe in der Rekonvaleszenz, hat keine Ruhe mehr im Bett und steht viel zu früh auf. Infolgedessen bleibt es länger als nötig erschöpft. Diese Erschöpfung äussert sich namentlich, wenn eine Disposition vorhanden ist, begreiflicherweise auch auf nervösem Gebiet. Das Kind bleibt länger als gewöhnlich launisch, reizbar, schläft schlecht, fährt nachts im Schlafe auf und ist unlustig und missmutig. Während bei sachgemässer Behandlung in der Rekonvaleszenz dieses Stadium zwischen 3 und höchstens 14 Tagen schwankt, kann es unter den erwähnten ungünstigen Bedingungen auf Monate sich hinziehen.

Sehr schädlich für die Kinder ist es weiter, wenn sie zu früh in und nach der Rekonvaleszenz von akuten Infektionskrankheiten in die Schule geschickt werden. Sind es begabte Kinder, so machen sich die Eltern für gewöhnlich keine Sorgen und erlauben den Kindern wenigstens insofern sich ordentlich zu erholen, dass sie dieselben nicht zu früh zur Schule schicken.

Fällt es aber den Kindern schwer, in der Schule mitzukommen, dann werden sie in der Regel unsinnig früh zur Schule geschickt. Matt kommen sie in der Schule an; ist es ihnen vor der Erkrankung schon schwer gefallen, zu folgen, so fällt es ihnen jetzt doppelt schwer. Das durch die Erkrankung wie der übrige Körper geschwächte Gehirn reagiert nur langsam und wird durch die Überanstrengung aufs neue geschädigt. Die Folge davon ist ein sehr in die Länge gezogener Verlauf der nervösen Erschöpfung, die unter Umständen zu einer dauernden Schädigung des Zentralnervensystems führen kann.

Das sind die Schädigungen, welche das Kind treffen können, wenn die akuten Infektionskrankheiten keine Komplikationen aufweisen, wenn sie, wenn ich so sagen darf, normal verlaufen.

Die genannten Krankheiten können aber auch direkt das Zentralnervensystem schädigen. Sie komplizieren sich gelegentlich mit Hirnhautentzündung, mit Mittelohrkatarrhen, welche zu Hirnabszess führen, und mit entzündlichen Vorgängen, welche sich in der Substanz des Gehirn- und Rückenmarks und der peripheren Nerven abspielen (Polio-encephalitis, Lähmungen bei Diphtherie, Chorea etc).

Es ist hier nicht der Platz, alle diese Komplikationen aufzuführen. Nur soviel müssen wir uns merken, dass die daraus resultierenden Schädigungen des Zentralnervensystems nicht selten einen dauernden Nachteil mit sich bringen Die Folge davon ist meist eine Entwicklungshemmung des Gehirns. Das Kind bleibt in der geistigen Entwicklung zurück. Länger dauernde, ausgesprochene, an akute Infektionskrankheiten sich anschliessende psychische Störungen sind selten und kommen fast nur bei bestehender Disposition vor.

Auch die nach diesen Krankheiten gelegentlich auftretende Epilepsie und ein Teil der Chorea(Veitstanz)-Fälle und andere nervöse Zustände sind wohl weniger durch die vorausgegangene Infektionskrankheit bedingt als bei vorhandener Disposition ausgelöst.

Eine weitere Gruppe von Ursachen, welche einen nervösen
oder geistig abnormen Zustand bei Kindern herbeiführen können,
sind gegeben durch ein physisches oder psychisches
Trauma[1]) oder durch beide zusammen.

Was die erstere Ursache betrifft, das physische Trauma,
so ist zunächst zu bemerken, dass der kindliche Organismus
ausserordentlich viel in dieser Beziehung aushalten kann. Diese
Traumen, z. B. langdauernde Pressung, Quetschungen des Schädels
an bestimmten Stellen, können das Kind schon während der Geburt
treffen, ohne dass sich immer nachteilige Folgen daran anschliessen.
Unsere Kenntnis über diese Verhältnisse ist eine noch geringe,
nur soviel lässt sich sagen, dass die Einwirkung meist eine sehr
gewaltsame gewesen ist, wenn sich Nachteile daraus ergeben, und
weiter, dass meist auch in einem solchen Falle eine gewisse Disposition schon vorher vorhanden gewesen ist.

Dasselbe gilt für den nachteiligen Einfluss der bei Neugeborenen gelegentlich lang andauernden Asphyxie (Ausbleiben
der Atmung) (Wulf, Winkler und andere).

Die Traumen und auch die Kopftraumen, welche den Menschen
in den Kinderjahren infolge von Stoss, Schlag oder Fall treffen,
sind so zahlreich und häufig, dass man auch hier eine sehr intensive Einwirkung verbunden mit einer ererbten Disposition und
noch andere vorläufig noch nicht bekannte Umstände annehmen
muss, wenn man sich erklären will, wie es kommt, dass nicht alle
Menschen in irgend einer Weise psychisch abnorm sind.

Der Laie will für alles sofort eine greifbare Ursache haben,
ist wenig kritisch bei dem Aufsuchen derselben, fühlt sich aber
dann wesentlich beruhigt, wenn er eine solche Ursache hat. So
erhalten wir häufig als Ursache ein Trauma der genannten Art
angegeben. Forschen wir genauer nach, so sind die Angehörigen oft nicht imstande, anzugeben, wie sich das Trauma
genauer zugetragen hat, oder das Trauma stellt sich als so
geringfügig heraus, dass es als Ursache nicht in Betracht
kommen kann.

Bei gesunden Kindern und nicht besonders starker Disposition
wird man zunächst nur denjenigen Traumen in ätiologischer Beziehung Beachtung schenken dürfen, welche mit den Zeichen einer
Commotiocerebri (Hirnerschütterung) verbunden sind, obschon

[1]) Als physisches Trauma (d. h. Verletzung) bezeichnet man Schlag, Stoss,
Fall etc., als psychisches Trauma Schreck, Angst etc.

auch in einem solchen Falle nicht durchaus ein länger dauernder
nervöser Zustand sich anschliessen muss.

Ähnlich verhält es sich auch mit der ätiologischen Bedeutung
des psychischen Traumas. Ein plötzlicher Schreck, Furcht
und Angst wirken sehr verschieden je nach der vorhandenen
Disposition und nach der Plötzlichkeit und Intensität der Einwirkung. Wie man ein Kind nach Möglichkeit vor Fall, Stoss
oder Schlag bewahrt, so muss man sie auch von diesen Schädlichkeiten fernzuhalten suchen. Das geschieht am besten durch eine
geeignete Zusprache. Es ist bekannt, dass einzelne Kinder besonders schreckhaft sind und dass es bei langsamer und über-
legter psychischer Einwirkung gelingt, diese Schreckhaftigkeit
allmählich zum Verschwinden zu bringen. Beeinflussbar, wie die
Kinder sind, kann aber ebenso leicht durch ein unvernünftiges
Verhalten der Umgebung, durch Erzählung von Teufels- und
Gespenster-Geschichten ein ganz beunruhigender Zustand hervorgerufen werden. Ja es kommt vor, dass einzelne Kinder derartige Geschichten in der Schule verbreiten und auf diese Weise
eine ganze Klasse in einen erregten psychisch abnormen Zustand
hineingerät.[1]

Ist das Kind nicht auf psychische Weise für die Empfänglichkeit schreckhafter Eindrücke vorbereitet, so wirken oft schrecken-
erregende Vorfälle auf das kindliche Gemüt lange nicht so störend
ein, als auf den Erwachsenen. Wir brauchen uns nur an die
Berichte über manche Unglücksfälle, Kriegserzählungen und dergleichen zu erinnern. Auch ist es bekannt, dass die Kinder des
Proletariats in den Wutanfällen des betrunkenen Vaters und in
den täglichen Prügelscenen zwischen Vater und Mutter nichts
Besonderes zu sehen gewohnt sind.

Je nach der Empfänglichkeit für schreck- und furchterregende
Eindrücke ist die Schädlichkeit dieser veranlassenden Momente zu
bemessen. Die Empfänglichkeit hängt ab von dem Grade der
ererbten Disposition und der durch schlechte psychische Einflüsse
bedingten gesteigerten Aufnahmefähigkeit.

Auch das Verhalten der Umgebung, nachdem ein psychisches
oder physisches Trauma eingewirkt hat, ist von grossem Einfluss.

[1] Dass auch in anderer Beziehung, namentlich hysterische Zustände oft
ganze Klassen befallen, will ich nicht genauer erörtern, weil streng genommen
diese psychische Infektion eine Schädlichkeit ist, welche die Kinder in der
Schule trifft.

Wird das Kind von besorgten Eltern oder anderen Angehörigen immer auf's neue wieder gefragt: wie geht es dir, oder es thut dir doch nichts weh, bist du schwindlig, hast du Kopfschmerzen, kannst du Arme und Beine gut bewegen und dergleichen? so kommt es leicht zu rein suggestiv hervorgerufenen hysterischen Störungen. So sah ich bei einem Jungen, der in der Schule ein paar leichte Hiebe über das Gesäss erhalten hatte, eine Paraplegia inferior (Lähmung der Beine), allerdings ohne Blasen- und Mastdarmlähmung, auf diesem Wege entstehen. Die Beseitigung der Lähmung gelang leicht auf dem Wege einer zweckmässigen Einredung mit Hülfe eines schwachen faradischen Stromes.

Die kurze Erwähnung dieses Falles führt uns zur Besprechung der Frage, ob es vom medizinisch-psychiatrischen Standpunkte aus empfehlenswert ist, die Kinder einer körperlichen Züchtigung zu unterziehen.

Zugegeben, dass einem in jeder Beziehung ganz gesunden Kinde eine angemessene körperliche Züchtigung nichts schadet, so nützt sie ihm auch nichts. Einem nervösen, scheuen, furchtsamen Kinde aber schadet sie sicher. Es kommt nicht selten vor, dass zu grosse Strenge der Eltern, verbunden mit rücksichtsloser körperlicher Züchtigung, die Kinder vollständig verschüchtert, ihnen jeden Sonnenstrahl der Jugend raubt und sie gelegentlich zu Selbstmordversuchen treibt. Eine vorhandene Nervosität oder eine Disposition dazu wird bei einem Leben unter dem steten Banne der Furcht entsprechend der leichten Suggestibilität der kindlichen Seele sehr verschlimmert oder geweckt.

Dazu kommt noch, was nach meiner Überzeugung auch in ethischer Beziehung in Betracht zu ziehen ist, dass eine körperliche Züchtigung fast stets im Affekt vorgenommen wird, und dass aus diesem Grunde geschlagen wird, wenn es gar nicht nötig ist, und nicht geschlagen wird, wenn nach Überzeugung der Anhänger der körperlichen Züchtigung eine „Tracht Prügel" am Platze wäre.

Die Züchtigung im Affekt vermehrt aber noch durch den Ausdruck des Zorns im Gesicht des Züchtigenden den Furcht und Schrecken erregenden Eindruck, welchen die ganze Szene auf das eingeschüchterte, nervöse oder disponierte Kind macht. Weiter ist zu bedenken, dass, wenn man in jeder Beziehung intakte Kinder regelmässig bei den üblichen Vergehen, wie sie der Kindheit erfahrungsgemäss eigentümlich sind, züchtigt, man bald die

18

Intensität der Züchtigung steigern muss. Es ist ja bekannt, dass
ein grosser Teil gesunder Jungen sich vollständig an ein gewisses
Quantum Prügel gewöhnt. Während der Züchtigung schreien sie
zwar fürchterlich, nachher aber lachen sie darüber. In der Familie
eines bekannten Irrenarztes wurde regelmässig den Kindern für
die üblichen Vergehen eine körperliche Züchtigung zuteil. Sie
hatte den Erfolg, dass die Kinder einander sich mit folgenden
Worten davon Mitteilung machten: „Der Pensionär[1]", so nannten
sie den Vater, „ist heute wieder gewaltthätig."

Ob die körperliche Züchtigung in der Schule einen Wert hat,
kann ich im Sinne der wissenschaftlichen Pädagogik nicht entscheiden, meine private medizinisch-psychiatrische Meinnng geht
aber dahin, dass sie bei gesunden Kindern eher schadet als nutzt
und dass sie nervösen und zurückgebliebenen Kindern
nur schädlich ist.

Die durch L. Meyer in Deutschland eingeführte moderne Behandlung der Geisteskranken kennt den Begriff der Strafe nicht und
wird besser mit den Kranken fertig, als man das früher bei Anwendung
der raffinirtesten Zwangs- und Strafmittel je geahnt hat. Selbst bei
Verbrechern kommt man ohne körperliche Züchtigung aus; sollte
es da nicht möglich sein, auch bei unseren Kindern dieses mittel-
alterliche Erziehungsmittel zu entbehren! Namentlich, da viele
Kinder, deren krankhafte Eigenart der Laie nicht erkennt, dadurch
empfindlichen Schaden nehmen können. Ich sehe dabei ganz davon
ab, dass es heute schon zahlreiche Menschen giebt, welche,
obschon sie in ihrer Jugend nie geschlagen worden sind, doch
sich in nichts von dem in „normaler" Weise Gezüchtigten unterscheiden, und andererseits eine grosse Zahl trotz eines grossen
Aufwandes von ehrlich gemeinten Schlägen von Seiten ihrer Eltern
nicht geraten.

Ich habe wiederholt betont, dass das kindliche Vorstellungsleben ausserordentlich leicht zu beeinflussen ist; macht man davon
einen sachgemässen Gebrauch, so wird es nicht allzu schwer sein,
dem Kinde das, was es an ethischen Vorstellungen überhaupt
begreifen kann, beizubringen. Ein Kind, das zurückgeblieben ist
oder aus anderen vorübergehenden Gründen schwer auffasst,
das also die nötige Gehirnentwicklung noch nicht besitzt oder
vorübergehend eine Funktionsstörung des Gehirns aufweist.

[1] So werden Pflegekranke höherer Klassen in den Irrenanstalten bezeichnet.

wird durch Schläge keine Besserung dieser krankhaften Zustände erleiden.

Im Gegenteil, das erkrankte Gehirn erleidet eine schwere Schädigung dadurch, dass es veranlasst wird, sich über Gebühr anzustrengen. Es ist ja eine Beobachtung, die jeder machen kann, dass ein schwach begabtes Kind um so eher versagt, je mehr ihm zugemutet wird. Schliesslich tritt ein vollständiger Stillstand in der geistigen Entwicklung ein.

Auch die sogenannten „bösen Gelüste und Triebe", welche häufig ein klinisches Zeichen der geistig zurückgebliebenen Kinder sind, sind noch niemals durch Prügel zum Verschwinden gebracht worden.

In neuerer Zeit hat man mit Recht darauf hingewiesen, dass die Wucherungen im Nasenrachenraum, welche die Nasen-athmung erschweren, häufig bei geistig zurückgebliebenen Kindern vorkommen und dass ihre Entfernung ein Wiederaufleben in intellektueller Beziehung zur Folge hat. Wenn man indess behauptet, dass diese Vegetationen die Ursachen der Idiotie seien, geht man zu weit. Man sieht ebenso häufig Kinder, welche nach Entfernung der Vegetationen idiotisch bleiben, wie solche, welche auch ohne Auskratzung der gewucherten Rachenmandeln sich intellektuell in normaler Weise entwickeln.

Da im grossen und ganzen die Operation harmlos ist, wird man gut thun, sie in einzelnen Fällen nicht unversucht zu lassen.

Eine wichtige Ursache für die Nervosität der Kinder, namentlich der Kinder der besser situierten Stände, liegt in den unzweckmässigen und verkehrten Verhältnissen, unter denen die Kinder gross gezogen werden. Mögen auch Kinder mit einer ganz gesunden Ascendenz, bei denen auch die anderen bisher besprochenen veranlassenden Momente fehlen, dadurch weniger oder gar nicht tangiert werden, bei Kindern, welche irgend welchen schädigenden Einflüssen schon ausgesetzt waren, kommen sie sicher sehr in Betracht.

Das Einwirken auf das Nervensystem des Kindes beginnt schon kurz nach der Geburt. Jeder, der kommt, um pflichtschuldigst seinen Besuch zu machen, muss auch das Kind sehen, ob er will oder nicht. Das Kind wird auf diese Weise täglich oft mehrmals aus seinem, ihm in der ersten Zeit so nötigen Schlaf geweckt.

2*

Ist es erst so weit gediehen, dass es des Tags über länger
wach ist, so soll es, namentlich bei Eltern, die noch nicht viel
Kinder haben, zum „Wunderkind" erzogen werden. Es wird zunächst mit Licht- und Schall-Reizen, die ihrer Intensität wegen
nicht einmal angenehm sind, förmlich überschüttet, und es dauert
nicht lange, so ist die Überreizung da. Während ein gesundes
Kind, mit dem möglichst wenig gemacht wird, ruhig in seinem
Bette liegt und sich mit dem unterhält, was zufällig im Bannkreis
seiner Sinnesempfindungen liegt, verlangt das auf die erwähnte
Weise überreizte Kind nach neuen Reizen, d. h. es will, wie man
sich ausdrückt, „unterhalten" sein.

Ich sehe dabei ganz von anderen Schädlichkeiten ab, welche
die Kinder in diesem Alter nicht selten treffen, nämlich, dass
sie rücksichtslos in der Nähe eines heissen Ofens dem schädlichen
Einfluss der strahlenden Wärme ausgesetzt werden und dass
ihr Lager, um sie zu beruhigen und zu fesseln, einer grellen
Lichtquelle gegenüber aufgestellt wird.

Kommt erst die Zeit, in der das Kind erfahrungsgemäss
sprechen lernt, dann beginnen neue Quälereien. Vom Morgen bis
zum Abend werden dem Kinde die betreffenden Silben vorgesagt, als
ob es von der allergrössten Wichtigkeit wäre, dass das Kind eine
Woche früher Mama und Papa sagen lernt. Das normale Kind
übt ganz von selbst, wenn erst die Nervenapparate zum Sprechen
gangbar sind, seinen Sprachapparat und lernt alsdann leicht und
ganz zufällig die ersten Laute sprechen. Eine Dressur dazu ist
nicht nötig und geschieht immer auf Kosten der übrigen harmonischen Entwicklung. Zu frühe und intensivere Inanspruch-
nahme des Sprachapparates kann, da ja unser Denken ein fast
vollständig verbales ist, Nachteile für die gesamte geistige Entwicklung nach sich ziehen. Ein frühreifes Kind braucht sich im
späteren Leben durchaus nicht durch eine besondere Intelligenz
auszuzeichnen. Das Gegenteil ist sogar häufiger.

Unter der Eitelkeit der Eltern haben die Kinder überhaupt
viel zu leiden; es ist eine ganz gewöhnliche Erscheinung, dass,
wenn sich abends Freunde im Hause versammeln, diese Freunde,
denen das im Grossen und Ganzen ganz gleichgültig ist, die Kinder
bei grellem Licht im Bette noch demonstriert bekommen.

Dieselbe Eitelkeit treibt auch die Eltern an, die Kinder, wenn
sie eben in die Schule gekommen sind, möglichst auf das, was sie
in der Schule lernen sollen, vorzubereiten, damit sie unter den

Besten in der Schule sind. Häufig rächt sich die anfängliche kurze Freude an den ausgezeichneten Leistungen des Kindes damit, dass seine Leistungen nachher um so schlechter werden. Wird ein nicht veranlagtes Kind besonders intensiv dressiert, so kann es auf Kosten einer gleichmässigen Ausbildung wohl einzelnes besonders gut lernen und dadurch vor seinen Altersgenossen sich auszeichnen, häufig geschieht das aber auf Kosten der übrigen harmonischen psychischen Ausbildung.

Das Zentralnervensystem erschöpft sich zu frühzeitig.[1]

Sehr drastisch illustriert diese wohl allgemein bekannte Thatsache eine Erzählung von HENEL. Ein Junge lernte in Folge grosser Dressur schon mit 9 Jahren das Wesen und die Zusammensetzung einer Dampfmaschine erklären und wurde bei jeder Gelegenheit als Paradepferd vorgeführt. Das ging einige Jahre so weiter. Der Junge wurde älter und älter und lernte ausser seiner Erklärung der Dampfmaschine überhaupt nichts mehr.

Um auch ein Beispiel aus eigener Erfahrung mitzuteilen, so ist mir ein Mann von 28 Jahren bekannt, der zu keinem Examen und zu keiner selbständigen Lebensführung gelangen kann. Derselbe war als Kind „ausserordentlich weit vor", d. h. vorgebracht, und fragte in seinem neunten Lebensjahre einen Freund von mir: „Was schätzen Sie höher, Schillers Räuber oder Göthes Götz von Berlichingen?"

Dieselben Motive sind es, welche die Eltern dazu veranlassen, ihre Kinder möglichst früh in die Schule zu schicken. Bei einem in jeder Beziehung gut entwickelten Kinde wird das meist auch ohne Schaden geschehen können. Ist das Kind aber körperlich zurückgeblieben, entwickelt es sich geistig langsam, so ist jeder Monat, den es später zur Schule kommt, für dasselbe ein grosser Gewinn.

Auch an den älteren schulpflichtigen Kindern wird von Seiten der Eltern, soweit das Zentralnervensystem in Betracht kommt, noch viel gesündigt. Die Kinder müssen bei allem dabei sein. Ohne jede Rücksicht auf die Konstitution, ob Talent da ist oder nicht, werden ausser dem Schulunterricht noch Privatstunden in den verschiedensten Kunstzweigen genommen. Die Kinder werden in Bazaren ausgestellt, zu lebenden Bildern und Tanzdarstellungen verwandt, ohne Rücksicht darauf, dass diese Vergnügungen der

---

[1] Hierauf ist schon vielfach hingewiesen worden, ich nenne nur GROSSE.

Erwachsenen meist spät am Abend und in der Nacht stattfinden und ganz besonders intensiv das leicht empfängliche Kindergemüt beschäftigen.

Auch die Zerstreuungen und Vergnügungen, welche den Kindern geboten werden, finden wir häufig übertrieben. (Kinderbälle bis spät in die Nacht hinein. Zu häufiges Besuchen der Kindertheater und dergleichen.)

Überhaupt wird zu wenig darauf geachtet, dass den Kindern, ihrem grossen Schlafbedürfnis entsprechend, ausreichend Schlaf zu Teil wird. Man kann, ohne zu weit zu gehen, annehmen, dass auch der nicht ausreichende Schlaf bei dem Zustandekommen der Nervosität einzelner Kinder ätiologisch eine Rolle spielt. (LÖWENTHAL und Andere.)

Im Pubertätsalter (Entwicklungsalter) werden die Kinder häufig ohne Rücksicht auf den Grad ihrer Entwicklung bereits als Erwachsene behandelt, nehmen an Gesellschaften Teil und besuchen Theaterstücke, welche lediglich den Zweck haben, die Sinnlichkeit zu wecken.

Der Bedeutung der Pubertät wird von Eltern, Erziehern und Lehrern häufig viel zu wenig Beachtung geschenkt, obschon die Pubertät eine wichtige Etappe in unserer Entwicklung darstellt, und von Neurologen und Irrenärzten immer wieder darauf hingewiesen wird, dass sie häufig eine Klippe darstellt, an der namentlich das disponierte Kind in seiner psychischen Entwicklung scheitert. Gerade in der Pubertätszeit ist eine besonders sorgsame Überwachung der Kinder in Bezug auf ihren nervösen Zustand erforderlich. Man darf die klinische Äusserung der Pubertät, welche als Flegelhaftigkeit zum Ausdruck kommt, nicht zu tragisch nehmen und muss ein Zurückbleiben in der Schule während der Pubertät oder im Anschluss an die Pubertät erst dann als Faulheit deuten, wenn man sich überzeugt hat, dass nicht etwa, wie das bei belasteten Kindern nicht selten vorkommt, ein Stillstand in der geistigen Entwicklung, beruhend auf einer Entwicklungshemmung des Gehirns, dem Nichtvorwärtskommen zu Grunde liegt.

Dass die ärmere Bevölkerung abends ihre Kinder mit in die Theater und Konzerte nimmt, ist damit zu entschuldigen, dass es an einer geeigneten Aufsicht zu Hause fehlt. Dass es gerade nützlich ist, wird niemand behaupten wollen.

Sehr gefährlich können namentlich nervös veranlagten Kindern die verschiedene Kuren werden, welche die Eltern in laienhafter

Weise übertrieben, bei ihnen anwenden. Es ist unglaublich, was in dieser Beziehung den Kindern alles zugemutet wird. Naturheilkunde, Vegetarianismus, übertriebene Anwendung von warmem und kaltem Wasser und tägliche Leibesübungen bis zur Erschöpfung laufen sich den Rang ab.

Die Schädlichkeiten, welche das Kind in Folge einer verkehrten Erziehung und Pflege von Seiten der Eltern treffen können, sind damit noch lange nicht erschöpft; ich halte es nicht für meine Aufgabe, zu sehr in die Details zu gehen.

Nur das eine möchte ich noch erwähnen, dass naturgemäss in einer Grosstadt schon ganz allgemein das kindliche Nervensystem einer grösseren Reihe von Schädlichkeiten ausgesetzt ist. Es erlebt ja das Kind dort auf einem Schulweg mehr als das Kind einer kleineren Stadt im ganzen Jahre. Das Kind macht dabei gegenüber dem Erwachsenen keine Ausnahme.

In neuerer Zeit hat man mit Recht von ärztlicher Seite verlangt, dass den Kindern Alcoholica nicht gereicht werden sollen. (MADDEN, GROSS, TUCZEK und Andere.) Es wäre wünschenswert, wenn man allgemein danach sich richten würde.

Wenn man auch nicht generell behaupten kann, dass der regelmässige Genuss von angemessenen Quantitäten Wein oder Bier dem Kinde schädlich sein muss, so ist doch das sicher, dass ein auf irgend eine Weise disponiertes Kind schädlich durch Alkohol beeinflusst wird. Eine bestehende Disposition ist, wenn nicht eine ausgesprochene Heredität vorhanden ist, schwer zu diagnostizieren.

Man kann also von vornherein nicht wissen, wie die Kinder auf Alkohol reagieren, deshalb hält man sie am besten vom regelmässigen, wenn auch angemessenen Genuss alkoholischer Getränke fern.

Unter den Ursachen, welche für die Nervosität der Kinder verantwortlich gemacht werden, wird gewöhnlich auch die Onanie angeführt.

Nachdem, was ich bisher gesehen und erfahren und von verständigen Autoren gelesen habe, ist die Onanie lange nicht von der Bedeutung, wie man gewöhnlich annimmt. Die Onanie als ätiologisches Moment wird namentlich in Laienkreisen sehr überschätzt. Diese Überschätzung ist zum grossen Teil hervorgerufen durch die „Selbstbefleckungslitteratur".

In einer grossen Zahl von Fällen, in welchen es sich um Unzucht mit Kindern begangen von jungen Leuten handelt, hat die durch die „Selbstbefleckungslitteratur" hervorgerufene hypochondrische Überzeugung der eigenen Insuffizienz dem Weibe gegenüber eine fast grössere ätiologische Bedeutung als die vorausgegangenen Onanie.

Es verhält sich nach meiner Überzeugung mit der Onanie genau so, wie mit dem perversen Sexualtrieb, je weniger darüber geschrieben und gesprochen wird, um so besser ist es.

Namentlich für die uns vorliegenden Betrachtungen kommt die Onanie kaum in Betracht.

Onanie, die vor beginnender Pubertät vorkommt, ist nicht Krankheitsursache, sondern ein krankhaftes Symptom, ein Zeichen einer abnormen Entwicklung. Vorübergehende Onanie während der Pubertät kommt nicht selten vor und hat nicht die gefährliche Bedeutung, welche man ihr vindizieren will.

Die Kinder ganz generell auf die Ursachen, welche die Onanie mit sich bringt, hinweisen, hat meist den Erfolg, Kinder, welche noch nichts von der Sache verstehen, darauf hinzulenken. Dagegen muss das Individuum im einzelnen Fall, bei dem wir Onanie feststellen, namentlich wenn die Pubertät schon nahe oder erreicht ist, überwacht und aufgeklärt werden.

Wenn ich hiermit die Besprechung der nach meiner Überzeugung vorzugsweise in Betracht kommenden Ursachen schliesse, so geschieht das nicht in der Meinung, vollständig gewesen zu sein. Es werden sich noch eine Menge ausserhalb der Schule liegende weniger beachtete Schädlichkeiten, welche Eltern und Kinder treffen können, auffinden lassen, und ebenso sicher spielen noch eine grosse Reihe schädlicher Einflüsse eine Rolle, welche sich noch gänzlich unserer Kenntnis entziehen.

Die von mir besprochenen schädlichen Einflüsse, welche die Kinder treffen und ihr Nervensystem schädigen können, sind, wie wir gesehen haben, ausserordentlich vielgestaltig. Die einzelne Schädlichkeit an sich ist oft in ihrem Einflusse unbedeutend und kaum in Betracht zu ziehen. Erst wenn sie intensiver ist und namentlich, wenn sie mit anderen sich kombiniert, können sich die schädlichen Folgen deutlich geltend machen. Eine einzige Ursache als veranlassendes ätiologisches Moment anzunehmen, ist nur dann möglich, wenn alle anderen schädlichen Einflüsse mit Sicherheit ausgeschlossen werden können. Das wird selten gelingen. Denn nur dadurch, dass gewöhnlich mehrere Momente zusammentreffen, wird es verständlich, weshalb auf ein und dieselbe Ursache die Kinder so verschieden reagieren können.

Auf jeden Fall zeigen meine bisherigen Ausführungen, dass die Kinder auch ausserhalb der Schule einer ganzen Reihe von Schädlichkeiten ausgesetzt sein können, welche geeignet sind, nervöse Zustände hervorzurufen. Da auch heutzutage sich immer noch eine ganze Reihe von Menschen finden, welche auch nach längerem Schulbesuch nicht nervös werden, müssen wir annehmen, dass den erwähnten Schädlichkeiten eine nicht unbedeutende Rolle bei dem Zustandekommen der Nervosität der Kinder zukommt. Ist bereits eine gewisse Nervosität vorhanden, wenn das Kind zur Schule kommt, so wird diesem pathologischen Zustand natürlich die Schule nicht förderlich sein.

Am schlimmsten fahren dabei die geistig zurückgebliebenen Kinder. Der Lehrer ist bei der grossen, überfüllten Klasse nicht imstande, individualisierend vorzugehen. Es wird diesen Kindern dasselbe zugemutet, wie den normal entwickelten Schülern. Sie werden infolgedessen überanstrengt und werden dadurch geschädigt, während die übrige Klasse aufgehalten wird.

In gebührender Würdigung dieser Verhältnisse hat man bereits in Berlin und in anderen Städten den einzig richtigen Weg eingeschlagen und Klassen für geistig zurückgebliebene Kinder eingerichtet.

Auch die allmählich beginnende Anstellung von Schulärzten lässt uns hoffen, dass man den psychisch minderwertigen Kindern immer mehr Gerechtigkeit wird angedeihen lassen.

Bei Kindern, bei welchen sich weniger intellektuelle Schwäche, sondern in stärkerem Grade nervöse Beschwerden geltend machen, führt gewöhnlich nur die Entfernung von der Schule für ein halbes Jahr und länger zur Besserung und Heilung. Dieses Fernbleiben von der Schule ist ohne Nachteil für die weitern Schulerfolge. Denn das gesunde, ausgeruhte Gehirn holt das rasch wieder ein, was das kranke versäumt hat.

In grossen Städten verdient die Einrichtung der Ferienkolonien unsere weitgehendste Unterstützung.

Litteratur.[1]

BAUER, Die Hysterie im Kindesalter. Halle a. S., 1897, Marhold.

BOURNEVILLE, Influence étiolog. de l'alcoolisme sur l'Idiotie. Progrès médical 1897. ref. Neurologisches Zentralblatt 1897. p. 425.

BINSWANGER, Neurasthenie. Jena, 1896, Gustav Fischer.

CALLONI, Appunti sopra alcuni casi d'isterismo osservati in puberi. ref. Virchow-Hirsch Jahresbericht 1896, p. 590.

DUVOISIN, Über infantile Hysterie. Jahrbuch für Kinderheilkunde Band 29. 1889.

EMMINGHAUS, Die psychischen Störungen des Kindesalters. Tübingen, 1897, Laupp.

ERB, Die Krankheiten des Rückenmarks und seiner Hüllen. Handbuch der Krankheiten des Nervensystems. II. Hälfte. Leipzig. 1878, F. C. W. Vogel. 2. Auflage, p. 153.

FRIEDMANN, Über die Nervosität und Psychosen im Kindesalter. Münchener medizinische Wochenschrift 1892.

FÖRSTER, Zur Pathologie gewisser Krampfanfälle, hysterische Anfälle bei Kindern etc. Arch. für Psychiatrie, Band 23, 1800.

GROSSE, Zur Schulreformfrage. Friedrichs Blätter, 41. Jahrgang, 1891.

GARNIER, Le suicide à deux. Annal. d'hyg., p. 203, 1891 ref. in Virchow-Hirsch Jahresbericht.

GROSZ, Über die Verwendung von Spirituosen in der Pflege kranker Kinder. Zeitschrift für Krankenpflege, 1895.

GOROEL, Über die dauernden Erfolge der Ferienkolonien. Deutsche Zeitschrift für öffentliche Gesundheitspflege, Band 27, p. 302, 1806.

GRASSMANN, Kritischer Überblick über die Lehre von der Erblichkeit der Psychosen. Allgemeine Zeitschrift für Psychiatrie, Band 52, p. 060, 1896. (Daselbst auch die weitere in Betracht kommende Litteratur über die Erblichkeitsfrage.)

KRUSE, Ein Beitrag zur Schulhygiene. Zentralblatt für allgemeine Gesundheitspflege, 1887, p. 285.

HITZIG, Diskussion zu Kräpelins Vortrag auf der Versammlung des Vereins deutscher Irrenärzte in Heidelberg 1896. Allgemeine Zeitschrift für Psychiatrie, Band 53.

HUN, Hysterical paraplegia in children. Neurologisches Zentralblatt, 1893, p. 52.

HENOCH, Hysterische Affektionen bei Kindern. Charité-Annalen, XI, 1884.

---

[1] Auf Vollständigkeit kann das Verzeichnis bei der Zerstreutheit der Litteratur keinen Anspruch machen.

Jolly, Über Hysterie bei Kindern. Berliner klinische Wochenschrift, 1892, p. 841.

Kemsik, Arbeitshygiene auf Grund von Ermüdungsmessungen. Diese Sammlung 1898.

Knecht, Über den Wert der Degenerationszeichen bei Geisteskranken. Verein deutscher Irrenärzte zu Hannover. 17. und 18. September 1897 ref. im Neurologischen Zentralblatt, 1897. (Siehe auch die Diskussion, Pelman, Baer, Fowl.)

Koeber, Zur Kasuistik der Hysterie im Kindesalter. Deutsch. Arch. für klinische Medizin, Band 35, p. 524, 1884.

J. Koller, Beitrag zur Erblichkeitsstatistik der Geisteskrankheiten im Kanton Zürich u. s. w. Arch. für Psychiatrie XXVII, p. 208.

Kind, Über den Einfluss der Trunksucht auf die Entstehung der Idiotie. Allgemeine Zeitschrift für Psychiatrie, 1883, Band 40.

Kielhorn, Über den Einfluss der Schule auf die Entstehung von Geisteskrankheiten. 8. internationaler Kongress zu Kopenhagen. Bericht des Neurologischen Zentralblatts, 1884, p. 404.

Kräpelin, Über geistige Arbeit, 2. Auflage. Jena, 1897, Gustav Fischer.

Kräpelin, Zur Überbürdungsfrage. Jena, 1897, Gustav Fischer.

Lange, Über geistige Ermüdung beim Schulunterrichte. Zeitschrift für Schulgesundheitspflege, 7. Jahrgang, 1893.

Leick, Beitrag zur Lehre von der Hysterie der Kinder. Zeitschrift für klinische Medizin, Band XXX.

Leick, 2 Fälle von hysterischer Lähmung der unteren Extremitäten bei Kindern. Zeitschrift für prakt. Ärzte 1896.

Langl, Über eine häufig vorkommende Ursache von der langsamen und mangelhaften Entwicklung der Kinder Berliner klinische Wochenschrift 1893.

Mörics, Neurologische Beiträge. Leipzig, 1894, Amb. Abel.

Morel, Traité des dégénérescences de l'espèce humaine. Paris, 1857, Baillière.

Madden, Alkoholism in children. The Brit. med. Journ. 1884.

Möbius, Über nervöse Familien. Allgemeine Zeitschrift für Psychiatrie 1883, p. 228.

Moser, Beiträge zur Kenntnis der Ätiologie und Genese psychischer Störungen im Kindesalter Dissertation, Strassburg i. Els. 1894.

Näkr, Der Alkohol als ätiologisches Moment etc. Irrenfreund 1895.

Nicolet, Troubles visuels chez un jeune hysterique. Revue de méd. de la Suisse. Romande 1896.

Pinkler, Ein Fall von Hysterie im Kindesalter. Wiener medizinische Wochenschrift 1888.

Pauli, Einfluss der Schularbeit auf die Gesundheit und körperliche Entwicklung des Kindes. 12. Internationaler medizinischer Kongress in Moskau. Bericht in der Münchener medizinischen Wochenschrift, 1897, p. 1057.

Roth, Zur Schulhygiene. Vierteljahrschrift für Gesundheitspflege, Band 23, p. 277, 1891.

Riesenfeld, Über Hysterie im Kindesalter. Dissert, Kiel 1887.

Boller, Hysterie bei einem Kinde. Neurologisches Zentralblatt 1891, p. 351.

Riegel, Zur Lehre von den hysterischen Affektionen der Kinder. Zeitschrift für klinische Medizin, Band 6, 1883.

Schmidt-Rimpler, Noch einmal die Myopie am Frankfurter Gymnasium. Arch. für Ophthalmologie 1884, 32. Band, p. 301.

28

SCHMIDT-MONARD, Einfluss der Schularbeit auf die Gesundheit und körperliche Entwicklung des Kindes. XII. Internationaler medizinischer Kongress in Moskau. Ref. in Münchener med. Wochenschrift, 1897, p. 1057.

SHUTTLEWORTH, Hereditary neuroses in children. Neurologisches Zentralblatt. 1897, p. 018.

SAVAGE, Heredity and neurosis. Brain 1897, p. 1.

SÄNGER, Über Hysterie und Nervosität im Kindesalter. Versammlung deutscher Naturforscher und Ärzte in Braunschweig vom 20. bis 25. September 1897. Siehe ebenda auch die Diskussion: WERNER, LÖWENTHAL, HÖNNIGER, BÖTTIGER. Ref. in der Monatschrift für Psychiatrie und Neurologie, Band 2, Heft 6, 1897.

SÄNGER. Über funktionelle nervöse Erkrankungen im Kindesalter. Biolog. Abteilung des ärztlichen Vereins zu Hamburg, 11. Januar 1898. ref. Neurologisches Zentralblatt 1898, p. 327. Siehe auch ebenda Diskussion p. 329: HESS, NONNE, LIEBRECHT, LENHARTZ, KAUFMANN, BEBELER, FRANER, ENGELMANN.

SIKORSKI, Des causes qui rendent les enfants difficiles dans leur éducation. Revue d'hyp. etc. IV. Année p. 828. ref. in Virchow-Hirsch Jahresbericht 1882, II, p. 656.

STOLL, Über die direkte Vererbung von Geisteskrankheiten. Arch. für Psychiatrie, Band XVI, 1885.

STEINER, Einige Worte über infantile Hysterie. Wiener medicinische Blätter 1897.

STEINER, Beiträge zur Kenntnis der hysterischen Affektionen der Kinder. Jahrbuch für Kinderheilkunde und Erziehung. XLIV, No. 8.

STRASSMANN, Ein Fall von hysterischer Aphasie bei einem Knaben. Deutsche medizinische Wochenschrift 1890.

SCHÄFER, Über Hysterie bei Kindern. Arch. für Kinderheilkunde, Band V, 1884.

TUCZEK, Zur Lehre von der Hysterie bei Kindern. Berliner klinische Wochenschrift 1890, p. 309.

VIRCHOW und WESTPHAL, Die Überbürdung der Schüler in den höheren Lehranstalten, Gutachten der Königlichen wissenschaftlichen Deputation für das Medizinalwesen. Eulenburgs Vierteljahrschrift für gerichtliche Medizin, Band XI, Seite 351.

WILMARTH, Causation and early treatment of mental disease in children. Med. a surg. Rep. 1896. ref. in Virchow-Hirsch Jahresbericht 1896, II, p. 60.

WINKLER EN BOLLOAN, De forceps als oorzaak van idiotismus Wenkbl. van het Nederl. Tijdsch. voor genesk. 1889. ref in Neurologischen Zentralblatt 1889, p. 242.

WITZEL, Das nervöse Jahrhundert im Lichte der Kritik. Warschau 1896. Polnisch ref. von Flatau im Neurologischen Zentralblatt 1897, p. 388.

WEISS, Infantile Hysterie. Arch. für Kinderheilkunde, Band V, 1886.

WAGNER, Ermüdungsmessung an Schüler des neuen Gymnasiums in Darmstadt. (Diese Sammlung. Siehe bei Kemsies.)

WULF, Die geistigen Entwicklungshemmungen durch Schädigung des Kopfes vor, während und nach der Geburt des Kindes Allgemeine Zeitschrift für Psychiatrie, Band XLIX, p. 133, 1893.

WIRENIUS, Münch. med. Wochenschr. 1897, p. 1057.

ZUFFINGER, Kasuistischer Beitrag zur Kenntnis des hysterischen Mutismus bei Kindern. Wiener klinische Wochenschrift 1896, No. 95.

SAMMLUNG VON ABHANDLUNGEN AUS DEM GEBIETE DER
PÄDAGOGISCHEN PSYCHOLOGIE UND PHYSIOLOGIE

HERAUSGEGEBEN VON

H. SCHILLER   UND   TH. ZIEHEN.

II. BAND. 6. HEFT.

DIE

PSYCHOLOGISCHE GRUNDLAGE

DES

UNTERRICHTS.

VON

DR. A. HUTHER.

BERLIN,

VERLAG VON REUTHER & REICHARD

1899.

Druck von Paul Schettler's Erben, Hofbuchdruckerei in Cöthen.

Inhaltsübersicht.

—

A. Stufe der Wahrnehmung.

B. Stufe des Denkens.

—

Der Gedanke, dass es ähnlich wie auf dem Gebiete der körperlichen Muskelthätigkeit auch auf dem geistigen eine allgemeine Schulung gebe, hat lange unser gesamtes höheres Bildungswesen beherrscht und beherrscht es zum Teil noch jetzt. Derselbe hängt mit der Lehre von ursprünglichen Seelenvermögen zusammen, wie sie zuerst von Aristoteles aufgestellt, dann von der WOLFFschen Schule erneuert und, wenngleich in anderer Form, auch von dem KANTschen Kritizismus aufrecht erhalten wurde. Erst dem Begründer der neueren Psychologie, HERBART, gelang es, den Glauben an die Möglichkeit einer allgemeinen Geistesgymnastik zu erschüttern, indem er nachwies, dass die sogenannten Seelenvermögen nichts anderes als Klassifikationen für gewisse Vorstellungsverbindungen darstellen, die durchaus von der Art der Vorstellungen abhingen, dergestalt, dass alle geistigen Fähigkeiten an das Vorstellungsgebiet gebunden seien, auf dem sie erworben wurden. Nach dieser Anschauungsweise könnte es eine allgemeine geistige Durchbildung überhaupt nicht, sondern lediglich eine Fachbildung geben. Wenn trotzdem von der HERBARTschen Schule an der Forderung einer allgemeinen intellektuell-ästhetischen Ausgestaltung der Persönlichkeit als Unterrichtsziel festgehalten wird, so kann dieselbe nur in dem Sinne verstanden werden, dass der Unterricht die geistigen Fähigkeiten auf den verschiedenen Vorstellungsgebieten gleichmässig auszubilden, mit anderen Worten ein vielseitiges Interesse in den Zöglingen zu begründen hat. Der Begriff einer „logischen Schulung", wie er unserem höheren Unterricht im Hinblick auf die geistige Arbeit der späteren Berufsthätigkeit als Zielleistung vorschwebt, verliert hiernach jede Berechtigung. Nun hat sich jedoch, wie mit Recht betont worden ist, die herkömmliche Bildungsweise der höheren Schulen im allgemeinen als zweckentsprechendes Mittel der geistigen Zucht für die erstere praktisch bewährt; es bliebe deshalb zu untersuchen, ob sie nicht auch theoretisch zu rechtfertigen wäre. Dies könnte

6

nur vermittelst einer psychologischen Analyse der Funktionen geschehen, wie sie der wissenschaftliche Unterricht voraussetzt. Wir
würden zu diesem Zweck auf die verschiedenen Lehrfächer eingehen müssen, um die bei der Bearbeitung derselben zur Anwendung kommenden Funktionen festzustellen. Bei einem solchen
Gange der Untersuchung wären indessen vielfache Wiederholungen
nicht zu vermeiden, da bei jeder Art geistiger Thätigkeit gewisse
Denkformen fortwährend wiederkehren. Wir schlagen deshalb das
umgekehrte Verfahren ein, indem wir die einzelnen Funktionen
ins Auge fassen, die der Begriff der geistigen Arbeit einschliesst,
um dann nachzuweisen, inwiefern dieselben im wissenschaftlichen
Unterricht praktische Bedeutung erlangen. Es wird kaum fehlen
können, dass sich hierbei zugleich mancherlei Winke ergeben, wie
das Lehrverfahren zweckmässig zu gestalten sei, um das Ziel einer
logischen Durchbildung zu erreichen.

Es handelt sich für uns also um eine Analyse des Begriffs
der logischen Schulung. Von vornherein wird nun festzuhalten
sein, dass das Denken nicht auf einem einheitlichen formalen
Vermögen beruht, sondern eine Mehrzahl von Funktionen umfasst.
Es kann daher nur als Aufgabe des wissenschaftlichen Unterrichts,
sofern es sich um logische Schulung handelt, betrachtet werden,
alle diese Funktionen vielseitig, d. h. auf den verschiedenen
Gebieten des geistigen Lebens, auf welche der Unterricht sich
erstreckt, einzuüben. Die noch immer vielfach verbreitete Ansicht,
dass es Lehrfächer gäbe, denen eine spezifische formalbildende
Kraft innewohne, müssen wir demnach ablehnen. Zugleich wird
aber unsere Untersuchung darauf gerichtet sein müssen, wie sich
die einzelnen Denkakte in dem kindlichen Bewusstsein herausbilden. Eine abstrakte Darlegung der im Begriff des Denkens
enthaltenen Vorgänge, wie sie die Logik darbietet, würde dem
Zweck unserer Arbeit nicht entsprechen. Wir haben vielmehr
die logischen Funktionen nach ihrer psychologischen Natur zu
betrachten. Es ist klar, dass die Kenntnis derselben dem Lehrer
wesentliche Dienste bieten kann, da sie ihm ermöglicht, dem
Schüler bei seiner Denkthätigkeit zu folgen und ihm hierbei die
erforderliche Anleitung zu erteilen.[1]

----

[1] In neuster Zeit weist besonders ALTENBERG in seiner Schrift „Die Kunst
des psychologischen Beobachtens“ (SCHILLER u. ZIEHEN, Sammlung von Abhandlungen aus dem Gebiet der pädag. Psychologie, II, Heft 3. S. 11) darauf hin,
dass der Unterricht leicht in einen schablonenhaften, der Eigenart der Schüler

Im Lauf unserer Untersuchung wird auch die Bedeutung der schon erwähnten sog. Seelenvermögen nachzuweisen sein, die — soweit dieser Begriff sich überhaupt aufrecht halten lässt — keineswegs etwa angeboren sind, sondern durch die Einflüsse des Unterrichts und des Lebens erst erworben werden, deren Herausbildung daher der erstere befördern kann. In neuester Zeit hat man vielfach — offenbar unter dem Einflusse der HERBARTschen Richtung — die Forderung einer allgemeinen formalen logischen Schulung fallen gelassen und eine andere, nämlich die einer sprachlich-logischen an deren Stelle gesetzt. Schon der Ausdruck deutet an, dass hierunter eine besondere Seite jenes ersteren Begriffs zu verstehen ist. Wir werden uns deshalb im Verlauf unserer Darlegungen auch etwas näher mit dem Begriff der sprachlich-logischen Bildung zu beschäftigen haben, um die Funktionen nachzuweisen, auf denen sie beruht.

Von zwiefacher Seite ist in letzter Zeit der Versuch gemacht worden, den Begriff der formalen geistigen Schulung in Bezug auf die Faktoren, die derselbe einschliesst, zu analysieren. PAULSEN zunächst erklärt denselben folgendermassen.[1]

„Unter formaler logischer Bildung versteht man die Leichtigkeit und Sicherheit in der Ausübung der höheren intellektuellen Funktionen; es gehören dazu: rasche und sichere Auffassung geistiger Dinge, vor allem die Fähigkeit, verwickelte Probleme oder Gedankenzusammenhänge scharf und klar zu zergliedern und aufzufassen; ferner ein richtiges, sachliches, in die Tiefe dringendes Urteil, das sich durch Schein und Sophistik nicht täuschen, durch Vorurteile und überkommene Denkgewohnheiten nicht Fesseln anlegen lässt. Endlich die Gabe klarer und wirksamer Rede und Gewandtheit in der logisch-stilistischen Darlegung der Gedanken." Von den hier aufgeführten Faktoren der logischen Bildung bezeichnet der erstere (Übung in scharfer und klarer Auffassung und Zergliederung der Probleme und Gedankenzusammenhänge) die eigentliche Aufgabe der formalen Schulung; wir werden die Funktionen, auf welche sich dieselbe gründet, nur

---

zu wenig Rechnung tragenden Betrieb verfalle, wenn er die Aufmerksamkeit, den Fleiss und das Verständnis auf Seiten des Schulers als gegebene und gewissermassen unabänderliche Grössen hinnehme, ohne die Faktoren zu berücksichtigen, aus denen diese Eigenschaften sich zusammensetzen, und verlangt deshalb, dass die Lehrthätigkeit auf die Gesetze der geistigen Entwicklung gegründet sei, wie sie die Psychologie erkennen lehrt.

[1] Geschichte des gelehrten Unterrichts. 2. Aufl. 1. Halbband. S. 644.

noch im einzelnen darzulegen haben. Der zweite Punkt (Befähigung zu sachlich-richtigem, auf eigener Kritik beruhendem Urteilen) betrifft die materiale Seite der Bildung, die darauf abzielt, den Schülern richtige Begriffe zu übermitteln, sowie sie zugleich in den Stand zu setzen, die vorhandenen Begriffe durch Vergleichung mit dem vorliegenden Thatbestande selbständig zu prüfen und mit ihm in Einklang zu setzen. Eine dahin gehende kritische Schulung setzt die Bekanntschaft mit den Gesetzen der Begriffsbildung voraus, und wir werden demgemäss dieselben aufzuzeigen haben.

An dritter Stelle giebt PAULSEN die Aufgaben an, welche die sprachlich-logische Schulung zu lösen hat. Soweit die letztere in der Beherrschung der besonderen grammatisch-stilistischen Regeln besteht, ist sie Sache des sprachlich-grammatischen Unterrichts und kann hier ausser Betracht bleiben. Dagegen müssen wir uns über den allgemeinen formalen Ertrag, den die sprachlichen, insbesondere fremdsprachlichen Übungen zu Tage fördern, klar zu werden suchen, um die Bedeutung zu verstehen, welche dahin gehenden Übungen für die logische Durchbildung der Zöglinge zukommt.

Ausser PAULSEN hat EBBINGHAUS die geistigen Vorgänge, auf denen die eigentliche Denkthätigkeit beruht, wie sie die formale Schulung zu entwickeln bezweckt, zum Gegenstand einer Untersuchung gemacht.[1] Er will nämlich den Begriff der geistigen Tüchtigkeit feststellen, um eine zweckmässige Methode zur Bemessung des Grades der Ermüdung ausfindig zu machen, wie sie der mehrstündige Unterricht mit sich bringt, und gelangt dabei zu dem Ergebnisse, das Wesen der ersteren bestehe darin, dass eine grössere Anzahl von unabhängig neben einander bestehenden Eindrücken, die an und für sich ganz heterogene und zum Teil direkt gegen einander laufende Assoziationen zu wecken geeignet sind, mit Vorstellungen beantwortet werden, die doch zu ihnen allen gleichmässig passen, die sie alle zu einem einheitlichen, sinnvollen oder in irgend welcher Hinsicht zweckvollen Ganzen zusammenschliessen.

Intellektuelle Tüchtigkeit besteht demnach, wie er näher ausführt, in der Erarbeitung eines irgendwie Wert und Bedeutung habenden Ganzen, vermöge wechselseitiger Verknüpfung, Korrektur und Ergänzung der durch zahlreiche verschiedenartige Eindrücke

---

[1] Über eine neue Methode zur Prüfung geistiger Fähigkeiten, S. 16.

nahe gelegten Assoziationen. Um dieses ihr Wesen kurz zu bezeichnen, äussert jener, es bestehe im Kombinieren; die eigentliche Intelligenzthätigkeit sei also Kombinationsthätigkeit. Wir können das, was Ebbinghaus meint, kurz auch folgendermassen ausdrücken: die Ausübung der eigentlichen intellektuellen Funktionen läuft darauf hinaus, dass ursprünglich zusammenhangslose und ungeordnete Vorstellungen sich zu einem einheitlichen gesetzlich gegliederten Gedankenzusammenhang aneinanderreiben. Wie eine derartige gesetzmässige Gliederung zustande kommt, werden wir erst einsehen können, wenn wir die psychologische Natur der intellektuellen Vorgänge näher betrachtet haben.

Die Erklärungen, welche die genannten Gelehrten von dem Wesen der Denkthätigkeit darbieten, erweisen sich uns jede in ihrer Art im allgemeinen als zutreffend; nur lassen sie noch nicht die einzelnen psychologischen Funktionen erkennen, welche bei der Ausübung der ersteren zur Anwendung kommen. Diese in systematischer Ordnung aufzuführen, soll Sache der nachfolgenden Darlegungen sein. Wir schliessen uns dabei unseren allgemeinen Grundanschauungen nach der Psychologie Wundts an, der zuerst das fragliche Problem in umfassender Weise ins Auge gefasst hat. Dabei werden wir aber, um der grösseren Deutlichkeit willen, den Grundbegriff dieser Psychologie, den der Apperzeption in seiner passiven und aktiven Form, der hier eine ganz besondere Bedeutung annimmt, vermeiden und ihn mit geläufigeren Ausdrücken vertauschen. Wir wollen nämlich statt einer passiven und aktiven Apperzeption die Stufe der auf mechanischen Vorgängen beruhenden Wahrnehmung und die weitere Stufe des durch spontane Bewusstseinsakte bedingten Denkens unterscheiden.[1] Die Schüler zur Bethätigung der das letztere ausmachenden Funktionen anzuleiten, ist die besondere Aufgabe der logischen Schulung. Und zwar muss dieselbe in letzter Linie den Zweck verfolgen, die Zöglinge zu bewusster Anwendung jener Funktionen zu befähigen. Auf diese Weise vollzieht sich die Umbildung der ursprünglichen naiven Form des

---

[1] Die Sonderung von Funktionen, derzufolge diese sich teils in der einfachen Aufnahme der Sinneseindrücke, teils in der denkenden Verarbeitung derselben äussern, stimmt mit den Ergebnissen der Untersuchung inbetreff der physiologischen Bedingungen der Bewusstseinsvorgänge überein, da hiernach die Wahrnehmungszentren scharf von den die eigentlichen Denkakte vermittelnden geistigen Zentren zu sondern sind. S. hierüber Flechsig, Gehirn und Seele, 2. Aufl., S. 22 u. ff. — Die das Denken bezeichnenden Funktionen nehmen erst infolge der Einübung einen mechanischen Charakter an.

Denkens in die reflektierte, welche erst die Selbstüberwachung bei der Ausübung der logischen Funktionen und damit eine selbstthätige Berichtigung und Ergänzung des Gedankenlaufs ermöglicht, worauf das eigene Streben nach Klarheit und Wahrheit im Denken beruht, eine Fähigkeit, wie sie die Aufgabe der logischen Durchbildung voraussetzt.

Darüber, wie die Schüler zu dieser Art der Bethätigung der Denkfunktionen im Unterricht anzuleiten sind, werden wir, soweit dies im Rahmen einer kurzen Abhandlung geschehen kann, im gegebenen Zusammenhang Andeutungen beizufügen bemüht sein.

Grundsätzlich müssen wir zugleich die physiologischen Voraussetzungen der geistigen Funktionen berücksichtigen, da eine einseitige spiritualistische Erklärungsweise, wie sie HERBART versucht hat, nicht ausreicht, um das psychische Geschehen begreiflich zu machen. In Bezug auf die physiologische Grundlage der psychologischen Vorgänge giebt besonders die physiologische Psychologie ZIEHENS willkommene Aufschlüsse; wir werden deshalb gelegentlich auf dieselbe zurückzugreifen haben.

Stufe der Wahrnehmung.

Die Seele als der Inbegriff der geistigen Vorgänge wird seit LOCKE oft mit einem anfangs unbeschriebenen Blatte verglichen, auf dem sich erst infolge der Sinnesthätigkeit die Zeichen der äusseren Gegenstände in Gestalt von Vorstellungen ausprägen. Der Vergleich trifft insofern zu, als kein psychischer Inhalt angeboren ist. Das Kind tritt als Fremdling in die Welt ein und gewinnt erst durch Verarbeitung der sich ihm darbietenden Eindrücke ein Bild von derselben. Nur Nervenanlagen, die das Organ der psychischen Funktionen ausmachen, sind bereits bei der Geburt vorhanden. Diese bestehen nach ihren zentralen Teilen aus Rindenzellen, in denen die Vorstellungen niedergelegt zu denken sind, und Rindenbahnen, welche den zwischen jenen sich vollziehenden Verbindungen zur Grundlage dienen. Die Elemente der Vorstellungen sind Empfindungen, die sich herausstellen, sobald Sinneseindrücke durch zentripetale Leitung zum Bewusstsein gelangen. Aus Empfindungen setzen sich die

Vorstellungen zusammen, die ihrerseits den Stoff für die kombinierende Thätigkeit des Denkens liefern. Denn dass das letztere auf gesetzlich erfolgenden Vorstellungs-Kombinationen beruht, ist bereits oben angedeutet worden.

Die geistigen Vorgänge, die wir unter dem Begriff des Denkens zusammenfassen, bestehen dem Gesagten zufolge nach ihrer materialen Seite aus Vorstellungen. Aus diesem Umstand ergiebt sich, welche Wichtigkeit klare Vorstellungen für klares Denken besitzen. Es liegt daher im Interesse der logischen Bildung, dass die auf die Entstehung von Vorstellungen abzielenden Vorgänge möglichst vollkommen von statten gehen. Einen Einfluss auf dieselben wird man aber nur dann auszuüben imstande sein, wenn man die Gesetze kennt, nach denen sie verlaufen. Wir wollen diese Gesetze im einzelnen nachzuweisen suchen.

Übrigens bieten sich die hier zu betrachtenden psychischen Gebilde im entwickelten Bewusstsein fertig dar; nur durch nachträgliche Analyse lassen sich die Vorgänge feststellen, durch welche sie zu stande kommen.

Assoziative Verschmelzung.

Der physiologische Apparat, durch den die peripherischen Sinneseindrücke zu dem betreffenden Sinneszentrum zugeleitet werden, in welchem die Umsetzung in Vorstellungen erfolgt, findet sich, wie bereits angegeben wurde, bei der Geburt im allgemeinen schon vorgebildet; das Kind ist infolge dessen befähigt, Sinneseindrücke (Farbe, Ton. Druckwirkungen materieller Körper u. s. w.) in sich aufzunehmen. Trotzdem dauert es verhältnismässig lange, bis sich dieselben zu den psychischen Gebilden, die wir als Vorstellungen bezeichnen, ausgestaltet haben.

Der hierauf abzielende Vorgang erfordert zunächst, dass der Eindruck sich so lange wiederhole, bis er die nötige Klarheit und Deutlichkeit erlangt hat. Dies ist Sache der assoziativen Verschmelzung der Sinnesempfindungen. Diese ist erstlich intensiver Art. Als solche bezweckt sie die Verstärkung des Klarheitsgrades des Sinneseindrucks. Dies kann durch Summierung gleichartiger Eindrücke oder durch Wiederholung desselben Eindrucks geschehen. Der Ton einer Glocke z. B. kann so leise sein, dass er erst hörbar wird, wenn mehrere gleichgestimmte zusammen erklingen. Ein mehrfach besetztes Orchester erzielt eine grössere

Wirkung als ein einfach besetztes. Die Verstärkung geschieht in beiden Fällen durch Summierung gleichartiger Eindrücke. Andererseits kann, wie gesagt, der Klarheitsgrad einer Vorstellung durch Wiederholung des nämlichen Eindrucks erhöht werden. Wenn z. B. ein bestimmtes Sinnesobjekt a (etwa ein besonderes Farbenbild oder ein musikalischer Akkord) sich mir öfter darbietet, so entsteht nicht eine Reihe a + a + a ..., sondern ein einheitliches, immer klareres Wahrnehmungsbild. Nur wenn die Anzahl der einzelnen Objekte eine bestimmte Bedeutung hat, wie z. B. die Zahl der Schläge einer Uhr, so halte ich sie zuerst auseinander, um sie dann zu einer einheitlichen Vorstellung, in diesem Falle der Stundenzahl, welche dazu dient, die Tageszeit anzuzeigen, zusammenzufassen.

Alles mechanische Einprägen von Sinneseindrücken gründet sich auf den bezeichneten psychischen Vorgang. Wichtig ist es in Bezug auf diese Thätigkeit, dass die Auffassung des Objekts von vornherein möglichst vollkommen erfolge, dass demgemäss z. B. ein fremdsprachliches Wort sofort mit der richtigen Betonung und Aussprache, der Text eines Gedichtes mit sinngemässer und ausdrucksvoller Deklamation eingeübt werde. Das Fehlerhafte prägt sich natürlich eben so gut ein, wie das Richtige, und es bedarf hinterdrein doppelter Anstrengung, um das erstere wieder auszumerzen.

Die früher allgemein übliche Buchstabiermethode hatte den Mangel, dass die Kinder z. B. den Buchstaben „b" anfangs wie ein „be" auszusprechen gewöhnt wurden, während sie ihn später beim Lesenlernen als den blossen Laut „b" bezeichnen mussten, also vollständig umzulernen genötigt waren.

Die zweite Art der assoziativen Verschmelzung ist die extensive. Vermittelst derselben kommt die materiale Seite der Sinnesobjekte, d. h. die Gesamtheit der Elemente, aus denen sich die letzteren zusammensetzen, zur Auffassung. Das Kind nimmt beim ersten Anblick eines Gegenstandes meist nur besonders in die Augen fallende Seiten wahr, wie den Glanz, die allgemeinen Umrisse oder einzelne Bruchstücke, auf die seine Aufmerksamkeit gerichtet wird. Sache einer schon im früheren Alter eintretenden Anleitung ist es, dafür zu sorgen, dass ihm auch die anderen Seiten zum Bewusstsein gebracht werden. Soll dies in möglichster Vollständigkeit geschehen, so muss bei dem Vorzeigen der Gegenstände, die aufgefasst werden sollen, obgleich bei dem der kindlichen Natur anhaftenden Mangel an Ausdauer fortwährende Unterbrechungen nicht zu vermeiden sind, doch im ganzen ein kontinuierliches Vorgehen gewahrt bleiben, dergestalt, dass man stets an dem Punkte wieder anknüpft, wo man aufgehört hat. Aber auch der Erfolg des späteren systematischen Schul-Unterrichts ist wesentlich davon abhängig, dass er lückenlos fortschreitet, damit die extensive assoziative Verschmelzung möglichst vollständig verlaufe. Nur hierdurch kann es erreicht werden, dass das Bild eines aufzufassenden Gegenstandes sich nach allen seinen Elementen klar im Bewusstsein ausprägt.

Auffallend ist es, wie verhältnismässig spät die Kinder dahin kommen, die Farbenverhältnisse an den Dingen deutlich zu unterscheiden. Die Erklärung für diese Erscheinung liegt darin, dass die Farben in der Zahl und Abstufung, wie wir sie kennen, von dem Kinde überhaupt noch nicht wahrgenommen worden, sondern sich ihm erst durch Verschmelzung verschiedener elementarer Sinneseindrücke herausbilden. Unter den Nervenfasern des Auges sind nämlich nach Helmholtz drei Klassen zu sondern; jede derselben liefert ausschliesslich oder doch überwiegend nur rot, grün, violett; durch andersfarbige Gegenstände werden jene drei Gattungen von Nervenfasern in variablem Verhältnis erregt, so dass die Farbenempfindung der Summe dieser Erregungen entspricht.

In Bezug auf die extensive assoziative Verschmelzung ist noch folgendes zu bemerken. Ein Wahrnehmungsbild kommt bekanntlich dadurch zustande, dass Schwingungen, die von einem realen Gegenstand ausgehen, durch die Linse des Auges gesammelt und auf die Netzhaut geworfen werden. Von hier jedoch erfolgt die Leitung zum Sinneszentrum anfangs in mehr oder weniger verworrener Weise, und es kann demnach zunächst nur ein unklares Bild entstehen. Es bedarf somit vielfacher Wiederholung der sinnlichen Wahrnehmung, um dasselbe zu berichtigen. Hierbei spielen die Bewegungsempfindungen des Tastorgans, welche durch die plastischen Verhältnisse des Gegenstandes hervorgerufen werden, eine bedeutsame Rolle; die Neigung der Kinder, alles, was sie sehen, zu betasten, scheint in der That dem Bedürfnis zu entspringen, die Funktion des Gesichtssinnes zu ergänzen, und diese Neigung darf deshalb nicht unterdrückt werden. So ist es der Tastsinn auch, der uns die Wahrnehmungsobjekte in ihrer natürlichen Stellung auffassen lässt. Denn vermöge des eigentümlichen Baues des menschlichen Auges stellt das durch dieses erzeugte

Bild die Gegenstände umgekehrt, d. h. mit Vertauschung von oben und unten dar, und nur der Vermittlung des Tastorgans ist es zuzuschreiben, wenn sie für unsere Auffassung in das richtige Verhältnis gerückt werden. Immerhin bleibt das Bild, das die unmittelbare Sinneswahrnehmung liefert, vielfach dunkel und verschwommen, so insbesondere in Bezug auf die formalen Verhältnisse der Dinge, die Gestalt, das Mass und die Zahl der Teile, die erst nach und nach zu klarem Bewusstsein gelangen. Sache des Anschauungsunterrichts ist es deshalb, für scharfe Auffassung dieser Verhältnisse zu sorgen. So wird insbesondere die Anordnung der Teile, in die ein Gegenstand zerfällt, zu genauerer Auffassung zu bringen sein, wenn ein in allen Stücken anschauliches Bild gewonnen werden soll.

Assimilation.

Wir haben uns bisher mit den Gesetzen der unmittelbaren Wahrnehmung beschäftigt, nach denen Sinneseindrücke zu mehr oder weniger zusammengesetzten Vorstellungen verschmelzen. Nun vereinigen sich aber auch die letzteren wiederum zu einheitlichen psychischen Gebilden, indem eine unmittelbar gewonnene Wahrnehmung eine Verbindung mit einem schon vorhandenen Erinnerungsbild eingeht. In dieser Weise sind fast alle im entwickelten Bewusstsein auftretenden Vorstellungen durch ältere Elemente bedingt, die mit den unmittelbar durch die Sinne gelieferten verschmelzen, ein Vorgang, durch den diese den ersteren assimiliert werden, weshalb wir den hierbei zur Geltung kommenden Bewusstseinsakt Assimilation nennen. Die Voraussetzung für das Zustandekommen desselben ist, dass die in das Bewusstsein eingehenden Elemente ältere ihnen verwandte vorfinden, so dass sie sich mit diesen zu einem einheitlichen Vorstellungsgebilde vereinigen können; ist dies nicht der Fall, so bleiben jene isoliert und schwinden bald wieder aus dem Bewusstsein, da sie keine Stütze an anderen Elementen haben. So erklärt es sich, dass Lehrstoffe keine befruchtende Wirkung auf den kindlichen Geist ausüben, die ihm nicht „kongenial" sind, d. h. die keine Bewusstseinsinhalte vorfinden, denen sie sich zu assimilieren vermögen. Dies gilt besonders hinsichtlich der abstrakt-formalen Lehrfächer, die bereits in einem Alter behandelt zu werden pflegen, wo viele Zöglinge oft noch gar nicht angefangen haben — sei es aus eigenem Beobachtungssinn oder infolge fremder Anleitung — die für jene in Betracht kommenden formalen Verhältnisse aufzufassen. Diese sind ihnen deshalb zuerst etwas völlig Fremdartiges, so dass ihnen ihre Bewältigung ausserordentliche Schwierigkeiten verursacht.

Herbart bezeichnet den von uns als Assimilation bezeichneten Vorgang, der nach dem Gesagten in einer rein mechanisch erfolgenden Verschmelzung neuer Vorstellungen mit älteren besteht, im Gegensatz zur Perzeption oder unmittelbaren Sinneswahrnehmung als Apperzeption, d. h. als Akt der geistigen Aneignung, ein Begriff, der für seine Pädagogik eine ausserordentliche Bedeutung besitzt. Insofern es eine wesentliche Aufgabe der Lehrmethode ist, jenen Akt herbeizuführen, da erst hierdurch ein inneres Verarbeiten des Lehrstoffes ermöglicht wird. Lotze hat ebenfalls die pädagogische Wichtigkeit des letzteren Aktes im Sinne, wenn er äussert: „Mit Recht unterscheidet die Sprache von der einfachen Perzeption jene Apperzeption, durch welche wir gewisse Eindrücke in den verständlichen Zusammenhang unseres empirischen Ichs aufnehmen und ihre Verwandtschaft zu früheren Erlebnissen und ihren Wert für Weiterentwickelung unserer Persönlichkeit fühlen und für spätere Erinnerung aufbewahren." Schon an dieser Stelle mag indessen bemerkt werden, dass ein Vorgang der geistigen Aneignung, durch den ein neuer Bewusstseinsinhalt nach seiner Bedeutung in Bezug auf bereits erworbene Inhalte aufgefasst und dadurch zu einem Element unseres Selbst, unseres Ichs erhoben wird, eine spontane Bewusstseinsfunktion voraussetzt; denn nur ein hierauf beruhender Akt ermöglicht die Selbstbesinnung, welche neu erworbene Vorstellungen in bewusste Beziehung zu den bereits vorhandenen Bewusstseinselementen setzen und so die Bedeutung, welche jene in Bezug auf den Zuwachs und den Ausbau unserer geistigen Persönlichkeit besitzen, erkennen lässt, ein Akt, auf den sich das Gefühl der geistigen Förderung gründet, das, wie dies in den Worten Lotzes angedeutet wird, mit jeder neuen Erkenntnis verbunden ist.

Auf die Funktionen, welche den Vorgang der Apperzeption in dem eben angegebenen Sinne bedingen, werden wir im zweiten Teil unserer Ausführungen näher einzugehen haben. Hier fassen wir nur die Assimilation als mechanisch verlaufenden Bewusstseinsvorgang ins Auge, der auch als solcher eine wichtige Rolle für den Unterricht spielt. Die Assimilation, so verstanden, kommt, wie schon angedeutet wurde, dadurch zustande, dass ein unmittelbarer Sinneseindruck, z. B. das Gesichtsbild einer Wandkarte, früher erworbene Vorstellungen verwandter Art, so in diesem Falle das Erinnerungsbild einer schon gesehenen Landschaft, vor allem der heimatlichen, wachruft und mit diesem zu einem einheitlichen psychischen Gebilde verschmilzt. Die Wandkarte an sich ist nur ein abstraktes Schema, das sich erst auf die angegebene Weise mit psychischem Inhalt erfüllt und dadurch ein anschauliches Gepräge gewinnt. So ist es überhaupt das Ergebnis des bezeichneten Aktes, dass ein unmittelbar gegebener Sinneseindruck durch denselben zu einem höheren Grade des Bewusstseins, der Klarheit erhoben wird. Ein Gegenstand, den wir öfter erblicken, wird uns vermöge der Assimilation gewohnt; wir betrachten ihn deshalb als etwas Bekanntes, Selbstverständliches.

Zur Anwendung kommt der Assimilationsvorgang vor allem beim Lesen. Die Worte des Textes werden hierbei meist nur lückenhaft aufgefasst; da sie uns grösstenteils bereits geläufig sind, so ruft der unmittelbare Sinneseindruck der gelesenen Worte sofort ihnen entsprechende Erinnerungsbilder hervor, mit denen sie sich assimilieren. Der aufgefasste Text ist also ein Produkt älterer und neuerer Bewusstseinselemente. Durch die Wortbilder werden nun wiederum die mit ihnen verknüpften Sachvorstellungen wachgerufen, die ihrerseits unter sich und mit anderen älteren Bewusstseinsinhalten in mannigfache Beziehungen treten, ein Vorgang, durch den der beim Lesen aufgenommene Stoff an Vorstellungen geistig verarbeitet wird. Hierbei kommen synthetische Funktionen zur Anwendung, mit denen wir uns noch werden zu beschäftigen haben, Funktionen, vermittelst deren die einzelnen aus der Lektüre aufgefassten Vorstellungen in logischen Zusammenhang mit einander gebracht werden, so dass sie ein sinnvolles Ganze, einen Satz ausmachen. Eine wesentliche Rolle fällt jedoch auch in Bezug auf die Auffassung des Inhalts der Assimilation zu, insofern die neu gewonnenen Vorstellungen mit verwandten älteren verschmelzen, wodurch diesen ein immer reicherer Inhalt zugeführt wird. Auf diese Weise wird der Lesestoff bei der Lektüre fort und fort rubriziert und erfährt dadurch eine vorläufige Verarbeitung. Es ist eine bekannte Erscheinung, dass jemand, der regelmässig die Zeitungsberichte über ein bestimmtes Land verfolgt, schliesslich das Material bei der Hand hat, um Auskunft über die Verhältnisse desselben auf den verschiedensten

Gebieten zu erteilen. Hierbei ist die Assimilation wesentlich beteiligt, welche die auf die Verhältnisse jenes Landes bezüglichen Vorstellungen auf Grund der Lektüre fortwährend ergänzt und berichtigt, so dass der Leser ein entsprechendes Bild von denselben zu gewinnen vermag. Freilich muss die Fähigkeit zu einer derartigen selbständigen Verarbeitung des Lektürestoffes im jugendlichen Alter erst entwickelt werden. Der Unterricht wird deshalb planmässig die Zöglinge veranlassen, den Stoff nach gewissen allgemeinen Gesichtspunkten zusammenzufassen. Muss der hierauf gerichtete Akt zunächst auch mit bewusster Absichtlichkeit ins Werk gesetzt werden, so nimmt er infolge der Einübung allmählich einen mechanischen Charakter an und bildet fortan eine dauernde Fähigkeit zu selbständiger Verwertung des durch die Lektüre dargebotenen Vorstellungsmaterials. Natürlich bietet jede Assimilation wieder den Stoff und Ausgangspunkt zu anderen gleichartigen Assimilationen; so ist es der ausgesprochene Zweck, den die Herbartsche Pädagogik mit der Bearbeitung des kindlichen Gedankenkreises verfolgt, denselben zu befähigen, dass er das Ungünstige seiner Umgebung zu überwiegen, das Günstige aber sich zu assimilieren vermag, ein Erfolg, auf dem nach Herbart der erziehliche Einfluss des Unterrichts beruht.

Die Bedingungen zu dem psychischen Vorgange dieser Art zu schaffen, ist endlich auch die Aufgabe, welche ein weiterer Punkt der Herbart-Zillerschen Methodik im Auge hat. Die sogenannte Analyse des Gedankenkreises, welche dazu bestimmt ist, der Aufnahme des darzubietenden Lehrstoffs den Boden zu bereiten, läuft lediglich darauf hinaus, dass die Vorstellungen hervorgezogen werden, welche sich mit den neu hinzutretenden verbinden sollen, ein psychischer Akt, der sich unmittelbar als Assimilation kennzeichnet. Die aufklärende Wirkung, welche die gesamte Sinnesthätigkeit mit sich bringt, leitet sich daraus her, dass sich neue Vorstellungen und Vorstellungsmassen darbieten, die mit anderen schon vorhandenen Elementen verschmelzen und so diesen einen höheren Klarheitsgrad verleihen. Die Assimilation ist es auch, welche, wie schon angedeutet wurde, eben wegen des dadurch herbeigeführten höheren Klarheitszustandes den Vorstellungen allmählich den Charakter unmittelbarer Gewissheit und Selbstverständlichkeit annehmen lässt. Auf diese Weise erklärt es sich, dass ein Anblick, der sich uns häufiger darbietet, uns gewohnt und vertraut wird.

Auf die Assimilation gründet sich ferner das Einprägen des Lehrstoffs vermittelst der Wiederholung. Ein Unterrichtsobjekt (z. B. eine fremdsprachliche Vokabel, eine geschichtliche oder naturwissenschaftliche Thatsache und dergleichen mehr) ruft das entsprechende Erinnerungsbild hervor und verschmilzt sofort mit diesem, ein Vorgang, durch den die Reproduzierbarkeit des letzteren immer mehr verstärkt wird. Handelt es sich um die Einübung einer grammatischen Konstruktion, die Anwendung eines mathematischen Satzes oder eine andere praktisch-technische Funktion, so tritt an Stelle des Erinnerungsbildes die betreffende Bewegungsvorstellung ein, ein Begriff, dessen psychologische Bedeutung ich an anderer Stelle darzulegen gesucht habe.[1]

Zu erwähnen bleibt schliesslich noch, dass bei dem in Frage stehenden Vorgange das Ergebnis von allen dasselbe herbeiführenden Faktoren, also sowohl von den älteren als auch von dem neu hinzutretenden Bewusstseinsinhalt abhängig ist. Auf diesen Umstand gründet sich die bekannte Erscheinung, dass neu erworbene Erkenntniselemente mit der Zeit unseren Gedankenkreis umzubilden imstande sind; neue Studien und Erfahrungen, eine veränderte Umgebung und veränderte Verhältnisse üben daher einen unmerklichen Einfluss auf unsere Anschauungsweise aus. Diese Erscheinung zeigt, dass wie die älteren Vorstellungen auf die neu erworbenen, so auch umgekehrt die letzteren auf die ersteren verändernd einzuwirken und sie endlich ganz umzugestalten vermögen.[2]

Komplikation.

Wir haben im voraufgehenden die Entstehung von Vorstellungen dargelegt, die einem einzelnen Sinnesgebiet angehören. Das Auge insbesondere liefert uns fortwährend Vorstellungen, die in einem bestimmten zentralen Hirnteile (im Hinterhauptlappen) aufbewahrt, durch jeweilig auftauchende Eindrücke erneuert werden und so den beständig wechselnden Inhalt unseres geistigen

---

[1] Siehe meine Grundzüge der psychologischen Erziehungslehre (Rosenbaum und Hart), S. 42 und die folgenden.

[2] Nicht bloss Vorstellungen, sondern auch Gefühlsregungen assimilieren sich mit einander. Auf dieser Erscheinung beruhen die Gefühlszustände, die wir als Gemütsbewegungen bezeichnen. Denn das Gemüt ist seinem psychologischen Wesen nach nichts anderes als die Anlage zur Assimilation der Regungen des Gefühls, besonders des Mitgefühls sowie ästhetischer Affekte mit verwandten emotionellen Zuständen, für welche die Disposition fortdauert.

Lebens ausmachen. Diese Vorstellungen tragen jedoch zunächst ein rein subjektives Gepräge an sich. Die Vorstellung der Rose z. B., die uns vorschwebt, enthält an sich kein Merkmal, das erkennen liesse, ob sie auf objektiver Wirklichkeit beruht, oder ob sie ein blosses Phantasiebild ist. Gleichwohl giebt es Vorstellungen, denen wir reales Dasein zuschreiben, indem wir sie auf vom betrachtenden Subjekt unabhängige Gegenstände beziehen. Es fragt sich nun, wie diese Vorstellungen als Elemente unseres Bewusstseins zustande kommen. Die Voraussetzung hierfür ist die Funktion eines weiteren Sinnesorgans, die des Tastsinns, welche diejenige des Gesichtssinnes ergänzt. Die Tastempfindung ist es nämlich, die den Objekten des letzteren den Charakter des Wirklichen verleiht, und sie schwingt bei jeder Erneuerung der Gesichtsvorstellung mit an, so dass ihr jener Charakter fortan unmittelbar anhaftet. Die Tastempfindung, mit der sich das Bewusstsein verbindet, dass sie auf einer peripherischen, durch äussere Einwirkung vermittelten Reizung beruht, ist so das einzige sichere Merkmal der Wirklichkeit. Auch den Empfindungen anderer Sinnesorgane, so besonders denen des Gesichtssinnes liegt freilich eine peripherische Reizung zu Grunde. Der peripherische Ursprung der hierdurch vermittelten Eindrücke kommt jedoch meist so wenig deutlich zum Bewusstsein, dass wir denselben ausser acht zu lassen und unter Umständen auch anderen, durch zentrale Vorgänge (so im Zustand des Traumes durch die Ideenassoziation) hervorgerufenen Vorstellungen jenes Sinnesgebietes objektive Wirklichkeit beizumessen geneigt sind.

Die Tastempfindung nun verschmilzt mit dem Gesichtsbilde zu einem einheitlichen psychischen Ganzen, das wir Dingvorstellung nennen. Übt nun nach dem Gesagten die Tastempfindung einen unmittelbaren Einfluss auf die Vorstellungsthätigkeit aus, so ist freilich hierdurch der Begriff einer vom betrachtenden Subjekt unabhängigen Wesenheit, die wir dem Dinge beimessen, noch nicht erklärt: derselbe lässt sich lediglich aus einem psychischen Akte begreiflich machen, vermöge dessen wir den Gegenstand der Tastempfindung nach aussen projizieren.[1]

_____

[1] Die Wirklichkeit ist ihrer psychologischen Seite nach nichts anderes als ein auf der schöpferischen Funktion des Bewusstseins beruhender Gedanke, der als Erklärungsprinzip für das objektive Beharren gewisser Vorstellungen dient. Bestätigt wird die Annahme einer an sich bestehenden Wirklichkeit dadurch, dass sie die notwendige Voraussetzung der empirischen Wissenschaften (besonders der Physiologie) ausmacht. Ursprünglich jedoch bildet das Wirkliche lediglich

Eine Verbindung von Vorstellungen disparater Art nun, wie wir sie hier gekennzeichnet haben, d. h. von solchen, die verschiedenen Sinnesgebieten angehören, bezeichnen wir als Komplikation. Die pädagogische Wichtigkeit derselben, namentlich soweit sie unter Mitwirkung des Tastsinns zustande kommt, wird meist nicht genügend gewürdigt; wir müssen deshalb einen Augenblick bei der Betrachtung der auf diese Weise sich herausstellenden psychischen Gebilde verweilen. Die Tastbewegungsempfindung nämlich, d. h. die Tastempfindung, die sich bei der Bewegung der Hand über einen Gegenstand hin herausstellt, bildet ein wichtiges Hülfsmittel der Anschauung. Zunächst bedingt sie die Möglichkeit der Auffassung räumlich ausgedehnter Objekte. Mit dem Gesichtssinn allein würden wir lediglich Flächenbilder vorstellen können. Erst durch Tastbewegungen der Hände, welche die Funktion des Auges ergänzen, indem sie uns die Tiefenausdehnung eines Gegenstandes zum Bewusstsein bringen, wird das Gesichtsbild zur Raumanschauung. Sodann dient uns die Empfindung, welche durch die Bewegung des Auges über den aufzufassenden Gegenstand hervorgerufen wird, und welche ebenfalls dem Tastsinn zuzuschreiben ist, dazu, die quantitativen Verhältnisse materieller Körper scharf aufzufassen. Das Bild einer Fläche hinterlässt für das Kind anfangs nur einen unbestimmten Eindruck auf der Netzhaut, ohne dass ihm der Umfang derselben zum Bewusstsein gelangt. Erst indem es die Fläche der Länge und Breite nach mit dem Auge durchläuft, gewinnt es eine Vorstellung von deren Ausdehnung. Hierbei bildet der Grad der Anstrengung, der erforderlich ist, um das Auge von einer Seite des körperlichen Gegenstandes zur anderen hin und her schweifen zu lassen, mit anderen Worten die Bewegungsempfindung des Auges, den Massstab, an dem die Ausdehnung des Flächenbildes gemessen wird.

Der Abstand räumlicher Gegenstände vom betrachtenden Auge kommt, sofern hierbei nicht die Tastempfindungen der Hände eine Rolle spielen, dem Kinde ebenfalls durch die Bewegungsempfindung des Auges zum Bewusstsein. Anfangs fehlt ihm durchaus die Fähigkeit, denselben abzuschätzen: es greift mit der Hand nach

ein Element des Bewusstseins, das, wie viele andere Begriffe, die den Ausgangspunkt für die Herleitung bestimmter Thatsachen und Vorgänge darstellen (wie Materie, Kraft u. s. w.), durch die Induktion (s. hierüber genaueres weiter unten), also einen spontanen Akt des erkennenden Subjekts geschaffen ist.

dem Monde in der Meinung, denselben erreichen zu können. Zunächst bedarf es nun zwar wiederholten Abschreitens des zwischen dem betrachtenden Subjekt und dem Gegenstande liegenden Raumes, um eine Vorstellung von dem Abstand zu gewinnen; hat sich hierdurch aber erst ein gewisser Massstab für die Abschätzung herausgebildet, so kann wiederum die Bewegungsempfindung des Auges, durch welche die räumliche Entfernung des Gegenstandes vom Beschauer gemessen wird, als Hülfsmittel zur Anwendung kommen. Es bedarf immerhin vielfacher Übung im Abschätzen der räumlichen Verhältnisse, bis das Augenmass sich hierfür herausgebildet.

Auch die Tiefenausdehnung räumlicher Objekte wird, soweit dies nicht unter unmittelbarer Mitwirkung der Tastempfindung der Hände geschieht, auf die angedeutete Weise aufgefasst. Wir müssen etwas genauer auf diesen Punkt eingehen. Es handelt sich also um die Frage, wie wir zur Auffassung der Tiefenausdehnung. d. h. der schrägen Seitenfläche eines uns mit seiner Vorderseite zugekehrten Körpers gelangen. Dies kann nur vermittelst des Doppelauges geschehen, und zwar ist die hierdurch gewonnene Anschauung das Produkt der Bewegungsempfindung beider Augen. Durchlaufen wir nämlich z. B. die schräge Seitenfläche eines halb rechts vor uns liegenden Gegenstandes (etwa eines Hauses, eines Schranks oder dergleichen) nach einander mit dem rechten und dem linken, so wird uns dieselbe nicht in schräger, sondern in gerader Richtung erscheinen — sofern wir uns nämlich von der Gewohnheit, sie unmittelbar als schräge Fläche zu betrachten, das das Ergebnis eines verwickelten Erkenntnisvorganges ist, loszumachen vermögen. Dabei müsste sie dem rechten Auge allein wegen des spitzeren Winkels, unter dem dieses sie beschaut, kleiner vorkommen, als dem linken. Da wir nun den Gesetzen der Perspektive zufolge gewohnt sind, Körper von bestimmtem Umfange, je nachdem sie grössere oder geringere Umrisse zeigen, uns näher oder ferner zu verlegen, so würden die beiden Flächen zunächst scheinbar eine parallele Lage zu einander einnehmen, in der Weise, dass die mit dem rechten Auge wahrgenommene Fläche hinter die mit dem linken angeschaute träte. Das kombinierte Sehen mit dem Doppelauge liefert jedoch ein einheitliches Bild; dieses wird daher eine Synthese beider Augenbilder sein müssen: es ist die Flächendiagonale zwischen den beiden scheinbaren parallelen Ebenen,

die naturgemäss eine schräge, von rechts nach links zurücklaufende
Richtung aufweist. In dieser Weise kommt die Auffassung der
Seitenfläche und damit der Tiefenausdehnung materieller Körper
zustande.[1]

Noch in anderer Beziehung spielt die durch den Gesichtssinn
vermittelte Bewegungsempfindung eine Rolle, nämlich bei der
Bildung der sogenannten Zahlenbegriffe. Die Ziffer 7 z. B. bezeichnet zwar ursprünglich sieben Einheiten gleicher Art. Dennoch
stellen wir uns unter jener Zahl keineswegs ebenso viele gesonderte
Einheiten vor; vielmehr schwebt uns dabei ein einheitlicher Begriff
vor, der den Wert einer bestimmten Grösse besitzt. Wie bildet
sich nun ein solcher Zahlbegriff heraus? Offenbar dadurch, dass
das Auge die gegebene Anzahl von Einheiten — die, als zusammengehörig, zu einer Reihe oder Gruppe vereinigt zu denken sind —
durchläuft. Dabei stellt sich wiederum eine gewisse Bewegungsempfindung ein, in der sich der Wert der Ziffer ausprägt. Aus
einer extensiven Grösse ist so eine intensive geworden.

Nicht bloss auf die Auffassung der quantitativen Verhältnisse
der Dinge, sondern eben so sehr auf die der qualitativen hat die
Tastempfindung Einfluss, soweit die Auffassung nämlich durch
den Tastsinn erfolgt. Eigenschaften der Dinge, wie spitz, stumpf,
hart, weich, rauh und glatt u. s. w. können uns ursprünglich nur
durch Vermittlung jener Empfindung zum Bewusstsein kommen,
die sich mit der Gesichtsvorstellung des betreffenden Gegenstandes
dauernd kompliziert. Ferner kann der Grad der Klarheit und der
Nachhaltigkeit einer Vorstellung durch die Tastempfindung verstärkt werden. Dies gilt z. B. in Bezug auf die Vorstellung einer
selbstgefertigten Niederschrift. Die Muskelempfindung nämlich,
die beim Schreiben erzeugt wird, — eine Empfindung, die ebenfalls dem Tastsinne zuzurechnen ist, — verbindet sich mit dem
Schriftbilde; durch den Anblick des letzteren nun wird sie erneuert und trägt dann ihrerseits dazu bei, jenes Bild schärfer und
fester einzuprägen. Die Niederschrift wird demgemäss als eine
Stütze des Gedächtnisses dienen können. So empfiehlt es sich,
die Schüler die Accente einer fremden Sprache (besonders die
der griechischen) wie auch die Schreibung fremder Wörter im
Anfang durch eine entsprechende, die Aussprache begleitende

[1] Die obige Darstellung weicht von anderen denselben Gegenstand betreffenden Arbeiten, wie denen von STERN und HILDEBRAND ab; für eine ein-
gehendere Erörterung der verschiedenen Ansichten fehlt jedoch hier der Raum.

Handbewegung in die Luft malen zu lassen. Hierdurch wird die Einprägung wesentlich erleichtert.

Eine andere Art der Komplikation als die zwischen der Gesichtsvorstellung und der Tastempfindung findet zwischen der ersteren und der Gehörsvorstellung statt. Vermöge dieser Komplikation verstehen die Schüler den Lehrer besser, wenn sie ihn sehen und gewissermassen ihm die Worte vom Munde ablesen können. Die ersten Sprechversuche der Kinder werden wesentlich dadurch befördert, dass sie die Mundstellung, die durch das Vorsprechen bedingt ist, zu erkennen vermögen; sie scheinen nämlich zuerst die die vorgesprochenen Worte abspiegelnde Ausdrucksbewegung des Mundes und dann erst den gleichzeitig mit dem Gehör aufzufassenden Laut nachzuahmen. Der Wert der Anschauungsmittel für den im übrigen durch das Gehör vermittelten Unterricht ferner gründet sich darauf, dass der Gesichtseindruck sich mit dem gehörten Worte kompliziert und so die Funktion des Gehörs unterstützt. Die durch das Gehör vermittelten Vorstellungen erhalten dadurch, dass das letztere durch den Gesichtssinn eine solche Unterstützung erhält, dauernd einen anschaulicheren Charakter, indem jedesmal, so oft jene Vorstellungen im Bewusstsein hervorgerufen werden, die entsprechenden Gesichtsempfindungen mit schwingen und so den Klarheitsgrad derselben verstärken. Die Erklärung für die Erscheinung, dass Vorstellungen, die verschiedenen Sinnesgebieten angehören, sich gegenseitig verstärken, ist physiologischer Art. Wird nämlich der Erregungszustand der Ganglienzellen, in denen die Vorstellungen niedergelegt sind, dadurch gesteigert, dass die Erregung von mehreren Seiten zugleich zugeleitet wird, so muss auch der Grad der Bewusstheit der Vorstellungen, der durch jenen ersteren bedingt ist, ein höherer werden; mit anderen Worten: die Vorstellungen müssen dadurch an Klarheit gewinnen.

Die wichtigste Komplikation für den Unterricht ist diejenige, auf welcher die Sprache beruht. Die durch das gesprochene Wort gebildete Komplikation umfasst drei Momente, nämlich das durch jenes bezeichnete Gesichtsbild, die hierauf bezügliche Gehörsvorstellung und die entsprechende Muskelempfindung in den Artikulationsorganen. Alle diese Organe müssen daher beim Sprechenlernen zusammenwirken, wenn das letztere erfolgreich von statten gehen soll. Für das geschriebene Wort tritt noch das Schriftbild als besonderes Element hinzu, das sich ursprünglich direkt nur mit dem gesprochenen Worte verbindet; erst bei fortschreitender Übung in der Auffassung des geschriebenen (oder gedruckten) Textes verbindet sich das Schriftzeichen unmittelbar mit dem durch dieses ausgedrückten Gedanken. Ursprünglich dagegen muss die Auffassung des letzteren durch das akustische Wortbild vermittelt werden, wie dies jeder Fall von sensorischer Aphasie erkennen lässt. Patienten dieser Art sind nur imstande einen Text zu verstehen, wenn sie sich die entsprechenden Gehörvorstellungen vergegenwärtigen; letztere vermitteln also die Auffassung der gelesenen Worte. Kinder vor allem vermögen in den Sinn eines Lektürestoffes lediglich dadurch einzudringen, dass sie laut lesen. Erst infolge einer reichlichen Übung gelangen sie dahin, die Schriftzeichen direkt aufzufassen. Die vorzugsweise zur Lektüre bestimmten Sprachen behalten indessen stets einen abstrakten Charakter. Dies war der Grund, weshalb Comenius den lateinischen Anfangsunterricht, um ihn zu beleben, mit einer Art Anschauungsunterricht (vermittelst einer lateinischen Bilderfibel) verbinden wollte.

Von dem Schriftbild unterscheiden wir die Schreibbewegungsvorstellung, die uns beim Schreiben vorschwebt und diesem, indem sie die Niederschrift vorwegnimmt, den zielbewussten Charakter verleiht. Sie bildet demnach ein weiteres Element der Komplikation, auf welcher das Schreiben beruht. Die Übung im Schönschreiben muss wesentlich darauf gerichtet sein, dass jene Vorstellung sich herausbildet, weil der Zögling erst hierdurch zu eigenem Streben nach Schönheit in der Niederschrift befähigt wird.

Die Schreibbewegungsvorstellung ist, wie vorhin schon angedeutet wurde, ein besonderes psychisches Element neben dem akustischen und motorischen Sprachbilde. Die bekannte Erscheinung, dass die schriftliche Beherrschung sprachlicher Formen, zumal fremdsprachlicher, den Schülern im Anfang aussererordentliche Schwierigkeiten bereitet, hat ihren Grund darin, dass die auf die Niederschrift bezüglichen Vorstellungen sich beim blossen Hören und Sprechen noch nicht ohne weiteres ausprägen, sondern erst durch besondere Übungen ausgebildet werden müssen.

Assoziation.

Wir gehen jetzt zu dem letzten der in diesem Teil der Arbeit zu besprechenden Vorgänge über, dem der Assoziation. Dieselbe unterscheidet sich spezifisch von allen übrigen. Während diese nämlich einheitliche, wenngleich aus verschiedenen Elementen zusammengesetzte psychische Gebilde darstellen, behaupten die Teile bei der Assoziation ihre Selbständigkeit; sie treten nur in gewisse Beziehungen zu einander. Letztere können nun äusserer oder innerer Art sein; je nachdem zerfallen die bezeichneten Vorgänge in zwei Klassen: in Berührungs- oder äussere und Verwandtschafts- oder innere Assoziationen. Die zuerst genannten begreifen wiederum zwei Unterarten in sich, nämlich einerseits solche, deren Elemente wir durch einen einheitlichen Denkakt zusammenfassen (z. B. die Vorstellungen der Tasten auf dem Klavier). Diese nennen wir Gleichzeitigkeits-(simultane) Assoziationen. Andererseits giebt es solche, deren Elemente nur durch eine Mehrzahl von Denkakten aufgefasst werden können (so die Töne der Partitur, die wir durch abwechselndes Anschlagen der Tasten hervorbringen). Letztere bezeichnen wir als Nachzeitigkeits-(successive)Assoziationen.

Die Berührungsassoziationen beruhen sämtlich darauf, dass Vorstellungen, die im Bewusstsein einmal oder wiederholt in Verbindung mit einander aufgetreten sind (wie der Geruch und das Gesichtsbild der Rose), sich wechselseitig zu erneuern vermögen. Eine Erklärung dieser Erscheinung liegt darin, dass die Nervenbahnen, in denen die Assoziation verläuft, dem Erregungsvorgange, welcher die Assoziation vermittelt, eine bessere Leitung bieten, wenn derselbe öfter stattgefunden hat.

Verwandtschaftsassoziationen entstehen, indem Vorstellungen, welche irgend welche Elemente gemeinsam haben, vermittelst dieser sich gegenseitig erneuern; dies geschieht nach dem Schema abc ∞ cde. So erweckt bekanntlich dem Kinde der Anblick einer viereckigen Figur sofort das Erinnerungsbild eines Bonbons; das Bild der ersteren ruft direkt den Gesichtseindruck der viereckigen Gestalt und indirekt sodann die Empfindung der Farbe und des Geschmackes, welche mit der Gestalt kompliziert sind, hervor. Die viereckige Gestalt ist somit das Element, das die Assoziation vermittelt.[1]

---

[1] Die psychologische Erscheinung, dass Vorstellungen sich vermöge ihrer Verwandtschaft einander im Bewusstsein rufen, scheint rein physiologisch bedingt zu sein. Sind nämlich abcd die Rindenzellen, in denen die zusammengesetzte Vorstellung A sich lokalisiert findet, und defg die Zellen, in denen die ebenfalls zusammengesetzte Vorstellung B lokalisiert ist, so pflanzt sich, wenn die erstere Vorstellung ausgelöst wird, die Nervenerregung (woran die Auslösung der Vorstellungen gebunden ist) vermittelst des gemeinsamen Elements d auch auf die übrigen Zellen efg der Vorstellung B fort, und die ganze Vorstellung wird hierdurch ausgelöst, ein Vorgang der um so sicherer verläuft, je öfter er sich wiederholt.

Ausser den assoziativen Vorgängen der bezeichneten Art müssen aber noch andere auf die Verwandtschafts-Assoziation zurückgeführt werden, nämlich solche psychische Gebilde, deren Glieder sich zu einem umfassenderen Ganzen, einer sogenannten Gesamtvorstellung zusammenschliessen, wie die Teile eines Landschaftsbildes, ferner zusammengesetzte Naturvorgänge wie Donner und Blitz, die zusammen die Kollektiverscheinung des Gewitters ausmachen, endlich die Momente (Anfang und Ende), aus denen eine Handlung besteht. Die Elemente solcher zusammengesetzten psychischen Gebilde treten zunächst nur im räumlichen oder zeitlichen Zusammenhange mit einander auf, bilden also eine Berührungsassoziation; der Umstand aber, dass jene stets mit einander verbunden erscheinen, weist darauf hin, dass ein inneres, gesetzliches Verhältnis zwischen ihnen stattfindet; die angegebenen Gebilde beruhen demnach auf Verwandtschaftsassoziationen. Allerdings lassen sie sich nur aus dem Eingreifen eines spontanen psychischen Faktors erklären, vermittelst dessen wir zuerst die innere Zusammengehörigkeit der Elemente feststellen, um sie dann mit aktivem Bewusstsein zu einem gesetzlich gegliederten Ganzen zusammenzufassen. Kollektiverscheinungen dieser Art dienen als Ausgangspunkt für die höheren intellektuellen Funktionen, die uns an späterer Stelle beschäftigen werden. Wir mussten jedoch im voraus auf die den letzteren zu Grunde liegenden assoziativen Vorgänge aufmerksam machen.

Auf die Berührungsassoziationen, die nach den obigen Darlegungen in einem rein äusserlichen Aneinanderreihen von Vorstellungen besteht, gründet sich das sogenannte mechanische Gedächtnis. Die Verknüpfung zwischen Sach- und Wortbild oder sprachlicher Bezeichnung ist z. B. ein Vorgang, den wir dem ersteren zuzuschreiben pflegen. Es leuchtet indessen nach den oben gegebenen Bemerkungen ein, dass dasselbe nicht ein beharrendes einheitliches Vermögen bedeutet, sondern einen stets sich erneuernden Akt, der dadurch bedingt ist, dass Vorstellungen vorhanden sind, die, weil sie einmal oder wiederholt mit einander verbunden gewesen sind, dauernd in einem assoziativen Verhältnis zu einander stehen und sich demzufolge gegenseitig ins Bewusstsein rufen können. Von einer allgemeinen formalen Schulung des Gedächtnisses kann sonach nicht die Rede sein: dasselbe ist in seiner Anwendung vielmehr immer an einen bestimmten Stoff an Vorstellungen gebunden, an solche Vorstellungen nämlich, zwischen denen ein assoziatives Verhältnis besteht. Das Gedächtnis im allgemeinen Sinne bezeichnet lediglich einen Kollektivbegriff für solche Bewusstseinsvorgänge, die auf unveränderter Reproduktion von Vorstellungen beruhen.

Aus dem mechanischen Charakter der hierher gehörigen Vorgänge folgt von selber, dass ein aktives Eingreifen des Willens in dieselben ausgeschlossen ist. „Die Gedanken (Vorstellungen) kommen," so sagt schon ROUSSEAU, „nicht, wann ich will, sondern, wann sie wollen." Der Schüler kann demnach für sein mechanisches Gedächtnis nicht verantwortlich gemacht werden. Die an ihn gerichtete Mahnung: „Besinne dich!" erfordert, sofern es sich um die Funktion des Gedächtnisses und nicht etwa um höhere intellektuelle Funktionen handelt, lediglich ein passives Verhalten, ein Ansichhalten gegenüber den im Bewusstsein sich abspielenden assoziativen Vorgängen, damit diese ungestört verlaufen können. Erst wenn die letzteren zu einem Ergebnis geführt haben, können die durch das Eingreifen des spontanen Bewusstseinsfaktors, des Willens bedingten eigentlichen Denkfunktionen eintreten. So kommt z. B. auch die Verarbeitung von Eindrücken, die oft in halb unbewusstem Zustande, ja, sogar während des Schlafes erfolgt, derart, dass uns der auf diese Weise zustande gekommene Gedanke beim Erwachen urplötzlich fertig vor die Seele tritt, darauf hinaus, dass mechanische Vorstellungsvorgänge sich vollziehen, wodurch die eigentlichen Denkakte vorbereitet werden.

Von dem mechanischen unterscheiden wir das sogenannte logische Gedächtnis, das auf Verwandtschaftsassoziationen beruht. Dasselbe bedingt im Gegensatze zum ersteren die Mitwirkung einer spontanen Bewusstseinsfunktion. Worin diese Mitwirkung und damit die aktive Seite der geistigen Thätigkeit überhaupt sich äussert, wird im nächsten Abschnitte darzuthun sein.

Wir haben bisher die unmittelbar sich vollziehenden Assoziationen betrachtet, d. h. solche, deren Glieder direkt in einem äusseren oder inneren Verhältnis zu einander stehen. Unter den Buchstaben des Alphabets z. B. sind zunächst nur die unmittelbar auf einander folgenden mit einander verbunden; dem Kinde würde es anfangs nicht möglich sein, dieselben in einer anderen Reihenfolge aufzusagen. Nun besteht aber auch ein gewisser Zusammenhang zwischen den getrennten Gliedern einer Assoziation, der freilich nicht immer innig genug ist, um eine gegenseitige Reproduktion für dieselben zu ermöglichen. Es ist gleichwohl eine

Disposition für die letztere vorhanden, die nur einer Verstärkung
bedarf, damit sie wirklich erfolge. Eine derartige Assoziation
nennen wir die mittelbare. Vermöge dieser kommen mannigfache
Vorstellungsvorgänge zustande, die für den Unterricht von Wichtigkeit sind. So verbindet sich beim ersten Leseunterricht, wie schon
bemerkt wurde, das Schriftzeichen ursprünglich nur mit dem
Wortbild und erst vermittelst des letzteren mit der Sachvorstellung,
die mit demselben bezeichnet wird. Erst allmählich bildet sich
eine unmittelbare Assoziation zwischen Schriftzeichen und Sachvorstellung heraus. Nicht anders tritt im fremdsprachlichen Unterrichte die fremdsprachliche Bezeichnung direkt lediglich mit der
deutschen in Verbindung. Der Schüler versteht daher anfangs
den fremdsprachlichen Text nur mit Hülfe der letzteren. Ein
unmittelbares Verständnis für denselben gewinnt er erst, indem
sich die fremdsprachlichen Wörter unmittelbar mit den betreffenden Sachvorstellungen assoziieren.

Wie das Gedächtnis, so ist auch die negative Funktion desselben, das Vergessen physiologisch bedingt. Das letztere ist in
dieser Beziehung eine Folge der Umlagerung und Ersetzung der
Moleküle der Rindenzellen, in denen die Vorstellungen niedergelegt sind, ein Vorgang, den der Stoffwechsel unmittelbar mit
sich bringt. Hierdurch geschieht es, dass die materielle Disposition
zur Erneuerung der Vorstellungen allmählich schwindet. Es gehen
so manche Elemente unserer Erinnerungsbilder ganz verloren;
andere treten in neue Verbindungen; früher gewonnene Eindrücke
werden durch neue verdunkelt oder ganz verwischt. Auf diese
Weise vollzieht sich ein mehr und mehr um sich greifender Ver-
fall in dem erworbenen Gedächtnisschatze, wenn er nicht durch
stete Übung festgehalten wird. Die Lehre von der Identität der
geistigen Persönlichkeit hat daher nur eine bedingte Berechtigung.
Erinnerungen aus der Jugend z. B. vermögen wir hauptsächlich
nur deshalb bis ins späte Alter lebendig zu erhalten, weil wir sie
häufig auffrischen und dadurch die Disposition zu ihrer Erneuerung immer wieder verstärken.[1] Für die Lehrpraxis ist es
wichtig, mit Wiederholungen nicht so lange zu warten, bis die

---

[1] Die bekannte Thatsache, dass Kinder ein gutes Gedächtnis zu haben
pflegen, erklärt sich dadurch, dass bei ihnen die Moleküle der zentralen Teile
leicht die Umlagerung annehmen, durch die das Einprägen eines Lehrstoffes
bedingt ist. In höherem Alter dagegen ist die Lagerung der ersteren fest und
dauernd geworden, weshalb hier die Fähigkeit, neue Eindrücke festzuhalten,
verringert erscheint.

Disposition bereits stark vermindert oder sogar völlig geschwunden ist, so dass die Einprägung des Lehrstoffes ganz von neuem erfolgen muss. Vielmehr wird das erworbene Vorstellungsmaterial vermittelst der sogenannten immanenten Wiederholung fortwährend durchzuarbeiten sein, damit eine Verdunkelung desselben im Bewusstsein nicht eintreten kann.

Auch bei der Einübung eines neuen Lehrstoffes muss darauf Bedacht genommen werden, dass sich von vornherein eine hinreichend starke materielle Disposition zur Erneuerung der durch jene erzeugten Vorstellungen herausbilde; hierauf beruht die Gründlichkeit des Unterrichts, an die alle Nachhaltigkeit des Gedächtnisses gebunden ist. Erst wenn ein gewisser Reichtum des geistigen Lebens vorhanden ist, treten unterstützend solche Funktionen hinzu, die ein Eingreifen des spontanen Bewusstseinsfaktors erfordern, Funktionen, die wir im allgemeinen als logische bezeichnen. Die Klarheit und Schärfe aller psychischen Vorgänge ist jedoch daran gebunden, dass die Elemente, zwischen denen sich jene abspielen, auf der Hirnrindenfläche getrennt lokalisiert sind, so dass sie nicht in einander fliessen und sich gegenseitig verdecken können. Das letztere tritt im Unterrichte leicht ein, falls ein massenhafter ungeordneter Stoff aufgehäuft wird. Bietet man den Schülern denselben in übersichtlicher Anordnung, so stellen sich mannigfache Assoziationen heraus, welche die Reproduzierbarkeit verstärken.

Stufe des Denkens.

Wir haben im ersten Teil unserer Abhandlung die Gesetze kennen gelernt, nach denen die Entstehung der Vorstellungen und der Vorstellungsverbindungen erfolgt, welche die unmittelbare Wahrnehmung darbietet. Dieselben sind das Erzeugnis mechanischer Vorgänge; weil diese unbewusst verlaufen, merken wir nicht, wie die Ergebnisse zustande kommen· So sieht der Mensch, wenn er zur Besinnung über seine Umgebung erwacht ist, sich einer Welt von Objekten gegenübergestellt, denen er eine vom betrachtenden Subjekt unabhängig beharrende Wirklichkeit zuschreibt. Aber der Mensch giebt sich mit der Wahrnehmung

dieser Objekte nicht zufrieden; er will sie erkennen, begreifen.
Dies ist Sache der schöpferischen Thätigkeit des Bewusstseins,
wie sie die wissenschaftliche Erkenntnis voraussetzt, einer Thätigkeit, vermittelst deren wir die in der unmittelbaren Erfahrung
gegebenen Objekte teils auf gewisse allgemeine begriffliche Formen
zurückführen, teils wieder dieselben aus diesen Formen ableiten
und sie damit zu erklären suchen. Überall handelt es sich hierbei darum, eine gesetzliche Ordnung, einen logischen Zusammenhang unter den Objekten der Erfahrung festzustellen. Hierzu
dienen die Funktionen des eigentlichen Denkens, mit denen wir
uns nunmehr zu beschäftigen haben.

Schon oben wurde betont, dass es uns nicht um Aufzählung
abstrakter Formen des Denkens, wie sie die Logik darbietet, zu
thun sein kann; wir haben vielmehr die psychologischen Vorgänge ins Auge zu fassen, durch welche wir einen Gegenstand
denkend erfassen, ihn begreifen. Hierauf zielt gerade das wissenschaftliche Erkennen ab, welches der Unterricht zu vermitteln
hat. Schon Comenius forderte demgemäss, der Lehrgang solle
vom Sehen zum Denken, d. h. zu der Form der Auffassung
fortschreiten, welche ein unmittelbar gegebenes Objekt unserem
Verständnis, unserer Erkenntnis näher bringt. Auch die Apperzeption Herbarts hat keine andere Bedeutung als die eines
Bewusstseinsaktes, der bezweckt, einen neuen psychischen Inhalt
denkend zu verarbeiten, um ihn zum geistigen Eigentum der
Schüler zu machen. Dies kann jedoch, wie schon hervorgehoben
wurde, nur durch einen psychischen Akt geschehen, vermittelst
dessen wir neu aufgenommene Bewusstseinsinhalte zu bereits
vorhandenen älteren in Beziehung setzen, um die Art dieser
Beziehung mit aktivem Bewusstsein zu erfassen und damit die
Bedeutung, welche der so gewonnene Erkenntniszuwachs für die
früher erworbenen Erkenntnisse und in letzter Linie für den gesamten beharrenden Geistesinhalt überhaupt besitzt, festzustellen.

Welches sind nun die Formen des begreifenden Denkens,
die dem Unterrichte zur Verfügung stehen? Es ist ersichtlich,
dass die hierauf bezüglichen Funktionen mannigfacher Art sind,
je nach dem Stoff, den der erstere zu verarbeiten hat. Bald fasst
derselbe — um die Hauptarten jener Funktionen anzudeuten —
eine Anzahl von Naturgegenständen oder sprachlichen Erscheinungen zu einer Gruppe, einer Regel zusammen; er klassifiziert
sie, um den logischen Zusammenhang aufzudecken, in dem ein

Erfahrungsobjekt zu anderen steht. Bald setzt er einen entfernter liegenden Gegenstand in vergleichende Beziehung zu einem anderen uns bereits bekannten und vermittelt es so unserem Verständnis. Bald leitet er eine durch die Erfahrung gegebene Erscheinung aus einer anderen als ihrer Ursache her und macht sie hierdurch begreiflich. Oder endlich er fasst ein Objekt der unmittelbaren Wahrnehmung unter ein Allgemeines, einen Begriff oder ein Gosetz, um es aus demselben zu erklären. Wir führen die hierher gehörigen Funktionen, welche die Lehrthätigkeit fortwährend bei der Behandlung des ihr gebotenen Stoffes zur Anwendung bringt. in systematischer Ordnung auf, um im Anschluss daran die Bedeutung darzulegen, die ihnen für die Lehrpraxis zukommt.

Diese Funktionen sind teils einfacher, teils zusammengesetzter Art. Unter den ersteren wiederum müssen solche mit synthetischem und solche mit analytischem Grundcharakter unterschieden werden. Wir beginnen mit den synthetischen.

Einfache Funktionen.

Die synthetischen Denkformen.

Die hier zu betrachtenden Denkformen haben teils ein konkretes, teils ein abstraktes Gepräge, eine Unterscheidung, die im folgenden aufrecht erhalten werden soll. Die synthetischen Formen konkreter Art nun äussern sich in der Zusammenfassung der Vorstellungen zu neuen umfassenderen psychischen Gebilden, die wir mit dem Ausdruck Gesamtvorstellungen bezeichnen. Hierbei werden die aus der Wahrnehmung stammenden Sinneseindrücke vielfach durch ältere Bewusstseinselemente ergänzt, die sich jenen assimilieren, in der Weise, dass sich ein sinnvolles Ganze herausbildet. Dies ist z. B. der Denkvorgang. den der Arzt vollzieht, wenn er teils auf Grund der vom Patienten beschriebenen Symptome nebst den von ihm selber gemachten Beobachtungen, teils auf Grund der ihm vermöge seines Studiums zu Gebote stehenden Kenntnisse eine die gesamten Krankheitserscheinungen umfassende Diagnose stellt. Auf einen ähnlichen zusammengesetzten Denkakt läuft die Thätigkeit des Juristen hinaus, wenn er die sich ihm darbietenden Thatsachen, die er mit Hülfe seines fachmässigen Wissens ergänzt, zu einem zusammenhängenden Bilde des zu beurteilenden Rechtsfalles kombiniert, und ebenso die des Philologen, wenn er die Lücken und Fehler eines ungenau überlieferten Schriftstellertextes vermöge seines gelehrten Wissens ausgleicht. Kurz alle wissenschaftliche Denkarbeit beruht, wie wir schon im Anfang unserer Arbeit erklärt haben, auf einer derartigen Kombinationsthätigkeit. Darin, dass die anfangs unzusammenhängenden Elemente zu neuen einen gesetzlichen Zusammenhang aufweisenden Vorstellungsgebilden verarbeitet werden, erweist sich eine spontane Funktion des Bewusstseins, von der die bezeichneten synthetischen Denkformen abhängig sind.

Je nachdem nun die Elemente, die sich so zu einer Gesamtvorstellung zusammenschliessen, entweder in dem wechselseitigen Verhältnis eines Neben- oder eines Nacheinander stehen, zerfallen die so entstehenden Vorstellungsgebilde in zwei Klassen, von denen die eine ein beharrendes, die andere ein werdendes Objekt, ein Geschehen bezeichnet. Zur ersten Klasse gehören Landschaftsbilder und Charakterzeichnungen, zur zweiten Naturereignisse und menschliche Handlungen. Gesamtvorstellungen dieser Art pflegen wir der Phantasiethätigkeit zuzuweisen, die indessen wie das Gedächtnis kein besonderes Seelenvermögen bildet, sondern lediglich als ein Allgemeinbegriff für synthetische Denkformen konkreter Natur zu gelten hat, Denkformen, die je nach der Art ihres Gegenstandes auf völlig getrennten Bewusstseinsakten beruhen. Wir unterscheiden zwei Richtungen der Phantasie. Die eine ist die anschauliche, die sich dadurch kennzeichnet, dass sie von einem seinen allgemeinen Umrissen nach gegebenen Anschauungsobjekt ausgeht, dessen Teile sie teils hervorhebt, teils zurückdrängt und dadurch den in dem Ganzen sich ausprägenden Plan oder Gedanken zu deutlicherem Ausdruck bringt.[1] Durch diesen Umstand sondert sich die anschauliche Phantasie von der anderen Richtung derselben, der kombinierenden (schöpferischen). Denn die Gebilde der letzteren entlehnen ihren Stoff nicht der unmittelbaren Wirklichkeit, sondern beruhen auf freien Schöpfungen. Wichtig ist diese Richtung der Phantasie für das wissenschaftliche Erkennen, indem sie das Ergebnis des Gedankenlaufs in der Form einer konkreten Anschauung vorwegnimmt und damit dem abstrakten logischen Denken die Richtung vorzeichnet. Schon HERBART deutet auf die hier gekennzeichnete psychologische Natur der Denkthätigkeit hin,

---

[1] Die ästhetische Ausbildung dieser Seite der Phantasie, die eine wichtige Aufgabe des Unterrichts ist, beruht zunächst auf der Assimilation der den Zöglingen sich darbietenden ästhetischen Anschauungen; erst allmählich gelangen diese durch Vergleichung der betreffenden Objekte sowie durch Belehrung zu reflektierter ästhetischer Auffassung.

wenn er von phantasierendem Handeln spricht, das darin besteht, dass der Mensch, wenn er sich zu irgend einem Unternehmen anschickt, sich in Gedanken handelnd erblickt und die Mittel für die Ausführung der That bereit stellt. So sind die meisten Entdeckungen und Erfindungen auf wissenschaftlichem und technischem Gebiete mit Hülfe der kombinierenden Phantasiethätigkeit zu Tage gefördert worden. Wenn z. B. der Arzt die Diagnose eines Krankheitsfalles feststellen will, so kommt ihm seine wissenschaftliche Phantasie zur Hülfe, indem sie ihm die mögliche Krankheitsursache unmittelbar vor Augen hält; Sache des nachfolgenden abstrakten Denkens ist es, den Zusammenhang zwischen Krankheitssymptom und der mutmasslichen Ursache zu prüfen und damit das Ergebnis der Diagnose zu sichern. Wie in diesem Falle der Gedankenlauf, der auf dem Verhältnis von Ursache und Wirkung beruht, so wird auch das Denken, das durch die Anwendung der übrigen logischen Funktionen, wie der auf den Zusammenhang von Grund und Folge, Mittel und Zweck gegründeten, bedingt ist, durch die kombinierende Thätigkeit der Phantasie vorbereitet und unterstützt.[1] Es ist klar, welchen Wert deshalb die Pflege der letzteren im Interesse der logischen Schulung der Jugend besitzt. Festzuhalten ist jedoch, dass der Stoff an Vorstellungen, durch den vermöge der kombinierenden Phantasie der an die unmittelbare Wahrnehmung anknüpfende Gedankenlauf ergänzt werden soll, gegeben sein muss. Es sind Erinnerungsbilder, die durch eine unmittelbare Sinneswahrnehmung wachgerufen werden und sich mit dieser zu einer Gesamtvorstellung verbinden, in der der Gedankenzusammenhang seinen konkreten Ausdruck findet.

Eine pädagogische Bedeutung hat die Phantasie einerseits insofern, als sie dem durch die Sprache vermittelten Unterricht

[1] Unser Denken wird fortwährend von synthetischen Funktionen beherrscht. Wenn wir z. B. jemand mit der Jagdausrüstung ausgestattet einherschreiten sehen, so schwebt uns sofort das Bild (die Bewegungsvorstellung) der Jagd vor; wir kombinieren beide Vorstellungen im Verhältnis vom Mittel und Zweck. Erblicken wir einen Baum entwurzelt am Boden liegen, so tritt uns die Vorstellung des Sturmwindes ins Bewusstsein und wir kombinieren beide Vorstellungen als im kausalen Zusammenhange stehend. Sehen wir jemand in Trauerkleidung, so schliessen wir auf einen ihn betreffenden Trauerfall; der Vorstellungsverlauf beruht hierbei auf dem Verhältnis von Grund und Folge. Natürlich weisen Denkvorgänge dieser Art zunächst einen rein subjektiven Charakter auf. Erst vermöge umfangreichen Beobachtungsmaterials können wir den Ergebnissen derselben objektive Gültigkeit beimessen. Dies geschieht mit Hülfe des Erkenntnisverfahrens der Induktion.

entgegenkommt und dieser dadurch erst seine anschauliche Grundlage erhält. Andererseits aber schliesst sie eine Gefahr ein, da
sie leicht zügellos schweift und so die Zöglinge veranlasst, sich
abenteuerlichen Plänen und Illusionen hinzugeben, weshalb dieser
inneren Thätigkeit Schranken gesetzt werden müssen. Letzteres
geschieht jedoch nicht etwa, wie man gemeint hat, mit Hülfe der
festumgrenzte Figuren darbietenden Mathematik — hierdurch kann
nur die mathematische Phantasie ausgebildet werden —, sondern
dadurch, dass man die jungen Leute auf die Schwierigkeiten
hinweist, die der Verwirklichung allzu kühner Phantasiegebilde
entgegenstehen. Zuweilen nehmen plötzlich aufsteigende Regungen
der kombinierenden Phantasie junge Leute in dem Masse in Anspruch, dass sie sich zu Unternehmungen fortreissen lassen, zu
denen sie im Zustande ruhiger Überlegung nicht fähig gewesen
wären. G. Keller schildert im „Grünen Heinrich", Kap. 16 ausführlich eine durch die kombinierende Phantasiethätigkeit veranlasste Verschuldung.

Die logischen Funktionen nehmen infolge der Einübung
schliesslich den Charakter mechanisch verlaufender Denkvorgänge
an, zu deren Bezeichnung zusammengesetzte Wörter dienen. So
prägt sich in „Sonnenschein" das Verhältnis von Ursache und
Wirkung, in „Schreibfeder" das von Mittel und Zweck aus.

Wir haben oben mit Paulsen das Wesen der logischen
Bildung in der Befähigung zur Auffassung und Zergliederung
verwickelter Gedankenzusammenhänge und Probleme erkannt. Die
eine Seite dieser Befähigung, die sich in der Auffassung der
letzteren äussert, ist von der Sicherheit in der Anwendung der
synthetischen Denkfunktionen abhängig, wie sie vermittelst der
Kombinationsthätigkeit erfolgt, die wir der Phantasie zuschreiben.
Worin die Zergliederung des Gedankenlaufs besteht, welche die
andere Seite der logischen Bildung ausmacht, wird bei Darlegung
der analytischen Funktionen zu erörtern sein.

Neben den synthetischen Funktionen, die einen konkreten
Charakter aufweisen, giebt es auch solche abstrakter Art. Diese
sind ebenfalls dem Bedürfnis des Menschen entsprungen, logische
Beziehungen unter den Erfahrungsobjekten herzustellen. Wo sich
nämlich ein unmittelbares kausales Verhältnis nicht nachweisen
lässt, fasst er die verwandten Erscheinungen unter gewisse allgemeine begriffliche Formen zusammen, in denen er das Wesentliche, Gattungsmässige der ersteren zu erkennen meint, so dass

dieselben als Erklärungsprinzip für die darunter enthaltenen besonderen Erscheinungen zu dienen vermögen.

Die vollkommenste Denkform dieser Art ist diejenige, die schon in ihrer Bezeichnung andeutet, dass wir sie als ein Hülfsmittel des begreifenden Erkennens betrachten: der Begriff. Indessen giebt es noch andere synthetische Formen, die nicht den streng einheitlichen Charakter des letzteren aufweisen, die aber gleichfalls die logische Bedeutung besitzen, dass sie gewisse Erscheinungen zu einem ideellen Ganzen zusammenfassen, das seinerseits den Ausgangspunkt für die Erklärung der ersteren bildet. Die Denkformen dieser Art unterscheiden sich von einander durch die grössere oder geringere Selbständigkeit, welche den Elementen in Bezug auf das sie einschliessende begriffliche Ganze zukommt.

An erster Stelle sind hier die Gruppen- und Reihenbildungen zu nennen, die zwar eine ideelle Einheit bilden, deren Glieder aber durchaus ihre Selbständigkeit behaupten, wie die Zahlenreihe, das Alphabet oder auch eine musikalische Tonfolge. Zu dieser Art von synthetischen Denkformen sind die Klassen, Regeln und Gesetze, soweit sie in einer Aufzählung der unter sie gehörenden konkreten Fälle bestehen, zu rechnen, denen eine so wichtige Rolle in manchen wissenschaftlichen Lehrfächern zufällt. Ihrer psychologischen Seite nach bedeuten dieselbe eine Reihe oder Gruppe, deren Glieder ein herrschendes Element (sei es die Endung, das Geschlecht, die Bedeutung oder auch ein anderes bezeichnendes Merkmal) gemeinsam haben. Die Gründlichkeit der Einprägung einer Regel ist wenigstens für die Anfangsstufen davon abhängig, dass sämtliche unter dieselben zu beziehenden Erscheinungen besonders eingeübt werden. Denn an sich bedeutet jene ein abstraktes Schema, nach dem der Knabe sich zunächst noch nicht zu richten versteht, da hierzu eine Urteilsfähigkeit erforderlich ist, wie sie erst auf einer fortgeschrittenen Stufe erlangt wird. Die Regel wird also vorerst nur insofern ihre Dienste thun, als sie im Falle des Schwankens inbetreff der zu wählenden Konstruktion als Gedächtnisstütze dient. Die grosse Unsicherheit, die so oft in Bezug auf die Anwendung der grammatischen Regeln hervortritt, erklärt sich zum Teil daraus, dass den Schülern hierbei Denkfunktionen zugemutet werden, denen sie noch nicht gewachsen sind; diese Unsicherheit wird um so grösser, je abstrakter die Fassung der Regel ist. Auf den untersten Stufen wird deshalb eine Fassung zu bevorzugen sein,

welche alle einzelnen Fälle in concreto aufzählt (wie dies z. B.
früher in der Geschlechtsregel von den Masculinis auf „is"
geschah). In neuester Zeit hat man in dem Bestreben, die Regeln
abzukürzen und zu vereinfachen, vielfach nur die gemeinsamen
Bestandteile als Kennzeichen der fraglichen Wörter angegeben.
Damit ist aber, wie die Erfahrung lehrt, keineswegs eine Erleichterung für die Zöglinge gewonnen.

Auf der Gruppen- und Reihenbildung beruht, wie hier noch
angedeutet werden mag, die Assoziation Herbarts, vermittelst
deren verwandte — oder kontrastierende — Erscheinungen im
Unterricht in durchgängige Beziehung zu einander gesetzt werden,
teils um sie gedächtnismässig zu befestigen, da gleichartige Elemente
sich gegenseitig im Bewusstsein stützen, teils um den Schülern
zur Bewältigung des ihnen gebotenen Lehrstoffs zu verhelfen, der
auf die angegebene Weise eine mannigfaltige Verarbeitung erfährt.
Dieses Verfahren dient zugleich dazu, die Schüler zu aktiver
Beteiligung heranzuziehen, da sie durch dasselbe veranlasst werden,
selbständig fort und fort gleichartige Erscheinungen zu den im
Unterrichte behandelten beizubringen.[1] Wenn die Vorstellungen
wiederholt mit einander verbunden gewesen sind, treten sie allerdings in ein assoziatives Verhältnis zu einander, dessen Glieder
sich auf mechanische Weise wechselseitig zu erneuern vermögen.
Dagegen hat das Verfahren, durch welches die Vorstellungen zunächst in Beziehung zu einander treten, nicht schon als Assoziation zu gelten, aus dem Grunde nämlich, weil die hierbei zur
Anwendung kommende Denkfunktion ein spontanes Verhalten
voraussetzt, das sich darin äussert, dass das Denken zwischen den
auf einander zu beziehenden Objekten hin- und herschweift, um
das zwischen ihnen stattfindende Verhältnis aufzufassen. Die
Assoziation dagegen haben wir als rein mechanisch verlaufenden Bewusstseinsvorgang kennen gelernt. Eingehender wird
über das oben bezeichnete Verfahren bei der Erörterung der
Funktion des vergleichenden und beziehenden Denkens zu
handeln sein.

Die Gruppen- und Reihenbildungen lassen die Elemente, aus
denen sie sich zusammensetzen, unverändert; diese behalten neben

---

[1] Die Herbartsche Assoziation steht wesentlich im Dienste der Induktion,
indem sie eine fort und fort sich erweiternde Regel aufstellt, welche ein Erklärungsprinzip für die darunter gehörigen verwandten Fälle bildet. (S. hierüber
näheres bei Erörterung der Bedeutung der Induktion.)

dem Ganzen, das sie bilden, ihre eigene Bedeutung. Dagegen giebt es eine zweite Klasse abstrakter synthetischer Denkformen, welche Neuschöpfungen ausmachen, dergestalt, dass die ursprünglich selbständigen Bestandteile nur noch als aufgehobene Momente des Ganzen erscheinen; diese Formen nennen wir Agglutination und Synthese. Der Unterschied beider beruht darauf, dass die ersteren die sie zusammensetzenden Elemente noch erkennen lassen und also noch ein mehr oder weniger konkretes Gepräge aufweisen; bei der letzteren hingegen jene Elemente verloren gegangen sind, so dass sie einen völlig abstrakten Charakter haben. Die hiermit bezeichneten kollektiven Gebilde werden schon mit Hülfe der Sprache den Kindern vermittelt; um der klareren Auffassung willen wird man aber gelegentlich auf die darin enthaltenen einfachen Vorstellungen zurückzugehen haben.

Formen der Agglutination sind vor allem zusammengesetzte Flexionsformen, soweit die ursprünglichen Bestandteile noch nicht verwischt sind; wir reden demgemäss von Sprachen, die auf dem agglutinierenden Prinzip beruhen. Spuren einer agglutinierenden Bildungsweise bieten die Konjugationsformen wohl sämtlicher Sprachen dar; so besonders die lateinische. Die Form des Futurum I „ama-bo" (== ama-fuo) lässt noch die Elemente erkennen, aus denen sie zusammengesetzt ist. Für den Schüler, der auf die hier angedeutete Entwickelung der sprachlichen Formen aufmerksam gemacht worden ist, wird die Sprache einen weit lebensvollern Charakter annehmen, als wenn er sie als etwas bereits Fertiges und Gegebenes kennen lernt. Auf die Agglutination sind auch die Komposita der Verben zurückzuführen; ferner zusammengesetzte Wörter, die wir vielfach aus einer fremden Sprache, vor allem der griechischen herübergenommen haben, weil unsere eigene dergleichen Bildungen nicht zulässt, wie allegorisch, pathologisch u. s. w. Weiter gehören zusammengesetzte Gebilde der Phantasie hierher, wie die mythologischen Gestalten der Centauren, sowie künstlerische Schöpfungen, wie die Laocoongruppe u. s. w. Endlich sind auch zusammengesetzte geometrische Figuren, zumal die durch Hülfskonstruktionen entstandenen, der Agglutination zuzurechnen; so diejenige, welche zum Beweise des pythagoräischen Lehrsatzes dient. Der Unterricht wird dafür zu sorgen haben, dass diese Figuren nach allen ihren Teilen klar aufgefasst werden, damit die zwischen denselben stattfindenden Beziehungen deutlich hervortreten, deren

Nachweis die Aufgabe des eigentlichen mathematischen Lehr-verfahrens ist.

Der Agglutination haben wir schon oben die Synthese gegen-übergestellt, als die Form des synthetischen Denkens, welche die sie zusammensetzenden Elemente nicht mehr erkennen lässt. Eine physikalische Formel, wie „$V = G \cdot T$" bedeutet noch eine Agglu-tination; der Zahlbegriff 7 z. B. hingegen eine Synthese. Ebenso alle Regeln und Gesetze, soweit sie eine rein abstrakte Fassung haben. Der Unterricht hat darauf Bedacht zu nehmen, dass die hier in Frage stehenden Denkformen sich im Bewusstsein der Schüler möglichst vollkommen herausbilden, weil dieselben den Ausgangspunkt der wichtigsten Denkvorgänge bezeichnen. Dies kann nur auf dem Wege des induktiven Lehrverfahrens geschehen, das dadurch bedingt ist, dass den Zöglingen der konkrete Stoff an Anschauungen geboten wird, auf dem das abstrakte Gebilde der Synthese beruht, und dieses sich dadurch für sie mit psychischem Inhalt erfüllt. Dies ist die Voraussetzung, wenn die Schüler z. B. abstrakte Regeln der Grammatik sollen anwenden können.

Eine besondere und zwar die umfassendste Art der Synthese ist die Ichvorstellung, die wir auch mit dem Ausdruck des Ge-dankenkreises bezeichnen, eine Synthese, welche die psychischen Elemente zur Einheit des Selbstbewusstseins zusammenfasst. Zu diesem Ergebnis hat der gesamte Unterricht beizutragen, indem er seinen Ertrag in dem Gedankenkreise niederlegt und für innige Verbindung der Teile Sorge trägt. Die Bearbeitung desselben, wodurch das Ich sich erst als Träger und Beziehungspunkt der Bewusstseinserscheinungen erkennt, ist Sache der analytischen Funktionen, die wir im folgenden Abschnitt zu betrachten haben werden.

Agglutination und Synthese stellen kollektive logische Schemata für die darunter fallenden Erscheinungen dar. Noch mehr aber kommt diese Bedeutung der dritten und letzten synthetischen Denkform zu, welche schon ihrem Namen nach den Wort einer Form des begreifenden Erkennens für sich in Anspruch nimmt, dem Begriff. Der Ausdruck: „Ich habe einen Begriff von einer Sache," will sagen, dass ich das eigentliche Wesen derselben meine erfasst zu haben. Hiermit ist die eigentümliche Funktion jener Denkform schon angedeutet. Die Bildung richtiger Begriffe muss als eine wichtige Seite der logischen Bildung gelten, eine Aufgabe, die dem wissenschaftlichen Unterrichte zukommt. Und nicht bloss sind den Schülern richtige Begriffe zu übermitteln; sie müssen zugleich in den Stand gesetzt werden, selbständig die vorhandenen Begriffe auf ihre Wahrheit hin zu prüfen und ihnen die etwa mangelnde Schärfe und Genauigkeit zu geben. Hierauf gründet sich, wie schon an früherer Stelle bemerkt wurde, die Fähigkeit zu einem „sachlichen, in die Tiefe dringenden Urteil, das sich durch Schein und Sophistik nicht täuschen, durch Vorurteile und überkommene Denkgewohnheiten nicht Fesseln anlegen lässt," wie es PAULSEN in seinen oben angeführten Worten als Zweck der geistigen Durchbildung angiebt. Denn das Urteil, von dem hier die Rede ist, besteht in der Analyse der Begriffe, und jenes kann nicht zutreffend sein, wenn die letzteren ungenau sind. Wie kommen nun richtige Begriffe zustande?

Wir müssen, um die Frage beantworten zu können, zuvor die psychologische Natur der Begriffe zu ergründen suchen, die wir in uns vorfinden. Dieselben sind ursprünglich durch die Einflüsse der Wahrnehmung entstanden. Diese lässt uns aber die Gegenstände meist nur von einer Seite auffassen, und es kann deshalb nicht fehlen, dass die Begriffe, die wir uns von denselben gebildet haben, in der Regel nur diese Seite zum Ausdruck bringen. So sind unsere Begriffe vielfach subjektiv gefärbt; dies trifft besonders in solchen Fällen zu, wo es sich um die Auffassung von Dingen handelt, bei deren Beurteilung materielle oder geistige Interessen sich geltend machen.

Wir haben im vorstehenden die Begriffe ins Auge gefasst, wie sie sich uns unmittelbar als Elemente unseres Bewusstseins darbieten, also die Begriffe im psychologischen Sinne. Von diesen unterscheiden wir diejenigen von streng logischer Bedeutung, d. h. solche Begriffe, die einen allgemeingültigen Charakter haben. Dieselben umfassen die Eigenschaften, die allen Gegenständen einer Gattung gemeinsam sind, und bezeichnen also die objektive Beschaffenheit, das Wesen der ersteren, das eben in diesen Eigenschaften besteht. Solche Begriffe sind ein künstliches Erzeugnis des Denkens; sie bilden keinen unmittelbar gegebenen Bewusstseinsinhalt und können überhaupt nicht durch einen einheitlichen psychischen Akt, sondern nur durch eine Mehrzahl solcher Akte aufgefasst werden, deren jeder eine besondere Seite, ein Merkmal der durch sie bezeichneten Gegenstände hervorhebt. So schliesst der Gottesbegriff die Eigenschaften der Weisheit, Allmacht, Güte und Gerechtigkeit ein; es bedarf demnach eines zusammengesetzten Bewusstseinsvorganges, um denselben erschöpfend darzulegen.

Der logische Begriff kommt demnach einer Synthese gleich, deren Elemente jedoch keine eigene Bedeutung besitzen, sondern völlig in der Beziehung zum Allgemeinen aufgehen. Zu solchen Begriffen, wie wir sie hier im Sinne haben, gelangen wir nur durch vielfache Vergleichung der erworbenen Vorstellungen mit den Objekten derselben. Die dialogische Methode des Sokrates zielte darauf ab, die subjektiven Vorstellungen seiner Schüler in dieser Weise auf allgemeingültige Begriffe zurückzuführen. Um die Schüler nun zu selbstthätiger Berichtigung ihrer Begriffe zu befähigen, worauf der Unterricht im Interesse ihrer logischen Durchbildung gerichtet sein muss, bedarf es — ausser der Anleitung zu eigenen Beobachtungen, sowie auch zur Benutzung wissenschaftlicher Werke, die zum Selbstunterrichte bestimmt sind —, wie schon PAULSEN betont, einer kritischen Schulung, die darin besteht, dass ihnen, so bei Gelegenheit des deutschen Aufsatzes, verschiedene Texte z. B. geschichtlichen Inhalts vorgelegt und sie veranlasst werden, auf Grund der darin enthaltenen verschiedenen Darstellungsweisen sich ein eigenes Urteil über den behandelten Gegenstand zu bilden. Dies Verfahren kann natürlich nur in sehr beschränktem Masse geübt werden. Daneben ist es aber Sache des gesamten wissenschaftlichen Unterrichts, grundsätzlich auf Klärung und Richtigstellung der in demselben vorkommenden Begriffe Bedacht zu nehmen, wobei die Zöglinge anzuhalten sind, ihre Ansichten vorzubringen, um dieselben berichtigen zu können. Dies kann nur im Wechselgespräch geschehen, das darauf abzielt, den Gegenstand, inbetreff dessen ein streng logischer Begriff gewonnen werden soll, nach allen Seiten klarzustellen, was nur durch mannigfaltige Urteile über denselben möglich ist. Wenn wir aber bereits eine Anzahl richtiger Begriffe gewonnen haben, so können wir andere dadurch bestimmen, dass sie in das entsprechende logische Verhältnis — d. h. das Verhältnis der Über-, Unter- oder Nebenordnung — zu jenen gesetzt werden.

Dies ist das Verfahren, das bei jedem systematischen Unterricht, z. B. im naturgeschichtlichen zur Anwendung kommt. Ein Einzelwesen wird demzufolge einer Gattung untergeordnet und zugleich das Merkmal angegeben, durch welches es sich von anderen Gegenständen gleicher Art unterscheidet. Auf einer dahin gehenden Feststellung eines Begriffs beruht die Bedeutung der Definition.

Pädagogisch wichtig ist es, die Schüler darauf hinzuweisen, dass, da jeder Begriff mehrere Merkmale in sich schliesst, verschiedene, ja, selbst einander widerstreitende Urteile über denselben Gegenstand gefällt werden können, je nachdem nämlich die eine oder die andere Seite hervorgehoben wird, ein Umstand, der es bedingt, dass die Ansichten der Menschen so vielfach geteilt sind. Sache einer reiflichen Prüfung ist es demnach, einen Gegenstand möglichst allseitig aufzufassen, um den für den bestimmten Fall massgeblichen Gesichtspunkt für die Beurteilung zu gewinnen.

Analytische Funktionen.

Wir kommen jetzt zur Besprechung der zweiten Klasse von Funktionen, welche der Stufe des Denkens angehören, derjenigen analytischer Art, über deren psychologische Bedeutung wir uns zunächst klar zu werden suchen müssen.

Die Vorstellungen, welche den Stoff des Denkens ausmachen, werden uns vermöge der mechanisch wirkenden Sinnesthätigkeit unmittelbar geliefert. Auch in einer gewissen Verbindung — sei es, dass diese auf der ebenfalls mechanisch verlaufenden äusseren und inneren Assoziation oder auf der spontanen Funktion der synthetischen Denkformen beruht — bieten sie sich uns dar. Sache des analytischen Denkens ist es nun, die gegebenen Vorstellungsverbindungen in bewusster Weise zu zergliedern, um die Art der zwischen den Elementen derselben stattfindenden Beziehungen zur Auffassung zu bringen. Der Blitz und dessen zündende Wirkung bilden z. B. ursprünglich eine Vorstellungsassoziation, deren Glieder uns zunächst nur in dem Verhältnis eines rein äusserlichen Nacheinander zum Bewusstsein kommen. Erst indem wir die Assoziation auflösen und unsere Aufmerksamkeit darauf richten, dass die Elemente derselben regelmässig in wechselseitigem Zusammenhange auftreten, erkennen wir das gesetzliche (kausale) Verhältnis, das zwischen ihnen ebwaltet. Nur mit Hülfe des analytischen Denkens gewinnt so der Gedankenlauf seinen eigentlichen logischen Charakter.[1] Wie im Denken,

---

[1] In diesem Sinne weist B. ERDMANN (Logik I, S. 207 u. d. f.) nach, dass alle unsere Erkenntnisse (Urteile) einen analytischen Charakter haben.

so geht auch im sprachlichen Ausdruck desselben die rein äusserliche Aneinanderreihung der Glieder der dem logischen Zusammenhange Rechnung tragenden voran. Demgemäss herrscht sowohl
in der Kindheit des einzelnen Menschen wie in derjenigen der
Völker der parataktische Satzbau durchaus vor. Homer z. B. fügt
noch Sätze, die im hypotaktischen Verhältnis zu einander stehen
einfach parataktisch zusammen, wie in dem Beispiele „ὅσσς
δ' ὀλίγη τε φῦη τε". Erst mit der klaren Erkenntnis der zwischen
den Satzgliedern stattfindenden logischen Beziehungen kommt die
hypotaktische Satzverbindung zur Geltung.

Zugleich vollzieht sich auf die angedeutete Weise eine wichtige
Umbildung in Bezug auf die Natur des Denkens. Indem wir
nämlich die Art des Gedankenzusammenhangs mit aktivem Bewusstsein zu erfassen suchen, wird dieser selber Gegenstand unseres
Denkens; das letztere nimmt so die reflektierte Form, d. h. den
Charakter bewusster Absichtlichkeit an, vermöge deren wir die
Glieder des Gedankenlaufs mit klarer Erfassung der unter ihnen
vorhandenen Beziehungen kombinieren. Erst in Folge dieser Umwandlung ist, wie schon weiter oben bemerkt wurde, eine Selbstüberwachung möglich, vermittelst deren wir selbstthätig den
Gedankenlauf zu ergänzen und zu berichtigen imstande sind, wie
dies das streng wissenschaftliche Erkennen voraussetzt.

Auch die Fähigkeit zur Zergliederung von verwickelten
Gedanken und Problemen ist durch die analytischen Funktionen
bedingt, eine Fähigkeit, die nach unseren früheren Bemerkungen
als eine Seite der logischen Durchbildung zu gelten hat.

Zu beachten ist, dass bei der Anwendung der analytischen
Denkformen eine spontane Funktion in den Gedankenlauf eingreift.
Denn ohne eine solche Funktion, welche die Vorstellungen, aus
denen das letztere besteht, auf einander bezieht, um das logische
Verhältnis zwischen ihnen festzustellen, könnte das letztere über-
haupt nicht aufgefasst werden.[1]

[1] In Bezug auf die hier anzuführenden Denkakte tritt nach den obigen
Andeutungen ein moralischer Faktor in Wirksamkeit, der sich darin erweist,
dass der Wille regelnd in den Gedankenlauf eingreift, um mit bewusster Absichtlichkeit, also in reflektierter Form das Ergebnis des letzteren festzustellen,
das in naiver bereits durch die synthetischen Denkformen vorweggenommen
worden ist. (Vgl. über die erkenntnisschaffende Bedeutung dieser Formen die
früheren Ausführungen.) Auf diese Art äussert der Wille seinen Einfluss auf
die Denkvorgänge, und es ist eine Aufgabe des erziehenden Unterrichts, die
Schüler zu einer derartigen aktiven Denkarbeit anzuleiten, worauf die Erregung
der Selbstthätigkeit im Unterricht abzielt. Nicht aber kann in der angegebenen
Weise, wie vielfach behauptet wird, eine allgemeine Schulung des Willens

Wir pflegen die hier in Frage kommenden Funktionen meist dem Vorstande zuzuweisen. Dass dieser Ausdruck kein eigenes einheitliches Erkenntnisvermögen bedeutet, ergiebt sich schon daraus, dass es sehr verschiedene Bewusstseinsvorgänge sind, die unter demselben zusammengefasst werden.

Die analytischen Funktionen zerfallen in zwei Hauptklassen, nämlich in solche, die in unvermittelter, und in solche, die in vermittelter Form verlaufen. Wir betrachten zunächst die erstere Klasse.

Unvermittelte analytische Funktionen.

Die Funktionen dieser Art äussern sich darin, dass das Denken zwischen den Objekten hin und her schweift, um die zwischen ihnen vorhandenen Beziehungen festzustellen. Dies ist Sache des vergleichenden und beziehenden Denkens. Dasselbe begreift mehrere Formen in sich, die wir nunmehr ins Auge fassen wollen.

Das vergleichende und beziehende Denken hat zur Voraussetzung die Assoziation, welche die Vorstellungen herbeischafft, auf welche jene Funktion gerichtet ist. Die Assoziation kann aber, wie wir früher ausgeführt haben, auf Berührung oder auf Verwandtschaft beruhen, mit anderen Worten: sie kann äusserer oder innerer Art sein. Je nachdem nimmt auch die in Frage stehende Funktion eine verschiedene Bedeutung an.

Das vergleichende und beziehende Denken, welches die äussere Assoziation zum Gegenstand hat, dient dazu, das zwischen den Gliedern der letzteren stattfindende Verhältnis begrifflich zu erfassen, indem es dasselbe auf ein allgemeines Prinzip zurückführt. Das letztere wird nun ein verschiedenes sein, je nach dem wir nämlich die verbundenen Glieder mit einem Bewusstseinsakt oder mit mehreren Akten erfassen; im ersteren Falle kommen uns die Objekte in einem Neben-, im zweiten Falle in einem Nacheinander zum Bewusstsein; das Prinzip ihres Zusammen-

---

erreicht werden, die sich etwa im praktischen Verhalten überhaupt geltend machte. Immerhin besteht die Frucht einer die Selbstthätigkeit entwickelnden Unterrichts in der Nachhaltigkeit bei der geistigen Arbeit, in eindringendem Nachdenken und in der Selbständigkeit des Urteils. Letzteres Ergebnis kann freilich nur dann eintreten, wenn der Unterricht den Zöglingen eigenes Streben nach Erkenntnis einzupflanzen vermag. Die Triebfeder hierbei ist das Gefühl des Könnens, das durch die geistige Arbeit der Schule entwickelt werden muss, so dass es seinerseits den Antrieb zu geistiger Bethätigung bildet. Hierin besteht eine wichtige erzieliche Aufgabe des Unterrichts.

hanges ist nun das der räumlichen oder der zeitlichen
Ordnung. Diese bildet keineswegs, wie noch KANT meinte, eine
ursprüngliche Form der Anschauung für die Gegenstände der
Wahrnehmung: die Vorstellung von Raum und Zeit prägt sich
vielmehr erst allmählich heraus, sofern wir nämlich unter der
ersteren die Auffassung der räumlichen und zeitlichen Verhältnisse als solcher, unabhängig von den vorgestellten Objekten
verstehen. Es ist Sache der Induktion, eines Erkenntnisverfahrens, mit dem wir uns an späterer Stelle beschäftigen werden,
mit deren Hülfe wir zu dem abstrakten Raum- und Zeitbegriff
gelangen. Ursprünglich sind diese Begriffe im kindlichen Bewusstsein noch nicht vorhanden. Wenn, wie erwähnt, das Kind nach
dem Monde fasst, so erklärt sich dies daraus, dass ihm noch
völlig der Begriff des räumlichen Abstandes fehlt. Erst durch
vieles Abschreiten und Abschätzen bildet sich derselbe heraus,
wobei ihm mehr und mehr die Hülfsmittel der Perspektive (die
Schattierung und die Richtung der Umgrenzungslinien) zu statten
kommen.

Der Zeitbegriff entwickelt sich noch weit später; es bedarf
reichlicher Übung, wenn Kinder befähigt sein sollen, den Zeit-
abstand zwischen zwei Begebenheiten anzugeben. Die Entstehung
der Zeitvorstellungen setzt voraus, dass das Kind bereits zum
Bewusstsein von sich, d. h. zum Selbstbewusstsein fortgeschritten
ist[1]: damit gewinnt es erst einen Massstab für die Unterscheidung
der Zeiten. Das Selbstbewusstsein aber beruht auf den beharrenden
Vorstellungen, welche sich auf unser Selbst beziehen; diese bilden
die bleibende Mitte des Bewusstseins, um welche sich alle Vorstellungen, denen wir eine von uns unabhängige Wirklichkeit zuschreiben und die einem fortwährenden Wechsel unterliegen,
gruppieren. Die Vorstellungen nun, welche zu dieser Gruppe
gehören, werden in die Gegenwart, die Thatsachen und Vorgänge,
welche zur Entwicklung der letzteren geführt haben, in die Vergangenheit, die, welche diese Entwicklung weiter zu führen
scheinen, in die Zukunft verlegt. Es bedarf also sehr verwickelter
Bewusstseinsvorgänge, bis sich die Fähigkeit für die Unterscheidung
der Zeiten herausstellt. Lediglich dem Umstande, dass die Raum-
und Zeitvorstellungen sich auf unbewusste Weise herausbilden.

[1] Das Ich äussert sich ursprünglich nur im Gefühl von uns, d. h. im
Selbstgefühl (ZIEGLER); es bedarf mannigfacher Erkenntnisvorgänge, bis das
naive Selbstgefühl sich zum reflektierten Selbstbewusstsein umgebildet hat.

ist es zuzuschreiben, dass wir sie als ursprüngliche Anschauungs-
formen zu betrachten geneigt sind.

Eine besondere Bedeutung für den Unterricht gewinnen dieselben dadurch, dass wir uns vielfach einen rechten Begriff von
Gegenständen oder Begebenheiten nur dann machen können, wenn
wir eine Vorstellung von dem räumlichen oder zeitlichen Abstand
haben, der uns von ihnen trennt. So werden insbesondere
geschichtliche Ereignisse erst dadurch in deutliches Licht gerückt,
dass wir wissen, wie lange Zeit verflossen ist, seitdem sie sich
zugetragen haben. In dieser Hinsicht kommt die soeben erörterte
Form des vergleichenden und beziehenden Denkens zur Geltung,
durch die ein Messen, d. h. die bewusste Erfassung der räumlichen
und zeitlichen Abstände überhaupt nur erfolgen kann. Den Ausgangspunkt hierfür bilden gewisse Grundverhältnisse der räumlichen
und zeitlichen Ausdehnung, mit Hülfe deren ein auf die Erkenntnis
der letzteren gerichtetes Abschätzen erst möglich ist und die deshalb im Interesse der Ausbildung des Raum- und Zeitsinnes den
Zöglingen frühzeitig eingeprägt werden müssen.

Weit wichtiger ist jedoch die andere Form der Funktion des
vergleichenden und beziehenden Denkens, welche darauf abzielt,
die inneren, logischen Beziehungen zwischen den Erfahrungsobjekten zu erkennen. Die auf diese bezüglichen Vorstellungen
treten zwar vermöge der eigentümlichen Anlage des Zentralnervensystems, welches das Organ der geistigen Vorgänge bildet, auf
Grund der Verwandtschaftsassoziation von selber in das durch
ihre objektive Beschaffenheit bedingte Verhältnis zu einander;
nur vermittelst einer spontanen Funktion indessen, welche die
ersteren auf einander bezieht, kann, wie schon bemerkt worden ist,
das unter ihnen obwaltende Verhältnis zur Auffassung gebracht
werden. Jene Funktion tritt in mehreren Formen auf, für die
sich wegen der Bedeutung, welche sie für das Denken besitzen,
besondere sprachliche Bezeichnungen herausgebildet haben.

Zunächst gehört hierher der Akt des Wiedererkennens.
Der psychologische Vorgang, auf den sich derselbe gründet, ist
folgender. Ich habe z. B. einen Gegenstand verloren; auf meine
Bekanntmachung des Verlustes stellt sich der Finder bei mir ein
und überreicht mir denselben; das Wahrnehmungsbild ruft nun
in meinem Bewusstsein das Erinnerungsbild des Gegenstandes
wach, und mit Hülfe des vergleichenden und beziehenden Denkens
stelle ich hierauf die Gleichheit zwischen diesem und jenem fest;

ich rufe aus: „Ja, das ist der verlorene Gegenstand". Übrigens
folgen die besonderen Momente dieses Aktes im konkreten Falle
gewöhnlich so schnell aufeinander, dass wir sie getrennt überhaupt nicht auffassen und sie nur durch nachträgliche Analyse
auseinanderzuhalten vermögen. Der fragliche Akt nähert sich
damit dem der Assimilation an, unterscheidet sich aber von
letzterem durch das Moment der urteilenden Beziehung, vermittelst
deren wir erst die Identität der beiden zu einem Akt zusammen-
gefassten Glieder des Erkenntnisvorganges feststellen können.
Wir fassen also vermöge der bezeichneten Funktion einen
Gegenstand unmittelbar als uns bereits bekannt auf. So besteht
jede unmittelbare Erfahrungserkenntnis im Grunde in einem
Wiedererkennen; nur dass uns der hierauf beruhende Charakter
des Erkennungsvorganges in der Regel nicht zum Bewusstsein
kommt. Ein solcher Akt liegt vor, wenn wir z. B. eine Vokabel bei
der fremdsprachlichen Lektüre ohne weiteres zu verstehen meinen,
während wir sie uns doch schon früher eingeprägt haben und sie
uns nunmehr ins Gedächtnis zurückrufen.
Über die psychologische Natur des vermittelten Erkennens,
auf welches das Verfahren der Wissenschaft abzielt, werden wir
erst bei Betrachtung der zusammengesetzten intellektuellen Funktionen zu handeln haben.
Auf dem Akte des Wiedererkennens beruht die Erkenntnis
durch die Analogie, die von grosser pädagogischer Wichtigkeit
ist, ein Akt, vermöge dessen wir unbekanntes durch bekanntes
unserem Verständnis näher zu bringen imstande sind. Indem wir
nämlich vermittelst des vergleichenden und beziehenden Denkens
erkennen, dass ein neues Objekt mit einem schon bekannten übereinstimmt, vermögen wir das erstere für das letztere zu substi-
tuieren; wir können uns also mit Hülfe des bereits bekannten
einen Begriff von dem bisher noch unbekannten bilden. Besonders
lässt sich so die Analogie dazu verwerten, um die Einübung
fremdsprachlicher Erscheinungen zu erleichtern. indem hierbei
an den verwandten Gebrauch in der heimischen Sprache an-
geknüpft wird. Ablaut und Umlaut, Gebrauch der Tempora, des
Relativum, des Akkusativs mit dem Infinitiv, der Arten der
konjunktionalen Nebensätze und dergleichen mehr müssen den
Schülern aus dem Unterricht im Deutschen bereits geläufig sein.
wenn sie mit den entsprechenden Erscheinungen der fremden
Sprachen bekannt gemacht werden sollen. Würde ein dahin

gehendes Verfahren grundsätzlich in den unteren Klassen geübt, so würde der Erfolg des fremdsprachlichen Unterrichts in den mittleren gesicherter sein.

Wesentlich verschieden von dem soeben ins Auge gefassten Akt des Wiedererkennens ist der weitere ebenfalls auf die Funktion des vergleichenden und beziehenden Denkens zurückzuführende der **Vergleichung und Unterscheidung.** Während nämlich das Wiedererkennen ein einheitliches Ergebnis zu Tage fördert, bleiben bei dem jetzt in Frage stehenden Akte die beiden Glieder getrennt, und das Denken beschränkt sich darauf, das zwischen ihnen hervortretende Verhältnis der Gleichheit oder des Unterschieds festzustellen. Dies Verfahren kommt z. B. zur Anwendung, wenn es sich darum handelt, die Übereinstimmung zweier Handschriften oder zweier Zeugenaussagen zum Zweck einer gerichtlichen Untersuchung zu prüfen. Durch die Vergleichung werden nämlich beide Teile mit aktivem Bewusstsein erfasst und dadurch zu grösserer Klarheit erhoben. Die Vergleichung kann sich auch auf einzelne Seiten der einander gegenübergestellten Gegenstände beziehen; so vergleichen wir den Diamant in Bezug auf seine Farbe dem Wasser.

Die Gleichheit oder Verschiedenheit zweier auf einander bezogenen Objekte giebt sich uns zunächst im Gefühl kund, und zwar die erstere in positivem Sinne (als Affekt der Bejahung), die letztere in negativen (als Affekt der Verneinung). Im Gefühl nämlich prägt sich das Bewusstsein aus, ob beide Objekte sich zu einem Denkakte zusammenfassen lassen oder nicht. Und zwar äussert sich hierbei das Gelingen des Gedankenlaufs im Lust-, das Misslingen im Unlustgefühl; das erstere kommt aber auf einen positiven, das letztere auf einen negativen Affekt hinaus.[1]

---

[1] In letzter Hinsicht beruht der bejahende und der verneinende Charakter des Urteils, soweit es sich in unmittelbarer, naiver Weise vollzieht, auf einer Hebung, beziehungsweise Hemmung, d. h. mit anderen Worten auf einer positiven oder negativen Bethätigung des Selbstgefühls. Durch diese letztere kommt es uns unmittelbar zum Bewusstsein, ob eine neue Erkenntnis mit den bereits früher gewonnenen und für uns feststehenden übereinstimmt oder nicht. Erst auf einer höheren Stufe der geistigen Entwicklung, auf der die Erkenntnisakte in reflektierter Form verlaufen, dienen uns allgemeine als gesichert geltende Erkenntnisse (Begriffe und allgemeingültige Sätze) als Ausgangspunkt dafür, um die Richtigkeit unserer Urteile festzustellen. Hierbei kommen objektiv feststehende logische Formen zur Anwendung, insbesondere das Schlussverfahren. Über die Bedeutung der Richtungen des Gefühls, insbesondere des Selbstgefühls für die intellektuellen Vorgänge siehe meine oben erwähnte Schrift, S. 20 u. d. folg. — In Bezug auf praktisches Verhalten äussert sich die positive

Die besondere Art des zwischen den Objekten stattfindenden
Verhältnisses wird erst vermittelst des vergleichenden und beziehenden Denkens aufgefasst, wobei dann auf induktivem Wege
die verschiedenen logischen Kategorien sich herausstellen. Den
Ausgangspunkt bildet hierbei aber die niedere Stufe des gefühlsmässigen Erkennens, eine Form des Denkens, die deshalb in der
Kindheit vielfach geübt sein muss, bis sich die Fähigkeit für das
auf klarem Bewusstsein beruhende logische entwickelt. Durch die
erstere Form des Denkens ist vorzugsweise das Sprachgefühl
bedingt, das uns unmittelbar angiebt, ob eine sprachliche Konstruktion richtig gebildet ist, d. h. ob sie mit der uns als regel-
recht bekannten und geläufigen Ausdrucksweise übereinstimmt.
Jenes Gefühl gründet sich somit auf die Auffassung der sprachlichen Erscheinungen durch die Analogie und nicht auf die Anwendung abstrakter grammatischer Regeln. Es empfiehlt sich
deshalb im Interesse der sprachlichen Durchbildung, bei der Einübung grammatischer Konstruktionen von einem Musterbeispiele
oder von einem bestimmten Schema (z. B. afficere aliquem ali-
qua re) auszugehen, das im einzelnen Fall heranzuziehen ist, um
den Schülern als Richtschnur zu dienen. Die Anwendung abstrakter Regeln setzt die Fähigkeit voraus, über die grammatischen
Erscheinungen zu reflektieren, eine Fähigkeit, die sich bei der
Jugend erst allmählich auf Grund eines induktiven Verfahrens
herausbildet, das die Bewältigung einer grösseren Zahl von konkreten Fällen voraussetzt.

Auf der durch das vergleichende und beziehende Denken
vermittelten Erkenntnis beruht — soweit hierfür nicht unmittelbar in der Assimilation sich äussernde Vorgänge (s. hierüber
weiter oben) zur Anwendung kommen — der aufklärende Wert
des Reisons, sowie der Lektüre und des Unterrichts, der uns mit
fremden Ländern und Völkern sowie mit deren Anschauungen,
Sitten und Einrichtungen bekannt macht. Damit jedoch dieser
Erfolg eintreten kann, ist es notwendig, dass die den Schülern
mitzuteilenden Anschauungen in bewusste Beziehung zu den
bereits geläufigen gesetzt werden. Das Fremde gelangt so durch
das Eigene und Heimische, das Entfernte durch das Nahe zu

<hr>

Bethätigung des Selbstgefühls im Unterricht als Fleiss, die negative als Trägheit — Wie auch im übrigen der gesamte Aufbau des geistigen Lebens nicht
blos durch intellektuelle Vorgänge, sondern auch durch die Gefühlsthätigkeit
bedingt ist, weist ZIEGLER in seinem Werk „Das Gefühl" eingehend nach.

begrifflichem Verständnis.[1]) Fehlt es an einer derartigen Vermittlung, so bleiben die Glieder, welche in vergleichende
Beziehung zu einander gesetzt werden sollen, im Bewusstsein der
Schüler getrennt, und der hierauf abzielende Denkvorgang vermag
seine aufklärende Wirkung nicht auszuüben. Diese Gefahr liegt
besonders beim klassischen Unterricht vor. Man stellt häufig das
klassische Altertum als die Grundlage unserer gesamten neueren
Kultur hin, während dies doch — soweit das Altertum nämlich
im höheren Jugendunterricht behandelt wird — nur hinsichtlich
gewisser ästhetisch-litterarischer Elemente der letzteren der Fall
ist. Gleichwohl ist die Beschäftigung mit dem ersteren geeignet, das
Verständnis für unsere Kultur auch in Bezug auf andere Gebiete zu
befördern. Es müssen jedoch vermöge des vergleichenden Denkens
in den einzelnen Punkten fortwährend Parallelen zwischen alten
und neuen Zeiten gezogen werden, wenn der klassische Unterricht
sich in dem angedeuteten Sinne fruchtbar erweisen soll. Bleiben
hingegen die Vorstellungen, welche die Schüler von den antiken
Kulturverhältnissen gewinnen, in ihrem Bewusstsein völlig isoliert,
so vermögen sie nichts zur deutlicheren Erfassung der unserigen
beizutragen.

Auf der planmässigen Vergleichung zwischen dem deutschen
und dem fremdsprachlichen Ausdruck, wie sie der fremdsprachliche
Unterricht bewerkstelligt, beruht die sogenannte sprachlich-
logische Schulung, die eine wichtige Aufgabe jenes Unterrichts
bildet. Dieselbe ist durch die soeben von uns betrachtete Funktion
bedingt. Indem wir nämlich unsere sprachlichen Ausdrücke den
fremden gegenüberstellen, sind wir genötigt, diesen sowohl wie
jenen unsere Aufmerksamkeit in spontaner Weise zuzuwenden,
um den Sinn derselben deutlich aufzufassen. Dies ist vorzugsweise beim Unterricht in den Sprachen der Fall, die von unserer
wesentlich abweichen, wie die klassischen.[2]) Zudem lassen die

[1]) Insofern hat die hier in Rede stehende Funktion eine ähnliche didaktische
Bedeutung wie die vorhin behandelte der Erkenntnis durch die Analogie. Die
auf der Vergleichung beruhende unterscheidet sich jedoch von der letzteren
insofern, als wir uns bei derselben bewusst sind, dass die Gegenstände, auf
welche die Vergleichung sich bezieht, an sich auseinanderfallen und nur einzelne
Vergleichungspunkte aufweisen.

[2]) Für den Zweck der formalen Bildung der Jugend eignen diese sich
besonders auch wegen der Klarheit, Einfachheit und Angemessenheit der in
denselben zum Ausdruck gebrachten Gedanken, sowie wegen der Durchsichtigkeit
der syntaktischen Konstruktionen, die ihrerseits zur schärferen Auffassung des
Gedankens beitragen.

fremden Sprachen vielfach Elemente des Gedankens hervortreten,
die in unserer nicht zur Geltung kommen; dadurch wird jener
zu grösserer Klarheit gebracht. Indem nun die Schüler beständig
genötigt sind, bei Gelegenheit der Übertragung aus der einen
Sprache in die andere einerseits die in dem fremdsprachlichen
Text niedergelegten Gedanken deutlich aufzufassen, andererseits
den in die Form der eigenen gekleideten eine klare und bestimmte
Fassung zu geben, wird ihnen mehr und mehr das Streben nach
Klarheit und Schärfe des Ausdrucks überhaupt eingepflanzt.[1] Das
verstehen wir unter dem Begriff der sprachlich-logischen Schulung.
Dieselbe betrifft lediglich die sprachlich-formale Seite des Denkens;
die Ausbildung der materialen ist von der Beschäftigung mit
dem besonderen Gegenstande des Denkens abhängig, wobei
ganz andere Kategorien zur Anwendung kommen als die
syntaktischen, nämlich die eigentlichen logischen. Über diese
wird an anderer Stelle zu handeln sein. Von einer allgemeinen
logischen Schulung kann daher im sprachlichen Unterricht nicht
die Rede sein.

Endlich dient das vergleichende und beziehende Denken dazu,
unsere Begriffe an der Hand der Erfahrung zu prüfen und
gegebenen Falles zu berichtigen. Wir lassen zu diesem
Zweck unser Denken zwischen den ersteren und den durch
die Sinnesthätigkeit gebotenen Erfahrungsobjekten hin- und
herschweifen, um etwa hervortretende Ungenauigkeiten beseitigen
zu können.

Schon oben hatten wir zwei Arten der bezeichneten Funktion
gesondert, die Vergleichung und die Unterscheidung. Beide bilden
im Grunde nur verschiedene Seiten eines und desselben Vorgangs.
Bei der ersteren heben wir nämlich die gemeinsamen Elemente
der auf einander bezogenen Objekte hervor, bei der letzteren die
abweichenden. Auch die Unterscheidung oder Entgegensetzung
hat eine Klärung der Begriffe zur Folge. Dies ist die bekannte
Wirkung des sogenannten Kontrastes, einer Redefigur, die
besonders in der dramatischen Dichtung als künstlerisches Dar-
stellungsmittel absichtlich dazu benutzt wird, um die Eigenart
gewisser Personen und der ihnen zugeteilten Rolle sowie das
Bezeichnende der geschilderten Zustände und Ereignisse deutlicher

---

[1] Schon GRANER hatte die Formalbildungskraft, die vorzugsweise der
klassische Unterricht gewährt, im Sinne, wenn er äussert, derselbe vermittle
die Fertigkeit, „anderer Gedanken zu fassen und die seinigen geschickt zu sagen."

hervortreten zu lassen. Zumal Goethe bedient sich des bezeichneten Hülfsmittels zu diesem Zwecke, der es bedingt, dass die meisten seiner Dramen Parallelzeichnungen aufweisen. Wir verworten diese Figur vielfach im Unterricht, indem wir der positiven Bezeichnung eines Gegenstandes das Gegenteil mit vorangeschickter Negation hinzufügen, um einerseits einem Missverständnis im sprachlichen Ausdruck zu begegnen, andererseits um den fraglichen Gegenstand in ein desto deutlicheres Licht zu rücken. (So in dem Spruch: Armut des Herzens Gott erfreut, Armut und nicht Armseligkeit.) In ähnlicher Weise wird man solche Wörter einander gegenüberstellen, die wegen der Ähnlichkeit in der Form oder im Sinne leicht verwechselt werden können, wie vinco und vincio, venio und veneo, jaceo und jacio, resisto und restituo, quaero und queror, ferner delecto und gaudeo, rapio und privo, accuso und queror u. s. w. Der Gegensatz wirkt in Bezug auf beide Teile klärend.

Eine andere Funktion, die in der Anwendung der beiden Formen des vergleichenden und beziehenden Denkens besteht, ist der Witz, den Jean Paul im Unterrichte planmässig gepflegt haben wollte, weil er die geistige Regsamkeit befördert. Derselbe äussert sich gerade in überraschender Kombination an sich verschiedenartiger beziehungsweise in der Gegenüberstellung an sich verwandter Vorstellungen.

Erwähnt mag noch werden, dass bei einer Gegenüberstellung, wie sie das vergleichende und beziehende Denken bedingt, die beiden Glieder, auf welche die erstere gerichtet ist, zu schärferer Auffassung kommen. Dieselben erklären sich gegenseitig. So wird, wenn man das englische „gentleman" dem griechischen „ἀνὴρ καλὸς κἀγαθός" gleichsetzt, sowohl das eine wie das andere unserem Verständnis näher gebracht.

Die dritte und letzte der hier anzuführenden Denkfunktionen ist der Erinnerungsakt. Wir haben schon oben zwischen dem sogenannten mechanischen und dem sogenannten logischen Gedächtnis unterschieden. Dem letzteren weisen wir den Akt des Erinnerns zu. Freilich haben wir es hier, wenn überhaupt die Sonderung verschiedener Geistesvermögen, die ja manche Bequemlichkeiten bietet, aufrecht erhalten werden soll, im Grunde eben so sehr mit einer Funktion des Verstandes, wie mit der des Gedächtnisses zu thun; schon der Ausdruck „logisches Gedächtnis" deutet darauf hin, dass dasselbe sowohl dem Gedächtnis wie auch den höheren Geistesfunktionen zuzuzählen ist, die wir als logische bezeichnen und dem Verstande zuweisen.[1]

Der Erinnerungsakt nun verläuft folgendermassen. Ein unmittelbarer Sinneseindruck, etwa die Gehörsvorstellung des Namens eines Freundes oder das Gesichtsbild eines auf ihn hindeutenden Andenkens erweckt auf Grund der logischen Assoziation das Erinnerungsbild desselben. In diesem Falle kann eine Verschmelzung zwischen der reproduzierenden und der reproduzierten Vorstellung nicht eintreten, weil beide nicht kongruent sind; es wird uns aber die assoziative Verwandtschaft beider zum Bewusstsein kommen. Die durch das vergleichende und beziehende Denken festgestellte Erkenntnis der unter ihnen stattfindenden inneren Beziehung ist es, welche wir gewohnt sind, mit dem Ausdruck des Erinnerns zu bezeichnen. Die ungleichartigen Elemente beider Vorstellungen haben das Zustandekommen der Verschmelzung verhindert; sie wirken trennend auf dieselben ein. Hierauf beruht psychologisch der Unterschied des Erinnerungsvorganges vom Akt des Wiedererkennens, den wir an früherer Stelle analysiert haben. Kommen die trennenden Elemente nicht zum Bewusstsein, verschmelzen also die beiden Vorstellungen trotz ihrer Ungleichartigkeit mit einander, so tritt die Erscheinung ein, die wir als Verwechslung bezeichnen. Es wird also, um uns einer Formel zu bedienen, abcd mit abce gleichgesetzt. Die angegebene Erscheinung beruht gleichfalls auf der logischen Assoziation, die aber in diesem Fall eine fehlerhafte Assimilation herbeiführt. Das Kind hält demzufolge (um auf ein früher gebrauchtes Beispiel zurückzukommen) einen viereckigen Körper für einen Bonbon, weil das gleichartige Element, die viereckige Gestalt, die Verschmelzung der Vorstellungen beider Objekte bewirkt.

---

[1] Eine besondere Art des logischen Gedächtnisses ist diejenige, welche die einzelnen Vorstellungen vermöge ihrer Zugehörigkeit zu einem psychischen Gesamtbilde, einer Gesamtvorstellung mit einander verknüpft. Dieselbe kommt besonders bei der Einprägung eines zusammenhängenden Textes, so eines Gedichtes oder einer Rede zur Anwendung. Es ist eine bekannte Erfahrung, dass Schüler eine Stelle aus einem Schriftsteller ausserhalb des Zusammenhanges nicht zu verstehen imstande sind, eine Erfahrung, die bei Gelegenheit einer Revision des Lektüreunterrichts leicht einen Misserfolg mit sich bringt, wenn nämlich der Gedankenzusammenhang nicht so gründlich aufgefasst worden ist, dass er beim Übersetzen der betreffenden Stelle reproduziert wird und so seinerseits die Reproduktion der letzteren zu befördern vermag. Das Einprägen vermittelst jener Funktion lässt sich dadurch erleichtern, dass das Ganze in Bezug auf die dasselbe ausmachenden Teile klar und übersichtlich gegliedert wird.

Dem logischen Gedächtnis ist die Funktion zuzuweisen, welche HERBART mit dem Ausdruck apperzipierendes (vorsätzliches) Merken bezeichnet, das darauf hinauskommt, dass wir verschiedenartige Vorstellungen auf Grund irgend welcher inneren Beziehungen mit bewusster Absichtlichkeit mit einander verknüpfen, so dass, sobald die eine ins Bewusstsein gerufen wird, auch die andere sich einstellt.

Das logische Gedächtnis bedingt das Eingreifen einer spontanen Funktion in Gestalt des vergleichenden und beziehenden Denkens; dadurch unterscheidet es sich von dem sogenannten mechanischen. Auf der gleichen Funktion beruht auch der Akt, den wir unter dem Ausdruck „sich besinnen" verstehen, ein Akt, der darauf gerichtet ist, eine Vorstellung ins Bewusstsein zu rufen, die zu einer anderen unmittelbar gegebenen in einem bestimmten logischen Verhältnis steht. Den Ausgangspunkt bildet in diesem Fall ein unmittelbarer Sinneseindruck (auch ein durch die Sprache vermittelter Gehörseindruck) oder ein hierdurch erneuerter älterer psychischer Inhalt; diesen suchen wir sodann festzuhalten, um dadurch den Vorgang der logischen Assoziation einzuleiten, durch den die Vorstellung hervorgerufen wird, auf welche der Akt des Besinnens abzielt. Das vergleichende und beziehende Denken dient nun dazu, um festzustellen, ob die so erneuerte Vorstellung derjenigen entspricht, mit welcher der erstere früheren Wahrnehmungen zufolge in logischer Verbindung aufzutreten pflegte. Immer aber muss dass neue Glied des Denkvorganges, wie schon angedeutet wurde, durch ein gegebenes Bewusstseinselement hervorgerufen werden, ehe die spontane Funktion, auf der der Akt des Besinnens beruht, eingreifen kann; das logische Gedächtnis ist also, um einen geläufigen Ausdruck anzuwenden, vom mechanischen abhängig, d. h. mit anderen Worten: die Vorstellungen, auf die der in Frage stehende Akt sich bezieht, müssen durch die mechanisch verlaufende Assoziation zur Verfügung gestellt werden, wenn das erstere in Funktion treten soll. Dies gilt auch in betreff aller anderen Funktionen, in denen das eigentliche Denken sich äussert, da dieses seiner psychologischen Natur nach lediglich bestimmte Arten der Kombination von gegebenen, d. h. durch das Gedächtnis herbeigeschafften Vorstellungen bedeutet. Das letztere bildet demnach die Grundlage aller höheren geistigen Thätigkeit.[1]

[1] Der psychologische Vorgang, durch den sich die Denkakte im Bewusstsein namentlich jüngerer Schüler herausbilden, besteht darin, dass die

Noch auf einen einzelnen Punkt, der das logische Gedächtnis betrifft, sei hier hingewiesen. Wir haben hervorgehoben, dass dasselbe sich auf die durch gleichartige Elemente vermittelte Verwandtschafts-Assoziation gründet: es kann demzufolge eine Vorstellung auf Grund jener Funktion nur eine andere verwandter Art erneuern, die ihrerseits wiederum den Ausgangspunkt für andere Verwandtschaftsassoziationen bildet. Die Fähigkeit des Erinnerns haftet also an dem bestimmten Vorstellungsstoff, an dem sie erworben wurde: es giebt, so wenig wie von einer allgemeinen mechanischen Gedächtniskraft die Rede sein kann, ein allgemeines Gedächtnisvermögen im logischen Sinne. Streng genommen, müssen wir somit ebensoviele Arten des Gedächtnisses unterscheiden, wie Vorstellungsgebiete vorhanden sind: ein Wort-, Sach-, Zahl-, Namens-, Personal-; ferner ein besonderes musikalisches Gedächtnis u. s. w. — sofern wir nämlich unter jener Funktion nicht eine blosse Klassifikation an sich völlig getrennter assoziativer Bewusstseinsvorgänge, sondern eine allgemeine im Umkreis ihrer Erweisung formal wirkende Fähigkeit verstehen.

Da aber die Verwandtschaftsassoziation, auf der das logische Gedächtnis beruht, die Grundlage für alle höheren geistigen Funktionen überhaupt darstellt, so ist leicht einzusehen, dass auch diese keiner allgemeinen sogenannten Schulung fähig sind, vielmehr ebenfalls für die verschiedenen Fachgebiete besonders ausgebildet werden müssen. So giebt es in der That bekanntlich ein besonderes Verständnis für Sprachen, für Mathematik, für Geschichte, für Naturgeschichte u. s. w.

Vermittelte analytische Funktionen.

Weit wichtiger als die unmittelbar verlaufenden sind die vermittelten analytischen Funktionen. Vermittelt werden diese durch die synthetischen, welche wir bereits als die eigentlichen erkenntniserweiternden Denkformen nachgewiesen haben. Den analytischen bleibt nur übrig, die durch jene unmittelbar geschaffenen Vorstellungskombinationen in ihre Elemente zu zerlegen, um sie dann in reflektierter Weise, d. h. mit bewusster

Vorstellungen, auf deren Kombination jene abzielen, sich in der Form der logischen Assoziation aneinanderreihen; hierin zeigt sich das erste Aufkeimen des Gedankens. Sache des unterstützenden Eingreifens des Lehrers ist es, jene anzuleiten, dass sie denselben zu klar bewusstem logischem beziehungsweise syntaktischem Ausdruck bringen lernen.

Erfassung der zwischen ihnen stattfindenden Beziehungen zu kombinieren und dadurch dem Gedankenzusammenhang die gesetzliche Gliederung zu geben, wie dies Sache der eigentlichen Denkthätigkeit ist. Die Zergliederung verwickelter Gedanken und Probleme, worin die eine Seite der Ausübung der höheren intellektuellen Funktionen besteht, bedeutet nichts anderes als die Klarlegung der den ersteren zu Grunde liegenden logischen Beziehungen, worauf nach dem Gesagten die Anwendung der analytischen Funktionen abzielt.

Unter den synthetischen Denkformen nun haben wir im gegebenen Zusammenhang unserer Abhandlung solche mit konkretem und solche mit abstraktem Charakter unterschieden. Beide können Gegenstand des analysierenden Denkens werden. Wir werden uns indessen mit der Analyse der zuletzt genannten Denkformen erst in einem späteren Abschnitt beschäftigen und fassen zunächst nur die Analyse der zuerst erwähnten, derjenigen mit konkretem Charakter ins Auge, die wir schon früher ihrem psychologischen Wesen nach als Gesamtvorstellungen bezeichnet haben, d. h. als umfassende psychische Gebilde, welche ursprünglich unzusammenhängende Vorstellungen zu einem sinnvollen Ganzen aneinanderreihen.

Die Analyse dieser Denkformen betrifft teils die materiale Seite und ist als solche auf Sonderung der sie zusammensetzenden Elemente gerichtet, teils betrifft sie die formale Seite und bezweckt in dieser Hinsicht die logische Gliederung des in jenen zum Ausdruck kommenden Gedankenzusammenhangs. Hiernach unterscheiden wir eine zwiefache Art der Analyse, nämlich eine elementare und eine logische.

Die elementare ist entweder unvollständig und dient so dazu, einzelne Merkmale eines Gegenstandes hervorzuheben, wie dies im Urteil geschieht. Das letztere beruht somit seinem psychologischen Wesen zufolge auf der unvollständigen Analyse der den Gegenstand betreffenden Vorstellung. Wir berücksichtigen hier zunächst nur das Urteil im unmittelbaren, psychologischen Sinne. Das logische, dem im Unterschied zu jenem die Bedeutung der Allgemeingültigkeit zukommt, besteht in der Begriffsanalyse. Da der Begriff nämlich ausschliesslich die wesentlichen Merkmale in sich fasst, so wird das auf der Analyse derselben beruhende Urteil deshalb eine allgemeine Gültigkeit zu beanspruchen haben. (Z. B. ein Körper ist seinem Begriff nach. d. h. jeder Körper ist ausgedehnt.) Von diesen wiederum sondern wir das eigentliche erkenntnisschaffende, das in der Ableitung einer Erkenntnis aus einem allgemeinen Prinzip besteht. Auf letzteres wird an einer späteren Stelle einzugehen sein. In allen Fällen ist das Urteil von der besonderen Art des Gegenstandes abhängig, auf den es sich bezieht; eine allgemeine „Urteilskraft" giebt es demzufolge nicht.[1]

Die elementare Analyse kann andererseits vollständig sein. Diese ist Sache der Beschreibung oder Schilderung, die ja stets einen zusammengesetzten Gegenstand nach seinen sämtlichen Teilen zur Darstellung zu bringen hat. Für jene gilt bekanntlich die methodische Regel, dass sie erschöpfend und wohlgeordnet sein solle. Erschöpfend wird sie aber nur dann unbedingt sein, wenn die Anordnung der Teile der Darstellung derartig ist, dass die Glieder sich gegenseitig ergänzen. Zu diesem Zwecke sind hierbei vielfach korrelative Begriffe zu verwerten. Je nach der Natur des zu behandelnden Gegenstandes werden diese sehr verschiedenartig sein. Bei Schilderung von Naturobjekten oder von Zuständen sind es solche, welche die in der unmittelbaren Anschauung gegebene Reihenfolge der Elemente derselben bezeichnen: (so die Glieder der Zahlenreihe oder Begriffe wie rechts und links, oben und unten, vorn und hinten und dergleichen mehr); bei Schilderung von Naturereignissen oder von menschlichen Handlungen sind es solche, welche die Momente oder Stufen der Entwicklung (Anfang, Mitte und Ende; aufsteigende Handlung, Höhepunkt und abfallende Handlung) angeben; bei Behandlung von Themen allgemeiner philosophischer Art endlich solche, die das logische Verhältnis der Teile der Darstellung zu einander (positiv und negativ, formal und sachlich, direkt und indirekt, subjektiv und objektiv u. s. w.) ausdrücken. Die zweite Forderung,

---

[1] Ein Beispiel der analytischen Funktion des Urteils giebt Siewart „Die Impersonalien", S. 16: „Achten wir auf den Prozess, der vor sich geht, wenn wir sagen, dass dieses Blatt gelb ist, so haben wir vor unseren Augen zunächst ein ungeschiedenes Ganzes, das gelbe Blatt. Dieses Ganze zerlegen wir mit Hülfe früher gewonnener Anschauungen in seine Elemente; dass das Gesehene ein Blatt ist, erkennen wir an seiner Form, dem Stiel, den Rippen u. s. w. Sonst war wohl diese Form mit grüner Farbe bekleidet, heut ist dasselbe Blatt gelb — die Farbe lösen wir also" — nämlich vermittelst einer spontanen Funktion, die hier in die Wahrnehmung eingreift — „von dem ganzen Komplex in Gedanken los." — Die materiale Analyse im obigen Sinne findet im Unterricht bei der Bearbeitung des Lehrstoffs Anwendung, indem (so vor allem im Geschichtsvortrag nach Erledigung eines Abschnittes) die Hauptpunkte der Darstellung hervorgehoben werden.

dass die Darstellung wohlgeordnet sei, ist nur dadurch zu erfüllen, dass die Teile in ihrer Gliederung deutlich das Verhältnis der Neben- oder Unterordnung erkennen lassen, in dem sie zu einander stehen. Die Beherrschung der verschiedenen Formen der Gliederung bildet ein wichtiges Moment der Fähigkeit, ein Thema stilistisch zu gestalten, eine Fähigkeit, die nur durch vielseitige Übung im Disponieren gewonnen werden kann.

Die logische Analyse schliesst sich an Gesamtvorstellungen an, welche das Ergebnis eines Gedankenlaufes, eines Erkenntnisvorganges in konkreter Form vorwegnehmen. Wie dies geschieht, haben wir bei Erörterung der synthetischen Funktionen dargelegt. Durch die nachfolgende Analyse wird die Gesamtvorstellung in ihre Elemente zerlegt, um das logische Verhältnis zwischen diesen in bewusster Weise festzustellen. Hierzu bedarf es oft umfassender Beobachtungen, sofern es sich nämlich um Analyse sehr zusammengesetzter Erscheinungen oder Vorgänge handelt, wobei verschiedene Kombinationen der in Betracht kommenden Momente möglich sind. So hat es lange gedauert, bis die Meteorologie das der Witterungsbildung zu Grunde liegende Gesetz zu erkennen vermochte, wonach das barometrische Minimum nebst der hierdurch bedingten Aufwärtsbewegung der Luft die Ursache der Niederschläge bildet. Endgültig festgestellt konnte die ursächliche Beziehung zwischen beiden Faktoren nur auf Grund der Induktion werden, eines Erkenntnisverfahrens, das uns noch beschäftigen wird.

Am bekanntesten ist die Verwertung der Analyse bei dem Erkenntnisverfahren der Mathematik, das seinen Namen hiervon herleitet. Die Analyse dient hier als ein Verfahren, um geometrische Beweise oder Konstruktionen zu finden. Man geht hierbei von dem aus, was gesucht wird, als ob es gegeben sei, und steigt zu den Bedingungen auf, unter denen es allein möglich ist. (Nach Kant.) Dieser Erklärung zufolge könnte es scheinen, dass die Analyse für die Mathematik im Gegensatze zu der ihr sonst zukommenden Bedeutung als eine die Erkenntnis erweiternde Funktion zu gelten hätte. Es ist jedoch nicht zu übersehen, dass der Anwendung derselben die Synthese in Gestalt der Hülfskonstruktion voraufgeht, welche in konkreter Form die gesuchte Lösung darbietet, so dass der Analyse nur noch übrig bleibt, die erforderlichen abstrakten Schlussfolgerungen für die Durchführung des Beweises aus der ersteren abzuleiten.

Für die Unterrichtspraxis stellt nun die Ausübung der analytischen Funktionen recht eigentlich das auf logische Schulung abzielende Verfahren dar, das darauf gerichtet ist, die Zöglinge zur reflektierten Auffassung der sich ihnen darbietenden logischen Beziehungen zu befähigen. Zu diesem Zwecke wird planmässig der Gedankenzusammenhang in Bezug auf die ihm zu Grunde liegenden Denkfunktionen zu zergliedern sein, freilich nicht in abstrakter Form, sondern in Gestalt von Fragen, welche an den im gegebenen Zusammenhange behandelten konkreten Fall anknüpfen, wie: aus welchen Ursachen musste dies (im Unterricht erwähnte) Ereignis eintreten? Aus welchen Gründen urteilst du so? Welchen Zweck hatte die uns beschäftigende Persönlichkeit bei ihrem Unternehmen vor Augen? Durch welche Mittel (auf welche Weise) hoffte sie es zu erreichen? In Bezug auf eine derartige logische Analyse des Gedankenzusammenhangs ist noch hervorzuheben, dass dieselbe nur dann eintreten kann, wenn der letztere deutlich nach allen seinen Elementen zur Auffassung gebracht worden ist. Denn die zwischen den Teilen bestehenden Beziehungen vermögen wir nur in dem Falle zu erkennen, wenn uns das Ganze klar vorschwebt.

Wie in reflektierter Auffassung, so müssen die Schüler auch in reflektierter Anwendung der intellektuellen Funktionen planmässig geübt werden. Hierzu dient im allgemeinen schon die Schulung im mündlichen und schriftlichen Gedankenausdruck, bei der die Zöglinge dazu anzuleiten sind, sich selber Rechenschaft über den logischen Zusammenhang der Darstellung zu geben, um sie so zu selbstthätiger Ergänzung und Berichtigung des Gedankenlaufs zu befähigen. Sie müssen deshalb angehalten werden, etwa vorhandene Lücken und Unklarheiten selbständig zu beseitigen. Die selbstthätige Anwendung der Denkformen lässt sich zumal auch dadurch erzielen, dass man (so besonders bei der Schriftstellerlektüre oder im Geschichtsunterricht) die Schüler gelegentlich veranlasst, ihrerseits den voraussichtlichen Gang der Ereignisse weiterzuführen, ein methodisches Hülfsmittel, das dazu benutzt werden kann, den Geschichtsunterricht und die Lektüre zu beleben. An die Behandlung der Schlacht von Salamis wird man z. B. die Frage knüpfen: was wird Xerxes jetzt beginnen? Wird er mit seinem ungeheuren Heere einen schimpflichen Rückzug antreten oder sich der Gefahr aussetzen wollen, dass auf die Kunde von seiner Niederlage während der Abwesenheit des Herrschers eine

Empörung in seinem fernen Reiche ausbricht? So können die jungen Leute auf den Entschluss des Perserkönigs hingeführt werden, einen Mittelweg zu wählen, nämlich selber zurückzukehren, den kampfeslustigen Mardonius aber zur Fortsetzung des Krieges mit einer genügenden Streitmacht zurückzulassen.

Wir haben im vorstehenden erklärt, dass eine logische Durchbildung sich stets nur auf ein bestimmtes Vorstellungsgebiet erstrecke. Allerdings lassen sich die Denkfunktionen (z. B. die, welche die Auffassung des Kausalzusammenhanges zum Gegenstand hat) auf jedes andere Gebiet übertragen, wenn sie auf einem bestimmten in der Weise ausgebildet worden sind, dass sie eine abstrakte Fassung angenommen haben. Hierfür ist aber die Voraussetzung, dass sie sich dem neuen Vorstellungsinhalt assimilieren, was nur durch Einarbeiten in den betreffenden Vorstellungskreis geschehen kann.

Immerhin fördert die vielseitige Anwendung der logischen Funktionen in gewissem Sinn einen formalen Ertrag zu Tage, indem nämlich die Gewöhnung an klares Erkennen schliesslich das Streben nach einem individuell höchstmöglichen Grade der Klarheit der Erkenntnis überhaupt zur Folge hat. Es ist die Funktion des vergleichenden und beziehenden Denkens, die an jede neue Erkenntnis den Massstab der schon früher gewonnenen legt; der gewohnte Grad der Klarheit des Erkennens wird hierbei zum Antrieb zu dem Streben, in jedem neuen Falle den gleichen Klarheitsgrad zu erzielen. Zu diesem Ergebnis pflegt es indessen erst auf einer ziemlich hohen Stufe der geistigen Reife zu kommen, einer Stufe aktiv sich äussernder Denkthätigkeit, auf welcher das Bemühen um die eigene logische Schärfe zu einem Gegenstande der Selbstzucht geworden ist. Der Begriff einer geistigen Zucht im Sinne der Ausbildung einer allgemeinen Fähigkeit, die objektive Wahrheit zu erkennen, lässt sich natürlich nicht aufrecht erhalten, aus dem Grunde, weil es kein allgemeines logisches Vermögen giebt, das eine derartige Ausbildung erfahren könnte. Die abstrakten logischen Formen (vor allem der Schluss), auf die die letztere gerichtet sein könnte, bedeuten lediglich eine Norm des Erkennens, nicht aber das Mittel desselben.

Unsere bisherigen Darlegungen betrafen die Analyse von Gesamtvorstellungen, welche unmittelbar reale Objekte (Zustände oder Vorgänge) zum Ausdruck bringen. Von diesen unterscheiden wir solche Arten synthetischer psychischer Gebilde, welche eine

Schilderung oder einen Gedankenzusammenhang in sprachlicher
Einkleidung, d. h. also in Form eines Satzes zum Gegenstand
haben. Denn der letztere ist seiner psychologischen Grundlage
nach nichts anderes als eine Gesamtvorstellung in dem Sinne,
wie diese in den vorstehenden Zeilen aufgefasst wurde.[1]) Die
Satzbildung nun erfolgt sowohl beim mündlichen, wie beim
schriftlichen Gebrauch der Sprache, wie die Selbstbeobachtung
lehrt, in der Weise, dass der Gedanke in allgemeinen Zügen vermöge der ihm zu Grunde liegenden synthetischen Funktion vorweggenommen wird, während die syntaktische Gliederung und
damit zugleich die sprachliche Formulierung nachfolgt. Erst bei
völliger Beherrschung der Sprache fallen beide Seiten zusammen,
und die durch letztere bedingten Bewusstseinsvorgänge nehmen
einen rein mechanischen Charakter an.

Auch der Satz unterliegt der psychologischen Analyse, die
vermittelst der bekannten syntaktischen Kategorien erfolgt, die
sich paarweise aneinanderreihen: Subjekt und Prädikat, Nomen
und Attribut, Verbum und Objekt, Verbum und Adverbium.[2]) In
dieser Ordnung wird dann das sogenannte Konstruieren des Satzes
vonstatten gehen müssen, ein Verfahren, das auf die psychologische Analyse der im Satz zum Ausdruck gebrachten Gesamtvorstellung hinausläuft. Der obigen Bezeichnung liegt allerdings
die Auffassung zu Grunde, dass es sich hierbei um einen Aufbau
des Satzes aus seinen Elementen, also um eine Synthese handele.
Die Synthese wird jedoch beim Konstruieren bereits vorausgesetzt;
sie erfolgt beim Lesen des Satzes. Mit Recht wird daher bei der
Lektüre eines fremdsprachlichen Textes grundsätzlich darauf
gehalten, dass die Schüler zuerst den Satz zu Ende lesen, und
zwar wird dies natürlich mit Verständnis geschehen müssen.

---

[1]) Auch die Gesamtvorstellungen, von denen vorhin gehandelt wurde,
treten stets in sprachlicher Form auf; indessen bietet sich uns hinsichtlich
dieser der Gegenstand, auf den sio sich beziehen, dar, bevor er zu sprachlichem
Ausdruck gelangt; ja, der letztere soll erst, wie dies Sache des Unterrichts ist,
gewonnen werden. Dagegen betrachten wir im folgenden solche Gesamtvorstellungen, die von vornherein eine sprachliche Einkleidung aufweisen.

[2]) Die syntaktische Gliederung sprachlich eingekleideter Gesamtvorstellungen
hat B Erdmann (a. a. O. S. 205) im Sinne, wenn er äussert: „Die Veränderungen
des Wahrnehmungsbewusstseins durch das Urteilsbewusstsein, das jenes prädikativ
zerlegt, bestehen darin, dass während das erstere (das Wahrnehmungsobjekt)
beharrt, ein prädikativ gegliederter Verlauf von Wortvorstellungen eintritt, und
zwar so, dass die den Worten oder dem Satzwort entsprechenden Bedeutungen
(d. h. die syntaktischen Kategorien) ohne Veränderung der logischen Immanenz
den Gegenstand selbst als Subjekt, die ausgedrückte Bestimmung als Prädikat
erscheinen lassen."

soweit ein solches von vornherein überhaupt vorausgesetzt werden
kann. Aber auch die Übersetzung eines Textes, der den Schülern
vorerst noch ganz unverständlich ist, muss darauf angelegt sein,
dass jene zunächst zu einer Gesamtauffassung des in dem Satze
enthaltenen Gedankens gelangen. Den Ausgangspunkt bildet hierbei am besten das Aufsuchen des Prädikats, das in Verbindung
mit dem Subjekt den Gedanken in seinen allgemeinsten Umrissen
bereits erkennen lässt. Der Zweck der sich anschliessenden
binären Gliederung des letzteren, wie sie nach dem Gesagten
das Konstruieren bedeutet, ist darauf gerichtet, dass die Zöglinge
den ihnen dargebotenen Satzinhalt nach allen seinen Elementen
auffassen.[1] Hierzu gewährt gerade die fremdsprachliche Lektüre
die beste Gelegenheit, indem sie wegen der Schwierigkeit der
sprachlichen Form zum Verweilen nötigt, so dass für die eine
logisch klare Auffassung vermittelnden analytischen Denkakte
ausreichende Zeit vorhanden ist, während ein gleiches Verweilen
bei der heimischen Sprachform Überdruss zur Folge haben würde.
Beim Lesen deutscher Texte lassen wir uns denn auch gern daran
genügen, wenn wir nur im allgemeinen den Sinn erfasst haben,
ohne uns auf gründlichere Analyse einzulassen. Immerhin bedarf
es auch bei der fremdsprachlichen Lektüre eines besonderen Eingehens auf den Inhalt, wobei die eigentlichen logischen Funktionen
zur Anwendung kommen, von denen im vorigen Abschnitt gehandelt wurde. Fehlt ein solches Eingehen, wird also bei der
Erklärung lediglich die sprachlich-syntaktische Form berücksichtigt, wie dies früher häufig bei der fremdsprachlichen Lektüre
geschah: so kann die letztere, die gerade die Zöglinge zu gründlicher Bewältigung des dargebotenen Gedankengehaltes anleiten soll,
umgekehrt zu einer Gewöhnung zur Ungründlichkeit und Gedanken-
losigkeit werden. Eine ähnliche für die geistige Durchbildung

---

[1] Das Konstruieren verläuft bei Schülern, die im Übersetzen noch wenig
bewandert sind und die deshalb noch der Anleitung vonseiten des Lehrers bedürfen, vermittelst der bekannten Fragen: wer? wessen? wen oder was? wem?
wo, wann und wie? — Fragen, die stets in Form eines vollständigen Satzes
gestellt werden, um dadurch dem Schüler bei der Auffassung des betreffenden
Satzteils behülflich zu sein. Nur auf diese Weise lernt der Anfänger den Satzinhalt allmählich selbständig herausbringen. Das Verfahren ist hierbei analytisch,
sofern der zu Grunde liegende Gedanke dem Verständnis des Schülers nahe
liegt, so dass er denselben vermöge der schöpferischen Phantasiethätigkeit
unmittelbar aufzufassen vermag. Andernfalls dient die syntaktische Gliederung
dazu, den Satzinhalt aus seinen Elementen aufzubauen, die dem Verständnis des
Schülers dann erst vermittelt werden müssen; der Vorgang ist in diesem Falle
also synthetischer Natur.

nachteilige Folge ist mehr oder weniger mit der Verwendung
abgerissener Sätze zum Zweck der Einübung der fremdsprachlichen
Formenlehre und Grammatik in den unteren Klassen verbunden,
sofern sich diese nicht wenigstens an einen zusammenhängenden
Text anschliessen. Die neueren Übungsbücher lassen in dieser
Beziehung einen erheblichen Fortschritt erkennen; indessen
wird der hervorgehobene Mangel keineswegs grundsätzlich
vermieden.

Wir haben im vorstehenden vorzugsweise das Übersetzen
aus der fremden Sprache in die heimische ins Auge gefasst.
Auch die Übertragung aus der letzteren in die erstere muss mit
der Analyse des zu übertragenden Satzes beginnen. Hierbei
scheint allerdings ein rein synthetisches Verfahren zur Anwendung
zu kommen, sofern der fremdsprachliche Satz nach und nach aus
den ihn ausmachenden Worten zusammengefügt wird. In Wirklichkeit muss aber — natürlich nur für noch ungeübte Schüler
— der Übersetzung die Analyse des (in der Form der heimischen
Sprache gegebenen) Satzganzon voraufgehen, weil sonst die Schüler,
deren Aufmerksamkeit durch die Bildung der fremdsprachlichen
Formen in Anspruch genommen ist, nur schwer zur Auffassung
des syntaktischen Verhältnisses der Satzglieder gelangen. Der
Umstand, dass jenen die Übersetzungsübungen im Anfange so
ausserordentliche Schwierigkeiten zu bereiten pflegen, erklärt sich
daraus, dass sie in der Auffassung der inneren syntaktischen
Beziehungen noch zu wenig geübt sind, weshalb die hierauf
beruhenden Konstruktionen so häufig verfehlt werden. Die Auffassung jener Beziehungen ergiebt sich aber nach unseren vorstehenden Ausführungen durch die syntaktische Konstruktion
des Satzes.

Die Übertragung eines Textes in die fremde Sprache besteht
in der Umsetzung des Gedankens aus der deutschen in die fremde
Form.[1]) Dieser Vorgang setzt aber voraus, dass der Gedanke
selbst nach allen seinen Elementen, wie sie in den Satzteilen ihren
sprachlichen Ausdruck gefunden haben, bereits aufgefasst worden
ist. Dies kann jedoch nur durch Analyse geschehen. Der

---

[1]) Die Umsetzung beruht auf der Variation: Umstellung, Ausschaltung
vorhandener, Aufnahme neuer Elemente der in dem betreffenden Texte sich
ausprägenden Gesamtvorstellung, wodurch die ersteren mit aktivem Bewusstsein aufgefasst werden und damit zugleich das Ganze zu grösserer Klarheit
gelangt.

Übersetzungsvorgang nach seiner sprachlich-formalen Seite erfolgt sodann mit Hülfe verschiedener psychologischer Funktionen. Vermittelst der Assoziation werden erstlich die für den besonderen Fall möglichen fremdsprachlichen Ausdrücke und Konstruktionen dargeboten; diese müssen also zuvor bis zu genügender mechanischer Sicherheit eingeübt worden sein. Sache des vergleichenden und beziehenden Denkens ist es hierauf, die passende, d. h. ihrem Sinne zufolge dem deutschen Ausdruck am meisten entsprechende Konstruktion auszuwählen. Bis die Schüler es zu mechanischer Geläufigkeit in der Anwendung der fremdsprachlichen Formen und Wendungen gebracht haben, bildet der gemeinsame Gedanke das Bindeglied für die — also in diesem Falle in vermittelter Form verlaufende — Assoziation, welche zu der deutschen Konstruktion die fremdsprachliche herbeischafft. Es kommt also für den Anfangsunterricht darauf an, die deutsche Ausdrucksweise so umzubilden, dass sie der fremdsprachlichen entspricht oder doch möglichst nahe kommt. Statt: „Ich muss diese Reise machen", lernt demgemäss der Quintaner, um den Gebrauch der conjugatio periphrastica passivi besser zu begreifen, sich ausdrücken: Diese Reise ist mir eine zu machende". Diese Übertragung der Teile der Konstruktion ist erstlich wiederum von der Assoziation abhängig, welche die erforderlichen Vokabeln herbeizuschaffen hat. Die Bildung der betreffenden Wortformen sodann beruht auf der Agglutination (beziehungsweise auf der Synthese), vermittelst deren die Elemente der zu bildenden Formen (Stamm, Endung, Tempus- und Moduscharakter, eventuell Bindevokal und Reduplikation) mit einander verbunden werden. Die für die Bildung der verschiedenen Formen zur Geltung kommenden Elemente (besonders das System der Endungen) sind besonders einzuprägen, damit sie für diesen Zweck zur Verfügung stehen. Die Zusammensetzung wie auch der Gebrauch der Konstruktion erfolgt entweder unmittelbar in Analogie zu dem gelernten Beispiel oder nach Massgabe der hierfür gültigen Regeln, die auf den vorliegenden Fall angewandt werden müssen; dies geschieht vermöge der Deduktion, einer Funktion, die wir noch kennen zu lernen haben werden.

Wir haben im obigen zunächst nur den einfachen Satz in Bezug auf seine psychologische Grundlage untersucht und hiernach als Gesamtvorstellung erklärt. Nun bietet aber ein einfacher Satz nicht immer einen in sich abgeschlossenen Gedanken dar, sondern bedarf der Ergänzung durch einen anderen; die sich in

ihm ausprägende Gesamtvorstellung erweitert sich also zu einem
synthetischen Gebilde noch umfassenderer Art, das wir seinem
syntaktischen Charakter gemäss als zusammengesetzten Satz
bezeichnen. Das Verhältnis der Teile desselben ist das nämliche,
wie das der Teile des einfachen; sie stellen nur Erweiterungen
der letzteren dar und verhalten sich demzufolge wie diese zu einander, also wie Subjekt und Prädikat, Nomen und Attribut u. s. w.
Die für den Schulgebrauch bestimmten Grammatiken verfolgen
indessen bei Behandlung der Nebensätze einen rein praktischen
Gesichtspunkt, indem sie die Bedeutung der für die Nebensätze
in Betracht kommenden Konstruktionen hervorheben, um die Anwendung derselben zu erleichtern. Es liegt jedoch im Interesse
der logischen Durchbildung der Schüler, dass sie auf einer höheren
Stufe mit einer Gliederung des zusammengesetzten Satzgefüges
bekannt gemacht werden, welche das zwischen den Teilen vorliegende logische Verhältnis hervortreten lässt. Denn nur auf
diese Weise kommen sie zu einer klaren Auffassung des ganzen
in demselben ausgedrückten Gedankenzusammenhanges. Eine derartige Gliederung ergiebt sich aber durch die Analyse des Satzgefüges nach den oben aufgeführten paarweise aneinandergereihten
Kategorien.

Dass der grammatische Unterricht in den fremden Sprachen
den Zweck der sprachlich-logischen Schulung verfolgt, haben wir
in einem anderen Zusammenhange näher ausgeführt. Die systematische grammatische Unterweisung an sich vermag indessen zu
diesem Ergebnis nur insofern beizutragen, als sie den Zöglingen
die sprachlichen Ausdrücke und Konstruktionen als solche gegenständlich macht und sie dadurch in den Stand setzt, diesen mit
bewusster Absichtlichkeit ihre Aufmerksamkeit zuzuwenden, um
so die Umbildung des Sprachbewusstseins aus der naiven in die
reflektierte Form herbeizuführen. Nun muss aber grundsätzlich
festgehalten werden, dass dahin gehende Übungen in letzter Hinsicht dem Gebrauch der deutschen Sprache zugute kommen sollen.
Deshalb ist es erforderlich, dass zu der fremdsprachlichen
Konstruktion stets die entsprechende deutsche herangezogen wird,
um auf Grund des vergleichenden und beziehenden Denkens den
Unterschied oder die Übereinstimmung mit jener festzustellen
und dadurch die deutsche Sprachform den Schülern zu reflektierter
Auffassung zu bringen. Geschieht dies nicht, so wird keineswegs
eine Umbildung des eigenen Sprachbewusstseins gewonnen, sondern

lediglich ein zweites Sprachbewusstsein erzeugt, das in keinerlei
Beziehungen zu dem schon vorhandenen tritt und also auch zu
dessen Umformung nichts beizutragen vermag.

Durch das angegebene Verfahren wird jedoch zunächst nur
die eine Seite der sprachlichen Bildung erzielt, diejenige, welche,
wie schon hervorgehoben wurde, bezweckt, die sprachliche Form
dem Schüler gegenständlich zu machen. Hiervon ist die bewusste
stilistische Formung der Gedanken abhängig, wie sie die gelehrten
Berufsarten durchweg erfordern, sofern es auf möglichste Klarheit
und Angemessenheit des Ausdrucks ankommt. Die sprachlichen
Übungen sollen aber, sofern sie einen formalen Zweck verfolgen,
zugleich auch zur Klärung des in die sprachliche Form gekleideten
Gedankens beitragen. Dies kann nur durch praktische Übersetzungsübungen geschehen, welche darauf gerichtet sind, den
Gedanken an sich, d. h. ohne Rücksicht auf die sprachliche Einkleidung scharf zu erfassen. In den Dienst einer derartigen
Schulung in logischer Schärfe steht nun freilich der gesamte
wissenschaftliche Unterricht. Denn überall muss dieser es sich
angelegen sein lassen, den gerade behandelten Gedankengehalt
dem Schüler zu gründlicher und genauer Auffassung zu bringen.
Ein besonders wirksames Mittel zu diesem Zweck besteht jedoch
gerade in der Umsetzung des Gedankens aus der Form der einen
Sprache in die der anderen, wozu der fremdsprachliche Unterricht
fortwährend Anlass giebt. Denn nur wenn der Gedanke in dem
gebotenen sprachlichen Text scharf aufgefasst ist, kann es gelingen,
ihm einen genau entsprechenden Ausdruck in der anderen Sprache
— und zwar sowohl beim Her- wie beim Hinübersetzen — zu
verleihen. Der Gedanke wird hierbei von der sprachlichen
Form, mit der er anfänglich eng verwachsen ist, gelöst, so dass
die Zöglinge ihre Aufmerksamkeit auf denselben als solchen zu
richten und ihn scharf aufzufassen vermögen, eine Fähigkeit, die
sich durch Übung allmählich verstärken lässt. Es liegt hierin
allerdings eine formal logische Zucht, eine Geistesgymnastik; nur
muss festgehalten werden, dass sich die so gewonnene Schulung
stets auf ein bestimmtes Vorstellungsgebiet beschränkt. Eine
allgemeine Gymnastik giebt es auf geistigem Gebiete nicht.
Immerhin hat der sprachliche Unterricht eine allgemeine formalbildende Wirkung, sofern es nämlich gelingt, den Schülern das
Streben nach logischer Schärfe im sprachlichen Ausdruck überhaupt einzupflanzen (s. hierüber oben S. 50).

Zusammengesetzte Funktionen.

Wir haben hiermit die Betrachtung der Analyse der konkreten synthetischen Denkformen, der sogenannten Gesamtvorstellungen, beendigt und wenden uns nunmehr der Erörterung der Analyse derjenigen abstrakter Natur zu. Dieselbe erfolgt vermittelst der Deduktion, eines Verfahrens, das in der Ableitung einer einzelnen Erkenntnis aus einer vorausgesetzten allgemeinen besteht. Bevor wir indessen auf dieses Verfahren eingehen, bleibt noch ein anderer Punkt zu erledigen, nämlich die Untersuchung darüber, wie die abstrakten synthetischen Denkformen, von denen soeben die Rede war, und die den Ausgangspunkt der Deduktion bilden, ihrerseits zustande kommen. Diese nun sind ein Ergebnis der Induktion, die einen zusammengesetzten Denkvorgang darstellt, welcher die Umkehrung des auf der Deduktion beruhenden bezeichnet. Beide Erkenntnisformen dienen daher einander zur Ergänzung, und sie sind es, die bei der wissenschaftlichen Forschung fortwährend zur Geltung kommen. Ein Unterricht, der sich die Vorbereitung der Zöglinge für wissenschaftliche Studien zur Aufgabe macht, wird sich demzufolge eine vielseitige Schulung in der Anwendung dieser Methoden müssen angelegen sein lassen. Es ist deshalb wünschenswert, die psychologischen Vorgänge kennen zu lernen, welche jenen zur Grundlage dienen.[1] Diese sind teils analytischer, teils synthetischer Art. Auf der Verbindung beider beruht sowohl die Induktion wie die Deduktion, weshalb sich sowohl die eine wie die andere als zusammengesetzte Funktion kennzeichnet.

Die Induktion.

Wir beginnen mit dem zuerst genannten Erkenntnisverfahren. Dasselbe zielt darauf ab, gewisse allgemeine Denkformen zu schaffen, die ihrerseits als Erklärungsprinzipien für die darunter fallenden einzelnen Objekte dienen. Diese Denkformen sind nichts anderes als die synthetischen abstrakter Art, die wir an früherer Stelle betrachtet haben, nämlich vor allem die Klasse, die Regel oder das Gesetz und der Begriff, logische Gebilde, in denen sich die durchgängige Gesetzlichkeit in der Wirklichkeit kundgiebt. Insofern die letzteren den Ausgangspunkt für die Ableitung der

---

[1] Über die didaktische Bedeutung beider Methoden handelt im übrigen Rein, Grundzüge der Methodenlehre des Unterrichts, B. 45 u. d. folg.

unmittelbar gegebenen Thatsachen darstellen, bedeutet die Induktion im Grunde nur eine Vorstufe der Deduktion.

Das auf die Erzeugung jener Denkformen gerichtete Verfahren beginnt damit, die Erscheinungen vermittelst der elementaren Analyse zu zerlegen, um hierauf mit Hilfe des vergleichenden und beziehenden Denkens diejenigen mit gleichen Merkmalen zu einer Klasse oder Regel (einem Gesetz) zu vereinigen und, indem die so geschaffenen Denkformen ihrerseits wieder auf solche umfassenderer Art zurückgeführt werden, in ein System einzufügen, wie dies Sache der beschreibenden Wissenschaften ist. Auch der Begriff kommt auf diese Weise zustande; nur dass hierbei die Gegenstände nicht bloss in Bezug auf die ihnen gemeinsamen Merkmale schlechthin, also vielleicht nur in Bezug auf äussere und zufällige Kennzeichen untersucht werden, (wie dies z. B. bei der Aufstellung des Linnéschen botanischen Systems der Fall war), sondern in bezug auf die ihnen wesenhaften.

Den Ausgangspunkt bei einem solchen Verfahren nun bildet meist (wie Rehmke betont) die Analyse eines einzelnen Gegenstandes, während andere nur deshalb herangezogen werden, um das Ergebnis zu bestätigen oder zu berichtigen. Das entscheidende Moment liegt jedoch darin, dass die gemeinsamen Merkmale festgestellt werden, um durch die Zusammenfassung derselben das Allgemeine zu gewinnen, das als Erkenntnisprinzip für das darunter enthaltene Einzelne dient. Das Allgemeine nämlich, welches den Ausgangspunkt für die Ableitung des letzteren bildet, hat nicht bloss die Bedeutung der Allgemeinheit der Zahl, sondern auch die der Allgemeinheit der Gültigkeit; durch die Ableitung gewinnt demzufolge auch das Einzelne eine allgemeine Gültigkeit. Hierauf beruht das deduktive Verfahren, dessen sich die beschreibenden Wissenschaften bedienen. Vermöge dieses Verfahrens werden gewisse Eigenschaften, welche einer ganzen Klasse von Gegenständen wesentlich angehören, auch dem unter dieselbe zu beziehenden einzelnen zugeschrieben, ohne dass es hinsichtlich desselben des besonderen — auf dem Wege der Induktion erfolgenden — wissenschaftlichen Nachweises bedarf.

Die logische Funktion, welche sich bei einer derartigen Ableitung des Einzelnen aus dem Allgemeinen äussert, gründet sich — wie die Analyse des beide Teile umfassenden Gedankenzusammenhanges ergiebt — auf das Verhältnis von Grund und Folge.

Dies ist das Verfahren bei der Induktion, welche sich auf die elementare Analyse gründet. Von der letzteren haben wir aber die logische geschieden, die darauf ausgeht, die Art der Beziehungen der Objekte zu einander hervorzuheben. Durch die logische Analyse ist das induktive Verfahren bedingt, das in den Wissenschaften zur Anwendung kommt, welche nicht einen beschreibenden, sondern einen erklärenden Charakter haben. Den Ausgangspunkt bildet hierbei die Funktion des vergleichenden und beziehenden Denkens, vermöge deren die Erscheinungen in Bezug auf ihren gesetzlichen (d. h. kausalen) Zusammenhang untersucht werden. Die sich sodann anschliessende Zusammenfassung der verwandten Fälle zielt darauf ab, diejenigen Erscheinungen festzustellen, welche das gleiche kausale Abhängigkeitsverhältnis erkennen lassen. So kombinierte Newton das Kreisen des Mondes um die Erde als Äusserung einer Wirkung der letzteren auf den ersteren mit der Thatsache, dass freischwebende Körper zur Erde gezogen werden, die schon als Wirkung dieser letzteren erkannt worden war, und kam so zu der Annahme einer allgemeinen Schwerkraft der Erde. Denn diese Annahme beruht lediglich auf der Verallgemeinerung einer einzelnen Kausalwirkung. Das Allgemeine, zu welchem die Induktion führt, wie wir sie jetzt im Sinne haben, bildet nicht wie dasjenige, welches durch die oben behandelte Art dieses Verfahrens gewonnen wird, das Erkenntnis, sondern das Realprinzip für die Ableitung der darunter zu fassenden Erscheinungen.

Die auf die Aufstellung des letzteren gerichtete Induktion besteht nach der obigen Darlegung darin, dass eine Mehrzahl gleichartiger Wirkungen auf eine gemeinsame Ursache zurückgeführt wird, die wir mit dem Begriff der Kraft zu bezeichnen gewohnt sind. Die Denkfunktion, welche hierbei zur Anwendung kommt, ist sonach diejenige, welche auf dem Verhältnis von Ursache und Wirkung beruht.

Bemerkenswert ist nun die Art, wie das Allgemeine, welches das Erzeugnis der Induktion ausmacht, zustande kommt. Die Analyse, die wir als die eine Seite der Induktion kennen gelernt haben, bezieht sich immer nur auf besondere Fälle, die freilich ihrerseits durch das vergleichende und beziehende Denken in Bezug auf Gleichartigkeit untersucht und auf Grund dessen kombiniert werden, aber doch vereinzelt bleiben. Hier greift nun die synthetische Funktion, die andere Seite des von uns betrachteten

Verfahrens, ein, indem sie die einzelnen Fälle zu dem Allgemeinen zusammenfasst, das den Ausgangspunkt für die Erklärung der ersteren bildet.

Dabei macht sich die schon an früherer Stelle gekennzeichnete schöpferische Natur jener Funktion geltend, vermöge deren sie das auf Summierung aller einzelnen Erscheinungen gerichtete Verfahren der Induktion vorwegnimmt, indem sie die unmittelbar gegebenen um die fehlenden ergänzt. So beruhen die auf induktivem Wege gefundenen allgemeinen Erkenntnisse in den seltensten Fällen auf einer erschöpfenden Aufzählung der unter dieselben fallenden Erscheinungen; gleichwohl legen wir ihnen eine allgemeingültige Bedeutung bei. Der streng logische Wert der ersteren bleibt allerdings problematisch; wir bezeichnen demgemäss Erkenntnisse dieser Art als Hypothesen, d. h. als Gesetze, die nur eine vorläufige Gültigkeit beanspruchen können und demzufolge der Bestätigung durch Anwendung auf die noch nicht bekannten Fälle bedürfen. Immerhin stellen sie eine Richtschnur dar, durch welche sich die wissenschaftliche Forschung bei der Beobachtung der letzteren leiten lässt, bis das Ergebnis der Induktion wenigstens eine relative Sicherheit erlangt hat.

Besonders finden synthetische Denkformen, wie wir sie hier betrachten, auf solchen Gebieten Anwendung, wo es darauf ankommt, auf Grund einzelner Fälle allgemeine Bestimmungen für die Behandlung aller übrigen ähnlicher Art zu treffen; so auch dem Gebiet der Rechtsprechung. Es sind gewisse rechtswissenschaftliche Grundbegriffe (wie der Degriff des Eigentums, des Vertrages, der Urheberschaft u. s. w.), welche ein für alle Mal scharf umgrenzt werden müssen, um grundsätzliche Gesichtspunkte für die Beurteilung gewisser Streitsachen zu gewinnen.

Wir haben im vorstehenden zwischen dem Erkenntnis- und dem Realprinzip unterschieden und hierbei zunächst nur auf das Gebiet der theoretischen Bethätigung Rücksicht genommen. Jene Unterscheidung kommt jedoch auch noch auf einem anderen Gebiete zur Geltung, nämlich auf dem des praktischen Verhaltens. Das letztere kann nämlich einerseits durch eine Vorstellung, welche die Wirkung einer Handlung vorwegnimmt und dadurch dem Willen die zielbewusste Richtung giebt, andererseits durch ein Motiv geleitet werden, welches das praktische Verhalten unmittelbar bestimmt. In dem einen Falle ist es ein Erkenntnis-, im anderen ein Realprinzip. wodurch die Handlung bedingt ist. Das

eratere bezeichnen wir als den Zweckbegriff. Das Handeln
nach Zwecken geht erst aus einem solchen nach unmittelbar den
Willen lenkenden Motiven hervor. Denn das Handeln nach
instinktiven Regungen, die wir als Motive bezeichnen, ist, wie die
Beobachtung der motorischen Vorgänge des Kindesalters zeigt,
das ursprüngliche; die logische Funktion, vermittelst deren wir
diese Art der Bethätigung begreifen, gründet sich auf das Verhältnis von Motiv und That. Nachdem aber eine Handlung
wiederholt infolge der Wirksamkeit eines Motivs zustande
gekommen ist, verbindet sich fortan die Vorstellung von der
Wirkung desselben dauernd mit dem Motiv, dergestalt, dass jene
die Wirkung, auf welche das Handeln auf Grund des letzteren
gerichtet ist, vorwegnimmt; die Vorstellung der Wirkung aber ist
es, die wir, sofern dieselbe dem Willen die Richtung giebt, mit
dem Begriff des Zwecks zu bezeichnen gewohnt sind. Der letztere
spielt eine wichtige Rolle auf dem Gebiete der Technik sowie der
Moral, wo es für den Menschen darauf ankommt, mit bewusster
Überlegung seine Massregeln zu treffen, um die gewollte Wirkung
herbeizuführen. Das Handeln erfolgt somit auf Grund der Denkfunktion, welche sich auf das Verhältnis von Mittel und Zweck
bezieht.

Für uns ist es von Interesse, dass bei dem Handeln nach
Massgabe des Zweckbegriffs die Funktion des synthetischen
Denkens sich wirksam erweist, die, wie wir schon wiederholt
hervorgehoben haben, darin besteht, dass das Ergebnis der menschlichen Bethätigung — sei es der theoretischen oder, wie dies in
unserem Falle zutrifft, der praktischen — in der Form einer den
Verlauf der Handlung umfassenden Gesamtvorstellung[1]) vorweggenommen wird.

Wir sind in den vorhergehenden Zeilen auf die besonderen
Arten der intellektuellen Funktionen hingeführt worden, die man
als die höheren zu bezeichnen pflegt, Funktionen, die, wie wir
zu zeigen bemüht waren, durch die Formen des synthetischen
Denkens — teils die mit konkretem, teils die mit abstraktem
Charakter — vermittelt werden, aber sich nur durch die
nachträgliche Analyse des auf ihnen beruhenden Gedankenlaufs
feststellen lassen.

----

[1]) S. hierüber weiter oben S. 32.

Zur systematischen Übersicht jener Funktionen mag das nachfolgende Schema dienen.

bedingt durch	Theoretische,	praktische Bethätigung,
1. ein Erkenntnisprinzip, beruht auf dem Verhältnis von:	Grund und Folge	Mittel und Zweck
2. ein Realprinzip, gründet sich auf die Denkfunktion nach Massgabe des Verhältnisses von:	Ursache und Wirkung	Motiv und That.[1]

Die Erkenntnisvorgänge, welche auf einem Realprinzip, also auf dem Verhältnis von Ursache und Wirkung oder von Motiv und That beruhen, werden, wie wir im gegebenen Zusammenhang hervorgehoben haben, direkt durch das synthetische Denken in konkreter Form vermittelt; es ist also die Induktion zunächst nicht erforderlich, um diese Art von Prinzipien festzustellen. Gleichwohl dient das bezeichnete Verfahren dazu, die letzteren zu sichern. Dies kann nur auf Grund eines umfangreicheren Beobachtungsmaterials geschehen, das sich in die synthetische Denkform abstrakter Art kleidet, welche durch das bezeichnete Verfahren gewonnen wird.

Nachdem wir die Induktion nach ihrer psychologischen Natur zu erklären gesucht haben, fassen wir noch kurz die Verwertung derselben im Unterricht ins Auge.

Die bezeichnete Methode hat in letzter Zeit mehr und mehr in den höheren Schulen Eingang gefunden. Der Vorzug eines hierauf gegründeten Unterrichtsverfahrens besteht darin, dass den Schülern nicht fertige Ergebnisse der wissenschaftlichen Forschung geboten, sondern jene angeleitet werden, sich dieselben selbständig zu erarbeiten. Die Induktion ist demnach vorzugsweise geeignet, die Selbstthätigkeit der lernenden Jugend zu entwickeln, ein Ertrag, der durch die Rücksicht auf die selbständige geistige Arbeit des späteren sozialen und öffentlichen Lebensberufs gefordert ist. Hierauf beruht der erzieliche Wert des wissen-

---

[1] Je nach der Anwendung der bezeichneten vier Funktionen unterscheiden wir eine vierfache Geistesrichtung. In der Ausübung der auf dem Verhältnis von Ursache und Wirkung beruhenden äussert sich die spekulativ-wissenschaftliche, in derjenigen nach Massgabe des Verhältnisses von Grund und Folge die logische, auf der des Verhältnisses von Mittel und Zweck die praktisch-technische und auf der des Verhältnisses von Motiv und That die des praktischen Psychologen.

schaftlichen Unterrichts, die formale Zucht des Geistes im
eigentlichsten Sinne. Die entgegengesetzte Methode, welche den
Zöglingen die fertigen wissenschaftlichen Erkenntnisse übermittelt,
hat lange auf den höheren Schulen vorgeherrscht, aber nicht zu
deren Vorteil. Denn sie lehrt, wie schon Comenius geltend machte,
die Wissenschaft ohne die Forschung, d. h. ohne zu zeigen, wie
jene zustande kommt. Die Wissenschaft ist, so äussert ersterer,
organisiertes Wissen; wie kann man also mit den Schülern eine
Wissenschaft betreiben, ehe noch ein Wissen vorhanden ist, das
organisiert werden soll? Die Entdeckung eines Gesetzes, das den
Ausgangspunkt für die Erklärung der einzelnen Erscheinungen
bildet, ist für den wissenschaftlichen Forscher ein Triumpf, da sie
für ihn die Lösung eines ihn beschäftigenden Problems enthält.
Welchen Wert besitzt aber die Aufstellung eines solchen Gesetzes
für junge Leute, die das Problem gar nicht kennen, das dadurch
gelöst wird, dessen Lösung man ihnen also aufdrängen muss,
ohne dass ihr eigenes wissenschaftliches Interesse angeregt und
damit der wichtigste Faktor aller geistigen Arbeit in Wirksamkeit
gesetzt wird?

Die induktive Methode kommt auf unseren höheren Schulen
zunächst im sprachlichen Unterrichte zur Geltung, der vorzugsweise die Schulung zu geistiger Arbeit zur Aufgabe hat. Das
hierbei zu beobachtende Verfahren braucht nur kurz angedeutet
zu werden. Statt nämlich von der zu behandelnden grammatischen
Regel auszugehen, bietet man den Schülern Beispiele dar, in
denen die erstere zur Anwendung kommt. Die Bedeutung des
Beispiels (so eines solchen für die Regel vom Gebrauch der Städte-
namen) wird ihnen angegeben und eingeprägt; zugleich werden
sie auf das bezeichnende Merkmal (in unserem Falle auf die
Endung) aufmerksam gemacht. Die Feststellung der Regel erfolgt
dann, wenn mehrere Beispiele vorgekommen sind, durch welche
die Schüler von selber auf den durch die abweichende Form
bedingten Unterschied in der Bedeutung hingeführt und so zur
Teilnahme an der auf Formulierung der Regel abzielenden
schöpferischen Geistesarbeit veranlasst werden können.

Unmöglich ist es freilich, aber auch nicht erforderlich, auf
diese Weise alle Regeln der Grammatik herzuleiten. Vielmehr
muss das systematisch-deduktive Verfahren ergänzend hinzutreten.
Wünschenswert ist es jedoch aus der im pädagogischen Interesse
gebotenen Rücksicht auf die Entwicklung des wissenschaftlichen

Sinnes der Zöglinge, dass die systematische Behandlung neuer
Regeln thunlichst erst dann erfolgt, nachdem sie bereits an der
Hand einzelner gelegentlich — so besonders bei der Lektüre —
aufstossender Erscheinungen in induktiver Weise vorbereitet
worden ist, an die das später einsetzende systematische Lehrverfahren anzuknüpfen hat.

Ebenso wie im grammatischen Unterrichte findet die Induktion
im naturwissenschaftlichen Verwertung. Statt im voraus das
Gesetz anzugeben, das den Schülern als Erklärungsprinzip für die
unter dasselbe gehörigen Vorgänge nachgewiesen werden soll,
geht man vom Versuch aus, in dem das erstere zur Anwendung
kommt, um es die Schüler möglichst durch eigenes Nachdenken
feststellen zu lassen. Ein einzelnes Beispiel muss hierzu in der
Regel genügen; auf andere verwandte Fälle wird man hindeuten,
um das gefundene Gesetz zu bestätigen und die Zöglinge dazu
anzuleiten, die bezüglichen Erscheinungen mit Hülfe desselben
zu erklären.

Hiermit ist jedoch der Gebrauch der in Frage stehenden
Methode keineswegs erschöpft. Dieselbe bedeutet vielmehr ein
methodisches Prinzip, das dazu dient, durchweg die im Unterricht
sich darbietenden Thatsachen auf allgemeine Sätze und Begriffe
zurückzuführen, die ihrerseits wiederum den Ausgangspunkt für
die Herleitung der ersteren bilden. Hierauf zielt wesentlich die
wissenschaftliche Schulung ab, welche die höheren Lehranstalten
ihren Zöglingen wollen angedeihen lassen, eine Schulung, welche
die Befähigung zu selbständiger Beobachtung der konkreten Erscheinungen und zur Aufstellung allgemeiner Gesichtspunkte für
die Erklärung derselben bezweckt. Auf diese Weise lassen sich
fort und fort allgemeine Sätze und Begriffe gewinnen, die dann
mit anderen ähnlichen Ergebnissen zusammengefasst werden und
so einen allmählich sich mehrenden Schatz an wissenschaftlichen
Erkenntnissen darstellen, ein Verfahren, das den Gang der wissenschaftlichen Forschung nachahmt, die ebenfalls auf Systematisierung
der gewonnenen Erkenntnisse gerichtet ist. In der Religion handelt
es sich hierbei um die Feststellung allgemeiner Lehren und Vor-
schriften, in der Geschichte um den Nachweis allgemeiner Gesetze,
denen die geschichtlichen Begebenheiten unterliegen, um das
Zurückschliessen von Thatsachen auf allgemeine Zustände und
Einrichtungen, von Handlungen auf Sitten und Charakterzüge.
(Vergleiche hierzu den systematischen Teil der WILLMANNschen

historischen Lesebücher.) Der humanistische Unterricht überhaupt gelangt so zur Ableitung allgemeiner Wahrheiten und Grundsätze, die für das menschliche Leben Geltung haben; bei der Behandlung der Lektüre speziell werden auf induktivem Wege der Gedankengang sowie der Grundgedanke (zumal eines Dramas oder Gedichts) und die allgemeinen Formen der stilistischen oder dichterischen Darstellung festgestellt. In der Erdkunde endlich lassen sich durch angedeutete Verfahren allgemeine Gesichtspunkte für die Erklärung der für dieses Gebiet in Betracht kommenden Erscheinungen aufstellen.

Kurz, überall wird der Unterricht darauf Bedacht zu nehmen haben, das Einzelne auf ein Allgemeines, Prinzipielles zurückzuführen, aus dem es seinerseits wiederum hergeleitet und begriffen werden soll. Hierher gehört auch die schon früher erwähnte Aufgabe, die dem wissenschaftlichen Unterricht im allgemeinen zuzuweisen ist, die unmittelbar gegebenen Vorstellungen, welche die Schüler mitbringen, auf Begriffe von allgemeiner Gültigkeit zu bringen und sie dazu anzuleiten, sich selber dergleichen Begriffe zu bilden. Den hier angedeuteten Zweck der Begriffsbildung verfolgte Sokrates mit seiner dialogischen Methode, welche darauf abzielte, die subjektiven Vorstellungen seiner Schüler an der Hand von Beispielen zu berichtigen und ihnen so die Form von objektiv feststehenden Begriffen zu geben.

Es bleibt noch eine besondere Bedeutung der Induktion zu berücksichtigen, die darin besteht, dass sie dazu dient, neue Erkenntnisse zu Tage zu fördern. Dieser Gebrauch erfolgt nach dem Schema:

$$A = a_{,} + a_{,,} + a_{,,,} \ldots$$
$$B = a_{,} + a_{,,} + a_{,,,} \ldots$$

folglich $A = B$.

Um nämlich z. B. nachzuweisen, dass die Luft ein materieller Körper ist, stellen wir die Eigenschaften der letzteren: Ausgedehntheit, relative Undurchdringlichkeit, Schwere fest. Dies sind aber die Eigenschaften, die ein materieller Körper überhaupt aufweist. Aus diesem Umstande wird nun gefolgert, dass die Luft als ein solcher Körper zu gelten habe. Das nämliche Verfahren kommt zur Anwendung, wenn die Art einer Pflanze bestimmt, die Kongruenz geometrischer Figuren oder die Gleichheit anderer mathematischer Grössen dargethan werden soll. Der Nachweis geschieht in allen diesen Fällen nach Massgabe des

Satzes: sind zwei Grössen gleich einer dritten, so sind sie einander
gleich. So wird auch mit Hülfe der Induktion in der Medizin die
Natur eines Krankheitsfalles, in der Rechtspflege der strafrechtliche
Charakter einer That, in der Chemie die Zusammensetzung eines
materiellen Körpers nachgewiesen. Insbesondere stützt sich der
Indizienbeweis auf das angegebene Verfahren.

Die Deduktion.

Die Umkehrung der Induktion ist die Deduktion, die Ableitung des Einzelnen aus dem ihm übergeordneten Allgemeinen.
Das letztere kann nach den voraufgehenden Ausführungen entweder
in der Form eines Erkenntnis- oder eines Realprinzips auftreten.
Für die Form der Deduktion kommt diese Unterscheidung nicht
in Betracht: ihr Verfahren ist, mag es das eine oder das andere
zum Ausgangspunkt haben, immer darauf gerichtet, das Einzelne
in seiner Abhängigkeit von dem entsprechenden Allgemeinen auf-
zuweisen. Dass das bezeichnete Erkenntnisverfahren gleichwohl,
je nach dem Gebiet, auf dem es zur Anwendung gelangt, eine
mannigfache Bedeutung annimmt, wird weiter unten zu zeigen sein.

Für die psychologische Erklärung der Deduktion ist grundsätzlich festzuhalten, dass dieselbe im allgemeinen nicht auf die
Gewinnung neuer, sondern lediglich auf die Begründung unmittelbar gegebener Erkenntnisse abzielt. Dieser Satz erleidet indessen
eine Ausnahme, sofern es sich um die Mitteilung wissenschaftlicher
Ergebnisse handelt. In diesem Falle dient nämlich das in Frage
stehende Verfahren dazu, ein allgemeines Prinzip (einen Begriff
oder eine Regel) auf besondere Fälle anzuwenden, hinsichtlich
deren dasselbe noch keine Anwendung gefunden hat; es besitzt
also den Wert eines die Erkenntnis erweiternden Mittels, insofern
die Ableitung aus den im Unterrichte zu Grunde gelegten
allgemeinen wissenschaftlichen Ergebnissen für diejenigen neue
Erkenntnisse zu Tage fördert, welchen dieselben bisher noch
unbekannt waren.

Eine eigenartige Bedeutung gewinnt die Deduktion für das
Gebiet des mathematischen Unterrichts, auf das wir noch genauer
werden einzugehen haben.

Um das inbetreff der Bedeutung jener Methode Gesagte darzuthun, suchen wir die derselben zu Grunde liegenden psychologischen Funktionen aufzudecken. Die Form der ersteren ist das

Schlussverfahren, das wir demnach in Bezug auf die Funktionen analysieren müssen, welche es umfasst. Gehen wir z. B. von dem bekannten Schema aus, das aus der Sterblichkeit aller Menschen die eines (noch lebenden) Einzelnen abfolgert, so beruht zunächst der allgemeine Obersatz auf der synthetischen Denkform, welche eine Anzahl von Menschen zu einer ganzen Klasse zusammenfasst. Diese dient ihrerseits als Erkenntnisprinzip für die unter dieselbe fallenden Einzelwesen. Wir leiten demgemäss im praktischen Leben bei den Erkenntnissen, welche sich auf ein solches Prinzip stützen, unmittelbar den einzelnen Fall aus dem ihm entsprechenden Allgemeinen her. So schwebt uns, wenn wir eine Rose erblicken, sofort der Begriff derselben vor, zu dem das einzelne Objekt in dem Verhältnis der logischen Abhängigkeit steht, das sich in dem Urteil ausprägt: Dieser Gegenstand ist eine Rose. Auf dem hier vorliegenden Vorgang beruht das eigentliche Erkenntnisurteil, wie es unseren praktischen Erkenntnissen zu Grunde liegt. Auf diese läuft eine wichtige Form der Apperzeption Herbarts hinaus, ein Begriff, der im übrigen, wie wir gesehen haben, sehr verschiedene Denkvorgänge in sich schliesst.

Wir haben soeben den psychologischen Vorgang ins Auge gefasst, auf dem ein direkt das Einzelne aus dem Allgemeinen herleitendes Urteil beruht. Sache des logischen Denkens ist es nun, alle Elemente des Erkenntnisverfahrens, welches auf Grund der psychologischen Funktionen zustande kommt, zu klar bewusstem Ausdrucke zu bringen. So muss auch das Verhältnis der logischen Abhängigkeit, in welchem das Einzelne zu dem Allgemeinen steht, ausdrücklich hervorgehoben werden. Dies geschieht im Schlusse vermittelst des Untersatzes, welcher (um bei dem oben gewählten Schema zu bleiben) das Einzelwesen Cajus dem Begriff Mensch unterordnet. Der logische Charakter des uns beschäftigenden deduktiven Verfahrens ist also daran gebunden, dass der Untersatz als das Organ der zu vollziehenden analytischen Denkfunktion zwischen dem Einzelnen und dem Allgemeinen vermittelt.

Der Schlusssatz endlich: Cajus ist sterblich, wird seiner Materie nach voraus gesetzt: er besteht seinem psychologischen Wesen nach in der Kombination der beiden Vorstellungen Cajus und sterblich, die Sache einer synthetischen Denkfunktion ist. Das durch den Schluss bedingte Erkenntnisverfahren betrifft nur die Form des ersteren, indem es bezweckt, ihm die Bedeutung der notwendigen Gültigkeit zu geben, was eben durch die Ableitung aus einem allgemeinen Gesetz geschieht.

Das bezeichnete Verfahren dient also, wie bereits oben hemerkt wurde, lediglich zur Begründung einer gegebenen Erkenntnis, der an sich nur problematische Geltung zukommt. Hierzu ist die Voraussetzung, dass ein allgemeiner Satz bereits als gültig anerkannt wird, der den Ausgangspunkt für das Schlussverfahren ausmacht.[1]

Es bleibt noch eine Frage inbetreff der Bedeutung der von uns betrachteten Denkform zu erledigen, nämlich welcher Wert den Ergebnissen derselben im Sinne der streng logischen Erkenntnis zukommt, wie sie das Ziel der wissenschaftlichen Forschung bildet. Der Obersatz des Schlusses wird, wie wir hervorgehoben haben, durch die synthetische Funktion des Denkens herbeigeführt, die sich darin äussert, dass sie das Ergebnis des auf Gewinnung des ersteren abzielenden induktiven Verfahrens vorwegnimmt und demgemäss ein allgemein gültiges Gesetz aufstellt, ohne dass sämtliche Fälle, auf die sich dasselbe stützt, gesichert sind. Ein solches Ergebnis kann aber, wie schon angedeutet wurde, im Sinne der Logik nur den Wert einer Hypothese für sich in Anspruch nehmen. Es fragt sich nun, welche Bedeutung der Schluss besitzt, der auf der Ahleitung aus einer auf die angegehene Weise zustande gekommenen allgemeinen Erkenntnis beruht. Diese Frage ist von um so grösserem Gewicht, als fast alle wissenschaftliche Erklärung Erkenntnisse dieser Art zum Ausgangspunkt hat. In dieser Beziehung ist nun festzuhalten, dass das Allgemeine das Erkenntnisprinzip für das darunter zu fassende Besondere hildet. Ist es nun freilich in den meisten Fällen nicht möglich, das erstere auf Grund einer erschöpfenden Induktion festzustellen, so bleibt doch das Ziel des wissenschaftlichen Erkennens darauf gerichtet, um einen Ausgangspunkt für die Erklärung des Einzelnen zu gewinnen.[2] Der Schluss bildet so das logische Ideal, in dessen

[1] Der Schluss ist die logische Form, welche dazu dient, den Erkenntnissen die allgemeingültige Bedeutung zu geben. Der psychologische Vorgang, vermittelst dessen wir ein Urteil aus einem anderen abfolgern (z. B wenn wir jemand in einem bestimmten Falle für unglaubwürdig erklären, weil er uns in einem früheren getäuscht hat), entbehrt noch dieser Bedeutung. Um dem Denkergebnisse die letztere zu verleihen, wird demselben ein allgemeiner Satz (so in Gestalt des Sprichwortes: wer einmal lügt, dem glaubt man nicht) vorangeschickt, der dann den Ausgangspunkt für die logische Begründung des zu gewinnenden Urteils bildet.

[2] Die ausnahmslose Herrschaft von Gesetzen über die ganze Wirklichkeit wird bei jedem Induktionsschluss als ein mögliches Ergebnis der Erfahrung vorausgesetzt. S. B. Erdmann, Logik I S 612.

Form die Wissenschaft ihre Erkenntnisse zu bringen sucht, um
die Einzelthatsachen durch Unterordnung unter ein allgemeines
Gesetz in das Verhältnis der logischen Abhängigkeit, das sie zu
demselben einnehmen, zu setzen. (Nach Sigwart.)

Freilich darf das Allgemeine, das in dem bezeichneten Sinne
das Erklärungsprinzip des Einzelnen darstellt, nicht ein rein subjektives Gepräge tragen. So pflegen wir in der That auf einer
Stufe des Erkennens, die noch des streng logischen Charakters
entbehrt, eine Ansicht dadurch zu stützen, dass wir sie auf ein
allgemeines Prinzip zurückführen, das an sich keinerlei Sicherheit
gewährt. Den Ausgangspunkt bildet hierbei eine unmittelbar für
uns feststehende Meinung, und wir suchen Gründe für dieselbe
auf, nicht um die objektive Wahrheit festzustellen, sondern lediglich
lich um einen höheren prinzipiellen Gesichtspunkt zu gewinnen,
unter dem die erstere sich rechtfertigen lässt, ein Verfahren, das
auf den Gebieten, auf welchen subjektive Ansichten vorzugsweise
sich geltend zu machen pflegen (wie auf dem der Politik), fortwährend zur Anwendung kommt. Im pädagogischen Interesse ist
es geboten, die im Unterrichte von den Zöglingen zu Tage
geförderten grundsätzlichen Ansichten, auf welche sich ihre Urteile
im einzelnen stützen, einerseits zu klären und richtig zu stellen,
andererseits jene dazu zu befähigen, selber ihre Urteile inbezug
auf Allgemeingültigkeit zu prüfen und zu berichtigen, wie wir dies
als die Aufgabe der logischen Bildung erkannt haben.[1]

Wir betrachten noch die hauptsächlichen Fälle, in denen das
Schlussverfahren und die darauf beruhende Deduktion im Unterricht Verwertung findet.

In dieser Beziehung ist ein zwiefacher Gebrauch zu unterscheiden. Die Deduktion kann nämlich einerseits darauf abzielen,
eine gegebene, an sich aber noch problematische Erkenntnis durch
Ableitung aus einem allgemeingültigen Prinzip zu begründen bezw.
zu erklären, ein Verfahren, das den Gang der naturwissenschaftlichen Forschung nachahmt. Oder sie kann umgekehrt darauf
gerichtet sein, ein allgemeines wissenschaftliches Ergebnis auf die
darunter enthaltenen einzelnen Fälle anzuwenden, und steht so im
Dienst der Mitteilung von Kenntnissen und Erkenntnissen im
Unterricht. Da die besonderen Fälle in dem ihnen übergeordneten

---

[1] Die wissenschaftliche, besonders die fachwissenschaftliche Bildung zielt darauf ab, objektiv feststehende Begriffe (termini technici) zu gewinnen, unter welche
die einzelnen Thatsachen und Vorgänge des betr. Gebietes gebracht werden können.

Allgemeinen enthalten sind, so vermögen wir die ersteren aus dem
letzteren abzuleiten, und der die Ableitung vermittelnde Schluss
nimmt infolgedessen die Bedeutung eines die Erkenntnis erweiternden
Verfahrens an. So dient uns die Deduktion dazu, uns im grammatischen Unterrichte bei der Wahl einer Konstruktion nach einer
Regel zu richten, in der Botanik eine Pflanze durch Herleitung
aus der betr. Klasse zu bestimmen, in der Mathematik und im
Rechnen gewisse Axiome oder feststehende Methoden im einzelnen
zur Anwendung zu bringen u. s. w.

An sich indessen — das muss festgehalten werden — sind
die besonderen Fälle, die auf das angedeutete Verfahren aus
bereits gesicherten allgemeinen Erkenntnissen abgeleitet werden.
in den letzteren schon eingeschlossen; der Schluss, der die Ableitung
vermittelt, stellt also seiner eigentlichen logischen Bedeutung nach
keine die Erkenntnis erweiternde, also synthetische, sondern lediglich eine analytische Funktion dar. Wir bezeichnen denselben nach
dem Gebrauch, den wir bisher im Auge gehabt haben, als analytische
Deduktion. Von dieser unterscheiden wir die synthetische, die
wir nunmehr ebenfalls einer Untersuchung unterziehen wollen.

Dieselbe kommt vorzugsweise in der Mathematik zur Geltung.
Hier nimmt daher der Schluss, der auch die synthetische Deduktion vermittelt, in der That den Charakter eines erkenntnis-
schaffenden Verfahrens an, dem jene Wissenschaft den Reichtum
ihrer Ergebnisse verdankt. Woher kommt nun das Neue, das
der Schlusssatz gegenüber den Vordersätzen aufweist? Es soll
z. B. der Satz bewiesen werden, dass ein gleichschenkliges Dreieck durch die Halbierungslinie des von den gleichen Schenkeln
eingeschlossenen Winkels in zwei kongruente Dreiecke zerlegt wird.
Für den Beweis kommt es bekanntlich darauf an, die Kongruenz
der so entstehenden Dreiecke darzuthun. Dies geschieht mit Hülfe
des Schlusses. Der Obersatz desselben lautet: stimmen zwei Dreiecke in drei homologen Stücken überein, so sind sie kongruent. Der
Untersatz ist in den Gleichungen enthalten:

$$a\,b = a\,c:$$
$$\angle\ a_{,} = a_{,,};$$
$$a\,d = d\,a;$$

folglich $\triangle\ a\,b\,d \cong a\,c\,d.$

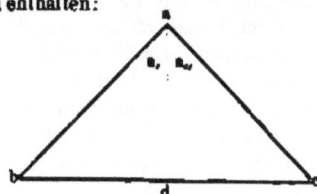

Die beiden ersten Gleichungen sind in der Voraussetzung enthalten. Die dritte dagegen bietet etwas Neues, die Gleichheit des dritten Stückes, das erforderlich ist, um die Kongruenz zu begründen. Dieses nun ergiebt sich unmittelbar aus der Figur, aus der Anschauung. Es tritt sonach mit Hülfe der letzteren ein erkenntniserweiterndes, ein synthetisches Element hinzu; wir lernen also das hierbei wie in der Mathematik überhaupt angewandte Schlussverfahren als synthetische Deduktion kennen.

Das synthetische Element des Schlusses stammt in diesem Fall aus der durch die Konstruktion dargebotenen Anschauung. Ebenso bei dem Beweis des sogenannten Pythagoräischen Lehrsatzes. Auch bei den eigentlichen Kongruenzsätzen ergiebt sich das Neue aus der Anschauung; es besteht in dem Aufeinanderlegen der Dreiecke, wodurch die Kongruenz unmittelbar erwiesen ist. Oder das Neue, das synthetische Element, wird dadurch gewonnen, dass eine Grösse mit einer anderen vertauscht wird unter Anwendung des Satzes: sind zwei Grössen gleich einer dritten, so sind sie einander gleich. So in dem Satze, nach welchem der Aussenwinkel gleich der Summe der gegenüberliegenden inneren ist:

$$\measuredangle\, \delta + \gamma = 2\,R;$$
$$\measuredangle\, \alpha + \beta + \gamma = 2\,R;$$
folglich $\measuredangle\, \delta + \gamma = \alpha + \beta + \gamma.$

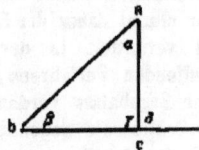

Da nun gleiches von gleichem subtrahiert gleiches giebt, so ist $\measuredangle\, \delta = \alpha + \beta.$

In der Anwendung des letzteren Satzes liegt wiederum ein Hülfsmittel der synthetischen Deduktion. Auch in der Arithmetik spielt die Verwertung von Axiomen dieser Art eine wichtige Rolle. Daneben ist es hauptsächlich die Substitution neuer Zahlenausdrücke, worauf das Erkenntnisverfahren in der bezeichneten Wissenschaft sich stützt. Das Ausrechnen von Gleichungen mit zwei Unbekannten z. B. kommt ja im wesentlichen darauf hinaus, dass die eine Unbekannte mit Hülfe einer Gleichung bestimmt und der so gewonnene Zahlenausdruck in die andere eingeführt, hier substituiert wird, wodurch ein neues Element in der Rechnung Aufnahme findet. Bei jeder geometrischen Konstruktionsaufgabe und Beweisführung, bei jeder Lösung einer Rechenaufgabe handelt es sich so darum, dies Neue ausfindig zu machen. Dasselbe setzt eine schöpferische Phantasiethätigkeit voraus, die sich bei den Schülern erst infolge einer umfassenderen Übung herausbildet, wodurch das Material für die jener Geistesthätigkeit zur Grundlage dienenden Kombinationen herbeigeschafft wird. Eine angeborene Anlage für den mathematischen Unterricht giebt es nicht; die Befähigung für die durch den letzteren bedingten Funktionen muss vielmehr erst erworben werden. Nur weil bei manchen Zöglingen der Sinn für die Auffassung der für die Mathematik massgeblichen Grundfaktoren: Gestalt, Mass und Zahl sich frühzeitig ohne systematische Anleitung entwickelt, sind wir geneigt, eine besondere ursprüngliche Veranlagung für jenes Erkenntnisgebiet anzunehmen. Von einer besonderen Befähigung für Mathematik kann nur insofern gesprochen werden, als der Grad der Klarheit verschieden ist, in welchem die mathematischen Gebilde sich im Bewusstsein ausprägen. In je höherem Masse dies geschieht, desto leichter und sicherer gehen auch die Kombinationen von statten, welche die Grundlage der mathematischen Begabung ausmachen.

Die synthetische Deduktion kommt übrigens auch auf anderen Lehrgebieten als in der Mathematik, nämlich im entwickelnden Unterricht zur Anwendung, so, wenn es darauf ankommt, ein Gedicht aus seinen Grundgedanken zu erklären. (Z. B. Schillers „Ideal und Leben"; der Grundgedanke ist in diesem Fall im Anschluss an die Platonische Ideenlehre festzustellen.) Auf die bezeichnete Weise wird ferner z. B. in der Grammatik aus dem Begriff eines Kasus oder Modus der Gebrauch im einzelnen und ebenso in der Geschichte aus der ursprünglichen Bedeutung einer Einrichtung, so der des Königtums, die spätere Entwicklung desselben hergeleitet. Die verschiedenen Faktoren, welche auf die letztere Einfluss geübt haben, bilden die synthetischen Elemente bei diesem Erkenntnisverfahren. Auch das Werden eines Charakters aus seinen Anfängen wird auf die bez. Weise dargestellt u. s. w.

Wir haben uns bisher mit dem deduktiven Verfahren als wissenschaftlicher Erkenntnisfunktion beschäftigt. Daneben bedeutet dasselbe eine blosse Form der Darstellung im Unterricht, als Methode, die zur Mitteilung fertiger Ergebnisse dient, sofern der erstere einen systematischen Gang verfolgt. Die Mathematik ist bekanntlich in dieser Weise von Euklid bearbeitet worden und wird in manchen, und zwar gerade vielgebrauchten Lehrbüchern noch immer in derselben behandelt. Das Verfahren beruht hierbei bekanntlich darauf, dass der Lehrsatz, der die neu zu gewinnende Erkenntnis enthält, vorausgeschickt wird, während der Beweis sich anschliesst. In unserer Zeit wendet man mehr und mehr ein induktives Verfahren an, das darauf abzielt, zuerst das Problem zu stellen, welches durch das mathematische Erkenntnisverfahren gelöst werden soll. Beide, der induktive und der systematisch fortschreitende deduktive Lehrgang lassen sich übrigens mit einander verbinden, indem jedesmal aus einem gewonnenen Satz ein neues Problem abgeleitet wird, das so zur Behandlung des folgenden hinüberführt. So wird man nach Erledigung des Pythagoräischen Lehrsatzes, der ein rechtwinkeliges Dreieck zu Grunde legt, die Frage aufwerfen, welche Umwandlung der Satz erfahren müsste, wenn man von einem spitzwinkeligen Dreieck ausgehen wollte.

Die deduktive Form der Darstellung ist vorherrschend in den Lehrbüchern, welche den Stoff in systematischer Form vorführen, wie sowohl auf dem Gebiete der Grammatik wie auf dem der Physik und der Naturgeschichte. Überall wird hier der Lehrstoff in der Anordnung eines Systems geboten, das vom Allgemeinen zum Besonderen fortschreitet, wie dies dem deduktivem Verfahren eigentümlich ist.

Endlich kommt das deduktive Verfahren bei der Behandlung eines wissenschaftlichen Themas zur Geltung. Es werden auch hier die fertigen Ergebnisse vorangestellt, während die Begründung in den einzelnen Punkten nachfolgt. Diese Form der Darstellung ist bei uns in Deutschland bei der Bearbeitung wissenschaftlicher Werke üblich; in England wiegt dagegen die entgegengesetzte vor, welche den Gang der Forschung nachahmt und demgemäss zuerst die Thatsachen aufführt, auf welche die erstere sich stützt, um hieraus die allgemeinen Folgerungen zu ziehen. Das ist der Gang der induktiven Methode. Lessing giebt ein Beispiel für diese Behandlungsweise in seiner Untersuchung über die Fabel, wohingegen er in derjenigen „Wie die Alten den Tod gebildet haben", ein Muster für die deduktive, systematische Form der Darstellung bietet.

Die deutschen Aufsätze und kleineren Ausarbeitungen aus anderen Gebieten, die eine Vorübung in der Erörterung eines wissenschaftlichen Themas bilden sollen, pflegen sich durchweg der deduktiven Darstellungsform zu bedienen, indem sie das im Thema enthaltene Problem als gelöst betrachten und die dadurch gewonnenen Ergebnisse als etwas Fertiges darlegen. Es sollte jedoch gelegentlich auch die andere, induktive Methode der Behandlung geübt werden; so namentlich in Bezug auf naturwissenschaftliche Themen, die sich vornehmlich für diese Behandlungsweise eignen.

Die vielseitige Übung in der Bethätigung der hier aufgeführten Funktionen ist es, was wir unter dem Begriff der geistigen Durchbildung zu verstehen haben. Dieser letztere bezeichnet den formalen Gewinn, der für die Schüler fortdauert, wenn der materiale Ertrag der Schulbildung, der Schatz an angeeigneten Kenntnissen, wie dies unvermeidlich ist, nach Verlassen der Schule zum grossen Teil verloren geht. Der Begriff der geistigen Schulung umfasst übrigens nicht nur eine theoretische Seite, sondern ebenso sehr eine praktische, die in der Erziehung zu geistiger Arbeit überhaupt besteht, wie sie der spätere soziale Lebensberuf der wissenschaftlich gebildeten Jugend erfordert. Über den hiermit angedeuteten moralischen Faktor des Unterrichts habe ich mich in meinen „Grundzügen" S. 113 geäussert.

———⋙⋘———

SAMMLUNG VON ABHANDLUNGEN AUS DEM GEBIETE DER
PÄDAGOGISCHEN PSYCHOLOGIE UND PHYSIOLOGIE

HERAUSGEGEBEN VON

H. SCHILLER   UND   TH. ZIEHEN.

II. BAND. 7. HEFT.

DAS

STUDIUM DER SPRACHEN

UND DIE

GEISTIGE BILDUNG

VON

ARNOLD OHLERT.

BERLIN,
VERLAG VON REUTHER & REICHARD
1891.

Druck von Paul Schettler's Erben, Hofbuchdruckerei in Cöthen.

Vorwort.

———

Meines Erachtens kann die vielumstrittene Frage über die geistige Leistung des fremdsprachlichen Unterrichts nur dann der Lösung näher gebracht werden, wenn man die Ergebnisse der neueren Psychologie und Sprachwissenschaft der Untersuchung zu Grunde legt. Diese Schrift ist ein erster Versuch dazu. Es wäre erfreulich, wenn recht viele Vertreter der alten Richtung des Sprachunterrichts sich an der Erörterung beteiligen wollten, aber auf dem Boden moderner Kenntnisse und sachlicher, leidenschaftsloser Erwägung.

Königsberg-Pr.

A. Ohlert.

Inhalt.

—

—

Einleitung.

Das Problem der formalen Bildung ist eine der wenigen Streitfragen, welche aus dem Altertum bis in das geistige Leben der Gegenwart hineinreichen. Die Auffassung des Sprachbegriffs als einer Realität und die damit zusammenhängende abstrakte Beurteilung der geistigen Werte haben das ganze Mittelalter beherrscht. Erst das Aufkommen des exakten Wissensbegriffs und die damit zusammenhängende Blüte der Naturwissenschaften haben diese Herrschaft beseitigt. Auch die Philosophie in ihren massgebenden Vertretern hat sich von dem langdauernden Bann befreit. In ihrem Gefolge erblicken wir seit geraumer Zeit die Sprachwissenschaft, während ihre pädagogische Ergänzung, der Sprachunterricht, wenigstens, soweit seine staatliche Gestaltung in Betracht kommt, noch zum grossen Teile an der alten Auffassung festhält.

Das Problem der Sprache, das Verhältnis der Sprache zum Denken ist mit den Mitteln einer Erörterung a priori unlösbar. Man kann nur zur Klarheit gelangen, wenn man die Ergebnisse der neueren Psychologie und der Sprachwissenschaft zu Grunde legt und aus ihnen die logischen Folgerungen zieht. Daher werden im ersten Kapitel die Gesetze des seelischen Lebens, im zweiten Kapitel die Gesetze der Sprache behandelt.

Jede wissenschaftliche Erörterung der seelischen Vorgänge hat den Übelstand, dass sie zu einer Trennung der psychischen Kräfte nötigt, welche der Wirklichkeit nicht entspricht. So sind hier nur die in Betracht kommenden Gesetze des geistigen Lebens, nicht die Vorgänge im Gemütsleben und im Willensleben behandelt.

Der mannigfaltige, der Erörterung unterworfene Stoff veranlasste eine Beschränkung auf die wesentlichen Thatsachen.

Erstes Kapitel.[1]

Das seelische Leben.

A. Mechanischer Vorstellungsverlauf.

I. Die Aufnahme eines Sinnenreizes in die Seele (Perzeption) nennt man Empfindung.

1. Zum Zustandekommen einer Empfindung gehören drei Vorgänge:

a) die Reizung der Nerven durch äussere physikalische Vorgänge;

b) der physiologische Erregungszustand der Nerven infolge des äusseren Reizes;

c) die Verwandlung der Nervenerregung in einen psychischen Bewusstseinsakt (im Grosshirn).

2. Die Thätigkeit der Seele bei Aufnahme eines Sinnenreizes ist zunächst passiv (abwartend), indem erst infolge einer nervösen Reizung eine Empfindung eintritt, sodann aktiv (mitarbeitend), indem durch die Thätigkeit der Seele der Empfindung ihre eigenartige Färbung[2] verliehen wird.

3. Der Reizumfang unserer Empfindungen (das Gebiet zwischen Reizschwelle und Reizhöhe, die mindeste Grenze und höchste Grenze, innerhalb deren eine Empfindung überhaupt in das Bewusstsein tritt) ist verschieden.

4. Bei der Beurteilung einer Empfindung zieht man in Betracht:

a) die Stärke der Empfindung, von der ihre Deutlichkeit abhängt;

b) den Inhalt der Empfindung, von dem ihre Klarheit abhängt;

c) den Ton der Empfindung oder die Wertschätzung, die wir ihr angedeihen lassen.

---

[1] Die Ausführungen des ersten Kapitels stützen sich, abgesehen von einigen unwesentlichen Änderungen, in ihren dogmatischen Sätzen auf F. Burckhardt, psychologische Skizzen zur Einführung in die Psychologie. Löbau i. S., J. G. Walde, 1894.

[2] Aus diesem Grunde lässt sich keine Empfindung beschreiben, sie muss erlebt werden. Das ist auf zahlreichen Gebieten des Anschauungsunterrichts sehr zu beachten.

5. Die Verschiedenheit des Reizumfanges bedingt eine Verschiedenheit der Empfindungen.

6. Durch systematische Übungen (der Sinneswerkzeuge) kann der Reizumfang und infolgedessen die Empfindung (in Inhalt und Stärke) gesteigert werden. (Vergl. SS. 31—32.)[1]

II. Sobald die Empfindung auf den Ursprungsort der Erregung bezogen wird (sobald der Empfindungsinhalt hinaus in den Raum verlegt wird), entsteht eine Wahrnehmung.

1. Das sichere Bewusstsein des Ortes (Lokalisation), von dem der die Empfindung hervorrufende Reiz ausgeht, wird durch die Thätigkeit der Lokalzeichen ermöglicht. (Lotze.)

2. Sobald die Empfindung Zustände des eigenen Körpers betrifft, spricht man von innerer Wahrnehmung.

3. Die Lokalisation in ihrem natürlichen Zustande ist unsicher und ungenau. Die sichere und genaue Lokalisation ist Sache der Übung und Gewöhnung. (Vergl. SS. 34, 36.)

III. Anschauung nennen wir die Gesamtheit der Wahrnehmungen, die wir von einem Dinge haben.

1. Die Anschauung ist deutlich, wenn die Gesamtheit der einem Dinge anhaftenden Wahrnehmungen zum sinnlichen Bewusstsein kommt.

2. Die Anschauung ist klar, wenn der angeschaute Gegenstand in der Eigenart seines Wesens von allen ähnlichen Gegenständen unterschieden wird.

3. Auf der Deutlichkeit und Klarheit der Wahrnehmungen beruht die Vollkommenheit der Anschauung.

4. Eine Anschauung entsteht nur durch die aufmerksame, prüfende und verweilende Betrachtung eines Gegenstandes. Wo diese Bedingungen, wie im gewöhnlichen Verlaufe des Lebens, fehlen, da ist die Anschauung undeutlich und unklar. Deutliche und klare Anschauungen werden nur durch langdauernde, systematische Übungen erzielt. (Vergl. S. 32.)

IV. Unter Vorstellung verstehen wir das von einer Wahrnehmung oder einer Anschauung (im Gedächtnis) zurückbleibende geistige Bild.

1. Die Wirklichkeit bietet nur Gesamtvorstellungen, d. h. eine Summe von Einzelvorstellungen, die durch das Anschauen eines Gegenstandes vor die Seele treten.

---

[1] Vergl. Burckhardt, a. a. O. S. 21—22.

Einfache Vorstellungen kommen in der Wirklichkeit des soelischen Lebens nicht vor: wir gewinnen einen Begriff von ihnen nur durch die Thätigkeit der Abstraktion.

2. Die Allgemeinvorstellung enthält eine Vielheit gleichartiger Vorstellungen und entsteht durch einen bewussten Akt der Seele.

3. Die Vorstellungen sind die ersten Erzeugnisse bewussten und frei waltenden Denkens und als solche die Grundlage der höheren Seelenthätigkeit. (Vergl. unten S. 9 f.)

V. Unter der Bowegung der Vorstellungen verstehen wir jenen unaufhörlichen Vorstellungsverlauf, in welchem die Vorstellungen bald in das Bewusstsein treten (über die Schwelle des Bewusstseins steigen), bald aus dem Bewusstsein entschwinden (unter die Schwelle des Bewusstseins sinken).

VI. In dieser dauernden Bewogung des seelischen Lebens verhalten sich die Vorstellungen folgendermassen:

1. Die Vorstellungen sind in der Wirklichkeit des seelischen Lebens niemals als einfache seelische Gebilde vorhanden, sondern sie verbinden sich in mannigfachster Form zu mehr oder weniger zusammengesetzten Formen. Eine solche Verbindung von Vorstellungen nennt man: Assoziation.[1]

2. a) Nur eine sehr kleine Anzahl von Vorstellungen kann in einem gegebenen Augenblick im Bewusstsein verharren (Enge des Bewusstseins).

b) Nach bestimmten Gesetzen kehren Vorstellungen, die früher im Bewusstsein vorhanden waren, in das Bewusstsein zurück. Die Rückkehr verdunkelter Vorstellungen in das Bewusstsein nennt man: Reproduktion.

---

[1] Wundt, Grundzüge der physiol. Psychol. II, S. 302 unterscheidet folgende Arten von Assoziationen:
  I. Die simultane Assoziation der Vorstellungen:
    1. Verschmelzungen.
    2. Komplikationen.
  II. Die successive Assoziation der Vorstellungen:
    1. Die innere Assoziation:
      a) nach dem Gesetz der Ähnlichkeit,
      b) nach dem Gesetz des Kontrastes.
    2. Die äussere Assoziation:
      a) nach dem Gesetz der Koexistenz im Raume,
      b) nach dem Gesetz der Succession in der Zeit.
Über die Bedeutung der hier vorkommenden psychologischen Kunstausdrücke vergleiche man Wundt, a. a. O.

Diese Gesetze sind folgende:

Gleichartige Vorstellungen reproduzieren einander (innere Assoziation).

Gleichzeitige Vorstellungen reproduzieren einander (äussere Assoziation).[1]

VII. 1. Die häufige Wiederholung von Vorstellungen, die im wirklichen Leben zusammen auftreten, führt zu der Entstehung einer Vorstellungsreihe. Vorstellungsreihe nennen wir eine Verschmelzung aufeinander folgender Vorstellungen. In dieser Reihe hat jede Vorstellung ihren bestimmten, unverrückbaren Platz.

2. Die Anordnung der Reihen im seelischen Leben ist bei jedem Individuum (entsprechend seinem Erfahrungsinhalt) äusserst verschieden und verläuft in den mannigfaltigsten Formen: sie laufen nebeneinander her, durchkreuzen einander und schiessen in vielfältiger Form durcheinander, um so zahlreicher, je reicher das Seelenleben des Individuums ist.

B. Die Denkformen und das Denken.
(Bewusster Vorstellungsverlauf.)

I. 1. Begriff nennen wir die sprachlich benannte Vorstellung, welche die Summe der wesentlichen Merkmale gleichartiger Vorstellungen in sich vereinigt.

2. Die Begriffsbildung beruht auf vier seelischen Vorgängen:

a) auf der Reproduktion gleichartiger Vorstellungen;

b) auf der Reflexion, welche die Eigenart der in einem Begriffe vereinigten Vorstellungen zum Bewusstsein bringt;

c) auf der Abstraktion, welche die gemeinsamen Merkmale heraushebt und von den übrigen ablöst;

d) auf der Kombination, welche die wesentlichen Merkmale zu einer Gesamtvorstellung zusammenfügt.

3. Die Begriffsbildung kann zwar das Ergebnis eines bewussten, prüfenden Denkens sein, jedoch sind die eben genannten vier seelischen Thätigkeiten auch unbewusst (unter der Schwelle des Bewusstseins) wirksam. Diese unbewusste

[1] Die Gesetze der Reproduktion sind bereits von Aristoteles aufgestellt worden, welcher deren freilich vier unterscheidet. In der modernen Fassung hat man sie auf zwei zurückgeführt.

seelische Thätigkeit ist in der Praxis des Lebens die Regel, die bewusst arbeitende eine immerhin seltene, auf einen kleinen Kreis von Menschen beschränkte Ausnahme. Es giebt dementsprechend zwei Arten von Begriffen:

a) Psychische Begriffe (urwüchsige Begriffe: DÖRPFELD). welche das Ergebnis eines unbewussten, dem Zufall überlassenen Denkens sind. Sie sind unvollständig in der Zahl der wesentlichen Merkmale, unklar in der Abgrenzung gegen ähnliche Merkmale und oft mit überflüssigen (nicht zum Begriff gehörigen) Merkmalen behaftet.

b) Die logischen Begriffe sind vollkommen in der Art, Zahl und Anordnung der wesentlichen Merkmale und von allen ähnlichen Begriffen scharf geschieden.

Die logischen Begriffe sind stets das Ergebnis einer wissenschaftlichen Untersuchung; daher haben sie die Merkmale des logischen Denkens: Notwendigkeit und Allgemeingültigkeit[1])

4. Der Inhalt des Begriffs ist die Summe seiner wesentlichen Merkmale.

Der Umfang des Begriffs ist die Summe der Vorstellungen, welche er umfasst.

Inhalt und Umfang der Begriffe stehen im umgekehrten Verhältnis: je kleiner der Umfang, desto grösser ist der Inhalt und umgekehrt.

II. In dem Urteil wird eine Beziehung zwischen zwei oder mehreren Vorstellungen oder Begriffen zum Ausdruck gebracht.

Anmerkung. Die Beziehung kann bejahend oder verneinend sein: im ersten Falle wird geurteilt, dass eine Beziehung vorhanden ist, im zweiten Falle geht das Urteil dahin, dass eine Beziehung zwischen den vorliegenden Begriffen nicht stattfinden könne.

[1]) Was ist Logik? Über das Wesen des logischen Denkens herrscht noch immer, trotzdem der Begriff oft erörtert worden ist, bedauerliche Unklarheit. Zum logischen Denken gehört zunächst, dass die Thatsache, oder die Beziehung, oder der Ausdruck, welcher auf das Merkmal des Logischen Anspruch macht, auch die Merkmale des logischen Denkens, Notwendigkeit und Allgemeingültigkeit an sich trage. Notwendig, d. h. es muss so sein, es kann nicht anders sein; allgemeingültig, d. h. es muss von jedem normal Denkenden zu allen Zeiten und an allen Orten anerkannt werden. Sodann aber ist für das logische Denken wesentlich, dass die logischen Merkmale von dem denkenden Individuum durch einen bewussten Denkakt als solche erfasst werden. Sobald jene bewusste Erfassung der logischen Merkmale fehlt, ist das Denken (für das seelisch thätige Subjekt) psychologisch, nicht logisch.

1. Das (psychische) Urteil entsteht durch ein Vergleichen der beiden vorliegenden Begriffe; es wird vollendet durch einen Akt der Apperzeption.

2. Es giebt (vergl. die Ausführung bei der Begriffsbildung SS. 9—10) zwei Arten von Urteilen:

a) Psychische (urwüchsige) Urteile, welche das Ergebnis eines unbewussten, dem Zufall überlassenen Denkens sind: sie sind unsicher und durchaus individuell, weil sie durch keine wissenschaftliche Prüfung geklärt sind.

b) Logische Urteile, welche zwingend und daher für alle normal Denkenden schlechthin verbindlich sind, weil sie wissenschaftlich untersucht sind und daher die Merkmale des logischen Denkens an sich tragen.

3. Die eigentliche Urteilsbildung (die Verknüpfung von Subjekt und Prädikat zu einem Urteil) geschieht mechanisch und ist daher keiner Beeinflussung zugänglich: nur die Natur der Begriffe entscheidet darüber, ob das Urteil ein psychisches oder ein logisches sei.

4. Das psychische Urteil ist ein Akt der Apperzeption, das logische Urteil ist ein Akt des Denkens. (Dürckbardt.)

5. Begriff und Urteil stehen (wie alle seelischen Funktionen) in wechselseitiger Abhängigkeit, indem schon die Entstehung des Begriffs ein Urteilen voraussetzt.

III. Der Schluss ist die Ableitung eines Urteils aus zwei anderen.

1. Die beiden Urteile, aus denen das dritte abgeleitet wird, heissen Prämissen, das abgeleitete Urteil heisst der Schlusssatz.

2. Der (psychische) Schluss entsteht durch die Thätigkeit der Reproduktion.

3. Es giebt zwei Arten von Schlüssen (vergl. SS. 9—10, 11):

a) Psychische (urwüchsige) Schlüsse, welche das Ergebnis eines unbewussten, dem Zufall überlassenen Denkens sind: sie sind unsicher und durchaus individuell, weil die beiden Voraussetzungen (Prämissen), deren unbewusste (mechanische) Verknüpfung zum Schlusse führt, keiner wissenschaftlichen (logischen) Prüfung unterworfen worden sind.

b) Logische Schlüsse, sie sind zwingend und daher für alle normal Denkenden in ihren Folgerungen schlechthin verbindlich, weil sie infolge einer vorausgegangenen wissenschaftlichen

Prüfung der beiden Prämissen die Merkmale des logischen Denkens an sich tragen.

4. Die Bildung der Schlüsse geschieht mechanisch und ist daher keiner (pädagogischen) Beeinflussung zugänglich: erst die Natur der beiden dem Schlussverfahren unterworfenen Urteile entscheidet darüber, ob der Schluss ein psychischer oder ein logischer sei.

IV. Die Vorstellung eines vollkommenen und mustergültigen Begriffs nennt man Idee.

Die konkrete Erscheinung einer Idee nennen wir Ideal.

1. Ihrem Begriffe nach sind Ideen und Ideale etwas in der Wirklichkeit des Geschehens nicht vorhandenes; sie sind daher im praktischen Leben Ziele, nach deren Erreichung die sittliche Arbeit des Einzelnen und der Gesamtheit zu streben hat.

C. Gesetze des seelischen Lebens.

Das seelische Leben ist in seinem Verlaufe vier grundlegenden Gesetzen unterworfen, welche nach der Fassung STRÜMPELLS[1] folgendermassen lauten:

a) Das Gesetz der Beharrung, demzufolge alle physiologischen Reize und psychischen Gebilde, welche einmal zum Inhalte des seelischen Lebens geworden sind, eine unvertilgbare Spur hinterlassen und zum latenten Eigentum der Seele werden. Auf diesem Grundgesetz beruht vorzugsweise die Fähigkeit der Reproduktion.

b) Das Gesetz der Kontinuität, demzufolge sämtliche physiologischen Reize und psychischen Gebilde, welche das Seelenleben ausmachen, das Streben nach innigem Zusammenhang bekunden. Verknüpfung, Assoziation und Verschmelzung sind daher die Wirkungen dieses Gesetzes.

c) Das Gesetz der Ausschliessung, demzufolge nur eine sehr beschränkte Zahl von Vorstellungen zu derselben Zeit mit der gleichen Klarheit im Bewusstsein verweilen kann. Dieses Gesetz beruht auf der Enge des Bewusstseins (vergleiche oben S. 8).

d) Das Gesetz der Reihenbildung, demzufolge alle in die Seele eingehenden Gebilde sich in bestimmter Weise auf Grund

[1] Vergl. BURCKHARDT, a. a. O. S. 114—118. Dazu STRÜMPELL, Psychol. Pädagogik, S. 194—234.

unabänderlich wirkender Gesetze in Reihenform ordnen müssen
(vergl. oben S. 9).

Anmerkung. Das unter b) genannte Gesetz der Kontinuität
bedarf der näheren Erläuterung: Zunächst verkündet das Gesetz
die Thatsache, dass jede im seelischen Leben auftauchende Regung
dem wechselnden Spiel der seelischen Kräfte anheimfällt, sodass
eine vereinzelte Wirkung oder Leistung seelischer Kräfte innerhalb des seelischen Organismus überhaupt ausgeschlossen ist.
Diese Thatsache erweist sich als eine Folge der unteilbaren Einheit der Seele, welche immer nur als Ganzes, niemals aber durch
eine einzelne ihrer Eigenschaften wirkt. Sodann aber ist zu
beachten, dass die grossen seelischen Wirkungsgruppen — physiologische Reize, psychologische Formen, logische Thatsachen, in
ihren Wirkungen durchaus auf einander angewiesen sind und
daher überhaupt nicht als einzeln wirkend gedacht werden können.
**Die vollkommene Leistung der höheren Gruppe hängt
durchaus von der vollkommenen Leistung der niederen
Gruppe ab.** Diese Thatsache ist ein Grundgesetz der Pädagogik
(vergl. unten S. 35).

Zweites Kapitel.

Die Sprache.

I. Die Bildungsgesetze der Sprache.

Die Erörterung über das Wesen der Sprache empfängt durch
den Zweck, dem diese Zeilen dienen, ihre feste Begrenzung. Auf
die Frage des Ursprungs der Sprache kann deswegen nicht eingegangen werden, weil sich der Gang der Untersuchung streng
auf Thatsächliches beschränkt, und die erwähnte Frage, wenigstens
was die Einzelheiten anbetrifft, keineswegs über den Streit der
Meinungen hinausgekommen ist. Überdies wird durch ein Eingehen auf diesen Streit der hier in Betracht kommende Kern der
Darlegung — der psychologische oder logische Untergrund der
sprachlichen Bildungsgesetze — gar nicht berührt. Ebensowenig
dürfte ein Anlass entstehen, auf die Gesetze, welche der Weiterentwickelung der Sprachformen, dem Werden und Vergehen der

Sprache, zu Grunde liegen, näher einzugehen. Denn eine Bezug-
nahme auf die hier wirksamen Gesetze dürfte sich nur in einzelnen
Fällen als nötig herausstellen. Es genügt hier, auf die ausführ-
liche Behandlung hinzuweisen, welche Paul in seinen Prinzipien
der Sprachgeschichte dem erwähnten Gegenstande hat angedeihen
lassen.[1] So spitzt sich die Frage unter der angegebenen Begrenzung
folgendermassen zu: Welches sind die Gesetze, die der
Bildung der Sprache zu Grunde liegen? Und weiter:
Welcher seelischen Gruppe gehören diese Gesetze an?
Sind sie psychischer oder logischer Art? Aus methodischen
Gründen empfiehlt es sich, der Beantwortung beider Fragen eine
allgemeine Auseinandersetzung vorauszuschicken und mit der
letztgenannten Frage zu beginnen. Man erinnere sich daran, dass
alle rein psychischen Thätigkeiten der Seele, sobald sie nicht in
den Blickpunkt der Aufmerksamkeit treten, durchaus jenseits der
Schwelle des Bewusstseins verlaufen, d. h. unbewusst sind,
während jeder logische Akt seinem Begriff nach der Sichtung
und prüfenden Überlegung bedarf, d. h. sich als ein bewusster
Denkakt darstellt. Denn eben die Sichtung und prüfende Überlegung, die Erkenntnis der Allgemeingültigkeit und Notwendigkeit,
erheben ihn aus der Sphäre des rein psychischen Denkens zu einem
logischen Denkakt (vergl. S. 10). Nunmehr lautet die Frage so:
Ist die Bildung der Sprachformen unbewusst, oder geschieht sie
mit bewusster Überlegung? Schon durch Beantwortung dieser
Vorfrage ist die Streitsache endgültig entschieden. Nun ist, wie
weiter unten (S. 23 f.) ansführlich dargelegt werden wird, die Beziehung des Sprachbegriffs und der sprachlichen Beziehungsform
zu dem durch sie vertretenen sachlichen Inhalt durchaus einseitig, derart, dass dem sprachgeformten Beziehungsmerkmal eine
fast unbegrenzte Menge sachlicher Merkmale gegenüberstehen, die
sprachlich nicht ausgedrückt sind. Einmal geformt und einmal
in Gebrauch genommen, gewinnen solche Sprachformen und
Sprachbeziehungen die Fähigkeit, eine unbegrenzte Anzahl neuer
Merkmale in sich aufzunehmen. Dieses Verhältnis muss so
und kann nicht anders sein, weil nur auf diese Weise
die Sprache ihrer grossen Aufgabe, Vermittlerin und
Trägerin des Kulturlebens zu sein, gerecht werden kann.
Dieses Verhältnis (die einseitige Beziehung des Wortes zum

[1] Vergl. Hermann Paul, Prinzipien der Sprachgeschichte, 2. Aufl. Halle-
Niemeyer 1886.

sachlichen Inhalt) ist aber nur deshalb möglich, weil Sprechende und Hörende den ihnen geläufigen Vorrat an Sprachbegriffen und Sprachbeziehungen als blosse Symbole, d. h. ohne Kenntnis der den Sprachbegriffen anhaftenden Merkmale, d. h. völlig unbewusst anwenden. Die Unbewusstheit des Gebrauchs ist die einzige Möglichkeit, welche den Sprachbegriffen die immer erneute Aufnahme neuer Merkmale gestattet. So wird schon durch diese Überlegung a priori die Sprache der psychologischen Gruppe der geistigen Leistungen zugewiesen.

Geht man nun zu der Betrachtung der Einzelheiten über, so erkennt man, dass es wohlbekannte psychische Gesetze sind, welche dem Leben der Sprache zu Grunde liegen. Die psychischen Vorgänge, welche das Sprechen und Verstehen der Sprache bei den einzelnen Individuen regeln, sind das Ergebnis einer ungemein weit verzweigten, im Unbewussten wirkenden Assoziation. Die einzelnen Lautgruppen, die einzelnen grammatischen Kategorien mit ihren herrschenden Gebrauchsweisen und ihren Ausnahmen, die Begriffe nach ihren verschiedenen Arten, die verschiedenen syntaktischen Gebrauchsarten — alles das tritt zu einander und in einander durch beständig wirkende Assoziation und verwächst kraft des grundlegenden Gesetzes der Kontinuität (siehe oben S. 12) zu einem spontan wirkenden lebenskräftigen Ganzen, welches die notwendige Unterlage zum Leben und zur Weiterentwickelung der Sprache, zum Sprechen und Verstehen der Sprachlaute ausmacht. Auf dieser Unterlage entstehen jene höheren sprachlichen Funktionen, der Begriff und die grammatischen Funktionen, welche die Bedingung für jedes höhere geistige Leben sind. Die Namengebung geschieht in der Weise, dass bei einer zusammengesetzten sinnlichen Erscheinung das am meisten in die Augen fallende Merkmal apperzipiert und diese Erscheinung zum ersten Male durch einen eigenartigen, jenem in die Augen fallenden Merkmale entsprechenden Laut von der übrig bleibenden Summe der Erscheinungen abgesondert wurde. Es ist gar keine Frage, dass eine solche Namengebung von unzähligen Individuen unzählige Male ausgeführt wurde, ohne dass sie zu einer dauernden Verknüpfung führte. Wenn jedoch eine solche Namengebung Anklang fand und in allgemeinen Gebrauch kam, so war damit die Verknüpfung des Namens mit dem sinnlichen Merkmal vollzogen und dadurch entstand ein Begriff. Diese einseitige Natur der

Begriffsbildung kann gar nicht oft genug, gar nicht eindringlich genug hervorgehoben werden. Bei Leuten, die nicht psychologisch geschult sind, wird diese That-sache nicht ihrem vollen Werte nach beachtet; sie sind deshalb auch wenig geneigt, die Folgerungen, die sich daraus ergeben, anzunehmen. Die durch den Sprach-begriff vermittelte Bezeichnung ist einseitig und be-zeichnet nur ein Merkmal unter vielen; da er aber im Sprechen und Hören unbewust verwendet wird, so ge-winnt er die Fähigkeit, fast unbegrenzt neue Merkmale in sich aufzunehmen. So zeigen namentlich wichtige Kulturbegriffe in ihrem Bedeutungswandel im Laufe der Zeiten einen Wechsel der zugehörigen Merkmale, der sich folgendermassen veranschaulichen lässt:

a, b, c, d, e, f, g, h . . . . . .
b, c, d, e, f, g, h, i . . . . . .
c, d, e, f, g, h, i, k . . . . . .
d, e, f, g, h, i, k, l . . . . . .
e, f, g, h, i, k, l, m . . . . . .
f, g, h, i, k, l, m, n . . . . . . u. s. w.

Studium der Sprache (der begrifflichen Namen) be-deutet also nicht Sachkenntnis, und das eingehendste Studium synonymischer Unterschiede bleibt immer nur auf der Oberfläche der Begriffskenntnis, welche ihrer-seits nur durch längeres, systematisches Studium des sachlichen Stoffes zu erreichen ist.

Sehr früh entsteht in der Entwickelung der Sprache das Bedürfnis, die Fülle der zuströmenden Sprachlaute zu gliedern. Es entstehen die sogenannten grammatischen Kategorien. Der Name stammt aus dem Organon des Aristoteles und somit aus einer Zeit, in welcher eine naive Sprachbetrachtung in den mannigfaltigen Sprachformen das Walten logischer Gesetze zu erkennen glaubte. Heute wissen wir, dass dem nicht so ist, dass im Gegenteil die Scheidung der Wortarten und die Trennung der Satzglieder auf eine rein psychologische Thätigkeit zurück-geführt werden muss.

Eine den Sinnen (oder der geistigen Auffassung) entgegen-tretende Gesamtvorstellung wird in der Weise geistig und sprach-lich verarbeitet, dass je nach den vorliegenden Verhältnissen ein hervortretendes Merkmal der Gesamtvorstellung hervorgehoben

(apperzipiert) wird. So entsteht durch Apperzeption der sprach-
liche Satz, das psychische Urteil, indem durch diese psychische
Thätigkeit zwei Bestandteile des Satzes geschaffen werden. Das
Besondere der Gesamtvorstellung wird zum Prädikat, das
Allgemeine der Gesamtvorstellung zum Subjekt, dieses ist der
apperzipierende, jenes der apperzipierte Bestandteil. Diese
Differenzierung der Satzglieder setzt sich weiter fort, indem die
Scheidung stets in Doppelgliedern verläuft. Nach dem Vorgang
von WUNDT ist diese stets in zwei Gliedern verlaufende Scheidung
des Sprachstoffes als binäre Verbindung (Gesetz der Zwei-
gliederung) zu bezeichnen.[1])

Diese auf dem psychologischen Gesetz der Apperzeption
beruhende Entwickelung der grammatischen Kategorien lässt sich
der Anschauung durch folgendes Bild näher bringen:

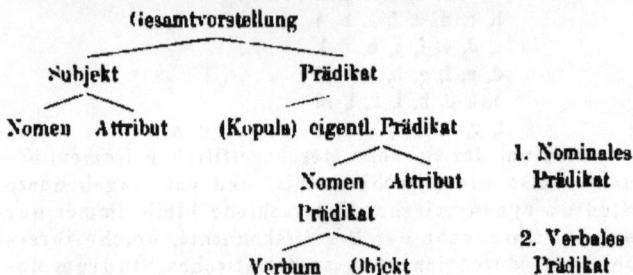

```
                   Gesamtvorstellung
              ┌───────────┴───────────┐
          Subjekt                   Prädikat
        ┌─────┴─────┐          ┌───────┴────────┐
     Nomen      Attribut    (Kopula)   eigentl. Prädikat
                                                        1. Nominales
                               Nomen    Attribut        Prädikat
                            Prädikat
                          ┌────┴────┐                   2. Verbales
                       Verbum    Objekt                 Prädikat
```

Hiermit ist die Darstellung der psychischen Kräfte, welche in dem
sprachlichen Leben wirksam sind, zum Abschluss gebracht. Die
Gesetze, welche die Weiterentwickelung der Sprache regeln, brauchen
hier nur kurz erwähnt zu werden. Die sprachlichen Formen sind
einer dauernden Zersetzung unterworfen, indem einerseits die stetig
veränderte Unterlage des Sprechens (des Sprechorganismus) zum
Lautwandel führt, und indem anderseits die stets wechselnden
Bedürfnisse der Kultur den Bedeutungswandel und die Änderung
des formalen und syntaktischen Formenaufbaus herbeiführen.
Was der Sprache durch diese stetigen Veränderungen an Aus-
drucksfähigkeit verloren geht, ersetzt sie durch Neubildungen,
welche in den allermeisten Fällen auf dem psychischen Vorgang

---

[1]) Vergl. WUNDT, Logik I, 28—29, 53 ff.; OHLERT, Allgemeine Methodik
des Sprachunterrichts, Hannover, C. Meyer (G. Prior) 1893, S. 44—45.

der Analogie[1]) beruhen. Auf diesen Thatsachen beruht das
schöpferische Leben, dessen die Sprache nicht entraten kann,
sobald sio die ihr eigentümliche Aufgabe, ein nimmer veraltendes
Werkzeug der ewig wechselnden Kultur zu sein, erfüllen will.

II. Was ist in der Bildung der Sprache logisch?

Der Wortlaut dieser Überschrift ist so und nicht anders
gewählt, weil es sich hier darum handelt, gewissen unklaren Vorstellungen, welche sich über das angeblich logische Wesen der
Sprache gebildet haben, entgegenzutreten. In Wahrheit ist die
Sprache in ihrer Bildungsweise nicht nur alogisch, sondern sogar
antilogisch, d. h. sie widerstrebt kraft ihres Wesens und kraft der
ihr obliegenden Aufgaben logischen Gesetzen ebenso sehr, wie
der Begriff des sprachlich Regellosen und begrifflich Unbestimmten
dem Begriff des logisch Allgemeingültigen und Notwendigen zu-
wider ist. Der Wortlaut der Überschrift besteht also nur insoweit
zu Recht, als damit eine Auffassung bezeichnet wird, welche zwar
allgemein verbreitet, aber auf die vorliegende Frage ganz unan-
wendbar ist. In Wahrheit ist die Frage dahin zu stellen, ob und
in wie weit die Sprache durch die zahlreichen Einflüsse des
Kulturlebens, denen sie unterworfen ist, Einwirkungen erfahren
hat, die, über das Gebiet des naturwüchsigen psychischen Denkens
hinausgehend, in die Sphäre bewusster Überlegung hineinreichen.
In der Beziehung könnte die Sprache Spuren bewussten Denkens,
wenn auch niemals „logischer" Einwirkung, an sich tragen. So
weit ich sehe, ist es H. PAUL in seinen Prinzipien der Sprachgeschichte gewesen, der (S. 350—368) zuerst die Bedingungen
der Gemeinsprache im Zusammenhange erörtert hat. Wir bezeichnen
mit den Namen Volkssprache, Umgangssprache, Mundart jene Form
des sprachlichen Verkehrs, die auf völlig urwüchsige Weise, ohne
jede Einwirkung von Bildung oder Kultur entsteht, während wir
die Kulturform der Sprache Gemeinsprache nennen. Jene ist als

[1]) „Die Wörter und Wortgruppen, die wir in der Rede verwenden, erzeugen sich nur zum Teil durch bloss gedächtnismässige Reproduktion des
früher Aufgenommenen. Ungefähr ebensoviel Anteil daran hat eine kombi-
natorische Thätigkeit, welche auf der Existenz der Proportionen-
gruppen basiert ist. Die Kombination besteht dabei gewissermassen in der
Auflösung einer Proportionengleichung, indem nach dem Muster von
schon geläufig gewordenen analogen Proportionen zu einem gleichfalls geläufigen
Worte ein zweites Proportionsglied frei geschaffen wird. Diesen Vorgang
nennen wir Analogiebildung." PAUL a. a. O. S. 88—89.

natürliche Form der unbehinderten Einwirkung psychischer Gesetze unterworfen, während bei der Kunstform die Einwirkung bewusster Überlegung, wenn auch in mehr äusserlicher Weise, nachzuweisen ist.

Im Lautbestand steht der reichen Fülle oft widerspruchsvoller volkstümlicher Formen ein regelmässiges, systematisch gereinigtes Lautsystem gegenüber, das im Munde von Schauspielern, hervorragenden Predigern und Lehrern lebt (Bühnensprache), und das eben deshalb für das sprachliche Leben die Bedeutung einer idealen Norm besitzt. Die Formenlehre und die grundlegenden syntaktischen Verhältnisse erscheinen unter den Einflüssen einer Jahrhunderte dauernden Kultur in der Weise gemodelt, dass widerspruchsvolle, unschöne Formen — das Ergebnis widerspruchsvoller sprachlicher Analogie — teils verschwinden, teils sich einem abstrakten, von Aussen dem sprachlichen Leben nähergebrachten System fügen müssen, wobei Formen, die vorzugsweise einer begrifflichen Darlegung dienen, wie die Konjunktive und die Konjunktionen, als Hülfsmittel zusammenhängender Darlegung eine besondere Schützung und Ausbildung erfahren. Bekanntlich hat die lateinische Sprache, begünstigt durch eine Fülle unterscheidender Endungen, sich zu einem System durchgearbeiteter Stilistik als Ausdruck langjährigen rhetorischen Gebrauchs entwickelt, das unklar Denkende gern als das Ergebnis feinsten logischen Denkens anzuführen pflegen. Schade ist nur, dass diese litterarische Kunstform lediglich als Ausdrucksform eines zusammenhängenden Gedankenverlaufs betrachtet werden muss und mit Überlegungen besonderer logischer Art (das Wort logisch im vollen Sinne des Begriffs genommen) nichts zu thun hat. Die Fälle, in denen klügelnde Grammatiker vermeint logische Überlegungen in das sprachliche Leben mit Erfolg hineingetragen haben, kommen vor, sind aber selten. Die stärksten Beeinflussungen unter dem Gange der Kultur erleidet das Leben der Begriffe, weniger in ihrer äusseren Form, als in ihrer virtuellen Bedeutung, d. h. in der Summe der hinter dem Namen verborgenen Merkmale. Hier führen namentlich die Einwirkungen der Wissenschaften und Künste in weitestem Sinne zu einer wissenschaftlichen Terminologie, welche teils neue Begriffe schafft, teils die Bedeutung schon bestehender[1]) wesentlich verändert. Solche

---

[1]) Dahin gehören z. B. sämtliche Ausdrücke der philosophischen Terminologie. Manche der hierher gehörigen Begriffe, wie Substanz, Realismus, Idealismus u. s. w.

2*

Begriffe können gewissermassen die äussere Form für logische Überlegungen abgeben (vergl. S. 10), ohne dass jedoch in ihrer Bildungsart logisches Denken irgendwie zu Tage tritt.

Wenn es sich darum handelt, die Erörterungen dieses Kapitels zusammenzufassen, so kann ein Urteil über die logische Beein-flussung der Sprachbildung nur dahin abgegeben werden, dass eine Einwirkung in streng logischem Sinne nicht nachzuweisen ist, dass aber die Bedürfnisse einer höher entwickelten Kultur sich auch in der Sprache dahin bemerkbar machen, dass einmal die Notwendigkeit zusammenhängender Darstellung sich in der Gestaltung der stilistischen Verhältnisse bemerkbar macht, während anderseits auch den Begriffen ein zwar nicht sichtbarer, aber immerhin vorhandener Bestandteil bewusster Überlegung mit-geteilt wird.

III. Die Leistung der Sprache.

In den beiden vorhergehenden Abschnitten wurden die Bildungsgesetze der Sprache untersucht, zunächst in ihrer Be-schränkung auf den Sprachstoff, sodann unter dem Gesichtspunkt einer möglichen logischen Einwirkung. Doch wir müssen tiefer graben, um den schwierigen Begriff der Sprache nach allen vor-handenen Richtungen zu klären. Wir fragen deshalb: Was leistet die Sprache auf dem Gebiet des geistigen Lebens, um dann zur Ergänzung die Gegenfrage zu beantworten: Was leistet sie nicht.

A. Was die Sprache leistet.

Die Leistung der Sprache im geistigen Leben ist allgemein und zu allen Zeiten unumwunden anerkannt worden, ohne dass man in der Erkenntnis der Einzelheiten zur begrifflichen Klarheit gelangt wäre. Die geistige Leistung, welche man der Sprache zuschrieb, wurde um so höher bewertet, je weniger man sich über das Wesen der dabei wirksamen Bedingungen Rechenschaft

---

halten eine so grosse Menge von Merkmalen in sich aufgenommen, dass ihre Zergliederung fast einer fortlaufenden Geschichte der philosophischen Lehr-meinungen gleichkommt. Es ist gar keine Frage, dass die Menge und Schichtung der Merkmale in ihre Sprachhüllen zum grossen Teil durch logisches Denken zustande gekommen ist, aber dennoch sind die Begriffe selbst nicht logisch, denn die Summe der in ihnen enthaltenen Merkmale ist (nach heutigem Stand-punkte) logisch unvollkommen und widerspruchsvoll. Zur Geschichte solcher Begriffe vergl. R. EUCKEN, Die Grundbegriffe der Gegenwart. Leipzig, Veit & Co. 1893.

ablegte. Erst der neueren Psychologie im Bunde mit der modernen Sprachwissenschaft ist es gelungen, die Frage zu lösen.

Zunächst ist die Sprache das hauptsächlichste und vollkommenste Werkzeug der Mitteilung. Mit ihrer Hülfe machen wir es möglich, die eigenen Gedanken an andere zu übertragen und das von anderen Gedachte und Erarbeitete in uns aufzunehmen und geistig zu verwerten. Der geistige Fortschritt ist also ganz wesentlich von dieser Möglichkeit der gegenseitigen Mitteilung abhängig, indem die unendliche Arbeit an den vorliegenden Problemen auf viele Denker verteilt wird, die sich durch gegenseitige Mitteilung des Gedachten fördern können. Durch die Anwendung der Schrift, die man eine erstarrte Sprache nennen kann, werden die Schranken von Raum und Zeit beseitigt. So wird die Kontinuität des geistigen Fortschritts, eine Steigerung des Denkens und des Gedachten in das Ungemessene möglich gemacht.

Diese Thatsache betrifft das Allgemeine, doch nicht geringer ist die Stellung der Sprache im Organismus des individuellen Denkens. Indem die Sprache einer zusammengesetzten Vorstellung den Namen giebt, verleiht sie zugleich dem so entstandenen Begriff die Fähigkeiten, welche eine höhere geistige Entwickelung ermöglichen. Zunächst würde den Begriffen ohne die Namengebung die Festigkeit fehlen: eine Reihe immer neuer Apperzeptionen würde eine Reihe immer neuer Namen hervorvorrufen, die Seele würde aber niemals zu Begriffsbildungen gelangen. Durch die Namengebung wird also den Begriffen Haltbarkeit gegeben; die Namengebung ist es, die gewissermassen den Pol in der Erscheinungen Flucht abgiebt. Durch die Namengebung wird es ferner ermöglicht, die Begriffe durch scharfe lautliche Unterschiede von einander abzugrenzen, wodurch die Klarheit der Begriffe gefördert wird. — Die Namengebung endlich befördert die symbolische Natur des Begriffs. Wenn wir bei jeder geistigen Thätigkeit genötigt wären, uns die volle Summe der von dem Begriff vertretenen sachlichen Merkmale von neuem zu vergegenwärtigen, so wäre die weitere Bearbeitung der Begriffe im Sinne von Elementen ungemein verlangsamt und die gesamte höhere geistige Bildung ernstlich in Frage gestellt. Nur indem wir den Begriff (mit Hülfe der Namengebung) als Symbol auffassen und die Summe der vorhandenen sachlichen Merkmale (während unserer mechanischen Denkthätigkeit)

vernachlässigen, sind wir imstande, alle wünschenswerten Denkvorgänge mit spielender Leichtigkeit zu vollziehen: wir stellen
die Begriffe nebeneinander, vergleichen und bearbeiten sie
nach allen denkbaren Richtungen, wir steigen weiterhin auf zu
psychischen und logischen Urteilen und Schlüssen und gelangen
schliesslich zur Bildung von höheren Allgemeinbegriffen und
Idealbegriffen, ohne dass wir bei all diesen verwickelten Denk-
vorgängen nötig hätten, uns die Summe der in den Begriffen
verborgenen Merkmale immer von neuem vor die Seele zu stellen.

Noch ein ungemein wichtiger Punkt ist zu erörtern. Die
sprachliche Form ist mit unserem geistigen Leben derart verwachsen, dass sogar die ungesprochenen (stillen) durch unser
Bewusstsein ziehenden Denkgebilde sprachliche Form annehmen.
Sobald sich das Denken über kaum wahrnehmbare Stimmungen
und schwankende Vorstellungen zu sicheren und greifbaren Vorstellungen erhebt, beginnt das Sichere und Greifbare mit dem
Augenblick, wo die bis dahin unsicheren Denkgebilde sprachlich
geformt werden.[1] Selbst der abstrakt denkende Mathematiker ist
nicht imstande, mathematische Überlegungen ohne die Hülfe
bestimmter Sprachformen (a, b, c . . .) anzustellen. So ist die
Sprache mit dem geistigen Leben auf das innigste verwachsen, das mit ihr gewissermassen zwei verschiedene
Seiten derselben Urform darstellt. Ohne die Sprache
ist kein höheres geistiges Leben denkbar; daher ist die
Sprache das wesentliche Merkmal, auf welchem die
Unterscheidung zwischen Mensch und Tier beruht. Die
Sprache ist für das geistige Leben in demselben
Sinne unersetzlich, wie die Stufen der seelischen Entwicklung: die Empfindung, die Anschauung, die Vor-
stellung u. s. w. an ihrer Stelle für den Gesamtorganismus
unersetzlich sind.

Freilich kann diese hohe Wertschätzung für die
geistige Entwickelung nur der Muttersprache, nicht
einer fremden Sprache zugesprochen werden (vergl. S. 47 f.).[2]

---

[1] Vergl. Victor Egger, La parole intérieure, Paris, Germer Baillière & Co.
1881 (Bibliothèque de Philosophie contemporaine).

[2] Eine fremde Sprache leistet erst dann etwas ähnliches, wenn der sie
Gebrauchende in der fremden Sprache denkt und auch die unbestimmten, halb
sprachgeformten Gedankengebilde, die unaufhörlich in wechselnder Gestalt über
die Schwelle seines Bewusstseins treten, in das fremde Sprachgewand kleidet.
Je mehr jedoch die Kenntnis der fremden Sprache vorschreitet, desto tiefer
sinkt die geistige Leistung in der Muttersprache.

B. Was die Sprache nicht leistet.

Die unentbehrliche Stellung der Sprache im seelischen Organismus hat zur Überschätzung ihres Wertes, als Ganzes genommen, geführt, sodass man die scharfen Grenzen, welche dem sprachlichen Leben gezogen sind, in der Anwendung der Sprache auf die Pädagogik nicht beachtete und Massnahmen unterliess, welche der Natur der Sache nach und zum Besten der heranwachsenden Jugend hätten getroffen werden müssen. Drei Punkte sind hier ganz wesentlich und bei jeder Theorie des Lehrganges sehr sorgfältig zu beachten. Zunächst ist festzustellen, dass die Sprache gegenüber dem sachlichen Inhalt der Erscheinungs- und Gedankenwelt eine durchaus beschränkte Leistung zu verzeichnen hat. Einmal werden durchaus nicht alle wahrnehmbaren und denkbaren Dinge durch die Sprache ausgedrückt: gegenüber dem unendlichen Reichtum der sinnlichen Welt und der Gedankenwelt erscheint die Begriffswelt jeder, auch der reichsten Sprache arm. Ob Kulturbegriffe in ihrer Art und Mannigfaltigkeit reich ausgestaltet erscheinen, ist regelmässig die Folge einer mehr oder minder reichen Kultur; aber auch in der alltäglichen sinnlichen Erscheinungswelt bleibt die Sprache, wenn man den Massstab des Thatsächlichen anlegt, auffällig arm. Bald ist eine sinnliche Erscheinung verhältnismässig reich benannt, bald fehlen für allgemein bekannte und auffällige sinnliche Erscheinungen die sprachlichen Ausdrücke. Welchen psychologischen Gesetzen das hierbei wirksame psychologische Verfahren unterworfen ist, hat man noch nicht genügend erforscht.[1]

Zweitens aber ergiebt sich bei näherer Untersuchung die wichtige Thatsache (auf die bereits S. 16 hingewiesen ist), dass innerhalb des engen Kreises, welcher überhaupt sprachlich bezeichnet wird, der Name nicht die Sache selbst, nicht die Summe der sachlichen Merkmale, sondern einseitig nur ein Merkmal bezeichnet. Diese symbolische Natur des Wortes hat freilich, wie bereits S. 21 f. erwähnt wurde, den Vorteil, die höhere Arbeit des Verstandes, die Bildung von (psychischen) Begriffen, Urteilen, Schlüssen zu erleichtern, sie hat aber den grossen und unleugbaren Nachteil, dass sie den Menschen verführt, Namenkenntnis

[1] Treffliche Bemerkungen zu der schwierigen Frage finden sich bei W. Wundt, Grundriss der Psychologie, Leipzig, Engelmann, 1896, vergl. S. 36, 74—75, 200, 210—211, 350, 354—355 u. a.

für Sachkenntnis zu halten und sich bei einer solchen oberflächlichen Arbeit genügen zu lassen. In Wahrheit hat sprachliche Kenntnis mit sachlicher Kenntnis, d. h. mit wahrer Bildung, nichts zu thun. Denn über die sprachliche Form, über syntaktische, synonymische und ästhetische Eigentümlichkeiten hinaus, ist stets ein vertieftes sachliches Studium nötig, um über und durch die Hülle der sprachlichen Form zum sachlichen Inhalt des Begriffs hindurchzudringen (vergl. S. 23). Namentlich bei wichtigen Kulturbegriffen ist dieses Studium oft eine umfangreiche und mühselige Aufgabe.

Es bleibt noch ein Drittes, das bei der Beurteilung des sprachlichen Begriffs sehr wesentlich ist, ohne dass es im sprachlichen Ausdruck irgend wie nachzuweisen wäre. Das ist der Gefühlswort, den wir den Sprachbegriffen beilegen. Dieser Wert ist je nach unseren Lebensverhältnissen, nach unseren Erfahrungen, nach unserer Umgebung sehr verschieden. Man denke an das Wort tanzen in den Gedanken und im Munde eines jungen Mädchens! Welch eine Fülle von Begleitempfindungen, Gefühlen und Vorstellungen, die den älteren ernsten Mann gar nicht berühren! Man vergegenwärtige sich den Begriff „Glauben" in der Gedankenwelt eines gläubigen Christen! Man nehme denselben Begriff in der Auffassung eines modernen Naturforschers. Man achte auf den Begriff „klassisches Altertum" im Geiste eines strengen altklassischen Philologen! Hier besitzt der Begriff, neben seinen sachlichen Merkmalen oder auch ohne solche, einen ungemein starken Gefühlswert. Die Beachtung dieser durch das Gefühl veranlassten Auffassung des Begriffs ist deshalb wesentlich, weil in ihr die Quelle zahlreicher unrichtiger Urteile und Schlüsse gesucht werden muss.

IV. Die zwiefache Natur von Denken und Sprache.

Es ist meines Erachtens wesentlich den in diesem Abschnitt erörterten Thatsachen zuzuschreiben, dass die Ansicht von der logischen Natur der Sprache ein so langlebiges Dasein führt und alle jene in ihren Bann zieht, welche dem Problem kein längeres Nachdenken gewidmet haben. Denn eine in die Tiefe des Thatsächlichen schürfende Betrachtung verleiht uns die Überzeugung, dass alle Erscheinungsformen des seelischen und sprachlichen Lebens psychologischen und logischen Wert besitzen können,

und dass die seelischen und sprachlichen Äusserungen psychologisch oder logisch sind, nach der Massgabe, ob das erkennende
Subjekt die seelischen Thatsachen und sprachlichen Thatsachen
unbewusst psychologisch äussert, oder bewusst logisch verarbeitet
hat. Alle die erwähnten seelischen und sprachlichen Formen
sind im unbewussten Zustande psychologisch, sie werden aber
logisch, sobald eine prüfende Durchsicht und wissenschaftliche
Überlegung ihnen den logischen Charakter, d. h. den Charakter
der Notwendigkeit und Allgemeingültigkeit, gegeben hat. Der
logische Charakter ist also bedingt durch die geistige
Arbeit und geistige Leistung des erkennenden Subjekts:
seelische und sprachliche Formen können je nach den
Umständen psychologisch oder logisch sein. Der geschilderte
Parallelismus der seelischen und sprachlichen Vorgänge
ist bezeichnend für das gesamte geistige Leben, welches auf Millionen
verschieden begabte Individuen verteilt, das wechselnde Antlitz
eines Proteus zeigt. Der Anschauung sind diese Verhältnisse
durch folgendes Schema näher zu bringen:

Die seelischen Vorgänge und ihr sprachlicher Ausdruck.

Psychologisch:	logisch:
I. Ein Begriff in urwüchsiger Form: Zahl u. Abgrenzung der Merkmale sind unvollkommen und unklar.	Derselbe Begriff ist nach wissenschaftlicher Bearbeitung vollkommen und klar geworden.
II. Ein Urteil ist eine einfache Beziehung zwischen zwei Begriffen. Bei der Beziehung hat keine Untersuchung stattgefunden, ob eine solche Verknüpfung zulässig ist oder nicht.	Das Urteil ist durch die Verknüpfung von zwei logisch geklärten Begriffen entstanden. Infolgedessen ist auch das Urteil logisch, da die Verknüpfung als solche eine rein mechanische Thätigkeit darstellt, die irgend welcher Einwirkung nicht unterworfen ist.
III. Ein Schluss ist eine (mechanische) Verknüpfung zweier Urteile. Da die Urteile psychologisch, also unsicher sind, trägt der Schluss dieselben Merkmale an sich.	Der Schluss ist die Verknüpfung zweier logisch untersuchten Urteile. Da die Urteile logisch untersucht sind, so trägt auch der Schluss die Merkmale der Notwendigkeit und Allgemeingültigkeit an sich und ist daher logisch.

Erläuterung: Da sprachliche Formen, Begriffe, Urteile und Schlüsse durch Übertragung von Person zu Person fortgepflanzt werden, so sind sie, je nach der Auffassung des sie hörenden Subjekts, entweder psychologisch oder logisch. Die grosse Mehrzahl fasst das Gehörte psychologisch auf, nur Wenige sind imstande, den gehörten Begriff, das gehörte Urteil, den gehörten Schluss logisch zu bewerten (falls sie nämlich die dazu gehörige geistige Arbeit aufgewendet haben). Ein Beispiel wird das völlig klar stellen. Man denke an den Begriff: Empfindung. Ein junges, fein fühlendes Mädchen verbindet damit sehr schattenhafte Merkmale: Der Begriff ist rein psychologisch. Oder Meister Curtius sprach beim Anblick der Juno Ludovisi seinen Schülern von der feinen „Empfindung" des Künstlers: Ein sehr durchgebildeter Teilbegriff, der aber völlig auf ein bestimmtes Gebiet des Wissens, die Ästhetik, beschränkt ist. Nun vereinige man damit alle Stellen in der Physiologie von HERMANN und in der Psychologie von WUNDT, die über Empfindung handeln, und entwerfe ein bis in das einzelne gehende Schema der sämtlichen Begriffsmerkmale nach der naturwissenschaftlichen und psychologischen Seite hin. Man wird einen idealen, nahezu logischen Begriff der „Empfindung" erhalten.

Zu beachten ist also, dass die Begriffe für die grosse Mehrzahl der Menschen psychologischen Charakter tragen, logisch aber nur für die geringe Minderzahl sind, welche ihnen eine umfassende wissenschaftliche Thätigkeit gewidmet haben. Auch für solche Menschen trifft die logische Bewertung der Begriffe für gewöhnlich nicht zu, sondern nur dann, wenn sie die Summe der logischen Merkmale als das Ergebnis ihrer Forschung sich vergegenwärtigen.[1]

Übersicht.

Die verwickelte Natur der im sprachlichen und psychischen Leben wirksamen Vorgänge macht es wünschenswert, die hier in Betracht kommenden Thatsachen in ihren Hauptsachen und in kurzen Sätzen in Form eines Systems zu überschauen.

[1] Der Physiologe HERMANN ist mit der Bearbeitung der elften Auflage seines Lehrbuchs der Physiologie beschäftigt. Während solcher Thätigkeit denkt er, mit Beschränkung auf das Gebiet der Physiologie, den Begriff: „Empfindung" logisch. Kurze Zeit nachher sitzt er am Kaffeetisch und sagt zu seiner Tochter: „Meiner Empfindung nach ist die Farbenzusammenstellung dieses Bildes unnatürlich." Jetzt denkt er denselben Begriff psychologisch.

27

A. Die Vorgänge des Seelenlebens.

I. Der mechanische Vorstellungsverlauf.

1. Der mechanische Vorstellungsverlauf lässt sich in vier durch ihre Eigenart von einander getrennte Vorgänge zerlegen: Empfindung, Wahrnehmung, Anschauung und Vorstellung.

2. Die Empfindung ist an das Vorhandensein eines physiologischen Reizes geknüpft; die Vorstellung ist die erste Thätigkeit der Seele, welcher keine unmittelbare physiologische Ursache entspricht;[1] sie ist das geistige Bild einer Anschauung und als solches die Grundlage für jedes höhere Seelenleben.

3. Die Empfindungen sind in ihrer Stärke und Klarheit bei den verschiedenen Individuen verschieden; sie und infolgedessen die Wahrnehmungen, Anschauungen und Vorstellungen können durch systematische Übung in ihrer Empfänglichkeit gesteigert und somit vervollkommnet werden.

4. Der mechanische Vorstellungsverlauf vollzieht sich nach den Gesetzen der Assoziation und Reproduktion, die ihrerseits in ihren äusserst zahlreichen Wirkungen nach bestimmten Sondergesetzen geregelt werden (vergl. S. 8).

II. Der bewusste Vorstellungsverlauf.
(Die Denkformen und das Denken.)

1. Begriff nennen wir die sprachlich benannte Vorstellung, welche die Summe gleichartiger Vorstellungen in sich vereinigt.

2. Sobald der Begriff das Ergebnis eines unbewussten, urwüchsigen Denkens ist, nennen wir ihn psychisch, sobald der Begriff das Ergebnis einer bewussten wissenschaftlichen Untersuchung ist, wird er zum logischen.

3. Die Beziehung zwischen zwei oder mehreren Begriffen heisst: Urteil.

4. Urwüchsige Urteile heissen: psychische; Urteile, die in ihren beiden Begriffen wissenschaftlich untersucht sind, heissen: logische.

5. Die Ableitung eines Urteils aus zwei anderen Urteilen heisst: Schluss.

6. Schlüsse, deren Prämissen urwüchsige sind, heissen: psychische; Schlüsse, deren Prämissen wissenschaftlich untersucht sind, heissen: logische.

[1] Anm. der Redaktion: wohl aber ein physiologischer Parallelprozess. Z.

III. Die Gesetze des seelischen Lebens.

1. Das Gesetz der Beharrung.
2. Das Gesetz der Kontinuität.
3. Das Gesetz der Ausschliessung.
4. Das Gesetz der Reihenbildung.

B. Die Sprache.

I. Die Bildungsgesetze der Sprache.

1. Die Bildungsgesetze der Sprache beruhen auf unbewussten psychischen Vorgängen.

Die Namengebung ist durchaus einseitig und besteht aus der Apperzeption eines besonders in die Augen fallenden Merkmals der in die Erscheinung tretenden Sinneserscheinung.

3. Da dieser Vorgang unbewusst geschieht, so gewinnt das Wort (der Sprachbegriff) die Fähigkeit, eine unbegrenzte Menge von anderen Merkmalen in sich aufzunehmen.

4. Die Entstehung der Wortarten und Satzglieder beruht auf der Wirksamkeit der Apperzeption, welche in Thätigkeit tritt nach dem Gesetz der binären Verbindung.

5. Die Weiterentwickelung der Sprache vollzieht sich einerseits in einem dauernd stattfindenden Laut- und Bedeutungswandel, anderseits in einem fortdauernden Zerfall, der wiederum durch den schöpferischen Vorgang der Analogiebildung ausgeglichen wird.

II. Was ist in der Bildung der Sprache logisch?

1. Die von der Kultur unberührte Volkssprache entsteht in der Gesamtheit ihrer Formen allein auf psychologischer Grundlage und nach psychologischen Gesetzen.

2. Bei der Gemeinsprache, dem Werkzeug einer hoch entwickelten Kultur, macht sich der Einfluss bewusster Überlegung, wenn auch nicht logischen Denkens, bemerkbar:

    a) in einem durchgebildeten, regelrechten Lautsystem,
    b) in der Gestaltung der syntaktischen Zusammenhänge,
    c) in den Merkmalen der Kulturbegriffe.

III. Die Leistung der Sprache.
A. Was die Sprache leistet.

1. Die Sprache ist das wesentlichste Werkzeug der Mitteilung und in Verbindung mit der Schrift das Hauptmittel zur Kontinuität des geistigen Fortschritts.

2. Die bei der Bezeichnung der Begriffe stattfindende Namengebung wirkt auf das geistige Leben bestimmend ein, indem sie den Begriffen

a) Haltbarkeit

b) Klarheit verleiht,

c) durch die ihr innewohnende symbolische Natur (Hervorhebung eines Merkmals bei gleichzeitiger Aufnahme zahlreicher Merkmale) die höhere Geistesarbeit (Urteile, Schlüsse u. s. w.) ungemein fördert.

3. Die Sprache ist mit dem geistigen Leben so innig verwachsen, dass Denken und Sprache gewissermassen zwei Seiten derselben geistigen Urform darstellen, derart, dass jedes höhere geistige Leben untrennbar an die Sprache geknüpft ist.

4. Diese hohe Bedeutung für die Entwickelung und Gestaltung des geistigen Lebens gebührt nur der Muttersprache, nicht einer beliebigen fremden Sprache.

B. Was die Sprache nicht leistet.

1. Die Summe des durch die Sprache Ausgedrückten und Ausdrückbaren ist beschränkt in doppelter Hinsicht:

a) Die Summe des durch die Sprache Ausgedrückten ist bei weitem kleiner als die Summe der zum Bewusstsein kommenden Sinneseindrücke und Gedanken.

b) Die Sprache kann in ihren Begriffen nur ein einziges in die Augen fallendes Merkmal ausdrücken: die Summe der in den Begriffen thatsächlich vorhandenen Merkmale bleibt unausgedrückt.

2. Der den Begriffen beiwohnende, verschieden abgestufte Gefühlswert ist durch die Sprache nicht ausdrückbar.

IV. Die zwiefache Natur von Denken und Sprache.

1. Seelische und sprachliche Formen können je nach den Umständen psychologisch oder logisch sein.

2. Der logische Charakter ist bedingt durch die geistige Arbeit und die geistige Leistung des erkennenden Subjekts.

3. Dieser Parallelismus des geistigen Lebens bewirkt, dass
ein Begriff, ein Urteil, ein Schluss, je nach den Umständen,
bald psychologisch, bald logisch ist.

Drittes Kapitel.

Vorbemerkung.

In den vorangegangenen Abschnitten sind die Vorgänge des
geistigen Lebens, soweit sie sich im Innern der Seele abspielen,
(psychische und logische Vorgänge) oder soweit sie nach Aussen
treten und so zum Ausdruck gelangen (Sprache), in kurzer Erörterung dargelegt worden. Ehe jedoch diese Thatsachen zur
Grundlage eines Bildungssystems gemacht werden können, welches
dem heutigen Wissen in jeder Beziehung entspricht, stellt sich
die Notwendigkeit heraus, gewisse geistige und sachliche Umstände,
welche für die Leistung der zu Erziehenden massgebend sind, zu
untersuchen.

Es entsteht zunächst die Frage, welche seelischen Thätigkeiten und Fähigkeiten, welche sprachlichen Leistungen überhaupt
der Ausbildung fähig sind und welche nicht?

Die heute geltende Gewohnheit des Unterrichts legt ein
grosses Gewicht auf „Geistesübungen", bei denen die mechanischen Leistungen des Seelenlebens immerhin überwiegen. Das
muss als ein Irrtum bezeichnet werden. Die Fähigkeiten der
Assoziation, der Apperzeption, der Reproduktion werden vollkommen gemacht, indem ihre Grundlagen, die Sinnesnerven,
welche die Reize vermitteln, ausgebildet werden; ihre eigentliche
Thätigkeit aber ist rein mechanisch und keiner erzieherischen
Einwirkung unterworfen. Nicht weniger mechanisch sind die
Thätigkeiten der Bildung der Begriffe, Urteile und Schlüsse: es
ist gar kein Mittel denkbar, durch welches dieser seelische
Mechanismus ausgebildet werden könnte. Was in ihm der Ausbildung fähig ist, das hat man bisher bei der Übung und Ausbildung zu wenig berücksichtigt, während die bisher mit so grosser
Sorgfalt betriebene Ausbildung des seelischen Mechanismus für
die Förderung des geistigen Lebens nicht ausreichend war.

Welches sind aber jene geistigen und sprachlichen Gebiete, welche der bildenden Erziehung dringend benötigt sind?

In den vorangegangenen Erörterungen ist (S. 7) darauf hingewiesen worden, dass die Sinne in ihrer Leistungsfähigkeit bei den einzelnen Individuen verschieden sind und in dieser ihrer Eigenschaft durch Übung gesteigert werden können. Diese Thatsache ist deshalb sehr zu beachten, weil das sinnliche Gebiet die Grundlage des gesamten geistigen Lebens bildet, dessen ganze Leistungen durchaus von ihm abhängen. Es ist daher zu untersuchen, inwieweit die Sinne in ihrer Leistung minderwertig sind, inwieweit sie also einer besonderen Ausbildung durch den Unterricht bedürfen.

Es ist ferner darauf hingewiesen worden (S. 21), dass die Sprachbegriffe mit Rücksicht auf den sachlichen Inhalt der Begriffe nur den Wert von Symbolen haben, dass ferner die Kenntnis des (sachlichen) Inhaltes bei jedem diese (symbolischen) Sprachbegriffe brauchenden Individuen nicht ohne weiteres vorauszusetzen sei. Die ungenügende Sachkenntnis bedarf also der methodischen Ausbildung und Ergänzung. Die Art dieses Sachstudiums bedarf der besonderen Untersuchung.

Diese Sachkenntnis ist endlich drittens mit den thatsächlich vorhandenen Sprachformen und Sprachbegriffen in der Weise zu verknüpfen, dass einmal die unter wichtige Sprachbegriffe fallenden sachlichen Merkmale (in ihrer gegenwärtigen Gestaltung und in ihrer geschichtlichen Entwickelung) eingehend untersucht und festgestellt werden, dass zweitens die Beziehungen, welche zwischen solchen wichtigen Kulturbegriffen obwalten und obgewaltet haben, in systematischer Zusammenfassung behandelt werden.

So ergeben sich drei Gebiete, die zunächst untersucht werden müssen:

1. Die Leistung der Sinne.
2. Der sachliche Inhalt der Sprachformen.
3. Die Verknüpfung von Sprache und Sachinhalt.

Nur durch die Untersuchung dieser drei Gebiete sind feste Grundlagen für die Gestaltung des Unterrichts zu gewinnen.

I. Die Leistung der Sinne.

Nicht nur die wissenschaftliche Untersuchung, sondern auch die Erfahrung lehrt in unzähligen Fällen, dass die Schärfe und

Auffassungsfähigkeit der Sinne bei den einzelnen Individuen unendlich verschieden, und durch Übung und dauernde, durch die Lebensverhältnisse erzwungene Betbätigung einer weitgehenden Ausbildung fähig sind. Der Alpenjäger erblickt in Entfernungen, in welchen das normale Auge gänzlich versagt, noch deutlich Gestalten und Färbungen sich bewegender Tiere oder Menschen, der geübte Mikroskopiker erkennt in einem Bilde die zartesten Formen, Farben und Linien, in welchem das ungeübte Auge nur ein unterschiedsloses Grau erblickt. Diese Beispiele lassen sich vervielfachen. — Prüft man diese Thatsache näher, so ergiebt sich sofort eine Trennung der hier in Betracht kommenden Gebiete.

1. Zunächst ist festzustellen und für jede erzieherische Einwirkung sehr zu beachten, dass von den die Sinne treffenden Reizen ein sehr geringer Teil thatsächlich zum Bewusstsein kommt, und dass ferner von diesem geringen Verhältnissatz immer nur ein Gesamtbild mit wenigen charakteristischen und deshalb hervorstechenden Zügen, nicht aber die Gesamtheit der Merkmale in das Bewusstsein tritt. Geistige Abgelenktheit mindert die Aufnahmefähigkeit und die Menge der zum Bewusstsein gelangenden Reize: Aufmerksamkeit und wiederholtes Betrachten (Übung) steigern beide seelische Fähigkeiten; bei Gewohnheit ohne Aufmerksamkeit sinkt die Aufnahmefähigkeit auf Null. Diese psychologischen Thatsachen kann man in folgende Leitsätze zusammenfassen:

1. Von den auf die Sinne einwirkenden Reizen kommt nur ein kleiner Teil zum Bewusstsein (die sinnliche Aufnahmefähigkeit ist gegenüber der Menge der thatsächlich vorhandenen Reize beschränkt).

2. Die zum Bewusstsein gekommenen sinnlichen Gestalten und Gebilde werden immer nur in einer **Gesamtanschauung** aufgefasst, welche wenige hervortretende Merkmale in sich vereinigt, während zahlreiche Merkmale nicht aufgenommen werden.

3. Durch Aufmerksamkeit und wiederholtes Betrachten (Uebung) wird die Menge der bewusst werdenden Sinneseindrücke (No. 1), sowie die Zahl der bei einer Gesamtanschauung hervortretenden Merkmale (No. 2) gesteigert.

4. Dauernde Sinneseindrücke (Gewöhnung) ohne Aufmerksamkeit drücken die Aufnahmefähigkeit auf Null herab.

Erläuterungen zu 1. Die Beschränktheit der Reizfähigkeit ist für das Kulturleben, namentlich für das moderne Kulturleben, ganz notwendig. Wenn wir nicht imstande wären, zahllose Reize von uns abzuweisen (nicht zum Bewusstsein kommen zu lassen), so wären wir gar nicht fähig, den Lärm des modernen Lebens zu ertragen. Andererseits ist die Beschränktheit der Reizfähigkeit in vielen Verhältnissen ein Übel, dem die Schule durch einen methodischen Sachunterricht entgegen arbeiten muss (Vergl. S. 49).

Zu 2. Die Nichtbeachtung zahlreicher Merkmale ist notwendig, weil sonst eine Gesamtanschauung überhaupt nicht mit solcher Geschwindigkeit und Sicherheit entstehen könnte. Handelt es sich jedoch darum, einen neuen Gegenstand kennen zu lernen und seinem Wissensvorrat einzuverleiben, so bleibt das gewöhnliche Sehen hinter den Anforderungen der Klarheit und Vollkommenheit zurück, und erst eingehende Betrachtung und aufmerksame, verweilende Prüfung liefert die Grundlage, auf welcher klare und vollkommene Anschauungen und damit vollkommene Vorstellungen entstehen.

Zu 3. Die Leistungen eines jeden Technikers beweisen diesen Satz. Kräftigung der Sinnesempfindung nach Umfang und Inhalt ist das Ergebnis der Aufmerksamkeit und Übung.

Zu 4. Der Mangel des Aufmerkens und die Gewohnheit des Träumens, bei völlig fehlender Unterweisung in der Kindheit, führen zu völliger Stumpfheit der Sinne. Ein Gymnasialdirektor, den ich nicht nennen mag, der aber, wie dieses Vorkommnis beweist, ein feiner Kopf war, liess nach nahezu einjährigem Aufenthalte der Schüler in der Prima allen künstlerischen und bildnerischen Schmuck aus dem Klassenzimmer entfernen. Mehrere hervorragende Gipsabgüsse, wie der Zeus von Otricoli und die Juno Ludovisi, gehörten dazu, auch besass die Klasse einige wertvolle Stahlstiche, berühmte Gebäude des Altertums und der Renaissance darstellend. Nun erhielt die Klasse den Probeaufsatz: Der künstlerische Schmuck unserer Prima. Das Ergebnis war niederschmetternd. Nur wenige waren imstande, den vorhandenen und gewohnten Schmuck vollständig aufzuzählen: zu einer genügenden Beschreibung und Würdigung gelangten auch die besten nicht.

Zweitens haben zahlreiche physiologische Versuche festgestellt, dass die Leistungsfähigkeit der Sinne im Einzelnen (wenn man die Leistungsfähigkeit jedes einzelnen Sinnes betrachtet) bei den einzelnen Individuen unendlich verschieden ist und durch Übung sehr gesteigert werden kann. Auf den physiologischen Ausdruck gebracht, lautet dieses Gesetz folgendermassen:

Aufmerksamkeit und Übung verkürzen die Reaktionszeit.[1]

Immerhin können bei weitem nicht alle Sinne zum Gegenstand einer pädagogischen Einwirkung gemacht werden; bei anderen wiederum wird sich eine solche Fürsorge auf wenige allgemeine Anordnungen beschränken müssen.

Die Ausbildung des Muskelgefühls durch das Turnen ist neben anderen Gründen deshalb in das Auge zu fassen, weil dadurch die Entwickelung einer vollkommenen Raumvorstellung gefördert wird.

Geschmack und Geruch bieten gleichfalls keine ausgiebige Gelegenheit zu pädagogischer Ausbildung, wenngleich sie beim naturwissenschaftlichen Unterricht in Betracht gezogen werden müssen.

Anders liegen die Verhältnisse beim Gesicht und Gehör. Beide Sinne sind nicht nur die wichtigsten für die Entwickelung des geistigen Lebens, sondern beide bieten auch so mannigfache Gelegenheit zur Ausbildung, dass ihre Pflege als die wertvolle Pflicht der modernen Pädagogik erscheint. Namentlich ist die Pflege des Gesichtsinnes für die spätere geistige Ausbildung eine gar nicht zu umgehende Bedingung.

1. Die Schule hat die Pflicht, ihre Zöglinge nicht nur zum umfangreichen, aufmerksamen Sehen, sondern auch zum „bewussten", verständnisvollen Sehen (Schauen) des Kunstschönen heranzuziehen.

Der Gesichtssinn liefert uns nur die Empfindungen der Lichtstärke und der Farbe. Allen anderen Anschauungen liegt ein Akt des Urteils zu Grunde, der ein Ergebnis der Übung und Erziehung ist.[2]

Vor allen hängt die Gewinnung einer vollkommenen Raumvorstellung von einer Anzahl Bedingungen ab, welche sich erst auf Grund zweckgemässer Übungen einstellen, und die somit einer wesentlichen Vervollkommnung fähig sind.

---

[1] „Die .. Zeit zwischen einem Sinneseindruck und der (verabredeten) bewussten Reaktion auf denselben . . . . bezeichnet man als Reaktionszeit (Exner)." HERMANN, a. a. O. S. 463.

[2] Vergl. BURCKHARDT, a. a. O. S. 15—16.

Dazu kommt die Erwerbung eines bedachten und überlegten Sehens, das man neuerdings mit dem Namen: „bewusstes Sehen" bezeichnet hat.

Demgemäss ergiebt sich folgende Liste der Thätigkeiten, auf welche die Ausbildung sich erstrecken muss:

I. Vollkommene Raumvorstellung.

a) Sinn für Entfernung,
b) Sinn für Form,
c) Richtung,
d) körperliches (perspektives) Sehen.

II. Bewusstes Sehen.

a) vom ästhetischen,
b) vom geschichtlichen Standpunkt.

Anmerkung. Es gehört also zum bewussten Sehen ein systematisch geordnetes, nicht zu gering bemessenes Wissen von der Kunstepoche, welcher das Kunstwerk angehört. Der Beschauer muss erstens so weit ästhetisch gebildet sein, dass er schöne Linien und Formen bewusst als solche empfindet; er muss zweitens über so weitgehende geschichtliche Kenntnisse verfügen, dass er befähigt ist, dem angeschauten Kunstwerke den ihm gebührenden Platz in der Entwickelung der Kunstgeschichte anzuweisen. Wenn beide Eigenschaften sich verbinden, dann findet in der Anschauung der Kunstwerke ein „bewusstes Sehen" statt. Man denke an die Betrachtung der Akropolis oder des forum romanum. Sind diese Eigenschaften nicht vorhanden, so machen die trefflichsten Kunstwerke keinen wesentlichen Eindruck. Es ist daher nutzlos, heranwachsenden und eben deshalb unreifen Knaben Meisterwerke der Plastik und Malerei ohne jede Vorbereitung als Anschauungsbilder vorzuführen.

Der Gehörsinn ist insofern der Ausbildung fähig, als „die Empfindlichkeit für Höhenunterschiede (bei Tönen) mehr als alles andere von Anlage und Übung abhängt." (PREYER.)[1]

Zur pädagogischen Beurteilung der Sinnesthätigkeit. Die Sinne sind die Grundlage und die Voraussetzung unseres Denkens. Die Erziehung steht hier vor folgendem zwingenden Entweder—Oder:

1. Die natürliche Sinnesthätigkeit ist verworren, unklar und unvollständig: auf dieser Grundlage entstehen verworrene und undeutliche Anschauungen und

---

[1] Vergl. HERMANN, a. a. O. S. 515.

5*

Vorstellungen: die Folge wiederum sind unklare und
falsche Begriffe.

2. Systematische Übung steigert die Sinnesthätigkeit
in hohem Masse: auf dieser Grundlage entstehen klare
und deutliche Anschauungen und Vorstellungen: die
Folge wiederum sind klare und deutliche Begriffe.

So muss jede zweckgemässe Erziehung der Ausbildung der Sinnesthätigkeit ihre erste und vornehmste
Fürsorge zuwenden.

II. Der sachliche Inhalt[1] der Sprachformen.

Es ist in den vorangegangenen Erörterungen an verschiedenen
Stellen (vergl. SS. 14, 23) darauf hingewiesen worden, dass die Beziehung der Sprachform zu dem durch sie vertretenen sachlichen
Inhalt durchaus einseitig ist. Doch erst an dieser Stelle ist es
möglich, diese Thatsache nach allen Gesichtspunkten angemessen
zu bewerten und sie zu den Bedürfnissen der Bildung und Erziehung in das richtige Verhältnis zu setzen.

Die Verbindung des Sprachbegriffs mit dem sachlichen Inhalt
beschränkt sich auf das eine hervortretende Merkmal, welches zur
Namengebung durch die Sprache führt. Anderseits gewinnt die
Sprache in den Satzformen und in den Konjunktionen einen
syntaktischen Ausdruck für psychologische und logische Verhältnisse, welche im allgemeinen im Bewusstsein weder des
Sprechenden noch des Hörenden vorhanden sind.

Diese Thatsache kann in folgendem allgemeinen Satz ausgedrückt werden:

In Begriffen und in Beziehungsformen gewährt die
Sprache rein äusserliche Anhaltspunkte, während der
wirkliche Inhalt des durch die Sprachform bezeichneten
nicht ausgedrückt wird und sich immer erst einem
längeren systematischen Studium erschliesst.

Bisher hat man in der grösseren Zahl der Lehrstunden ein
rein formales Sprachstudium getrieben, welches die Kenntnis des
in den Begriffen verborgenen Sachinhaltes nicht zum wesentlichen
Unterrichtsziel machte. Es fragt sich, welche Folgen sich aus

---

[1] „Sachlicher Inhalt" ist eine Tautologie. Der Ausdruck ist dennoch bei-
behalten worden, um die Notwendigkeit der sachlichen Bildung möglichst
eindringlich zu bezeichnen.

der geschilderten Vernachlässigung des Sachstudiums ergeben mussten. Zunächst ist die Thatsache hervorzuheben, dass das menschliche Wissen, mit Ausnahme der mathematischen und naturwissenschaftlichen Kenntnisse, vorzugsweise in einer Anzahl von philosophisch-religiösen ethischen und geschichtlichen Allgemeinbegriffen und den unter ihnen obwaltenden Beziehungen niedergelegt ist. Sodann aber ist zu bedenken, dass gerade die Kenntnis solcher Allgemeinbegriffe die notwendige Grundlage für jedes logische Denken bildet. Denn die logische Evidenz geht bei allen Urteilen und Schlüssen, denen solche Begriffe zu Grunde liegen — und das sind in Wissenschaft und Praxis die wichtigsten und zahlreichsten — nicht aus den mechanischen Thätigkeiten des Urteilens und Schliessens, sondern aus einer systematischen und vollkommenen Kenntnis der Prämissen (eben dieser Allgemeinbegriffe) hervor.

Aus diesen Gründen ist jede höhere und namentlich jede logische Bildung von dem systematischen und sachlichen Studium der Begriffe abhängig.

III. Die Verknüpfung der Sprachformen mit dem sachlichen Inhalt.

Es besteht heute auf unseren höheren Schulen noch keine Unterrichtsstelle, deren Aufgabe es wäre, in die lückenhafte, dem Spiel des Zufalls überlassene Aneignung des Sachwissens Klarheit zu bringen. Der Inhalt gerade der wichtigsten Kulturbegriffe greift in die verschiedensten Unterrichtsfächer ein, und doch fehlt in ihrer Behandlung hinreichende Einheit und genügendes System, während die zwischen solchen Begriffen bestehenden Beziehungen ebenfalls vernachlässigt werden. Demgegenüber muss man vom Standpunkte der modernen Pädagogik auf der Forderung bestehen, dass zur Verknüpfung des vorliegenden Sachinhaltes mit den Begriffen und Formen der Muttersprache ein durch alle Klassen durchgeführtes Arbeitssystem in unsere Schulen eingeführt werde, dessen Thätigkeit sich über folgende Gebiete zu erstrecken hätte:

1. Studium der Begriffe.

1. Sachliches Studium der Merkmale des Begriffs und zwar
a) mit Rücksicht auf die Summe der heute vorhandenen Merkmale,

b) mit Rücksicht auf die Summe der Merkmale, welche in der geschichtlichen Entwickelung des Begriffs vorhanden gewesen sind.

2. Volles Verständnis für die metaphorische Thätigkeit der Sprache.

3. Kenntnis der Beziehungen, welche zwischen wichtigen Kulturbegriffen vorhanden waren und heute noch vorhanden sind.

II. Studium der syntaktischen Beziehungen und Beziehungsformen an sachlichem Anschauungsstoff.

Erläuterungen: Die letztgenannte Nummer (II) bedarf einer besonderen Erörterung. Unter den grammatischen Formen und Beziehungen giebt es solche, welche bis in die oberen Klassen der Jugend nur schwer mundgerecht zu machen sind. Wie der Konjunktiv des subjektiven Urteils oder der indirekten Rede sich im Sprachgebrauch von Ungebildeten kaum vorfindet, so giebt es namentlich bei dem Bedeutungsgehalt der Nebensätze zahlreiche Fälle, welche über die Erfahrung und das Wissen der heranwachsenden Jugend völlig hinausgehen. Welche Sprache im Unterricht behandelt wird, ist dabei gleichgültig. Gewisse Satzformen und Konjunktionen sind der sprachliche Ausdruck für Verhältnisse des Grundes, der Folge, der Bedingtheit, der Einräumung u. s. w., welche zwischen Haupt- und Nebensatz obwalten. Solche Ausdrücke wie: da, sodass, wenn, obgleich u. s. w. sprechen viele Schüler mechanisch nach, sie wenden sie auch mechanisch an, ohne sich das geringste dabei zu denken. Mit dem Einlernen der entsprechenden Sprachformen ist eben noch lange nicht das Verständnis der entsprechenden Verhältnisse gegeben. Die richtige Auffassung solcher Sprachformen, hinter denen sich sehr oft ein logisches Verhältnis zwischen verschiedenen Thatsachen verbirgt, wird am besten angebahnt, indem zahlreiche Vorkommnisse des naturwissenschaftlichen Unterrichts der unteren Klassen und die besonderen Bedingungen des Experiments sprachlich verarbeitet werden. So tritt den Schülern die sprachliche Form stets im anschaulichen Gewande des Beispiels entgegen.

Ein so ausgedehntes und systematisches Studium der Begriffe und Sprachformen in ihrer Verknüpfung mit dem sachlichen Inhalt führt langsam, aber mit grosser Sicherheit dem hohen Ziele des Unterrichts in der Muttersprache entgegen, jenem Ziele, das heute noch von zahlreichen Schulmännern kaum geahnt wird. Dieses Ziel besteht darin, den symbolischen Charakter der

Sprachform als solchen in weitem Umfange zu erkennen,
d. h. jederzeit befähigt zu sein, einmal das sprachliche
Bild seines metaphorischen Charakters zu entkleiden,
dann aber mit jedem sprachgeformten Kulturbegriff die
Kenntnis seiner Einseitigkeit, wie die Kenntnis der ihm
anhaftenden sachlichen Merkmale zu verbinden. Ein so
vorgebildeter Jüngling würde zu einem Meister der Sprache
werden: er würde die Vorteile des sprachlichen Ausdrucks in
hohem Grade verwerten können, ohne doch in die unvermeidlichen Fehler der mangelnden sprachlichen Bildung zu verfallen.
Er würde in hohem Grade den Vorzug geniessen, die Dinge zu
sehen, wie sie sind, nicht, wie sie scheinen, und hätte den grossen,
heute so wenig verbreiteten Vorteil, jede wissenschaftliche Untersuchung mit einer logischen Darlegung der Grundbegriffe zu
beginnen. [1]

Viertes Kapitel.

I. Die Leistung des fremdsprachlichen Unterrichts.

Die Untersuchung der geistigen Bildung konnte bis hierher
geführt werden, ohne dass sich die Notwendigkeit herausgestellt
hätte, auf den fremdsprachlichen Unterricht näher einzugehen.
Der Inhalt der Probleme, welche erläutert werden mussten, bot
keinen Anlass dazu. Denn die moderne Pädagogik kann den
fremdsprachlichen Unterricht wohl als einen immerhin erfreulichen
Zierrat einer bereits vollendeten Bildung, nicht aber als zu-
verlässiges Mittel zur Erwerbung von höherer Bildung betrachten.
Immerhin nötigt die heute noch bestehende theoretische und
praktische Stellung des fremdsprachlichen Unterrichts, die Darlegung der thatsächlich vorhandenen Leistung dieses Unterrichts
mit einer Kritik dessen zu beginnen, was von ihm auch heute
noch in sehr zahlreichen Kreisen erwartet wird.

Als Unterlage dieser Kritik habe ich aus der sehr zahlreichen, mir zur Verfügung stehenden Litteratur vier Schriften [2]

---

[1] Viele Bücher wären nicht so geschrieben, wie sie es sind, wenn ihre
Verfasser sich die Mühe genommen hätten, die Grundbegriffe, von denen die
Beweisführung ausging, einer logischen Durcharbeitung zu unterziehen.
[2] LICHTENFELD, Adolf, Das Studium der Sprachen besonders der klassischen
und die intellektuelle Bildung. Wien, Hölder 1882. MOLL, Eduard, Ciceros

ausgewählt, welche sich insonderheit mit dem vorliegenden Thema beschäftigen und als vorbildlich für die in jener Litteratur vorhandenen Strömungen gelten können. Die orthodoxe Richtung dieser vier Schriften ist ganz ausser Zweifel: ihre Verfasser sind alle „klassische Philologen" von reinstem Wasser. Sie unterscheiden sich nach der Wertschätzung, die sie der modernen Psychologie und Sprachwissenschaft angedeihen lassen: der am meisten rechts Stehende ist von moderner Erkenntnis völlig unberührt, während der ihm am meisten entgegengesetzte Verfasser dauernd Ausdrücke der modernen Psychologie und Sprachwissenschaft verwendet, ohne solche Kenntnis genügend verarbeitet zu haben.

Wir wollen die Erörterung in zwei Abschnitte teilen. Zunächst sind jene Behauptungen zu behandeln, welche dem fremdsprachlichen Unterricht ganz allgemein die Übung und Stärkung geistiger und ethischer Kräfte zuschreiben; sodann bieten sich uns die Äusserungen dar, welche von einer Gegenüberstellung der beiderseitigen Sprachformen ein erhöhtes Verständnis des Inhaltes und eine gesteigerte Kenntnis der Sprachformen und Sprachbegriffe in beiden verglichenen Sprachen erwarten.

I. Angesichts der Hymnen, die auf die Leistungen des fremdsprachlichen Unterrichts gesungen worden, muss doch hervorgehoben werden, dass mit solchen Behauptungen von der „bildenden Kraft des Übersetzens" u. s. w. gar nichts gewonnen ist. Es ist nur natürlich, dass der begeisterte Philologe, der sich jahrelang mit dem erwähnten Ideenkreise beschäftigt hat, in die Schüler allerlei sittliche und geistige Kräfte hineinsieht, die in Wirklichkeit nicht vorhanden sind. Es ist ebenso erklärlich, dass der moderne Naturhistoriker jene Kräfte und Leistungen nicht gelten lassen will und ihre Erzeugung im Gegenteil von dem eigenen Fachunterricht erwartet. So kommt die Untersuchung nicht weiter, hier steht Behauptung gegen Behauptung. Da bleibt nur das eine Mittel, die Bedeutung jener Ausdrücke einer Zergliederung zu unterziehen und ihre Berechtigung an psychologischen und

---

Aratea. Eine Studie über den Wert des Übersetzens aus Fremdsprachen. Beilage zum Jahresbericht über das Gymnasium zu Schlettstadt (1890—91). Strassburg i. E. Planck, Hermann, Das Lateinische in seinem Recht als wissenschaftliches Bildungsmittel. Wiesbaden, C. G. Kunzes Nachfolger 1890. Rothrocus, Bekenntnisse aus der Arbeit des erziehenden Unterrichts. Das Übersetzen in das Deutsche und manches andere. Marburg, N. G. Elwert 1892. Im Texte sind diese vier Werke mit den Anfangsbuchstaben der Namen ihrer Verfasser gekennzeichnet (L, M, P, R).

sprachwissenschaftlichen Thatsachen zu prüfen. — Erwähnt muss noch werden, dass die Notwendigkeit der bekannten übermässigen Ausdehnung des fremdsprachlichen Unterrichts nur dann dargelegt ist, wenn die Unersetzlichkeit der mit ihm verknüpften „geistigen Übungen" durch irgend ein anderes Bildungsmittel nachgewiesen wird. Meine Sammlung bietet mir folgende Ausdrücke, welche sämtlich der Thätigkeit des Übersetzens gelten:[1]

Ruft die Selbstthätigkeit hervor P. 78; R. 21, 23, 27, 53; eigenes Denken R. 22, 27; Heilmittel gegen Oberflächlichkeit und mechanisches Arbeiten P. 22; charakterbildend R. 46; Erregung des Interesses R. 46, 89—90, 103; selbstloses Interesse P. 19; Schulung des Denkvermögens R. 23; Schulung der Denkkräfte R. 23; anstrengende Denkarbeit R. 23; Stärkung des Geistes, Bildung des Geistes, Veredelung des Geistes R. 27—28; Geistesstärkung R. 28; übt die geistigen Kräfte M. 8; Schärfung des Verstandes R. 60; Zucht des Denkens R. 57; wertvolle Denkübung P. 72; logische Schulung des Denkens L. 123; intellektuelle Weiterentwickelung L. 157; Schulung der Urteilskraft M. 6; lehrt auf den Grund gehen P. 19; prägt die Richtung nach dem: Warum ein. P. 49.

1. Heilmittel gegen Oberflächlichkeit und mechanisches Arbeiten; charakterbildend. Hier wird dem klassischen Sprachunterricht die Erzeugung von sittlichen Kräften beigelegt, welche sich als besondere Wirkungen gerade dieses Unterrichts nicht erweisen lassen. Soweit überhaupt ein theoretischer Unterricht imstande sein kann, die Entwickelung sittlicher Eigenschaften zu befördern, so muss diese Eigenschaft jedem Unterricht, der methodisch richtig und sorgfältig erteilt wird, zugeschrieben werden. Höchstens der naturwissenschaftliche Unterricht wegen der weitgehenden, bei jedem Experiment nötigen Genauigkeit eine besondere Stellung als „Heilmittel gegen Oberflächlichkeit und mechanisches Arbeiten" für sich in Anspruch nehmen.

---

[1] Was hier geboten wird, ist nur eine Auslese aus einer ungemein grossen Zahl von Ausdrücken: man wird ihnen in pädagogischen Streitschriften orthodoxen Standpunkts fast auf jeder Seite begegnen. Die Auslese ist aber typisch; ich glaube nicht, dass irgend eine wesentliche Wendung ausgelassen ist. Wohl allgemein bekannt dürfte die lehrreiche Thatsache sein, dass alle diese Ausdrücke sich bereits bei dem Begründer des Systems finden. Vergl. F. A. Wolf, Darstellung der Altertumswissenschaft nach Begriff, Umfang, Zweck und Wert. Museum der Altertumswissenschaft herag. von F. A. Wolf und P. Buttmann, Berlin, Realschulbuch. 1807. S. K. 1—145. Vergl. A. Onken, Die deutsche Schule und das klassische Altertum. Hannover Karl Meyer (G. Prior) 1891, S. 6—13, 164.

42

2. Selbsthätigkeit: eigenes Denken. Unter den genannten Begriffen kann im Rahmen der Schule doch nur verstanden werden: 1. eine Bethätigung der Sinne, vorzugsweise des Auges, sowie der Hand in der künstlerischen Bearbeitung des Rohstoffes (Handfertigkeitsunterricht), sowie in der Zurichtung naturwissenschaftlicher Gegenstände zum Zwecke des Experiments. 2. in eigenem prüfenden Denken, das sich vorzugsweise bei der Lösung einer geometrischen Aufgabe äussert. Eine solche Selbstthätigkeit findet sich im naturwissenschaftlichen und mathematischen Unterricht. Eine ähnliche, aber nicht höher stehende Selbstthätigkeit würde im klassischen Sprachunterricht in dem Falle gefunden werden können, dass er die Schüler befähigt, die richtige Übersetzung eines zusammengesetzten modernen Begriffs in selbständiger Diskussion, ohne Anleitung des Lehrers, zu finden. Ob das der Fall ist, vermag ich nicht zu entscheiden.

3. Erregung des Interesses. Selbstloses Interesse. Eine besondere Befähigung des klassischen Sprachunterrichts zur „Erregung des Interesses" ist nicht zu beweisen. Im Gegenteil lehrt die Vertiefung in die moderne Psychologie, dass auf den unteren Klassen ein Interesse für fremde und tote Sprachen bei der Jugend nicht vorauszusetzen ist, weil der jenem Unterrichtsstoff innewohnende Gefühlswert dem Vorstellungs- und Gefühlskreise der Jugend gänzlich fremd ist. Jenes Interesse ist künstlich und muss deshalb künstlich herangezogen werden.

4. Schulung des Denkvermögens; Schulung der Denkkräfte; Stärkung des Geistes; Bildung des Geistes: Veredelung des Geistes; übt die geistigen Kräfte; Schärfung des Verstandes; Zucht des Denkens; wertvolle Denkübung; logische Schulung des Denkens; intellektuelle Weiterentwickelung; Schulung der Urteilskraft.

Leider erweisen sich alle diese tönenden Ausdrücke als inhaltsleer, sobald sie mit Hülfe moderner psychologischer Erkenntnis zergliedert werden. Es soll etwas geübt, gestärkt werden. Was denn? Denkkräfte, Geist, geistige Kräfte, Verstand, Denken, Urteilskraft. Alle diese Ausdrücke stammen aus der Rüstkammer der vorwissenschaftlichen Psychologie, und die heutige Pädagogik kann mit ihnen in keiner Weise etwas anfangen. Sie verlangt klare, scharf umrissene psychologische Begriffe, deren Wirkungen sich als notwendige Ergebnisse der Erfahrung herausstellen. Was soll denn geübt oder gestärkt werden? Geübt oder gestärkt werden kann nur die Thätigkeit der Sinne (vergl. S. 31 f.) und als die Fächer, die dazu, unter Voraussetzung einer geschickten Methodik, allein imstande sind, erweisen sich die Naturwissenschaften, die Mathematik, das Zeichnen. Die Übung und Stärkung der Sinne wird durch den fremdsprachlichen Unterricht gar nicht berührt. Die Gesetze der psychologischen Verknüpfung (psychologisches Urteilen, psychologisches Schliessen) sind mechanisch und können als solche überhaupt nicht geübt oder gestärkt werden. Vielleicht aber ist die Art der logischen Begriffsbildung und das logische Denken überhaupt einer Übung und Stärkung fähig? Wie oben erwähnt (S. 37 f.), beruhen diese Geistesthätigkeiten auf dem Vorhandensein einer methodisch und systematisch geordneten Sachkenntnis. Die Erwerbung dieser Sachkenntnis mag sich durch Übung vollkommener gestalten; jedenfalls ist für sie der fremdsprachliche Unterricht nicht ausreichend. Eine besondere „Urteilskraft" giebt es nicht, sie kann also nicht geübt werden. Die Befähigung zum richtigen Urteilen aber erwächst aus einer vollkommenen, sachlichen Kenntnis der das Urteil bildenden Begriffe und aus einer sorgfältigen Erwägung der bei der Begriffsverknüpfung mitwirkenden Umstände. Der Kreis der möglichen „Geisteskräfte", welche „geübt" werden könnten, ist geschlossen; nirgend ist eine besondere Befähigung des Sprachunterrichts nachzuweisen. Das Urteil über die oben angeführten Ausdrücke ergiebt sich somit von selbst.

5. Lehrt auf den Grund gehen; prägt die Richtung nach dem Warum ein.

Wie unrichtig diese Behauptung ist, geht aus der Thatsache hervor, dass das den Schülern zugängliche Sprachgebiet nach Ort und Zeit eng beschränkt ist und daher die Frage nach den Gründen einer Spracherscheinung überhaupt nicht beantwortet. Will man die Gründe einer Spracherscheinung wissen, so bedarf es dazu einer Unterlage, die über die Sprache ohne Beschränkung durch Zeit und Ort frei verfügt. Auch dann bleibt manches dunkel; zudem ist die psychologische Betrachtungsweise für die Schule viel zu hoch und daher unpraktisch.

„Die Richtung nach dem Warum" prägt in unübertroffener Weise der naturwissenschaftliche Unterricht ein; hier liegen die „Gründe" einer Erscheinung offen vor, Ursache und Wirkung stehen nahe bei einander.

II. Unter den zahlreichen Äusserungen, welche das Verständnis der Sprache, vorzugsweise der Sprachbegriffe, von der bei dem Übersetzen stattfindenden „Gegenüberstellung" erwarten, seien hier genannt: L. 99; M. 6; P. 26, 80; R. 12, 17.

Dass durch die beim Übersetzen eintretende Gegenüberstellung zweier Sprachen eine gewisse, sogleich näher zu erwähnende Bereicherung der Sprachkenntnis in der Muttersprache wie in der fremden Sprache stattfindet, ist bedingungslos zuzugeben. Es fragt sich nur, ob die dadurch erreichte Erhöhung der Sprachkenntnis den Bedürfnissen der geistigen Bildung genügt, und ob es deshalb praktisch ist, für ein solches Ergebnis ein so mühseliges, Kraft und Zeit kostendes System in Thätigkeit zu setzen.

Die Betrachtung hat sich nach zwei Gesichtspunkten zu gliedern: es handelt sich einmal um die Erörterung der Satzverhältnisse, sodann um das Studium der Begriffe. Es ist bei der grossen Verschiedenheit der beiden bei der Übersetzung verglichenen Sprachen klar, dass der Schüler eine gewisse Kenntnis der verschiedenen Sprachmittel, welche zur Bewältigung eines Satzes dienen, erlangen wird. Da sind Subjekt, Prädikat oder Objekt anders gefasst, da werden Nebensätze durch Hauptsätze und umgekehrt, Nebensätze durch Partizipial- und Infinitivkonstruktionen ersetzt, da wechseln Superordination und Subordination, da werden umfassende Perioden in Einzelsätze zerschlagen, und umgekehrt diese in jene zusammengefügt u. s. w. Das ist ein Spielen mit der Form, das, wie schon erwähnt, zur Kenntnis der verschiedenen Sprachmittel führt. Kommt aber dem Schüler auch die psychologische oder logische Natur der sprachlichen Abhängigkeitsverhältnisse zum Bewusstsein? Lernt er begreifen, was Bedingtheit, Folge, Grund, Zeitverhältnis u. s. w. sei? Die Worte lernt er, aber begreift er ihre Bedeutung? Die Erfahrung lehrt das Gegenteil. Sie lehrt ferner, dass solche logischen Verhältnisse, die in den Formenverhältnissen ihr sprachliches Gegenstück finden, niemals durch Formenstudium, sondern nur durch sachliche Experimente, die beispielsweise das Verhältnis zwischen Grund und Folge handgreiflich und anschaulich vor Augen führen, begriffen werden können. So lässt die beim Übersetzen stattfindende Gegenüberstellung bei Betrachtung der Formenverhältnisse gerade darin im Stich, was als die Hauptsache zu betrachten ist: in der

Erkenntnis der logisohen Natur der durch die Sprachformen angedenteten Abhängigkeitsverhältnisse.
Um ein weniges günstiger für die Übersetzungsübungen steht
das Urteil bei der Gegenüberstellung der Begriffe, wenngleich
auch hier ein notwendiger Teil der Aufgabe ganz wegfällt. Zunächst ist auch hier zuzugeben, dass das Übersetzen die verschiedenen Mittel zum Bewusstsein bringt, welche die beiden
verglichenen Sprachen zum Ausdruck der Begriffe besitzen. Wenn
wir weiter fragen, wie sich das Übersetzen zu der Erwerbung
der begrifflichen Kenntnis, d. h. zum Wissen der sachlichen
Merkmale stellt, so ist darauf folgendes zu erwidern:
1. In allen den Begriffen, in denen die Bedeutung der sachlichen
Merkmale mehr oder weniger zurücktritt, also in zahlreichen Begriffen
des gewöhnlichen Lebens und des gewöhnlichen Verkehrs von Person
zu Person, derart, dass die sprachliche Gestaltung in den Vordergrund tritt, ist das Übersetzen (abgesehen von der darauf verwendeten grösseren Zeit) gleichwertig neben die einfache Sacherklärung zu stellen. In beiden Fällen wird das dem heimischen
Ausdruck zu Grunde liegende Bild gleich gut erkannt, hier durch
Gegenüberstellung, dort durch einfache sachliche Erklärung.
2. Geht der Begriff nicht über die antike Welt und das
antike Bewusstsein hinaus, also bei Ausdrücken des antiken
Lebens, welche dessen Vernichtung nicht überdauert haben, so
ist der Übersetzung der Vorzug zu geben, weil hier die Erörterung
durchaus im antiken Bewusstsein verläuft und keinerlei Beziehungen zu fremdartigen Thatsachen nötig hat. Doch ist die
Anzahl solcher Begriffe klein, und ihre Bedeutung für die allgemeine Kulturentwicklung und vollends für die Gegenwart ist
nicht nachzuweisen.
3. Ist der Begriff ein moderner Kulturbegriff — und auf
diese kommt es bei der Bildung des heranwachsenden Geschlechts
ganz wesentlich an, denn ihre Kenntnis bildet die Grundlage des
logischen Denkens und sittlichen Handelns —, so ist das Ergebnis
der vergleichenden Thätigkeit beim Übersetzen ganz ungenügend.
Der Hauptzweck — die vollkommene Kenntnis der in solchen
Begriffen verborgenen Merkmale — wird nicht erreicht. Man vergegenwärtige sich die beim Übersetzen stattfindende Thätigkeit. Die verschiedenen Begriffssphären und die Mittel des
begrifflichen Ausdrucks werden in mannigfaltigster Weise bearbeitet
und so zum Bewusstsein gebracht. Bald handelt es sich um ein

ἓν διὰ δυοῖν, bald um den Ersatz eines lateinischen Ausdrucks durch Substitution eines Redeteils, dann werden Wortarten und Genera in weitgehender Weise gegeneinander vertauscht oder durcheinander ersetzt; in anderen Fällen handelt es sich um die Einführung eines vieldeutigen Ausdrucks für spezifische Wendungen, oft tritt eine Vertauschung der Motaphern ein u. s. w. Wie aber steht es um die allein notwendige Kenntnis der Merkmale des Inhalts? Das Verfahren kommt mir vor, wie ein Fischen am Teichrande, ohne dass man zur Tiefe des Teiches gelangt. Bei der Erwerbung der notwendigen sachlichen Merkmale gelten folgende Regeln ohne Ausnahme:

Die sachlichen Merkmale kommen soweit zur Erörterung, so weit sie sprachlich ausgedrückt sind.

Aber

1. sind nicht alle Sachmerkmale der antiken Kulturwelt in den antiken Begriffen sprachlich ausgedrückt,

2. fehlen alle Merkmale der späteren Kulturwelt,

3. fehlen die Beziehungen, welche zwischen solchen Begriffen bestehen und die Erörterung der geschichtlichen Erscheinungen, welche dadurch veranlasst worden sind.

Das bei dem Übersetzen stattfindende Sachstudium der Kulturbegriffe ist in wichtigen Punkten lückenhaft und daher für den Zweck, der erreicht werden soll, zu verwerfen.

Es giebt freilich ein Mittel, das diesen Übelstand wenigstens mildert, es ist die Benutzung der Episode. Es wird thatsächlich oft genug angewendet. Die episodische Erörterung ist der reine Quell, dem die dürstenden Seelen der Schüler entgegenschmachten. Sie ist von diesem Standpunkt aus ein Segen, denn sie bietet unter unseren heutigen Verhältnissen die einzige Gelegenheit, bei der die lückenlose und vollkommene Erörterung eines Begriffs möglich ist. Aber sie ist nichtsdestoweniger pädagogisch und methodisch unzulässig, weil sie den Gang des Unterrichts stört und ihr Dasein stets durch eine Beeinträchtigung des Lehrplanes und der vorgeschriebenen Lehraufgaben erkämpfen muss. In systematischer Beziehung steht sie weit unter einem Verfahren, das lehrplanmässig anerkannt ist, daher sind auch ihre Leistungen mindestens zweifelhaft.

Jetzt erst ist es möglich, über die Leistung des fremdsprachlichen Unterrichts ein begründetes Urteil zu fällen:

1. Die Übung der Sinne bildet die unerlässliche Bedingung jeder höheren Geistesbildung. Diese erste Aufgabe einer zielbewussten Erziehung wird durch den fremdsprachlichen Unterricht nicht einmal berührt. Ein Einfluss des Sprachunterrichts auf dieses Arbeitsgebiet ist nur insoweit anzuerkennen, als durch die grosse für den Sprachunterricht aufgewendete Zeit die systematische Übung der Sinne unmöglich gemacht wird.

2. Die systematische Aneignung eines sachlichen Wissens wird durch den fremdsprachlichen Unterricht nur in einem verschwindend kleinen Verhältnis gefördert. Damit fällt auch die Möglichkeit, den Schülern eine logische Bildung zu übermitteln, da diese logische Bildung in ganz wesentlichen Punkten an die systematische Kenntnis der Begriffe geknüpft ist.

3. Die Verknüpfung der Begriffe und der ihnen entsprechenden Sprachformen, sowie das Studium der zwischen wichtigen Kulturbegriffen bestehenden geschichtlichen Beziehungen wird durch den fremdsprachlichen Unterricht gar nicht berührt.

Die drei erwähnten Punkte sind aber die Bedingung und die Grundlage jeder höheren Bildung; daher sind die durch die grosse Ausdehnung des Sprachunterrichts entstehenden Schäden nicht wieder gut zu machen.

Was aber leistet denn der Sprachunterricht? Was leistet er anderseits nicht?

Von den sprachlichen Übungen irgend welche besondere, anderen Unterrichtsgegenständen nicht innewohnende „Stärkung oder Übung" der „geistigen Kräfte" zu erwarten, ist nach den vorangegangenen Erörterungen (S. 42 f.) ausgeschlossen. Einer Einübung ist nur das System der Sinne fähig, und eine solche ist beim fremdsprachlichen Unterricht doch wohl ausgeschlossen.

Bei der Aneignung der fremden Formen, sowie bei der bis in alle Einzelheiten durchgeführten Vergleichung zweier Sprachen, findet ein „Vergleichen" statt, ein Vergleichen in mannigfachster Art und weitestem Umfange. Die dabei in Wirksamkeit tretenden psychischen Thätigkeiten sind die Assoziation und die Apperzeption; das sind aber mechanische Vorgänge, die sich bei jedem anderen Üben und Aneignen, sowie bei unzähligen Verrichtungen des praktischen Lebens immer wiederholen, die zudem wegen ihrer mechanischen Natur nicht der Einübung bedürfen. Es ist

ja nicht ausgeschlossen, dass bei der Übersetzung schwieriger
Stücke bei einzelnen hervorragenden Köpfen, aber keineswegs bei
allen, Erwägungen logischer Art eintreten mögen, doch das ist
nicht begrifflich zu fassen und nicht nachzuweisen; jedenfalls
aber treten solche Erwägungen nicht in solcher Form und in
solchem Umfange auf, dass auf sie ein System sprachlich-logischer
Ausbildung begründet werden könnte.

Wie schon oben (S. 45) erwähnt, beruht der wirklich nach-
weisbare Vorteil der Übersetzungsübungen darauf, dass den
Schülern die besondere sprachliche Form, in die ein
fremdes Volk seine Eindrücke und Gedanken kleidet,
zum Bewusstsein gebracht wird.

Das ist eine erfreuliche Verzierung höherer Bildung, aber
nicht mehr. Diese Verzierung ist aber zwecklos, sobald die Grundlagen wahrer Bildung fehlen: die Ausbildung der Sinnesthätigkeit und die sachlich-muttersprachliche Erwerbung
des Wissens.

Ein Grund, mit dem die Stellung des fremdsprachlichen
Unterrichts verteidigt wird, ist bisher nicht erwähnt worden: es
ist die unmittelbare Einführung in die griechische und lateinische
Litteratur, das Verständnis der antiken Schriftsteller in der Ur-
sprache. Es ist ohne Einschränkung zuzugeben, dass auch die
beste Übersetzung an sprachlicher Färbung und Originalität des
Ausdrucks gegen die Urform zurücksteht. Es bleibt auch bei der
besten Übersetzungsleistung immer etwas nicht zu Übersetzendes,
nicht Auszudrückendes zurück. So würde ein Ersatz der antiken
Schriftstellerlektüre durch das Lesen von Übersetzungen in dem
Fall eine Einbusse bedeuten, wo bei dem thatsächlichen Lesen
der antiken Schriftsteller eine solche Meisterschaft in dem Verständnis der klassischen Werke erreicht werden würde, dass diese
Minderwertigkeit der Übersetzung zu Tage tritt. Ob das geschieht
oder nicht, mögen die Fachlehrer beurteilen. Mir scheint, dass
der Nachteil der Übersetzung vollauf ausgeglichen werden könnte
durch eine in die Tiefe dringende sachliche Erörterung, die
heute bei der zeitraubenden sprachlichen Erklärung nur in seltenen
Fällen möglich ist.[1]

---

[1] Das sprachliche Wissen ist nur die eine Bedingung, die zum Verständnis
erforderlich ist. Je mehr der durch den Schriftsteller behandelte Gegenstand
der Gegenwart und dem Verständnis der Schüler fern liegt, von desto grösserer
Wichtigkeit ist das sachliche Studium. Bei Plato beispielsweise dürfte der

49

II. Die Grundlagen des höheren Unterrichts.

Die Folgerungen, welche aus der vorangehenden Darlegung zu ziehen sind, betreffen im wesentlichen drei Punkte:

1. Der fremdsprachliche Unterricht ist nicht, wie man Jahrhunderte lang geglaubt hat, ein Mittel zur geistigen Förderung der heranwachsenden Jugend. Wenn er auch — wie übrigens jeder methodisch richtige Unterricht, in einzelnen Punkten zur sittlichen und geistigen Förderung Anlass giebt, so sind diese Leistungen doch weder so allgemein, noch so tiefdringend, dass sie als unbedingt geltende Grundlage eines Unterrichtssystems dienen können. Die Thatsache, dass der fremdsprachliche Unterricht die zwei wesentlichen Bedingungen, an die jede höhere geistige Bildung geknüpft ist, nahezu ganz vernachlässigt, macht es unmöglich, ihn wie bisher als Vermittler der höheren Geistesbildung zu verwenden. Diese Bedingungen sind: die Ausbildung der Sinne und der systematische Sachunterricht. Beide müssen fortan als Grundlagen der höheren Geistesbildung betrachtet werden.

2. Der Kernpunkt einer psychologisch einwandfreien Bildung liegt in der Aneignung einer umfangreichen sachlichen Kenntnis und in ihrer Verknüpfung mit den Begriffen der Muttersprache. Ganz abgesehen von allen übrigen geistigen Leistungen liegt in diesem Lehrgang das einzige Mittel, die Ausbildung im logischen Denken zu fördern. Daher bilden die Naturwissenschaften[1]) und die Muttersprache die Grundlagen des höheren Unterrichts.

---

letztgenannte Gesichtspunkt vor dem erstgenannten bedeutend in den Vordergrund treten. Wenn hier zwischen einer allerdings vorhandenen Minderwertigkeit, die ja mit dem Gebrauche jeder Übersetzung verknüpft ist, und einer vorhandenen gründlichen Sacherklärung gewählt werden soll, so ist unbedingt der letzteren der Vorzug zu geben.

[1]) Der Begriff „Naturwissenschaft" hat durch die geschichtliche Entwickelung in der Mitte unseres Jahrhunderts einen „Gefühlswert" angenommen, welcher auf viele unklar denkende Köpfe abschreckend wirkt. Man wittert hier gleich „eine materialistische Grundlage des Unterrichts" oder noch Schlimmeres. Es muss hervorgehoben werden, dass der hier verteidigte „naturwissenschaftliche Unterricht" auf der Unterstufe eine solche Auffassung nicht einmal in seinen weitgehendsten Ergebnissen rechtfertigt. Es handelt sich hier einfach um eine systematische Verarbeitung des dem Kulturmenschen zunächst liegenden Sprachstoffes, der zwar seinen Inhalt dem Naturwissen, seine Form aber — und die ist hier massgebend — dem geschichtlich Gewordenen, der Kulturgeschichte entlehnt. Man vergleiche die Kapitelüberschriften des trefflichen Buches von O. W. Bayer, die Naturwissenschaften in der Erziehungsschule. Leipzig, Reichardt. 1883.

Ohlert, Das Studium der Sprachen und die geistige Bildung. 4

3. Die wirkliche Leistung des fremdsprachlichen Unterrichts liegt in der Thatsache, dass er die Verschiedenheit der sprachlichen Formen in dem Ausdruck des Sachlichen zum Bewusstsein bringt. Er ist also berufen, eine bereits vorhandene Bildung nach einer bestimmten Richtung hin zu vertiefen, darf aber nicht mehr als Träger und Vollender der Geistesbildung angesehen werden.

SAMMLUNG VON ABHANDLUNGEN AUS DEM GEBIETE DER
PÄDAGOGISCHEN PSYCHOLOGIE UND PHYSIOLOGIE

HERAUSGEGEBEN VON

H. SCHILLER   UND   TH. ZIEHEN.

II. BAND. 8. HEFT.

DIE

WIRKSAMKEIT DER APPERCEPTION

IN DEN

PERSÖNLICHEN BEZIEHUNGEN

DES

SCHULLEBENS.

VON

DR AUGUST MESSER,

GYMNASIALLEHRER U. PRIVATDOZENT DER PHILOSOPHIE U. PÄDAGOGIK
ZU GIESSEN.

Berlin,
VERLAG VON REUTHER & REICHARD
1899.

Druck von Paul Schettler's Erben, Hofbuchdruckerei in Cöthen.

Inhalt.

— —

1*

4

I. Kapitel.

Unter Apperception verstehe ich mit KARL LANGE[1]): „diejenige seelische Thätigkeit, durch welche einzelne Wahrnehmungen,
Vorstellungen oder Vorstellungsverbände zu verwandten Produkten
unseres bisherigen Vorstellungs- und Gemütslebens in Beziehung
gesetzt, ihnen eingefügt und so zu grösserer Klarheit, Regsamkeit
und Bedeutung erhoben werden."

Da „alles, was in den Inhalt des Bewusstseins aufgenommen
wird, in eine bereits bestehende psychische Organisation eintritt
und vermöge derselben aufgefasst (appercipiert) wird",[2] so
ergiebt sich ohne weiteres, wie zahlreiche und mannigfache
Apperceptionsvorgänge sich fortwährend in uns abspielen.

Die Bedeutung der Apperception für unser Innenleben hat
LANGE an zahlreichen treffenden Beispielen gezeigt.[3]) Sie schärft
beim Wahrnehmen die Sinne, so dass das Auge sieht und das
Ohr hört, was für gewöhnlich unbeachtet geblieben wäre. Sie
ergänzt unsere Sinneswahrnehmungen: der geübte Zeitungsleser
nimmt von den einzelnen Wortbildern nur einige Buchstaben,
von jedem Satze nur eine Anzahl Worte wirklich wahr, das
übrige fügt er selbst hinzu. Die appercipierte Vorstellung wird
in einen grösseren Vorstellungskreis eingefügt, sie tritt zu vielen
Gliedern desselben in Beziehung: ihre Regsamkeit wird dadurch
gefördert, ihre regelmässige Reproduktion gesichert und sie damit
vor dem Vergessenwerden bewahrt.

---

[1]) Über Apperception. 3. Aufl. (Plauen 1899.) S. 32. WUNDT, der bekanntlich den Ausdruck Apperception in anderem Sinne gebraucht, bezeichnet
den hier behandelten psychischen Vorgang als „Assimilation". (Physiol. Psychologie. 4. Aufl. II, S. 439. Grundriss der Psychologie S. 267). Ich behalte
die Verwendung des Ausdrucks Apperception in der oben angegebenen Bedeutung
bei, weil diese, als die Herbart'sche s. Z. in der pädagogischen Litteratur noch
die häufigere ist.

[2]) FR. JODL, Lehrbuch der Psychologie. (Stuttgart 1896.) S. 106, vgl.
S. 442 f.

[3]) a. a. O. S. 16 ff.

Aber die Wirkungen der Apperception sind nicht nur günstige.[*] Schon das angeführte Beispiel des Zeitungslesers zeigt, wie sie eine flüchtige, oberflächliche Auffassung fördert. Wie wenige vermögen z. B. die grossen Buchstaben der deutschen Druckschrift, die sie unzähligemal beim Lesen wiederkannt (appercipiert) haben, aus dem Kopf genau nachzubilden! Aber die Apperception „verleitet sogar nicht selten zu falschen Auffassungen: was wir wünschen oder fürchten, das glauben wir leibhaftig vor uns zu sehen". — Wird hier infolge ungenauer Porception falsch appercipiert, so ist die Berichtigung durch Wiederholung und verstärkte Aufmerksamkeit der Wahrnehmung verhältnismässig leicht. Schwieriger ist dieselbe, wenn die appercipierenden Vorstellungsgruppen in die Irre führen, wenn sie selbst erst durch neue Wahrnehmungen umgestaltet werden müssen, um objektive Gültigkeit zu verlangen.

Besonders beachtenswert erscheint auch der Umstand, dass die Reproduktion älterer psychischer Inhalte durch die neue Wahrnehmung und die Aneignung der letzteren durch jene, also der Apperceptionsvorgang selbst, uns meist gar nicht zum Bewusstsein kommt. Jene subjektiven Bestandteile (die reproducierten Vorstellungen) werden nicht von dem wirklich Wahrgenommenen im Bewusstsein unterschieden, sondern sie wachsen mit diesem zusammen, verschmelzen mit ihm, ohne dass wir es merken, sie werden gewissermassen in das Objekt hineingesehen oder gehört.

Da alles Lernen Aufnehmen von Neuem ist, da aber das Aufnehmen stets vermittelst des vorhandenen seelischen Inhaltes stattfindet, so darf man wohl sagen, dass alles Lernen ein Appercipieren ist. Damit ist aber zugleich ausgesprochen, dass die Apperception für allen Unterricht von der weittragendsten Bedeutung ist. LANGE hat diese denn auch nach den verschiedensten Seiten hin trefflich zur Darstellung gebracht.

Aber nicht nur bei dem theoretischen Verhalten, beim Wahrnehmen, Erkennen, Lernen, spielt die Apperception eine

---

[*] Treffend weist auf verwandte Wirkungen der Apperception, die den Erkenntnisprozess teils beeinträchtigen, teils fördern, STEWART hin. Er bemerkt (Logik I (1873) S. 117): Je ungeschulter das Denken ist, desto unvorsichtiger, desto weniger ist die Differenz zwischen rein subjektiven psychischen Kombinationen und objektiv giltigen bekannt; desto leichter wird geglaubt, was einem einfällt, zumal wenn es die mächtige Hülfe eines Wunsches oder einer Neigung findet. Die Erinnerung an einen oder wenige Fälle, in denen einem Subjekt A ein Prädikat B zukam, ist in der Regel genügend, jedem Subjekt, das auf den ersten Anblick A ähnlich ist, das Prädikat B zuzusprechen.

wichtige Rolle, nicht minder wirkt sie auf uns in unserem
praktischen Verhalten, auf unser Wollen und Handeln. Und
ferner: nicht nur Vorstellungen, sondern auch Gefühle und
Willensbestimmtheiten wirken bei der Aufnahme und Deutung
des Neuen mit. Diese Einsicht ist für unsere praktische Lebensführung sehr wichtig. Viel mehr, als wir gewöhnlich meinen,
hängt unser Verhalten zur Aussenwelt und zu unserer Umgebung
von unseren eigenen Stimmungen und Zuständen ab: zahllose
Irrtümer und Unannehmlichkeiten haben ihren Grund in einer
Verwechslung subjektiver Eindrücke mit dem objektiven Thatbestand.[1] Der Primat des Willens zeigt sich u. a. auch darin,
dass er unser theoretisches Denken leicht trübt. In Gestalt von
Vorurteilen treten seine Einwirkungen oft in das Bewusstsein,
ohne dass wir seinen Einfluss selbst irgendwie merken. „Wenige
Vorurteile entspringen aus rein theoretischen Irrtümern, die
meisten aus dem bewussten oder unbewussten Einfluss des
Willens z. B. der Standesinteressen, des Nachahmungstriebes, der
Pietät vor allen möglichen Autoritäten u. s. w. Ist das Vorurteil
aber einmal festgewurzelt, so ist es wiederum der Wille, der es
der Kritik gegenüber eigensinnig zu behaupten sucht."[2]

Man sieht, wie in dem Funktionieren des psychischen
Mechanismus, der in der Apperception des Neuen durch das
Alte wirksam ist, die Quellen unzähliger Verkennungen und
Missdeutungen liegen, die dann unser Handeln unheilvoll beeinflussen. Vor allem gilt dies für die Auffassung und Beurteilung
der geistigen Eigenschaften unserer Mitmenschen, für
die Beurteilung und Deutung ihres Handelns.

Hier ist ja die Beobachtung weit schwieriger und unsicherer als
bei der Auffassung und Erkenntnis der physischen Welt. Erinnern
wir uns nun, welche Rolle schon bei dieser die anthropo-
morphistischen Deutungen der Natur und des Naturgeschehens
im Verlauf der Geistesgeschichte der Menschheit gespielt haben.
So entstand z. B. der Mythus als Erzeugnis einer vermensch-
lichenden Apperception der Naturvorgänge. Man erfasste sie nach
Analogie der durch Vorstellungen, Gefühle, Willensakte bedingten
Bewegungen des eignen Leibes. Man sah in ihnen Handlungen

[1] F. A. LANGE in dem Artikel „Seelenlehre" in Schmidts Encyclopädie VIII
(1870) S. 640.
[2] ED. v. HARTMANN, Phänomenologie des sittlichen Bewusstseins (Berlin
1879) S. 401.

denkender und wollender Wesen. Darin zeigt sich zugleich, dass
die erste und nächste Form des für das menschliche Denken so
grundlegenden Kausalitätsbegriffs „der Mensch selbst als
handelndes Wesen"[1] war. Wie sehr musste dieser Begriff umgestaltet und gereinigt werden, bis die Vermischung mit dem
menschlichen Handeln als „mystischer Zusatz" der Apperception
erkannt und entfernt war; bis er nur noch bedeutete „den realen
Nexus, der eine Erscheinung an die andere heftet," wie dies etwa
bei KANT der Fall ist.[2] Und nicht nur der Kausalbegriff hat eine
solche Entwicklung durchgemacht. Man darf wohl allgemein
behaupten, dass unter den appercipierenden Vorstellungen, soweit sie als formgebend bei der Erkenntnis wirkten,
eine „Auslese" stattgefunden hat: „die objektiven Begriffe über-
lebten sozusagen auf Kosten der subjektiven . . .; die Auffassung
der äusseren Vorgänge nach dem Muster der menschlichen Willkür
und Leidenschaft wurde von der Auffassung nach den Kategorien
der Mathematik und Mechanik verdrängt."[3]

Aber bei der Auffassung der Aussenwelt ist doch das
Objekt, das erfasst und gedeutet werden soll, der Wahrnehmung
direkt zugänglich; wir können zudem meist unsere Wahrnehmungen
unter den verschiedensten Bedingungen wiederholen; wir können
sie durch die Wahrnehmungen anderer kontrollieren. Ganz anders
steht es mit der Erfassung und Beurteilung der geistigen Welt.
Bewusstseinsvorgänge sind uns direkt und unmittelbar nur in
uns selbst gegeben. Von allen unseren Mitmenschen sehen wir
nur die Aussenseite, ihren Leib und seine Bewegungen. Selbst
die Sprache, die so recht eigentlich die Verkörperung des Geistigen
ist, dient doch bekanntlich oft mehr dazu, die Gedanken zu verbergen als zu enthüllen, und man kann wohl mit PLATEN fragen:
„Ob zwei Seelen es giebt, welche sich ganz verstehen?" Das Innenleben unserer Mitmenschen können wir also nur erschliessen
durch Deutung der Wahrnehmungen unserer äusseren Sinne. Das
Material zu dieser Deutung aber nimmt der Mensch aus
seinem eignen Innern. Hier gilt also noch in viel höherem
Masse als für die Erfassung der äusseren Natur, dass der Mensch
das Mass der Dinge ist.

[1] F. PAULSEN, Einleitung in die Philosophie. 4. Aufl. (Berlin 1806) S. 281.
[2] A. STADLER, Die Grundzüge der reinen Erkenntnistheorie in der kantischen
Philosophie. (Leipzig 1874) S. 100.
[3] A. RIEHL, Der philosophische Kriticismus und seine Bedeutung für die
positive Wissenschaft. II. 1. (Leipzig 1879) S. 5.

Die Aussenwelt stellt sich uns, auch wenn wir die trügenden Wirkungen der Apperception eliminieren, immer nur so dar, wie wir sie vermöge der Beschaffenheit unserer Sinne und der notwendigen Funktionen unseres Bewusstseins erfassen müssen. Wir können uns denken, dass es Wesen giebt, die noch mehr Sinne wie wir haben, die demnach an der Aussenwelt noch Eigenschaften wahrnehmen, die uns gänzlich verborgen bleiben. Auch für die Erfassung der geistigen Welt dürfte gewissermassen die Ausstattung mit Sinnen bei den Menschen verschieden sein. Wie in der Monadenwelt des Leibniz die höheren Monaden sich und die niederen klar erkennen, die niederen aber von jenen nur eine dunkle und verworrene Vorstellung haben, so dürften wohl die Menschen nur den Geist begreifen, dem sie gleichen; es dürfte ihnen gewissermassen an einem Organ fehlen, solche, die intellektuell oder ethisch über ihnen stehen, vollständig zu verstehen und zu würdigen. Sie werden diese leicht — selbst bei ehrlichem Streben, objektiv zu urteilen — unbewusst auf ihr geistiges Niveau herabziehen; und zwar geschieht dies dadurch, dass die einzelnen Seiten ihres eignen Innenlebens appercipierend wirken.

Eine psychologische Betrachtung des Parteiwesens auf politischem, wirtschaftlichem, wissenschaftlichem, künstlerischem, religiösem Gebiet böte einen unerschöpflichen Reichtum von Beispielen für die Wirksamkeit der Apperception im menschlichen Verkehr. Denn Liebe und Hass verbinden und trennen nicht nur die einzelnen, sondern auch die Gruppen der einzelnen. Wie es dem Menschen Bedürfnis ist, sich mit anderen in den mannigfachsten Gemeinschaften zusammenzuschliessen, so scheint es ihm auch Bedürfnis zu sein, sich mit seiner Gruppe von anderen, irgendwie verschiedenen, schroff zu sondern. Mit der seinen verwächst er in erweitertem Egoismus, von den anderen fühlt er sich abgestossen, da alles, was seinen Ansichten und Bestrebungen entgegensteht, naturgemäss in ihm Unlust und Abneigung erregt. Solche Gefühle wirken nun aber — mehr oder minder unbemerkt — appercipierend bei der Auffassung und Beurteilung der Gegner und ihres Handelns. Ihr Bild vereinigt bald alle die schlimmen Charakterzüge, deren Wirksamkeit man im eignen Leben an sich erfahren hat. Ihre Grundsätze — die man vielleicht also solche nicht tadeln oder widerlegen kann — erscheinen nur als Deckmantel für niedrige, egoistische Absichten. So kann sich mit aufrichtiger Begeisterung für ideale Ziele und mit reinem Streben

darnach eine Misskennung, eine innere Ungerechtigkeit, eine
Intoleranz gegen die Gegner verbinden, die abstossend wirkt und
auf den ersten Blick unvereinbar erscheint mit jenen schönen
Zügen.[1] Das Unzutreffende in der Beurteilung der Gegner ist
um so stärker, je weniger weit der eigene geistige Horizont ist,
je weniger die Fähigkeit besteht, sich in andere Standpunkte
hineinzuversetzen. Kurz, je niedriger intellektuell ein Mensch
steht, ein um so schrofferer und fanatischerer Parteigänger
vermag er zu sein — nicht aus bösem Willen, sondern aus
Beschränktheit.

Alles Vorstehende sollte zeigen, dass die Apperception — trotz
ihres gelehrten Namens — ein durchaus gewöhnlicher, alltäglicher
Vorgang ist, dass sie zugleich, bei aller Wichtigkeit für das geistige
Wachstum, die natürliche Quelle vieler theoretischer und praktischer
Irrungen ist. Was uns gegen solche schützt und was wir lernen
müssen, ist Vorsicht, Zweifel, besonnene Unterscheidung des
objektiv Giltigen und des Ungiltigen. Und nicht nur für den
Menschen im jugendlichen Alter gilt das: je mehr bei zunehmendem Alter eine gewisse geistige Erstarrung eintritt, um so mehr
ist es auch da nötig, durch eine nie ermüdende Selbstkritik sich
geistig beweglich zu halten.

Als Baco von Verulam es unternahm, den Weg zu zeigen zu
einer Erneuerung der Wissenschaft, da erschien es ihm als nächste
wichtige Aufgabe, den Geist selbst von allen Voreingenommen-
heiten und Trugbilder (idola) zu befreien; die Vorurteile sollen
vertilgt oder wenigstens durchschaut werden.[2] Was er dabei als
idola tribus d. h. als solche Vorurteile, die in der Natur des menschlichen Geistes ihren Grund haben, anführt, das sind zum Teil nichts
anderes als Wirkungen der Apperception. Solche natürliche
Vorurteile auf praktischem Gebiete, zumal solche die
sich im Schulleben geltend machen, aufzuspüren und
dadurch Gesichtspunkte zu geben zur Selbstkritik ist
der Hauptzweck der folgenden Ausführungen.

---

[1] So bemerkt Bismarck (Gedanken und Erinnerungen 1, S. 58): „Die
Überzeugung, dass der Gegner in Allem, was er vornimmt, im besten Falle
beschränkt, wahrscheinlich aber böswillig und gewissenlos ist, beherrscht noch
heute das Fraktionsleben."

[2] Vgl. R. Falckenberg, Geschichte der neueren Philosophie, 2. Aufl.
(Leipzig 1892) S. 54.

Besonders soll unsere Aufmerksamkeit auf solche appercipierende Vorstellungen gerichtet sein, in denen sich eine sozusagen naturwüchsige, vorwissenschaftliche Psychologie ausspricht. Denn wie in der Naturerkenntnis gewisse Auffassungsarten und Grundbegriffe im natürlichen Denken wirken, die (wie wir es an dem Begriff der Kausalität sahen) von dem wissenschaftlichen Denken umgestaltet und vertieft werden müssen, so macht auch von Natur „eine gemeinsame Art und Weise der Auffassung sich geltend, wo immer menschliches . . . . . Wesen in Dasein und Bethätigung menschlicher Auffassung sich darstellt." Es sind also der wissenschaftlichen Psychologie „gewisse allgemeine und gemeinsame Ansichten eines naturwüchsigen Denkens und Vorstellens vorausgegangen, von denen sie beeinflusst wird.[1]

Diese vorwissenschaftliche Psychologie ist aber mit der Entwicklung der wissenschaftlichen nicht etwa abgestorben. Sie erzeugt sich vielmehr stets aufs neue. Jede heranwachsende Generation bringt sie wieder mit, und auch der psychologisch Geschulte kann sich ihr nur mühsam entziehen. Es wirken eben in dem naiven Denken des Menschen gewisse Kategorien, nach denen die in den Mitmenschen vorausgesetzten psychischen Vorgänge aufgefasst und gedeutet werden. Als zwei wichtige Begriffe solcher Volkspsychologie (über deren objektive Bedeutung zunächst noch gar nichts ausgesagt werden soll) erwähne ich hier den Begriff des bewussten, absichtlichen Erfindens und Machens und den des freien Willens. Die Wirksamkeit der ersteren Kategorie ist z. B. an der Thatsache zu bemerken, dass man in der Aufklärungszeit alle die bedeutsamen Schöpfungen geistigen Gemeinschaftslebens: Sprache, Mythus, Poesie, Sitte, Recht, Staat, als das Machwerk vernünftiger Überlegung und zweckbewusster Übereinkunft der einzelnen angesehen hat. Aber auch wir können uns noch täglich darauf ertappen, wie wir Äusserungen und Handlungen von Mitmenschen als Ausflüsse bewussten (gewöhnlich: bösen!) Wollens auffassen, die sich bei näherer Prüfung als zufällig und unbeabsichtigt herausstellen würden. Jene andere Kategorie aber, der Begriff des freien Willens, spielt auf dem ganzen moralischen Gebiet, bei allen Urteilen über Gut und Bös, über Verdienst und Schuld die bedeutsamste Rolle. Der Besitz des freien Willens scheidet für das gewöhnliche Bewusstsein den

---

[1] H. SIEBECK, Geschichte der Psychologie. I. 1. Abt. (Gotha 1880) S. 1.

Menschen von der Tierwelt. Die Einwirkung dieses Begriffs trägt dazu bei, dass wir den moralisch Schlechten nicht als einen Kranken betrachten, dass er nicht Bedauern, sondern moralische Entrüstung in uns erweckt.

Nochmals muss hier hervorgehoben werden, dass die appercipierend wirkenden Vorstellungen (auch die soeben gekennzeichneten naiv-psychologischen) zumeist selbst gar nicht zum klaren Bewusstsein kommen. Sie fliessen unvermerkt in das Objekt hinüber. Die völlige Freiwilligkeit z. B. oder die böse Absicht des Handelnden, über den wir uns gerade entrüsten, glauben wir so bestimmt und unzweideutig zu bemerken, wie wir zu sehen glauben, dass das Feuer den Rauch verursacht. Erst nachträglich, wenn wir unsere Reaktion auf die Handlung des anderen bewusst zergliedern, gelangen wir dazu, zu scheiden, was wir wirklich wahrgenommen und was appercipierend auf diese Wahrnehmungen eingewirkt hat. Wir können nun mühsam diese appercipierenden Vorstellungen ins Bewusstsein heben und begrifflich formulieren. Wenn wir dies aber gethan haben, so entsteht für uns leicht der Eindruck, als sei dieser so in das helle Licht der Reflexion emporgehobene Vorgang mit dem ursprünglichen, den wir erfassen und schildern wollten, nicht ganz identisch, — was völlig begreiflich ist: so klar bewusst, wie er in der Reproduktion sich darstellt, war eben der originale Vorgang nicht. Wir müssen deshalb bei seiner Schilderung eher die Formel gebrauchen: wir haben so gedacht oder gehandelt, als ob diese oder jene Vorstellungen und Voraussetzungen uns beeinflusst hätten. —

Ferner ist zu beachten, dass gerade die im Verkehr mit den anderen wirkenden appercipierenden Vorstellungen meist stark gefühlsbetont und eng mit Willensreaktionen verschmolzen sind. Da sich nun Gefühle und Willensregungen fast nur durch das Herauslösen ihrer vorstellungsmässigen Elemente anderen mitteilen lassen, so müssen diese bei der Schilderung unverhältnismässig hervortreten, was ebenfalls die Wahrheit und Genauigkeit der Beschreibung beeinträchtigt. Jedoch werden diese unvermeidlichen Mängel psychologischer Selbstbeobachtung und der Mitteilung ihrer Resultate, den Leser hoffentlich nicht hindern zu erkennen, was für Vorgänge gemeint sind, und analoge in seinem eigenen Innern aufzufinden.

II. Kapitel.

Eine übersichtliche Einteilung unseres Stoffes ergiebt sich, wenn wir den Lehrer in den Beziehungen betrachten, die sein Beruf mit sich bringt, also in seinem Verhältnis zu den Schülern, zu den Eltern, zu den Vorgesetzten. Dabei fassen wir ihn sowohl als Subjekt wie auch als Objekt der Apperception auf; denn diese erweist sich wirksam einerseits in ihm selbst, indem sie seine Auffassung von den anderen beeinflusst; andererseits in den andern: hier ist dann der Lehrer Objekt der durch Apperception getrübten Beurteilung. — Irgend ein Streben nach Vollständigkeit liegt unseren Ausführungen fern; es soll nur der im Vorausgehenden allgemein charakterisierte psychische Vorgang in einzelnen konkreten Gestaltungen aufgewiesen werden, wie sie das Leben der Schule — der Verfasser hat zunächst allerdings die höhere Schule im Auge — tagtäglich bietet.

In dem Verhältnis des Lehrers zum Schüler berücksichtigen wir zunächst das intellektuelle Gebiet, den eigentlichen Unterricht. In der Regel hat der Lehrer hier Stoffe zu behandeln, die ihm — wenigstens im Vergleich mit den Schülern — wohl bekannt, ja nach wiederholter Durcharbeitung — innig vertraut sind. Er wird nun zwar im allgemeinen sich wohl bewusst sein, dass das Wissen der Schüler weit unter dem seinigen steht, er wird im allgemeinen nicht vergessen, dass er zu ihnen hinabsteigen muss, da sie ja erst lernen sollen, aber im einzelnen, bei der Unterrichtsarbeit selbst, wird es ihm unzähligemal widerfahren, dass die Vorstellung von seinem eignen Verhältnis zum Lehrstoffe appercipierend wirkt und sein Urteil über den Schüler trübt. Er wird, ohne dass ihm das klar zum Bewusstsein kommt, voraussetzen, der Schüler stehe gerade so dem Gegenstand des Unterrichts gegenüber, wie er.

Dieser Apperceptionsvorgang zeigt sich in den mannigfachsten Gestalten und Beziehungen. Aus ihm erklärt sich zunächst die bekannte Thatsache, dass die Schüler vielfach „so dumm sind", oder richtiger: dem Lehrer so erscheinen. Man kann selbst im Dienste ergraute Lehrer jedes Jahr versichern hören, eine so borniere Gesellschaft hätten sie noch nie beisammen gehabt. Die Wirksamkeit der gen. Apperceptionsform kann man in allen Stadien des Unterrichts an sich wahrnehmen. Zunächst bei der Darbietung des Stoffes. Man wird hier leicht zu vieles als bekannt

voraussetzen. Das positive Wissen der Schüler ist im allgemeinen
nicht leicht niedrig genug anzuschlagen. Man vermutet ferner
oft gar nicht, was für einfache Dinge selbst in schlichten deutschen
Lesestücken den Schülern unverständlich bleiben oder von ihnen
falsch aufgefasst werden. Man ahnt oft gar nicht, welche Ausdrücke den Schülern, die aus niederen sozialen Schichten stammen
— zumal auf der unteren Stufe — ganz unbekannt sind. Es wird
also gut sein, wenn man sich bei der Vorbereitung auf den Unterricht genau fragt, was etwa dem Schüler Schwierigkeiten machen
könne, und wenn man sich im Unterricht selbst einer möglichst
einfachen Sprechweise bedient. Damit lässt sich wohl verbinden,
dass man in den höheren Klassen die Schüler zum Verständnis
auch abstrakterer Darstellungsart, zur Vertrautheit auch mit schwer
entbehrlichen Fremdwörtern und wissenschaftlichen Terminis
anleitet, denn das Studium unserer heutigen wissenschaftlichen
Litteratur, wozu die höheren Schulen doch befähigen sollen, setzt
dies voraus. Ferner wird es angebracht sein, durch recht häufige
Fragen zu kontrollieren, wie es mit dem Verständnis steht. Auch
wird es von Nutzen sein, wenn die Schüler von unten auf
angehalten werden, selbst zu fragen und alles, was ihnen irgendwie unklar bleibt, unaufgefordert zur Sprache zu bringen. Gerade
durch solche Fragen beweist der Schüler, dass er wirklich am
Unterricht beteiligt und um die innere Aneignung des Stoffes
bemüht ist. Hinderlich ist hier freilich eine gewisse Schüchternheit
der Schüler und — namentlich bei den älteren — die Furcht, sich
durch „dumme Fragen“ zu blamieren. Deshalb wird man gut thun,
solche Fragen, selbst wenn sie wirklich gelegentlich gedankenlos
und thöricht sein sollten, nicht ungeduldig und spöttisch abzufertigen.
Übrigens sind manche „dumme“ Fragen, über scheinbar selbstverständliche Dinge recht gescheit. „Selbstverständlich“ ist
den meisten das, was ihnen gewohnt ist, mögen sie es verstehen oder nicht. Welche Probleme bietet nicht der einfache
Vorgang der sinnlichen Wahrnehmung dem Psychologen und
dem Erkenntnistheoretiker: dem Laien ist er ganz „selbstverständlich“.

Der hier behandelte Apperceptionsvorgang führt auch leicht
zu allzu grosser Knappheit und Kürze im Unterrichten. Besonders
auf höheren Unterrichtsstufen mag sich das bei schwierigeren
Materien gelegentlich geltend machen. Wie das zugeht, kann
man leicht an sich selbst erproben. Man studiere zunächst eine

kurz zusammenfassende Darstellung eines wissenschaftlichen Gegenstandes, der uns neu ist. Es wird manches dunkel bleiben oder wenigstens nicht in seiner wahren Bedeutung und Wichtigkeit uns zum Bewusstsein kommen. Nun lese man ein ausführliches Werk über denselben Gegenstand und kehre dann zu jener ersten Darstellung zurück. Jetzt wird sie einen ganz anderen Eindruck erwecken. Die inzwischen erworbene reichere Vorstellungsmasse wird bei der Lektüre jetzt gewissermassen mitschwingen; sie wird, mit grösserer oder geringerer Klarheit reproduciert, appercipierend wirken, und das, was anfänglich durch seine Kürze uns unverständlich war, wird jetzt vielleicht als recht sachgemässe, klare und ausreichende Zusammenfassung erscheinen. So kann der Lehrer gelegentlich eine knappe Darstellung für ausführlich genug ansehen, weil sie für ihn genügt; denn in ihm hebt sie die dazu gehörigen Vorstellungsgruppen soweit ins Bewusstsein, dass die Sache selbst völlig klar erscheint. In dem Schüler aber, dem der Gegenstand noch neu ist, sind diese Vorstellungsgruppen nicht vorhanden, können also auch nicht durch Apperception klärend wirken. Wer eine Symphonie von vollbesetztem Orchester gehört hat, der kann auch beim Spielen des Klavierauszuges aus diesem Schönheiten und musikalische Effekte heraushören, die dem, der das Werk auf dem Klavier zum ersten Male hört, völlig verborgen bleiben. —

Die Auffassung des Schülers nach Analogie der eigenen Leistungsfähigkeit verleitet den Lehrer ferner leicht dazu, der Einprägung und Übung nicht die nötige Sorgfalt zuzuwenden. Zu der irreführenden Wirkung des Apperceptionsvorgangs kommt aber gerade hier gegenwärtig oft noch ein weiteres. Die wissenschaftliche Ausgestaltung der Lehrmethode, die sich auf HERBART zurückleitet, hat bei der Aufzeigung der Unterrichtsstufen neben der Darbietung, Verknüpfung und Zusammenfassung des Lehrstoffes die Anwendung, welche die Resultate des Unterrichts einüben und befestigen soll, nicht vergessen. Aber es ist ganz natürlich, dass in der Litteratur, welche diese Unterrichtsstufen im einzelnen erörtert und sie auf einzelne Gebiete und Einheiten des Unterrichts anwendet, die Einübung neben den anderen Stufen zurücktritt. Über sie ist eben nicht allzu viel zu sagen. Sie erweckt zudem leicht den Eindruck des Mechanischen und Geistlosen. Was aber darnach aussieht, dem haben die meisten Reformpädagogen von den Zeiten der Humanisten an einen unerbittlichen Krieg erklärt. Nicht sowohl das Gedächtnis, als vielmehr den Verstand ausbilden, lautet das Feldgeschrei — zweifellos mit Recht gegenüber stumpfsinnigem Einpauken von unnützem Zeug, das sich nach dem Trägheitsgesetz von einer Generation zur anderen forterbt. Aber trotz alledem bleibt doch das Sprichwort wahr: repetitio est mater studiorum! Also das eine thun und das andere nicht lassen! Wir wollen dabei nur offen bekennen: es geht in der Praxis der Schule auch heute noch nicht ohne viel gedächtnismässige Einprägung, ohne viel mechanischen Drill ab. Bei der Erlernung jeder Sprache müssen eben Hunderte von Vokabeln mechanisch gelernt werden, weil nun einmal aus der Bedeutung der Vokabel ihr lautliches Bild durch reinen Verstand sich nicht ableiten lässt, auch zwischen Wortformen der Muttersprache und der fremden Sprachen meist kein Zusammenhang besteht, der rein logisch begreiflich wäre. Ebenso wird in Geschichte, Geographie, Naturwissenschaft u. s. w. bei aller weiser Beschränkung des Stoffes der Schüler sich doch noch eine ziemliche Menge von rein Thatsächlichem anzueignen haben. — Gerade der Lehrer nun, der sich in die neuere didaktische Litteratur vertieft, der dort an vielen bis ins einzelne ausgeführten Beispielen sieht, wie kunstvoll und geistreich man Vorbereitung, Darbietung, Verknüpfung, Zusammenfassung des Lehrstoffes gestalten kann und soll, er ist, sage ich, in doppelter Gefahr zu übersehen, dass auch nach der lichtvollsten Darbietung und bei dem grössten Verständnis von seiten der Schüler, der Stoff doch lange noch nicht so „sitzt", wie es — bei ihm selbst der Fall ist, und wie er es, infolge der erwähnten Apperception, auch bei dem Schüler nur zu leicht voraussetzt.

Unzureichende Einprägung und Einübung wird sich aber umso mehr geltend machen, je mehr der Schüler, in oberen Klassen, dazu gelangen soll, grössere Unterrichtseinheiten zu überblicken und reicheren Wissensstoff, auch solchen, der in früheren Klassen „da war", zu grösseren Zusammenfassungen und Kombinationen bereit zu haben. Gerade auf der oberen Stufe wird es ja angebracht sein, die Schüler anzuleiten, den in bestimmter Gruppierung ihnen dargebotenen und eingeprägten Stoff unter anderen Gesichtspunkten zu betrachten. Es gilt dabei gewissermassen, die seitherigen Formen zu zerschlagen und das Material zu neuen Gestaltungen zusammen zu ordnen. Liegt nun aber das Material selbst nicht im Gedächtnis bereit, so können

schon deshalb neue Kombinationen nicht erfolgen und nur zu oft
fahren dann, wie man zu sagen pflegt, die Schüler „mit der
Stange im Nebel herum".

Beiläufig soll hier zur Erwägung gegeben werden, ob nicht
solche Aufgaben leicht in einem Umfange Findigkeit und Urteilskraft zu ihrer Lösung voraussetzen, dass bei einem beträchtlichen
Teil unserer Schüler die gerade hier gar nicht zu entbehrende
natürliche Begabung nicht zureicht. Man mag das betrübend
finden, aber es fehlt doch nicht an Umständen, die hierüber
trösten können. Der Lehrer frage sich nur einmal selbst, wie
viel von den neuen Gesichtspunkten, unter denen der Schüler
den Stoff betrachten soll, wie viel von den frischen Kombinationen,
deren Bildung er von dem Schüler fordert — er selbst erdacht,
wieviel er aus seiner Lektüre oder aus anderen Quellen entlehnt
hat. Aber wie ihm, ohne viel eigene Produktivität und Selbst-
ständigkeit des Denkens, die Litteratur in überreicher Fülle die
mannigfaltigsten Verknüpfungen der Bestandteile des Lehrstoffes,
die verschiedensten Gesichtspunkte für seine Gruppierung und
Kombination an die Hand giebt, so gilt dies auch für die Angehörigen der anderen studierten Berufe. Für die meisten genügt
es an dem „Gesamtdenken", wie es in der Vorbereitung auf den
Beruf und in ihrer Fachlitteratur ihnen gegenübertritt, teilnehmen,
Vorgedachtes nachdenken zu können. Wenn nur treues Pflicht-
gefühl und Gewissenhaftigkeit in der Arbeit nicht fehlen! Sie
wiegen im praktischen Berufsleben Mängel an Findigkeit und
intellektueller Beweglichkeit in gar vielen Stellungen reichlich auf.

In diesem Zusammenhang muss auch noch ein Wort über
die Fragestellung gesagt werden. Wir haben der Frage schon
an früherer Stelle als eines wertvollen Unterrichtsmittels gedacht.
Häufiges Fragen erschien für den Lehrer geboten, um zu kontrollieren,
inwieweit der Schüler seiner Darbietung des Stoffes mit Verständnis folge. Sie hat dieselbe Bedeutung, wenn der Lehrer
feststellen will, was zum geistigen Besitz der Schüler geworden
ist, und wenn er die Schüler veranlassen will, mit diesem geistigen
Besitz zu arbeiten, neue Associationen zu bilden. Je umfassendere
und schwierigere Associationen aber gefordert werden, umso
präziser und ausreichender muss die Fragestellung sein.

Dies führt uns auf eine weitere Wirkung des von uns gerade
behandelten Apperceptionsvorgangs. Durch denselben wird nämlich die Fragestellung insofern leicht beeinträchtigt, als dem Lehrer

ja die geforderte Gedankenverbindung schon vorschwebt. Für
ihn selbst ist also eine Formulierung der Frage, die nur in loser
Beziehung zu dem Erfragten steht, eine ausreichende Hindeutung
auf dasselbe, nicht aber für den Schüler, — wie der Lehrer
infolge jenes Apperceptionsvorgangs nur zu leicht voraussetzt.
Wenn er also auf seine Fragen keine oder wenig zutreffende
Antworten erhält, so möge er dies nicht immer sofort der Dummheit oder der Unwissenheit der Schüler zuschreiben, sondern zunächst einmal daran denken, ob nicht seine Frage etwa viel zu
knapp oder unbestimmt war, ob nicht ferner die geforderte
Association oder Kombination eine sichere Beherrschung des
Materials voraussetzt, wie sie bei dem Durchschnitt der Schüler
gar nicht vorhanden sein kann. Der Lehrer vergisst nur zu leicht,
wie unendlich viel Wiederholung und Übung nötig war, bis ihm
selbst jene Masse von Vokabeln, Formen, Thatsachen, Jahreszahlen,
Gesetzen und Formeln so geläufig war, wie sie es infolge des
Studiums und der Praxis allmählich geworden ist. Bedenken
wir nun, dass — abgesehen von den schriftlichen Arbeiten
und dem Übersetzen fremdsprachlicher Texte — es in unserem
ganzen Unterricht die Beantwortung von Fragen zum gutem Teil
ist, auf die sich das Urteil über die Leistungen des Schülers
stützt, so eröffnet sich mit dem Gesagten ein Gesichtspunkt, bei
dessen Betrachtung das Urteil über die Schüler nicht selten
gerechter ausfallen wird.

Was überhaupt die Beurteilung der Schülerleistungen
betrifft, so möchte hier, gerade bei manchen Anfängern im Lehramt, noch ein Apperceptionsvorgang mitspielen, den wir passend
an den seither besprochenen anschliessen! Vielfach wenden sich
solche dem Lehrerberuf zu, die selbst in der Schule „gute" oder
„recht gute" Schüler waren. Bei ihnen dürfte dann leicht, zumal
im Anfange ihrer Lehrthätigkeit, das Bild des „Musterschülers"
den sie einst selbst darstellten, appercipierend wirken. Ein solcher
wird, wenn auch nicht klar bewusst, leicht voraussetzen, dass die
Schüler im Durchschnitt eigentlich „Gutes" oder „sehr Gutes"
leisten müssten; er wird sich darum oft recht unglücklich fühlen,
wenn er bemerkt, dass die Schüler so wenig seinen Anforderungen
entsprechen, zumal er diese unter der Wirksamkeit der vorher besprochenen Apperception leicht zu hoch spannt. Er wird sich gar
vielen Ärger und gar viele Enttäuschungen ersparen, wenn er
sich möglichst bald von der Überzeugung durchdringen lässt, dass

in unseren Schulverhältnissen die grosse Mehrzahl der Schüler viel näher an „genügend" als an „sehr gut" steht.[1])

Aus alledem ergiebt sich die Mahnung, dass sich der Lehrer immer und immer wieder frage, ob ihm nicht die Leistungsfähigkeit seiner Schüler höher erscheine, als sie in der That ist; ob nicht seine Sprach- und Lehrweise zu „gelehrt", seine Anforderungen an die Schüler zu hoch sind; ob er nicht ihr Wissen und ihr Können überschätze. Man kann sich hier in wirksamer Weise folgendermassen selbst kontrollieren. Man stelle nicht allzu selten Fragen, von denen man bestimmt glaubt annehmen zu dürfen, dass sie von allen beantwortet werden können, oder man fordere eine schriftliche Leistung, von der man voraussetzt, dass sie für die betreffende Stufe zu leicht sei: man wird oft Gelegenheit haben — sich zu verwundern.

Alles was an Wissen und Fertigkeiten zum festen Besitz werden soll, bedarf eben der ausdauerndsten Übung schon deshalb, weil ohne diese in Gehirn und Nervenbahnen nicht die „Spuren" zurückbleiben, nicht die Dispositionen geschaffen werden, die zu einem glatten Ablauf der gewünschten psychischen Prozesse unentbehrlich sind. Da nun aber bei seelischen Vorgängen ihre physiologischen Bedingungen und Begleiterscheinungen nicht selbst zum Bewusstsein kommen, so ist es begreiflich, dass sie von der naiven Psychologie des „gesunden Menschenverstands" meist ganz übersehen werden.

Dazu kommt, dass die sich selbst überlassene, vorwissenschaftliche Selbst- und Weltauffassung überall zu einem naiven Dualismus geführt hat, der auch dem Sprachgebrauch allenthalben zu Grunde liegt. So gewöhnen wir uns von früh an zu sagen, der Mensch bestehe aus Leib und Seele, womit doch der Vorstellung nahegelegt ist, sie seien zwei besondere, für sich existierende Wesen. Weiterhin werden auch von der Psychologie des gemeinen Bewusstseins — freilich nicht ohne den Einfluss der wissenschaftlichen Ausgestaltung seines primitiven

[1]) Man vergleiche dazu die Bemerkung Fr. Paulsen's, Geschichte des gelehrten Unterrichts. 2. Aufl. (Leipzig 1897) II. S 403: „Die neue Schule nimmt den Schüler für viele Dinge in Anspruch. Das wieder zurückgeführte Klassensystem wirkt dahin, dass er allen gleichmässigen Fleiss zuzuwenden angehalten wird; ein Zurückbleiben auch nur in einem gefährdet die Versetzung. So drängt das System zur Mittelmässigkeit der Leistungen. Das kommt auch in den Zeugnissen immer deutlicher zu Tage: das durchgängige „genügend" ist eigentlich das Ziel, dem das System zudrängt."

Dualismus — Leib und Seele als völlig verschiedene, ja entgegengesetzte Bestandteile des Menschen aufgefasst. Der Leib
erscheint als das Räumliche, Körperliche; die Seele als das Un-
räumliche, Immaterielle.[1])

Sie wohnt, nach dieser Anschauung, als ein sozusagen
in sich fertiges Wesen im Leibe, näherhin im Kopfe; sie ist
das eigentliche „Ich". Sie steht zu dem Leib in einer Verbindung, die nicht in dem Wesen beider begründet, also nur
zufällig ist.

Es liegt uns hier natürlich fern, die metaphysischen Fragen
über das Wesen der Seele und über die Wechselbeziehung
zwischen Leiblichem und Seelischem zu erörtern, es soll nur hervorgehoben werden, dass von der populären Betrachtungsweise, die
so überaus innige Beziehung zwischen den beiden Gebieten in
der Regel nicht entfernt so gewürdigt wird, wie es die wissenschaftliche Psychologie fordert. Ja, derartige populäre Vorstellungen wirken auch bei psychologisch Gebildeten noch vielfach
unvermerkt und beeinträchtigen auch bei dem Lehrer oft die
richtige Beurteilung und Behandlung des Schülers auf intellektuellem und ethischem Gebiet.

Das Übersehen des physiologischen Faktors bei allen psychischen
Vorgängen führt häufig zu ganz irrigen Auffassungen und Mass-
nahmen bei Erscheinungen, die im Schulleben einen so breiten
Raum einnehmen wie Unaufmerksamkeit der Schüler, ihre Zer-

---

[1]) Eine andere Frage ist, inwieweit es dem psychologisch Naiven gelingt,
mit der Bezeichnung „immateriell" einen entsprechenden Sinn zu verbinden.
Meist wird er doch geneigt sein, die Seele sich anschaulich als ein hauch-
artiges Wesen vorzustellen, das freilich so dünn und fein sei, dass einem
darüber — „geradezu schwindlig wird". — Die dualistische Auffassung hat in
der Philosophie bekanntlich ihre typische Ausprägung bei Cartesius gefunden.
Einer der Grundpfeiler seines Systems ist die schroffe Scheidung der denkenden
und der ausgedehnten Substanz (substantia cogitans sive mens und substantia
extensa sive corpus), die gänzlich verschieden sind und nichts mit einander
gemein haben. Nunmehr erschien es aber unerklärlich, wie diese Substanzen
in Wechselwirkung treten sollten, wofür doch die Erfahrung zu sprechen
schien. Spinoza leugnet denn auch eine eigentliche Wechselwirkung: Psychisches
und Physisches sind ihm nicht selbständige Substanzen, sondern zwei Attribute
einer Substanz; eine Ansicht, die im wesentlichen übereinstimmt mit der heute
weit verbreiteten Theorie des „psycho-physischen Parallelismus". —
Die scholastische Philosophie hielt in dieser Frage stets einen anderen
Standpunkt fest. Sie schloss sich an Aristoteles an, der in der Seele die Ente-
lechie des Leibes, d. h. die den Stoff bewegende, verändernde und gestaltende
Form sah (Ar. de an. II, 1). Die Seele ist also der Scholastik das eine Lebens-
prinzip für die vegetativen, sensitiven und intellektiven Funktionen; sie bildet
(als Form) erst mit dem Leib (der Materie) eine komplete Substanz (Thomas
Aquinas. C. gent. L 2, c. 57).

streutheit, Flatterhaftigkeit u. s. w.[1]) Man wird auch leicht geneigt
sein, die verschiedenartige Thätigkeit dieser — gewissermassen in
in einem Punkt konzentriert existierenden — immateriellen Seele
zu wenig auseinanderzuhalten, sie zu wenig in ihrer Verschiedenheit zu erkennen. In Betracht kommen bei dem
Unterricht besonders Sehen, Hören, Verstehen, Behalten, Sprechen,
Lesen, Schreiben. Leicht macht sich hier die Auffassung geltend,
als sei mit dem einen auch das andere schon gegeben, als sei
z. B. das richtig Gehörte auch verstanden, oder als könne das
Verstandene auch sofort schriftlich oder mündlich wieder gegeben
werden. Gerade die pathologischen Erscheinungen auf diesem
Gebiet, Aphasie und Agraphie mit ihren verschiedenen Unterarten, zeigen aber deutlich, wie verschiedenartig diese Leistungen
sind und aus wie mannigfachen psycho-physischen Vorgängen sie
sich zusammensetzen.[2]) So wird man also z. B. bei aller Betonung
und Bewertung des „mündlichen Verfahrens" beim Unterricht die
schriftlichen Übungen nicht vernachlässigen dürfen, solange auch
schriftliche Leistungen als Zielleistungen verlangt werden, denn
auch das blosse Niederschreiben von richtig Gedachtem bietet
seine Schwierigkeiten, deren Überwindung Übung erheischt.

Wenn aber schon beim normalen Verlauf der psychischen
Thätigkeiten die Verkennung ihrer physiologischen Bedingtheit zu
Missgriffen führt, so gilt dies noch viel mehr, wenn dieselben
durch körperliche Krankheitszustände mehr oder minder dauernd
gestört sind. Welchen Einfluss auf Aufmerksamkeit, Fleiss und
Leistungen der Schüler üben nicht Neurasthenie, gestörte Ver-
dauung, unzureichender Schlaf, mangelhafte Ernährung u. s. w.!
Wie leicht aber werden diese Umstände übersehen, besonders
wenn in dem Lehrer noch die Vorstellung wirkt von der sou-
veränen, immateriellen Seele, die eigentlich jederzeit alles kann,
wenn sie nur recht will. Dass aber auch nach der Seite des Willens und damit des
Sittlichen die Wirksamkeit des Geistes im weitesten Masse von
dem Körper abhängig ist, das will der populären Psychologie um
so weniger in den Sinn, als durch derartige Annahmen eines

---

[1]) Nähere Ausführungen hierüber mit zahlreichen Beispielen aus der Praxis
giebt O. Altenburg, Die Methode der psychologischen Beobachtung (Berlin 1898).
Bd. II, dieser Sammlung.

[2]) Über die mannigfachen psychischen Prozesse, die beim Schreiben zusammenwirken vgl. H. Schiller, Studien und Versuche über die Erlernung
der Orthographie (Berlin 1898). Bd. II, dieser Sammlung.

ihrer Grunddogmen, das von der „Willensfreiheit" gefährdet
erscheint. Was aber sittlich bedenklich ist, so urteilt der „gesunde
Menschenverstand", das kann unmöglich wahr sein.

Gegenüber solchen naiven Vorstellungen und Befürchtungen,
deren appercipierende Wirksamkeit ja auch der psychologisch
Gebildete noch gelegentlich in sich konstatieren kann, ist zu
betonen:[1] „So wenig klares Wissen allein Tugend verbürgt, so
wenig gefährdet auch irgend welches sichere Wissen das Sittliche
— und dies gilt besonders von der Zurückführung der seelischen
Erscheinungen auf materielle Vorgänge. Nicht zu dem Grundsatz gelangt die Hirnforschung, dass Alles begreifen gleichbedeutend
ist mit Alles verzeihen, im Gegenteil zu der festen Überzeugung,
dass Vieles besser sein könnte und dass der Mensch oder wenigstens
die gesittete menschliche Gesellschaft in weitem Masse und mehr
als man gemeinhin denkt, die Fähigkeit besitzt, sich die Vor-
bedingungen für ein sittliches Handeln selbst zu schaffen. Nichts
kann eindringlicher auf die Selbstverantwortlichkeit des Einzelnen
hinweisen, als die naturwissenschaftliche Seelenlehre, indem sie zeigt,
durch welche körperliche Einflüsse der Mensch sittlich sinken muss."

Die wissenschaftliche Hirnlehre der Gegenwart ist nicht wie
die der Aufklärungsphilosophie des vorigen Jahrhunderts geleitet
„von einem instinktiven Hass gegen das Dogma von der Im-
materialität der Seele"; sie überlässt dieses Problem, wie das der
Willensfreiheit, der Entscheidung der Metaphysik. Das hindert
aber keineswegs, „die sittliche Hebung der Menschheit auch von
der körperlichen Seite her in Angriff zu nehmen." Indem die
Gehirnphysiologie nachweist, dass durch die physiologischen Vorgänge, die die psychischen begleiten, eine gewisse Veränderung
der Organe bewirkt wird, dass „Spuren" zurückbleiben, dass sich
die Leitungsbahnen für die Erregungen in Nerven und Central-
organ gewissermassen ausschleifen, sodass die Disposition zu denselben psycho-physischen Vorgängen sich immer mehr verstärkt,
stellt sie doch zugleich auch die schrecklichen Folgen unsittlichen
Handelns greifbar vor Augen. Sie predigt die so wichtige sittliche Regel, dem Bösen gleich in seinen ersten Regungen zu wider-
stehen, das: „Principiis obsta!" in viel nachdrücklicherer Weise,
als die Vorstellung von einer aller körperlichen Einflüsse ledigen
Seele, die nur wieder einmal ernstlich zu wollen braucht — und

---

[1] So P. FLECHSIG. Gehirn und Seele. 2. Aufl. (Leipzig 1896) S. 34.

das kann sie ja immer! — um auch aus langer unsittlicher Gewöhnung mit einem Ruck sich emporzuraffen.

Wir sehen also, wie jene vulgäre Vorstellung von der immateriellen Seele zu einer Verkennung der physiologischen Unterlage des psychischen Geschehens führt. Wir sehen das auf dem intellektuellen, wie auf dem ethischen Gebiet. Indem wir uns nun in unserer Betrachtung dem ethischen Gebiet speciell zuwenden, begegnet uns hier sogleich der schon gestreifte Begriff der „Willensfreiheit", der zu den wichtigsten Bestandstücken des vorwissenschaftlichen psychologischen Denkens gehört. Wir lassen bei diesem Begriff, wie bei dem der immateriellen Seele, die Frage nach dem Wahrheitsgehalt hier durchaus beiseite, nur das müssen wir betonen, dass er, gerade so wie auch jener, der wissenschaftlichen Klärung und Vertiefung dringend bedarf, um so mehr, da er ja auch zumeist nur im Hintergrund des Bewusstseins bei der Beurteilung menschlichen Handelns appercipierend wirkt. Dazu kommt, dass mit dem Ausdruck Willensfreiheit eine Reihe von Bedeutungen sich verbinden.[1]) Die dem naiven Denken am nächsten liegende ist diejenige, die sich in die Worte kleiden lässt: frei ist ein Mensch, der thun kann, was er will. Damit ist also garnicht die Freiheit des Wollens, sondern die des Thuns gemeint, die dann vorhanden ist, wenn das Handeln nicht durch äusseren Zwang oder Widerstand beeinflusst oder gehindert ist. Das Vorhandensein der Freiheit in dieser Bedeutung lässt sich am leichtesten feststellen und der philosophisch Ungeschulte ist geneigt, auf sie auch dann hinzuweisen, wenn nach dem ganzen Sachverhalt eine andere Bedeutung des Begriffes in Betracht kommt. Eine solche wäre an zweiter Stelle das Ledigsein von innerem Zwang. Frei wäre in diesem Sinne z. B. jemand, der auf andere keine Rücksicht zu nehmen braucht; frei ist in diesem Sinne etwa der Privatmann im Vergleich zu dem Beamten. Unfrei wäre dagegen z. B. ein solcher, der von Schmerz oder Furcht getrieben handelte. Drittens bezeichnet Freiheit die Möglichkeit zwischen verschiedenen Entschlüssen zu wählen, viertens die Spontaneität, die Selbstthätigkeit,

---

[1]) Die Unterscheidung dieser Bedeutungen gebe ich meist im Anschluss an H. Höffding, Ethik. (Aus dem Dänischen übersetzt von F. Bendixen. Leipzig 1888.) S. 72 ff. Vgl. dazu V. Cathrein, Moralphilosophie. 2. Aufl. I. S. 20.

deren wir uns bewusst sind, also die Thatsache, dass wir uns in dem Zustand der Überlegung nicht nur (passiv) bestimmt und getrieben fühlen, sondern uns wissen als selbst eingreifend in den Kampf der Motive und unsere Entschliessungen von innen heraus bestimmend.[1]) Fünftens bezeichnet man auch als frei (genauer als sittlich frei oder wahrhaft frei) denjenigen, der nicht dem Anreiz zu moralisch verwerflichen Entschlüssen erliegt, sondern dem Sittengesetz entsprechend will und handelt.

Am häufigsten wird nun in der Praxis des Schullebens bei der Beurteilung des Thuns der Schüler die Freiheitsvorstellung in der Weise appercipierend wirken, dass darin die erste und fünfte Bedeutung mit einander sich vermischen. Weil also der Schüler etwa gehandelt hat ohne äusseren Zwang, so wird ohne weiteres auch vorausgesetzt, dass er hätte gut handeln können. Nun ist aber die sittliche Freiheit eine ethische Idealvorstellung. Sie wird zwar eben deshalb unentbehrlich bleiben als Ziel- und Orientierungspunkt der Pädagogik, aber es wird verfehlt sein, sie bei der Beurteilung sittlich ganz unfertiger Menschen als vorhanden vorauszusetzen.

Die appercipierende Wirksamkeit des Freiheitsbegriffs erzeugt also bei dem psychologisch Naiven vielfach eine Überspannung der sittlichen Anforderungen an die andern. In überhasteter Weise wird ein geradezu ideales Verhalten von ihm auch schon da verlangt, wo es noch gilt, die langsame ethische Entwicklung sorgsam und vorsichtig zu fördern. Man kann diesen Sachverhalt auch dem Nichtpsychologen leicht zum Bewusstsein bringen. Auch er wird bereit sein, bei dem ganz kleinen Kinde das Nichtvorhandensein sittlicher Freiheit zuzugeben, wenn man ihm sodann vorführt, wie allmählich sich die Entwicklung vollzieht, wie der Mensch damit, dass er 12 oder 18 Jahre alt wird, dass er diese oder jene Prüfung besteht, in sittlicher Beziehung eben so wenig, wie etwa in wissenschaftlicher, reif und fertig ist, dann wird er wohl geneigt sein, einzuräumen, dass er von der Voraussetzung sittlicher Freiheit bei seinen Mitmenschen im täglichen Leben einen viel zu weit gehenden Gebrauch gemacht hat.

---

[1]) Aus dieser inneren Erfahrung zieht auch in dem Kampf des Determinismus und des Indeterminismus der letztere immer neue Nahrung, während der Determinismus seine Aufmerksamkeit mehr auf den Zusammenhang der Willensakte mit den vorausgehenden Motiven richtet: auf diesen aber glaubt er das Kausalitätsgesetz im Sinne einer notwendigen Verknüpfung anwenden zu müssen.

Aber darf der Lehrer denn überhaupt noch einen Schüler zur Verantwortung ziehen und bestrafen, wenn es unter den gerade vorliegenden Verhältnissen ganz erklärlich war, dass dessen Wollen und Handeln nicht dem Sittengesetz entsprach? — Diesem Bedenken gegenüber darf wohl auf folgendes hingewiesen werden. Die Menschen, die ja doch von dem Handeln ihrer Mitmenschen in Mitleidenschaft gezogen werden, werden niemals umhin können, den einzelnen für sein Thun verantwortlich zu machen, d. h. in ihm den Thäter seiner Thaten zu sehen, weil er sie eben gewollt hat. Dieses Zur-Rechenschaft-ziehen (äussere Verantwortung) wird hinlänglich gerechtfertigt durch die Thatsache, dass die Menschen (auch schon in früher Jugend) eines Freiheits- und Verantwortlichkeitsgefühls (innerer Verantwortung) fähig sind. Man wird bei Kindern zwar immer wieder finden, dass sie zu leugnen suchen, was sie gethan haben, oder dass sie behaupten, sie hätten etwas nicht absichtlich gethan, d. h. sie hätten das Ergebnis ihres Thuns nicht gewollt, aber nie wird man der Einrede begegnen, dass sie nicht anders hätten wollen können. Eben dadurch, dass sie unrechte Handlungen so eifrig zu verbergen suchen, erkennen sie an, dass sie sich dafür verantwortlich fühlen. An dieses Freiheits- und Verantwortlichkeitsgefühl aber wird der Erzieher anknüpfen; er wird es recht kräftig für die Erziehung auszunützen suchen; denn zweifellos ist die mit starken Gefühlen verbundene Vorstellung: Du bist frei und für dein Thun verantwortlich und wirst dafür zur Rechenschaft gezogen — ein mächtiges, sittlich wertvolles und verwertbares Motiv und darum für die Pädagogik unentbehrlich.

Diese Betrachtung führt uns auf eine damit zusammenhängende pädagogische Frage (und zugleich eine verwandte Form der Apperception). Die Erfahrung lehrt, dass in dem Kampf gegen Begehrungen, die dem Sittengesetze widerstreiten, mancherlei Motive zusammenwirken können. Nun spielt in der neueren Ethik, besonders seit Kant, der Unterschied der sittlichen Autonomie und Heteronomie eine grosse Rolle. Man erklärt: Das Gute muss um seiner selbst willen gethan werden, die praktische Vernunft, die das Sittengesetz als in ihrem Wesen liegend, als ein selbstgegebenes, autonomes erfasst, soll es aus reiner Achtung erfüllen: nur dann kommt wirklich moralisches Handeln zustande. Alles Handeln, das aus Furcht, Hoffnung,

Ehrgeiz und ähnlichen Motiven entspringt, ist moralisch gänzlich wertlos.

Zweifellos liegt solchen Ansichten ein lauteres moralisches Gefühl und Urteil zu Grunde, aber sie führen leicht dazu, den Erzieher wichtiger und wirksamer Hilfsmittel zu berauben. Auch hier wirkt eine Idealvorstellung appercipierend und trübt den Blick für die Wirklichkeit und das in ihr Erreichbare: das Bessere erweist sich als Feind des Guten. Dass das Gute um seiner selbst willen gethan werde, bleibt allerdings das Ziel, ein Ziel, das im Grunde mit der oben besprochenen, „wahren Willensfreiheit" zusammenfällt. Aber eben darum, weil es Ziel ist und zwar letztes Ziel, darf man es nicht zu früh für erreichbar oder gar für erreicht halten. Es soll gar nicht geleugnet werden, dass die Kinder schon in verhältnismässig jungen Jahren für die Mahnung, das Gute um seiner selbst willen zu thun, empfänglich gemacht werden können — es wird sich aus diesem Grunde empfehlen, das, was die Schüler zu leisten haben, einfach anzuordnen und nicht von vornherein schon, ohne besonderen Grund, auf Belohnungen und Bestrafungen hinzuweisen — aber anderseits zeigt doch die alltägliche Erfahrung, dass die „reine Achtung vor dem Gesetz" bei den meisten durchaus unzureichend ist, um die unsittlichen Motive aus dem Felde zu schlagen. Auch für die Mehrzahl der Erwachsenen wird doch wahr bleiben, was SCHOPENHAUER einmal witzig bemerkt: „Die Moral hat es mit dem wirklichen Handeln des Menschen und nicht mit apriorischem Kartenhäuserbau zu thun, an dessen Ergebnisse sich im Ernst und Drange des Lebens kein Mensch kehren würde, deren Wirkung daher, dem Sturm der Leidenschaften gegenüber, so viel sein würde, wie die einer Klystierspritze bei einer Feuersbrunst."[1])

Mag auch der subjektive moralische Wert, die Verdienstlichkeit des Rechthandelns, bei der Wirksamkeit egoistischer Triebfedern gering sein oder ganz fehlen, so bleibt es doch objektiv wertvoll und für das Gemeinwohl nützlich, dass das Gute gethan und das Böse unterlassen werde, gleichviel aus welchen Motiven. Ferner muss doch gerade der Erzieher berücksichtigen, dass das sittliche Handeln, wenn es auch lange Zeit vorwiegend nur aus

---

[1]) Über die Grundlage der Moral (1840) § 6. Übrigens giebt auch KANT selbst zu: „Dass, um ein entweder noch ungebildetes oder auch verwildertes Gemüth zuerst ins Gleis des moralisch Guten zu bringen, es einiger vorbereitenden Anleitungen bedürfe, es durch seinen eigenen Vorteil zu locken oder durch den Schaden zu schrecken" (Kritik d. prakt. Vern. ed. Kehrbach, S. 162).

sittlich gleichgiltigen Beweggründen geübt worden ist, doch allmählich durch die Gewöhnung zur zweiten Natur wird und
schliesslich auch um seiner selbst willen weiter geübt werden kann.[1]

Wir haben also gesehen, wie ethische Idealvorstellungen sowohl
bei der Beurteilung menschlichen Handelns als auch bei der Bewertung der Motive leicht durch ihren appercipierenden Einfluss
zu irriger Auffassung und Behandlung der wenig idealen Wirklichkeit führen. Daran mag sich die Besprechung einer anderen
appercipierenden Vorstellung populärer Psychologie reihen, die
gerade umgekehrt vielfach dazu verleitet, das menschliche Thun
in zu trübem Lichte zu sehen. Viel zu häufig setzen wir, meiner
Beobachtung nach, bösen Willen, bewusste schlechte Absicht
voraus. Es beruht dies zunächst darauf, dass überhaupt das
Instinktive, Triebartige, „Unbewusste" in der menschlichen Bethätigung übersehen und viel zu oft Berechnung, Absichtlichkeit
angenommen wird. Weiterhin aber glaube ich bemerkt zu haben,
dass diese ungerechtfertigte Voraussetzung der Absicht, des bewussten Wollens besonders dann eintritt, wenn das Verhalten der
anderen bei uns Unlust erregt. Die Vorstellung, die wir von
dem Mitmenschen haben, verbindet sich in diesem Falle mit Gefühlen der Abneigung und der Rachsucht. In solcher inneren
Verfassung kostet es grosse Mühe, sich selbst einzureden, dass der
andere unabsichtlich so gehandelt habe, auch wenn kein sachliches Moment dagegen, und manches dafür spricht. Unser
Ärger, unser Vergeltungstrieb drängt uns gewissermassen an-

---

[1] Auch ist hier an das psychologische Gesetz der Wertübertragung zu
erinnern, nach dem z. B. Willensziele, welche von uns um des damit verknüpften Lohnes erstrebt wurden, einen Eigenwert erhalten, so dass das, was
früher Mittel war zur Erreichung der Belohnung (nämlich das gute Handeln)
schliesslich Selbstzweck wird. Man wird eben, wie schon Aristoteles richtig
gesehen hat, nur dann gut, wenn man gut handelt.
Übrigens sei in diesem Zusammenhange auch hervorgehoben, dass die
unbewusste Erziehung nicht weniger wichtig ist als die bewusste. „Die
unwillkürliche instinktmässige Weise, wie das Kind dem Betragen der Älteren
folgt und demselben nachahmt, der Eifer, mit welchem es alle Wege ein-
schlägt, die man seinem starken Bedürfnis des Gebrauchs der frischen Kräfte
eröffnet, haben wohl ebenso viel zu bedeuten als der bewusste Gehorsam" ...
„Unter der unbewussten Erziehung kann man aber auch die Erziehung verstehen, welche die Eltern (und Lehrer!) üben, ohne es selbst zu wissen. Ihre
unbewachten Augenblicke wirken nicht minder auf das Kind, als diejenigen
Augenblicke, in welchen sie demselben mit klarem pädagogischem Bewusstsein
entgegentreten; in den unbewachten Augenblicken redet und handelt man ja oft
mit seiner grössten Energie." (H. Höffding, Ethik. [Aus dem Dänischen übersetzt von F. Bendixen.] Leipzig 1888. S. 240 f.)

zunehmen, dass der andere so gehandelt habe, weil sein Wille, also der Kern seines Wesens, böse sei. In unserem Zorn bereitet uns diese Vorstellung eine gewisse Genugthuung, weil sie ihn sozusagen als berechtigt erscheinen lässt, andererseits ist sie natürlich geeignet, unserem Unmut selbst weitere Nahrung zu geben.

In der Regel kommt man natürlich nicht dazu, solche Stimmungen derart zu zergliedern und auf ihren Vorstellungsgehalt zu untersuchen: jedenfalls bleibt aber das richtig: der Mensch handelt gegen solche, die seine Unlust erregen, meist so, als ob er bei ihnen bösen Willen voraussetze und der psychologisch Naive wird, zur Rede gestellt, diese Annahme meist lebhaft verfechten.

Wie vieles ist es aber, was bei den Schülern fortwährend unseren Ärger und Verdruss erregt: ihr ganz natürlicher Bewegungs- und Thätigkeitsdrang, der zu Unruhe, Spielen, Schwätzen und anderen kleinen Störungen des Unterrichts führt; ihre Zerstreutheit, ihr Mangel an Interesse, Aufmerksamkeit, Fleiss, die vielfach auf körperlichen Zuständen beruhen u. s. w.!

Es soll gar nicht in Abrede gestellt werden, dass alle diese Erscheinungen die Lehrthätigkeit — wie sie wirklich ist, freilich nicht, wie sie in schönfärbenden Darstellungen erscheint — zu einer oft recht aufreibenden und verdriesslichen Beschäftigung machen, aber das glaube ich versichern zu können, dass in alle dem lange nicht so viel „böser Wille" sich geltend macht, als unser Ärger uns leicht einreden will.

Der wirkliche böse Wille entsteht bei den Schülern, wie mir scheint, meist erst sekundär und vielfach gerade dadurch, dass man ihm als bereits vorhanden annimmt. Wenn ein Schüler, zumal ein älterer, merkt, dass eine Äusserung oder Handlung, die etwa infolge eines momentanen Impulses oder ganz absichtslos erfolgte, ihm als Ausfluss bewussten bösen Wollens angerechnet wird; oder dass gar von vornherein eher böser als guter Wille bei ihm vorausgesetzt und er misstrauisch behandelt wird, dann kann gar wohl Abneigung gegen den Lehrer und infolgedessen auch die Absicht entstehen, den Lehrer zu ärgern und zu kränken. Damit soll natürlich nicht gesagt werden, dass nicht auch sehr berechtigte Massnahmen des Lehrers jene innere Kampfesstellung eines Schülers zur Folge haben können, nur wird dies nicht leicht auch die Haltung der übrigen beeinflussen, während in ersterem Falle das Verhältnis des Lehrers zur Klasse in eine Art permanenten

Kriegszustandes übergehen kann, wofür dem Leser vielleicht
Beispiele aus seiner eigenen Schulzeit zu Gebote stehen.

Auf einem Gebiet ist allerdings ein gewisses Misstrauen des
Lehrers nur zu berechtigt. Die Erfahrung zeigt leider immer
wieder, dass nicht wenige Schüler durch Gebrauch unerlaubter
Hilfsmittel, kleine Betrügereien, Abschreiben u. s. w. sich ihre
Arbeit zu erleichtern oder Lücken ihres Wissens und Könnens
zu verdecken suchen. Es ist oft nicht ohne eine gewisse trübe
Komik, zu sehen, welche Erfindungsgabe manche Schüler darin
zeigen, die Arbeiten, die doch zu ihrem eigenen Besten von ihnen
gefordert werden, in ihren geistesbildenden Wirkungen illusorisch
zu machen. Selbst ältere Schüler, die sonst schon ein ziemlich
entwickeltes Ehrgefühl haben, machen sich vielfach gar kein
Gewissen daraus, bei ihren Arbeiten den Lehrer zu betrügen.
Gegenüber solchen Erscheinungen muss der Lehrer oft — so
peinlich und unsympathisch ihm dies sein mag — pflichtmässig
Misstrauen hegen, um durch strenge Kontrolle die Schüler, soweit
als möglich, zu ehrlicher Arbeit zu nötigen. Es ist dabei doppelt
peinlich — um der gleichmässigen Behandlung willen — auch
solchen gegenüber diese Kontrolle zu üben, bei denen ein feineres
Ehrgefühl sie überflüssig macht; aber leider muss sich das Verhalten des Lehrers gegenüber der Klasse wie in der Lehre, so
auch in der Zucht meist nach dem Niveau der niedriger Stehenden
richten! Trotz alledem aber bleibt doch auch für die Schule in
weitem Umfange wahr, was Henry Drummond[1]) über die „Gnadengabe der Arglosigkeit" so schön sagt: „Ihr Besitz ist das grosse
Geheimnis des persönlichen Einflusses. Das ist klar, die Leute,
welche Einfluss auf uns haben, sind die, welche uns Gutes zutrauen. In einer Umgebung voll Misstrauen zieht sich der Mensch
in sich selbst zurück; umgekehrt, wo man ihm mit Zutrauen
begegnet, geht ihm das Herz auf, da findet er Aufmunterung und
erziehende Gemeinschaft. Ein verlorener Sohn lernt wieder an
sich selbst glauben, wenn andere ihm vertrauen; denn er sieht in
solchem Vertrauen sein verloren gegangenes Ideal und macht sich
auf, es wieder zu gewinnen." —

Im Anschluss hieran sei noch einer anderen vulgären Anschauungsweise gedacht, die ebenfalls geeignet ist, uns ohne aus-

---

[1]) Das „Beste" in der Welt. 26. Aufl. (1891) S. 40 f.

reichenden Grund pessimistisch zu stimmen — wie dies ja auch
bei der übertriebenen Voraussetzung bösen Wollens der Fall war.
Wenn ein jüngerer Schüler sich einer Handlung schuldig
gemacht hat, der man einen so schlimmen Namen geben kann
wie Diebstahl, Lüge, Betrug, Fälschung, so kann man wohl bei
Erwachsenen die entrüstete Klage hören: so jung und schon so
schlecht und verdorben! Dem liegt doch die durchaus volkstümliche Vorstellung zu Grunde, dass die Kinder durchschnittlich
unschuldvoll und engelrein seien. Gewiss, sie konnten noch keine
schwere Schuld auf sich laden, aber dies berechtigt nicht, sie als
moralisch rein und gut zu fassen. Sie stehen noch im Bereich
der Natur, noch nicht in dem der Sittlichkeit, sie sind noch
diesseits von gut und bös. Es ist ja gerade das Ziel der sittlichen Entwicklung, das naturhafte Spiel der Triebe und Begehrungen — die an sich weder gut noch bös sind, sondern nur
das Material zu beiden — allmählich dem Sittengesetz zu unterwerfen. Gerade bei stark wollenden Naturen — und nur diese
pflegen späterhin Bedeutenderes zu leisten — mag diese Unter-
werfung oft nur sehr langsam gelingen.

So verlieren eine Reihe von Fehlern, wie sie bei Kindern oft
hervortreten, bei näherer psychologischer Betrachtung viel von
ihrem abstossenden Charakter, der so deprimierend auf den Erzieher
wirken kann. Was man bei Kindern Grausamkeit nennt, „ist
meist Äusserung der Neugierde, des Spieltriebs, auch des Macht-
gefühls, gepaart mit Unvermögen, Gefühle eines Wesens anderer
Gattung nachzubilden". [1] Was ferner das Lügen und Fälschen
betrifft, so bedenke man, dass es meist sekundär, infolge der so
mächtigen Wirkung von Furcht und Angst erfolgt. Es ist nicht
zu leugnen, dass der Schüler hier oft unnötiger Weise in Versuchung geführt wird. Er soll oft selbst Mitteilungen an seine
Eltern überbringen, von denen er etwa im voraus bestimmt weiss,
dass sie ihm eine schmerzliche Tracht Prügel zuziehen. Die
Angst davor treibt ihn dann oft zu den raffiniertesten oder auch
thörichtsten Lügen und Betrügereien. Diese zeugen dann selbst-
redend nicht von sittlicher Verkommenheit und Bosheit, sondern
nur von der unheimlichen Macht der Furcht und der Angst, die
man ja auch noch bei Erwachsenen in weitem Umfange konstatieren kann. Wenn ferner von den Schülern gefordert wird,

---

[1] Fr. Jodl, Lehrbuch der Psychologie (Stuttgart 1896) S. 089. Vgl.
K. Lange, Über Apperception. 3. Aufl. (Plauen 1899) S. 87.

dass sie bei Disziplinaruntersuchungen genau die Wahrheit sagen und gar Aussagen machen sollen, die ihnen selbst Bestrafungen zuziehen würden, so verlangt man doch dabei von ihnen eine moralische Stärke, eine Selbstüberwindung, die bei Erwachsenen im gerichtlichen Verfahren im allgemeinen nicht vorausgesetzt wird. — Eine trügende appercipierende Vorstellung, nämlich die Beurteilung nach Analogie eigner Einsicht und eigner Gefühle, ist es auch, die Eltern und Lehrern so oft über die Undankbarkeit der Kinder Klagen entlockt. Es ist nun aber ein psychologisches Gesetz von weittragender Bedeutung, dass Bewusstseinsinhalte erst durch kontrastierende zu voller psychischer Klarheit und Wirksamkeit erhoben werden. Was dem Menschen schon von seiner frühsten Jugend an in gleicher Weise entgegengetreten ist, das erscheint ihm so durchaus selbstverständlich, dass es keinerlei nennenswerte Gefühlsreaktionen in ihm hervorruft. Nichts ist aber dem Kinde so alltäglich und so selbstverständlich als die Sorgen und Bemühungen der Eltern und Verwandten und späterhin der Lehrer um es. Die Thätigkeit des Lehrers wird der Schüler um so weniger würdigen und dankbar empfinden, als sie ihm ja vielfach nicht gerade als eine Lust erregende entgegentritt. Auch hat ja sogar der ältere Schüler meist eine ganz unrichtige Vorstellung von der mühevollen und aufreibenden Thätigkeit des Lehrers; er nimmt in der Regel an, auf dem Katheder zu sitzen und da seinen Stoff — zum so und so vielten Mal — zu dozieren und endlich — anderen Aufgaben zu stellen, das könne vielleicht langweilig, aber nicht gerade anstrengend und beschwerlich sein. —

Ich schliesse hier die Erwähnung eines anderen Apperceptions-Vorganges an, der gleichfalls die zutreffende Beurteilung des Schülers zu beeinträchtigen vermag. Im täglichen Verkehr mit einer Klasse kommt der Lehrer meist schon im Laufe weniger Wochen dazu, von den einzelnen Schülern ein Bild in mehr oder minder scharfen und bestimmten Zügen zu haben. Dieses wirkt nun seinerseits auf die folgenden Eindrücke, die wir von dem Schüler bekommen, appercipierend ein. Wir finden dasselbe in uns vor, ohne seine Entstehung schrittweise zu verfolgen, ohne noch alle die Eindrücke bewahrt haben, auf Grund deren es sich aufgebaut hat. Hier ist nun die Möglichkeit gegeben, dass dieses Bild, diese Gesamtvorstellung von der Schülerindividualität, zu

früh fertig, zu rasch gewissermassen fest und starr wird, so dass
nun die weiteren Erfahrungen über den Schüler es nicht mehr
umzugestalten vermögen, sondern von vornherein nach demselben
gedeutet und so oft in ihrer wahren Bedeutung verkannt werden.
Ich glaube, beobachtet zu haben, dass bisweilen eine auffälligere
Verfehlung eines Schülers genügte, das Bild desselben im Lehrer
auf lange Zeit oder sogar dauernd geradezu zu verzerren. Die
Erinnerung an jene wird eben bei jeder Gelegenheit reproduziert
und wirkt appercipierend, was den Lehrer auch zu dem Missgriff
bringen kann, jenen Vorfall dem Schüler immer wieder vorzuhalten.

In Verbindung hiermit wirkt appercipierend eine andere
Vorstellung naiver Psychologie, für die besonders SCHOPENHAUER.
weil sie mit seiner Grundansicht übereinstimmt, mannigfache
Belege in seinen Schriften beigebracht hat. Es ist dies der
Glaube an die Unveränderlichkeit des Charakters. Ich
will gar nicht bestreiten, dass diesem Glauben ein bedeutender
Wahrheitsgehalt zukomme; jedenfalls erscheint er weit zutreffender
wie die entgegengesetzte Ansicht — die im vorigen Jahrhundert
besonders Helvetius schroff vertrat — dass das Angeborene bei
allen Menschen gleich sei; dass alle Verschiedenheit durch die
äusseren Umstände besonders die Erziehung entstehe. So schmeichel-
haft diese Ansicht für die Pädagogik ist, so falsch ist sie nach den
Ergebnissen der neueren Psychologie.[1] Die intellektuellen wie
die ethischen Eigenschaften und Fähigkeiten des Menschen scheinen
darnach in erster Linie durch seine von der Natur gegebenen
psycho-physische Organisation bestimmt zu werden. Alle bildende
und erzieherische Einwirkung muss irgendwie Ansätze in dem
von der Natur Gegebenen finden, woran sie anknüpfen kann,
sonst bleibt ihre Arbeit ganz fruchtlos. Aber dabei ist allerdings
erreichbar, dass intellektuelle Fähigkeiten durch Übung sich stärken;
dass natürliche Triebe in ihrem Wachstum gefördert werden, sodass sie anderen, die früher dominierten, die Wage halten, ja sie
durch völlige Hemmung zu einer gewissen Verkümmerung bringen
können. So vermag etwa der Ehrtrieb, wenn er in seiner Entwicklung unterstützt wird, angeborenen Hang zur Trägheit zu
überwinden; er vermag auch bei mässigen intellektuellen Anlagen,
durch die intensive Übung, die er herbeiführt, die Leistungen

[1] Vgl. die umsichtige Erörterung von M. HÖFLER, Psychologie (Wien 1897)
S. 589 ff.

erheblich zu steigern. Weiterhin mögen sich mit zunehmender
Bildung intellektuelle, ethische und ästhetische Gefühle verstärken,
die das Wollen und Handeln günstig (im ethischen Sinne) beeinflussen.

Aus alledem ergiebt sich für den Lehrer die Aufgabe, darauf
zu achten, dass sich sein Urteil über die Schüler nicht vorschnell
feststelle, und dass es sich, wenn nötig, der Entwicklung derselben
anpasse. Er wird gut daran thun, wenn er, wenige Wochen nach
dem Bekanntwerden mit den Schülern, das geistige Bild der
einzelnen, wie es sich bis dahin mehr unvermerkt gestaltet hat,
klar zu fassen sucht, wenn er es gewissermassen hervorhebt aus
dem dunklen Hintergrunde des Bewusstseins, wo es vielfach
unbemerkt und darum um so leichter täuschend sein apperzipierendes Spiel treibt. Er wird sich mit Nutzen klar zu werden suchen,
welche Erfahrungen die einzelnen Züge des Bildes geliefert haben,
mit welcher Sicherheit er sie als zutreffend festhalten kann, inwieweit auch etwa lediglich das Äussere des Schülers ihn beeinflusst hat. Er wird dann auch in die Lage kommen, absichtlich
Beobachtungen anzustellen, um Lücken in seinem Gesamturteil
über den Schüler auszufüllen, oder in einzelnen Punkten zu
grösserer Sicherheit zu kommen. Besonders aber wird er von Zeit
zu Zeit sich ernstlich fragen müssen, ob denn das früher festgestellte Urteil noch der Wirklichkeit entspreche. Andernfalls ist
es leicht möglich, dass wirkliche Besserung des Schülers im
Betragen, wie in den Leistungen längere Zeit verkannt werde, und
dass infolge mangelnden Entgegenkommens von seiten des Lehrers
der gute Wille des Schülers wieder im Keime erstickt werde.

Wenn man sich an der Hand der psychologischen Wissenschaft durch aufmerksame Beobachtung in das Seelenleben der
Schüler zu versenken sucht, so erscheint manches in neuem
Lichte, manches Vorurteil des „gesunden Menschenverstandes"
wird als solches durchschaut, man gewinnt einen Blick für die
naturhafte Seite des seelischen Geschehens, für das, was man
treffend den „psychischen Mechanismus" genannt hat. Es ist nicht
zu leugnen: eine solche psychologische Vertiefung kann leicht
zu einer gewissen weichlichen Behandlung der Schüler, zu über-
zartem Philanthropismus führen; das tout comprendre wird leicht
zum tout pardonner; aber notwendig ist diese Folge durchaus
nicht. Die Ziele der Bildungs- und Erziehungsarbeit werden

ja durch die psychologische Betrachtung nicht verschoben: sie
werden durch die ethischen Ansichten von Zeit und Volk und
die Anforderungen der Kulturlage bestimmt. Die Psychologie
giebt uns nur die Mittel an die Hand, diese Ziele sicherer und
einfacher zu erreichen. Wie für die physische Natur, so gelten
auch für die geistige die Worte Bacos: „Wissen ist Macht" und
„Die Natur wird überwunden, indem man sich ihr unterordnet".
— Der, welcher sich um psychologisches Verständnis bemüht,
wird meist in der Praxis geradeso handeln, wie er ohne dies auch
gehandelt hätte, aber er wird mit klarem Bewusstsein handeln
und darum in manchen einzelnen Fällen auch zutreffender; er
wird mehr und mehr handeln aus wohl begründeten Einsichten
und Grundsätzen und nicht nur aus gefühlsmässigen Impulsen.
Vor allem aber wird er Resignation und Geduld lernen können.
Wie wir gegenüber dem unabänderlichen Wirken der Natur eher
Fassung und Ruhe gewinnen können als gegenüber dem Handeln
der Menschen, so wird uns auch das Handeln der Menschen
gleichmütiger lassen bei der Einsicht, wie viel davon — zumal
bei Unerwachsenen — nichts anderes ist, als naturhaftes
Geschehen.

Es soll nunmehr betrachtet werden, inwiefern bei den
Schülern Vorstellungen in Bezug auf den Lehrer appercipierend
wirken. Die Erinnerung an die eigene Schulzeit muss hier hauptsächlich das Material liefern. Es gilt dabei nicht, sich einzelne
Züge dieses oder jenes Lehrers zu vergegenwärtigen oder den
Gesamteindruck, den sie hinterlassen haben, aufzufrischen, sondern
einzelne Gesichtspunkte aufzufinden, die bei der Beurteilung des
Lehrers gewissermassen von selbst sich in den Schülern geltend
machen, gewisse Vorstellungen (oder auch Vorurteile) über die
Lehrer zu konstatieren, die bei den Schülern sozusagen als
selbstverständlich geltend und eben darum mehr oder minder im
Hintergrund des Bewusstseins verharren. — Gegenüber derartigen
appercipierenden Vorstellungen der Schüler wird die Erwägung
am Platze sein, inwieweit ihnen der Lehrer wohl Rechnung zu
tragen habe, inwieweit er sie ignorieren kann, inwieweit er endlich bestrebt sein soll, sie umzubilden oder zu beseitigen.

Solche appercipierende Vorstellungen beziehen sich zunächst
auf das Wissen des Lehrers. Die Meinungen der Schüler über

Wissenschaft, ihre Bedeutung und ihre Grenzen, Wesentliches und Unwesentliches daran, sind natürlich in der Regel durchaus unzutreffend. Sie legen bei der Beurteilung des Lehrers meist übertriebenen Wert auf präsentes, stets zur Verfügung stehendes Wissen. Sie sind darum ebenso geneigt, infolge eines gelegentlichen Irrtums des Lehrers ihre Meinung von diesem ungünstiger zu gestalten, wie sie im allgemeinen auf diesem Gebiete sich leicht imponieren lassen und eine ganz übertriebene Ansicht von dem Wissen des Lehrers hegen. Die ganz Kleinen sind ja bekanntlich fest überzeugt, der Lehrer wisse alles.

Ich erinnere mich, dass mir als Schüler die gelegentliche Bemerkung eines Lehrers, dass der Mensch selbst eine einzelne Wissenschaft nie vollständig zu beherrschen vermöge, derart befremdlich, ja unglaublich vorkam, dass sie sich eben darum dauernd im Gedächtnis einprägte.

Aus solchen naiven Vorstellungen erklärt sich ferner, dass die Schüler so gern ihr eigenes Wissen, dass sie aber auch die Tragweite der Wissenschaft selbst überschätzen. Sie neigen zu der Voraussetzung, die Wissenschaft müsse auf alle Fragen bestimmte Antworten geben. Kommt es in oberen Klassen gelegentlich vor, dass der Lehrer ihnen eine Frage unbeantwortet lässt, weil sie die Wissenschaft selbst noch nicht beantwortet, so mögen doch immer manche vorhanden sein, die diesen unbefriedigenden Bescheid nicht sowohl dem Unvermögen der Wissenschaft, als dem des Lehrers zuschreiben. — „Zwar weiss ich viel, doch möcht' ich alles wissen", das ist der treffende Ausdruck dieses schülerhaften Verhältnisses zur Wissenschaft, das von ihrer Grenzenlosigkeit, wie von ihren Schranken gleich wenig ahnt.

In diesen Auffassungen und Vorurteilen der Schüler, die dem Lehrer ja nicht verborgen bleiben, liegt für diesen die Versuchung, einerseits durch Wissen imponieren zu wollen, anderseits gelegentliche Irrtümer und momentanes Nichtwissen zu vertuschen oder wohl gar durch willkürliche Behauptungen solche Lücken des Wissens auszufüllen. Es scheint sich eine derartige Ausflucht, abgesehen von der Wirksamkeit der Eitelkeit, ihm auch deshalb zu empfehlen, weil er ja nicht ohne Grund fürchtet, sonst eine gewisse Einbusse in der Achtung der Schüler zu erleiden. Was ist hier also zu thun?

Am besten wird es freilich sein, wenn der Lehrer schon von der Hochschule ein recht gründliches und reiches Fachwissen

mitbringt, aber immerhin wird den, der von der Universität mit
ihrem — notwendigerweise — spezialisierten Wissenschaftsbetrieb
in die Schule übertritt, gegenüber den vielgestalteten Anforderungen
des Unterrichts leicht ein Gefühl beschleichen, das sich ausdrücken
lässt in den Worten Goethes:

„Was man nicht weiss, das eben brauchte man,
Und was man weiss, kann man nicht brauchen."

In erster Linie wird man also bestrebt sein müssen, durch
sorgfältige Präparation derartige Vorkommnisse möglichst zu verhüten. Eintreten können sie gleichwohl, sei es auch nur durch
Fragen von Schülern, die man nicht wohl voraussehen konnte. In
allen solchen Fällen wird den naheliegenden Bedenklichkeiten
und Besorgnissen die Rücksicht auf die Wahrhaftigkeit vorgehen müssen. Von ihr muss das Verhältnis zwischen Lehrer
und Schüler getragen sein. Auch haben die Schüler für die
Wahrhaftigkeit des Lehrers ein sehr feines Gefühl und eine grosse
Hochschätzung. Eben darin liegt auch der Faktor, der die nachteiligen Folgen, die ein offenes Eingeständnis augenblicklichen
Nichtwissens oder begangenen Irrtums haben könnte, aufzuheben
geeignet ist — wenigstens bei den besseren Elementen unter den
Schülern.

Für durchaus verfehlt, würde ich es halten, die Fragen der
Schüler — deren Wichtigkeit uns schon in anderem Zusammenhange entgegentrat — deshalb unterdrücken zu wollen, weil sie
am leichtesten derartige Unbequemlichkeiten bereiten können.
Die Schüler neigen schon ohnehin dazu, viel zu passiv und ausschliesslich rozeptiv sich zu verhalten, viel zu wenig zu fragen
und zu zweifeln. Es ist aber für eine intensive und gedeihliche
Wirkung des Unterrichts von grosser Wichtigkeit, dass die Schüler
dabei möglichst aktiv und regsam seien. Wie die Fragen des
Lehrers diese Selbstthätigkeit der Schüler wecken und fördern
sollen, so halte ich es auch für recht wertvoll, die Schüler von
klein auf zu gewöhnen, dass sie selbst fragen. Sie sollen
wissen, dass sie nicht nur die Erlaubnis, sondern gewissermassen
die Pflicht haben, stets wenn ihnen etwas unklar bleibt oder
wenn ein Zweifel sich ihnen aufdrängt, um Aufklärung zu bitten.
Nicht immer wird ja der Lehrer in der Lage sein, solche Fragen
in erschöpfender Weise zu beantworten, sei es, dass dies zu viel
Zeit in Anspruch nähme, sei es, dass es das geistige Niveau der
Schüler überschritte, oder ihm endlich das erforderliche Wissen

nicht zu Gebote stände. Aber nie möge er aus solchen Gründen Fragen ungnädig zurückweisen.

Vergleicht man die — besonders von dem Kausalitätstrieb herrührende — lebhafte Fragelust der kleinen Kinder und auch noch der jüngeren Schüler mit dem stupor paedagogicus, wie er nicht selten in den oberen Klassen anzutreffen ist, d. h. jener Stumpfheit und Gleichgiltigkeit, die den dargebotenen Lehrstoff einfach hinnimmt, als sei alles daran selbstverständlich, so wird man vermuten dürfen, dass das Schulleben nicht ganz ohne Einfluss bei dieser Wandlung ist, die die geistige Physiognomie der Jugend mit zunehmendem Alter zu ihren Ungunsten verändert.

Zweifellos wirkt allerdings bei dieser Wandlung noch ein Faktor mit, dessen Einfluss sich nicht beseitigen lassen wird. Mit den Jahren wächst das Selbstgefühl bei den Jungen; das naive Sich-dar-leben machte einem mehr reflektierten, zurückhaltendem Wesen Platz; die Scheu, durch eine Frage etwa einige Unkenntnis oder mangelhaftes Verständnis zu verraten, verstärkt sich, und so tritt oft passives, stummes Hinnehmen ein auch da, wo Zweifel sich regen.

Trotz alledem wäre manches hier zweifellos besser zu gestalten durch konsequentes Gewöhnen der Schüler an das Fragen. Die Gefahr, dass der Lehrer dadurch öfter in die erwähnte Verlegenheit geraten könne — zumal in oberen Klassen —, wird um so weniger ins Gewicht fallen, als es bei reiferem Alter der Lernenden dem Lehrer eher möglich ist, jene unzutreffenden, naiven Vorstellungen über Wissen und Wissenschaft, die bei den Schülern vorherrschen, allmählich in richtigere und klarere umzubilden. Es gehört geradezu mit zur Vorbereitung auf die Hochschule, dass die Schüler dahin das Bewusstsein mitbringen, dass Wissenschaft nicht in einem einfachen Überliefern von Stoff besteht, dass hier vor allem das Wort gilt: „Was du ererbt von deinen Vätern hast, erwirb es, um es zu besitzen"; dass endlich Zweifeln und Fragen die wichtigste Triebfeder für die Fortentwicklung der Wissenschaft ist.

Auch möge der Lehrer daran keinen Anstoss nehmen, dass solche Fragen und Einwendungen nicht immer im urbanen Potentialis, sondern bisweilen in sehr kategorischer Form auftreten. Je inniger der Schüler am Stoffe Anteil nimmt, um so naiver und bestimmter werden sich oft seine Bedenken hervordrängen. Da der Lehrer nun aber auch kein reines Vernunftwesen ist, so kann leicht durch den Ton des Schülers oder irgend

eine Wendung, die er aus Unbeholfenheit gebraucht, sein Selbstgefühl verletzt werden. Infolgedessen regen sich aber leicht Vorstellungen von bösem Willen, Widerspruchsgeist u. ähnl., wie wir
sie oben kennen gelernt haben, und so erfolgt unter Umständen
eine schroffe Zurückweisung auch da, wo rücksichtsvolles Eingehen
auf die Bemerkung des Schülers reichen Nutzen gebracht hätte.

Mit alledem soll natürlich nicht geleugnet werden, dass von
den Schülern gelegentlich auch Fragen gestellt werden, um den
Lehrer in Verlegenheit zu bringen oder ihn zum Besten zu haben,
oder auch um ihn zu Abschweifungen zu veranlassen und dadurch an der Durchnahme des Aufgegebenen zu hindern — man
war ja auch einmal Schüler und erinnert sich so mancher Schliche!
Es soll auch nicht in Abrede gestellt werden, dass unter Umständen das Eingehen auf Bedenken von Schülern zu Zeitverlust
und fruchtlosem Hin- und Herreden führen kann. Darüber zu
entscheiden, muss eben dem Takt des Lehrers überlassen bleiben.

Nach der Erörterung der appercipierenden Vorstellungen bei
den Schülern, die sich auf das Wissen des Lehrers beziehen,
wenden wir uns solchen zu, die ihr Urteil über die ethischen
Eigenschaften desselben beeinflussen.

Es ist eine bekannte Thatsache, dass man Schüler besonders
häufig über Ungerechtigkeit des Lehrers klagen hört. Der
Gesichtspunkt der Gerechtigkeit ist es also, unter dem die
Schüler ihn mit Vorliebe betrachten, und diese Vorstellung wirkt
also hier appercipierend und schärft ihren Blick für jeden wirklichen oder scheinbaren Verstoss des Lehrers gegen die Gerechtigkeit. Diese Thatsache verdient jedenfalls ernste Beachtung von
seiten des Lehrers, um so mehr, als die psychologische Reflexion
in der That auf eine Reihe von Umständen hinzuführen scheint,
die den Lehrer — auch bei ernstem Streben nach gerechter
Behandlung der Schüler — unvermerkt dazu bringen können, ihr
Gerechtigkeitsgefühl zu verletzen.

Es ist im Grunde selbstverständlich, dass alles, was uns
angenehm berührt, erfreuliche Gefühle und Stimmungen in uns
erweckt, und auch den Reaktionen, die es etwa in uns hervorruft
— sie können in Handlungen, Worten oder Mienen bestehen —
einen freundlichen Charakter verleiht; dass andererseits unangenehme
Eindrücke feindselige Gegenwirkungen hervorzurufen die Tendenz
haben. Wir erkennen solche dem Menschen ganz natürliche

Reaktionen in herber Grösse wieder, wenn wir etwa aus barbarischen Zeiten vernehmen, dass z. B. ein Fürst den unschuldigen Überbringer einer Unglücksbotschaft unbedenklich hinrichten liess. In solchen Zügen zeigt sich aber zugleich in erschreckender Weise, wie diese gefühlsmässigen Reaktionen gegen das Erfreuende und Betrübende, das wir von unserer Umgebung erfahren, zu groben Ungerechtigkeiten führen können. Nun liegt es doch auf der Hand, dass der Lehrer im Laufe des Tages von seiten der Schüler eine Menge von Eindrücken empfängt, deren Gefühlston hin- und herschwanken kann zwischen einem höchst erfreulichen und äusserst betrübenden und widerwärtigen. Wie verschieden sind doch die Schüler einer jeden Klasse! Da sind talentvolle und unbegabte, gesittete und unerzogene, schöne und hässliche, gut und schlecht gekleidete, vornehme und geringe! Da tritt uns bäuerliche Ungelenkigkeit und städtische Gewandtheit, gesetztes, bescheidenes und unruhiges, vorlautes Wesen entgegen!

Infolge dieser verschiedenen Eindrücke aber wird — oft ohne, dass wir es merken — unser Benehmen gegen die verschiedenen Schüler in ganz instinktiven Reaktionen verschieden sich gestalten. Wie oft kann man sich darauf ertappen, dass man — ohne bewussten Grund — einen verschiedenen Ton anschlägt gegen verschiedene Schüler! Eine kurze Besinnung lässt vielleicht den Grund darin erkennen, dass der eine z. B. der Sohn eines reichen Fabrikanten oder einflussreichen Beamten, der andere nur ein armer Bauernjunge ist. Oder man muss sich bei ruhiger Prüfung sagen, dass man einem bestimmten Schüler mehr Sorgfalt zuwende als anderen, die ihrer gerade so bedürftig und würdig wären; dass man individuelle Schwächen und Eigenheiten bei jenem liebevoller berücksichtige als bei anderen, seine Fehler milder beurteile — man steht vielleicht mit seinen Eltern in näherem gesellschaftlichen Verkehr und schenkt deshalb, mit Rücksicht auf sie, ganz unwillkürlich auch ihrem Sohne ein lebhafteres Interesse!

Aber soll denn der Lehrer gegen alle den gleichen Ton, die gleiche Behandlung in Anwendung bringen? Wo bleibt da das so wichtige Individualisieren! — Zweifellos ist dieses von grosser Wichtigkeit, aber die individualisierende und also auch ungleiche Behandlung ist nur da berechtigt, wo sie pädagogischen oder didaktischen Zwecken dient, mag sie hierbei aus bewusster Reflexion oder aus Taktgefühl hervorgehen: worauf ich hier aufmerksam mache, das ist die rein naturhafte Reaktion unseres Gefühls auf verschiedenartige Eindrücke und deren Einfluss auf unser Benehmen. Die oben angedeuteten Verschiedenheiten unter den Schülern sind zum weitaus grössten Teile durch die Natur und die menschlichen Verhältnisse ohne alle Schuld und ohne alles Verdienst der Beteiligten gegeben. Sie mögen zwar bei der individualisierenden Behandlung als wichtige Faktoren zu berücksichtigen sein, aber wir müssen andererseits ernstlich darauf acht haben, durch sie uns nicht zu Ungerechtigkeiten ganz unvermerkt verführen zu lassen. Es handelt sich dabei freilich meist nur um Kleinigkeiten, aber die Jugend ist für Gerechtigkeit auf diesem Gebiet sehr feinfühlig, und leicht wird durch betrübende Erfahrungen, die dieser oder jener Schüler machen muss, der erzieherische Einfluss des Lehrers gefährdet.

Die Armen, die Dummen, die Hässlichen sind ohnehin von der Natur in gar schmerzlicher Weise benachteiligt. Auch wird es niemals Menschenwitz und Kunst dahin bringen, die gewaltigen Unterschiede auszugleichen, die durch die natürliche Ausstattung mit körperlichen und geistigen Eigenschaften unter den Menschen gegeben sind. Es wäre darum auch thöricht, es durch öde Gleichmacherei verhindern zu wollen, dass die Begabten, die Arbeitskräftigen und Energischen auch bedeutsamere Wirkungskreise einnehmen. Wenn auch das ethische Gleichheitsbedürfnis sich dagegen sträubt: so lange die Menschen so verschieden organisiert sind, wie es die seitherige Erfahrung zeigt, wird immer die höhere Leistungsfähigkeit über die geringere den Sieg davontragen. Alle gesellschaftlichen und staatlichen Einrichtungen oder Missbräuche, die diesen Sieg zu vereiteln die Tendenz haben, wirken kulturhemmend, mögen sie aus engherzigem Familiensinn, Cliquenwesen, Streberei oder doktrinärem Gleichheitsfanatismus entspringen. Freilich bleibt doch auch das ein erstrebenswertes ethisches Ideal, dass die geistige Aristokratie mit den Vorzügen, die ihr nun doch einmal durch tieferes und reicheres geistiges Leben, durch das Hochgefühl angemessener Bethätigung in bedeutsamer Wirksamkeit auf den verschiedensten Lebensgebieten von selbst zufallen, sich begnüge und nicht überdies, vermöge ihrer beherrschenden Stellung unter den Menschen, sich unverhältnismässig bessere materielle Entlohnung und reichlicheren Lebensgenuss zuerkenne!

Aber kommt nicht den moralischen Eigenschaften ein noch höherer Wert zu als der Leistungsfähigkeit für die Kultur im weitesten Sinne? — Gegen dieses Bedenken könnte man zunächst auf die vielfach vertretene Ansicht hinweisen, dass moralisch wertvolle und kulturfördernde Eigenschaften — identisch seien; dass die Kulturförderung der oberste ethische Zweck und damit dasjenige sei, was den einzelnen Eigenschaften und Handlungen ihren moralischen Wert verleihe. Indessen werden auch die Vertreter dieser Ansicht zugeben, dass ein Mensch objektiv Wertvolles, weil Kulturförderndes leisten könne, ohne dabei von edlen Motiven geleitet zu sein, ohne also (subjektiv) moralisch hoch zu stehen. Das Leben wird freilich immer die objektiven Leistungen in weit höherem Masse werten als subjektive moralische Eigenschaften, und auch der beste und reinste Wille kann hier mangelnde theoretische oder praktische Leistungsfähigkeit nicht ersetzen. Man mag dies bedauern, aber man wird gleichwohl zugestehen müssen, dass dies Verhältnis im Interesse der Kulturförderung liegt. Die Schule ist hier oder in der Lage der ethischen Anschauung Rechnung zu tragen, die sich in dem bekannten Worte Kants ausdrückt: „Es ist überall nichts in der Welt, ja überhaupt auch ausser dieser zu denken möglich, was ohne Einschränkung für gut könnte gehalten werden, als allein ein guter Wille."

Freilich kann man auch in der Schule nicht einen Schüler lediglich mit Rücksicht auf seinen guten Willen z. B. in die nächst höhere Klasse versetzen, aber die Behandlung, die dem einzelnen zuteil wird, sollte doch in erster Linie bedingt sein durch seinen guten Willen, nicht durch äussere oder innere Vorzüge, die lediglich durch die Natur oder die menschlichen Verhältnisse bedingt sind und denen an sich keine Verdienstlichkeit zukommt. So sollte die Schule wirklich eine Gemeinschaft darzustellen streben, wo jene ethische Grundforderung annähernd erfüllt ist, dass es dem Guten gut und dem Bösen schlecht ergehe und wo nicht Rang und einflussreiche Verbindung, nicht Reichtum und Schönheit den Ausschlag geben, sondern nur der gute Wille und die ehrliche Leistung. Wenn dieser Idealzustand recht ernstlich in der Schule angestrebt wird, wenn peinliche Gerechtigkeit dort gewissermassen als selbstverständlich geübt wird, dann wirkt das Schulleben auch ohne Zweifel durch den Geist, der es durchweht, in hohem Masse auf den Gerechtigkeitssinn der Jugend fördernd ein, es erzieht sie zu Ehrlichkeit, Tüchtigkeit und Solidität der Arbeit, indem es sie anleitet, Erfolg nur hiervon zu erwarten, nicht von persönlichen Beziehungen und Ähnlichem.

Man könnte hier einwenden, dass die Schule gerade dadurch schlecht für das Leben vorbereite, dass sie Faktoren zu ignorieren, ja bewusstermassen auszuschalten suche, die nun doch einmal im wirklichen Leben eine bedeutende Rolle spielen. — Aber dass dies so ist, das ist — zwar nicht ein Produkt moralischer Verderbtheit oder „bösen Willens", sondern durch die psychische Organisation der Menschen nahe gelegt, — aber es ist doch eben „allzu menschlich"; es sollte nicht so sein! Hier Änderung und Besserung zu schaffen ist eben gerade eine unerschöpfliche Aufgabe für das Streben im Dienste ethischer Ideale. Mag immerhin der Fall eintreten, dass mancher nachher im Leben unter bitteren Erfahrungen lernen muss, dass hier Geburt, Reichtum, einflussreiche Beziehungen bisweilen mehr wirken als guter Wille und gute Leistung: er wird — wenn anders er eine kraftvolle Natur ist — hierdurch angespornt werden, daran zu arbeiten, dass es anders und besser werde. Er wird dies umso eher, wenn er in der Schule, die ja auch ein Stück Leben ist und ein recht bedeutsames, die Forderungen der Gerechtigkeit im weitesten Umfange verwirklicht gesehen hat und wenn ihm dieser Zustand durch lange Gewöhnung geradezu selbstverständlich und unentbehrlich geworden ist. Nicht die bedächtigen Klüglinge, deren höchste Weisheit es ist, die thatsächlichen Verhältnisse zu respektieren und zu erhalten, denen alles Bestehende vernünftig ist, nicht sie fördern die Menschheit, sondern die Idealisten, die den Menschenberuf darin erblicken, das rein Thatsächliche, das von der Natur Gegebene zu gestalten im Sinne des sittlichen Ideals! Dass sie dabei so viele Enttäuschungen erleben, ja oft kläglich scheitern; dass überhaupt fast jede sittliche Förderung der Menschen und menschlicher Verhältnisse so viele Opfer kostet an Glück, darin besteht eben das Tragische des Menschenlebens. Aber man ist nicht auf der Welt, um glücklich zu sein, sondern um seine Pflicht zu thun!

Aus dem Gesagten ergiebt sich, wie wichtig es ist für die erzieherische Aufgabe der Schule, dass darin strenge Gerechtigkeit geübt werde; andererseits hat sich gezeigt, dass gar viele Umstände vorliegen, die den Lehrer auch ohne sein Verschulden dazu bringen können, das Gerechtigkeitsgefühl der Schüler zu verletzen, so dass man den häufigen Klagen über Ungerechtigkeit eine gewisse Bedeutung nicht von vornherein wird absprechen können. Freilich drängt sich auch die Beobachtung auf, dass

die Vorstellungen von Gerechtigkeit bei den Jungen vielfach
recht mechanische sind, dass sie für Billigkeit und Berücksichtigung mannigfacher Umstände, die in Betracht kommen,
weniger Sinn haben. Hier wird allerdings der Lehrer oft nicht
umhin können, kraft seiner höheren Einsicht den Vorstellungen
und Forderungen der Schüler entgegen zu handeln, denn die Nach-
giebigkeit gegen die mechanischen Gerechtigkeitsvorstellungen der
Jugend wird ihn ja sonst hindern, auch in wichtigen Fällen der
Individualität des Schülers oder besonderen vorliegenden Umständen
gerecht zu werden. Auch wird er mit Nutzen bestrebt sein können
— und zwar um so mehr, je älter die Schüler sind — ihren
Gerechtigkeitssinn anzubilden und ihnen auch Sinn für Billigkeit
zu erwecken. Doch mag es auch in manchen — unwichtigeren —
Dingen geraten sein, sich lieber den mechanischen Gerechtigkeits-
forderungen anzupassen z. B. bei der Bestimmung der Noten
schriftlicher Arbeiten nach der Fehlerzahl. Es wird Schülern
immer als ungerecht vorkommen, wenn etwa für eine Arbeit mit
8 Fehlern eine bessere Note gegeben wird als für eine solche
mit 6. Gleichwohl kann die letztere mit Rücksicht auf die Natur
der Fehler die bessere sein. Will man da nicht zu einer sehr
differenzierten Fehlerbezeichnung greifen — denn die Unterscheidung
nach ganzen und halben Fehlern wird oft nicht ausreichen — so
wird man lieber mit Bewusstsein etwas mechanisch verfahren.
Bei der Feststellung der Zeugnisnote, wo ja doch die mündlichen
Leistungen des Schülers schwerer in die Wagschale fallen, wird
man in der Lage sein, die Mängel dieses mechanischen Verfahrens
auszugleichen, dadurch dass man vorzugsweise den Gesamteindruck
berücksichtigt, den man von den Leistungen des Schülers gewonnen
hat — nur muss dieser des öfteren auf seine Begründung geprüft
worden sein.

Es kann wohl auch vorkommen, dass der Lehrer sich selber
ohne Not in die Zwangslage versetzt, mit Rücksicht auf den
Gerechtigkeitssinn der Schüler mechanische Gerechtigkeit üben zu
müssen. Wenn er z. B. ohne zwingenden Grund von vornherein
für eine bestimmte Übertretung oder Unterlassung eine ganz
bestimmte Strafe festsetzt. In solchen Fällen ist er dann bisweilen
gezwungen, geradezu gegen besseres Fühlen und Wissen mechanische Gerechtigkeit zu üben und darum gegen jeden diese
Strafe eintreten zu lassen, während doch durch dieselbe Strafe der
eine Schüler vermöge seiner Individualität oder vermöge der etwa

hinzutretenden häuslichen Strafen viel schwerer getroffen werden kann als der andere.

Wir haben bereits oben gesehen, wie die ersten Wochen, in denen ein Lehrer einer neuen Klasse gegenüber steht, insofern von besonderer Bedeutung sind, als sich in ihnen bei dem Lehrer eine vorläufige Vorstellung von den einzelnen Schülern bildet, die dann auf die späteren Eindrücke appercipierend wirkt und dabei diese leicht in tiefgreifender Weise umgestaltet. In entsprechender Weise bildet sich aber auch bei den Schülern eine Vorstellung von dem Lehrer, die gleichfalls weiter wirkt und die auf ihr Betragen und ihre Leistungen nicht ohne Einfluss bleibt. Dieser Thatsache wird der Lehrer wohl Rechnung tragen müssen, zumal da bei den Schülern die Wirkungen des hier in Betracht kommenden Apperceptionsvorganges um so dauernder und eingreifender sind, je mehr sie den Einflüssen des psychischen Mechanismus sozusagen widerstandslos noch unterliegen; je weniger bei ihnen bewusste Reflexion und Selbstkritik Platz greift.

Daraus folgt ohne weiteres, dass gerade die ersten Wochen des Zusammenarbeitens für die Gestaltung des Verhältnisses zwischen Schüler und Lehrer von grösster Wichtigkeit sind.

An diesem Verhältnis, das sich kurz als Autoritätsverhältnis bezeichnen lässt, kann man wohl eine äussere und eine innere Seite unterscheiden. Dass die äussere Autorität des Lehrers vorhanden ist, wird sich darin zeigen, dass in der Klasse „Disciplin" herrscht, dass das Betragen der Schüler gut ist, sodass der Unterricht ungestört seinen Gang nehmen kann. Die innere, wertvollere Seite des Autoritätsverhältnisses wird darin zu finden sein, dass die Schüler sich der erzieherischen Einwirkung des Lehrers, dem stillen unmerklichen Einfluss seiner Persönlichkeit ohne inneres Widerstreben hingeben, dass sie Achtung, Vertrauen, Zuneigung zu ihm hegen, in jüngeren Jahren ja sogar vielleicht — Liebe. Es ist mir nicht zweifelhaft, dass dieses von innerer Autorität getragene und durchwehte Verhältnis zwischen Lehrer und Schülern erst die erzieherischen Früchte des Unterrichts in vollem Masse zu zeitigen vermag. Aber damit es sich allmählich zu bilden vermöge, muss zunächst — zumal in den unteren und mittleren Klassen — die äussere Autorität des Lehrers „wie ein rocher de bronce stabiliert" werden. Ich betone: in unteren und mittleren Klassen, weil bei älteren Schülern eher zu hoffen ist, dass ein entwickelteres Anstandsgefühl äussere Störungen des Unterrichts fern halte, und dass bei ihnen von vornherein die Seiten der Persönlichkeit des Lehrers, auf denen die innere Autorität sich aufbaut, zu wirken vermögen.

Natürlich lässt sich in der Wirklichkeit das mehr Äussere und das Innerliche an diesem Verhältnis nicht in der Weise trennen, wie wir es hier bei der psychologischen Zergliederung gethan haben. Auch der Lehrer, der schon in gewissem Grade innere Autorität besitzt, wird gelegentlich wieder in die Lage kommen, wegen Störung des Unterrichts, Ungehorsams u. dgl. Strafen verhängen zu müssen, zumal da die Schülerindividuen so durchaus verschieden sind und es wohl der Fall sein kann, dass die meisten Schüler einer Klasse bereits in dem richtigen inneren Verhältnis zu dem Lehrer stehen, während andere noch in innerer Sprödigkeit und Abschliessung verharren.

Alle diese Bestrebungen aber zur Herstellung eines fruchtbaren Autoritätsverhältnisses zwischen Lehrer und Schüler werden natürlich in hohem Masse bedingt und modifiziert durch die Individualitäten des Lehrers und der Schüler, durch ihr Alter, den Charakter einer Klasse und ihre Vergangenheit, durch den Geist der Schule, den Charakter der Bevölkerung u. s. w.

Allgemeine Regeln lassen sich darum hier schwer aufstellen, nur eine sei hier hervorgehoben, die aus dem oben Gesagten unmittelbar sich ergiebt. Der Lehrer sei in der ersten Zeit, da er einer ihm unbekannten Klasse gegenüber steht, eher zu streng als zu milde. Wenn sich das Autoritätsgefühl in Furcht und Liebe zerlegen lässt, so muss zweifellos die Furcht in der Schule die Grundlage bilden. Das Schulleben fordert von den Schülern gar manches, was ihnen — ich möchte sagen: natürlicher Weise — mehr oder weniger unangenehm sein muss. Gar mühsam muss von ihnen vieles gelernt werden: das ruhige Sitzen — stundenlang in engen Bänken; die Hemmung von allerlei Gelüsten, die in einem Jungen umso häufiger und kräftiger aufsteigen, je gesünder und geistig reger er ist; also etwa die Hemmung des Triebs zu plaudern, den Nachbarn zu stossen oder sonstwie zu necken, zu spielen oder auf irgend eine Art „Allotria" zu treiben. Wie viel Mühe kostet ferner die Gewöhnung an stetes Aufmerken, ordentliche Haltung, Reinlichkeit, Pünktlichkeit und Sorgfalt in der Erledigung der Arbeit. Unter diesen Umständen bedarf es recht kräftiger Motive, die in geeigneter Weise teils anspornend, teils hemmend wirken, und ein solches kräftiges Motiv ist eben — sagen wir es ganz offen — die Furcht vor dem Lehrer.

Friedrich Albert Lange, der bekannte Verfasser der Geschichte des Materialismus, sagt einmal: „Wenn ich vor der Klasse stehe, so bin ich ein Despot, aber ein gerechter". In der That lässt sich ja die Regierungsform in der Klasse mit dem „aufgeklärten Despotismus" vergleichen. Dadurch, dass diese Herrschaft aber in möglichster Gerechtigkeit geübt wird, wird verhindert, dass die Furcht der Schüler zu einer „sklavischen" werde. Auch haben diese im allgemeinen ein feines Gefühl dafür, ob die Strenge des Lehrers aus ernstem Pflichtbewusstsein und aus Eifer für ihr Wohl entspringt, oder ob sie aus Herrschsucht, Pedanterie oder übler Laune hervorgeht. Ferner ist zu beachten, dass Knaben, besonders jüngere, doch auch das Bedürfnis haben, eine feste Hand über sich zu spüren. Ich erinnere mich aus meiner Schulzeit noch sehr wohl, dass ich bei einem Lehrer, der durchaus keine Disziplin halten konnte, über das Treiben in den Stunden, so ergötzlich es anfangs schien, schliesslich selbst lebhafte Unlust empfand. — Bei älteren Schülern wird von einer eigentlichen „Furcht" vor dem Lehrer natürlich nur in Ausnahmefällen geredet werden können, aber auch bei ihnen wird es ein grosser Unterschied sein, ob sie die Überzeugung haben, dass mit einem Lehrer nicht zu spassen ist, oder ob sie ihn selbst für „zu gut" halten.

Ist übrigens einmal der Zug der Strenge in dem Bild des Lehrers, wie es sich im Bewusstsein der Schüler in den ersten Wochen gestaltet, nachdrücklich eingetragen; ist es für sie durch Gewöhnung schon gleichsam selbstverständlich, dass jede Ungehörigkeit gebührende Zurückweisung und Bestrafung erfährt, dass ordentlich gearbeitet und acht gegeben werden muss u. a. w., so mag der Lehrer immerhin auch die milderen Seiten seines Naturells zur Geltung kommen lassen; nur gehe er nicht darauf aus direkt die „Liebe" seiner Schüler erwerben zu wollen: wenn sie ihm zu teil wird, so geschieht dies ohne sein besonderes Zuthun, gewissermassen von selbst; man kann sie nicht erjagen, wenn man sie selbst als Ziel unmittelbar anstrebt, ebensowenig wie das — Glück. Überhaupt wird ja wohl bei einer innerlich gesunden und frischen Persönlichkeit von natürlichem Geschick für den Lehrerberuf das richtige „Verhältnis" zu den Schülern in der Regel sich ganz von selbst einfinden, sicherer und leichter als es durch alle Reflexion geschehen kann. Aber da nun doch

einmal der Zug der Zeit dahin geht, alle Seiten des Schullebens
aus instinktiver Übung zu klarem Bewusstsein zu erheben, so
gehört zweifellos das, was sich als das „Verhältnis zwischen Lehrer
und Schüler" zusammenfassend bezeichnen lässt und worin so viele
Imponderabilien zusammenwirken, zu den wichtigsten Gegenständen
pädagogischer Reflexion.

III. Kapitel.

Der Einfluss der Eltern macht sich sowohl in dem Verhalten als auch in den Leistungen der Schüler in der mannigfachsten Weise bemerkbar. Auf dem ganzen Gebiet der Erziehung werden ja naturgemäss die Eltern unvergleichlich mehr
wirken können als die Schule, zumal da die Kinder ihnen in den
ersten sechs Lebensjahren ausschliesslich angehören. Diese Zeit
ist aber bekanntlich für die Erziehung von grundlegender Bedeutung. Aber auch auf dem intellektuellen Gebiet ist der
Charakter und der Einfluss des „Elternhauses" von grösster
Wichtigkeit. Es ist gar wohl an den Schülern zu erkennen, ob
ihre Eltern gebildet oder ungebildet sind; ob sie darauf bedacht
sind, dem natürlichen Wissenstrieb ihrer Kinder Nahrung zu
bieten, deren Vorstellungs- und Wissenskreis zu erweitern, ob sie
für die geistige Entwicklung ihrer Kinder, für ihr Vorwärtskommen
in der Schule sich interessieren; ob sie die gewissenhafte Erledigung der häuslichen Arbeiten kontrollieren u. s. w.

Hier beschäftigen uns lediglich die allgemeinen Anschauungen, die die Eltern über die Lehrer und die
Schule hegen. Solche Anschauungen, die vielfach geradezu als
Vorurteile zu bezeichnen sind, wirken appercipierend und beeinflussen vielfach das Urteil und das Verhalten der Eltern. Natürlich ist auch für das Verhältnis der Schüler zur Schule und zu
den Lehrern die ganze Art, wie die Eltern darüber denken und
reden, von der grössten Wichtigkeit. Aber auch für den Lehrer
ist es oft recht bedeutsam, hiervon Kenntnis zu haben oder
wenigstens diesen Punkt mit in Erwägung zu ziehen. Vieles in
dem Verhalten und in den Leistungen des Schülers findet erst
bei Berücksichtigung der hier in Betracht kommenden häuslichen
Anschauungen seine rechte Erklärung, und der Lehrer wird bei
seinen Massnahmen oft damit zu rechnen haben.

Zum Zwecke der psychologischen Charakterisierung der hier wirkenden appercipierenden Vorstellungen lassen sich wohl passend vier Grundformen des „Elternhauses" unterscheiden.

In dem Elternhaus der ersten Art, dem „respektvollen", gilt der Lehrer als unfehlbare Autorität. Dieses „Elternhaus" fühlt sich verpflichtet die Wirksamkeit des Lehrers nachdrücklichst zu fördern und eindringlicher zu machen. Dem Jungen wird auf alle Weise „Respekt" vor dem Lehrer eingeflösst; jede Bestrafung, von der der Lehrer Kenntnis giebt, jede „schlechte Note" trägt dem Schüler unfehlbar noch eine tüchtige Tracht Prügel ein. Unter Umständen — besonders in ländlichen Verhältnissen — äussert sich der „Respekt" und die Hochachtung des so beschaffenen Elternhauses gegen den Lehrer in historisch-antiquierten Formen: es versucht wohl noch durch „Verehrungen" meist ess- oder trinkbarer Gegenstände den Sohn dem Wohlwollen des Lehrers bestens zu empfehlen.

Die zweite Form, das „polemische" Elternhaus sieht in dem Lehrer einen natürlichen Feind. Von vornherein steht er in dringendem Verdacht, dass er das brave und beanlagte Söhnchen nicht richtig zu beurteilen und zu behandeln wisse. Kommt der Junge sehr schlecht in der Schule fort, so steigert sich dieser Verdacht zur Gewissheit; ja es tritt sogar die Vermutung auf, der Lehrer könne den Jungen nicht leiden; er behandele ihn in bewusster Absicht und aus Böswilligkeit ungerecht. Schlechte Noten, die der Junge nach Hause bringt, oder Bestrafungen, die den Eltern mitgeteilt werden, führen leicht zu gereizten Entgegnungen oder gar sofort zu Beschwerden bei der Direktion oder der übergeordneten Schulbehörde.

Während nun das „Elternhaus" in dieser Form durch sein cholerisches Temperament und seine energische Aktionsfähigkeit dem Lehrer gelegentlich zu anregenden Kontroversen verhilft und ihm Abwechselung in dem eintönigen Schulleben verschafft, ist die nächste Form, das „indolente Elternhaus" dasjenige, welches durch sein Phlegma den Lehrer unter Umständen zur Verzweiflung bringen kann. Die hier herrschende appercipierende Vorstellung von dem Lehrer und der Schule hat etwa diesen Inhalt: Der Lehrer mag sehen, wie er mit den Jungen allein fertig wird. Dazu schickt man die „bösen Buben" ja in die Schule, dass sie für einen grossen Teil des Tages wenigstens gut aufgehoben sind und dass man sich nicht selbst mit ihnen zu „ärgern" hat. Das mag

der Lehrer besorgen, dafür ist er ja da, und dafür wird er bezahlt.
— Es kommt wohl vor, dass von einem solchen „Elternhaus"
Unterschriften unter unerwünschte Mitteilungen des Lehrers oder
schlechte Arbeiten der Jungen geradezu verweigert werden;
werden sie aber gegeben, so ist das nur ein opus operatum: die
Aufforderungen zu sorgfältigerer Beaufsichtigung der Jungen, zu
Massnahmen, um ihren Fleiss oder ihr Betragen zu verbessern,
bleiben fruchtlos.

Die letzte Grundform wird repräsentiert durch das „vernünftige" Elternhaus. Hier herrscht die Erkenntnis, dass die
Schule ohne gewissenhafte Mitwirkung des Hauses vielfach macht-
los ist und dass gerade in der Erziehung die Hauptaufgabe stets
den Eltern bleibt. Dabei wird hier die Mitwirkung mit der Schule
nicht in der Weise bethätigt, dass kritiklos immer sofort mit dem
Stock gearbeitet wird, sondern man erwägt einsichtig den einzelnen
Fall, berücksichtigt die in Betracht kommenden Umstände und
wendet sachgemässe Mittel an. Glaubt man aber wirklich einmal,
der Junge werde nicht richtig behandelt oder es sei ihm Unrecht
geschehen, so greift man nicht sofort zur Beschwerde, sondern
man setzt sich in verbindlicher und versöhnlicher Weise zunächst
mit dem Lehrer selbst ins Benehmen.

Natürlich zeigt die Wirklichkeit diese Formen des „Elternhauses" vielfach nicht rein; die vierte, als die schlechthin ideale,
wird überhaupt nur in Annäherungen angetroffen werden, während
sich wohl mancher Lehrer erinnern wird, die Typen 1—3 in
ziemlich unvermischter Gestalt kennen gelernt zu haben.

Es darf übrigens nicht übersehen werden, dass das „Elternhaus" zu dem Lehrer in der Regel nur dann in diplomatische
oder kriegerische Beziehungen tritt, wenn es im Betragen oder in
den Leistungen des Jungen irgendwie hapert. Dies macht es
auch erklärlich, dass die Vorstellung von dem „Elternhaus" bei
dem Lehrer leicht als eine „unlustbetonte" auftritt d. h. in
der Regel mit stärkeren oder schwächeren Unlustgefühlen sich
verbindet. Der Lehrer wird sogar, besonders wenn trübe Amts-
erfahrungen in dieser Hinsicht vorliegen, zu der Voraussetzung
neigen, er habe es — bis zum Erweis des Gegenteils — mit
einem „Elternhaus" nach dem Typus 2 („polemisches Elternhaus")
zu thun. Derartige Vorstellungen, die ihrerseits natürlich appercipierend wirken, können leicht sein Urteil trüben und sein Vor-

halten gegen die Eltern zu einem wenig entgegenkommenden machen.

Ein anderer Umstand kann hier in gleicher Richtung wirken: Die Überschätzung der Kinder durch ihre Eltern, ihre „Affenliebe" wird gerade dem Lehrer so oft in wenig erquicklicher Gestalt entgegentreten, dass er es sich vielleicht zum Grundsatz macht, ja darin eine sittliche Pflicht erkennt, sich durch solche elterlichen Gefühle nicht im geringsten beeinflussen zu lassen, ja ihre Äusserungen energisch zurückzuweisen. Aber dabei vergisst man doch zu leicht, wie tief derartiges in der Menschennatur wurzelt, wie durchaus begreiflich — und oft auch verzeihlich — es ist. Zumal der jüngere und unverheiratete Lehrer wird hier leicht in Gefahr sein, ohne dass er es ahnt und ohne dass vielleicht zwingende Gründe vorliegen, grausam die teuersten Hoffnungen eines Mutterherzens zu zerstören oder die schwärzesten Befürchtungen darin wachzurufen. Wenn irgendwo, so gilt darum auch hier neben dem: fortiter in re das: suaviter in modo!

IV. Kapitel.

Auch in dem Verhältnis des Lehrers zu seinem vorgesetzten Direktor lassen sich gewisse allgemeine Auffassungen — als durch das Verhältnis selbst nahegelegt — konstatieren, die als appercipierende Vorstellungsgruppen in den Bereich unserer Betrachtung fallen.

Solche Vorstellungen werden dem Lehrer vielfach mit anderen Beamten gemeinsam sein, sodass unsere Erörterungen von selbst z. T. allgemeineren Charakter gewinnen und gewissermassen zu einer Beamtenpsychologie Beiträge liefern, jedoch bleiben Züge genug, die dem Schulleben eigentümlich sind.

Wir fassen zunächst den Lehrer als Subjekt der Apperception ins Auge und erwägen, inwiefern für ihn in seiner Stellung zum Direktor — abgesehen von allen besonderen Umständen — ganz naturgemäss die Quelle appercipierender Vorstellungen liegt, die sein inneres und äusseres Verhalten zu dem Direktor zu beeinflussen geeignet sind.

Nach drei verschiedenen Seiten hin soll dabei das Verhältnis zwischen Direktor und Lehrer untersucht werden. Der Direktor ist erstens als Leiter der Schule derjenige, welcher „das einheit-

liche Wirken des mannigfach gegliederten Schulorganismus herbeizuführen"[1] sucht und dadurch auf die Freiheit des Lehrers
naturgemäss beschränkend wirkt. Er ist zweitens, als verantwortlich für die ihm unterstellte Anstalt, derjenige, welcher den
Lehrer in seiner amtlichen Thätigkeit zu kontrollieren hat, da
er „eine eingehende Kenntnis von allem besitzen soll, was an der
ihm unterstellten Anstalt vorgeht."[2] Er ist drittens als Vor-
gesetzter seiner Lehrer derjenige, der ihnen dienstliche Befehle zu
erteilen hat, der der vorgesetzten Behörde über sie Berichte
erstattet, und von dem daher die Lehrer in ihrer dienstlichen
Verwendung und in der Gestaltung ihrer Beamtenlaufbahn
abhängig sind.

Wir haben oben gesehen, wie in den Schülern naturgemäss
gewisse Vorstellungen bei ihrer Auffassung des Lehrers appercipierend wirken und dadurch gewissermassen die Gesichtspunkte
abgeben, nach denen die Schüler den Lehrer hauptsächlich
beurteilen. Wir haben auch gefunden, dass es für den Leser im
Interesse einer gedeihlichen Wirksamkeit rätlich sei, dass er solchen
Vorstellungen Rechnung trage: er soll sich ihnen nicht sklavisch
unterwerfen, wohl aber soll er ernstlich in Erwägung ziehen,
inwieweit sich aus ihnen für sein Auftreten Winke ergeben. In
ähnlicher Weise wird es auch der Mühe wert sein, die hier in
Rede stehenden Vorstellungen, wenn sie als psychologisch naheliegend konstatiert sind, daraufhin zu prüfen, inwiefern sie
Beachtung und Berücksichtigung verdienen.

Der Trieb nach freier Bethätigung ist einer der tief-
gegründetsten und wichtigsten Triebe in der menschlichen Natur,
und er macht sich in der Regel um so stärker geltend, je mehr
Kraft und Anlage zur Bethätigung vorhanden ist. Für den Lehrer
stellt sich aber in dem Direktor die Beschränkung seiner Freiheit
gewissermassen persönlich dar. Daraus folgt, dass die Vorstellung
von dem Direktor in dem Bewusstsein des Lehrers nicht zu
denjenigen gehört, die an sich mit Gefühlen der Lust verbunden
sind und bei denen er gern verweilt. Diese „unlustbetonte" Vorstellung von dem Direktor, als der freiheitsbeschränkenden
Persönlichkeit im allgemeinen wirkt nun appercipierend auf die

---

[1] H. Schiller, Handbuch der praktischen Pädagogik. (Leipzig 1894.) S. 65.
[2] a. a. O. S. 70.

Wahrnehmungen, die der Lehrer an seinem Direktor in concreto macht.

Diese Vorstellung aber bedarf selbst vielfach erst der Klärung,
denn oft liegt ihr zu Grunde „die Verwechslung der persönlichen
Freiheit im Unterricht mit der Willkür."[1])

Damit nämlich, dass der Freiheitsdrang im Menschen so
stark ist, ist noch nicht gesagt, dass er immer und überall berechtigt sei; dass es nicht andere Momente gebe, hinter denen
er zurückzutreten habe.

Es ist augenscheinlich eine Thatsache, die die Erfahrung
jederzeit bestätigt, dass alles Zusammenleben und Zusammenwirken
von Menschen notwendig mit Freiheitsbeschränkungen für die
einzelnen verbunden ist. Nur vermöge einer Beschränkung individueller Willkür kann Einheitlichkeit und Übereinstimmung in die Bethätigung vieler einzelnen kommen, und nur so wird die Erreichung
gemeinsamer Ziele möglich. Nun bringt aber die Steigerung der Kultur
ein solches Zusammenwirken in immer grösserem Massstabe mit sich.
Die grossartigen Organisationen auf staatlichem, militärischem,
wirtschaftlichem Gebiet sind gar nicht denkbar ohne einen be-
deutenden Vorzicht auf Freiheit bei den vielen einzelnen, die
diesen Organisationen eingegliedert sind. Analoges giebt natürlich für die modernen Gestaltungen des Bildungswesens.

Wenn man aber die Kulturentwicklung, welche in der menschlichen Natur begründet und durch sie gefordert ist, darum auch
als sittlich wertvoll betrachten darf, so werden auch diese Freiheitsbeschränkungen als sittlich berechtigt und geboten erscheinen,
soweit sie durch diese Kulturentwicklung notwendig gemacht
werden — freilich auch nicht weiter; denn es bleibt eben doch
immer die psychologische Thatsache bestehen, dass der Mensch
dieses tiefe und mächtige Bedürfnis nach Freiheit hat, und dass
er nur in freier Kraftentfaltung sein Bestes leisten kann, was
denn doch auch für die Kulturentwicklung förderlich und somit
auch für die ethische Beurteilung wertvoll ist.

Ja, es muss hier hervorgehoben werden, dass jener Tendenz
des gesteigerten Kulturlebens, den einzelnen Menschen in immer
grössere Abhängigkeit und Unfreiheit zu bringen, eine andere
gerade zuwiderläuft, die aus ebenderselben Kulturentwicklung entspringt. Der Mensch gelangt nämlich durch sie zu immer

[1]) a. a. O. S 71.

schärferer Ausbildung seiner Individualität, und damit verstärkt
sich in ihm der Drang, seine Persönlichkeit nach ihrer Eigenart
frei zu bethätigen. Wo liegt die Lösung für diese praktische
Antinomie?

Ich denke in folgendem: vermöge seiner gesteigerten geistigen
Entwicklung gelangt der Mensch auch zu tieferer Erfassung der
Stellung, die er einnimmt innerhalb der menschlichen Gesellschaft
und innerhalb der einzelnen Lebenskreise, in die sie sich gliedert.
Er wird immer klarer erkennen, wie der Mensch erst durch die
menschliche Gesellschaft zum Menschen wird und wie er nur in
inniger Wechselwirkung mit ihr als Mensch zu leben vermag; er
wird inne, dass sein Freiheitsdrang an und für sich nur eine
durch die Natur gegebene Thatsache ist, der als solcher noch
kein ethischer Wert zukommt; dass derselbe also einer vernünftigen Unfreiheit zu weichen hat, wo diese durch die
Notwendigkeit einheitlichen, geregelten Zusammenwirkens geboten
ist. So wird er — wenn anders die Ausbildung seiner sozialen
Gefühle mit seiner intellektuellen Entwicklung gleichen Schritt
hält — es über sich bringen, sich selbst zu beschränken;
er wird das Joch der Unfreiheit auf sich nehmen aus eigenem
freien Wollen, und so wird er bei aller äusseren Beschränkung
innerlich frei bleiben. Eine derartige Eingliederung des einzelnen
in einen umfassenden Organismus, die auf innerer Überzeugung
beruht und die allein menschenwürdige ist, wird aber sehr erleichtert, ja unter Umständen erst ermöglicht, wenn die auferlegten
Freiheitsbeschränkungen vor ernster und möglichst objektiver
Prüfung als sachlich geboten sich ausweisen können.

Dabei ist freilich diese objektive Prüfung dem Lehrer erschwert,
weil die oben erwähnte appercipierende Vorstellung seinen Blick
schärft für alles, was nur irgendwie als unnötige Beschränkung
gelten könnte, und dadurch sein Urteil leicht einseitig macht.
Dazu kommt, dass die moderne Entwicklung auf pädagogischem Gebiet hier noch besonders erschwerend und
verwirrend wirkt.

Hauptsächlich an PESTALOZZI und HERBART anknüpfend, hat
man rege daran gearbeitet, Didaktik und Pädagogik wissenschaftlich auszugestalten und besonders im Unterricht ein methodisches
Verfahren einzuführen. Da nun aber Absonderung und Parteiung
sozusagen „ein tiefgefühltes Bedürfnis" der Menschen ist, so hat
auch diese Entwicklung nicht verfehlt, Parteibildung, Parteinamen

und Parteikampf hervorzurufen. Solche Parteinamen fördern nun die Autosuggestion und damit die gegenseitige Verkennung in erstaunlichem Masse. Sie werden gewissermassen wie Etiketten den einzelnen aufgeklebt, und damit ist die Vorstellung, die man von ihnen hat, ihren wesentlichen Merkmalen nach bestimmt. Natürlich wirkt eine solche Vorstellung weiterhin appercipierend, vielfach also verwirrend und irreführend. Die ernstesten Bemühungen bleiben oft fruchtlos eine solche vorgefasste Meinung zu widerlegen. ja sie werden wohl gar als Versuch absichtlicher Täuschung aufgefasst. Dabei kann derjenige, der in dem Banne einer solchen appercipierenden Vorstellung steht, durchaus bona fide handeln. Er befindet sich eben im „unüberwindlichen Irrtum", dessen häufiges Vorkommen und dessen grosse Bedeutung schon die scholastische Moraltheologie wohl erkannte. Ist nun aber ein solcher Parteiname als bleibendes Kennzeichen (character indelebilis — um theologisch zu reden) einem Direktor oder Schulrat aufgedrückt; gilt er z. B. als Herbartianer, Frickianer, oder als ein anderer —ianer, so ist damit die oben besprochene Vorstellung von dem Vorgesetzten, als der freiheitsbeschränkenden Person, noch um einen sehr wirksamen Zug bereichert. Je weniger man ihn selbst kennt, um so stärker wird die Befürchtung drohender Freiheitsberaubung sein und eine Art pädagogischer Atembeklemmung sich einstellen. Es genügt ja vielfach die Thatsache, Schüler dieses oder jenes gewesen oder schriftstellerisch in seinem Sinne aufgetreten zu sein, um die Überzeugung, man sei ein solch schlimmer —ianer allenthalben hervorzurufen. —

Dass also solche appercipierende Vorstellungen mit den daran geknüpften Befürchtungen vorkommen und dass sie das objektive Urteil des Lehrers auf diesem Gebiete leicht trüben, ist eine psychologisch sehr begreifliche Thatsache. Schwerer ist — mangels des zuverlässigen Materials — die Frage zu beantworten, inwieweit solche Befürchtungen begründet sind. Es wäre ja psychologisch auch gar wohl verständlich, wenn manche Verfechter „methodischen Verfahrens" in ihrem Eifer zu weit gegangen seien und zu weit gingen; wenn sie nicht recht unterschieden, was im Interesse des Unterrichts notwendig und was vielleicht nur wünschenswert sei; wenn sie nicht genug beachteten, wie schwer es besonders für ältere Lehrer ist, ihr gewohntes Unterrichtsverfahren zu ändern u. s. w. So wird es ja wohl nicht

ohne Berechtigung sein, wenn OSKAR JÄGER klagt: [1] „Man legt
jetzt einen einigermassen übertriebenen Wert auf die Einzelheiten
der Unterrichtstechnik und man redet ohne weitere Bestimmung
von der „neuen Methode" . . . es bildet sich eine Art methodischer
oder methodistischer Orthodoxie, die, wie jede Orthodoxie, die
Freiheit nicht bloss beschränkt, sondern — und zwar gerade bei
den ernst Angelegten — innerlich lähmt. Und doch muss gerade
der Lehrer sich als ein Freier fühlen, wenn er wirklich Persönlichkeit, Kraft der Persönlichkeit in sein Wirken tragen soll."

Wie in der That aufrichtige Begeisterung für pädagogisch
und didaktisch wertvolle Ideen zu einer Verkennung der berechtigten Selbständigkeit und des berechtigten Selbstgefühls führen
kann, mag ein Beispiel erläutern. Es bietet sich mir in einem
Aufsatz über die „Einheitlichkeit des Unterrichts an höheren
Schulen". Dort wird ausgeführt: damit jede Anstalt in sich ein
einheitliches Ganze darstelle, sei auch nötig, dass „die einzelnen
Lehrer unmittelbar mit einander in Fühlung kommen". Wie lasse
sich das bewirken? Ein wichtiger Faktor sei ein „kraftvoller"
Direktor. Aber dieser komme selten recht zur Wirkung. Ein
Lehrer werde gewöhnlich erst im mittleren Lebensalter zur Leitung
einer Anstalt — und zwar in Preussen zunächst einer kleinen
— berufen. Es vergehe geraume Zeit, bis er den Einfluss auf
das Kollegium gewinne, dass sich ihm die Geister „freiwillig"
fügen. Sei er aber so tüchtig, dass ihm das überhaupt gelinge,
so werde er zu zeitig an eine grössere Anstalt berufen, und dort
beginne seine Arbeit von neuem.

Ein anderes, wirksameres Mittel sei das gegenseitige Hospitieren der Lehrer unter einander. „Ich würde noch häufiger
dem Unterricht von Amtsgenossen beigewohnt haben, — führt der
Verfasser fort — wenn ich bei ihnen mehr Entgegenkommen in
dieser Beziehung gefunden hätte. Und wie fruchtbar dies Mittel
sein könnte, sehe ich jetzt, wo ich von Amtswegen hospitiere (der
Verfasser ist mittlerweilen Oberschulrat geworden), unzählig oft.
Wo ich mich durch Worte nicht rasch genug verständlich machen
kann, nehme ich öfters den Unterricht selbst in die Hand. Das
ist wirksamer!" [2]

---

[1] Lehrkunst und Lehrhandwerk. (Wiesbaden 1897) S. 242.
[2] Lehrproben und Lehrgänge. Heft 54. S. 27. — Ich setze voraus, dass
der Verfasser hier nicht Fälle meint, wo er eingreift, um die Fortführung des
Unterrichts überhaupt zu ermöglichen, sondern wo er dem betr. Lehrer zeigen
will, wie er es machen würde. Übrigens sagt er nicht, was diese Schulrats-

Ob sich aber auch der Herr Schulrat in seiner didaktischen Begeisterung einmal ernstlich gefragt hat, welche — unbeabsichtigte, aber notwendige — Nebenwirkungen ein solches Verfahren bei den davon heimgesuchten Lehrern und Schülern hervorruft? Ich meine wenigstens, ein derart belehrter Lehrer müsste — je nach seinem Naturell — entweder „in seines Nichts durchbohrendem Gefühl" wünschen, in den Boden zu versinken, oder aber „ein Knirschen des inneren Menschen" verspüren und den belehrungsfreudigen Schulrat dahin wünschen, wo der Pfeffer wächst. Und dann die Schüler! Sie fühlen ja doch unmittelbar die peinliche Situation mit, in der sich ihr Lehrer befindet, und je nach ihrem Verhältnis zu ihm, werden sie entweder ihn herzlich bedauern oder das Lustgefühl reiner Schadenfreude geniessen!

Aber sehen wir auch ganz ab von solchen psychologisch notwendigen Nebenwirkungen, auch von der Beeinträchtigung der Autorität des Lehrers: ist denn wirklich ein nennenswerter Erfolg von derartigem Eingreifen zu erwarten — zumal bei Lehrern, die sich auch ein gewisses Urteil zutrauen und auf einige praktische Erfahrung zurückblicken? Selten wird dabei mehr erzielt werden als höchstens äusserliche Anpassung. Demgegenüber aber muss betont werden: „Äussere, scheinbare Einheitlichkeit kann zu erstarrender, verknöchernder Einförmigkeit führen; nur Lust und Liebe sind die Fittiche zu grossen Thaten, auch auf pädagogischem Gebiete."[1]

An allgemeinen Grundsätzen werden sich hier etwa folgende aufstellen lassen.[2] Die persönliche Freiheit des Lehrers kann und darf nicht soweit gehen, „dass durch das Belieben eines Lehrers die ganze Thätigkeit einer Schule gestört oder durchkreuzt wird." Ferner ist die Forderung berechtigt, „dass der Lehrer mit der Geschichte seiner Kunst oder Wissenschaft so weit vertraut sei," dass er „bestimmte Arten des Lehrverfahrens oder der Erziehungsgrundsätze," die „durch die Erfahrung als verfehlt festgestellt sind," kennt und vermeidet. Damit ist schon gesagt, dass

erfahrungen mit dem gegenseitigen Hospitieren der Kollegen zu thun haben. Sollte er etwa meinen, dass ein hospitierender Kollege gelegentlich auch den Unterricht selbst in die Hand nehmen soll? — Da würde es ja sehr erklärlich, warum er beim Hospitieren „nicht mehr Entgegenkommen" gefunden hat.

[1] So A. Biese in dem Aufsatz „Einförmigkeit und Einheitlichkeit im Schulbetrieb". Zeitschrift für das Gymnasialwesen. 51. Jahrg. (1898) S. 4.

[2] Vgl. für das folgende H. Schiller, a. a. O. S. 71. — Ich schliesse mich dabei absichtlich ganz eng an die Ausführungen dieses Vertreters der — als freiheitsbeschränkend gefürchteten — wissenschaftlichen Pädagogik an.

nur in den Fällen, wo das Urteil der Wissenschaft feststeht, von dem Lehrer die Kenntnis und Beobachtung desselben gefordert wird; dass ihm aber nicht zugemutet werden soll, überall da sein Verfahren zu ändern, wo vielleicht der Direktor nach seiner persönlichen Ansicht einem anderen den Vorzug giebt. Es soll auch hier der Grundsatz gelten: In necessariis unitas, in dubiis libertas!

Was endlich das persönliche Eingreifen des Direktors in den Unterricht betrifft, so wird es sich ja in den — hoffentlich seltenen — Fällen nicht vermeiden lassen, „wo es sich um Schädigung der Schule und der Schüler handelt," weil „regelmässig in solchen Fällen die Autorität des Lehrers durch sein Verfahren weit mehr erschüttert wird, als durch taktvolles Eingreifen des Direktors." Anderseits „wird kein verständiger Direktor solche Eingriffe für eine Lust halten und sie unnötigerweise herbeiführen."

Natürlich bleibt ja für die Anwendung von solchen allgemeinen Grundsätzen auf die konkreten Fälle der Urteilskraft und dem Taktgefühl von Direktor und Lehrer noch das beste zu thun übrig, aber gerade bei der Schwierigkeit, hier die rechte Mitte zu finden, wird es nicht ohne Nutzen sein, auch einmal von konkreten Verhältnissen ganz zu abstrahieren und Umschau zu halten nach den Gesichtspunkten, die hier in Betracht kommen, und zugleich nach den (durch appercipierende Vorstellungen nahegerückten) Irrwegen, die leicht eingeschlagen werden.

Der Direktor hat ferner die Amtsführung der Lehrer zu überwachen und ihre Leistungen zu kontrollieren. Jede Kontrolle eines Beamten hat zur Grundlage die Voraussetzung, dass er vielleicht seine Amtspflicht mit oder ohne Schuld, also aus Unvermögen oder aus Pflichtvergessenheit, nicht so erfülle, wie es sich gehört.

Dies klar und kühl ins Auge zu fassen, erscheint mir richtiger, als diese harte Wahrheit irgendwie bemänteln zu wollen. In jeder Kontrolle liegt also ein Moment des Misstrauens gegen den Kontrollierten, und es ist, von psychologischem Standpunkte aus, ganz natürlich, dass dies in ihm Gefühle der Unlust erweckt.

Aber ebenso sicher wie die psychologische Erwägung diese Thatsache ergiebt, weist die seitherige Erfahrung auf die andere Thatsache hin, dass die menschliche Natur, wie sie durchschnittlich ist, Überwachung und Kontrolle nötig macht.

Es mag nun auch unter den Lehrern solche Naturen geben, denen die Erkenntnis der letzten Thatsache allein über das Peinliche der Kontrolle leicht hinweghilft; solche also, die im Bewusstsein ihrer menschlichen Schwäche und dabei aber doch ernstlich gewillt ihre Pflicht zu erfüllen, eine Kontrolle sich geradezu wünschen, weil sie wissen, dass nur darin für sie ein ausreichendes Motiv zu steter Gewissenhaftigkeit in den Berufsgeschäften liegt. Anderen, die ein entwickelteres und empfindlicheres Selbstgefühl haben, wird es grössere Mühe kosten, sich davon zu überzeugen, dass sie für ihre Person keine Ausnahme beanspruchen können bei einer Massregel, die nun einmal durchschnittlich als notwendig sich erweist.

Dazu kann kommen, dass die Kontrolle, soweit sie durch Klassenbesuche des Direktors erfolgt, noch aus einem andern Grunde peinlich ist. Naturen, die etwas an Ängstlichkeit und Schüchternheit leiden, fühlen sich leicht im Unterrichten durch die Anwesenheit des Direktors mehr oder minder gestört und gehemmt. So knüpft sich leicht an einen derartigen Besuch die Befürchtung, bei dem Direktor keinen guten Eindruck hervorgerufen zu haben. Dieses peinliche Gefühl verstärkt aber noch die Unlustgefühle, die die Thatsache der Kontrolle an und für sich hervorzurufen geeignet ist.

Es ist nun sehr naheliegend, dass die Gefühle, die an sich durch die Kontrolle als solche erregt worden, sich übertragen auf die Person, welche die Kontrolle ausübt, und sich mit der Vorstellung von dieser assoziieren. So zeigt sich uns abermals, wie die Vorstellung von dem Direktor ganz im allgemeinen — und zwar hier als des kontrollierenden Vorgesetzten — für den Lehrer leicht zu einer unlustbetonten wird. Unter dem Einfluss ihrer appercipierenden Wirkung wird dann oft die kontrollierende Thätigkeit des Direktors in concreto einseitig und ungerecht beurteilt. — Hierbei werden sich dann noch gewöhnlich zwei — oft zu beobachtende — psychische Vorgänge geltend machen.

Wenn sich mit der Vorstellung von einer Person in uns Unlustgefühle verknüpfen, die uns dieselbe unsympathisch erscheinen lassen, so erzeugt sich mit einer gewissen Notwendigkeit das Streben, für diese Abneigung thatsächliche Gründe zu finden. Jene Unlustgefühle wollen gewissermassen immer neue Nahrung, und obwohl sie sich selbst dadurch steigern, so liegt

doch darin anderseits eine gewisse Befriedigung. Es giebt also
eine gewisse Lust der Abneigung und des Hasses. Das naturhafte Ich, das so schwer derartige Gefühlsregungen unterdrücken
kann, freut sich gewissermassen, Beobachtungen zu machen, die
den Hass gerechtfertigt erscheinen lassen, ja es wünscht geradezu,
dass die gehasste Person sich recht hassenswürdig aufführen
solle; denn dann müssen ja ethische Gegenmotive, Regungen des
Gewissens, die den Hass verdammen, um so eher schweigen.

In gleicher Richtung — sittliche Bedenken beschwichtigend
— wirkt dann noch ein anderer Vorgang, in dem ein natürlicher
Sophismus, eine unwillkürliche Selbsttäuschung vorliegt, die man
häufig beobachten kann. Wenn sich z. B. jemand beklagt, dass
ein anderer irgend eine Vorschrift des „guten Tones" gegen ihn
ausser Acht gelassen habe, so wird er in der Regel die Bemerkung
einflechten, dass er im allgemeinen auf derartige Äusserlich-
keiten gar keinen Wert lege, hieran aber wird sich mit derselben
Regelmässigkeit ein Satz mit „aber" anschliessen, worin schwerwiegende Gründe angeführt werden, warum er gerade in diesem
Falle von seinem allgemeinen Grundsatze abgehe. So wird
auch leicht der Lehrer, der mit einer gewissen natürlichen
Empfindlichkeit behaftet ist, die Berechtigung einer Kontrolle im
allgemeinen zugeben, aber er wird im einzelnen Fall, diesen
oder jenen Umstand ausfindig machen, durch den er sich zu
Klagen über unverdientes Misstrauen, Mangel an Zartgefühl u. s. w.
berechtigt glaubt. Auch hier liegt nur eine unbewusste Selbsttäuschung vor. Der Anstoss an diesem oder jenem Umstand
wird sich wahrscheinlich in allen einzelnen Fällen ergeben, weil
es eben die Thatsache der Kontrolle an sich ist, die die Unlustgefühle erweckt. Ausser durch Klassenbesuche und Revision der Schülerhefte
wird sich die Kontrolle des Direktors meist noch durch schriftliche und mündliche Prüfungen der Schüler gegen Schluss des
Schuljahres äussern. Auch dabei machen sich — und zwar ganz
natürlicher Weise — Umstände geltend, die mit einer gewissen
Notwendigkeit die kontrollierende Thätigkeit des Direktors für den
Lehrer mit Unlustgefühlen verbinden. Die Prüfungen sollen ja
nicht sowohl dazu dienen, die Versetzung der Schüler zu bestimmen, sondern das Urteil über den Lehrer und seine Leistungen
zu ergänzen. Nun ist es ja bekannt genug, wie Prüfungen jeder
Art nur ein notwendiges Übel sind; wie ihr Ausfall vielfach von

äusseren Verhältnissen und allerlei Zufälligkeiten abhängt und zwar um so mehr, je jünger die Prüflinge sind. Da kommt in Betracht: Ängstlichkeit und Verwirrtheit der Schüler, die ja doch glauben, dass die Prüfung für ihre Versetzung schwer ins Gewicht falle; der grosse Respekt vor dem Direktor als solchem, der gelegentlich geradezu als Furcht sich darstellt; seine Art zu sprechen, mit den Schülern umzugehen, Aufgaben zu stellen, zu fragen, die den Jungen ungewohnt ist. Daneben können sich noch viele andere Umstände geltend machen, die nicht vorauszusehen sind. Auch liegt es in der Natur jeder Prüfung, dass bei ihr präsentes Wissen eine grössere Rolle spielt. Nun haben wir aber schon oben gesehen, wie traurig es damit bei unsern Schülern vielfach bestellt ist. Ist es da zu verwundern, wenn den Lehrer, der einer solchen Prüfung beiwohnt, ein niederdrückendes Gefühl beschleicht, das er etwa in die Worte des Apostels kleiden könnte: „Herr, wir haben den ganzen Tag gearbeitet und nichts gefangen?" — Damit verbindet sich nur zu leicht die Befürchtung, dass alles, was bei den Schülern mangelt und von ihnen verfehlt wird, auf seine Rechnung gesetzt werde. So liegt es denn nahe, dass die Vorstellung von dem prüfenden Direktor schon während des Schuljahres lebhaft appercipierend thätig ist, dass sie die besondere Aufmerksamkeit und Sorgfalt lenkt auf alles, was — nach den seitherigen Erfahrungen — von dem Prüfenden wahrscheinlich verlangt wird. Dass dieses Hinarbeiten auf eine Prüfung leicht wichtigere Seiten des Unterrichts beeinträchtigt, liegt auf der Hand. Zugleich hat sich uns gezeigt, dass auch in dieser Form der Kontrolle an sich für den Lehrer eine Quelle des Unmutes und Verdrusses liegt, der (wie wir oben gesehen haben) infolge einer Gefühlsübertragung leicht gegen die Person des Direktors sich richtet. —

Um solchen Unlustgefühlen, die sich an die Vorstellung von dem Direktor als dem kontrollierenden Vorgesetzten anknüpfen und deren appercipierende Wirkung beeinflussen, entgegenzuarbeiten, wird es von Nutzen sein, dass sich der Lehrer auf den Standpunkt des Direktors versetze. Er wird dann erkennen, dass dieser der Aufgabe, die ihm von seiner vorgesetzten Behörde gestellt ist, gar nicht gerecht werden kann, ohne diese kontrollierende Thätigkeit; kann er ja doch in erster Linie für die Zustände an der ihm unterstellten Anstalt verantwortlich gemacht werden. Ferner kann kein Zweifel sein, dass für einen

feinfühligen Menschen, gerade die Pflicht, andere kontrollieren zu
müssen — wegen des darin enthaltenen Misstrauens — zu den
peinlichsten gehört. Schon gegenüber erwachsenen Schülern kann
das ja der Lehrer selbst empfinden: wieviel mehr mag dies dem
Direktor zum Bewusstsein kommen gegenüber Lehrern! Und
doch muss er seine Pflicht erfüllen. Endlich wird doch der
Lehrer — bis zum Erweis des Gegenteils — von seinem Direktor
voraussetzen dürfen, dass auch er weiss, wie schwierig die
Thätigkeit des Lehrers ist, von wieviel Faktoren, die sich menschlicher Macht entziehen, der Erfolg abhängt, und wie schwer dieser
Erfolg von einem dritten festzustellen ist. Denn das ist allerdings richtig: Das Beste im Unterricht bleibt doch unkon-
trollierbar; „es liegt nicht so greifbar an der Oberfläche für
den dritten, sondern es bereitet sich in der Stille, wirkt fort,
bringt Frucht, freilich nicht in der Weise, dass man es ab-
fragen kann.[1]

Noch nach einer dritten Seite wollten wir das Verhältnis
des Lehrers zu dem Direktor ins Auge fassen: er ist ihm dienstlich untergeben und von ihm abhängig. Daraus ergiebt sich
ein Merkmal in der Vorstellung vom Direktor, das in der appercipierenden Wirksamkeit dieser Vorstellung vielleicht am stärksten
sich geltend macht.

Die Vorstellung, von dem Direktor abhängig zu sein, eine
Vorstellung die dazu angethan ist, sich mit lebhaften Gefühlen
der Unsicherheit und Furcht zu verbinden — ist nicht ohne Begründung in den wirklichen Verhältnissen. Der Beamte hat im
allgemeinen keinen Rechtsanspruch auf Vorrücken im Gehalt; er
kann im Interesse des Dienstes jederzeit versetzt, auch pensioniert
werden. Dazu kommt noch bei dem Lehrer, dass die Berichte
des Direktors, auf die die betreffenden Entschliessungen der oberen
Behörden in der Regel sich gründen, seiner Kenntnis entzogen
bleiben. Nun ist es ja allerdings richtig, dass die oberen Behörden
selbst Revisionen vornehmen und unmittelbar zu dem Lehrer in
Beziehung treten können. Aber dass dadurch der überwiegende
Einfluss des Direktors nicht paralysiert wird, ist doch psychologisch
nur zu begreiflich. Die Auffassung des Direktors, als des höher
stehenden Beamten, gilt naturgemäss an sich mehr als die des

[1] A. Biese a. a. O. S. 5.

Lehrers. Ferner ist der Direktor in der Regel eher mit dem
Schulrat persönlich bekannt als der Lehrer, das verstärkt noch
die Bedeutung, die sein Urteil bei jenem hat. Endlich bildet sich
ja in dem Schulrat über den Lehrer ein vorläufiges Urteil auf
Grund der schriftlichen und mündlichen Ausführungen des Direktors;
dieses wirkt aber naturgemäss appercipierend auf seine persönlichen Beobachtungen; der Schulrat sieht also den Lehrer „durch
die Brille des Direktors."

Welche Folgen aber solche Verhältnisse haben können, das
mag erläutert werden durch ein Zeugnis aus militärischem
Gebiet — das ja überhaupt viele Analogien zur Schule bietet und
das in unserer Zeit vielfach in das bürgerliche Leben hereinwirkt.
In einer Schrift von Rudolf Krafft, betitelt „Glänzendes Elend",[1]
die auch sonst psychologischen Scharfblick zeigt, heisst es: „Bis
zum Jahre 1886 galt in Bayern das alte gute Qualifikations-
verfahren, wonach der Vorgesetzte den Untergebenen, sobald er
ihm Nachteiliges in die Beurteilung schrieb, in Kenntnis setzen
musste. Einerseits wurde hierdurch ungerechte Qualification
einigermassen hintangehalten, andererseits hatte der Untergebene
Zeit sich zu bessern. Die preussische Vorschrift zeigt aber ein
an die heilige Vehme erinnerndes, lichtscheues Verfahren; Rechte
hat hier nur der Vorgesetzte, der Untergebene ist das wehrlose
Opfer . . . . Dieser unleugbare Umstand hat aber seine tief ein-
schneidenden Wirkungen. Die Sorge um die Stellung, das
Gefühl einem einzigen Menschen in die Hand gegeben
zu sein, erzeugt Erscheinungen, die der Lüge und
sonstigen zum reinen Wappenschild der Ehre gar nicht
passenden Begriffen sehr, sehr ähnlich sind."

So ist es denn nicht zu verwundern, dass man auch bei
Lehrern die Auffassung trifft, Gefügigkeit gegen den Direktor
sei gewissermassen oberstes Gesetz. Zwar in der Theorie findet
man das nirgends hervorgehoben; es muss also eine Art von
„ungeschriebenem Gesetz" sein. Alte Praktiker freilich sind von
seiner Bedeutung oftmals tief durchdrungen, und sie geben wohl

---

[1] 0 Aufl. (Stuttgart 1895) S. 53 und 55. — Ich verweise hier auch auf
ein Urteil Theobald Zieglers (Die geistigen Strömungen des 19. Jahrhunderts
S 539): „Gerade im Zusammenhang mit dem militärischen Subordinationsgefühl
hat sich bei unseren jüngeren Beamten ein Zug des Strebertums herausgebildet,
der früher unbekannt war, und der Vorwurf, dass Servilismus und Byzantinismus
sich immer weiter ausbreiten, ist kein unberechtigter." Auch die vorausgehende
Ausführung über die „Schneidigkeit" ist lesenswert.

Neulingen den gutgemeinten Rat, dem Direktor ja nicht zu wider-
sprechen; man könne sich zu leicht „um den Hals reden". Da
dies aber auf idealistische und optimistische Naturen wenig Eindruck
macht, so soll hier gezeigt werden, dass dieser Rat in der That
in sehr realen psychologischen Verhältnissen begründet ist.

Jeder Widerspruch stellt für den, dem er entgegentritt,
eine ideelle oder reelle Hemmung dar. Wenn es aber zweifellos
ist, dass der ungehinderte Verlauf physischer oder psychischer
Thätigkeit Lustgefühle erweckt, so wird aus einer solchen
Hemmung in der Regel Unlust für uns erwachsen. Genau
genommen gehörte das hier in Rede stehende Gefühl zu den
„Formalgefühlen" und stellt einen „Spezialfall der mit Harmonie,
Einklang, Angemessenheit und deren Gegenteil überhaupt ver-
knüpften Lust und Unlustgefühle" dar.[1] Wie die Vereinbarkeit
zweier Vorstellungen und Begriffe oder Gruppen von solchen im
Urteil das angenehme Gefühl des intellektuellen Einklangs, die
Unvereinbarkeit das unangenehme Gefühl des Zwiespaltes erweckt,
so wirkt auch die Wahrnehmung des Übereinstimmens fremden
Urteils mit dem eignen lusterregend, ja „der Einklang des Denkens
und der Anschauungen weckt lebhafte Lustgefühle und wird eine
Quelle der Annäherung und der Sympathie zwischen den Menschen
überhaupt."[2] Die Erkenntnis der Abweichung von unseren
Ansichten wirkt also naturgemäss gerade in entgegengesetzter
Richtung.

Dazu kommt noch ein anderes. In vielen Fällen werden sich
mit den Gefühlen des Gelingens und Misslingens, des Einklangs
und Widerstreits auch „Persongefühle" verbinden. Dass Einklang
oder Zwiespalt nicht bloss überhaupt stattfindet, sondern zwischen
unserem Bewusstsein und dem anderer Menschen, dies verknüpft
jenes Unlustgefühl der Dissonanz mit „Persongefühlen der Selbst-
gefälligkeit und Selbstzufriedenheit, des Stolzes und der Demütigung,
der Beschämung und Kränkung." Und diese Verbindung wird
um so sicherer eintreten, je mehr die Umstände, insbesondere die
Gegenwart und Mitwirkung anderer Personen oder fremde
Beobachtung die Selbstgefühle durch den Gegensatz in den
Vordergrund schieben. „Manchen Widerspruch ertragen wir ohne
sonderliche Gemütsbewegung, wenn er uns aus einem Buche oder
unter vier Augen entgegentritt, wird er uns in öffentlicher

---

[1] Fr. Jodl, Lehrbuch der Psychologie. (Stuttgart 1800.) S. 850.
[2] a. a. O.

64

Versammlung geboten, so versetzt er uns in die lebhafteste Aufregung."[1]

Ist es aber so psychologisch begründet, dass abweichende Meinung und Widerspruch Unlustgefühle in uns erregen, so ist es, wie wir schon oben gesehen haben, weiterhin sehr begreiflich, dass diese Unlustgefühle sich in uns assoziieren mit der Vorstellung von jenen Opponenten. Dabei erscheint uns dann leicht — unter Wirksamkeit einer appercipierenden, naiv-psychologischen Vorstellung, deren Bedeutung wir schon in dem Verhältnis zwischen Lehrer und Schüler aufzeigten, - der Wille unseres Gegners böse. So erfolgt unvermerkt durch Autosuggestion eine Verlegung vom sachlichen auf das persönliche Gebiet: der Widerspruch erscheint uns nicht mehr aus sachlichen Gründen hervorgegangen, sondern aus persönlichen, aus Feindschaft, Unzufriedenheit, Lust an Obstruktion u. s. w. Alles das erfolgt ganz gesetzmässig, wir verdienen nicht etwa Tadel dafür, dass in unserem naturhaften psychischen Geschehen die Anlage zu gegenseitiger Verkennung, unnötigem Streit und Schlimmerem liegt. Nur erwächst uns die Pflicht, bestrebt zu sein, dieses Spiel des psychischen Mechanismus zu durchschauen und seine Wirkungen möglichst aufzuheben.

Einen hohen Grad sittlicher Selbstzucht beweist also derjenige, der — zumal als der Höherstehende — Widerspruch ertragen und sachlich würdigen kann. Womit auch gesagt ist, dass ihm von einem Untergebenen kaum ein überzeugenderer Beweis von Vertrauen und Hochachtung gegeben werden kann, als dadurch, dass er es wagt, gegebenen Falls seine abweichende Ansicht ohne Scheu geltend zu machen.

Nach dem Gesagten wird es nunmehr als durchaus verständlich und in realen Verhältnissen begründet erscheinen, dass in der appercipierenden Vorstellung von dem Verhältnis des Lehrers zu dem Direktor das Moment der Abhängigkeit des ersteren so stark hervortritt und dass somit leicht die unbedingte Gefügigkeit, die Vermeidung selbständiger Meinungsäusserung und jeglichen Widerspruches als oberstes Gebot erscheint. Darin können aber die Ursachen für ethisch verwerfliche Erscheinungen liegen: für Augendienerei und äusserliche Unterwürfigkeit bei innerer Auflehnung, — die sich dann fern von dem Vorgesetzten gelegentlich um so lebhafter Luft macht.

[1] a. a. O. 652.

Auch das Verhältnis der Lehrer untereinander kann hierbei
Not leiden. Unter dem trübenden Einfluss der erwähnten Vorstellung werden ja auch die Beziehungen des Direktors zu den
Kollegen betrachtet. Durchgängige Übereinstimmung und Harmonie,
die da etwa besteht, wird dann leicht auf haltlose Kriecherei und
würdelose Streberei des Lehrers zurückgeführt; und es kann sogar
die Befürchtung, in einen solchen Geruch zu kommen, bei Naturen,
die auf charaktervolle Selbständigkeit besonders hohen Wert
legen, die Neigung auch zu unnötigem Widerspruch erwecken.

Besonders deutlich aber ergiebt sich aus unseren Ausführungen, wie überaus schwierig es für den Direktor ist, den
Anforderungen seiner Stellung zu genügen und dabei in das
richtige Verhältnis zu den Lehrern zu treten. Denn die Vorurteile, die ihm bei diesen (in Form appercipierender Vorstellungen)
vielfach entgegenstehen, schärfen deren Blick für alles, was irgendwie zur Kritik Anlass bieten kann. Wie naheliegend sind da
Klagen über Vielregiererei, pedantische Überschätzung der Methode, misstrauische und mechanische Kontrolle, Hochmut, Herrschsucht, Unfehlbarkeitsdünkel, Parteilichkeit u. a. w.! Alles dies ist
durch seine ganze Stellung nur zu nahe gelegt. Diese aber
ist in Verhältnissen begründet, die eine Veränderung wohl
kaum erfahren werden. Wie ihre ungünstige Wirkung jedoch
abgeschwächt werden kann, darüber mögen hier noch einige
Andeutungen Platz greifen. Ich knüpfe dabei an an eine psychologisch wohl begründete Bemerkung KARL JENTSCHS: „Einer an-
erkannten allgemeinen Notwendigkeit, so führt er aus, fügt man
sich leichter und lieber als dem persönlichen Willen und Befehlen
eines einzelnen Herrn; daher fühlt sich der Beamte, dem sein
Tagewerk vom Staate auferlegt wird, freier als der Fabrikarbeiter
oder Tagelöhner, dem sein Brodherr oder dessen Stellvertreter
die Arbeit zuteilt, der höhere Beamte aber, der keine unmittelbare
Aufsicht zu spüren bekommt (oder doch bloss hie und da einmal
bei Revisionen und dann in einer ihn nicht verletzenden Form),
fühlt sich wieder freier als der Unterbeamte, der beständig be-
aufsichtigt und zuweilen angeschnauzt wird."[1]

Hier ist sehr richtig hervorgehoben, dass die Unterordnung
um so weniger schwer fällt, je mehr das persönliche Element
in der Herrschaft zurücktritt, je mehr also der Vorgesetzte sich

[1] Grundbegriffe und Grundsätze der Volkswirtschaftslehre. (Leipzig 1895.)
S. 103.

gegenwärtig hält, dass ihm sein Amt kein persönliches Vorrecht
verleiht, sondern dass er — gerade so wie sein Untergebener —
nur ein Diener der Gesamtheit ist und dass er nur als Vertreter
des Gesamtwillens in seinem amtlichen Wirkungskreis eine Herrschaft geltend machen darf, die keinen persönlichen, sondern ein
durchaus sachlichen Charakter tragen muss. Von wie hoher
kulturhistorischer Bedeutung war es, dass dieser Grundsatz bei
den obersten Trägern der politischen Gewalt zur Anerkennung
gekommen ist! Von nicht geringerer Bedeutung wird es sein,
dass er recht intensiv das Beamtentum durchdringe, denn
dieses nimmt ja bereits ein überaus breiten Raum in dem modernen Kulturleben ein. Damit werden auch die Formen, in
denen der dienstliche und ausserdienstliche Verkehr sich abspielt,
die Kluft, die nun einmal durch das Verhältnis dienstlicher Über-
und Unterordnung allenthalben, also auch zwischen Direktor und
Lehrer, gegeben ist, weniger fühlbar machen. „Ein wahrhaft
gebildeter und humaner Direktor wird — wie SCHILLER sehr
treffend bemerkt — im Verkehr mit den Kollegen nicht vergessen,
dass er Gleichstrebende und Gleichgebildete vor sich hat; hat er
diese Grundthatsache gegenwärtig, so wird ihm der rechte Ton
nie fehlen"; der Lehrer braucht dann auch nicht die peinliche
Befürchtung zu hegen, dass er — um JENTSCHS Worte zu
gebrauchen — „zuweilen angeschnautzt wird".

Wie sich so die dienstliche Unterordnung erleichtern lässt,
so wird es auch nicht unmöglich sein, jenes Gefühl der völligen
Abhängigkeit, das so bedenkliche moralische Folgen haben
kann, in einem gewissen Umfange zu beseitigen. Sehr wohl begründet ist die Bemerkung HÖFFDINGS: „Äussere Selbständigkeit
ist erforderlich, damit die innere recht vorhanden sein kann.
Abhängigkeit von anderen erzeugt Beschränkung der freien Bewegung und der Entfaltung der Kräfte. Eine gereifte ethische
Persönlichkeit wird deshalb auch nach äusserer Freiheit trachten.
Wir sehen denn auch, dass die Weltgeschichte eigentlich eine
grosse Befreiungsgeschichte ist"[1] Das Äussere und das Innere
steht eben bei dem Menschen in innigster Wechselwirkung. Mit
Recht hat man darum die lebhaften Bestrebungen der deutschen
Lehrer nach Besserung ihrer pekuniären und gesellschaftlichen
Lage auch damit begründet, dass diese zugleich eine innere,

---

[1] Ethik. Aus dem Dänischen übersetzt von F. BENDIXEN. (Leipzig 1888.)
S. 162.

sittliche Hebung begünstige, — und das Streben, sich zu einer selbständigen und charaktervollen sittlichen Persönlichkeit heranzubilden, stellt ja geradezu die Grundbedingung für die erziehende Wirkung des Lehrers dar. Hochbedeutsam für diese sittliche Entwicklung ist es aber auch, dass der Lehrer sich in einer möglichst gesicherten Rechtssphäre weiss, die ihn unabhängig macht von Gunst oder Ungunst seiner Vorgesetzten. Das Streben des modernen Menschen geht ja überhaupt nicht so sehr nach Wohlwollen und Wohlthat als nach Gerechtigkeit. Auch die bestgemeinten Versuche, ein patriarchalisches Regiment aufrecht zu erhalten, müssen der Erwägung weichen, dass dies nur gegenüber geistig Unmündigen am Platze ist. Auch das darf nicht übersehen werden, dass die Dienstführung des Lehrers am ehesten Gelegenheit zur Bemängelung bietet. Mit Rücksicht auf die menschliche Schwäche lässt sich ja überhaupt nicht ohne Grund behaupten, dass die Dienstführung jedes Beamten mangelhaft sei. Für den Lehrer aber gilt dies bei der Eigenart seiner Berufsthätigkeit in ganz besonderem Masse; denn er hat gewissermassen mit einem widerstrebenden Material beständig zu ringen. Wie anders steht es da z. B. mit dem Richter oder dem Verwaltungsbeamten!

Wenn er seine Akten fertig gestellt hat, so wird das Ergebnis seiner Arbeit allein von seinem Können und der aufgewendeten Sorgfalt abhängen: der Lehrer aber kann seine Arbeit während eines Jahres geschickt und pflichttreu geleistet haben, gleichwohl kann der Erfolg, soweit er durch Prüfungen sich konstatieren lässt, ein geringer sein; schlechte Begabung der Schüler, Mangel in Fleiss und Aufmerksamkeit (die ja z. T. auch in natürlichen Dispositionen wurzeln), Krankheiten und sonstige Umstände können bei einzelnen wie bei ganzen Jahrgängen das Ergebnis der Unterrichtsthätigkeit in hohem Masse beeinträchtigen. So sind auch wir Lehrer — wie so viele unserer Schüler — in unseren Leistungen durchschnittlich: „kaum genügend".

Bei dem Bestreben, die Rechtssphäre des Lehrers möglichst bestimmt abzugrenzen und zu sichern, ist allerdings zu beachten, dass dadurch die Verfügungsfreiheit der oberen Behörde über ihre Beamten nicht in einer Weise eingeschränkt werde, die mit dem wahren Interesse des Schulwesens selbst nicht vereinbar wäre. — Auch ist nicht zu vergessen, dass allgemeine Bestimmungen, so nützlich sie sich in vielen Fällen erweisen, doch in ihrer Bedeutung überwogen werden von der Wirksamkeit der

Persönlichkeiten, die sich in ihrem Rahmen bewegen und ihnen erst Geist und Leben verleihen.

Es erübrigt jetzt noch, zu fragen, ob in dem Verhältnis zwischen Lehrer und Direktor auch solche Apperceptionsvorgänge als naheliegend sich erweisen, in denen der Lehrer Objekt der Apperception ist.

Hier muss zunächst daran erinnert werden, dass die Lehrer dem Direktor nicht gegenüberstehen als unpersönliche „Lehrkräfte", die er lediglich nach dem Mass ihrer geistigen Kraftwirkung einzuschalten hätte in einem grossen Schulmechanismus, sondern als sehr konkrete, persönliche Menschen — als Menschen, die ihm (auch kraft psychologischer Vorgänge) vielleicht persönlich sympathisch oder unsympathisch sind, die vielleicht andere wissenschaftliche, politische und religiöse Richtungen vertreten. Dass dabei in mannigfacher Weise Apperceptionsvorgänge wirksam werden, die das Urteil trüben und das Handeln irreleiten können, liegt auf der Hand. Doch auf diese Vorgänge, die ja im menschlichen Verkehr überhaupt ganz gewöhnlich sind, braucht hier nicht näher eingegangen zu werden. Jedoch über eine appercipierende Vorstellung, die durch das Verhältnis des Direktors zu Lehrern und Schülern zugleich nahegelegt erscheint, soll hier noch ein Wort gesagt werden. Da der Lehrer dem Schüler, namentlich dem jüngeren, als der schlechthin Überlegene gegenüber steht; da ferner der Direktor die nächste Instanz ist für Beschwerden von seiten der Schüler und Eltern gegen den Lehrer, so mag sich in ihm leicht die Auffassung unvermerkt bilden, dass es vorwiegend seine Aufgabe sei, die Schüler zu schützen gegen physische, moralische und intellektuelle Misshandlung. Unter der appercipierenden Wirkung dieser Auffassung könnte er dazu neigen, Beschwerden von Schülern und Eltern mehr entgegenzukommen, als — abgesehen von besonderen Verhältnissen — billig wäre, z. B. ihnen zunächst vollen Glauben zu schenken, bis ihm nicht das Gegenteil klar nachgewiesen wäre. Dass ein derartiges Verhalten die Stellung des Lehrers erschweren, seine Autorität gegenüber Eltern und Schülern beeinträchtigen würde, bedarf keines weiteren Beweises. Vom rein psychologischen Standpunkt kann allerdings nicht in Abrede gestellt werden, dass ein solches Verfahren in einzelnen konkreten Fällen begründet sein kann, zumal wenn —

wie ein Schulmann von so reicher Erfahrung wie Schiller[1]) glaubt
— „sich in den Lehrern eine gedankenlose, diktatorische
Willkürneigung sehr leicht erzeugt, da sie stets Kindern gegenüberstehen, die ihren Willen als allein gültig anerkennen sollen."

Von verschiedenen Gesichtspunkten aus hat es sich uns also
gezeigt, dass das Verhältnis zwischen Direktor und Lehrer Anlass
geben kann zu mannigfachen Vorurteilen und irreführenden Auffassungen, die sich zurückführen lassen auf Apperceptionsvorgänge,
die meist unter lebhafter Beteiligung des Gefühls sich abspielen.
Damit ist es aber gegeben, dass es gerade für den Anfänger im
Lehramt unter Umständen nicht leicht ist, sich in das richtige
Verhältnis zu seinem Direktor hineinzufinden. Es wird dabei für
ihn nicht ohne Nutzen sein, seine Stellung zum Direktor im Rahmen
des ganzen Schulorganismus ruhig und ganz in abstracto zu
erwägen. Er darf sich von vornherein allerdings darüber keinen
Illusionen hingeben, dass er als Beamter ganz notwendig einen
Teil der Selbständigkeit, Unabhängigkeit und Freiheit in Bethätigung und Lebensgestaltung aufgeben muss, die der Privatmann
— und nun gar erst der Student! — geniesst. In eine solche
Stellung sich einzugewöhnen, ist für manchen nicht leicht; nicht
selten mag Missstimmung und Unlust sich dabei fühlbar machen,
aber eine objektive Betrachtung des ganzen Verhältnisses wird
doch geeignet sein, zu verhüten, dass unter der appercipierenden
Wirkung solcher Unlustgefühle und naheliegender Vorurteile
einzelnen Personen das zur Last gelegt wird, was in Institu-
tionen und in letzter Linie in der Natur menschlicher Verhältnisse überhaupt begründet ist. Die menschlichen Dinge
sind eben nicht ohne einige Unbequemlichkeit.

[1]) Studien und Versuche über die Erlernung der Orthographie. (Berlin
1888.) S. 13. Bd. II, 4 dieser Sammlung.

* 9 7 8 3 7 4 1 1 7 3 7 2 1 *